中国现代流通体系规划与建设政策文献汇编（第六辑）
北京市哲学社会科学“十一五”规划项目（10AfJG400）
北京物资学院　北京现代物流研究基地　资助出版

生产资料流通体系规划与建设

孙前进　主编

中国物资出版社

图书在版编目（CIP）数据

生产资料流通体系规划与建设/孙前进主编．—北京：中国物资出版社，2012.11
（中国现代流通体系规划与建设政策文献汇编）
ISBN 978－7－5047－4307－7

Ⅰ.①生…　Ⅱ.①孙…　Ⅲ.①生产资料—流通体系—文献—汇编—中国
Ⅳ.①F259.22

中国版本图书馆 CIP 数据核字（2012）第 118876 号

策划编辑　司昌静　　**责任印制**　何崇杭　王　洁
责任编辑　司昌静　　**责任校对**　孙会香　饶莉莉

出版发行　中国物资出版社
社　　址　北京市丰台区南四环西路 188 号 5 区 20 楼　　**邮政编码**　100070
电　　话　010－52227568（发行部）　　010－52227588 转 307（总编室）
　　　　　010－68589540（读者服务部）　　010－52227588 转 305（质检部）
网　　址　http://www.clph.cn
经　　销　新华书店
印　　刷　北京京都六环印刷厂
书　　号　ISBN 978－7－5047－4307－7/F·1845
开　　本　710mm×1000mm　1/16　　**版　　次**　2012 年 11 月第 1 版
印　　张　39　　**印　　次**　2012 年 11 月第 1 次印刷
字　　数　808 千字　　**定　　价**　80.00 元

对中国流通理论与实践的宝贵贡献。中国流通体系的形成与发展是在社会经济体制转型中实现的。其特点在于，与社会主义市场经济相适应的市场流通体系，不是自然形成的，而是在政府的引导与支持下规范而有序形成的。其中既有市场自发发育，又有政府规划与推进。因此，认识和研究中国的流通问题，必须追踪改革前后政府相关规制的沿革与演进。不必说，搜集、查阅分散而又浩繁的文件资料是一件苦差事。《中国现代流通体系规划与建设政策文献汇编》的成书和面世，无疑为学者、企业家和政府官员提供了诸多便利。这套书共 20 辑，1500 多万字，可谓卷帙庞然，工程巨大，颇具使用价值。编者爬罗剔抉之艰辛不难体会。具有重大的社会效益，而又难以计入个人的研究成果，这种奉献精神值得所有从中受益者赞赏与尊重。当前，流通理论与实践从业者往往受制于一些基础性资料的匮乏，本套书的出版弥补了一项空白。我们剀切希望编者们循此前进，扩大战果，争取做出更大的成绩。

中国市场学会理事长
国家粮食储备局原局长　　高铁生

历史的轨迹。改革开放三十多年来，中国的流通产业发生了翻天覆地的变化，流通体制改革逐步深化，流通产业加速发展，流通业对国民经济的巨大贡献日益显现，对扩大消费、引导生产、促进和谐以及充分利用国内外两种资源、两个市场，发挥着不可替代的先导性作用。在社会主义市场经济条件下，流通业的发展离不开政府的宏观调控与市场配置资源，即看得见的手与看不见的手有机结合。而《中国现代流通体系规划与建设政策文献汇编》正是这三十多年来中国特色流通业发展轨迹的真实记录。全套书共 20 辑，1500 多万字，是一部极好的文献巨著，将成为经济工作者、历史工作者、教育工作者的好帮手。

中国物流与采购联合会首席顾问
中国物流与采购联合会原常务副会长　　丁俊发

现代流通是发展的最高阶段，是国际化、信息化、社会化和混沌化大流通阶段。在经济全球趋势加速发展的情况下，资源配置已经从一个工厂、一个地区、一个国家扩展到整个世界，国际分工以追求资源配置的优化为前提，利用现代信息技术、网络技术和现代物流技术，实现流通的网络化、系统化、智能化、信息化和虚拟化，从而极大地降低流通成本，提高流通的效率和效益。在这个阶段，实物经济与虚拟经济共同构成现代经济的两个轮子。而流通理论的研究有助于推动现代流通的发展，《中国现代流通体系规划与建设政策文献汇编》的编撰出版，为我国经济体制改革、现代流通体系的确立做了一项极有意义的学术工程。

国务院研究室司长
中国国际经济交流中心总经济师　　陈文玲

非常欣喜看到《中国现代流通体系规划与建设政策文献汇编》付梓成书。在经济全球化和信息技术革命的背景下，我国流通领域也在悄然发生着革命性的变化。从连锁经营、物流配送、电子商务到供应链管理、服务外包、物联网应用，无论是组织形式、经营业态的创新，还是自动化和信息技术的广泛采用，都突出体现了现代流通的特征，这就是与国际接轨，与制造业现代化、消费现代化同步；在某些方面，如供应链管理，甚至引领和带动制造业和消费领域的现代化。构建现代流通体系是一项巨大的系统工程，需要市场的良好发育，企业的不断创新，政府政策和规划的引导，行业协会、中介组织、学校、科研机构的鼎力合作。实现流通现代化有多重路径，如何找出一条符合世界发展趋势，效率比较高，经济、社会和生态综合成本比较低的路径，是我们面临的课题。相信此丛书的出版在探索上述路径方面，会给读者带来有益的帮助。

商务部流通业发展司副司长　王选庆

《中国现代流通体系规划与建设政策文献汇编》是用现代流通理论将全国人大常委会、中共中央、国务院及所属行政部门自改革开放以来所颁发与公布的同流通领域相关的近3000件行政法规分门别类，编撰成书。丛书共20辑，总字数约1500万字。该丛书的出版，是一项繁杂浩大的学术工程，是中国现代流通体系建设的一部忠实记录，也是一部对中国流通现代化改革发展进行学术创新与探索具有重要文献参考价值的作品。长期的理论研究、教学与编辑工作，使我深知其工作量之巨大、资料收集之艰辛以及编辑者所付出的心血。本丛书资料丰富、珍贵，时间越久越能显示出其学术和文献参考价值。

**《中国流通经济》杂志总编辑
北京物资学院教授　陈建中**

我在1990—2011年的21年间，几乎每年数次来北京大学、复旦大学、南开大学等教学研究单位讲课与学术交流，亲眼目睹了中国改革开放、经济体制转轨变型所带来的飞速发展和巨大变化。《中国现代流通体系规划与建设政策文献汇编》可以说是中国经济体制改革、现代流通体系建设的忠实记录，是中国政府致力于经济体制转轨变型的历史见证，也是研究中国经济体制改革的必要资料和重要文献。我从东京大学法学部毕业后一直在政府部门工作，深知在市场经济体制的国家，政府部门的调控引导作用与经济政策的重要。祝贺丛书的出版发行。

**日本　政策研究大学院大学教授、副校长
总务省原总务审议官　堀江正弘**

总　序

中国现代经济体制改革始于1978年的十一届三中全会，但真正意义上的改革则起于邓小平的南巡讲话。此后，在中国大地上展开了一幅波澜壮阔、史无前例的经济体制改革长轴画卷。这是中国近现代史上一次伟大的、影响久远的社会变革与改革，令世界瞩目。

在实行计划经济的时代，我们重生产轻流通，或者说那时我们根本没有真正意义上的商品流通。改革开放以来，特别是在21世纪的前十年，我国流通业发生了巨大变化，国有商业企业改革、加入WTO、认可外资流通企业进入中国市场、连锁经营方式普及、电子商务发展、物流配送兴起、超市林立等，足以证明我国流通领域发生了或正在发生着巨大的变化。

商务部等七部门联合发布的《深化流通体制改革试点方案的通知》（商改发〔2004〕654号）中明确指出：流通是国民经济运行的重要环节，消费通过流通决定生产，现代化的流通带动现代化的生产。随着我国社会主义市场经济体制的不断完善，流通业在引导生产、拉动消费、稳定物价、吸纳就业等方面的作用日益突出，已成为促进国民经济发展的先导性产业。

温家宝总理在2011年政府工作报告中讲到：必须坚持政府调控与市场机制有机统一。健全的市场机制，有效的宏观调控，都是社会主义市场经济体制不可或缺的重要组成部分。市场作用多一些还是政府作用多一些，必须相机抉择。

高铁生认为：与社会主义市场经济相适应的市场流通体系，不是自然形成的，而是在政府的引导与支持下规范而有序形成的。丁俊发写到：流通业的发展离不开政府的宏观调控与市场配置资源，即看得见的手与看不见的手有机结合。

为了更好地研究我国政府宏观调控综合政策，推进现代流通体系建设，北京市哲学社会科学规划办公室设专项课题，我们组织力量编撰了这套《中国现代流通体系规划与建设政策文献汇编》。本丛书由20辑构成，每辑75万字左右，总字数1500多万。内容除经济体制改革与市场体系之外还包括国内流通、国际（地区）流通、交通运输与物流三大部分。

国内流通部分由农村改革与农业现代化、农产品流通体系、农业生产资料流通体系、农村商业流通体系、粮食流通体系、生产资料流通体系、商贸流通体系、零售业改革与发展、电子商务体系、商务服务业体系等十个方面，九部书构成。因篇幅所限，农业生产资料与农村商业流通体系合在一本书里。

国际（地区）流通由国际流通体系、外资引进与管理体系、两岸四地流通体系、海关监管与保税物流体系等四个部分构成。

交通运输与物流由综合交通体系、综合运输管理体系、远洋运输与国际物流体系及物流业发展与物流体系等四个部分构成。

流通领域食品安全体系、循环经济与回收物流体系因为贯穿国内、国际两个市场的整个流通过程，所以这两部分单独列出。

关于流通一词，国内学者认为对应的英文是Distribution或Circulation，而在日本无论是学界、业界以至官方均使用Distribution一词。编者认为两词之间是有明显区别的，原因是由于美、日两国经济体制差异致使对两词所赋予的内涵及概念不同。这里流通的概念与内涵使用Distribution一词。按照现代流通理论，流通有广义与狭义之分，狭义的流通定义为商贸流通中的批发与零售业；广义的流通定义为处于生产者（企业）与消费者之间的所有领域，包括金融、保险、运输、物流、仓储、餐饮、住宿、广告、信息产业及其关联产业，即位于生产与消费之间的所有经济活动，与一般所使用的服务业、第三产业概念相近或重叠。按照现代流通理论，流通业包括商流、物流、资金流与信息流，但流通的核心活动是商流与物流。商流解决了商品所有权转移，物流处理了商品的移动，而资金流与信息流则起着完善与辅助功能。

关于现代流通，20世纪50年代以来，世界范围内的经济格局与国际流通秩序进行了多次重组与排列，世界各国走向了恢复经济、繁荣市场的道路，零售业在这段时间得到了长足的发展。

1989年前后，随着苏联的解体和柏林墙的推倒，以美、苏为首的两大阵营冷战结束，和平与发展已经成为世界发展的主流。西方发达国家为过剩资本和先进技术寻求国际市场，而实行计划经济体制的国家也开始了改革开放、引进外资的政策，由此商品及社会生产的全要素的国际流通真正开始。我国的流通业也经历了由计划经济向社会主义市场经济体制的巨大转变。

今天，在国内零售市场上，百货店、综合超市、便利店、自动售货机、药杂店、专门店、网上购物等各种商业零售业态一路发展而来，形成了各种业态共存、大中小零售企业互补、中外零售企业激烈竞争的局面。

综合观察国内外流通业发展变革，编者认为现代流通主要具有下述十大特征：即具有完善良好的流通环境、大型流通企业占主导地位、大量的中小商业企业存在、流通业对GDP的贡献度日益增大、连锁经营与特许经营的普及、信息系统的普及与应用、具有完善的现代物流体系、电子商务的流通模式创新、无国界的全球流通与多种业态共存互补等。

作为探讨与尝试，编者提出了由4个二级体系，25个三级体系构成的“中国现代流通体系”的框架结构（如下图所示）。

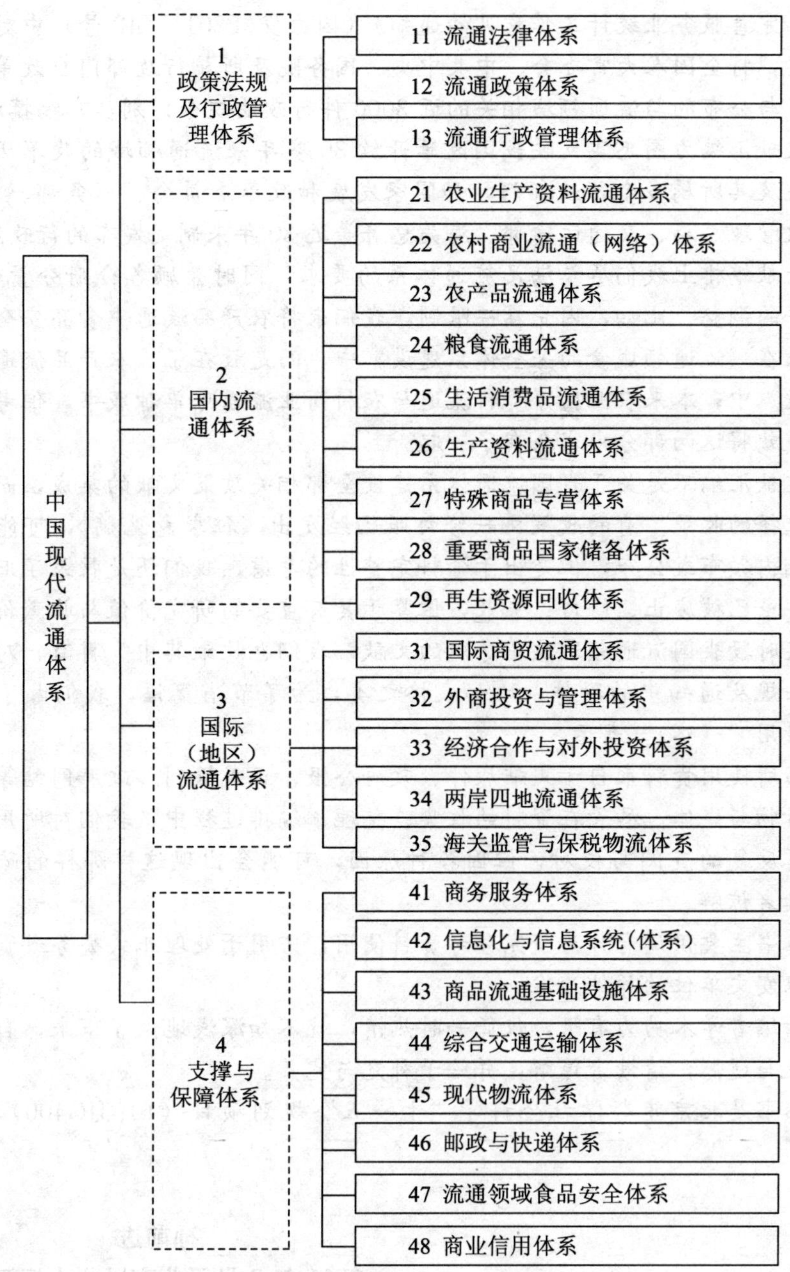

“中国现代流通体系”构成示意图

《中国现代流通体系规划与建设政策文献汇编》以该框架结构为基础，结合现代流通理论，参考《国家统计局关于印发〈三次产业划分规定〉的通知》（国统字〔2003〕14号）中对于第三产业的分类以及《国务院办公厅转发统计局关于加强和完善服务业统计工作意见的通知》（国办发〔2011〕42号）中对于服务业的分类，将全国人大常委会、中共中央、国务院及所属行政部门自改革开放以来所颁发与公布的与流通领域相关的近3000件行政法规分门别类，编撰成书。

本文献汇编力图忠实反映我国改革开放30多年来流通领域的改革历程，涉及国务院及其所属多个行政部门，如国家发展和改革委员会、商务部、农业部、工商行政管理总局、交通运输部、海关总署等近30年来制定发布的行政法规。

在文献编排上我们尽量满足流通体系的要求，同时兼顾各分册分量的均衡，做了些许的调整。比如，因受篇幅限制，我们未将农产品流通中食品安全问题的内容收录在《流通领域食品安全体系建设》中，而是放在了《农产品流通体系规划与建设》中；本来农业生产资料流通与农村商业流通可单独成书，但考虑到篇幅所限，就将这两部分内容合在了一起。

本文献汇编不是关于我国流通体系建设全部相关政策文献的集成，而是有重点、有选择的收录。有的政策文献修订版已经发出《征求意见稿》，可能修订版会在近期内颁布或公布，但是出于资料完整性的考虑，我们还是收录了旧版。有少量文件虽已被废止、修订、失效，但鉴于其有重要的研究价值与收藏价值，并能反映某时段我国流通领域改革原貌的文献，我们也收录其中。再有，对于一部分行政法规及通知中的附件，比如表格之类，为了节省篇幅，我们做了删略处理，一般用“（略）”表示。

丛书所使用资料来自于文献原件、政府公报、正式报刊、政府网站等公开的正式发行物与媒体。尽管在资料的收集、整理、编排过程中，我们对所用资料进行了认真反复的查阅与校对，但因各种原因，可能会出现这样那样的疏漏与差错，请读者谅解。

本丛书主要供读者作为研究参考资料使用，若用于处理正式公务或资料引用时，请以发文单位的原件为准。

由于编者学术功力有限，仅凭一时热情，就不知深浅地做了下来，自知存在许多不足与遗憾，请读者谅解，并给予补充与完善。

本丛书是北京市哲学社会科学“十一五”规划项目（10AfJG400）的最终成果。

孙前进

2011年9月于北京通州大运河畔

前　言

《生产资料流通体系规划与建设》是《中国现代流通体系规划与建设政策文献汇编》系列丛书的第六辑，它包括了我国“生产资料流通体系规划与建设”的主要内容。本辑设17个栏目，由102篇文献与资料构成。

生产资料主要包括煤炭、石油、天然气、钢材、有色金属、汽车、建材、农机、木材、橡胶、化肥、农药、再生资源等，本辑主要涉及石油、成品油、钢铁与钢材、煤炭及水泥。其中，农业生产资料（主要包括化肥、种子、农药、地膜等）内容收录在第四辑《农业生产资料与农村商业流通体系规划与建设》、汽车流通内容收录在第七辑《商贸流通体系规划与建设》、再生资源内容收录在第二十辑《循环经济与回收物流体系建设》。

2011年12月14日，商务部下发了《关于“十二五”期间推进生产资料流通现代化的指导意见》（商流通发〔2011〕474号）。其指导思想为：按照科学发展观要求，适应我国转变经济发展方式和生产性服务业发展需要，以供应链管理为纽带，以科技为支撑，推进生产资料流通组织现代化、交易方式现代化、基础设施现代化和企业管理现代化，引导和推动生产资料流通企业与生产、加工、配送、金融等相关企业融合发展，进一步降低流通成本，优化流通组织化程度，提高生产资料流通效率，促进国民经济健康、稳步发展。主要任务为：（1）发展连锁经营，提高行业组织化和规模化水平。（2）强化物流服务功能，拓展增值服务范围。（3）促进产业融合发展，降低流通成本。（4）培育市场主体，推动大中小企业协调发展。（5）提高现代科技应用水平，增强企业竞争力。（6）加强节能减排工作，促进绿色低碳发展。

2010年4月13日，商务部下发了《商务部关于完善生产资料流通体系的意见》（商商贸发〔2010〕115号）。其基本目标为：适应国民经济市场化、信息化、国际化发展趋势，满足城镇化、工业化和新农村建设发展要求，健全生产资料流通体系，发展现代流通方式，创新经营模式，提高组织化程度，完善服务功能，加强市场调控，完善法律法规标准体系，推进生产资料流通有序协调健康发展。“十二五”期间，基本形成有中国特色的统一开放、竞争有序、安全高效、绿色低碳的生产资料流通体系。主要任务为：（1）创新生产资料经营模式。（2）大力发展现代流通方式。（3）引导生产资料批发市场改造升级转型。（4）加快农村生产资料流通体系建设。（5）鼓励生产资料流通龙头企业加快发展。（6）促进中小生产资料流通企业发展。（7）发挥科技引领支撑作用。（8）加大生产资料流通基础设施建设力度。（9）推进生产资料流通领域节能降耗与循环利用。（10）健全生产资料市场监测、调控和行业统计体系。

(11) 改善生产资料市场发展环境。

新中国成立以来，特别是改革开放以来，我国生产资料流通体制与行政部门设置经过了多次的变化与调整，大致脉络如下：(1) 商务部。2003 年 3 月 10 日，第十届全国人民代表大会第一次会议第三次全体会议通过了关于国务院机构改革方案的决定。其中决定：整合国家经贸委的内贸管理、对外经济协调和重要工业品、原材料进出口计划组织实施等职能，国家计委的农产品进出口计划组织实施等职能，以及外经贸部的职能等组建商务部。主要职责为：研究拟定规范市场运行和流通秩序的政策法规，促进市场体系的建立和完善，深化流通体制改革，监测分析市场运行和商品供求状况，组织开展国际经济合作，负责组织协调反倾销、反补贴的有关事宜和组织产业损害调查等。不再保留国家经济贸易委员会、对外贸易经济合作部。(2) 国家国内贸易局。1998 年 3 月 10 日，第九届全国人民代表大会第一次会议批准国务院机构改革方案。其中决定：国内贸易部改组为国家国内贸易局，由国家经贸委管理。(3) 国内贸易部。1993 年 3 月 22 日，第八届全国人民代表大会第一次会议决定原则批准国务院机构改革方案。其中决定：为了促进生活资料和生产物资统一市场的建立，搞活商品流通，撤销商业部、物资部，组建国内贸易部。(4) 物资部。1988 年 3 月，第七届全国人大会议批准国务院机构改革方案。决定撤销国家物资局，成立物资部。其中确定：物资部是国务院统筹规划和管理全国生产资料流通的职能部门，主要任务是对关系国计民生的重要物资进行综合管理，发展生产资料市场搞活流通。(5) 国家物资局。1982 年，国家物资总局改为国家物资局，为国务院直属机构。(6) 国家物资总局。1975 年 11 月，重新成立国家物资总局。(7) 撤销物资管理部。1970 年，撤销物资管理部，其业务交由国家计委等部门管理。(8) 物资管理部。1964 年 9 月，国家物资管理总局改为物资管理部。1965 年 11 月，物资管理部由国家计委、经委、建委三委共同代管，以国家计委为主。(9) 国家物资管理总局。1963 年 5 月，国务院批准以国家经委物资管理总局为基础，成立国家物资管理总局。主要职责是全面组织生产资料的经营管理工作，并参与编制物资分配计划。(10) 国家经委物资管理总局。1960 年 5 月 18 日，批准成立国家经委物资管理总局。(11) 国家经委物资办公室。1959 年 8 月 1 日，国家经委物资办公室成立。

在本系列丛书编撰过程中，关于流通业发展的新政策不断出台与发布，有的“修订稿”也在征求意见中，时逢“十二五”规划陆续发布与公布期间，望读者多予关注。未能收集在本丛书的新出台的或既有的与我国流通相关的重要政策及文献，我们将会在以后的续辑中收录。

编　者

2012 年 8 月

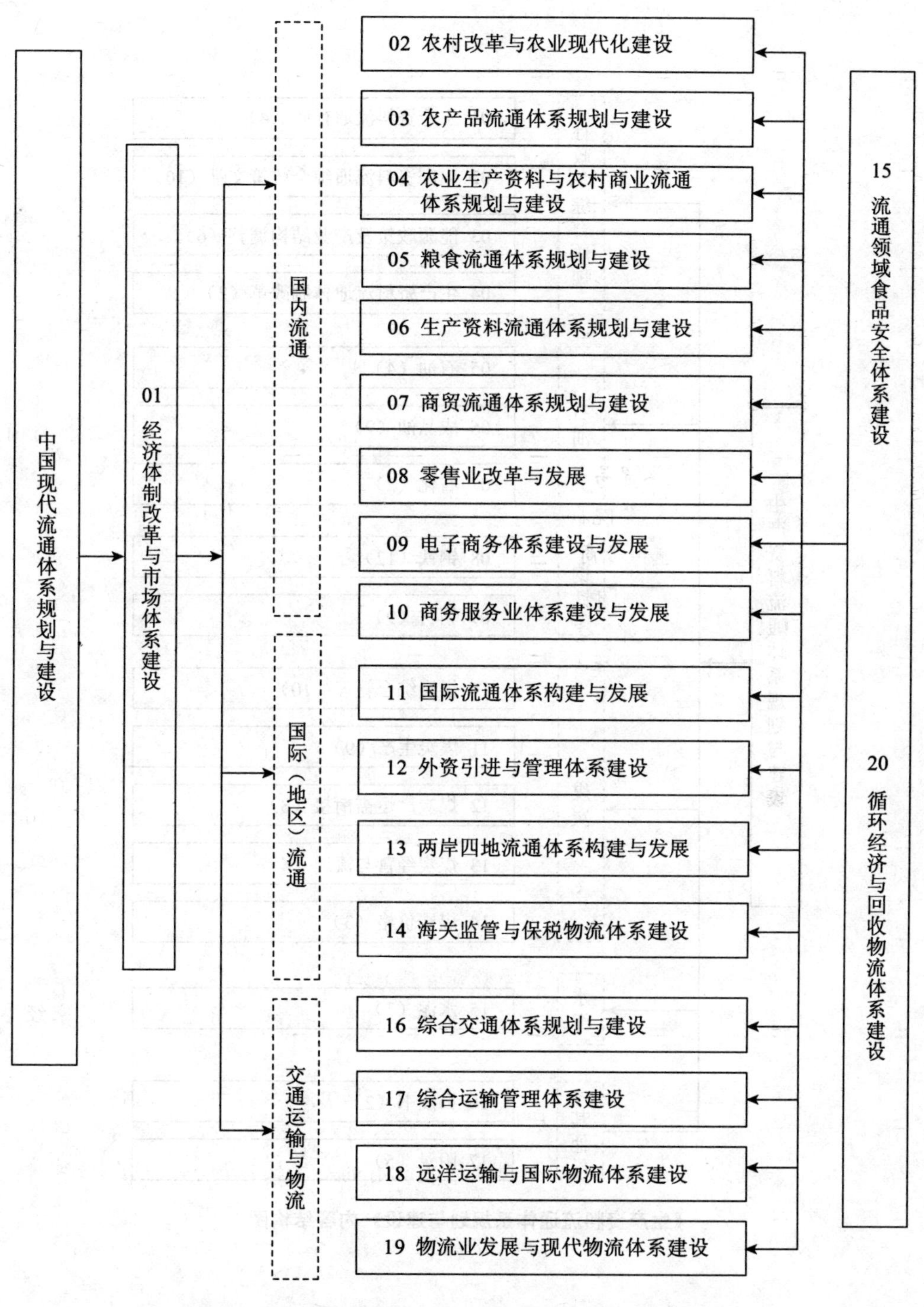

《中国现代流通体系规划与建设政策文献汇编》逻辑结构图

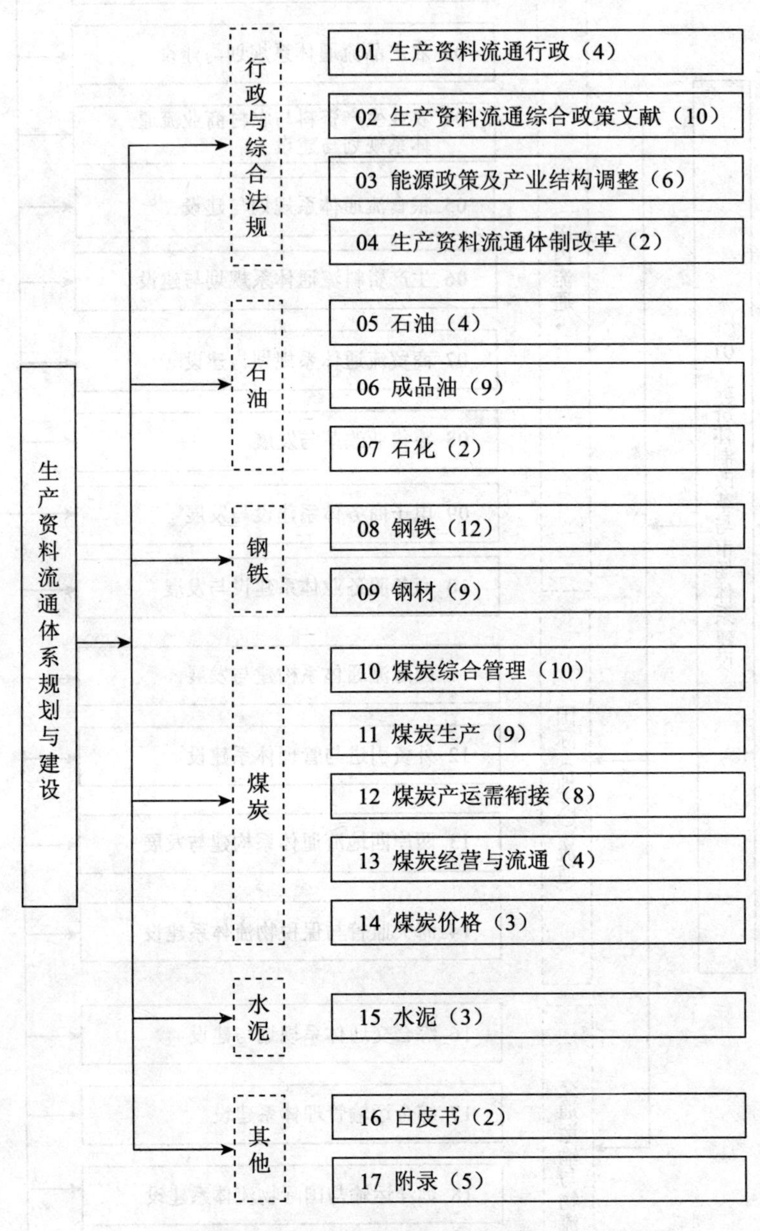

《生产资料流通体系规划与建设》内容结构图

目　录

一　生产资料流通行政

二　生产资料流通综合政策文献

三 能源政策及产业结构调整

四 生产资料流通体制改革

五 石 油

六　成品油

七　石　化

八　钢　铁

九 钢 材

十　煤炭综合管理

十一　煤炭生产

十二　煤炭产运需衔接

十三　煤炭经营与流通

十四　煤炭价格

十五　水　　泥

十六　白皮书

十七　附　录

后　记

一 生产资料流通行政

001

国务院办公厅关于成立国家能源委员会的通知

国办发〔2010〕12号

各省、自治区、直辖市人民政府，国务院各部委、各直属机构：

根据第十一届全国人民代表大会第一次会议审议批准的国务院机构改革方案和《国务院关于议事协调机构设置的通知》（国发〔2008〕13号）精神，为加强能源战略决策和统筹协调，国务院决定成立国家能源委员会，现将有关事项通知如下：

一、主要职责

负责研究拟订国家能源发展战略，审议能源安全和能源发展中的重大问题，统筹协调国内能源开发和能源国际合作的重大事项。

二、组成人员

主　任：温家宝　　国务院总理
副主任：李克强　　国务院副总理
委　员：尤　权　　国务院副秘书长
朱之鑫　　中央财办主任
杨洁篪　　外交部部长
张　平　　发展改革委主任
万　钢　　科技部部长
李毅中　　工业和信息化部部长
耿惠昌　　安全部部长
谢旭人　　财政部部长
徐绍史　　国土资源部部长
周生贤　　环境保护部部长
李盛霖　　交通运输部部长
陈　雷　　水利部部长
陈德铭　　商务部部长

周小川　　人民银行行长
李荣融　　国资委主任
肖　捷　　税务总局局长
骆　琳　　安全监管总局局长
刘明康　　银监会主席
王旭东　　电监会主席
章沁生　　总参谋部副总参谋长
张国宝　　发展改革委副主任兼能源局局长

国家能源委员会办公室主任由发展改革委主任兼任，副主任由能源局局长兼任，办公室具体工作由能源局承担。

国务院办公厅
二〇一〇年一月二十二日

002

国务院办公厅关于印发商务部主要职责内设机构和人员编制规定的通知

国办发〔2008〕77 号

各省、自治区、直辖市人民政府，国务院各部委、各直属机构：

《商务部主要职责内设机构和人员编制规定》已经国务院批准，现予印发。

国务院办公厅

二〇〇八年七月十一日

商务部主要职责内设机构和人员编制规定①

国务院办公厅

2008 年 7 月 11 日

根据第十一届全国人民代表大会第一次会议批准的国务院机构改革方案和《国务院关于机构设置的通知》(国发〔2008〕11 号)，设立商务部，为国务院组成部门。

一、职责调整

（一）取消已由国务院公布取消的行政审批事项。

（二）取消直接办理与企业有关的评比及品牌评定活动、编报并执行机电产品配额年度进口方案、对引进技术的再出口进行监督的职责。

（三）将进出口企业经营资格备案职责交给地方政府，将贸易投资促进、援外项目招标、主办的相关会展活动等的具体组织工作交给事业单位。

（四）将原劳动和社会保障部的制定中国公民出境就业管理政策，境外就业职业介绍机构资格认定、审批和监督检查等职责划入商务部。

（五）加强内贸工作，推动内外贸融合，搞好市场运行和商品供求状况监测，深化流通体制改革，大力发展现代流通，促进统一、开放、竞争、有序的现代市

①根据 2011 年 6 月 9 日商务部新闻办公室发布的新闻（《商务部调整部分司局名称及主要职责》），商务部对部分内设司局的名称和主要职责进行了调整。调整的主要内容包括：原商贸服务管理司更名为“流通业发展司”，原市场运行调节司更名为“市场运行和消费促进司”，原服务贸易司更名为“服务贸易和商贸服务业司”，原信息化司更名为“电子商务和信息化司”。办公厅加挂“国际贸易谈判代表秘书局”牌子，增加“承担与国际贸易谈判代表履行职责相关的政务工作”职责。反垄断局加挂“国务院反垄断委员会办公室”牌子。

场体系的建立和完善。

（六）加强多双边和区域经贸合作，推进贸易和投资便利化，维护公平的对外贸易秩序，为企业开拓国际市场提供良好服务。

二、主要职责

（一）拟订国内外贸易和国际经济合作的发展战略、政策，起草国内外贸易、外商投资、对外援助、对外投资和对外经济合作的法律法规草案及制定部门规章，提出我国经济贸易法规之间及其与国际经贸条约、协定之间的衔接意见，研究经济全球化、区域经济合作、现代流通方式的发展趋势和流通体制改革并提出建议。

（二）负责推进流通产业结构调整，指导流通企业改革、商贸服务业和社区商业发展，提出促进商贸中小企业发展的政策建议，推动流通标准化和连锁经营、商业特许经营、物流配送、电子商务等现代流通方式的发展。

（三）拟订国内贸易发展规划，促进城乡市场发展，研究提出引导国内外资金投向市场体系建设的政策，指导大宗产品批发市场规划和城市商业网点规划、商业体系建设工作，推进农村市场体系建设，组织实施农村现代流通网络工程。

（四）承担牵头协调整顿和规范市场经济秩序工作的责任，拟订规范市场运行、流通秩序的政策，推动商务领域信用建设，指导商业信用销售，建立市场诚信公共服务平台，按有关规定对特殊流通行业进行监督管理。

（五）承担组织实施重要消费品市场调控和重要生产资料流通管理的责任，负责建立健全生活必需品市场供应应急管理机制，监测分析市场运行、商品供求状况，调查分析商品价格信息，进行预测预警和信息引导，按分工负责重要消费品储备管理和市场调控工作，按有关规定对成品油流通进行监督管理。

（六）负责制定进出口商品、加工贸易管理办法和进出口管理商品、技术目录，拟订促进外贸增长方式转变的政策措施，组织实施重要工业品、原材料和重要农产品进出口总量计划，会同有关部门协调大宗进出口商品，指导贸易促进活动和外贸促进体系建设。

（七）拟订并执行对外技术贸易、出口管制以及鼓励技术和成套设备进出口的贸易政策，推进进出口贸易标准化工作，依法监督技术引进、设备进口、国家限制出口技术的工作，依法颁发防扩散等与国家安全相关的进出口许可证件。

（八）牵头拟订服务贸易发展规划并开展相关工作，会同有关部门制定促进服务出口和服务外包发展的规划、政策并组织实施，推动服务外包平台建设。

（九）拟订我国多双边（含区域、自由贸易区）经贸合作战略和政策，牵头负责多双边经贸对外谈判，协调谈判意见并签署和监督执行有关文件，建立多双边政府间经济和贸易联系机制并组织相关工作，处理国别（地区）经贸关系中的重要事务，管理同未建交国家的经贸活动，根据授权代表我国政府处理与世界贸易组织的关系，牵头承担我国在世界贸易组织框架下的谈判和贸易政策审议、争端解决、通报咨询等工作，负责对外经济贸易协调工作。

（十）承担组织协调反倾销、反补贴、保障措施及其他与进出口公平贸易相关工作的责任，建立进出口公平贸易预警机制，依法实施对外贸易调查和产业损害调查，指导协调产业安全应对工作及国外对我国出口商品的反倾销、反补贴、保障措施的应诉工作。

（十一）宏观指导全国外商投资工作，拟订外商投资政策和改革方案并组织实施，依法核准外商投资企业的设立及变更事项，依法核准重大外商投资项目的合同章程及法律特别规定的重大变更事项，依法监督检查外商投资企业执行有关法律法规规章、合同章程的情况并协调解决有关问题，指导投资促进及外商投资企业审批工作，规范对外招商引资活动，指导国家级经济技术开发区、苏州工业园区、边境经济合作区的有关工作。

（十二）负责对外经济合作工作，拟订并执行对外经济合作政策，依法管理和监督对外承包工程、对外劳务合作等，制定中国公民出境就业管理政策，负责牵头外派劳务和境外就业人员的权益保护工作，拟订境外投资的管理办法和具体政策，依法核准境内企业对外投资开办企业（金融企业除外）。

（十三）负责对外援助工作，拟订并执行对外援助政策和方案，推进援外方式改革，编制对外援助计划、确定对外援助项目并组织实施，管理具有政府对外援助性质资金的使用，管理多双边对中国的无偿援助和赠款（不含财政合作项下外国政府及国际金融组织对中国赠款）等发展合作业务。

（十四）牵头拟订并执行对香港、澳门特别行政区和台湾地区的经贸规划、政策，与香港、澳门特别行政区有关部门和台湾地区受权机构进行经贸磋商并签署有关文件，负责内地与香港、澳门特别行政区商贸联络机制工作，组织实施对台直接通商工作，处理多双边经贸领域的涉台问题。

（十五）依法对经营者集中行为进行反垄断审查，指导企业在国外的反垄断应诉工作，开展多双边竞争政策交流与合作。

（十六）指导我国驻世界贸易组织代表团、常驻联合国和有关国际组织经贸代表机构以及驻外经济商务机构的有关工作，负责经贸业务指导、队伍建设、人员选派；联系国际多边经贸组织驻中国机构和外国驻中国官方商务机构。

（十七）承办国务院交办的其他事项。

三、内设机构

根据上述职责，商务部设28个内设机构：

（一）办公厅。

负责文电、会务、机要、档案等机关日常运转工作；承担信息、保密、新闻发布、政务公开、安全保卫等工作；编辑发行《中国对外经济贸易文告》。

（二）人事司。

承担机关、直属单位及驻外机构的人事管理、队伍建设和教育培训等工作。

（三）政策研究室。

研究经济全球化、区域经济合作、现代市场体系和现代流通方式的发展趋势并提出对策建议；研究扩大对外开放、国内外贸易流通体制改革并就重大问题提出意见和建议；研究提出健全现代市场体系的综合政策建议。

（四）综合司。

组织拟订国内外贸易和国际经济合作的发展战略、规划；监测分析商务运行状况，研究商务运行和结构调整中的重大问题，提出相关政策建议；承担有关统计及信息发布工作。

（五）条约法律司。

起草有关法律法规草案和规章；提出我国经济贸易方面的法规之间及其与国际多双边经贸条约和协定之间衔接的意见；承担国际经贸公约拟订的有关工作；审核多双边经贸条约和协定等谈判文件；组织经贸领域多双边知识产权、投资（保护）协议对外谈判；承担争端解决有关工作；承担机关有关规范性文件的合法性审核工作；承办相关行政复议和行政应诉工作。

（六）财务司。

研究提出与商务工作相关的财税、金融、价格等政策建议；承担商务部归口的各项业务资金、专项基金、援外经费等的具体使用和管理工作，编报预决算并下达预算；承担本部门的资产管理、基本建设和内部审计工作。

（七）市场秩序司。

承担牵头协调整顿和规范市场经济秩序的相关工作；推动商务领域信用建设，指导商业信用销售，建立市场诚信公共服务平台；参与组织打击侵犯知识产权、商业欺诈等工作。

（八）市场体系建设司。

组织拟订健全规范市场体系的政策；推进流通标准化；牵头组织规范零售企业促销行为；指导大宗产品批发市场规划和城市商业网点规划、商业体系建设；推进农村市场和农产品流通体系建设；按有关规定对拍卖、典当、租赁、汽车流通和旧货流通行业等进行监督管理。

（九）商贸服务管理司。

承担商贸服务业（含餐饮业、住宿业）的行业管理工作；推动流通体制改革和连锁经营、商业特许经营、物流配送等现代流通方式的发展；指导社区商业发展、流通领域节能降耗工作，提出促进商贸中小企业发展的政策建议；按照有关规定对成品油流通进行监督管理；指导再生资源回收工作。

（十）市场运行调节司（国家茧丝绸协调办公室）。

监测分析市场运行、商品供求状况，调查分析商品价格信息，进行预测预警和信息引导；承担建立健全生活必需品市场供应应急管理机制相关工作；承担重要消费品储备（肉类、食糖、边销茶、小包装食品等）管理和市场调控的有关工作；承担酒类流通、生猪屠宰管理的相关工作和茧丝绸协调工作。

（十一）反垄断局。

依法对经营者集中行为进行反垄断审查；指导我国企业在国外的反垄断应诉工作；开展多双边竞争政策国际交流与合作。

（十二）对外贸易司。

拟订进出口商品管理办法和目录；承担重要工业品、原材料和重要农产品进出口总量计划的组织实施工作；编报进出口商品配额、关税配额年度计划并组织实施；拟订和执行进出口商品配额招标政策；指导交易会、洽谈会等贸易促进活动和外贸促进体系建设。

（十三）服务贸易司。

牵头拟订服务贸易发展规划；拟订技术贸易政策和促进服务出口规划、政策并组织实施；承担技术进出口管理、服务贸易促进和服务贸易统计工作。

（十四）机电和科技产业司（国家机电产品进出口办公室）。

拟订机电产品和高新技术产品进出口、成套设备出口和加工贸易管理政策和有关目录并组织实施；承担机电产品、高新技术产品贸易促进工作；拟订进口机电产品招标办法并组织实施；拟订并执行国家出口管制政策，依法颁发两用物项和技术进出口许可证件。

（十五）外国投资管理司。

拟订外商投资政策和改革方案并组织实施；研究外商投资情况并上报动态和建议；审核外商投资企业设立及其变更事项、重大外商投资项目合同章程及法律特别规定的重大变更；依法监督检查外商投资企业执行法律法规、规章和合同章程的情况并协调解决有关问题；指导投资促进及外商投资企业审批工作，规范对外招商引资活动；承担外商投资统计工作；指导国家级经济技术开发区、苏州工业园区、边境经济合作区的有关工作；会同有关方面拟订并组织实施促进服务外包发展的规划、政策，推动服务外包平台建设。

（十六）对外援助司。

拟订并组织实施对外援助的政策和方案，推进对外援助方式改革；组织对外援助谈判并签署协议，处理政府间援助事务；编制对外援助计划并组织实施；监督检查对外援助项目的实施。

（十七）对外投资和经济合作司。

拟订并执行对外经济合作政策；依法管理和监督对外投资、对外承包工程、对外劳务合作和设计咨询等对外经济合作业务；拟订公民出境就业的管理政策；承担外派劳务和境外就业人员的权益保护相关工作；审核境内企业对外投资开办企业（金融企业除外）、对外经济合作企业经营资格；承担对外直接投资、对外承包工程和劳务合作统计工作。

（十八）进出口公平贸易局。

承担进出口公平贸易的相关工作；调查对我出口商品实施的歧视性贸易政策、法律法规及其做法并进行相关磋商谈判；建立进出口公平贸易预警机制；指导协调对我出口商品的反倾销、反补贴和保障措施的应诉及相关工作。

（十九）产业损害调查局。

承担产业损害调查与裁决工作；建立并完善产业损害预警机制，开展产业竞争力调查、产业安全应对与效果评估；指导协调产业安全应对工作。

（二十）国际经贸关系司。

拟订并执行多边、区域经贸政策；根据分工处理与多边、区域经贸组织的关系；组织实施自由贸易区战略；牵头组织多边、区域及自由贸易区等经贸对外谈判；承担联合国等国际组织对中国经济技术合作的中方有关管理事务；管理多双边对中国的无偿援助和赠款（不含财政合作项下外国政府及国际金融组织对中国赠款）。

（二十一）世界贸易组织司（中国政府世界贸易组织通报咨询局）。

承担牵头组织世界贸易组织框架下的多双边谈判工作；承担世界贸易组织争端解决机制工作；履行在世界贸易组织中承担的关于贸易和投资等方面的政策审议、通报、咨询义务；推进进出口贸易标准化工作。

（二十二）亚洲司。

（二十三）西亚非洲司。

（二十四）欧洲司。

（二十五）美洲大洋洲司。

以上 4 个地区司的职责是：拟订并组织实施与所负责国别（地区）经贸合作发展战略、规划和政策；建立双边、区域政府间经济贸易联委会、混委会等机制；组织双边、区域经贸谈判；处理国别（地区）经贸关系中的重要事务；监督外国政府履行与我国签订经贸协议情况并承担对外交涉工作，协助中国企业获得外国市场准入；管理与未建交国家的经贸活动。

（二十六）台港澳司。

拟订并执行对香港、澳门特别行政区以及台湾地区的经贸规划、政策；牵头组织与香港、澳门特别行政区有关部门和台湾地区受权机构进行经贸磋商；会同有关方面承担内地与香港、澳门特别行政区更紧密经贸关系安排磋商及实施工作；协调处理对台经贸工作中的重大问题，拟订对台直接通商方案；牵头处理多双边经贸领域的涉台问题；管理和指导对台贸易，协调台商投资管理工作。

（二十七）信息化司。

拟订运用电子商务开拓国内外市场的相关政策、措施；拟订商务领域电子商务相关标准和规则；建立完善商务信息公共服务体系；承担部电子政务及政府网站管理工作；组织进出口预警、市场运行和商品供求监测体系建设。

（二十八）外事司。

拟订部外事工作制度；承担有关外事工作。

机关党委　负责机关、驻各地特派员办事处、在京直属单位的党群工作。

离退休干部局　负责机关离退休干部工作，指导直属单位的离退休干部工作。

四、人员编制

商务部机关行政编制为956名（含两委人员编制10名、援派机动编制6名、离退休干部工作人员编制68名）。其中：首席贸易谈判代表（副部长级）1名，司局级领导职数111名（含部长助理5名、谈判副代表1名、谈判代表助理4名、世界贸易组织谈判专员2名、公平贸易调查专员2名、机关党委专职副书记3名、离退休干部局领导职数4名）。

五、其他事项

（一）商务部承担《反垄断法》规定的国务院反垄断委员会具体工作。

（二）国家发展和改革委员会、商务部会同有关部门建立外国投资者并购境内企业安全审查部际联席会议。商务部负责统一受理并答复外国投资者并购境内企业申请。其中，属于安全审查范围内的并购行为，由外国投资者并购境内企业安全审查部际联席会议进行安全审查；涉及新增固定资产投资的，按国家固定资产投资管理规定办理；重大安全事项，召开部际联席会议研究。

（三）国家发展和改革委员会负责编制重要工业品、原材料和重要农产品的进出口总量计划，商务部负责在国家发展和改革委员会确定的总量计划内组织实施。粮食、棉花、煤炭由国家发展和改革委员会会同商务部在进出口总量计划内进行分配并协调相关政策。

（四）《外商投资产业指导目录》由国家发展和改革委员会会同商务部等部门拟订，国家发展和改革委员会与商务部联合发布。

（五）商务部在对外谈判和国内协调时可使用国际贸易谈判代表办公室名义。

（六）商务部在大连、天津、上海、广州、深圳、海南、南宁、南京、武汉、青岛、郑州、福州、西安、成都、杭州、昆明共派驻特派员办事处 16 个，行政编制 120 名。

（七）所属事业单位的设置、职责和编制事项另行规定。

六、附则

本规定由中央机构编制委员会办公室负责解释，其调整由中央机构编制委员会办公室按规定程序办理。

003

国务院办公厅关于印发国家发展和改革委员会主要职责内设机构和人员编制规定的通知

国办发〔2008〕102号

各省、自治区、直辖市人民政府，国务院各部委、各直属机构：

《国家发展和改革委员会主要职责内设机构和人员编制规定》已经国务院批准，现予印发。

国务院办公厅

二〇〇八年七月十五日

国家发展和改革委员会主要职责内设机构和人员编制规定

国务院办公厅

2008年7月15日

根据第十一届全国人民代表大会第一次会议批准的国务院机构改革方案和《国务院关于机构设置的通知》（国发〔2008〕11号），设立国家发展和改革委员会，为国务院组成部门。

一、主要职责

（一）拟订并组织实施国民经济和社会发展战略、中长期规划和年度计划，统筹协调经济社会发展，研究分析国内外经济形势，提出国民经济发展、价格总水平调控和优化重大经济结构的目标、政策，提出综合运用各种经济手段和政策的建议，受国务院委托向全国人大提交国民经济和社会发展计划的报告。

（二）负责监测宏观经济和社会发展态势，承担预测预警和信息引导的责任，研究宏观经济运行、总量平衡、国家经济安全和总体产业安全等重要问题并提出宏观调控政策建议，负责协调解决经济运行中的重大问题，调节经济运行，负责组织重要物资的紧急调度和交通运输协调。

（三）负责汇总分析财政、金融等方面的情况，参与制定财政政策、货币政策和土地政策，拟订并组织实施价格政策。综合分析财政、金融、土地政策的执行效果，监督检查价格政策的执行。负责组织制定和调整少数由国家管理的重要商品价格和重要收费标准，依法查处价格违法行为和价格垄断行为等。负责全口径外债的总量控制、结构优化和监测工作，促进国际收支平衡。

（四）承担指导推进和综合协调经济体制改革的责任，研究经济体制改革和对外开放的重大问题，组织拟订综合性经济体制改革方案，协调有关专项经济体制改革方案，会同有关部门搞好重要专项经济体制改革之间的衔接，指导经济体制改革试点和改革试验区工作。

（五）承担规划重大建设项目和生产力布局的责任，拟订全社会固定资产投资总规模和投资结构的调控目标、政策及措施，衔接平衡需要安排中央政府投资和涉及重大建设项目的专项规划。安排中央财政性建设资金，按国务院规定权限审批、核准、审核重大建设项目、重大外资项目、境外资源开发类重大投资项目和大额用汇投资项目。指导和监督国外贷款建设资金的使用，引导民间投资的方向，研究提出利用外资和境外投资的战略、规划、总量平衡和结构优化的目标和政策。组织开展重大建设项目稽察。指导工程咨询业发展。

（六）推进经济结构战略性调整。组织拟订综合性产业政策，负责协调第一、二、三产业发展的重大问题并衔接平衡相关发展规划和重大政策，做好与国民经济和社会发展规划、计划的衔接平衡；协调农业和农村经济社会发展的重大问题；会同有关部门拟订服务业发展战略和重大政策，拟订现代物流业发展战略、规划，组织拟订高技术产业发展、产业技术进步的战略、规划和重大政策，协调解决重大技术装备推广应用等方面的重大问题。

（七）承担组织编制主体功能区规划并协调实施和进行监测评估的责任，组织拟订区域协调发展及西部地区开发、振兴东北地区等老工业基地、促进中部地区崛起的战略、规划和重大政策，研究提出城镇化发展战略和重大政策，负责地区经济协作的统筹协调。

（八）承担重要商品总量平衡和宏观调控的责任，编制重要农产品、工业品和原材料进出口总量计划并监督执行，根据经济运行情况对进出口总量计划进行调整，拟订国家战略物资储备规划，负责组织国家战略物资的收储、动用、轮换和管理，会同有关部门管理国家粮食、棉花和食糖等储备。

（九）负责社会发展与国民经济发展的政策衔接，组织拟订社会发展战略、总体规划和年度计划，参与拟订人口和计划生育、科学技术、教育、文化、卫生、民政等发展政策，推进社会事业建设，研究提出促进就业、调整收入分配、完善社会保障与经济协调发展的政策建议，协调社会事业发展和改革中的重大问题及政策。

（十）推进可持续发展战略，负责节能减排的综合协调工作，组织拟订发展循环经济、全社会能源资源节约和综合利用规划及政策措施并协调实施，参与编制生态建设、环境保护规划，协调生态建设、能源资源节约和综合利用的重大问题，综合协调环保产业和清洁生产促进有关工作。

（十一）组织拟订应对气候变化重大战略、规划和政策，与有关部门共同牵头组织参加气候变化国际谈判，负责国家履行联合国气候变化框架公约的相关工作。

（十二）起草国民经济和社会发展、经济体制改革和对外开放的有关法律法规草案，制定部门规章。按规定指导和协调全国招投标工作。

（十三）组织编制国民经济动员规划、计划，研究国民经济动员与国民经济、国防建设的关系，协调相关重大问题，组织实施国民经济动员有关工作。

（十四）承担国家国防动员委员会有关具体工作和国务院西部地区开发领导小组、国务院振兴东北地区等老工业基地领导小组、国家应对气候变化及节能减排工作领导小组的具体工作。

（十五）承办国务院交办的其他事项。

根据国务院规定，管理国家粮食局、国家能源局。

二、职能机构

根据职责，国家发展和改革委员会内设 28 个职能机构：

（一）办公厅

负责文电、会务、机要、档案等机关日常运转工作；承担信息、安全保密、信访、政务公开工作；承担机关财务、资产管理、内部审计等工作。

（二）政策研究室

起草重要文件；组织研究经济社会发展、改革开放和国际经济的重大问题；承担新闻发布和信息引导等工作。

（三）发展规划司

提出国民经济和社会发展战略、规划生产力布局的建议，提出国民经济和社会中长期发展、总量平衡及结构调整的目标和政策；组织拟订国民经济和社会发展中长期规划、全国主体功能区规划，并对规划实施情况进行监测与评估；提出推进城镇化的发展战略和重大政策措施；统筹协调经济社会发展重大专项规划和区域规划。

（四）国民经济综合司

监测分析宏观经济形势和国际经济发展变化，进行宏观经济和社会发展的预测预警；研究总量平衡，提出宏观调控的目标以及运用各种经济手段和政策的建议；开展宏观调控政策评估；组织拟订年度国民经济和社会发展计划；提出年度重要商品平衡的总量目标和相关政策建议；提出国家重要物资储备政策建议，拟订并协调国家重要物资储备计划；组织研究和提出国家经济安全和总体产业安全战略及政策建议。

（五）经济运行调节局

监测经济运行态势并提出相关政策建议；协调解决经济运行中的重大问题，

组织煤、电、油、气及其他重要物资的紧急调度和交通运输协调；组织应对有关重大突发性事件，提出安排重要应急物资储备和动用国家物资储备的建议。

（六）经济体制综合改革司

研究经济体制改革和对外开放的重大问题，指导推进和综合协调经济体制改革；组织拟订综合性经济体制改革方案；参与研究和衔接委内司局及有关方面拟订的专项经济体制改革方案，协调推进专项经济体制改革；指导经济体制改革试点和改革试验区工作；协调解决经济体制改革进程中的重大问题。

（七）固定资产投资司

监测分析全社会固定资产投资状况，拟订全社会固定资产投资总规模和投资结构的调控目标、政策、措施；起草固定资产投资管理有关法律法规草案；提出深化投资体制改革和修订投资核准目录的建议；安排中央财政性建设资金，按国务院规定权限，审核重大建设项目；指导工程咨询业发展。

（八）利用外资和境外投资司

综合分析国际资本动态及利用外资和境外投资的状况；提出利用外资和境外投资的战略、规划、总量平衡和结构优化的目标、政策，协调有关重大政策；承担全口径外债总量控制、结构优化和监测工作；会同有关方面组织拟订国际金融组织、外国政府贷款规划并提出重大备选项目；会同有关方面拟订外商投资产业指导目录；按国务院规定权限，审核外商投资重大项目、境外资源开发类重大投资项目和大额用汇投资项目。

（九）地区经济司

组织拟订区域经济发展规划，提出区域经济发展的重大政策；协调国土整治、开发、利用和保护政策，参与制定土地政策，参与编制水资源平衡与节约规划、生态建设与环境整治规划；组织实施主体功能区规划；指导地区经济协作；编制老、少、边、穷地区经济开发计划和以工代赈计划；协调落实促进中部地区崛起战略、规划和重大政策，提出重大项目布局建议并协调实施，推进中部地区内外协调合作和相关机制建设。

（十）西部开发司

组织拟订推进西部大开发的战略、规划和重大政策，协调有关重大问题；提出西部地区重点基础设施建设、生态环境建设、重大项目布局等建议并协调实施。

（十一）东北振兴司

组织拟订振兴东北地区等老工业基地的战略、规划和重大政策，协调有关重大问题；提出老工业基地调整改造、资源型城市可持续发展、重大项目布局等建议并协调实施。

（十二）农村经济司

综合分析农业和农村经济发展情况，提出农村经济发展战略、体制改革及有关政策建议，协调农业和农村经济社会发展的重大问题；衔接平衡农业、林业、水利、气象等发展规划、计划和政策，提出重大项目布局建议并协调实施。

（十三）基础产业司

统筹能源、交通运输发展规划与国民经济和社会发展规划、计划的衔接平衡；综合分析能源和交通运输运行状况，协调有关重大问题，提出有关政策建议。

（十四）产业协调司

综合分析工业和服务业发展的重大问题，组织拟订综合性产业政策，研究提出综合性政策建议；统筹工业、服务业的发展规划与国民经济和社会发展规划、计划的衔接平衡；协调重大技术装备推广应用和重大产业基地建设；会同有关方面拟订服务业的发展战略和重大政策，协调服务业发展中的重大问题。

（十五）高技术产业司

综合分析高技术产业及产业技术的发展态势，组织拟订高技术产业发展、产业技术进步的战略、规划和重大政策；做好相关高技术产业化工作，组织重大产业化示范工程；统筹信息化的发展规划与国民经济和社会发展规划、计划的衔接平衡；组织推动技术创新和产学研联合；推动国民经济新产业的形成。

（十六）资源节约和环境保护司

综合分析经济社会与资源、环境协调发展的重大战略问题；组织拟订能源资源节约和综合利用、发展循环经济的规划和政策措施并协调实施，参与编制环境保护规划；协调环保产业和清洁生产促进有关工作；组织协调重大节能减排示范工程和新产品、新技术、新设备的推广应用；承担国家应对气候变化及节能减排工作领导小组有关节能减排方面的具体工作。

（十七）应对气候变化司

综合分析气候变化对经济社会发展的影响，组织拟订应对气候变化重大战略、规划和重大政策；牵头承担国家履行联合国气候变化框架公约相关工作，会同有关方面牵头组织参加气候变化国际谈判；协调开展应对气候变化国际合作和能力建设；组织实施清洁发展机制工作；承担国家应对气候变化及节能减排工作领导小组有关应对气候变化方面的具体工作。

（十八）社会发展司

综合提出社会发展战略，组织拟订和协调社会发展规划和年度计划；协调人口和计划生育、文化、教育、卫生、体育、广播影视、旅游、政法、民政等发展政策；推进社会事业建设；协调社会事业发展和改革的重大问题。

（十九）就业和收入分配司

综合分析就业与人力资源、收入分配和社会保障的情况，提出促进就业、调整收入分配、完善社会保障与经济协调发展的战略和政策建议；推进相关体制改革，协调解决相关重大问题。

（二十）经济贸易司

监测分析国内外市场状况，承担重要商品总量平衡和宏观调控相关工作；组织拟订重要农产品、工业品和原材料进出口总量计划并监督执行，根据经济运行变化提出计划调整建议；会同有关方面管理国家粮食、棉花、食糖等储备；拟订现代物流业发展战略和规划，协调流通体制改革中的重大问题。

（二十一）财政金融司

研究分析全社会资金平衡；研究财政政策、货币政策和财政、金融体制改革等问题，分析财政政策和货币政策执行情况，并提出建议；提出直接融资的发展战略和政策建议，按分工核准非上市公司发行企业（公司）债券，牵头推进产业投资基金和创业投资的发展及制度建设。

（二十二）价格司

监测预测价格总水平变动，提出价格总水平调控目标、政策和价格改革的建议；组织起草有关价格、收费方面的政策和法规草案；提出政府价格管理的范围、原则、办法和修订政府定价目录的建议；组织拟订重要商品价格、收费政策和调整中央政府管理的商品价格及收费标准；组织重要农产品、重要商品和服务的成本调查。

（二十三）价格监督检查司

起草有关价格监督检查法规草案和规章；指导价格监督检查工作，组织实施价格检查，依法查处商品价格、服务价格、国家机关收费中的价格违法行为，依法查处价格垄断行为；按规定受理价格处罚的复议案件和申诉案件。

（二十四）法规司

起草有关法律法规草案和规章；承担机关有关规范性文件合法性审核工作；承担相关行政复议、行政应诉工作；按规定指导协调招投标工作。

（二十五）外事司

承担与相关国际组织、外国政府部门及机构合作的有关事宜；协助有关司推进重大涉外项目；开展国际经济调研；承担机关日常外事工作。

（二十六）人事司

承担机关和直属单位的人事管理、机构编制、队伍建设等工作。

（二十七）国民经济动员办公室

组织拟订国民经济动员规划、计划；研究国民经济动员与国民经济、国防建设的关系，协调相关重大问题；组织实施国民经济动员有关工作；协调国民经济平战转换能力建设。

（二十八）重大项目稽察特派员办公室

组织开展对重大建设项目的稽察；跟踪检查相关行业和地方贯彻执行国家投

资政策和规定情况；组织开展对中央财政性建设资金投资安排实施情况的监督和检查；对违规问题，按国家有关规定提出处理意见。

机关党委　负责机关、委管国家局和在京直属单位的党群工作。

离退休干部局　负责机关离退休干部工作，指导直属单位的离退休干部工作。

国家物资储备局　负责拟订国家战略物资储备的战略和规划，组织国家战略物资的收储、动用、轮换和日常管理。

004

国务院办公厅关于印发工业和信息化部主要职责内设机构和人员编制规定的通知

国办发〔2008〕72号

各省、自治区、直辖市人民政府，国务院各部委、各直属机构：

《工业和信息化部主要职责内设机构和人员编制规定》已经国务院批准，现予印发。

国务院办公厅

二〇〇八年七月十一日

工业和信息化部主要职责内设机构和人员编制规定

国务院办公厅

2008年7月11日

根据第十一届全国人民代表大会第一次会议批准的国务院机构改革方案和《国务院关于机构设置的通知》（国发〔2008〕11号），设立工业和信息化部，为国务院组成部门。

一、职责调整

（一）将国家发展和改革委员会的工业行业管理和信息化有关职责划给工业和信息化部，具体包括：研究提出工业发展战略，拟订工业行业规划和产业政策并组织实施；指导工业行业技术法规和行业标准的拟订；按国务院规定权限，审批、核准国家规划内和年度计划规模内工业、通信业和信息化固定资产投资项目；高技术产业中涉及生物医药、新材料等的规划、政策和标准的拟订及组织实施；组织领导和协调振兴装备制造业，组织编制国家重大技术装备规划，协调相关政策；工业日常运行监测；工业、通信业的节能、资源综合利用和清洁生产促进工作；对中小企业的指导和扶持；国务院减轻企业负担部际联席会议的日常工作；国家履行《禁止化学武器公约》、稀土行业发展、盐业行政管理、国家医药储备管理的工作，管理国家烟草专卖局的职责。

（二）将原国防科学技术工业委员会除核电管理以外的职责划给工业和信息

化部。其中组织协调武器装备科研生产的重大事项、保障军工核心能力建设等职责划给国家国防科技工业局。

（三）将原信息产业部的职责划给工业和信息化部。其中军工电子管理职责划给国家国防科技工业局。有关邮政管理职责划给国家邮政局，国家邮政局改由交通运输部管理。

（四）将原国务院信息化工作办公室的职责划给工业和信息化部。

（五）推进信息化和工业化融合，推进高新技术与传统工业改造结合，推进军民结合、寓军于民，促进工业由大变强，加快推进国家信息化建设。

二、主要职责

（一）提出新型工业化发展战略和政策，协调解决新型工业化进程中的重大问题，拟订并组织实施工业、通信业、信息化的发展规划，推进产业结构战略性调整和优化升级，推进信息化和工业化融合，推进军民结合、寓军于民的武器装备科研生产体系建设。

（二）制定并组织实施工业、通信业的行业规划、计划和产业政策，提出优化产业布局、结构的政策建议，起草相关法律法规草案，制定规章，拟订行业技术规范和标准并组织实施，指导行业质量管理工作。

（三）监测分析工业、通信业运行态势，统计并发布相关信息，进行预测预警和信息引导，协调解决行业运行发展中的有关问题并提出政策建议，负责工业、通信业应急管理、产业安全和国防动员有关工作。

（四）负责提出工业、通信业和信息化固定资产投资规模和方向（含利用外资和境外投资）、中央财政性建设资金安排的意见，按国务院规定权限审批、核准国家规划内和年度计划规模内固定资产投资项目。

（五）拟订高技术产业中涉及生物医药、新材料、航空航天、信息产业等的规划、政策和标准并组织实施，指导行业技术创新和技术进步，以先进适用技术改造提升传统产业，组织实施有关国家科技重大专项，推进相关科研成果产业化，推动软件业、信息服务业和新兴产业发展。

（六）承担振兴装备制造业组织协调的责任，组织拟订重大技术装备发展和自主创新规划、政策，依托国家重点工程建设协调有关重大专项的实施，推进重大技术装备国产化，指导引进重大技术装备的消化创新。

（七）拟订并组织实施工业、通信业的能源节约和资源综合利用、清洁生产促进政策，参与拟订能源节约和资源综合利用、清洁生产促进规划，组织协调相关重大示范工程和新产品、新技术、新设备、新材料的推广应用。

（八）推进工业、通信业体制改革和管理创新，提高行业综合素质和核心竞争力，指导相关行业加强安全生产管理。

（九）负责中小企业发展的宏观指导，会同有关部门拟订促进中小企业发展和非国有经济发展的相关政策和措施，协调解决有关重大问题。

（十）统筹推进国家信息化工作，组织制定相关政策并协调信息化建设中的重大问题，促进电信、广播电视和计算机网络融合，指导协调电子政务发展，推动跨行业、跨部门的互联互通和重要信息资源的开发利用、共享。

（十一）统筹规划公用通信网、互联网、专用通信网，依法监督管理电信与信息服务市场，会同有关部门制定电信业务资费政策和标准并监督实施，负责通信资源的分配管理及国际协调，推进电信普遍服务，保障重要通信。

（十二）统一配置和管理无线电频谱资源，依法监督管理无线电台（站），负责卫星轨道位置的协调和管理，协调处理军地间无线电管理相关事宜，负责无线电监测、检测、干扰查处，协调处理电磁干扰事宜，维护空中电波秩序，依法组织实施无线电管制。

（十三）承担通信网络安全及相关信息安全管理的责任，负责协调维护国家信息安全和国家信息安全保障体系建设，指导监督政府部门、重点行业的重要信息系统与基础信息网络的安全保障工作，协调处理网络与信息安全的重大事件。

（十四）开展工业、通信业和信息化的对外合作与交流，代表国家参加相关国际组织。

（十五）承办国务院交办的其他事项。

三、内设机构

根据上述职责，工业和信息化部设 24 个内设机构：

（一）办公厅。

负责机关文电、信息、安全保卫、保密、信访等工作；负责机关日常工作的协调和督查；承担政务公开、新闻发布等工作。

（二）政策法规司。

研究新型工业化的战略性问题；组织研究工业、通信业、信息化发展的战略，提出政策建议；组织起草工业、通信业和信息化法律法规草案和规章；负责机关有关规范性文件的合法性审核工作；承担相关行政复议、行政应诉工作；承担重要文件起草工作。

（三）规划司。

组织拟订工业、通信业和信息化发展战略、规划；提出工业、通信业和信息化固定资产投资规模和方向（含利用外资和境外投资）、中央财政性建设资金安排的建议；承担固定资产投资审核的相关工作。

（四）财务司。

编报部门预决算和管理资金的使用；组织实施内部审计和绩效检查；提出行

业财税、价格、金融等政策建议；负责机关财务、资产管理等工作。

（五）产业政策司。

组织拟订工业、通信业产业政策并监督执行，提出推进产业结构调整、工业与相关产业融合发展及管理创新的政策建议；拟订和修订产业结构调整目录的相关内容，参与投资项目审核；制定相关行业准入条件并组织实施，会同有关方面实施汽车、农药的准入管理事项。

（六）科技司。

组织拟订并实施高技术产业中涉及生物医药、新材料、航空航天、信息产业等的规划、政策和标准；组织拟订行业技术规范和标准，指导行业质量管理工作；组织实施行业技术基础工作；组织重大产业化示范工程；组织实施有关国家科技重大专项，推动技术创新和产学研相结合。

（七）运行监测协调局。

监测分析工业、通信业日常运行，分析国内外工业、通信业形势，统计并发布相关信息，进行预测预警和信息引导；协调解决行业运行发展中的有关问题；承担应急管理、产业安全和国防动员相关工作。

（八）中小企业司。

承担中小企业发展的宏观指导，会同有关方面拟订促进中小企业发展和非国有经济发展的相关政策和措施；促进对外交流合作，推动建立完善服务体系，协调解决有关重大问题。

（九）节能与综合利用司。

拟订并组织实施工业、通信业的能源节约和资源综合利用、清洁生产促进政策，参与拟订能源节约和资源综合利用、清洁生产促进规划和污染控制政策，组织协调相关重大示范工程和新产品、新技术、新设备、新材料的推广应用。

（十）安全生产司。

指导工业、通信业加强安全生产管理，指导重点行业排查治理隐患，参与重特大安全生产事故的调查、处理；负责民爆器材的行业及生产、流通安全的监督管理。

（十一）原材料工业司（国家履行《禁止化学武器公约》工作办公室）。

承担钢铁、有色、黄金、稀土、石化（不含炼油）、化工（不含煤制燃料和燃料乙醇）、建材等的行业管理工作；研究国内外原材料市场情况并提出建议；承担国家履行《禁止化学武器公约》的组织协调工作；承担农业化学物质行政保护有关工作。

（十二）装备工业司。

承担通用机械、汽车、民用飞机、民用船舶、轨道交通机械制造业等的行业管理工作；提出重大技术装备发展和自主创新规划、政策建议并组织实施；依托国家重点工程建设协调有关重大专项的实施，推进重大技术装备国产化；指导引进重大技术装备的消化创新。

（十三）消费品工业司。

承担轻工、纺织、食品、医药、家电等的行业管理工作；拟订卷烟、食盐和糖精的生产计划；承担盐业和国家储备盐行政管理、中药材生产扶持项目管理、国家药品储备管理工作。

（十四）军民结合推进司。

提出军民两用技术双向转移、军民通用标准体系建设等军民结合发展规划，拟订相关政策并组织实施，推进相关体制改革。

（十五）电子信息司。

承担电子信息产品制造的行业管理工作；组织协调重大系统装备、微电子等基础产品的开发与生产，组织协调国家有关重大工程项目所需配套装备、元器件、仪器和材料的国产化；促进电子信息技术推广应用。

（十六）软件服务业司。

指导软件业发展；拟订并组织实施软件、系统集成及服务的技术规范和标准；推动软件公共服务体系建设；推进软件服务外包；指导、协调信息安全技术开发。

（十七）通信发展司。

协调公用通信网、互联网、专用通信网的建设，促进网络资源共享；拟订网络技术发展政策；负责重要通信设施建设管理；监督管理通信建设市场；会同有关方面拟订电信业务资费政策和标准并监督实施。

（十八）电信管理局。

依法对电信与信息服务实行监管，提出市场监管和开放政策；负责市场准入管理，监管服务质量；保障普遍服务，维护国家和用户利益；拟订电信网间互联互通与结算办法并监督执行；负责通信网码号、互联网域名、地址等资源的管理及国际协调；承担管理国家通信出入口局的工作；指挥协调救灾应急通信及其它重要通信，承担战备通信相关工作。

（十九）通信保障局。

组织研究国家通信网络及相关信息安全问题并提出政策措施；协调管理电信网、互联网网络信息安全平台；组织开展网络环境和信息治理，配合处理网上有害信息；拟订电信网络安全防护政策并组织实施；负责网络安全应急管理和处置；负责特殊通信管理，拟订通信管制和网络管制政策措施；管理党政专用通信工作。

（二十）无线电管理局（国家无线电办公室）。

编制无线电频谱规划；负责无线电频率的划分、分配与指配；依法监督管理无线电台（站）；负责卫星轨道位置协调和管理；协调处理军地间无线电管理相关事宜；负责无线电监测、检测、干扰查处，协调处理电磁干扰事宜，维护空中电波秩序；依法组织实施无线电管制；负责涉外无线电管理工作。

（二十一）信息化推进司。

指导推进信息化工作，协调信息化建设中的重大问题，协助推进重大信息化工程；指导协调电子政务和电子商务发展，协调推动跨行业、跨部门的互联互通；推动重要信息资源的开发利用、共享；促进电信、广播电视和计算机网络融合；承办国家信息化领导小组的具体工作。

（二十二）信息安全协调司。

协调国家信息安全保障体系建设；协调推进信息安全等级保护等基础性工作；指导监督政府部门、重点行业的重要信息系统与基础信息网络的安全保障工作；承担信息安全应急协调工作，协调处理重大事件。

（二十三）国际合作司（港澳台办公室）。

承担对外和对港澳台合作与交流相关事务；负责外事工作。

（二十四）人事教育司。

负责机关和直属单位的人事管理、机构编制、队伍建设等工作；管理直属高校。

机关党委　负责机关和在京直属单位的党群工作。

离退休干部局　负责机关离退休干部工作，指导直属单位的离退休干部工作。

四、人员编制

工业和信息化部机关行政编制为 731 名（含两委人员编制 13 名，援派机动编制 1 名，离退休干部工作人员编制 118 名）。其中：部长 1 名，副部长 4 名；司局级领导职数 103 名（含总工程师 2 名、总经济师 1 名，机关党委专职副书记 3 名，离退休干部局领导职数 7 名）。

五、其他事项

（一）工业和信息化部作为行业管理部门，主要是管规划、管政策、管标准，指导行业发展。要坚持政企分开的原则，不干预企业生产经营活动。充分发挥行业协会和社会中介组织的作用。

（二）工业和信息化部对外保留国家航天局、国家原子能机构牌子，代表国家参加国际航天组织、国际原子能机构及其他政府间国际组织和有关活动，履行有关职责。委托国家国防科技工业局承办国务院中央军委专门委员会的有关工作。

（三）炼油、煤制燃料和燃料乙醇的行业管理由国家能源局负责，其他石油化工和煤化工的行业管理由工业和信息化部负责。

（四）管理国家国防科技工业局、国家烟草专卖局。

（五）原信息产业部在31个省、自治区、直辖市设置的通信管理局划给工业和信息化部，实行垂直管理，行政编制500名。

（六）原信息产业部所属事业单位和原国防科学技术工业委员会的北京航空航天大学等7所直属高校，国家发展和改革委员会的中小企业对外合作协调中心、中国机电设备招标中心、中国机电设备成套服务中心由工业和信息化部管理。其他所属事业单位的设置、职责和编制事项另行规定。

六、附则

本规定由中央机构编制委员会办公室负责解释，其调整由中央机构编制委员会办公室按规定程序办理。

二 生产资料流通综合政策文献

005

商务部关于“十二五”期间推进生产资料流通现代化的指导意见

商流通发〔2011〕474号

各省、自治区、直辖市、计划单列市及新疆生产建设兵团商务主管部门：

生产资料流通直接服务于工农业生产和基础设施建设，是生产性服务业的重要组成部分。提高生产资料流通现代化水平，对于组织和引导生产、保障市场供给、优化资源配置、平抑价格波动、降低流通成本等具有重要意义。根据国家“十二五”规划纲要、《国内贸易发展规划（2011—2015）》和《商贸物流发展专项规划》（商商贸发〔2011〕67号），现就“十二五”期间促进生产资料流通现代化发展提出如下意见：

一、“十一五”时期我国生产资料流通的主要特点

（一）市场规模不断扩大。随着我国经济快速发展、经济总量不断增加，我国生产资料市场规模不断扩大，生产资料销售总额从2006年的17.7万亿元增长到2010年的36.1万亿元，行业就业人数年均增长4.4%。2010年，生产资料流通行业增加值占国内生产总值比重达到5.1%，完成税收收入占第三产业的17.7%。

（二）多主体、多渠道流通格局共存。改革开放以来，我国国有生产资料流通企业逐步完成股份制改造，建立了现代企业制度，成为生产资料流通的骨干企业；一批民营企业异军突起，在生产资料流通中发挥“生力军”作用；大型生产企业通过建立销售网络，逐步向流通领域延伸，形成了国有、民营、外资多元化的生产资料流通主体共同发展，流通企业经销、经销商代理、生产企业自营等多种流通渠道并存的生产资料流通格局。

（三）新型交易方式快速发展。现货交易、期货交易等多种交易方式相互补充的生产资料交易方式，较好地满足了多元化、多层次的市场需求；连锁经营方式逐步引入生产资料流通行业，提高了经营组织化水平。批发市场成为我国生产资料流通的重要载体，同时，以互联网为载体的生产资料网上交易快速发展。

（四）服务功能进一步拓宽。生产资料流通企业逐渐从传统的交易功能向供应链上下游延伸，通过拓展仓储、展示、配送功能，逐步向现代物流中心转变，为生产和建设活动提供专业化、个性化服务，扩大增值服务范围。生产资料供应链融资快速发展，为解决中小企业资金短缺、融资难等发挥了积极作用。

（五）国内外市场联动趋势明显。我国生产资料市场与国际市场的联系日益紧密，国内外市场联动效应日趋明显，一些重要的生产资料品种如铜、钢铁等，国内市场对国际市场价格的影响越来越大，“两个市场、两种资源”对调剂国内余缺、平衡供需、促进国民经济健康发展的作用日益突出。

尽管我国生产资料流通现代化水平快速提升，但行业发展中存在的一些深层次问题不容忽视，主要表现在：企业规模小，组织方式落后；流通基础设施缺乏整体规划和布局，投入严重不足；电子交易模式、供应链融资等新型交易方式和服务模式缺乏政策引导和法律规范。这些问题在一定程度上制约了生产资料流通行业的健康发展，亟待转型升级，推进生产资料流通现代化。

二、指导思想和目标

（一）指导思想。按照科学发展观要求，适应我国转变经济发展方式和生产性服务业发展需要，以供应链管理为纽带，以科技为支撑，推进生产资料流通组织现代化、交易方式现代化、基础设施现代化和企业管理现代化，引导和推动生产料流通企业与生产、加工、配送、金融等相关企业融合发展，进一步降低流通成本，优化流通组织化程度，提高生产资料流通效率，促进国民经济健康、稳步发展。

（二）基本目标。通过大力推进生产资料流通现代化工作，促进形成有中国特色的统一开放、竞争有序、安全高效、低碳环保的生产资料流通体系。到“十二五”末，重点生产资料流通企业平均流动资产周转次数由目前的 3.1 次提高到 4.6 次、存货周转率由目前的 11.1 次提高到 13.6 次，平均库存总额占销售额比例由目前的 8.7％降低到 6.2％；大中型生产资料流通企业的销售额占全行业销售额的比例从目前的 34％提高到 39％；销售额超过千亿元的大型生产资料流通企业由目前的 6 家发展到 16 家；形成一批以互联网为载体的国际或区域性生产资料交易中心。

三、主要任务

（一）发展连锁经营，提高行业组织化和规模化水平。根据商品特点、区域特点和企业实际情况，支持具备条件的生产资料流通企业以品牌和成熟的经营管理体系为依托，以现有门店和经营网点为基础，吸收中小企业加盟，建立规模化、集约化的连锁经营模式，培育一批主业突出、经营规模大、网络覆盖广、核心竞争力强、现代化水平高的大型生产资料流通企业。建立健全覆盖县级区域和中心乡镇的公共物流配送网络，为农资流通提供有力支撑。

（二）强化物流服务功能，拓展增值服务范围。支持生产资料流通企业在中心城市、交通枢纽、经济开发区和工业园区建设大宗生产资料现代物流基地和物流园区，促进生产资料流通集聚式发展。鼓励生产资料流通企业强化物流服务功能，从单一的交易中心向展示、仓储、交易、加工、配送等多功能、多业态发展，形成一批集多功能于一体的专业化、综合性生产资料物流配送中心。建立科学的仓储货物监管制度，制订质押仓库资质认定办法，规范仓单质押行为，促进供应链融资服务健康、有序发展。

（三）促进产业融合发展，降低流通成本。鼓励生产资料流通企业向上游产业延伸，进入生产领域掌握生产环节需求信息；向相关产业延伸，在投融资、信息、科研等领域拓展；向下游产业延伸，通过提供个性化服务，帮助终端客户创造价值，在部分重点品种形成上控资源、中联物流、下建网络的产业链，拓宽企业发展空间，稳定和保障资源供应，提高渠道控制力和议价能力。

（四）培育市场主体，推动大中小企业协调发展。鼓励具有竞争优势的生产资料生产、流通企业通过参股、控股、兼并、收购等方式，跨地区、跨行业进行资源整合。鼓励具备条件的生产资料生产、流通企业拓展内外贸结合的经营模式，建立跨国采购和销售网络。同时，重视发挥中小企业在满足市场多层次、个性化需求方面的重要作用，引导中小企业运用信息技术和现代流通技术，提高企业核心竞争力。

（五）提高现代科技应用水平，增强企业竞争力。顺应物联网和互联网融合发展趋势，加大生产资料流通领域信息化改造力度，支持生产资料流通企业应用供应商管理系统、库存管理系统、客户关系管理系统等供应链管理系统，提高企业管理水平。鼓励发展生产资料电子商务交易方式，重点规范、培育一批市场覆盖面广、交易规范的区域或国际性生产资料电子商务交易平台。加强数字化行业共用信息平台发展，实现上下游企业之间的信息共享和资源协同配置。大力推进托盘共用、自动化包装装卸、流通加工、计量检测等应用，提高生产资料流通装备技术水平。

（六）加强节能减排工作，促进绿色低碳发展。按照国家“十二五”节能减排的总体要求，鼓励各类生产资料流通企业、物流配送中心等推广应用先进适用的节能技术，加大设施节能改造投入，优化用能设备配置。推广绿色物流，合理组织、配置物流资源，优化配送路径，促进低碳经济发展。进一步加大散装水泥、预拌混凝土、预拌砂浆推广力度。

四、保障措施

（一）开展示范、试点，加强政策引导。将促进生产资料流通现代化作为服务业特别是生产性服务业发展的一项重要内容，通过开展现代服务业综合试点、生产资料流通经营模式创新示范等工作，提高生产资料流通现代化水平。完善生产资料重点联系企业制度。协调相关部门，解决生产资料流通业发展面临的融资难、税负高等问题，创新企业融资方式，争取相关政策支持。

（二）加强法规、标准体系建设，改善市场环境。加强法规建设，规范生产资料流通管理措施，形成公平、有序、竞争、高效的生产资料流通市场环境。制订符合经济社会发展需要的生产资料电子商务交易规则。完善生产资料流通标准体系，健全相关市场准入制度。广泛开展“诚信经营”和行业信用评价，探索建立企业信用和从业人员资质分级分类管理制度，形成诚信激励、失信惩戒机制。

（三）完善行业监测、统计体系，做好服务工作。进一步完善煤炭、石油、天然气、钢材、有色金属、木材、橡胶、塑料、再生资源等重要生产资料市场监测体系，及时掌握生产、需求、库存、进出口和价格变化情况和发展变化趋势。加强生产资料流通行业统计工作，全面了解行业发展状况，及时反映生产资料流通现代化发展中出现的新情况、新问题、新趋势。编制发布重点生产资料流通发展报告，为社会和投资者提供相关的信息服务。

（四）加大研究力度，把握行业发展方向。重点联系一批理论造诣深、实践结合能力强的生产资料生产、流通方面的专家队伍，以生产资料流通重点行业、关键领域、突出问题为突破口，加大行业研究力度，做好行业发展分析研究工作，准确把握生产资料流通现代化发展方向，逐步形成政府部门、行业协会、科研咨询机构、企业和专家群体共同推进生产资料流通行业发展的工作格局。

（五）充分发挥行业协会作用，形成行业发展合力。充分发挥行业协会连接政府和企业的桥梁纽带作用，制订行规行约，加强行业自律，指导企业创新经营模式，提高流通现代化水平。充分发挥行业协会在行业统计、课题研究、咨询服务、资质认证、人才培训等方面的积极作用，引导行业健康发展。指导或委托行业协会做好国内外市场行情跟踪、信息收集、趋势研究等工作，共同推进生产资料流通现代化。

（六）加强组织领导，健全工作机制。各地商务主管部门要提高认识，转变观念，加强组织领导，健全生产资料流通行业管理机构，明确工作职责，加强行业指导、管理和服务，因地制宜地抓好“十二五”时期推进生产资料流通现代化工作，确保取得成效。

商务部

二〇一一年十二月十四日

006

商务部办公厅关于建立生产资料流通行业重点企业联系制度的通知

商商贸字〔2010〕427号

各省、自治区、直辖市、计划单列市及新疆生产建设兵团商务主管部门：

为贯彻落实《商务部关于完善生产资料流通体系的意见》（商商贸发〔2010〕115号），商务部决定建立生产资料流通行业重点企业联系制度。现将有关事宜通知如下：

一、工作目标

转变政府职能，创新工作方式，拓宽沟通渠道，建立长效机制，进一步加强与生产资料流通行业重点企业的工作联系，全面掌握行业发展情况，深入了解企业政策需求，全力营造以市场为导向，以企业为主体，社会各方积极参与，共同推动生产资料流通行业持续、健康、协调发展的良好局面。

二、主要任务

（一）掌握行业发展情况。

以重点联系企业为主要依托，加强生产资料流通行业统计数据汇总分析。通过座谈会、调研走访、问卷调查等方式，直接与重点联系企业沟通交流，全面掌握行业发展规模、结构和运行状况，总结行业发展新特点和新趋势，发现存在和潜在的突出问题，形成改善行业管理工作的科学决策依据。

（二）引导扶持企业发展。

全面加强对重点联系企业的培育、指导和扶持，积极为企业提供行业规划、法律法规、标准规范等信息咨询和引导服务，协调解决制约企业长远发展的突出困难和共性问题。针对行业需求，出台和完善调整行业结构、提升行业效益、推动行业发展的政策措施，适时从重点联系企业中选取优秀企业，给予政策扶持。

（三）交流推广先进经验。

深入挖掘和整理重点联系企业在生产资料流通领域应用现代流通方式、改造升级批发市场、研发推广先进技术、创新营销模式、推进节能降耗等方面的好经验、好做法，通过商务部网站、经验交流座谈等多种方式和渠道进行宣传推广，树立先进典型，发挥示范作用，带动全行业持续健康发展。

三、联系范围

（一）企业类型。

1. 生产资料产销企业（含交易市场）。从事煤炭、石油、天然气、钢材、有色金属、汽车、建材、农机、木材、橡胶、化肥、农药等生产资料生产、销售、加工配送、进出口贸易、贸易经纪与代理经营的企业和交易市场（包括综合市场和专业市场）。

2. 第三方电子商务平台运营企业。从事生产资料网上交易的综合性或专业性第三方电子商务平台运营企业。

（二）条件要求。

1. 成立3年以上的独立企业法人；

2. 经营管理规范，规章制度健全，近3年内无违法违规行业记录；

3. 经营规模在全国或省级区域同行业中处于领先地位，知名度高，影响力大；

4. 具有科学的发展战略与规划，市场开拓和自主创新能力强；

5. 积极支持配合政府工作。

四、申报材料

（一）省级商务主管部门推荐意见。

（二）申报企业基本情况表（附后）。

（三）企业申报书。

内容包括企业发展历程、业务开展情况、获得荣誉与称号、应用现代流通方式和创新经营模式的成效、企业发展战略与规划、内部管理规章制度等。

（四）相关证明材料。

企业工商营业执照、税务登记证、经审计的会计年报复印件及其他证明材料。

五、申报程序

（一）企业申报。

符合条件的企业向所在地省级商务主管部门申报。

（二）地方初审。

省级商务主管部门对申报企业材料进行初审，确定推荐企业名单后报送商务部。

（三）确定名单。

商务部根据省级商务主管部门推荐名单，在严格筛选、综合平衡、征求意见的基础上，确定并公布重点联系企业名单。

请省级商务主管部门于2010年7月15日前按本通知要求将申报企业材料和初审意见（含附件3和附件4）报商务部。

联系人：商贸服务司 蔡雯

电话：010-85093755

传真：010-85093749

商务部办公厅

二〇一〇年六月十二日

附件：

1. 申报企业基本情况表1（略）
2. 申报企业基本情况表2（略）
3. 申报企业资料流通行业重点联系企业汇总表（略）
4. 生产资料流通行业管理工作联系表（略）

007

商务部关于完善生产资料流通体系的意见

商商贸发〔2010〕115号

各省、自治区、直辖市、计划单列市及新疆生产建设兵团商务主管部门：

生产资料流通业是生产性服务业的重要组成部分，在保障生产、促进经济循环、优化资源配置等方面具有重要作用。为进一步完善我国生产资料流通体系，促进经济发展方式转变，现提出以下意见。

一、指导思想与基本目标

（一）指导思想。以邓小平理论和“三个代表”重要思想为指导，贯彻落实科学发展观，立足当前，着眼长远，以市场为导向，以企业为主体，以科技为支撑，加强政府引导，转变发展方式，统筹生产与流通，处理好速度与效益、局部和整体、传承与创新的关系，推进生产资料流通体系与现代产业体系融合发展，更好地服务于生产发展、民生改善和对外开放总体要求。

（二）基本目标。适应国民经济市场化、信息化、国际化发展趋势，满足城镇化、工业化和新农村建设发展要求，健全生产资料流通体系，发展现代流通方式，创新经营模式，提高组织化程度，完善服务功能，加强市场调控，完善法律法规标准体系，推进生产资料流通有序协调健康发展。“十二五”期间，基本形成有中国特色的统一开放、竞争有序、安全高效、绿色低碳的生产资料流通体系。

二、主要任务

（三）创新生产资料经营模式。专业化分工与产业化协作相结合，创新生产资料经营模式。以供应链为纽带，推进产业融合，引导生产资料流通企业向上下游延伸，探索形成集原材料采购加工—产品开发—商品销售—物流配送服务于一体的经营模式或联盟。引导生产资料流通企业与生产企业建立紧密的工商关系，满足精益生产、定时生产等现代生产方式发展需要，探索形成全产业链服务模式。鼓励大宗生产资料生产、流通企业间建立风险共担、利益共享的佣金代理制。

（四）大力发展现代流通方式。根据商品特点、区位优势和企业实际情况，因地制宜地规范发展连锁经营、电子商务、物流配送等现代流通方式。支持具备条件的生产资料流通企业以品牌和成熟的经营管理体系为依托，以现有门店和经营网点为基础，吸收中小企业加盟，大力发展连锁经营。鼓励大型骨干生产资料生产、流通企业、大宗商品交易市场规范发展电子商务。支持建设专业化的生产资料第三方电子商务平台，整合供应链上不同环节、不同领域、不同企业间的生产资料生产、需求和物流等服务信息资源，完善服务功能。鼓励生产资料生产、流通企业采取多种形式构建集仓储、加工、配送、多式联运等功能于一体的专业化、综合性生产资料物流配送中心。

（五）引导生产资料批发市场改造升级转型。支持有发展潜力、辐射能力强的生产资料批发市场加快改造升级步伐，提高集展示、信息、交易、仓储、运输、加工、配送等功能于一体的综合服务能力；健全市场管理规章制度体系，完善市场交易规则，形成大宗生产资料全国性或区域性交易中心、集散中心、价格中心、信息中心。引导不适宜以批发市场形态继续存在的传统生产资料批发市场遵循市场规律，调整经营方向，转变经营形态，合理利用土地、设施、人力等资源。推进与居民生活密切相关的建材、五金等生产资料批发市场大力发展专业化经营。

（六）加快农村生产资料流通体系建设。以服务“三农”为宗旨，加快农村生产资料流通体系建设。充分利用“万村千乡市场工程”等网点资源发展农资连锁经营，防止假冒伪劣农资产品流入农村市场。鼓励开展区域性重点农机市场和农机品牌店建设。加快农村散装水泥流通设施建设。引导各类投资主体改造和整合农村传统流通渠道和社会网点资源，积极拓展农村生产资料市场。完善农资售后服务体系，探索建立农资商品赔偿制度，切实维护农民利益。

（七）鼓励生产资料流通龙头企业加快发展。鼓励主业突出、经营规模大、网络覆盖广、核心竞争力强、现代化水平高的大型生产资料流通企业加快发展，实现大宗生产资料组织化、规模化、集约化经营。鼓励具有竞争优势的生产资料生产、流通企业通过参股、控股、兼并、收购等方式，跨地区、跨行业、跨所有制进行资源整合、战略重组，形成若干大批发商、大代理商、大经销商、大物流服务商。鼓励具备条件的生产资料生产、流通企业开展内外贸结合的经营模式，建立跨国采购和销售网络，充分利用国内外两个市场、两种资源。

（八）促进中小生产资料流通企业发展。重视发挥中小企业在满足市场多层次、多样化、个性化特别是小批量需求方面的重要作用。鼓励中小生产资料流通企业运用信息技术和现代流通技术，提高企业核心竞争力。对发展前景好的中小生产资料流通企业在市场准入、信用担保、金融服务、物流服务、信息服务、人才培训等方面给予支持。健全中小企业信用担保体系，充分发挥融资租赁、实物租赁企业作用，搭建中小企业融资平台。

（九）发挥科技引领支撑作用。鼓励生产资料生产、流通企业加大科技研发和投入力度，引进先进技术和设备设施，提高生产资料流通的科技含量和附加值。推进生产资料流通领域应用先进适用的机械化、自动化、信息化、剪切加工、物流和环保节能技术。顺应物联网和互联网融合发展趋势，加大生产资料流通领域信息化改造力度，不断提高行业信息化水平。

（十）加大生产资料流通基础设施建设力度。支持生产资料生产、流通企业在中心城市、交通枢纽、经济开发区和工业园区建设大宗生产资料现代物流基地和物流园区。加大石油、天然气等重要生产资料储备设施建设力度。支持有条件的生产资料生产、流通企业采取合资、合作等方式参与铁路、公路等基础设施建设。建立健全覆盖县级区域和中心乡镇的公共物流配送网络，为汽车下乡、建材下乡、农机下乡、农资流通等提供有力支撑。

（十一）推进生产资料流通领域节能降耗与循环利用。鼓励各类生产资料流通企业、大宗商品现货交易市场、物流配送中心等加大节能改造投入，优化用能设备配置。鼓励大型生产资料生产企业形成专业化再制造体系，推进托盘共用系统建设，发展循环经济。推广绿色物流，促进低碳经济发展。加大新型建材推广工作力度。进一步加大散装水泥、预拌混凝土、预拌砂浆推广力度。

（十二）健全生产资料市场监测、调控和行业统计体系。进一步完善煤炭、石油、天然气、钢材、有色金属、汽车、建材、农机、木材、橡胶、化肥、农药、再生资源等重要生产资料市场监测体系，准确反映生产、需求、库存、进出口和价格变化情况，及时掌握生产资料市场发展变化趋势。加强生产资料市场运行分析和预测预警工作，及时发布市场信息，促进产需衔接，保障生产资料市场平稳运行。按照有关规定，做好重要生产资料国家储备和商业库存管理相关工作。结合行业和地区实际，建立健全重要生产资料企业（商业）储备和地方储备制度。加强生产资料流通行业统计工作，全面了解行业发展状况，及时反映行业发展新情况、新问题、新趋势。建立生产资料流通行业综合评价指标体系，科学评价行业发展状况，引导行业健康发展。

（十三）改善生产资料市场发展环境。加强规范生产资料市场主体、市场行为、市场秩序、市场调控和市场管理等方面的法律法规建设。完善生产资料流通标准体系。健全生产资料流通领域市场准入制度。广泛开展“诚信经营”创建活动和行业信用评价，探索建立企业信用和从业人员资质分级分类管理制度，形成信用激励、失信惩戒机制。协调解决生产资料流通企业发展中遇到的制约因素和困难。引导和鼓励社会资金投向生产资料流通基础设施建设。加强生产资料流通人才队伍建设。

三、组织保障

（十四）健全组织机构和工作机制。加强组织领导，健全生产资料流通行业管理机构，明确工作职责，加强行业指导、管理和服务。加强商务部门与有关部门间的分工协作，完善工作机制，着力营造良好的市场环境、法制环境和政策环境。加强生产资料流通行业管理专业队伍建设，加大生产资料流通业务培训力度，不断提高业务能力和工作水平。

（十五）重视发挥行业协会作用。充分发挥行业协会连接政府和企业的桥梁纽带作用，制定行规行约，加强行业自律。发挥行业协会在行业统计、课题研究、咨询服务、资质认证、人才培训等方面的积极作用。指导或委托行业协会做好国内外市场行情跟踪、信息收集、趋势研究等工作。广泛听取行业协会的意见与建议。支持行业协会通过向政府和企业提供服务发展壮大自己。

（十六）建立重点联系制度。商务部将重点联系若干主业突出、经营规模大、辐射能力强、现代化水平高的大型生产资料生产、流通企业与交易市场，重点联系一批运作规范、影响力强的生产资料生产与流通行业协会、科研咨询机构，重点联系一群理论造诣深、实践结合能力强的生产资料生产、流通方面的专家。紧密结合我国实际情况和特点，充分借鉴和消化吸收国外先进经验，以生产资料流通重点行业、关键领域、突出问题为突破口，创新理论、创新体制、创新经营、创新科技、创新管理，加大宣传力度，发挥典型示范作用，以点带面，以局部带动整体，逐步形成政府部门、行业协会、科研咨询机构、企业和专家群体共同推进生产资料流通行业加快发展的工作格局。

各地商务主管部门要从社会主义现代化建设和改革开放全局的高度，提高认识，转变观念，加强领导，健全机构，创新管理，善于发现新情况、解决新问题、总结新经验、开拓新局面，按照本意见精神因地制宜地抓好贯彻落实工作，确保生产资料流通体系建设取得明显成效。

各地商务主管部门贯彻落实本意见的有关情况、问题和建议请及时报商务部。

商务部

二〇一〇年四月十三日

008

商务部办公厅关于印发姜增伟副部长在全国生产资料流通企业工作座谈会上的讲话的通知

商商贸字〔2009〕105号

各省、自治区、直辖市、计划单列市及新疆生产建设兵团商务主管部门：

2009年11月6日，商务部党组成员、副部长姜增伟同志在杭州出席了中国物流与采购联合会组织召开的全国生产资料流通企业工作座谈会并作重要讲话，分析了当前国内外经济形势，明确了加强生产资料流通行业管理工作的重要意义，并提出了下一步工作的具体要求。

现将讲话印发给你们，请结合当地实际情况，制订工作计划，建立组织保障，将生产资料流通行业管理作为商务工作的一项重要任务抓好抓实。

商务部办公厅

二〇〇九年十二月十四日

姜增伟副部长在全国生产资料流通企业工作座谈会上的讲话

2009年11月6日

同志们：

今天，中国物流与采购联合会在杭州隆重召开“全国生产资料流通企业工作座谈会”。这是继2007年天津会议之后的又一次行业盛会，来自生产资料流通战线的同志们再聚一堂，总结行业发展历程，共商行业发展大计，必将对内贸流通工作起到有力的推动作用。在此，我谨代表商务部对会议的召开表示热烈的祝贺！

在中国物流与采购联合会的持续努力和精心组织下，“全国生产资料流通企业工作座谈会”已经成为汇集行业信息、交流各界经验、增强发展合力的广阔平台和有效形式。此次会议在国际金融危机持续影响和我国经济企稳回升的关键时期召开，更是具有重要的现实意义和长远意义。对我来说，每次参加会议都收获颇丰，不仅可以了解行业发展最新动态，而且进一步认识生产资料流通对国民经济日益增强的支撑作用。

下面，我讲三个方面的意见，和大家交流。

一、全面分析，准确把握生产资料流通行业发展面临的新形势

生产资料流通行业直接服务于工农业生产，产业关联度和对外依存度高，商品和资金流量大，受国际市场波动和国内宏观调控的影响较为显著，尤其在国际金融危机发生以来，这些特点更为突出。因此，我们必需密切关注，全面分析和把握行业发展面临的新形势。综合当前国际国内经济发展情况来看，生产资料流通行业发展的形势有利，但任务艰巨。

（一）世界经济总体形势依然严峻，国际经济环境有望回暖但不确定性因素增加。

同志们，今年以来，受国际金融危机的持续影响，各国经济普遍下滑，世界经济总体形势依然严峻。国际货币基金组织预计 2009 年全球经济将萎缩 1.3%，世界贸易组织预计 2009 年国际贸易量将下降 9%。受发达国家需求持续萎缩和融资环境恶化等因素影响，新兴市场和发展中国家的出口和经济增长总体继续下滑。

三季度以来，发达国家的一系列金融救援和经济刺激政策对稳定金融形势和促进经济复苏的作用初步显现，新兴市场和发展中国家也在继续实行宽松的货币政策和积极的财政政策扩大内需。国际货币基金组织预测，2010 年世界经济有望实现 1.9%的增长，其中发达国家经济将停止下滑而实现零增长，新兴市场和发展中国家的经济增长有望回升到 4.0%；世界贸易量也将增长 0.6%，其中发达国家和发展中国家的进口将分别增长 0.4%和 0.6%，出口将分别增长 0.5%和 1.2%。

然而，在看到世界经济出现初步止跌回暖迹象的同时，我们必须认识到，各国经济增长趋势仍不明朗，国际经济环境还存在很多不稳定、不确定性因素。美国经济正在缓慢复苏，但下行风险依然较大。9 月份美国工业产值环比上升 0.7%，产能利用率从 8 月份的 69.9%升至 70.5%，但有效需求和消费水平继续下降，零售额降低 1.5%。欧元区 8 月份工业产出环比上升 0.9%，连续第 4 个月上升；但出口同比下降 23%，进口下降 27%。英国经济已连续 6 个季度下滑，萎缩时间创历史纪录。英国经济三季度同比下降 5.2%，环比下滑 0.4%；英国国家经济和社会研究所预测，今年英国经济降幅将超过 4%，明后两年只能实现 1.3%和 1.5%的微增。德国政府近日预期今、明两年德国经济增长率分别为 −5%和 1.2%。意大利经济在连续五个季度收缩之后出现复苏迹象，第三季度环比增长 1%。日本 9 月份消费者信心指数连续第 9 个月上升。新加坡三季度

GDP 环比增长 14.9%，比二季度增幅下降 7.1 个百分点。韩国 9 月份失业率由上月的 3.8%降至 3.6%，为今年 2 月份以来最低水平。马来西亚 8 月份出口同比下降 19.8%，进口下降 18.6%。

（二）国内宏观经济企稳回升势头逐步增强，各产业总体形势向好但增长基础尚不稳固。

同志们，今年以来，在国际金融危机的不利影响下，党中央、国务院促进经济平稳较快发展的一揽子政策取得了明显成效，我国经济下滑趋势已初步得到遏制，经济出现回升势头，但增长的基础还不稳固，仍处于困难时期。

前三季度 GDP 同比增长 7.7%，增长率比上半年加快 0.6 个百分点，第三季度增长 8.9%，高于一季度的 6.1%和二季度的 7.9%。我们特别注意到，与生产资料流通密切相关的各行业和领域逐步回升态势明显。工业产值增长明显加快。前三季度，规模以上工业增加值同比增长 8.7%，第三季度增长 12.4%，前三季度工业产品销售率为 97.43%。固定资产投资增速加快。前三季度，全社会固定资产投资同比增长 33.4%，增速比上年同期加快 6.4 个百分点；基础设施投资增长 52.6%；房地产开发投资同比增长 17.7%，增速比上半年加快 7.8 个百分点。对外贸易降幅明显收窄。前三季度，进出口总额同比下降 20.9%，第一、二、三季度分别下降 24.9%、22.1%和 16.5%，跌幅递减且明显小于美、日等发达国家。国内市场销售平稳较快增长。前三季度，社会消费品零售总额同比增长 15.1%，扣除价格因素，实际增长 17.0%，比上年同期加快 2.8 个百分点。居民消费价格和生产价格环比由降转升。居民消费价格环比 7 月份由下降转为持平，8、9 月份分别上涨 0.5%和 0.4%，工业品出厂价格截至 9 月份环比连续六个月上涨。生产资料市场稳步回升。2009 年前三季度生产资料销售总额为 19.82 万亿元，比去年同期增长 9.7%，9 月份销售总额同比增长 9.7%，比上月增速又加快 3.7 个百分点。

当前国民经济正处于企稳回升的关键时期，经济回升的基础尚需继续巩固，外需不足依然严峻，扩大内需和结构调整的任务仍相当艰巨。虽然经济增长的严峻局面得到缓解，但真正进入持续上升通道仍需时日。当前和今后一段时期内，我国仍将面临国际金融危机持续影响、全球经济增长基础薄弱的压力，继续面临外部市场需求疲软、我国传统竞争优势减弱的压力，继续面临国际竞争日趋激烈、投资和贸易保护主义上升的压力。

（三）全球经济格局再平衡和国内经济结构调整成为长期发展趋势。

从长远来看，金融危机所引发的全球经济再平衡调整将持续进行，全球产业分工格局和国际贸易格局面临深刻调整。美国消费需求对世界经济增长的拉动作用趋于减弱，金融资产价格暴跌和居民财富大幅缩水已经迫使美国消费者缩减消费和增加储蓄，转变以往那种不可持续的透支消费模式。而新兴市场和发展中国家对世界经济增长的贡献率将进一步提高，发展中国家也将被迫调整过分依赖出口的经济发展模式，更多地转向扩大内需促进经济增长，其贸易盈余将趋于下降。

此次金融危机不仅引发全球需求结构调整，也为全球产业结构调整和转型升级带来新的契机。在应对金融危机过程中，发达国家在努力恢复金融稳定和刺激经济复苏的同时，还着眼于长远的可持续发展，加大在新能源开发、绿色经济等领域的技术研发和产业化发展的投入，积极培养新的经济增长点，抢占未来技术进步和产业发展的战略制高点。与此同时，传统制造业将加快向新兴市场和发展中国家转移的步伐。

从我国宏观经济发展来看，明年是“十一五”规划的最后一年，党中央、国务院将继续保持宏观经济政策的连续性和稳定性，坚持积极的财政政策和适度宽松的货币政策，同时提高政策的针对性、灵活性、有效性和可持续性，在保持经济增长动力的同时，更加注重经济结构的调整和优化。

从产业结构看，农业现代化和新型工业化进程加快，服务业增长加速，低端工业和高能耗行业增长减速，高新技术产业带动工业整体回暖的作用在增强。从需求结构看，随着新开工项目的快速增长和大规模基础设施建设的全面启动，国内投资需求对工业及其他产业的拉动作用会更加明显；受居民收入增加、税收减免、社会保障制度改善和搞活流通扩大消费政策的推动，消费需求将进一步释放。从区域结构看，中西部地区主要经济指标的增速快于东部地区，区域发展差异进一步缩小。

总之，在我国工业化和城市化加速发展的背景下，全球经济格局和国内经济结构的调整，将促使我国经济社会发展对生产资料的“自生性”和“转移性”需求持续快速增长，同时也会对我国生产资料市场的供求结构和竞争格局带来长远而深刻的影响。

二、统一思想，充分认识生产资料流通行业管理工作的重要意义

为加大对生产资料流通工作的重视和投入力度，2008 年以来，商务部在商贸服务司明确了专门处室负责生产资料流通行业管理工作。在内贸工作的新形势下，生产资料流通战线的同志们，包括政府、协会和企业等各方面的同志，要统一思想，充分认识生产资料流通行业管理工作的重大意义。

(一) 加强生产资料流通行业管理是应对全球金融危机、保持我国经济增长动力的战略举措。

从国民经济和社会发展全局看，生产资料流通行业在引导生产、促进消费、降低经济运行成本等方面发挥着日益重要的作用，其所创造的增加值、实现的税收、形成的就业逐年增长。据国家统计局测算，生产资料流通行业对国民经济增

长的贡献率达到5%；纳税比例约占第三产业的15%，是我国服务业中主要的纳税行业；近三年我国第三产业就业人数平均增长2.38%，而限额以上生产资料流通企业平均增长4.42%，增速远高于其他服务行业。

然而与发达国家相比，我国生产资料流通行业对国民经济的贡献率还有很大的增长潜力，美、日等发达国家流通业增加值在国民经济中的比例已经达到15%～20%的水平。同时，我国生产资料流通企业经营规模普遍偏小，2008年重点企业前10名销售额共计6392亿元，仅占当年全国生产资料销售总额的2.4%。全国只有4家企业年销售额超过千亿元人民币，而跨国流通巨头如日本三菱商事、三井物产，2008年销售额均超过500亿美元。

同志们，市场经济条件下生产资料流通行业在国民经济发展中的重要地位还没有充分体现，生产资料流通行业需要进一步加快发展，才能更好地适应经济社会发展的客观需要，为保持国民经济持续较快增长发挥更大的作用。而政府行业管理的责任就是要顺应行业发展的阶段性特征，不断营造和完善有利的政策环境，促进生产资料流通行业又好又快发展，这是行业管理的基本内涵和主要任务，也是历史和时代赋予我们的光荣职责。因此，各级商务部门都应关心和重视生产资料流通，把发展生产资料流通作为大事来抓，积极采取措施促进行业发展。

（二）加强生产资料流通行业管理是提高流通效率、加快转变经济发展方式的必然选择。

生产资料流通作为连接生产和消费的桥梁，其运行的质量和效率，直接关系到产业结构和产品结构调整，关系到国民经济发展方式的转变。生产资料流通的核心问题是能否最大限度地节约流通时间、降低流通成本。产品在生产环节所占时间一般只有5%～10%，其他主要在流通环节。没有流通效率的提高就没有流通行业的持续健康发展，这是商品流通的基本规律。

目前，我国生产资料流通方式从整体上来说仍然比较落后，传统的流通方式不适应经济全球化、信息化进程中生产企业的个性化要求，不适应建立供应链体系的要求，导致流通效率低下。一是物流成本高。2008年我国社会物流总费用占GDP的比例为18.1%，而美、日等发达国家在10%左右。二是流通速度低。据国家统计局对限额以上（从业人员20人及以上，年销售额2000万元及以上）生产资料批发企业统计，流动资产年周转只有4.1次，远低于日本非制造业（含批发、零售业）年均周转15～18次的水平。三是库存率高。美、日等发达国家非制造业库存平均只占销售额的1.14%～1.29%，而我国限额以上生产资料批发企业库存率为5%。

因此，政府加强生产资料流通行业管理，可以根据各种流通业态的总体状况、分布与发展趋势，准确地把握流通速度、流通成本，从而进行合理规划与正确引导。采取切实有效措施，提高钢材、煤炭、石化、建材、汽车等大宗生产资料的流通效率，降低工农业生产的资源能源消耗水平，促进我国经济发展方式由粗放型向精细型的转变。

（三）加强生产资料流通行业管理是有效保障工农业生产的迫切要求。

生产资料流通行业是国民经济和社会发展不可替代的支撑行业，为工农业生产的发展提供重要保障，为投资和消费的实现创造物质条件。目前，我国生产资料流通企业的销售能力与生产企业的规模还不匹配。以钢铁为例，2008 年，流通企业只有 3 家销量超过 1000 万吨，而钢厂产量超过 1000 万吨的有 9 家，超过 2000 万吨的有 6 家。大规模流通才能带动大规模生产，当前生产资料流通行业还难以对我国大规模的制造业形成有力支撑。另外，农业生产资料流通体制不畅，也是不容忽视的问题。部分地区农资市场混乱、流通环节过多、监督管理不力，损害了农民的利益，也不利于农业生产发展。

因此，加强生产资料流通行业管理，完善生产资料流通体制，一方面，可以促进流通规模的扩大和流通方式的进步，形成与生产需求相适应的生产资料流通能力，提高资源配置效率。另一方面，有助于政府弥补单纯市场调节的不足，促进供需衔接和总量平衡，减少流通环节，维护流通秩序，引导市场平稳运行，抑制价格的大幅波动，切实减轻制造企业和农民负担，保障工农业生产持续、稳定、健康发展。

三、加大力度，积极开拓生产资料流通行业管理工作新局面

同志们，近年来，商务部在大型流通企业培育、市场监测分析和批发市场建设方面开展了一些有关生产资料流通的工作，取得了一些成效。但是，由于职能分散、力量不足等客观原因，生产资料流通行业管理工作还未形成健全的业务体系和完善的工作机制。

下一步，商务部将把生产资料流通行业管理列为新时期内贸工作的重中之重，下大力气深入开展调查研究、积极出台政策措施，明确工作任务、强化业务抓手、拓宽工作渠道、健全工作队伍，带动、指导和督促地方各级商务主管部门，全力开拓生产资料流通行业管理工作新局面。

（一）积极探索完善生产资料流通体系。

随着社会主义市场经济体制的建立健全，生产资料流通行业在管理制度、运行机制、经营方式等方面都发生了很大变化。然而，我国生产资料流通体系自改革开放以来一直处于不断探索之中，至今仍没有形成完备的、与国民经济和行业自身发展相适应的流通体系。由于缺少总体规划和统一协调，基础设施布局不尽合理，重复建设、资源浪费严重。

我国的生产资料流通体系既不同于美国的产供销一体化模式，也不同于日本

的综合商社模式，我们必须构建符合我国国情的，统一开放、服务高效、竞争有序的生产资料流通体系。为此，商务部将通过政府引导，市场化运作，培育一批竞争能力强、辐射范围广、带动作用大的骨干生产资料流通企业，努力形成促进中小企业快速发展的良好环境。继续协调国家开发银行，利用政策性金融调动地方和企业的积极性，引导各种资金投入生产资料流通基础设施建设。提高仓储、运输、加工等综合配套功能，形成上下游有机融合的供应链，构建与我国工农业生产规模、结构相适应的生产资料流通体系。

（二）进一步做好生产资料流通行业统计工作。

生产资料流通行业统计是制定和完善行业扶持政策的决策依据。生产资料流通行业涉及面非常广，只有摸清家底，掌握整个行业的企业数、销售额、从业人员数、资本结构、盈利状况等，建立一系列科学的统计指标体系和评价体系，才能全面掌握生产资料流通行业发展规模、结构和运行状况，从而及时发现行业发展中存在的问题和制约因素，顺应发展需求，营造体制环境，明确政策导向，加大扶持力度。

去年，商务部已经委托中国物流与采购联合会具体承担生产资料流通行业统计工作。关于这项工作，我特别要强调的是：企业统计是全面真实反映行业发展情况的源头。行业统计工作为争取行业扶持政策提供数据支撑，而企业又是行业发展的直接受益者，同时，政府也会本着对企业商业秘密高度负责的态度，不会将任何单个企业的任何数据对外公布。因此，请企业的同志们充分认识统计工作的意义和责任，不要心存顾虑，确保及时、准确、完整地上报统计数据。

（三）加快生产资料流通现代化进程。

目前，我国生产资料流通现代化水平还比较落后。现代流通方式和技术虽然在一些企业得到应用，但尚未普及，不少企业仍以简单的买卖为主，依靠赚取批零差价、地区差价、时间差价生存。经营品种单一、业态单一、盈利方式单一，缺乏市场竞争力和抵御风险的能力。信息化手段落后，不少企业的网站仍停留在形象宣传、内部办公应用阶段，远未实现网上交易。

因此，政府要鼓励物流配送、流通加工、连锁经营、电子商务、佣金代理在生产资料流通领域的创新、推广与应用，推动企业提高流通效率和服务水平。鼓励流通企业与生产、金融、信息等企业融合协作，向供应物流、生产物流、销售物流一体化转变，建立产业链、供应链、价值链，实现互利共赢。开展流通领域电子商务示范引导工作，出台实施电子商务扶持政策。扶持大型生产资料流通企业兼并重组，支持企业“走出去”开拓国际市场，这是企业自身发展的需要，也是国家经济发展大局的需要。

（四）建立健全行业立法与标准体系。

立法与标准体系建设是政府实施行业管理的工作基础。当前，我国生产资料流通行业发展的法制环境亟待改善，标准体系还不健全。下一步，商务部将加强生产资料市场的立法工作，推进生产资料流通领域的标准体系建设。加强规范生产资料市场主体、市场行为、市场秩序、市场调控和管理等方面的立法工作。针对外资进入的新形势和新问题，建立符合WTO规则、内外一致的法律法规。尽快修改完善明显落后于生产资料流通发展步伐的法律、法规、规章和制约行业发展的不合理规定。加快市场建设与管理、现代流通技术、资源综合利用等方面的标准制定。

（五）充分发挥行业协会的重要作用。

行业协会是联系政府和企业的桥梁纽带，是政府管理决策和企业反映诉求的有效辅助渠道。近年来，在中国物流与采购联合会的带领下，生产资料流通领域各级各类协会组织在促进行业发展、维护企业合法权益等方面发挥了重要作用。但是，由于管理体制不顺畅、政策措施不配套等问题，协会组织的作用还未得到充分的发挥。

下一步，商务部要进一步发挥协会组织的重要作用，加强同协会的联系与沟通，共同做好促进生产资料流通行业发展的各项工作。注意发挥各级各类协会组织在课题研究、咨询服务、人才培训、行业自律、统计监测、标准制定等方面的积极作用，大力支持行业协会在服务政府和企业的同时，实现自身的不断完善和发展。

同志们，以上是我们的一些基本考虑，供大家参考。借此机会，我也想代表商务部对协会和企业的同志们长期以来给予我部工作的支持帮助表示衷心的感谢！

希望大家在这次会议上充分交流情况，围绕应对国内外经济形势、促进生产资料流通行业发展，多为政府工作提出宝贵意见和建议。商务部将在人员少、任务重的情况下，把生产资料流通行业管理作为内贸工作的一项大事抓好抓实，密切联系协会和企业，共同开创生产资料流通行业发展的新局面，为促进我国经济持续较快发展作出更大的贡献！

谢谢大家！

009

姜增伟副部长在全国生产资料流通行业纪念改革开放30周年座谈会上的讲话

2008年11月28日

同志们：

大家下午好！

今天，中国物流与采购联合会在这里召开“全国生产资料流通行业纪念改革开放30周年座谈会”，众多新老朋友齐聚一堂，畅谈30年来我国生产资料流通行业的发展成就，展望生产资料流通行业的广阔前景，这必将对进一步做好生产资料流通工作起到积极的推动作用。在此，我谨代表商务部对会议的召开表示热烈祝贺！

下面，我谈几点意见供大家参考：

一、改革开放以来生产资料流通领域取得了巨大的发展成就

经过了30年的改革开放，我国经济体制和运行机制发生了深刻变化，原先高度集中的、以行政手段为主的计划经济体制已不复存在，市场在国家宏观调控下对资源配置的基础性作用已大大加强。在此背景下，我国生产资料流通行业不仅在改革中得以快速发展，而且对国民经济增长起到了重要的促进作用。这主要体现在以下两方面：

一是我国生产资料流通体制改革成效显著。伴随着经济体制改革的不断深入，我国生产资料流通体制改革也全面推进，改革历程可以分为四个阶段：

第一阶段的突出特点是“计划经济为主，市场调节为辅”。1979年4月，中央工作会议提出，国民经济要“以计划经济为主，同时充分重视市场调节辅助作用”。1982年9月，党的十二大报告明确提出了“计划经济为主、市场调节为辅”。生产资料流通领域开始沿着放权让利、双轨并行、计划与市场结合的方向进行改革。这一时期，只允许生产企业在完成国家任务的前提下自主采购与销售一些计划外的产品。

第二阶段的突出特点是“有计划的商品经济”。1984年10月，党的十二届三中全会通过《中共中央关于经济体制改革的决定》，第一次明确提出社会主义有计划商品经济理论。随着计划体制、财税体制和企业体制改革的起步，原有的生产资料流通管理体制已难以适应发展的要求。封闭式的以统购包销、统购统

销、统负盈亏为特征的单一所有制、单一商品流通渠道、单一企业经营方式的计划流通体制，逐步被开放式的多种所有制、多种流通渠道、多种经营方式、少流通环节的“三多一少”流通格局所取代。

第三阶段的突出特点是“国家调节市场，市场引导企业”。1987 年 10 月，党的十三大报告对社会主义市场机制问题进行了新的理论概括，提出“国家调节市场，市场引导企业”。在本阶段中，市场配置在国民经济中已占有相当的比重。在生产资料流通方面，计划分配的重要物资占其生产量的比重大幅下降：煤炭由 1980 年的 57.9%降至 1988 年的 42.7%；同期，钢材由 76.9%降至 49.2%；木材由 36.96%降至 12.6%。在价格方面，1990 年，社会全部产品和服务的价值总额中国家定价仅占 25%，其余 75%为国家指导价格和市场定价。

第四阶段的突出特点是确立和建设“社会主义市场经济体制”。1992 年邓小平同志在南巡讲话中澄清了人们对市场经济的认识，党的十四大报告明确提出“我国经济体制改革的目标是建立社会主义市场经济体制”，在这一伟大目标的指引下，我国生产资料流通体制改革进入了一个全新的阶段，逐步形成了以公有制为主体、多种所有制共同发展的多元化流通格局，并初步形成了市场形成价格的机制，国有流通企业在改革中激发了活力，商品市场蓬勃发展，流通领域的宏观调控体系不断完善。

二是生产资料流通行业实现了跨越式发展。随着社会主义市场经济体制的逐步建立，生产资料流通行业在管理制度、运行机制、经营方式等方面都发生了很大变化。尤其是“十五”以来，企业改革发展的步伐不断加快，整体水平和综合素质有了很大提高，总体实力进一步增强。

第一，生产资料流通规模不断扩大。近年来，我国生产资料市场保持快速增长，2007 年生产资料销售总额达到 22.1 万亿元，同比增长 19.8%。从建国到 1991 年，我们用了 42 年时间实现了第一个 1 万亿元；从 1991 年到 2007 年，我们仅用了 16 年，突破了 22 万亿元，年均增长 15%。生产资料市场的发展为我国生产和投资的发展创造了条件。

第二，生产资料市场体系初步建立。我国生产资料市场种类快速增加，结构不断优化，已经形成了有形市场与无形市场相结合、现货市场与期货市场相结合、城乡互动、日益完善的市场体系。截至 2007 年年底，我国有亿元以上商品交易市场 4121 个，摊位 268 万个，营业面积 1.98 亿平方米（比上年增长 9.6%），年成交额 44085 亿元（比上年增长 18.7%）。

第三，市场对资源配置的基础性作用显著增强。目前，由市场决定商品价格的比重已分别占社会商品零售总额的 95.8%、占生产资料销售总额的 87.4%。工业品的烟草、食盐、天然气、药品虽然由国家定价，成品油、化肥执行国家指导价，但定价时也充分考虑了市场因素。

第四，现代流通方式和技术快速发展。上世纪九十年代以来，连锁经营、物流配送、电子商务、特许经营等新型流通方式也在我国生产资料流通领域迅速发展起来。2007 年，全国物流业增加值为 1.7 万亿元，同比增长 20.3%；电子商务交易总规模达 2.17 万亿元，其中，B2B（企业对企业）模式交易额 2.12 万亿元，占 97.9%。同时，先进流通经营与管理技术快速推广。目前，在生产资料流通企业中管理信息系统（MIS）已普遍采用，企业资源计划（ERP）、供应链管理（SCM）、无线射频识别（RFID）等技术逐步得到应用推广。

二、迎接和把握生产资料流通行业面临的挑战与机遇

进入四季度，国际金融危机对我国生产资料流通行业的影响已显现出来，国际国内市场需求减少，交易额增速回落，原材料与能源等生产资料价格大幅下挫，市场出现了一定的起伏振荡。当前，我们必须认清生产资料流通行业发展面临的形势，把握机遇，应对挑战，“危中寻机”。

（一）生产资料流通行业面临的市场风险正在增大。

在国际金融危机的影响下，国内外市场不可预见的风险增多，受市场环境趋紧与经营成本提高的双重影响，生产资料流通行业竞争更加激烈，利润受到挤压。当前，生产资料流通行业面临的严峻挑战突出表现在以下几个方面：

第一，生产资料流通规模增速回落。今年以来，全社会生产资料销售总额增长速度结束了连续三年加速攀升的良好趋势，呈现高位回落。1～10 月，全社会实现生产资料销售总额 22.25 万亿元，同比增长 12.5%，增速比前 9 个月回落 1.1 个百分点，比去年同期回落 7.1 个百分点；10 月当月生产资料销售总额同比仅增长 3.2%，回落速度明显加快。

第二，价格出现急剧大幅下挫。8、9 月份我国生产资料价格月环比降幅超过 2 个百分点，10 月份降幅急剧扩大到 9.2 个百分点，为近 20 年来环比降幅最大的月份。与去年同期相比，10 月份生产资料平均价格上涨 5.4%，涨幅比 9 月份回落 12.1 个百分点。

第三，供需增速明显回落。1～10 月资源总供给同比增长 7.9%，市场总需求同比增长 7.2%，增速比去年同期分别回落 9.2 和 9.8 个百分点。从供给变化看，1～10 月份进口量基本维持平稳增长，但生产量增速下降 10.2 个百分点。从需求变化看，出口需求增速已经由 27.9%快速回落至 1.4%；而国内市场需求增速也由去年的 16.3%快速回落到 7.6%。

（二）生产资料流通行业要在危机中寻找发展机遇。

尽管面临严峻的外部环境，但我们也要看到，国民经济多年持续增长，我国经济已经具备了良好的基础和抗风险能力。在国家积极有效的宏观调控措施下，我国经济发展的基本面没有发生变化。

为避免经济下滑，近期中央出台了扩大内需的十大措施。今年中央财政增加投资1000亿元人民币，用于加快民生工程、基础设施、生态环境建设和灾后重建，预计从今年第四季度到2010年底，中国仅这些项目的建设就将投资近4万亿元人民币。我国正处在工业化、城市化进程中，国内市场广阔，积极有效的宏观调控措施将使国内需求的巨大潜力进一步释放。以投资拉动消费，将为生产资料市场规模扩大提供良好机遇，为生产资料流通行业蓬勃发展提供广阔平台。

三、商务部将继续大力支持生产资料流通行业加快发展

当前，贯彻落实科学发展观，促进生产资料流通行业又好又快发展，是我国应对全球金融危机、保持经济增长动力的战略举措，是推进我国经济结构调整、加快转变经济发展方式的必然选择，也是缓解能源资源瓶颈制约、提高资源利用效率的迫切要求。为此，商务部下一步将着重做好以下工作：

（一）完善对生产资料流通行业的扶持政策。

主要是顺应生产资料流通行业发展需求，营造体制环境，明确政策导向，加大扶持力度。一方面，继续争取给予生产资料流通企业公平公正的待遇，积极研究解决工商企业水电不同价等政策性歧视问题。另一方面，进一步加大对生产资料流通企业的政策扶持力度。研究加大财政资金投入和税收减免力度的政策措施，鼓励商业银行对生产资料流通企业特别是中小企业予以信贷支持。继续协调国家开发银行，利用政策性金融支持生产资料流通企业发展，调动地方和企业的积极性，引导各种资金投入生产资料流通基础设施建设。

（二）加快生产资料流通现代化步伐。

目前我国生产资料流通方式、核心技术、物流和信息化水平远远落后于发达国家。要继续大力发展物流配送、流通加工、连锁经营、电子商务、佣金代理等现代流通方式，进一步提高流通效率和服务水平。特别是要积极向制造业渗透，与生产、金融、运输、信息企业融合协作，建立产业链、供应链、价值链，实现互利共赢。目前，已有一些企业在这方面积累了很好的经验，要开展示范引导工作，通过典型案例，研究推广先进经验和成熟做法，带动整个行业加快现代化进程。

（三）支持生产资料流通企业做大做强。

为增强我国流通业的竞争力，商务部将以批发零售业中规模大、实力强的大型企业为培育对象，力争在5至8年的时间内，培育出15至20家拥有著名品牌和自主知识产权、主业突出、核心竞争能力强、初步具有国际竞争能力的流通领域大公司大集团。目前，重点培育的企业有15家，其中，从事生产资料流通的有广东物资、天津物资、浙江物产、百联集团、徽商集团等5家企业。下一步，我们将继续完善培育工作方式，促进生产资料流通骨干企业增强竞争力。

（四）开展生产资料流通行业统计工作。

根据党的十七届二中全会关于“整合完善行业管理体制”的精神，商务部将着力加强商贸服务行业管理工作。做好行业统计，把握行业情况，是加强商贸服务行业管理工作的重要基础和必要支撑。生产资料流通行业统计是商贸服务行业统计体系的重要内容。生产资料流通行业涉及面非常广，只有摸清家底，掌握整个行业的企业数、销售额、从业人员数、资本结构、盈利状况等，通过一系列统计指标体系和评价体系，全面了解和掌握生产资料流通行业发展规模、结构和运行状况，研究提出加强和改善商贸服务管理工作的政策建议，才能有效地指导生产资料流通行业发展。

同志们，这次会议围绕学习实践科学发展观，促进生产资料流通行业又好又快发展，充分交流了情况和经验，提出了很多好的建议。这次会议之后，希望大家进一步努力，继续将生产资料流通作为内贸工作的一项大事抓好抓实，为应对国内外复杂多变的经济形势，推动我国经济又好又快发展作出贡献！

谢谢大家！

010

财政部关于印发《国家物资储备资金管理制度》的通知

财工字〔1998〕73号

国家物资储备局，各省、自治区、直辖市、计划单列市储备物资管理局，国家物资储备局天津、上海、浙江、深圳办事处，各直属单位：

为了加强国家物资储备资金管理，提高资金使用效益，促进国家储备事业健康发展，根据国家对物资储备资金管理的有关规定，结合国家物资储备系统的实际，我部研究制定了《国家物资储备资金管理制度》，现印发给你们，请遵照执行；执行中遇到什么问题，请及时报告我部。

附件：国家物资储备资金管理制度

财政部

一九九八年四月十日

附件：

国家物资储备资金管理制度

财政部

1998年4月10日

第一章 总 则

第一条 为了加强国家物资储备资金（以下简称：储备资金）管理，提高资金使用效益，促进国家物资储备事业健康发展，根据国家对储备资金管理的有关规定，结合国家物资储备系统的实际，制定本制度。

第二条 储备资金是专项用于国家物资储备，以实物形态和货币形态表现的中央财政资金。委托国家物资储备局（以下简称：国家局）代为管理。

第三条 储备资金管理的原则是：

（一）集中控制、分级管理和核算的原则。国家局负责储备资金的集中控制与整体管理和核算，下达储备资金运用计划。各储备物资管理局（办事处）、各直属单位（以下简称储备单位）负责执行国家局下达的储备资金运用计划，具体管理和核算储备资金。

（二）专款专用的原则。未经财政部批准，储备资金不准挪作他用。

（三）收支统一核算的原则。储备资金的收支统一以储备基金的变动进行反映和核算。储备基金是指资产减负债后的净资产。

（四）收付实现制的原则。储备资金在运动过程中，其帐务处理以资金的实际收、付来确定本期的收益和费用。

第四条 储备资金管理的主要任务是：全面执行上级下达的物资购销计划，合理安排资金，认真执行购销结算制度，确保储备资金安全，真实核算和反映资金状况，提高使用效益，努力实现保值增值。

第五条 储备资金管理范围包括：储备物资的变动及相应货币状况，即物资的预购、收储、保管、转移、轮换、开发、借出、收回、销售等和资金的拨出、支付、预付、预收、上缴、收缴、划转、划收及银行存款等。

第六条 储备资金管理是国家物资储备事业管理的重要组成部分，各级储备单位必须建立健全财务机构，配备合格财务人员，切实做好管理和核算工作。储备资金管理应接受财政部和国家局的领导，接受财政、税务、审计部门的指导和监督。

第二章　物资收储

第七条 收储国内物资，其结算方式有两种：一是收储单位结算方式，即收储单位根据国家局下达的收储指令和订货合同与供货方办理结算；二是国家局结算方式，即国家局按照收储计划和订货合同与供货方办理结算，然后将支付货款金额划转给收储单位。

第八条 收储进口物资。由国家局按照收储计划与进出口公司签订合同并办理结算，然后将物资价款与税费全部划转给收储单位。

第九条 港口、口岸办事处负责进口物资的转运，其所需周转金，逐级向国家局申请。港口、口岸办事处凭有效原始票据及时向收储单位收回进口物资转运至收储单位所垫付的港口费用、运杂费以及按规定标准收取的转运费。收回的周转金应及时上缴国家局。

第十条 收储单位根据收储任务，逐级向国家局申请接收物资资金，并按国家局规定的标准列支接收物资费用，收储物资支付的价款和费用构成物资进价。

第三章　物资管理

第十一条 物资转移。物资转移分帐务转移和实物转移。帐务转移包括类别转移与单位转移。类别转移是专案物资与储备物资之间帐务的转移。单位转移是储备单位之间帐务的转移。实物转移是储备单位之间物资的转移。物资转移过程中，转出单位其物资帐面价格不变。储备单位按照国家局物资转移计划办理物资转移手续。转出、转入单位发生的实物转移费用（实际发生额或核定标准额）要摊入转入单位的物资价格。

第十二条　物资轮换。物资轮换不进行货款结算，采取轮出轮入的办法。异地轮出、轮入要办理物资转移手续。轮出轮入发生的费用，记入轮入单位的轮入物资价格或执行核定标准在储备资金中列支。具体列支渠道另行规定。

第十三条　物资借出。物资借出必须经国务院有关部门批准，严格执行有关规定。借出单位要负责收回借出物资，原则上物回原处，如要异地归还或异物归还，须报经国家局批准，并办理物资转移和其它有关手续。物资借出与收回，其帐面价值不变。实现的增值按照财政部有关规定办理。

第十四条　物资保管、保养。库存物资按照物资管理制度规定进行保管保养。需要特殊维护，支出额在规定标准以上的物资，报国家局专项审批后，列入物资进价。物资检验化验费，由检验化验单位报国家局专项审批后，在储备资金中列支。

第十五条　物资处理。物资因质量发生变化、等级提高或工艺改变等原因，经国家局核实，并报国务院有关部门批准，可降价处理或报废销毁。报废物资要按帐面值核销。物资的销毁费用，按经财政部核准的数额列支。

第四章　物资销售

第十六条　物资销售方法有两种：一是国家局直接销售，二是委托所属单位代为销售。

国家局直接销售。国家局与用户签订物资供货合同，并预收货款开具收款通知。出库单位根据国家局的物资供货合同和收款通知发货，并根据实际物资出库数量计算出实际销售金额向用户进行多退少补货款的结算，然后填制物资出库核算单。国家局依据物资出库核算单向用户开具物资销售增值税发票。

委托所属储备单位销售。国家局下达销售计划，委托储备单位与用户签订销售合同，并收款发货，然后将货款连同物资出库核算单上交国家局。国家局据以补开物资供货合同和收款通知，并开具物资销售增值税发票。

第十七条　储备单位销售物资，必须坚持先收款后发货的原则。物资售出后，储备单位按实际销售价与帐面价进行盈亏核算。

第十八条　储备物资税赋，执行财政部和国家税务总局有关规定。储备物资增值税由国家局集中交纳，实行先征收后返还的办法，储备单位收储物资发生的进项税票以及运杂费汇总表，要及时逐级上交国家局用于抵扣销项税。

第十九条　储备单位（不含下属单位）的备用金限额，按其下属单位数核定，主要用于物资销售货款的多退与收储物资需支付的有关费用，不足部分向国家局申请，结余部分上缴国家局。

第二十条 国家局依据有关部委文件规定，按本期物资销售货款提取 3.5% 管理费，专项用于物资储备设施设备的更新改造。国家局对该项资金实行项目管理，经财政部批准，方可使用，并在年终决算报表中单独向财政部报告专项资金的使用情况及专项更改工程的进展情况。

第五章 资金损溢

第二十一条 储备资金必须按国家有关规定，在经财政部或上级财务主管部门批准的银行开设计息帐户，产生的存款利息，增加储备资金。

第二十二条 经财政部批准的银行贷款的应付利息，除特殊情况外列入储备资金核销。

第二十三条 储备单位形成的呆帐、坏帐，经国家局审核并报财政部批准后，可作核销储备资金处理。

第二十四条 收储物资要严格执行物资管理制度，严把数量、质量关，对数量、质量有问题的物资，要及时办理索赔。获赔款可按一定比例弥补索赔费用。具体比例另行规定。

第二十五条 物资在收储、保管、销售过程中产生的物资溢余和资金溢余，转增储备资金。

第二十六条 物资在收储、保管、销售过程中产生的物资短少和资金亏损，应按合理损耗、意外事故和责任事故分别处理。合理损耗按物资管理制度的有关规定处理。意外事故发生的损失，逐级上报国家局审核，经财政部批准后核减储备资金。责任事故造成的损失，要认真查明原因，根据情节轻重，追究单位负责人和当事人的责任。责任事故具体处理权限规定如下：

1. 损失金额在 2000 元以下的（含 2000 元），由基层处提出处理意见，报储备物资管理局（办事处）[以下简称管理局（办事处）] 审批。

2. 损失金额在 2000 元以上 10000 元以下的（含 10000 元），由基层处提出处理意见，报管理局（办事处）审核后，由国家局审批，同时报财政部备案。

3. 损失金额在 10000 元以上的，由基层处与管理局（办事处）提出处理意见，报国家局审核后，由财政部审批。

4. 危险品物资损失处理权限，按物资管理制度有关规定执行。

第六章 财务报告和财务分析

第二十七条 储备单位要按季、按年逐级向国家局报送储备资金财务报告，国家局按季、按年向财政部报送储备资金财务报告。财务报告包括资产负债表、物资情况表、基金分析表、损益表、有关附表以及财务情况说明书。财务情况说明书，主要总结国家局或储备单位在本期内储备资金的活动情况以及表与表之间相关数字关系。

第二十八条　财务分析的内容包括物资损溢、资金盈亏以及产生的原因。财务分析的指标包括：资产负债率、收储物资资金利用率、收回资金上缴率、借出物资回收率等。

第七章　责任和纪律

第二十九条　储备资金是国家物资储备事业的根本，管好用好储备资金，是国家物资储备系统的工作责任和任务，储备单位要加强领导，强化管理；业务、财务部门要协同配合，严格执行国家的有关政策、法规；财务人员要严格执行财经制度，严肃财经纪律，加强资金核算，及时无误地反映储备资金管理和运用情况。

第三十条　储备资金必须专项使用，未经财政部与国家局批准，任何单位和个人都无权动用和挪作他用，必须遵守如下纪律，违者应视情节轻重给予纪律处分直至依法追究刑事责任。

1. 不准用储备资金对外投资、担保或抵押。
2. 不准用储备资金搞经营或作注册资金开办企业。
3. 不准用储备资金作抵押向银行申请自营贷款。
4. 不准用储备资金弥补经费不足。
5. 不准用储备资金搞基本建设投资。
6. 不准外借储备资金银行帐户或用于本单位其他业务的结算。
7. 不准截留或私分储备资金及物资资金溢余。
8. 不准超过规定标准列支费用和核销资金。

第八章　附　　则

第三十一条　储备单位要强化借出物资的管理和核算。除在储备资金内进行核算外，应另设辅助帐进行管理和核算。

第三十二条　经上级主管部门批准收储的专项储备物资，其资金的管理可参照本制度执行。

第三十三条　储备单位可根据本制度，结合本单位实际情况，制定实施细则，并报国家局备案。

第三十四条　本制度自1998年1月1日起执行。1990年1月国家局颁发的《储备物资资金管理暂行办法》以及本制度颁发前发布的有关规定同时废止。

第三十五条　本制度由财政部负责解释。

011

关于进一步加快赋予商业、物资企业进出口经营权有关问题的通知①

国经贸贸易〔2000〕840号

各省、自治区、直辖市、计划单列市及新疆生产建设兵团经贸委（经委）、外经贸委（厅、局），国务院有关部门：

为贯彻落实党中央“走出去”战略，千方百计扩大出口，推动更多的企业参与国际竞争，进一步加快赋予商业、物资企业进出口经营权，现就有关事项通知如下：

一、调整申报标准

（一）中央管理企业及沿海地区物资企业、商业批发企业年销售额标准（前二年度，下同）从5亿元人民币调整为2亿元人民币；中西部地区物资企业、商业批发企业年销售额标准从1亿元人民币调整为5000万元人民币。

（二）中央管理及沿海地区以经营机电产品为主的物资企业、商业批发企业年销售额标准从3亿元人民币调整为1亿元人民币；中西部地区同类企业年销售额标准从1亿元人民币调整为5000万元人民币。

（三）商业零售企业（含连锁企业）年销售额标准从1亿元人民币调整为5000万元人民币。

（四）将物资企业实收资本金（商业企业固定资产原值）1000万元标准改为对商业、物资企业注册资本金进行要求：即沿海地区500万元人民币以上，中西部地区300万元人民币以上。

二、简化申报手续，免报企业进出口商品目录。商业物资企业可经营各类商品、技术的进出口业务，但国家限定公司经营或禁止进出口的商品除外。

三、扩大申请进出口权企业范围集体所有制、有限责任公司或股份制（国有控股）商业物资企业亦可申请进出口经营权。

四、申报内容及程序

商业（含连锁企业）、物资企业申报进出口经营权需提供企业申请报告、申请进出口经营权商业物资企业概况表（见附件）、主管部门意见、前二年经营情

① 该文件已被关于公布《商务部关于废止第一批规章和规范性文件的决定》（颁布时间：2004年3月18日，实施时间：2004年3月18日）宣布失效。

况（统计、财务原始报表）、法人营业执照复印件。

地方企业由各省、自治区、直辖市及计划单列市经贸委（经委）、外经委（厅、局）向国家经贸委、外经贸部申报。中央管理企业可直接向国家经贸委、外经贸部申报。

商业（含连锁企业）、物资企业进出口经营权审批不纳入外贸流通企业总量进行核定。

国经贸贸〔1997〕244 号、国经贸贸〔1999〕215 号、〔1996〕外经贸政发第 608 号文件自本通知下发之日起停止执行。

附件：申请进出口经营权商业物资企业概况表（略）

国家经济贸易委员会
对外贸易经济合作部
二〇〇〇年九月一日

012

生产资料市场监督管理暂行办法

（1996 年 7 月 18 日国家工商行政管理局令第 53 号公布）

第一条 为了规范生产资料市场交易行为，保护交易各方的合法权益，根据国家有关法律、法规和国务院的有关规定，制定本办法。

第二条 凡从事生产资料交易活动的单位和个人，均应当遵守本办法。

开办集中交易的生产资料市场，必须依照有关商品交易市场登记管理的规定办理市场登记，并遵守本办法。

第三条 经营者从事生产资料交易活动，应当遵循诚实信用、平等互利、公平竞争的原则，遵守国家有关法律、法规和本办法的规定，依法接受监督管理。

生产资料经营者的合法权益受国家法律保护。

第四条 各级工商行政管理机关是生产资料市场监督管理的主管机关和行政执法部门，在同级人民政府领导下，对生产资料市场进行监督管理。主要职责是：

（一）宣传和贯彻执行国家有关生产资料市场监督管理的法律、法规和政策；

（二）依法核准生产资料经营者的经营资格，颁发营业执照；

（三）对集中交易的生产资料市场的开业、变更、注销进行登记；

（四）对生产资料经营者的交易行为进行检查监督；

（五）监督管理经济合同；

（六）查处生产资料交易活动中的违法行为；

（七）国务院和地方各级人民政府确定的其他职责。

第五条 需要从事生产资料经营的单位和个人，必须到工商行政管理机关办理登记注册，取得营业执照，按照核准的经营范围从事经营活动。

需要经营国家限制经营的生产资料的，应当先取得法律、法规规定的国家有关部门的批准后，再到工商行政管理机关办理登记注册手续。

需要进行生产资料一次性经营的企业和个体工商户，应当向其登记注册的工商行政管理机关申请一次性经营许可；经营品种属于国家限制经营的，应当按规定程序办理审批手续。

第六条 需要从事生产资料经纪业务的单位和个人，必须向工商行政管理机关申请经纪人资格认定，办理登记注册，取得营业执照，在核准的经营范围内从事经纪活动。

第七条　非国家禁止流通的生产资料，均可进行交易。进行交易的生产资料，必须是合格产品，符合《产品质量法》等法律、法规的规定。

国家限制流通的生产资料，其交易活动必须遵守国家的限制性规定。国家指令性计划产品和国家实行统一收购的产品，其交易必须遵守国家指令性计划和统一收购的规定。

第八条　下列生产资料禁止进行交易：

（一）走私物资；

（二）救灾物资；

（三）国家规定应当作报废处理的产品或者明令淘汰的产品；

（四）国家法律、法规禁止交易的其他物资。

第九条　生产企业的超储积压物资、闲置设备以及以物抵债物资，可以上市销售；按照规定须经国家有关部门批准的，必须取得有关部门的批准。

第十条　生产资料的交易方式应当符合国家规定。未经国家有关部门批准实行期货交易的品种和进行期货交易的生产资料市场，不得开展期货交易。

第十一条　生产资料交易除即时清结者外，交易双方应当签订书面经济合同，并本着自愿的原则到工商行政管理机关办理合同鉴证手续。

第十二条　生产资料市场价格实行随行就市，由供需双方协商确定。国家有限制性规定的应当执行国家规定。国家有指令性价格的，必须执行指令性价格。

第十三条　生产资料经营者应当配置和使用符合国家法定计量要求的计量器具，接受计量管理部门的检测。

第十四条　生产资料经营者不得从事下列行为：

（一）销售不合格商品；

（二）在商品中掺杂使假，以次充好；

（三）在商品上伪造或者冒用认证标志、名优标志等质量标志，伪造产地，对商品质量作引人误解的虚假表示；

（四）签订虚假合同；

（五）串通订价，损害购买者或者其他经营者的利益；

（六）擅自使用他人的企业名称；

（七）假冒他人的注册商标；

（八）捏造、散布虚假信息，损害其他经营者的商业信誉、商品声誉；

（九）发布虚假广告、信息，欺骗和误导购买者；

（十）以贿赂手段销售或者购买商品；

（十一）法律、法规禁止的其他行为。

第十五条　生产资料经营者应当依法交纳税费。

第十六条　工商行政管理机关有权对生产资料市场进行检查。被检查的经营者和有关单位、个人应当如实提供情况，不得拒绝。

第十七条 工商行政管理机关查处生产资料市场中的违法行为时，可以行使下列职权：

（一）询问违法行为人、嫌疑人和证人，要求其如实提供证明材料或其他有关材料；

（二）查询、复制与违法行为有关的协议、证照、帐册、单据、发票、文件、记录、业务函电和其他资料；

（三）检查与违法行为有关的财物，责令被检查的经营者说明物品的来源和数量，必要时，可以责令其暂停销售，听候检查或处理，不得转移、隐匿、销毁该物品。

第十八条 对违反本办法有关规定的，工商行政管理机关可以依照《反不正当竞争法》、《消费者权益保护法》、《商标法》、《广告法》、《经济合同法》、《公司登记管理条例》、《企业法人登记管理条例》和《投机倒把行政处罚暂行条例》等法律、法规、规章的规定进行处罚。情节严重构成犯罪的，移交司法机关处理。

第十九条 各级工商行政管理机关工作人员必须依法履行职责、秉公办事。对玩忽职守、滥用职权、徇私舞弊的，由其所在机关给予行政处分；触犯刑律的，由司法机关依法追究刑事责任。

第二十条 各省、自治区、直辖市工商行政管理局可以依据本办法制定实施办法。

第二十一条 本办法自发布之日起施行。

013

关于颁发《流通领域生产资料价格管理试行办法》的通知

〔92〕价重字265号

国务院各有关部门，各省、自治区、直辖市及计划单列市物价局（委员会）、物资厅（局）：

为了贯彻中央进一步加快改革开放的精神，搞好国营大中型物资企业，搞活生产资料流通，更好地规范生产资料价格行为，保持生产资料价格基本稳定，促进有计划商品经济的发展，根据《中华人民共和国价格管理条例》，结合物资行业的实际和改革开放以来的新情况、新问题，特制定《流通领域生产资料价格管理试行办法》（以下简称《试行办法》），现予颁发，请遵照执行。现将有关事项通知如下：

一、各部门、各地区必须严格贯彻执行《试行办法》，并应根据《试行办法》的各项原则和规定，结合各自的实际情况制定本系统、本地区的物资价格管理办法。各系统、各地区凡制定新的物资价格管理办法，请报送国家物价局、物资部。

二、目前绝大部分物资企业计划内物资的管理费是三十年前核定的，费用偏低影响物资企业的正常经营和企业自身的发展。但也要看到，物资供应关系生产和消费，物资价格的制定和收费标准的调整涉及面广、政策性强。因此，解决费用偏低问题应在各级物价主管部门的统一布置下，依照价格分工管理权限，有计划、有步骤地分批进行。

三、地市以下物资企业计划内物资收费标准的调整，应本着有利于正常销售、搞活物资流通和不引起生产资料市场大的波动的原则进行，防止出现一哄而起，搭车涨价。凡提高收费标准，需报省、自治区、直辖市物价、物资主管部门审批。省级以上物资企业计划内物资收费标准暂不变动。

四、本《试行办法》在执行过程中，如遇到新的情况和问题，请及时告诉我们。

五、本《试行办法》自一九九二年七月一日起实施。

国家物价局　物资部

一九九二年六月十日

流通领域生产资料价格管理试行办法①

国家物价局　物资部

1992 年 6 月 10 日

第一章　总　　则

第一条　为进一步搞活物资流通，更好地规范生产资料价格行为，保持生产资料价格基本稳定，促进有计划商品经济的发展，根据《中华人民共和国价格管理条例》，特制定本试行办法。

第二条　物资价格的管理，以促进经济发展，增强综合国力和提高人民生活为宗旨。物资价格的制定，应贯彻国务院规定的“合理计费、合理盈利”的原则。物资管理部门和物资经营企业应按多直达、少经仓、少环节的原则，组织资源，调节供求，保证生产建设和人民生活的需要。

第三条　本试行办法所称物资价格，系指物资经营企业出售工业生产资料的价格及有关收费；适用范围为物资部系统物资经营企业、国务院及地方人民政府各有关主管部门所属的物资经营企业。除上述企业以外的其它物资经营企业参照执行。

第二章　物资价格的形式和构成

第四条　物资价格分为批量销售价格（供应价格）、调拨价格和零售价格。

（一）批量销售价格是指物资经营企业向用户批量销售物资的价格；

（二）调拨价格是指经营企业之间在销售费率之内，按比例分成费用的物资价格；

（三）零售价格是指物资经营企业供应个人零售物资或按批零起点划分属于零售物资的价格。

第五条　根据《中华人民共和国价格管理条例》第六条的规定，物资价格由购进价格、正常流通费用、税金和利润构成。

（一）购进价格：即生产企业的出厂价格和物资企业内部调拨价格（指上级企业调给下级企业）。其形式包括国家定价、国家指导价和市场调节价。

（二）正常流通费用：指物资经营企业正常经营所发生的全部流通费用，其

①已被《国家计委价格规章及其他规范性文件清理结果》（发布日期：2001 年 11 月 15 日，实施日期：2001 年 11 月 15 日）废止。

构成包括进货运杂费、仓储费、管理费、利息。

1. 进货运杂费：指物资从供货企业仓库或港口、码头、车站到储运企业（物资经营企业）验收入库为止发生的正常费用和运输途中的合理途耗。其标准按物资流通的合理流向、里程，选择合理运输工具，根据国家规定的各种运价、杂费及合理途耗标准核定。

2. 仓储费：指物资保管过程中发生的费用开支及合理库耗。其标准按合理库存定额、库耗及正常物资周转天数核定。

3. 管理费：指经营管理活动中发生的工资、办公费、差旅费等费用支出，其标准必须严格按照国家会计制度和财务制度的各项规定核定。

4. 利息：指为保证正常的经营活动，向银行或其它金融机构借入流动资金所支付的利息。其计取标准按合理的资金周转天数、银行借款利息率和企业实际自有流动资金的比例核定。

（三）税金：指国家规定征收的营业税。

（四）利润：指物资经营企业正常经营获得的合理利润。根据不同物资的具体情况，成本利润率平均最高不得超过3%。

第三章 计划内物资作价

第六条 经营中转的物资供应价格，可加收进货运杂费、仓储费、管理费、利息、税金、利润。

第七条 直达供货的物资（即由生产企业直接供给用户的物资）按下列规定作价收费：

（一）物资经营企业在直达定点定量供应和产需直接结算的供货业务中，原则上不得收取任何费用。如付出一定劳务和业务经费的，经物价主管部门批准，可收取少量劳务费。

（二）由物资经营企业调拨、发运、结算并垫付资金但不经过物资经营企业仓库、不支付进货运杂费和仓储费的直达供货物资，物资经营企业可收取规定的管理费、利息、税金和利润。

第八条 对实行浮动出厂价格的物资，物资经营企业可在浮动价格的基础上按规定加收费用；对出厂价未达到国家规定浮动幅度的物资，经营企业可根据供需情况，在规定的浮动幅度内，继续上浮或下浮，并可在浮动后的价格基础上按规定收取费用。对出厂价格已达到国家规定浮动幅度的物资，不得搞重复浮动。

第九条 物资供应价格中的管理费和利润，实行经营企业内部分配。

流通中的计划内物资系统内调拨，不得超过规定的管理费和利润标准。

第十条 凡国家实行计划内外价格并轨执行国家统一定价或指导价的物资，执行计划内物资作价的各项规定。

第十一条 计划内物资价格的作价公式见附件。

第四章 计划外物资作价

第十二条 计划外物资作价，由供求双方协商定价，随行就市，执行市场调节价格。对中央和地方规定最高限价及有关销售差率、流通环节控制的，应严格按规定执行。

第五章 计划内外物资串换作价

第十三条 计划内外物资串换，必须由物资经营企业根据需要提出申请，按照物资供应管理权限，报经物资主管部门批准，并报送同级物价主管部门备案。

第十四条 计划外串换成计划内供应的物资，执行国家规定的计划内物资作价；计划内串换成计划外销售的物资，执行计划外物资作价。计划内外物资串换销售发生的价差收入，单独记帐，不得计入企业利润，由物资经营企业在串换交易中滚动使用，用于补偿计划外物资转计划内供应发生的价差。

第十五条 计划内外物资调剂串换的价差，在年度内须保持基本平衡，以保证生产，建设需要；出现结余时，应在次年串换时贴补使用。

第六章 进口物资国内作价

第十六条 凡属中央和地方计划内外汇进口（包括易货贸易进口）的物资，以外贸拨交价为购进价格，执行计划内物资作价的规定。

凡属中央和地方用计划外外汇进口（包括易货贸易进口）的物资，以外贸拨交价为购进价格，执行计划外物资作价的规定。

第七章 物资价格管理机构的职责

第十七条 国家对物资价格的管理，贯彻统一领导、分级管理相结合、直接管理与间接调控相结合的原则。

第十八条 国家物价局的职责：

（一）制定物资价格的作价原则、收费标准和管理办法。全面指导、监督、管理物资价格的平衡工作。制定中央和省（自治区、直辖市）属物资经营企业计划内物资的管理费、利息标准和利润水平。审批中央直属企业直达供货劳务费标准。在必要时，对重要的计划外物资价格采取限价措施等。

（二）监督、检查各地区、各部门及企业物资价格的执行情况，纠正和查处价格违法行为，协调处理重大的物资价格争议。

第十九条 物资部的职责：

（一）组织监督本系统贯彻执行国家规定的物价方针、政策和法规；贯彻执行国务院及国家物价局和国务院其它各有关主管部门在价格管理权限范围内制定的价格和收费规定。

（二）提出本系统物资价格的作价原则、管理办法及价格改革方案，报国家物价局审批，其中重要的报国务院审定。

审批所属总公司的进货运杂费、仓储费标准和“四代一调”（即代购、代销、代理加工、代办托运及调剂余缺物资）劳务费标准。

（三）对国务院各部门所属物资供销机构及省、自治区、直辖市物资主管部门的价格工作，实行业务指导。

（四）组织系统内各级物资主管部门，对所属物资经营企业的价格执行情况进行检查，协调价格争议，协助配合物价检查部门查处价格违法行为。

第二十条 国务院其它各主管部门对本部门物资价格管理，参照物资部的职责执行。

第二十一条 各省、自治区、直辖市物价部门的职责：

（一）指导、监督本地区物资系统贯彻执行国家规定的物价方针、政策和法规，指导管理本地区的物资价格工作。依照物资价格的分工管理权限，制定本地区物资价格的管理办法。会同本地区物资主管部门提出本省（自治区、直辖市）物资价格的改革方案和管理费、利息和利润的调整意见，报国家物价局审批。审批本省（自治区、直辖市）物资经营企业直达供货劳务费标准。

（二）会同物资主管部门制定本地区（地、市）物资经营企业的管理费、仓储费、利息、利润的计收标准。负责组织对地区物资企业的物资价格及收费的制定和执行情况进行监督、检查。

第二十二条 各省、自治区、直辖市物资主管部门的职责：

（一）贯彻国家规定的物价方针、政策和法规。对所属物资经营企业和双重领导、以物资主管部门为主的物资经营企业的物资价格实行归口管理。对本地区其它各主管部门所属物资经营企业的物资价格实行业务指导。

（二）提出本地区物资价格管理的实施办法，报同级物价部门审批。

会同同级物价主管部门制定本地区系统内物资进货运杂费、仓储费标准。

审批本地区系统内物资企业“四代一调”劳务费标准。

（三）负责组织对本系统物资价格的执行情况进行检查，协调价格及收费争议，协助配合物价监督检查部门查处价格违法行为。

第八章 附 则

第二十三条 本试行办法实施后，以前有关规定与本试行办法有抵触的，以本试行办法为准。国家物价局、物资部将根据本试行办法规定的原则，制定实施细则。

第二十四条 本试行办法由各级物价部门及其物价监督检查机构负责监督执行。凡违反本试行办法及实施细则的，依照《中华人民共和国价格管理条例》以及有关规定予以处罚。

第二十五条 本试行办法由国家物价局和物资部共同负责解释。

附件：

计划内物资价格作价公式

一、经仓中转的物资供应价格＝（购进价格＋进货运杂费）×（1＋管理费率＋仓储费率＋利息率＋成本利润率）＋税金

或＝〔购进价格×（1＋进货运杂费率)〕×（1＋管理费率＋仓储费率＋利息率＋成本利润率）＋税金

二、垫付资金的直达供货物资供应价格＝购进价格×（1＋管理费率＋利息率＋成本利润率）＋税金

三、不垫付资金的直达供货物资供应价格＝购进价格×（1＋劳务费率）（或加收单位劳务费额）

四、零售物资价格＝进货价格×（1＋供零差率）

注：①上述公式的“购进价格”包括外贸拨交价格。

②木材的计算公式按国家物价局、物资部〔1986〕价农字 294 号文件规定公式执行。

014

国务院批转国家计委　国家经委　工商行政管理总局　国家物资总局关于工业品生产资料市场管理暂行规定的通知

现将国家计委、国家经委、工商行政管理总局、国家物资总局制订的《关于工业品生产资料市场管理暂行规定》发给你们，望研究执行。

我们开展工业品生产资料市场调节的时间不长，经验不多，这个文件针对当前存在的问题作了一些原则规定，在实际执行中还会遇到许多具体问题，各地区可以结合自己的情况作一些具体规定。希望各地区、各部门通过这一文件的贯彻执行，加强工业品生产资料市场的管理，及时研究解决开展市场调节中出现的新问题，并将意见报告国务院。

国务院

一九八一年八月八日

关于工业品生产资料市场管理暂行规定①

国家计划委员会　国家经济委员会　工商行政管理总局　国家物资总局

党的十一届三中全会以来，在国民经济实行计划经济的同时，发挥市场调节的辅助作用，相当一部分工业品生产资料进入了市场，这对增加流通渠道，减少流转环节，密切产需关系，扩大物资交流，起了积极作用。为了进一步搞活物资流通，保护合法交易，制止非法经营，对工业品生产资料市场管理暂作如下规定：

一、进入市场的工业品生产资料范围。

（一）允许进入市场自由购销的工业品生产资料有：

1. 属于实行计划分配的工业品生产资料中，生产企业在保证完成国家下达的生产、分配计划和供货合同的前提下，按照国家有关规定企业可以自销的部分；

2. 属于物资主管部门优先订购的工业品生产资料中，生产企业在确保完成订购合同（协议）前提下的多余部分；

3. 计划分配和优先订购以外的其他工业品生产资料；

①本篇法规已被《国务院关于废止2000年底以前发布的部分行政法规的决定》（发布日期：2001年10月6日，实施日期：2001年10月6日）废止（原因：适用期已过，实际上已经失效）

4. 生产企业自己组织主要原材料、燃料生产的产品和试制的新产品；

5. 物资主管部门的经营单位所经营的工业品生产资料，在保证完成分配调拨计划的前提下敞开供应的部分。

（二）进入市场的工业品生产资料，应有产品合格证。没有合格证的产品和具有使用价值的次品，必须如实向用户说明质量情况，并按质论价。

（三）金、银和国家禁止自由购销的工业品生产资料，不得进入市场。

二、经营单位和经营分工。

（一）各级物资主管部门所属的经营单位，按照国家和地方政府规定的分工，经营工业品生产资料。

（二）生产主管部门的销售单位、各种生产联合公司、生产企业，只能销售本部门、本公司、本企业自己生产按照国家有关规定可以自销的产品。

（三）各主管部门的供应机构，只负责供应直属、直供企业、事业单位和负责归口供应的工业品生产资料。

（四）商业部门按照规定经营交叉经营的工业品生产资料。

（五）除上述全民所有制和集体所有制的经营单位外，其它单位和个人不得经营工业品生产资料。

（六）经营工业品生产资料的单位开办或开业，应按隶属关系提出申请，由物资部门配合工商行政管理部门审查，工商行政管理部门核准登记，发给营业执照。已开办或开业而未登记领取营业执照者，应按照上述规定向工商行政管理部门登记领取营业执照。

三、各单位超储积压的工业品生产资料，停缓建项目、关停并转企业可以自行处理的闲置多余的工业品生产资料，由各单位按照国家有关规定自行处理，或委托经营部门处理，不受上述经营范围、登记领取营业执照等规定的限制。

四、在市场活动中所签订的工业品生产资料经济合同，按照国家经委一九八一年颁发的《工矿产品合同试行条例》的规定办理。

五、经营单位对进入市场的工业品生产资料，必须严格执行国家有关价格和税收的规定。

六、禁止非法经营和投机倒把活动。

下列行为属于非法经营和投机倒把活动：无执照经营和经营营业执照规定以外的工业品生产资料；非法倒卖工业品生产资料；抬价抢购、套购和非法自销国家计划调拨的工业品生产资料，破坏国家调拨计划；黑市经纪，牟取暴利；买空卖空、转包渔利；倒卖计划供应票证；招摇撞骗，掠取财物；出卖证明、发票、合同，代出证明、代开发票，提供银行帐户、支票、现金，从中牟取非法收入。

对从事非法经营和投机倒把活动的单位和个人，按照情节轻重，依照国家法律、法令和有关规定进行处理。

三 能源政策及产业结构调整

015

能源发展"十一五"规划

国家发展和改革委员会

2007 年 4 月 10 日

本规划主要阐明国家能源战略，明确能源发展目标、开发布局、改革方向和节能环保重点，是未来五年我国能源发展的总体蓝图和行动纲领。有关方面要按照规划要求，结合具体实际，积极开展工作，努力完成规划确定的各项任务。

第一章　能源形势

一、能源发展的新起点

"十五"时期，我国能源发展成就显著，基本满足了国民经济和社会发展的需要，为"十一五"及更长时期的发展奠定了坚实基础。面向未来，我国能源工业站在新的历史起点上。

（一）能源生产快速增长，供需矛盾趋于缓和

2005 年，我国一次能源生产总量 20.6 亿吨标准煤，消费总量 22.5 亿吨标准煤，分别占全球的 13.7%和 14.8%，是世界第二能源生产和消费大国。煤炭产量突破 22 亿吨，发挥了重要的支撑作用。石油天然气产量稳步增长，西气东输工程顺利建成，塔里木、准噶尔、鄂尔多斯等西部油气田开发取得重要进展。发电装机容量超过 5 亿千瓦，实现了跨越式发展，电力供应紧张状况明显缓和。

专栏 1　"十五"时期能源发展主要指标

指标	单位	2000 年	2005 年	"十五"年均增长（%）
一次能源生产总量	亿吨标准煤	12.90	20.59	9.82
其中：原煤	亿吨	12.99	22.05	11.16

续 表

指标	单位	2000 年	2005 年	“十五”年均增长（%）
石油	亿吨	1.63	1.81	2.12
天然气	亿立方米	272	493	12.63
水及可再生能源	亿吨标准煤	0.86	1.41	10.39
一次能源消费总量	亿吨标准煤	13.86	22.47	10.15
其中：原煤	亿吨	13.20	21.67	10.42
石油	亿吨	2.24	3.25	7.73
天然气	亿立方米	245	479	14.35
水及可再生能源	亿吨标准煤	0.86	1.41	10.39

注：数据来源为国家统计局和行业协会统计资料；可再生能源包含商品化部分（下同）

（二）结构调整力度加大，“上大压小”取得成效

大型煤炭基地建设、中小煤矿联合改造、落后小煤矿关闭淘汰稳步实施。大型电站建设步伐加快，火电“上大压小”继续推进。西电东送等重点输电工程进展顺利，农网改造基本完成，六大电网联网加强。新能源和可再生能源发展加快。风电装机容量达到 126 万千瓦，太阳能光伏发电装机容量约 7 万千瓦，太阳能热水器集热面积 8000 多万平方米，居世界第一位。生物质燃料乙醇年生产能力 102 万吨，煤炭液化和煤制醇醚、烯烃等煤基多联产示范工程稳步推进。

（三）技术创新取得进步，装备水平明显提高

煤炭工业已具备装备千万吨级露天煤矿和日产万吨矿井工作面的能力，建成了一批具有世界先进水平的大型煤矿。石油天然气复杂区块勘探开发、提高油田采收率等技术跨入国际领先行列。三峡工程顺利投产，标志着我国水电技术达到国际先进水平；一批大型火电机组投入运行；形成了比较完备的 500 千伏和 330 千伏主网架，750 千伏示范工程建成投运，±800 千伏直流和 1000 千伏交流试验示范工程开始启动。

（四）体制改革步伐加快，市场机制逐步完善

煤炭企业战略性重组步伐加快，产业集中度提高。煤炭上下游产业融合趋势明显，一批产权多元化，煤电、煤钢、煤焦化一体化的综合能源企业正在发展壮大。煤炭市场价格机制趋于完善，区域煤炭交易市场发展态势良好。石油天然气产业形成了几个上下游、内外贸一体化的大型企业集团。国家战略石油储备建设取得进展。电力体制改革稳步推进，厂网分开基本完成，电力市场建设开始起步。

（五）能源效率有所提高，环境保护得到加强

2005 年，全国煤矿平均矿井回采率比 2000 年提高了约 10 个百分点。在难

采储量不断增加的情况下，原油采收率仍然保持在较高水平。火电供电标准煤耗从 2000 年的 392 克/千瓦时下降到 2005 年的 370 克/千瓦时；烟尘排放总量比 1980 年减少 32%；部分水资源缺乏地区实现了废水“零排放”；单位电量二氧化硫排放比 1990 年减少了 40%。

二、面临的主要问题和挑战

“十一五”是全面建设小康社会的关键时期，新时期新阶段能源发展既有新的机遇，也面临更为严峻的挑战。

（一）消费需求不断增长，资源约束日益加剧

我国能源资源总量比较丰富，但人均占有量较低，特别是石油、天然气人均资源量仅为世界平均水平的 7.7%和 7.1%。随着国民经济平稳较快发展，城乡居民消费结构升级，能源消费将继续保持增长趋势，资源约束矛盾更加突出。

（二）结构矛盾比较突出，可持续发展面临挑战

目前，煤炭消费占我国一次能源消费的 69%，比世界平均水平高 42 个百分点。以煤为主的能源消费结构和比较粗放的经济增长方式，带来了许多环境和社会问题，经济社会可持续发展受到严峻挑战。

（三）国际市场剧烈波动，安全隐患不断增加

最近几年，国际石油价格大幅震荡、不断攀升，给我国经济社会发展带来多方面的影响。我国战略石油储备体系建设刚刚起步，应对供应中断能力较弱；影响天然气电力安全供应的因素趋多；煤矿安全生产形势不容乐观，维护能源安全任务艰巨。

（四）能源效率亟待提高，节能降耗任务艰巨

与国际先进水平比较，我国能源效率还有很大差距。“十一五”规划纲要提出了 2010 年单位 GDP 能耗降低 20%左右的目标。一方面，从我国产业结构调整和技术管理水平提高潜力看，经过努力，实现上述目标是可能的。另一方面，我国尚处在工业化、城镇化加快发展的历史阶段，高耗能产业在经济增长中仍将占有较大比重，转变能源生产和消费模式，提高能源效率，减少能源消耗，是一项长期而艰巨的任务。

（五）科技水平相对落后，自主创新任重道远

科技发展是解决能源问题的根本途径。与世界先进国家比较，我国在能源高新技术和前沿技术领域还有相当差距，能源科技自主创新任重道远。

（六）体制约束依然严重，各项改革有待深化

煤炭企业社会负担沉重，竞争力不强。完善原油、成品油和天然气市场体系，还有大量需要解决的问题。电力体制改革方案确定的各项改革措施有待进一步落实。

（七）农村能源问题突出，滞后面貌亟待改观

农村能源存在的主要问题，一是生活用能商品化程度偏低。二是地区发展不平衡，西部农村普遍存在能源不足问题，东中部山区和贫困地区用能状况也需要进一步改善，全国尚有1000多万无电人口。加快农村能源建设，改善农村居民生产生活用能条件，是建设社会主义新农村的必然要求。

第二章　方针和目标

一、指导方针

以邓小平理论和“三个代表”重要思想为指导，用科学发展观和构建社会主义和谐社会两大战略思想统领能源工作，贯彻落实节约优先、立足国内、多元发展、保护环境，加强国际互利合作的能源战略，努力构筑稳定、经济、清洁的能源体系，以能源的可持续发展支持我国经济社会可持续发展。

二、发展目标

（一）消费总量与结构

2010年，我国一次能源消费总量控制目标为27亿吨标准煤左右，年均增长4％。煤炭、石油、天然气、核电、水电、其他可再生能源分别占一次能源消费总量的66.1％、20.5％、5.3％、0.9％、6.8％和0.4％。与2005年相比，煤炭、石油比重分别下降3.0和0.5个百分点，天然气、核电、水电和其他可再生能源分别增加2.5、0.1、0.6和0.3个百分点。

（二）生产总量与结构

2010年，一次能源生产目标为24.46亿吨标准煤，年均增长3.5％。煤炭、石油、天然气、核电、水电、其他可再生能源分别占74.7％、11.3％、5.0％、1.0％、7.5％和0.5％。与2005年相比，煤炭、石油比重分别下降1.8和1.3个百分点，天然气、核电、水电和其他可再生能源分别增加1.8、0.1、0.8和0.4个百分点。

第三章　建设重点

根据资源条件，按照“优化结构、区域协调、产销平衡、留有余地”的原则，“十一五”时期我国能源建设的总体安排是：有序发展煤炭；加快开发石油天然气；在保护环境和做好移民工作的前提下积极开发水电，优化发展火电，推进核电建设；大力发展可再生能源。适度加快“三西”煤炭、中西部和海域油气、西南水电资源的勘探开发，增加能源基地输出能力；优化开发东部煤炭和陆上油气资源，稳定生产能力，缓解能源运输压力。重点建设五大能源工程。

一、能源基地建设工程

（一）有序开发煤炭基地

加快开发神东、陕北、黄陇（含华亭）、晋北、晋东、宁东6个大型优质动力煤炭基地，以建设特大型现代化煤矿为主，扩大生产规模。实施晋中炼焦煤基地保护性开发，建设大型煤矿，整合中小型煤矿，保持合理开发强度。做好鲁西、冀中、河南3个煤炭基地老矿区生产接续，稳定生产规模。推进两淮煤炭基地建设与改造，适度提高煤炭供应能力。促进蒙东（东北）煤炭基地开发，优先建设内蒙古东部大型现代化露天煤矿。配合西电东送工程，适度加快云贵煤炭基地开发。

（二）加快建设油气基地

按照“挖潜东部、发展西部、加快海域、开拓南方”的原则，通过地质理论创新、新技术应用和加大投入力度等措施，使2010年，全国原油、天然气产量分别达到1.93亿吨和920亿立方米。

（三）积极开发水电基地

按照流域梯级滚动开发方式，建设大型水电基地。重点开发黄河上游、长江中上游及其干支流、澜沧江、红水河和乌江等流域。在水能资源丰富但地处偏远的地区，因地制宜开发中小型水电站。

（四）优化建设煤电基地

按照“西电东送、水火调剂、强化支撑、保障安全”的原则，优化建设山西、陕西、内蒙古、贵州、云南东部等煤炭富集地区煤电基地，实施“西电东送”。合理布局河南、宁夏坑口电站，促进区域内水火调剂。加快安徽两淮坑口电站建设，实施“皖电东送”。东中部地区重点建设港口、路口、负荷中心电站以及有利于增强输电能力的电站，提高电网运行稳定性和安全性。

（五）加快建设核电基地

“十一五”期间，建成田湾一期、广东岭澳二期工程，开工浙江三门、广东阳江等核电项目，做好一批核电站前期工作。积极支持高温气冷堆核电示范工程。

二、能源储运工程

（一）煤炭运输通道和港口

“十一五”期间，随着煤炭产销量的增长，我国“北煤南运、西煤东调”格局将更加明显。要充分挖掘既有铁路和港口设施潜力，重点抓好“三西”煤炭外运通道、北方沿海煤炭装船码头扩能改造，规划建设“西煤东运”新通道。进一步强化华东、东南、华南地区煤炭接卸码头和中转基地建设，发挥长江和京杭运河作用，加强西北、西南和华中煤炭运输能力建设。

（二）油气输送管网

“十一五”期间，按照“西部油气东输、东北油气南送、海上油气登陆”的格局，加强骨干油气管线建设，增加必要的复线和重点联络线，加快中转枢纽和战略储备设施建设，逐步形成全国油气骨干管网和重点区域网络。

（三）电网设施

一是按照重点输送水电，适度输送煤电的原则，继续推进“西电东送”三大通道建设。二是加强区域电网建设，推进大区电网互联，到 2010 年，除西藏、新疆、台湾等地区外，初步实现全国联网。三是推进城乡电网建设与改造，形成安全可靠的配电网络。四是促进二次系统与一次系统协调发展。

三、石油替代工程

按照“发挥资源优势、依靠科技进步、积极稳妥推进”的原则，加快发展煤基、生物质基液体燃料和煤化工技术，统筹规划，有序建设重点示范工程。为“十二五”及更长时期石油替代产业发展奠定基础。

四、可再生能源产业化工程

“十一五”期间，重点发展资源潜力大、技术基本成熟的风力发电、生物质发电、生物质成型燃料、太阳能利用等可再生能源，以规模化建设带动产业化发展。

五、新农村能源工程

按照“因地制宜，多元发展”的原则，在继续加快小型水电和农网建设的同时，大力发展适宜村镇、农户使用的风电、生物质能、太阳能等可再生能源。到 2010 年，村镇小型风机使用量达到 30 万台，总容量 7.5 万千瓦；户用沼气 4000 万户，规模化养殖场沼气工程达到 4700 处，全国农村沼气产量达到 160 亿立方米；农村太阳能热水器保有量达到 5000 万平方米，太阳灶保有量达到 100 万台。

第四章　节能和环保

实现能源节约和环境保护目标，必须依靠全社会的共同努力，发挥科技基础作用，走转变经济增长方式、提高经济增长质量和效益的道路。在落实直接节能与环境保护措施的同时，大力发展循环经济，加快培育高科技产业，扩大现代服务业在国民经济中的比重，通过优化经济结构，提升间接节能和环保贡献率。

一、主要目标

（一）总体指标

2010年，万元GDP（2005年不变价，下同）能耗由2005年的1.22吨标准煤下降到0.98吨标准煤左右。“十一五”期间年均节能率4.4%，相应减少排放二氧化硫840万吨、二氧化碳（碳计）3.6亿吨。

（二）主要耗能产品（工作量）和耗能设备指标

2010年，重点耗能行业环保状况和主要产品（工作量）单位能耗指标总体达到或接近本世纪初国际先进水平。主要耗能设备能源效率达到20世纪90年代中期国际先进水平，部分汽车、家用电器能源效率达到国际先进水平。

专栏2 主要产品（工作量）单位能耗指标

指标	单位	2000年	2005年	2010年
火电供电能耗	克标准煤/千瓦时	392	370	355
吨钢综合能耗	千克标准煤/吨	906	760	730
吨钢可比能耗	千克标准煤/吨	784	700	685
10种有色金属综合能耗	吨标准煤/吨	4.809	4.665	4.595
铝综合能耗	吨标准煤/吨	9.923	9.595	9.471
铜综合能耗	吨标准煤/吨	4.707	4.388	4.256
炼油单位能量因数能耗	千克标准油/吨·因数	14	13	12
乙烯综合能耗	千克标准煤/吨	848	700	650
大型合成氨综合能耗	千克标准煤/吨	1372	1210	1140
烧碱综合能耗	千克标准煤/吨	1553	1503	1400
水泥综合能耗	千克标准煤/吨	181	159	148
建筑陶瓷综合能耗	千克标准煤/立方米	10.04	9.9	9.2
铁路运输综合能耗	吨标准煤/百万吨换算公里	10.41	9.65	9.4

专栏3 主要耗能设备能耗指标

指标	单位	2000年	2010年
燃煤工业锅炉（运行）	%	65	70～80
中小电动机（设计）	%	87	90～92

续 表

指标	单位	2000 年	2010 年
风机（设计）	%	70～80	80～85
泵（设计）	%	75～80	83～87
气体压缩机（设计）	%	75	80～84
房间空调器（能效比）	%	2.4	3.2～4
电冰箱（能效指数）	%	80	62～50
家用燃气灶（热效率）	%	55	60～65
家用燃气热水器（热效率）	%	80	90～95
汽车平均燃油经济性	升/百公里	9.5	8.2～6.7

（三）能源行业指标

2010 年，全国煤矿平均矿井回采率达到 50%，提高 4 个百分点；煤矸石、矿井水利用率均达到 70%，分别提高 27 和 26 个百分点；矿井水排放达标率 100%，提高 20 个百分点；洗煤废水闭路循环率提高到 90%，增加 5 个百分点。原油采收率保持在 32%左右。火电供电标准煤耗每千瓦时 355 克，下降 15 克；厂用电率 4.5%，下降 1.4 个百分点；线损率 7%，下降 0.18 个百分点；电厂二氧化硫排放总量减少 10%以上。

二、主要领域

“十一五”期间，按照“全面推进、突出重点”的原则，着力抓好重点工业、交通运输、建筑、商业和民用领域的节能环保工作。组织实施燃煤工业锅炉（窑炉）改造、区域热电联产、余热余压利用、节约和替代石油、电机系统节能、能量系统优化、建筑节能、绿色照明、政府机构节能、节能监测和技术服务体系建设等十大工程，达到节能 5.6 亿吨标准煤，环境和经济效益显著的目标。

三、能源行业重点

（一）煤炭工业

逐步淘汰技术落后、效率低、资源浪费和污染严重的小煤矿，采用高效、环保的新工艺、新设备和新材料改造现有煤矿和选煤厂，建设大型现代化煤矿。到 2010 年，使煤炭资源平均矿井回采率由 2005 年的 46%提高到 50%；小型煤矿数量由 2.2 万处降低到 1 万处左右，污染源点大幅度减少；地下水渗漏、地表沉陷等问题得到有效缓解。

按照循环经济发展思路，大力推进煤炭领域资源综合利用。到 2010 年，使煤矸石利用量由 2005 年的 1.5 亿吨增加到 3.9 亿吨，利用率提高 27 个百分点；矿井水利用量由 11 亿立方米增加到 36 亿立方米，利用率提高 26 个百分点；矿井水达标排放率由 80%提高到 100%；煤矿瓦斯利用量由 10 亿立方米增加到 87 亿立方米。

切实加强煤炭矿区生态环境保护工作。制订专项规划，研究建立矿区生态环境恢复补偿机制，加大资金投入。到 2010 年，使矿区土地复垦面积由 0.9 万公顷增加到 2.2 万公顷，水土流失治理面积由 1.1 万公顷增加到 2.6 万公顷，生态环境恶化的趋势得到遏制。

（二）石油天然气工业

加强项目开发的节能环保评估和审查，大力推广提高采收率技术、采油系统优化配置技术、稠油热采配套节能技术、注水系统优化运行技术、油气密闭集输综合节能技术和油田伴生气回收利用技术，严禁在没有伴生气、凝析油回收配套条件下开采油气田。到 2010 年，使全国原油采收率保持在 32%左右；油气田开发综合能耗，特别是油气自用率进一步降低；基本解决天然气放空、废水排放造成的环境污染问题。

作好石油节约和替代工作。以洁净煤、石油焦、天然气替代燃料油（轻油）；淘汰燃油小机组；实施机动车燃油经济性标准及相关配套政策；实施清洁汽车行动计划，发展混合动力汽车，在城市公交车、出租车等行业推广燃气汽车。

（三）电力工业

大力发展 60 万千瓦及以上超（超）临界机组、大型联合循环机组。采用高效洁净发电技术改造现役火电机组，实施“上大压小”和小机组淘汰退役。推进热电联产、热电冷联产和热电煤气多联供。在工业热负荷为主的地区，因地制宜建设以热力为主的背压机组；在采暖负荷集中或发展潜力较大的地区，建设 30 万千瓦等级高效环保热电联产机组；在中小城市建设以循环流化床技术为主的热电煤气三联供，以洁净能源作燃料的分布式热电联产和热电冷联供，将分散式供热燃煤小锅炉改造为集中供热。到 2010 年，使火电供电标准煤耗由 2005 年的每千瓦时 370 克下降到 355 克，厂用电率由 5.9%下降到 4.5%；城市集中供热普及率由 30%提高到 40%，新增供暖热电联产机组超过 4000 万千瓦，年节能 3500 万吨标准煤以上，为改善城市空气质量作出贡献。水电建设要更加重视生态环境保护问题。新建火电机组必须同步安装高效除尘设施；加快现役电厂除尘器改造，提高可靠性、稳定性和除尘效率。通过使用低硫燃料、装设脱硫设备等综合措施，严格控制电厂二氧化硫排放。推广低氮燃烧技术，扩大烟气脱氮试点范围，鼓励火电厂减少氮氧化物排放。到 2010 年，使火电厂每千瓦时烟尘排放量控制在 1.2 克、二氧化硫排放量下降到 2.7 克，电厂废水排放达标率实现 100%。采用先进输、变、配电技术和设备，逐步淘汰能耗高的老旧设备；加强跨区联网，推广应用电网经济运行技术；采取有效措施，减轻电磁场对环境的影响。到

2010年，使电网线损率下降到7%左右。

第五章　科技进步

贯彻落实“自主创新，重点跨越，支撑发展，引领未来”的科技发展指导方针，建立和完善以企业为主体、市场为导向、产学研相结合的能源科技创新体系。优先发展先进适用技术，提升能源工业技术水平；加强前沿技术研发，为未来能源发展奠定基础。

一、优先发展先进适用技术

专栏4　“十一五”重点发展的先进适用技术

	主要内容
资源勘探开发	煤炭高效开采、复杂地质条件油气资源勘探开发、海洋油气资源勘探开发和煤层气开发等技术
煤炭清洁利用	煤炭洗选、清洁高效发电、煤基液体燃料和化工等技术
核电站	百万千瓦级大型先进压水堆核电技术
超大规模输配电和电网二次系统	柔性书店、高等级电压书店、间歇式电源并网、电能质量检测与控制、大规模互联网安全保障和电网调度自动化技术等
可再生能源低成本规模化开发利用	大型风电机组、农林生物质发电、沼气发电、燃料乙醇、生物柴油和生物质固体型燃料、太阳能开发利用关键技术等

二、加强能源前沿技术研究

专栏5　“十一五”重点发展的前沿技术

	主要内容
资源勘探开发	煤炭高效开采、复杂地质条件油气资源勘探开发、海洋油气资源勘探开发和煤层气开发等技术
煤炭清洁利用	微小型燃气轮机、新型热力循环等终端能源转换、储能、热点冷系统综合技术等
未来核电	高温气冷堆和快中子增殖反应堆、核聚变反应堆技术等
天然气水合物	天然气水合物地质理论、资源勘探评价、钻井和安全开采技术等

第六章　保障措施

一、增加勘查投入，提高资源保障程度

落实《国务院关于促进煤炭工业健康发展的若干意见》，完善资源有偿使用制度，增加基础地质勘探投入，提高煤炭资源保障程度。

制定油气资源勘探开发投入激励政策，鼓励尾矿和难动用储量开发利用，逐步建立完善油气区块矿权招标制度和退出机制。增加对水能、风能、生物质能等资源调查的投入，为加快新能源和可再生能源开发利用奠定资源基础。

二、发挥规划调控作用，规范开发建设秩序

建立和完善能源规划调整与公开发布制度。滚动修订各类能源规划，公开发布实施，规范政府监管和企业行为，接受社会公众监督。地方和部门组织制定的相关规划，必须与国家能源发展规划衔接一致。

严格建设项目核准和备案制度。不符合国家能源规划要求的建设项目，国土、环保等部门不予办理相关审核、许可手续，金融机构不予贷款。进一步完善项目核准备案制度，形成更加科学、规范、透明的管理办法。

三、加快法规建设，改进行业管理

修订《煤炭法》、《电力法》、《节约能源法》，制定《能源法》、《石油天然气法》和《国家石油储备管理条例》等法规，尽快完善与社会主义市场经济体制相适应的能源法律法规体系。

健全煤炭行业准入制度，规范煤炭资源勘查开发和生产经营活动。实施煤炭资源整合，推进企业重组，淘汰落后小煤矿。引导企业增加投入，加快瓦斯抽采利用和安全改造，提高装备水平，改善安全生产条件。

加强石油天然气行业监管，完善市场准入制度。制定天然气利用政策，强化需求管理，保障供气安全。完善电力市场监管体系和运行规则，创造公平竞争的市场环境。引导电网和发电企业加强管理、节能降耗、降低成本、改进服务，为全社会提供稳定可靠、价格合理、质量优良的电力供应。

四、深化体制改革，完善价格体系

继续推动煤炭企业完善现代企业制度，减轻企业的社会负担，增强竞争力。完善流通体制，建立现代煤炭交易市场。逐步理顺成品油价格，加大天然气价格调整力度，引导油气资源合理使用，促进资源节约与开发。

按照国务院确定的电力体制改革方案，巩固厂网分开成果，加快电网企业主

辅分离步伐，推进区域电力市场建设，继续开展大用户与发电企业直接交易试点，稳步实施输配分开。深化电价体制改革。完善输配电价，加快推进竞价上网，建立与用电质量要求、用电性质和发电上网电价挂钩的分类售电电价机制。制定可再生能源发电配额制度，完善可再生能源发电电价优惠政策，施行有利于生产和使用可再生能源的税收政策。

五、强化资源节约，保护生态环境

提高能源矿产资源回采率。实行与回采率挂钩的资源税费计征办法，完善监管制度，促进企业加强管理、增加投入、改进工艺装备，提高能源资源利用率。

发展循环经济。鼓励企业充分利用劣质煤、煤炭洗选加工副产品、煤矿瓦斯、矿井水等资源，因地制宜发展综合利用产业。完善热电联产产业政策，鼓励大中型城市和热负荷相对集中的工业园区，实行热电联产、集中供热，逐步淘汰分散供热锅炉，提高综合能效，保护生态环境。

建立煤炭矿区生态环境恢复补偿机制。制定煤炭清洁生产标准，明确企业和政府责任，加大生态环境保护和治理投入。改革电力调度方式。实行节能、环保、经济、公平的发电调度制度，激励企业加快发展高效清洁机组，淘汰和改造低效率、高能耗、高排放的现役机组，促进电力行业整体能效和环保水平的提高。

六、扩大对外开放，加强国际合作

以引进先进技术和管理为主要目标，适时修订《外商投资产业指导目录》，完善能源对外开放政策。按照平等互利、合作双赢的原则加强能源国际合作。

七、建立应急体系，提高安全保障

加快政府石油储备建设，适时建立企业义务储备，鼓励发展商业石油储备，逐步完善石油储备体系。以应对大规模电网事故和石油天然气供应中断为核心，建立完善能源安全预警制度和应急机制。

016

国家计委办公厅　国家科委办公厅　国家经贸委办公厅 关于印发《新能源和可再生能源发展纲要》的通知

为了促进我国新能源和可再生能源事业的发展，国家计委、国家科委、国家经贸委共同制定了我国《新能源和可再生能源发展纲要》，提出了“九五”以至2010年新能源和可再生能源的发展目标、任务以及相应的对策和措施。现将《纲要》印发你们，请根据《纲要》的要求，结合本地区、本部门的实际情况，在编制各自计划时予以安排。

附：新能源和可再生能源发展纲要（1995—2010）

国家计委办公厅
国家科委办公厅
国家经贸委办公厅
一九九五年一月五日

附：

新能源和可再生能源发展纲要（1995—2010）

国家计委办公厅　国家科委办公厅　国家经贸委办公厅
1995年1月5日

导　言

能源工业作为国民经济的基础，对于社会、经济发展和提高人民生活质量都极为重要。在高速增长的经济环境下，我国能源工业面临经济增长与环境保护的双重压力。

世界上越来越多的国家认识到：一个能够持续发展的社会应该是一个既能满足社会的需要，而又不危及后代人前途的社会。因此，节约能源，提高能源利用效率，尽可能多地用洁净能源替代高含碳量的矿物燃料，是我国能源建设遵循的原则。

我国是世界上最大的煤炭生产国和消费国，煤炭约占商品能源消费构成的

76%，已成为我国大气污染的主要来源。大力开发太阳能、风能、生物质能、地热能和海洋能等新能源和可再生能源利用技术将成为减少环境污染的重要措施之一。

我国是世界上最大的发展中国家，有9亿多人口生活在农村。农村能源短缺，利用水平低，严重阻碍了农村经济和社会的发展，我国迄今尚有：1.2亿人口没用上电；5～8%的人口未解决清洁饮水；约8000万的人口生活在贫困线以下。此外，由于农村燃料短缺，造成森林过度樵采，植被破坏，生态环境恶化，因地制宜，大力开发利用新能源和可再生能源，特别是把他们转化为高品位的电能，为边远偏僻和海岛等缺电无电地区提供照明、电视、水泵等动力能源，促进这些地区脱贫致富，使农村经济和生态环境协调发展，对实现小康具有重大意义，也是落实“八七”扶贫攻坚计划的重要内容。

从能源长期发展战略高度来审视，我国必须寻求一条可持续发展的能源道路。新能源和可再生能源对环境不产生或很少产生污染，既是近期急需的补充能源，又是未来能源结构的基础。

我国政府一直关心新能源和可再生能源的开发利用。1992年联合国全球环境与发展大会后，国务院提出了我国对环境与发展采取的10条对策和措施，明确要“因地制宜地开发和推广太阳能、风能、地热能、潮汐能、生物质能等清洁能源”。我国是世界上最先完成“中国21世纪议程”报告的国家。在科技研究和示范推广方面，国家“六五”、“七五”以及“八五”科技攻关中都安排了新能源和可再生能源项目。但由于我国在该领域投入资金数量过少，与实际需要相差甚远，虽在单项技术的研究示范方面有所进展，但新能源和可再生能源系统技术的发展水平，尚与发达国家有较大的差距，在资金投入力度上甚至还不如一些发展中国家。

我国具有丰富的新能源和可再生能源资源，在其开发利用方面也取得了很大的进展，为进一步发展奠定了良好基础。在国际上，新能源和可再生能源技术越来越受到重视，交流频繁。因而，有必要抓住当前的发展机遇，制定好“1996—2010年新能源和可再生能源发展纲要”，这将对我国经济、社会和环境持续协调发展起到重大深远的影响。

一、现状和差距

1. 国外概况

70年代以来，鉴于常规能源资源的有限性和环境压力的增加，世界上许多国家重新加强了对新能源和可再生能源技术发展的支持。1973年，美国制定了政府级阳光发电计划，1980年又正式将光伏发电列入公共电力规划，累计投资达8亿多美元。1992年，美国政府颁布一项新的支持光伏发电发展的计划，目标要使2000年美国太阳电池的总产量达到1400兆瓦，约相当于目前全世界太阳电池总用量的10倍。克林顿政府1994年度的财政预算中，光伏发电的预算达7800多万美元，比1993年增加了22.4%。日本、德国等欧共体国家及一些发展中国家也都纷纷制定了国家有关发展规划或计划，大幅度增加了对新能源和可再生能源开发利用的投入。

与此同时，许多国家还从政策上采取措施鼓励开发利用洁净能源。如丹麦政府对安装风力发电机的用户给予100%的安装费用补贴，以后随风力发电技术进步则逐步减少直至完全取消。

近年来，国际上新能源和可再生能源的开发利用取得长足进展。到目前为止，世界太阳电池年销量已超过60兆瓦，电池转换效率提高到15%以上，系统造价和发电成本已分别降至4美元/峰瓦和25美分/度电；在太阳热利用方面由于技术日趋成熟，应用规模越来越大，仅美国太阳能热水器年销售额就逾10亿美元。太阳能热发电在技术上也有所突破，目前已有20余座大型太阳能热发电站正在运行或建设。

风力发电技术进展迅速，基本实现了规模性生产和应用。1992年底，全世界风力发电的装机容量已达270万千瓦，发电47亿度电；近年来美国和欧洲一些国家正在积极开发第三代风力发电机组。这种机组重量轻，单位面积获能大、可靠性高、装机费用低，发电成本将降至4～5美分/度电。

生物质能作为一项低碳能源技术受到广泛的重视。英国、德国、法国、日本、美国及原苏联等国家早在50年代就利用厌氧消化技术处理城市和工厂污水，既治理了污染，又获得了能源。稻壳、蔗渣等农林废弃物，直接发电或通过热解气化供热发电的装置在北美、西欧、日本和巴西等许多地区和国家屡见不鲜，在美国即有近400万千瓦的装机；利用液化技术将生物质转换成液体燃烧替代石油是科学家的长期愿望，80年代已在巴、美等国家实现。

氢能作为一种无污染的清洁能源及能源载体，近年来其开发与利用技术在工业化国家中得到高度重视，投入大量财力开展研究工作，如日本的“阳光计划”中制定了氢能发展规划，加拿大利用丰富的水力资源电解制氢开发利用氢能，在欧洲利用核能发展氢能技术，美国利用太阳能，到2020年规划可建成供30万辆燃料电池汽车使用的城市供氢系统，并可大大降低汽车能耗。氢能的应用可望在21世纪得到飞速的发展。

2. 国内现状

我国具有丰富的新能源和可再生能源资源；水能可开发资源为3.78亿千瓦，目前已开发利用11%；生物质能资源，包括农作物秸秆、薪柴和各种有机废物，利用量约为2.6亿吨标准煤，占农村生活能源消费的70%，整个用能的50%；在我国约960万平方公里的国土上，太阳能年总辐射量超过60万焦耳/平方厘米，开发利用前景广阔，风能资源总量为16亿千瓦，约10%可供开发利用；地热资源尚待继续勘探，目前已探明的地热储量约4626亿吨标准煤，现利用的仅约十万分之一；我国海洋能源资源亦十分丰富，其中可开发的潮汐能就有2000万千瓦以上。

近20年来，我国新能源和可再生能源的开发利用有很大发展，已经成为现实能源系统中不可缺少的组成部分。目前各类新能源和可再生能源，年提供约3亿多吨标准煤（其中大部分是生物质能，在目前的商品能源统计数字中并未计入），这对促进国民经济发展和满足广大农村和边远地区人民生活的能源需求起了重要作用，成绩主要表现在：

(1) 小水电开发和利用取得世界公认的成就。到1993年底，全国运行中的小水电站达6万多座，目前全国97%的乡、92%的村和87%的农户通了电；小水电作为一种有效的农村能源，在实现中国农村电气化进程中起着重要的作用，已有109个县实现了初级农村电气化，200个县正在开展第二批初级农村电气化建设。

(2) 薪炭林建设和薪材能源开发取得了显著进展。"六五"以来的13年，全国营造薪炭林472万多公顷，使我国薪炭林总面积达到540万公顷，加上其他森林年合理生产薪材能源约一亿吨标准煤。发展薪炭林对缓解当地农村能源紧张，保护森林资源、林草植被和生态环境，促进农村经济发展起到了积极的作用。

生物质能利用技术又有新的发展。全国一半以上的农户普及了高效率节柴灶，每年可以节约1/3到1/2的燃料消耗；户用沼气克服了历史上的大起大落，走上了稳定发展阶段，全国523万个沼气池年产气12亿多立方米；大中型沼气工程作为一项能源环保技术，如雨后春笋，发展很快，100立方米以上的有600多处；集中供气已达8.4万户，沼气综合利用与生态农业和农村持续发展密切结合，蓬勃发展，方兴未艾。近年来为了进一步改进生物质能利用技术，提高利用效率，还开展了把秸秆等农林废弃物转换为优质气体、液化燃料等新技术的研究和开发，并已建成一些示范工程。

(3) 太阳能的利用技术进入新的发展阶段。国内太阳能热利用方面，主要有太阳能热水器、太阳灶、被动式太阳房和太阳能干燥器。经过以往十年的努力，我国太阳能热利用在这四个领域技术已基本过关，科技成果不同程度地转入小批量生产，有了一定数量推广应用的覆盖面，在缓解当地常规能源短缺和减轻生态和环境恶化等方面收到实效。据1993年不完全统计，全国已推广太阳能热水器230万平方米，被动式太阳房180万平方米，太阳能农作物温室34.2万公顷，太阳灶14万台，太阳能干燥器13200平方米，并一直保持发展势头。国产太阳能热水器平均每平方米每年可节约100～150公斤标准煤，被动式太阳房平均每平方米建筑面积在采暖期可节约20～40公斤标准煤，太阳灶每台每年可节约柴草

500～700 公斤，节能和社会效益十分明显。

我国的太阳能光伏发电应用始于 70 年代，但直到 1982 年以后方真正发展起来，在 1983 年一1987 年短短几年内先后从美国、加拿大等国引进了七条太阳电池生产线，使我国太阳电池的生产能力从 1984 年以前的年产 200 千瓦跃到 1988 年的 4.5 兆瓦。在应用方面，我国目前太阳电池主要用于通信系统和边远无电地区，年销售约 1.1 兆瓦。特别是我国迄今尚有 28 个无电县，上千个无电乡村，成千个无电岛屿，对解决这些边远偏僻地区供电问题光伏发电已经并将更有效地发挥作用。目前西藏的 9 个无水力无电县中，已建成 2 个功率分别为 10 千瓦和 20 千瓦的光伏电站，其余 7 个已纳入国家计划正在兴建之中。在太阳电池研究方面，实用型单晶硅电池效率达 12～13%，多晶硅电池为 9～10%，非晶硅电池为 5～6%。虽然高效硅电池及非晶电池的实验室水平与国外相差不大，但在向生产力转化方面却差得很多，有些新型且有潜力的太阳能电池的研究国内尚属空白。

（4）风能开发利用继续发展。我国风力发电总装机容量达到 2.6 万千瓦。80 年代以来，50 瓦至 200 瓦微型风力发电机相继研制成功并投入批量生产，目前约有 12 万余台在内蒙、新疆、青海等牧区草原和沿海无电网地区运行，解决了渔、牧民看电视和照明问题。1～20 千瓦中、小型风力发电机组达到小批量生产阶段，目前正在研制 50～200 千瓦的中、大型风力发电机，有 14 个风电场正在建设当中。与此同时，低扬程大流量和高扬程小流量两种新型风力提水机已研制成功。

此外，在全国风能资源调查，风力机性能测试技术、基础理论研究、风能综合利用、国外风力机引进技术的消化吸收及风电场的试验运行方面均取得进展。

（5）其他新能源和可再生能源的开发利用，也有了一定的发展。我国地热资源现已利用的相当于 400 万吨标准煤。值得一提的是我国西藏的地热开发利用，羊八井地热电站现装机总容量 2.5 万千瓦，年发电量达 9700 万度电，为拉萨电网供电的 50%，我国目前最大的地热电站。我国海洋能开发利用方面，目前已建有潮汐发电站总装机容量 5930 千瓦，年发电量 1021 万度电；波浪发电试验电站也在建设之中。氢能等极有应用前景的新能源技术开发尚处于实验室试验研究阶段。

3. 存在的问题

综合上述可以看出，近 20 年来，我国新能源和可再生能源技术和开发利用的确取得可喜成绩，甚至在一些项目上处于世界的领先地位。但是，从总体来看，无论是科研水平、开发利用规模，还是产业发展等都同国际水平有很大差距。其主要问题是：

• 没有纳入国家能源建设计划；

·没有纳入各级正常的财政拨款渠道；

·缺乏鼓励推广及扶持新能源和可再生能源发展的相应政策、法规等；

·对新能源和可再生能源的投入太少，如对太阳能研究与开发经费投入不及美国的1%，甚至不及印度等国家；

·商品化程度低，产业化薄弱。

二、目标和任务

1. 目标

今后15年，新能源和可再生能源发展的总目标是：提高转换效率，降低生产成本，增大在能源结构中所占比例。新技术、新工艺有大的突破，国内外已成熟的技术要求实现大规模、现代化生产、形成比较完善的生产体系和服务体系；实际使用数量达到39000万吨标准煤以上（包括生物质能传统利用方式的利用量，下同），为保护环境和国民经济持续发展做出贡献。这个目标可分为两个阶段实施，即：

第一阶段，从现在至2000年，通过强化科技研制和试点示范工作，使多数新能源技术接近或赶上目前世界先进水平，其中一些成熟的实用技术，要尽快形成产业，扩大应用，进入市场；逐步改变生物质能传统的低效利用方式，发挥风能和太阳能等新能源和可再生能源的作用，为解决边远和海岛等无电地区用电问题作出贡献。全国新能源和可再生能源的开发利用总量达到29800万吨标准煤。

第二阶段，从2001年至2010年，全面推广应用新能源技术，建立起世界先进水平的工业体系和科研体系，主要技术项目基本上都要求达到规模生产水平，各类新能源和可再生能源的开发利用总量增加到39000万吨标准煤。

2. 任务

为了实现上述目标，新能源和可再生能源开发利用的主要任务是要在本世纪末和下世纪初的10年间，选择一批对国民经济和生态环境建设具有重大价值的关键技术进行研究开发，其工作重点是加强这些技术的试点示范和科技成果的转化工作，促进产业形成，尽快实现商品化生产和推广应用。

工作的主要方面是：

·研究开发高产和多功能的薪炭林树种及载培工艺技术和速生林营造技术，建设商品性薪炭林基地，重点放在农民缺柴、水土流失严重和有条件发展薪炭林地区，力争2000年和2010年全国薪炭林面积分别达到640万公顷和1340万公顷，加上其它每年提供薪柴18000万吨（相当于10000万吨标准煤）和27000万吨（15400万吨标准煤）。

·在巩固、提高节柴改灶的成果基础上，实现居民节煤炉灶具的商品化生产和销售，完善省柴灶的产业体系和服务体系，使每年节柴数量达到10000万吨以上，约相当于5000万吨标准煤量。

·加速农村生物质能利用技术的更新换代，发展高效的直接燃烧技术、致密固化成型、气化和液化技术，形成和完善产业服务体系，到2000年和2010年生物质能高品位利用能力达到250和1700万吨标准煤；利用农村及城镇酒厂、糖厂和畜禽养殖场的有机废弃物，发展沼气，使之转化为高品位能源，并开展综合利用，提高利用价值；同时加强大中型沼气工程的设计规范、标准和设备的成套供应，使全国沼气总用户（含集中供气户）2000年和2010年分别达755万户和1235万户，沼气供应量达到22.6亿立方米和40亿立方米，约相当于180万和314万吨标准煤的能量。

· 加快小水能资源的开发，2000年和2010年小水电站的总装机达到1985万千瓦和2788万千瓦，发电量为744和1170亿度电，分别相当于3132万吨和4930万吨标准煤量。

·扩大太阳能的开发利用，把推广应用节能型太阳能建筑、太阳能热水器和光伏发电系统作为重点来抓。太阳能建筑和太阳能热水器等要形成规模生产，完善产业体系，进一步拓宽市场，特别要在太阳电池组件和配套关键技术装备方面努力，降低系统造价，在2000年前完成西藏9个无电县独立光伏电站的建设，大力推广应用小功率光伏系统，建立分散型和集中型兆瓦级联网光伏示范性电站，太阳能开发利用总量到2000年和2010年分别达到123万吨和467万吨标准煤。

·继续抓好小风机生产、销售服务工作，同时下大力气提高大型风机的设计能力和制造工艺水平，加速国产化进程，改进风力透平机的特性，集中力量开展200千瓦以上风力机、风力田控制和管理系统，加强和完善风力田规划造点和勘察设计工作，建造若干个大型风力田，为2000年和2010年全国风能开发能力达到30～40万千瓦（35～46万吨标准煤）和100～110万千瓦（108万吨标准煤）创造条件。

·在继续抓好西藏地热电站的同时积极开发其他有高温热储地区的资源，采用热泵等新技术，解决好地热腐蚀、防垢和回灌问题，进一步扩大地热直接利用和发电规模，争取2000年和2010年应用规模分别实现88万吨标准煤和151万吨标准煤。

·潮汐能的开发重点以浙江和福建等地区为主，2000年以前开展低水头、大流量万千瓦级的全贯流机组及海工技术的试验和研究。开发能力达到5万千瓦；2010年争取建成30万千瓦实用型电站，年供能量达到31万吨标准煤。

·加快氢能制取、贮存和利用装置的开发步伐，取得技术上的突破。2010年建成具有商业意义的太阳能——氢能系统和煤化学制氢装置，其规模应不少于5000立方米·氢/日。

·加强城乡人民生活和工农业的有机废弃物再生利用技术的研究和应用，2000年稻壳发电、林屑发电、蔗渣发电和垃圾发电和装机容量要求超过5万千瓦，2010年达到30万千瓦，届时全年提供的能量分别约为8万和50万吨标准煤。

三、对策和措施

开发利用新能源和可再生能源是一项远有前景、近有实效的事业。但由于尚处在发展初期，同其他能源建设相比，需要政府给予更多的支持和相应的扶持政策。

1. 提高认识，加强领导

发展新能源和可再生能源关系到我国生态环境的改善和全国能源供需平衡，对解决我国城乡，特别是广大边远地区的能源供应问题具有特殊重要的作用。各级政府和有关主管部门要提高对新能源和可再生能源重要战略地位和作用的认识，把推进其开发利用作为一项基本的能源政策，切实加强领导。把新能源和可再生能源建设纳入到国民经济建设总体规划之中，列入政府的财政预算。

国家计委、国家科委、国家经贸委和中央有关部委要加强协调与合作，制定统一的、切实可行的新能源和可再生能源的发展规划，指导和协调各个部门、地区的有关发展计划，并及时就规划的制定和实施中的某些重大问题共同商量，分头实施，既分工又协调，建立科学研究和产业化一条龙的开发体制，避免重复研究，重复引进。

2. 制定优惠政策

新能源和可再生能源是一项具有深远意义的公益事业。目前大多数新能源和可再生能源技术处于发展的初期，产业规模小而获益能力低，尚不具备参与市场竞争的能力。因此，必须得到国家宏观调控政策的保护。

制定有利于新能源和可再生能源的政策是国家扶持新能源和可再生能源发展最有力的支持。国家计委、国家科委和国家经贸委与财政、金融、税务等部门共同协商，根据我国新能源和可再生能源发展纲要和规划目标、技术类型和特点，应用前景和获利能力，分门别类地研究和制定相应的财政、投资、信贷、税收和价格等方面的优惠政策。

增加财政资助和投资力度。一定要从全局的长远的利益出发增加对新能源和可再生能源的科研、技术产品的研制和开发的财政资助的投资力度，保证必须的资金投入，及时到位，加速产品工艺技术的突破和系统开发的过程。

加大信贷规模，提供低息贷款。要比常规能源发展有更具体的优惠的投资政策，加大产业化建设和服务体系的信贷规模，提供长期的低利率贷款。同时加强宣传，调动各方面投资热情，扩大资金渠道，提高资金使用效果。

制订减免税收、价格补贴和奖励政策。这些政策的制订必将加速新能源和可再生能源的产品进入市场，提高竞争力，最终依靠自身的发展潜力，确立并占有其应有的市场份额。

3. 加强新能源和可再生能源的科研和示范

根据本纲要的要求，主管部委将研究和制定 1996 年到 2010 年的科技发展规划，并据此制定“九五”计划，集中资金、集中力量支持优先发展项目，加强科研示范和产业化的衔接，促进科研成果迅速转化为生产力。

4. 加强产业化建设

中央及各地区、各部门要重视科研成果的转化，把技术上基本成熟的产品尽快定型，鼓励企业打破部门、地区界限，实行横向联合，组织专业化生产。国家在投资、价格和税收等方面要有计划，有步骤地支持一批新能源骨干企业的发展，建立有规模生产能力的产业体系，使之不断提高产品质量，降低生产成本，扩大销路。建立国家级的质量监测系统。抓好产品生产的标准化、系列化和通用化。

随着新能源和可再生能源产业的发展，必须尽快建立和发展相应的技术服务体系。应鼓励有条件有能力的个体和集体开办新能源技术服务公司，承包新能源设备的销售、安装、调试、维修等技术服务工作，加强对各类技术服务公司的技术指导和职业培训，不断提高他们的服务能力和质量。

5. 开展国际合作，引进国际先进技术和资金

新能源和可再生能源开发利用是当今国际上的一大热点，要抓住当前大好时机，继续坚持自主开发与引进消化吸收相结合的技术路线，积极开展对外交流与合作，克服一切从头做起的思想，有目的、有选择地引进先进的技术工艺和主要设备，在高起点上发展我国新能源和可再生能源技术，进一步拓宽合作领域，加强与国际组织和机构的联系与合作，提倡双边的、多边的合作研究及合作生产。加强人、技术和信息交流。采取切实步骤，为吸收国际机构和社会团体、企业家的个人来华投资、独资或合资开办各种新能源和可再生能源实体创造条件。

017

国务院关于进一步加强淘汰落后产能工作的通知

国发〔2010〕7号

各省、自治区、直辖市人民政府，国务院各部委、各直属机构：

为深入贯彻落实科学发展观，加快转变经济发展方式，促进产业结构调整和优化升级，推进节能减排，现就进一步加强淘汰落后产能工作通知如下：

一、深刻认识淘汰落后产能的重要意义

加快淘汰落后产能是转变经济发展方式、调整经济结构、提高经济增长质量和效益的重大举措，是加快节能减排、积极应对全球气候变化的迫切需要，是走中国特色新型工业化道路、实现工业由大变强的必然要求。近年来，随着加快产能过剩行业结构调整、抑制重复建设、促进节能减排政策措施的实施，淘汰落后产能工作在部分领域取得了明显成效。但是，由于长期积累的结构性矛盾比较突出，落后产能退出的政策措施不够完善，激励和约束作用不够强，部分地区对淘汰落后产能工作认识存在偏差、责任不够落实，当前我国一些行业落后产能比重大的问题仍然比较严重，已经成为提高工业整体水平、落实应对气候变化举措、完成节能减排任务、实现经济社会可持续发展的严重制约。必须充分发挥市场的作用，采取更加有力的措施，综合运用法律、经济、技术及必要的行政手段，进一步建立健全淘汰落后产能的长效机制，确保按期实现淘汰落后产能的各项目标。各地区、各部门要切实把淘汰落后产能作为全面贯彻落实科学发展观，应对国际金融危机影响，保持经济平稳较快发展的一项重要任务，进一步增强责任感和紧迫感，充分调动一切积极因素，抓住关键环节，突破重点难点，加快淘汰落后产能，大力推进产业结构调整和优化升级。

二、总体要求和目标任务

（一）总体要求。

1. 发挥市场作用。充分发挥市场配置资源的基础性作用，调整和理顺资源性产品价格形成机制，强化税收杠杆调节，努力营造有利于落后产能退出的市场环境。

2. 坚持依法行政。充分发挥法律法规的约束作用和技术标准的门槛作用，

严格执行环境保护、节约能源、清洁生产、安全生产、产品质量、职业健康等方面的法律法规和技术标准，依法淘汰落后产能。

3. 落实目标责任。分解淘汰落后产能的目标任务，明确国务院有关部门、地方各级人民政府和企业的责任，加强指导、督促和检查，确保工作落到实处。

4. 优化政策环境。强化政策约束和政策激励，统筹淘汰落后产能与产业升级、经济发展、社会稳定的关系，建立健全促进落后产能退出的政策体系。

5. 加强协调配合。建立主管部门牵头，相关部门各负其责、密切配合、联合行动的工作机制，加强组织领导和协调配合，形成工作合力。

（二）目标任务。

以电力、煤炭、钢铁、水泥、有色金属、焦炭、造纸、制革、印染等行业为重点，按照《国务院关于发布实施〈促进产业结构调整暂行规定〉的决定》（国发〔2005〕40号）、《国务院关于印发节能减排综合性工作方案的通知》（国发〔2007〕15号）、《国务院批转发展改革委等部门关于抑制部分行业产能过剩和重复建设引导产业健康发展若干意见的通知》（国发〔2009〕38号）、《产业结构调整指导目录》以及国务院制订的钢铁、有色金属、轻工、纺织等产业调整和振兴规划等文件规定的淘汰落后产能的范围和要求，按期淘汰落后产能。各地区可根据当地产业发展实际，制定范围更宽、标准更高的淘汰落后产能目标任务。

近期重点行业淘汰落后产能的具体目标任务是：

电力行业：2010年底前淘汰小火电机组5000万千瓦以上。

煤炭行业：2010年底前关闭不具备安全生产条件、不符合产业政策、浪费资源、污染环境的小煤矿8000处，淘汰产能2亿吨。

焦炭行业：2010年底前淘汰炭化室高度4.3米以下的小机焦（3.2米及以上捣固焦炉除外）。

铁合金行业：2010年底前淘汰6300千伏安以下矿热炉。

电石行业：2010年底前淘汰6300千伏安以下矿热炉。

钢铁行业：2011年底前，淘汰400立方米及以下炼铁高炉，淘汰30吨及以下炼钢转炉、电炉。

有色金属行业：2011年底前，淘汰100千安及以下电解铝小预焙槽；淘汰密闭鼓风炉、电炉、反射炉炼铜工艺及设备；淘汰采用烧结锅、烧结盘、简易高炉等落后方式炼铅工艺及设备，淘汰未配套建设制酸及尾气吸收系统的烧结机炼铅工艺；淘汰采用马弗炉、马槽炉、横罐、小竖罐（单日单罐产量8吨以下）等进行焙烧、采用简易冷凝设施进行收尘等落后方式炼锌或生产氧化锌制品的生产工艺及设备。

建材行业：2012年底前，淘汰窑径3.0米以下水泥机械化立窑生产线、窑径2.5米以下水泥干法中空窑（生产高铝水泥的除外）、水泥湿法窑生产线（主要用于处理污泥、电石渣等的除外)、直径 3.0 米以下的水泥磨机(生产特种水泥的除外)以及水泥土(蛋)窑、普通立窑等落后水泥产能;淘汰平拉工艺平板玻璃生产线(含格法)等落后平板玻璃产能。

轻工业:2011 年底前,淘汰年产 3.4 万吨以下草浆生产装置、年产 1.7 万吨以下化学制浆生产线,淘汰以废纸为原料、年产 1 万吨以下的造纸生产线;淘汰落后酒精生产工艺及年产 3 万吨以下的酒精生产企业(废糖蜜制酒精除外);淘汰年产 3 万吨以下味精生产装置;淘汰环保不达标的柠檬酸生产装置;淘汰年加工 3 万标张以下的制革生产线。

纺织行业:2011 年底前,淘汰 74 型染整生产线、使用年限超过 15 年的前处理设备、浴比大于 1:10 的间歇式染色设备,淘汰落后型号的印花机、热熔染色机、热风布铗拉幅机、定形机,淘汰高能耗、高水耗的落后生产工艺设备;淘汰 R531 型酸性老式粘胶纺丝机、年产 2 万吨以下粘胶生产线、湿法及 DMF 溶剂法氨纶生产工艺、DMF 溶剂法腈纶生产工艺、涤纶长丝锭轴长 900 毫米以下的半自动卷绕设备、间歇法聚酯设备等落后化纤产能。

三、分解落实目标责任

(一)工业和信息化部、能源局要根据当前和今后一个时期经济发展形势以及国务院确定的淘汰落后产能阶段性目标任务,结合产业升级要求及各地区实际,商有关部门提出分行业的淘汰落后产能年度目标任务和实施方案,并将年度目标任务分解落实到各省、自治区、直辖市。各有关部门要充分发挥职能作用,抓紧制定限制落后产能企业生产、激励落后产能退出、促进落后产能改造等方面的配套政策措施,指导和督促各地区认真贯彻执行。

(二)各省、自治区、直辖市人民政府要根据工业和信息化部、能源局下达的淘汰落后产能目标任务,认真制定实施方案,将目标任务分解到市、县,落实到具体企业,及时将计划淘汰落后产能企业名单报工业和信息化部、能源局。要切实担负起本行政区域内淘汰落后产能工作的职责,严格执行相关法律、法规和各项政策措施,组织督促企业按要求淘汰落后产能、拆除落后设施装置,防止落后产能转移;对未按要求淘汰落后产能的企业,要依据有关法律法规责令停产或予以关闭。

(三)企业要切实承担起淘汰落后产能的主体责任,严格遵守安全、环保、节能、质量等法律法规,认真贯彻国家产业政策,积极履行社会责任,主动淘汰落后产能。

(四)各相关行业协会要充分发挥政府和企业间的桥梁纽带作用,认真宣传贯彻国家方针政策,加强行业自律,维护市场秩序,协助有关部门做好淘汰落后产能工作。

四、强化政策约束机制

（一）严格市场准入。强化安全、环保、能耗、物耗、质量、土地等指标的约束作用，尽快修订《产业结构调整指导目录》，制定和完善相关行业准入条件和落后产能界定标准，提高准入门槛，鼓励发展低消耗、低污染的先进产能。加强投资项目审核管理，尽快修订《政府核准的投资项目目录》，对产能过剩行业坚持新增产能与淘汰产能“等量置换”或“减量置换”的原则，严格环评、土地和安全生产审批，遏制低水平重复建设，防止新增落后产能。改善土地利用计划调控，严禁向落后产能和产能严重过剩行业建设项目提供土地。支持优势企业通过兼并、收购、重组落后产能企业，淘汰落后产能。

（二）强化经济和法律手段。充分发挥差别电价、资源性产品价格改革等价格机制在淘汰落后产能中的作用，落实和完善资源及环境保护税费制度，强化税收对节能减排的调控功能。加强环境保护监督性监测、减排核查和执法检查，加强对企业执行产品质量标准、能耗限额标准和安全生产规定的监督检查，提高落后产能企业和项目使用能源、资源、环境、土地的成本。采取综合性调控措施，抑制高消耗、高排放产品的市场需求。

（三）加大执法处罚力度。对未按期完成淘汰落后产能任务的地区，严格控制国家安排的投资项目，实行项目“区域限批”，暂停对该地区项目的环评、核准和审批。对未按规定期限淘汰落后产能的企业吊销排污许可证，银行业金融机构不得提供任何形式的新增授信支持，投资管理部门不予审批和核准新的投资项目，国土资源管理部门不予批准新增用地，相关管理部门不予办理生产许可，已颁发生产许可证、安全生产许可证的要依法撤回。对未按规定淘汰落后产能、被地方政府责令关闭或撤销的企业，限期办理工商注销登记，或者依法吊销工商营业执照。必要时，政府相关部门可要求电力供应企业依法对落后产能企业停止供电。

五、完善政策激励机制

（一）加强财政资金引导。中央财政利用现有资金渠道，统筹支持各地区开展淘汰落后产能工作。资金安排使用与各地区淘汰落后产能任务相衔接，重点支持解决淘汰落后产能有关职工安置、企业转产等问题。对经济欠发达地区淘汰落后产能工作，通过增加转移支付加大支持和奖励力度。各地区也要积极安排资金，支持企业淘汰落后产能。在资金申报、安排、使用中，要充分发挥工业、能源等行业主管部门的作用，加强协调配合，确保资金安排对淘汰落后产能产生实效。

（二）做好职工安置工作。妥善处理淘汰落后产能与职工就业的关系，认真落实和完善企业职工安置政策，依照相关法律法规和规定妥善安置职工，做好职工社会保险关系转移与接续工作，避免大规模集中失业，防止发生群体性事件。

（三）支持企业升级改造。充分发挥科技对产业升级的支撑作用，统筹安排技术改造资金，落实并完善相关税收优惠和金融支持政策，支持符合国家产业政策和规划布局的企业，运用高新技术和先进适用技术，以质量品种、节能降耗、环境保护、改善装备、安全生产等为重点，对落后产能进行改造。提高生产、技术、安全、能耗、环保、质量等国家标准和行业标准水平，做好标准间的衔接，加强标准贯彻，引导企业技术升级。对淘汰落后产能任务较重且完成较好的地区和企业，在安排技术改造资金、节能减排资金、投资项目核准备案、土地开发利用、融资支持等方面给予倾斜。对积极淘汰落后产能企业的土地开发利用，在符合国家土地管理政策的前提下，优先予以支持。

六、健全监督检查机制

（一）加强舆论和社会监督。各地区每年向社会公告本地区年度淘汰落后产能的企业名单、落后工艺设备和淘汰时限。工业和信息化部、能源局每年向社会公告淘汰落后产能企业名单、落后工艺设备、淘汰时限及总体进展情况。加强各地区、各行业淘汰落后产能工作交流，总结推广、广泛宣传淘汰落后产能工作先进地区和先进企业的有效做法，营造有利于淘汰落后产能的舆论氛围。

（二）加强监督检查。各省、自治区、直辖市人民政府有关部门要及时了解、掌握淘汰落后产能工作进展和职工安置情况，并定期向国家有关部门报告。工业和信息化部、发展改革委、财政部、能源局要组织有关部门定期对各地区淘汰落后产能工作情况进行监督检查，切实加强对重点地区淘汰落后产能工作的指导，并将进展情况报告国务院。

（三）实行问责制。将淘汰落后产能目标完成情况纳入地方政府绩效考核体系，参照《国务院批转节能减排统计监测及考核实施方案和办法的通知》（国发〔2007〕36号）对淘汰落后产能任务完成情况进行考核，提高淘汰落后产能任务完成情况的考核比重。对未按要求完成淘汰落后产能任务的地区进行通报，限期整改。对瞒报、谎报淘汰落后产能进展情况或整改不到位的地区，要依法依纪追究该地区有关责任人员的责任。

七、切实加强组织领导

建立淘汰落后产能工作组织协调机制，加强对淘汰落后产能工作的领导。成立由工业和信息化部牵头，发展改革委、监察部、财政部、人力资源社会保障部、国土资源部、环境保护部、农业部、商务部、人民银行、国资委、税务总局、工商总局、质检总局、安全监管总局、银监会、电监会、能源局等部门参加的淘汰落后产能工作部际协调小组，统筹协调淘汰落后产能工作，研究解决淘汰落后产能工作中的重大问题，根据“十二五”规划研究提出下一步淘汰落后产能目标并做好任务分解和组织落实工作。有关部门要认真履行职责，积极贯彻落实各项政策措施，加强沟通配合，共同做好淘汰落后产能的各项工作。地方各级人民政府要健全领导机制，明确职责分工，做到责任到位、措施到位、监管到位，确保淘汰落后产能工作取得明显成效。

附件：淘汰落后产能重点工作分工表

国务院
二〇一〇年二月六日

附件：

淘汰落后产能重点工作分工表

序号	工作任务	负责单位	参加单位
1	提出分行业的淘汰落后产能年度目标任务和实施方案，并分解落实到各省（区、市）	工业和信息化部、能源局分别负责	发展改革委、国土资源部、环境保护部、商务部、安全监管总局等相关部门
2	根据国家下达的淘汰落后产能目标任务，制定实施方案，将目标任务分解到市、县，落实到具体企业；将拟淘汰落后产能企业名单报工业和信息化部、能源局	各省、自治区、直辖市人民政府	
3	制定和完善落后产能界定标准	工业和信息化部、能源局分别负责	环境保护部、安全监管总局等相关部门
4	加强投资项目审核管理，严格环评、土地和安全生产审批，防止新增落后产能	发展改革委、工业和信息化部、国土资源部、环境保护部、安全监管总局、能源局分别负责	
5	支持优势企业通过兼并、收购、重组落后产能企业淘汰落后产能	工业和信息化部	发展改革委、国资委、能源局
6	完善差别电价政策，加大对落后产能执行差别电价的力度	发展改革委	工业和信息化部、财政部、电监会、能源局
7	推进资源性产品价格改革	发展改革委	工业和信息化部、财政部、能源局
8	落实和完善资源及环境保护税费制度，强化税收对节能减排的调控功能	财政部	发展改革委、工业和信息化部、国土资源部、环境保护部、税务总局、能源局

续 表

序号	工作任务	负责单位	参加单位
9	加强环境保护监督性监测、减排核查和执法检查	环境保护部	工业和信息化部、能源局
10	加强对企业执行产品质量标准情况的监督检查	质检总局	工业和信息化部
11	加强对企业执行产品能耗限额标准情况的监督检查	工业和信息化部、发展改革委、能源局	
12	加强对企业安全生产情况的监督检查	安全监管总局	
13	提高落后产能企业和项目的土地使用成本	国土资源部	
14	采取综合性调控措施，抑制高消耗、高排放产品的市场需求	发展改革委、商务部、财政部	工业和信息化部、能源局等相关部门
15	对未按期完成淘汰落后产能任务的地区严格控制国家安排的投资项目，实行项目“区域限批”	发展改革委、工业和信息化部、环境保护部、能源局等分别负责	
16	对未按规定期限淘汰落后产能的企业吊销排污许可证，银行业金融机构不得提供任何形式的新增授信支持，投资管理部门不予审批和核准新的投资项目，国土资源管理部门不予批准新增用地，相关管理部门不予办理生产许可，撤回已颁发的生产许可证、安全生产许可证	发展改革委、工业和信息化部、国土资源部、环境保护部、人民银行、质检总局、安全监管总局、银监会、能源局分别负责	
17	对未按规定淘汰落后产能、被地方政府责令关闭或撤销的企业，限期办理工商注销登记，或者依法吊销工商营业执照	工商总局	
18	统筹支持各地区开展淘汰落后产能工作，加大对经济欠发达地区的支持和奖励力度	财政部	工业和信息化部、能源局
19	指导、督促地方和企业做好职工安置工作	人力资源社会保障部、发展改革委、财政部	工业和信息化部、能源局
20	提高生产、技术、安全、能耗、环保、质量等国家标准和行业标准水平，做好标准间的衔接，加强标准贯彻	质检总局、国家标准委、工业和信息化部、环境保护部、安全监管总局、能源局等分别负责	

续　表

序号	工作任务	负责单位	参加单位
21	统筹安排技术改造资金，落实完善相关税收优惠和金融支持政策，支持对落后产能进行技术改造；对淘汰落后产能任务较重且完成较好的地区和企业，在安排技术改造资金、节能减排资金、投资项目核准备案、土地开发利用、融资支持等方面给予倾斜	发展改革委、工业和信息化部、财政部、国土资源部、人民银行、税务总局、安全监管总局、银监会、能源局分别负责	
22	支持积极淘汰落后产能企业的土地开发利用	国土资源部	
23	向社会公告本地区年度淘汰落后产能的企业名单、落后工艺设备和淘汰时限，定期向国务院有关部门报告工作进展情况	各省、自治区、直辖市人民政府	
24	向社会公告淘汰落后产能企业名单、落后工艺设备、淘汰时限及总体进展情况	工业和信息化部、能源局分别负责	
25	加强工作交流，宣传、推广淘汰落后产能工作先进地区和先进企业的有效做法	工业和信息化部、能源局分别负责	相关部门
26	对各地区淘汰落后产能工作情况进行监督检查，对任务完成情况进行考核，并将情况报告国务院	工业和信息化部、发展改革委、财政部、能源局	监察部、国土资源部、环境保护部、商务部、人民银行、工商总局、质检总局、安全监管总局、银监会、电监会
27	对瞒报、谎报淘汰落后产能进展情况或整改不到位的地区，依法追究该地区有关责任人员的责任	监察部	
28	建立淘汰落后产能工作部际协调机制	工业和信息化部	发展改革委、监察部、财政部、人力资源社会保障部、国土资源部、环境保护部、农业部、商务部、人民银行、国资委、税务总局、工商总局、质检总局、安全监管总局、银监会、电监会、能源局
29	根据“十二五”规划研究提出下一步淘汰落后产能的目标	工业和信息化部、能源局分别负责	相关部门

018

国务院批转发展改革委等部门关于抑制部分行业产能过剩和重复建设引导产业健康发展若干意见的通知

国发〔2009〕38号

各省、自治区、直辖市人民政府，国务院各部委、各直属机构：

国务院同意发展改革委等部门《关于抑制部分行业产能过剩和重复建设引导产业健康发展的若干意见》，现转发给你们，请认真贯彻执行。

为应对国际金融危机的冲击和影响，党中央、国务院审时度势，及时制定和实施了扩大内需、促进经济增长的一揽子计划。按照“保增长、扩内需、调结构”的总体要求，出台了钢铁等十个重点产业调整和振兴规划，在推动结构调整方面提出了控制总量、淘汰落后、兼并重组、技术改造、自主创新等一系列对策措施，各地也相继出台了一些扶持产业发展的政策措施。目前，政策效应已初步显现，企业生产经营困难情况有所缓解，产业发展总体向好。但从当前产业发展状况看，结构调整虽取得一定进展，但总体进展不快，各地区、各行业也不平衡。不少领域产能过剩、重复建设问题仍很突出，有的甚至还在加剧。特别需要关注的是，不仅钢铁、水泥等产能过剩的传统产业仍在盲目扩张，风电设备、多晶硅等新兴产业也出现了重复建设倾向，一些地区违法、违规审批，未批先建、边批边建现象又有所抬头。

对于部分行业出现的产能过剩和重复建设，如不及时加以调控和引导，任其发展，市场恶性竞争难以避免，经济效益难以提高，并将导致企业倒闭或开工不足、人员下岗失业、银行不良资产大量增加等一系列问题，不仅严重影响国家扩大内需一揽子计划的实施效果和来之不易的企稳向好的形势，而且将错失利用国际金融危机形成的市场形势推动结构调整的历史机遇。

各地区、各部门要根据本通知精神，切实把思想和行动统一到党中央、国务院的决策部署上来，认真贯彻落实科学发展观，进一步增强大局意识、责任意识和忧患意识，在保增长中更加注重推进结构调整，坚持产业政策导向，严格执行环境监管、用地管理、金融政策和项目投资管理有关规定，将坚决抑制部分行业产能过剩和重复建设作为结构调整的重点工作抓紧抓好。要大力发展符合市场需求的高新技术产业和服务业，把握好调整的方向、力度和节奏，切实转变经济发展方式，提高经济发展的质量和效益，促进经济社会全面协调可持续发展。

国务院

二〇〇九年九月二十六日

关于抑制部分行业产能过剩和重复建设引导产业健康发展的若干意见

国家发展和改革委员会　工业和信息化部　监察部　财政部　国土资源部　环境保护部　人民银行　质检总局　银监会　证监会

为切实将党中央、国务院应对国际金融危机的一揽子计划落到实处，巩固和发展当前经济企稳向好的势头，加快推动结构调整，坚决抑制部分行业的产能过剩和重复建设，引导新兴产业有序发展，现提出以下意见：

一、部分行业产能过剩和重复建设问题需引起高度重视

为应对国际金融危机的冲击和影响，党中央、国务院审时度势，及时制定和实施了扩大内需、促进经济增长的一揽子计划。按照“保增长、扩内需、调结构”的总体要求，出台了钢铁等十个重点产业调整和振兴规划，在推动结构调整方面提出了控制总量、淘汰落后、兼并重组、技术改造、自主创新等一系列对策措施，各地也相继出台了一些扶持产业发展的政策措施。目前政策效应已初步显现，工业增速稳中趋升，企业生产经营困难情况有所缓解，产业发展总体向好。

但从当前产业发展状况看，结构调整虽取得一定进展，但总体进展不快，各地区、各行业也不平衡。不少领域产能过剩、重复建设问题仍很突出，有的甚至还在加剧。特别需要关注的是，不仅钢铁、水泥等产能过剩的传统产业仍在盲目扩张，风电设备、多晶硅等新兴产业也出现了重复建设倾向，一些地区违法、违规审批，未批先建、边批边建现象又有所抬头。

（一）钢铁。2008 年我国粗钢产能 6.6 亿吨，需求仅 5 亿吨左右，约四分之一的钢铁及制成品依赖国际市场。2009 年上半年全行业完成投资 1405.5 亿元，目前在建项目粗钢产能 5800 万吨，多数为违规建设，如不及时加以控制，粗钢产能将超过 7 亿吨，产能过剩矛盾将进一步加剧。

（二）水泥。2008 年我国水泥产能 18.7 亿吨，其中新型干法水泥 11 亿吨，特种水泥与粉磨站产能 2.7 亿吨，落后产能约 5 亿吨，当年水泥产量 14 亿吨。

目前在建水泥生产线418条，产能6.2亿吨，另外还有已核准尚未开工的生产线147条，产能2.1亿吨。这些产能全部建成后，水泥产能将达到27亿吨，市场需求仅为16亿吨，产能将严重过剩。

（三）平板玻璃。2008年全国平板玻璃产能6.5亿重箱，产量5.74亿重箱，约占全球产量的50%，其中浮法玻璃产量为4.79亿重箱，占平板玻璃总量的80%。2009年上半年新投产13条生产线，新增产能4848万重箱，目前各地还有30余条在建和拟建浮法玻璃生产线，平板玻璃产能将超过8亿重箱，产能明显过剩。

（四）煤化工。近年来，一些煤炭资源产地片面追求经济发展速度，不顾生态环境、水资源承载能力和现代煤化工工艺技术仍处于示范阶段的现实，不注重能源转化效率和全生命周期能效评价，盲目发展煤化工。传统煤化工重复建设严重，产能过剩30%，在进口产品的冲击下，2009年上半年甲醇装置开工率只有40%左右。目前煤制油示范工程正处于试生产阶段，煤制烯烃等示范工程尚处于建设或前期工作阶段，但一些地区盲目规划现代煤化工项目，若不及时合理引导，势必出现“逢煤必化、遍地开花”的混乱局面。

（五）多晶硅。多晶硅是信息产业和光伏产业的基础材料，属于高耗能和高污染产品。从生产工业硅到太阳能电池全过程综合电耗约220万千瓦时/兆瓦。2008年我国多晶硅产能2万吨，产量4000吨左右，在建产能约8万吨，产能已明显过剩。我国光伏发电市场发展缓慢，国内太阳能电池98%用于出口，相当于大量输出国内紧缺的能源。

（六）风电设备。风电是国家鼓励发展的新兴产业。2008年底已安装风电机组11638台，总装机容量1217万千瓦。近年来风电产业快速发展，出现了风电设备投资一哄而上、重复引进和重复建设现象。目前，我国风电机组整机制造企业超过80家，还有许多企业准备进入风电装备制造业，2010年我国风电装备产能将超过2000万千瓦，而每年风电装机规模为1000万千瓦左右，若不及时调控和引导，产能过剩将不可避免。

此外，电解铝、造船、大豆压榨等行业产能过剩矛盾也十分突出，一些地区和企业还在规划新上项目。目前，全球范围内电解铝供过于求，我国电解铝产能为1800万吨，占全球42.9%，产能利用率仅为73.2%；我国造船能力为6600万载重吨，占全球的36%，而2008年国内消费量仅为1000万载重吨左右，70%以上产量靠出口；大型锻件存在着产能过剩的隐忧；化肥行业氮肥和磷肥自给有余，钾肥严重短缺，产业结构亟待进一步优化。

必须清醒地认识到，2008年第四季度以来我国工业生产经营出现的困难，一方面是国际金融危机冲击的外因影响，另一方面也有我国经济发展方式粗放的内因，不少行业重复建设、盲目扩张，在外需严重萎缩的情况下产能过剩矛盾加剧。当前我国经济回升的基础还不够稳固，应对国际金融危机取得的成果还是初步的、阶段性的。对于部分行业出现的产能过剩和重复建设，如不及时加以调控和引导，任其发展，市场恶性竞争难以避免，经济效益难以提高，并将导致企业倒闭或开工不足、人员下岗失业、银行不良资产大量增加等一系列问题，不仅严重影响国家扩大内需一揽子计划的实施效果和来之不易的企稳向好的形势，而且将错失利用国际金融危机形成的市场形势推动结构调整的历史机遇。因此，尽快抑制产能过剩和重复建设，把有限的要素资源引导和配置到优化存量、培育新的增长点上来，大力发展符合市场需求的高新技术产业和服务业，不仅对实现产业的良性发展，而且对转变发展方式，实现经济社会可持续发展具有重要的意义。

二、正确把握抑制产能过剩和重复建设的政策导向

当前，我国经济正处于企稳回升的关键时期，必须认真贯彻落实科学发展观，进一步统一思想，增强忧患意识，在保增长中更加注重推进结构调整，将坚决抑制部分行业产能过剩和重复建设作为结构调整的重点工作抓紧、抓实，抓出成效。抑制产能过剩和重复建设所涉及的行业具有很强的市场性和全球资源配置特点，既要充分发挥市场机制的作用，又要辅之必要的调控措施，注意把握好以下原则和产业政策导向：

（一）主要原则。

一是控制增量和优化存量相结合。严格控制产能过剩行业盲目扩张和重复建设，推进企业兼并重组和联合重组，加快淘汰落后产能；结合实施“走出去”战略，支持有条件的企业转移产能，形成参与国际产业竞争的新格局；依靠技术进步，优化存量，调整产品结构，谋求有效益、有质量、可持续的发展。

二是分类指导和有保有压相结合。对钢铁、水泥等高耗能、高污染产业，要坚决控制总量、抑制产能过剩；鼓励发展高技术、高附加值、低消耗、低排放的新工艺和新产品，延长产业链，形成新的增长点。对多晶硅、风电设备等新兴产业，要集中有效资源，支持企业提高关键环节和关键部件自主创新能力，积极开展产业化示范，防止投资过热和重复建设，引导有序发展。

三是培育新兴产业和提升传统产业相结合。立足于新一轮国际竞争和可持续发展的需要，尽快培育一批科技含量高、发展潜力大、带动作用强的新兴产业，及时制定出台专项产业政策和规划，明确技术装备路线，建立和完善准入标准；抓紧改造提升传统产业，及时修订产业政策，提高准入标准，对结构调整给予明确产业政策引导。

四是市场引导和宏观调控相结合。加强行业产销形势的监测、分析和国内外市场需求的信息发布，发挥市场配置资源的基础性作用；综合运用法律、经济、技术、标准以及必要的行政手段，协调产业、环保、土地和金融政策，形成抑制产能过剩、引导产业健康发展的合力；同时，坚持深化改革，标本兼治，通过体制机制创新解决重复建设的深层次矛盾。

（二）产业政策导向。

钢铁：充分利用当前市场倒逼机制，在减少或不增加产能的前提下，通过淘汰落后、联合重组和城市钢厂搬迁，加快结构调整和技术进步，推动钢铁工业实现由大到强的转变。不再核准和支持单纯新建、扩建产能的钢铁项目。严禁各地借等量淘汰落后产能之名，避开国家环保、土地和投资主管部门的监管、审批，自行建设钢铁项目。重点支持有条件的大型钢铁企业发展百万千瓦火电及核电用特厚板和高压锅炉管、25万千伏安以上变压器用高磁感低铁损取向硅钢、高档工模具钢等关键品种。尽快完善建筑用钢标准及设计规范，加快淘汰强度335兆帕以下热轧带肋钢筋，推广强度400兆帕及以上钢筋，促进建筑钢材升级换代。2011年底前，坚决淘汰400立方米及以下高炉、30吨及以下转炉和电炉，碳钢企业吨钢综合能耗应低于620千克标准煤，吨钢耗用新水量低于5吨，吨钢烟粉尘排放量低于1.0千克，吨钢二氧化硫排放量低于1.8千克，二次能源基本实现100％回收利用。

水泥：严格控制新增水泥产能，执行等量淘汰落后产能的原则，对2009年9月30日前尚未开工水泥项目一律暂停建设并进行一次认真清理，对不符合上述原则的项目严禁开工建设。各省（区、市）必须尽快制定三年内彻底淘汰落后产能时间表。支持企业在现有生产线上进行余热发电、粉磨系统节能改造和处置工业废弃物、城市污泥及垃圾等。新项目水泥熟料烧成热耗要低于105公斤标煤/吨熟料，水泥综合电耗小于90千瓦时/吨水泥；石灰石储量服务年限必须满足30年以上；废气粉尘排放浓度小于50毫克/标准立方米。落后水泥产能比较多的省份，要加大对企业联合重组的支持力度，通过等量置换落后产能建设新线，推动淘汰落后工作。

平板玻璃：严格控制新增平板玻璃产能，遵循调整结构、淘汰落后、市场导向、合理布局的原则，发展高档用途及深加工玻璃。对现有在建项目和未开工项目进行认真清理，对所有拟建的玻璃项目，各地方一律不得备案。各省（区、市）要制定三年内彻底淘汰“平拉法”（含格法）落后平板玻璃产能时间表。新项目能源消耗应低于16.5公斤标煤/重箱；硅质原料的选矿回收率要达到80％以上；严格环保治理措施，二氧化硫排放低于500毫克/标准立方米、氮氧化物排放低于700毫克/标准立方米、颗粒物排放浓度低于50毫克/标准立方米。鼓励企业联合重组，在符合规划的前提下，支持大企业集团发展电子平板显示玻璃、光伏太阳能玻璃、低辐射镀膜等技术含量高的玻璃以及优质浮法玻璃项目。

煤化工：要严格执行煤化工产业政策，遏制传统煤化工盲目发展，今后三年停止审批单纯扩大产能的焦炭、电石项目。禁止建设不符合《焦化行业准入条件（2008年修订）》和《电石行业准入条件（2007年修订）》的焦化、电石项目。综合运用节能环保等标准提高准入门槛，加强清洁生产审核，实施差别电价等手段，加快淘汰落后产能。对焦炭和电石实施等量替代方式，淘汰不符合准入条件的落后产能。对合成氨和甲醇实施上大压小、产能置换等方式，降低成本、提高竞争力。稳步开展现代煤化工示范工程建设，今后三年原则上不再安排新的现代煤化工试点项目。

多晶硅：研究扩大光伏市场国内消费的政策，支持用国内多晶硅原料生产的太阳能电池以满足国内需求为主，兼顾国际市场。严格控制在能源短缺、电价较高的地区新建多晶硅项目，对缺乏配套综合利用、环保不达标的多晶硅项目不予核准或备案；鼓励多晶硅生产企业与下游太阳能电池生产企业加强联合与合作，延伸产业链。新建多晶硅项目规模必须大于3000吨/年，占地面积小于6公顷/千吨多晶硅，太阳能级多晶硅还原电耗小于60千瓦时/千克，还原尾气中四氯化硅、氯化氢、氢气回收利用率不低于98.5％、99％、99％；引导、支持多晶硅企业以多种方式实现多晶硅—电厂—化工联营，支持节能环保太阳能级多晶硅技术开发，降低生产成本。到2011年前，淘汰综合电耗大于200千瓦时/千克的多晶硅产能。

风电设备：抓住大力发展风电等可再生能源的历史机遇，把我国的风电装备制造业培育成具有自主创新能力和国际竞争力的新兴产业。严格控制风电装备产能盲目扩张，鼓励优势企业做大做强，优化产业结构，维护市场秩序。原则上不再核准或备案建设新的整机制造厂；严禁风电项目招标中设立要求投资者使用本地风电装备、在当地投资建设风电装备制造项目的条款；建立和完善风电装备标准、产品检测和认证体系，禁止落后技术产品和非准入企业产品进入市场。依托优势企业和科研院所，加强风电技术路线和海上风电技术研究，重点支持自主研发2.5兆瓦及以上风电整机和轴承、控制系统等关键零部件及产业化示范，完善质量控制体系。积极推进风电装备产业大型化、国际化，培育具有国际竞争力的风电装备制造业。

此外，严格执行国家产业政策，今后三年原则上不再核准新建、扩建电解铝项目。现有重点骨干电解铝厂吨铝直流电耗要下降到12500千瓦时以下，吨铝外排氟化物量大幅减少，到2010年底淘汰落后小预焙槽电解铝产能80万吨。要严格执行船舶工业调整和振兴规划及船舶工业中长期发展规划，今后三年各级土地、海洋、环保、金融等相关部门不再受理新建船坞、船台项目的申请，暂停审批现有造船企业船坞、船台的扩建项目，要优化存量，引导企业利用现有造船设施发展海洋工程装备。

三、坚决抑制产能过剩和重复建设的对策措施

各地区、各部门要认真贯彻落实《中共中央国务院转发〈国家发展和改革委员会关于上半年经济形势和做好下半年经济工作的建议〉的通知》（中发〔2009〕8号）以及重点产业调整和振兴规划中关于坚决抑制产能过剩行业盲目重复建设的有关要求，把思想和行动统一到党中央、国务院的决策部署上来，把握好调整

的方向、力度和节奏，切实转变经济发展方式，进一步增强大局意识、责任意识，各司其职，密切配合，采取措施坚决抑制产能过剩和重复建设势头。

（一）严格市场准入。相关行业管理部门要切实履行职责，抓紧制定、完善相关产业政策，尽快修订发布《产业结构调整指导目录》，进一步提高钢铁、水泥、平板玻璃、传统煤化工等产业的能源消耗、环境保护、资源综合利用等方面的准入门槛。加快编制或修订专项规划，对多晶硅、风电设备等新兴产业要及时建立和完善准入标准，避免盲目和无序建设。质量管理部门要切实负起监管责任，按照产业政策的要求和企业的质量保证能力，严格核发螺纹钢、线材、水泥等产品生产许可证，坚决查处无证生产。依法加强产品质量监督，加大处罚力度。建设主管部门要禁止落后水泥进入重点建设工程和建筑结构工程。

（二）强化环境监管。推进开展区域产业规划的环境影响评价。区域内的钢铁、水泥、平板玻璃、传统煤化工、多晶硅等高耗能、高污染项目环境影响评价文件必须在产业规划环评通过后才能受理和审批。未通过环境评价审批的项目一律不准开工建设。环保部门要切实负起监管责任，定期发布环保不达标的生产企业名单。对使用有毒、有害原料进行生产或者在生产中排放有毒、有害物质的企业限期完成清洁生产审核，对达不到排放标准或超过排污总量指标的生产企业实行限期治理，未完成限期治理任务的，依法予以关闭。对主要污染物排放超总量控制指标的地区，要暂停增加主要污染物排放项目的环评审批。

（三）依法依规供地用地。切实加强对各类建设项目用地监管。对不符合产业政策和供地政策、未达到现行《工业项目建设用地控制指标》或相关工程建设项目用地指标要求的项目，一律不批准用地；对未按规定履行审批或核准手续的项目，一律不得供应土地。国土资源部门要切实负起监管责任。对未经依法批准擅自占地开工建设的，要依法从重处理；对有关责任人要追究政纪法律责任，构成犯罪的，依法追究刑事责任。

（四）实行有保有控的金融政策。要加强宏观信贷政策指导和监管，引导和督促金融机构改进和完善信贷审核。对不符合重点产业调整和振兴规划以及相关产业政策要求，未按规定程序审批或核准的项目，金融机构一律不得发放贷款，已发放贷款的要采取适当方式予以纠正。严格发债、资本市场融资审核程序。对不符合重点产业调整和振兴规划以及相关产业政策要求，不按规定程序审批或核准的项目及项目发起人，一律不得通过企业债、项目债、短期融资券、中期票据、可转换债、首次公开发行股票、增资扩股等方式进行融资。人民银行、银监会、证监会、发展改革委要对违反规定的金融机构和有关单位予以严肃处理。

（五）严格项目审批管理。各级投资主管部门要进一步加强钢铁、水泥、平板玻璃、煤化工、多晶硅、风电设备等产能过剩行业项目审批管理，原则上不再批准扩大产能的项目，不得下放审批权限，严禁化整为零、违规审批。严格防止各级政府的财政性资金流向产能过剩行业的扩大产能项目。尽快修订完善政府投资项目核准目录，在新的核准目录出台前，上述产能过剩行业确有必要建设的项目，需报国家发展改革委组织论证和核准。

（六）做好企业兼并重组工作。产能过剩行业企业兼并和联合重组的任务十分紧迫和艰巨，结构调整、控制总量和淘汰落后产能均需要企业组织结构进行相应的调整。要抓紧建立科学规范、行之有效的工作程序，同时要扎实做好企业改组、改制中的思想政治工作，切实维护群众利益，保持社会稳定，防止国有资产流失。按照重点产业调整和振兴规划要求，尽快制定出台加快企业兼并重组的指导意见。

（七）建立信息发布制度。发展改革委会同有关部门，建立部门联合发布信息制度，加强行业产能及产能利用率的统一监测，适时向社会发布产业政策导向及产业规模、社会需求、生产销售库存、淘汰落后、企业重组、污染排放等信息。充分发挥行业协会作用，及时反映行业问题和企业诉求，为企业提供信息服务，引导企业和投资者落实国家产业政策和行业发展规划，加强行业自律，提高行业整体素质。

（八）实行问责制。地方各级人民政府不得强制企业投资低水平产能过剩行业。政府各有关部门及金融机构要认真履行职责，依法依纪把好土地关、环保关、信贷关、产业政策关和项目审批（核准）关，并加强政策研究、信息共享和工作协调，形成合力，有效抑制部分行业产能过剩和重复建设，引导产业健康发展，促进结构调整和发展方式转变。要按照《中共中央办公厅国务院办公厅印发〈关于实行党政领导干部问责的暂行规定〉的通知》（中办发〔2009〕25号）的有关要求，对违反国家土地、环保法律法规和信贷政策、产业政策规定，工作严重失职或失误造成重大损失或恶劣影响的行为要进行问责，严肃处理。

（九）深化体制改革。要着眼于推进产业结构调整以及解决长期困扰我国产业良性发展的深层次矛盾，进一步深化财税体制、投融资体制、价格体制、社会保障体制等方面的改革，完善干部考核制度，形成有力促进经济结构战略性调整，推动我国工业实现由大到强转变的体制环境。

019

国务院关于加快推进产能过剩行业结构调整的通知

国发〔2006〕11号

各省、自治区、直辖市人民政府，国务院各部委、各直属机构：

推进经济结构战略性调整，提升产业国际竞争力，是“十一五”时期重大而艰巨的任务。当前，部分行业盲目投资、低水平扩张导致生产能力过剩，已经成为经济运行的一个突出问题，如果不抓紧解决，将会进一步加剧产业结构不合理的矛盾，影响经济持续快速协调健康发展。为加快推进产能过剩行业的结构调整，现就有关问题通知如下：

一、加快推进产能过剩行业结构调整的重要性和紧迫性

近年来，随着消费结构不断升级和工业化、城镇化进程加快，带动了钢铁、水泥、电解铝、汽车等行业的快速增长。但由于经济增长方式粗放，体制机制不完善，这些行业在快速发展中出现了盲目投资、低水平扩张等问题。2004年，国家及时采取一系列宏观调控措施，初步遏制了部分行业盲目扩张的势头，投资增幅回落，企业兼并重组、关闭破产、淘汰落后生产能力等取得了一定成效。

但从总体上看，过度投资导致部分行业产能过剩的问题仍然没有得到根本解决。钢铁、电解铝、电石、铁合金、焦炭、汽车等行业产能已经出现明显过剩；水泥、煤炭、电力、纺织等行业目前虽然产需基本平衡，但在建规模很大，也潜在着产能过剩问题。在这种情况下，一些地方和企业仍在这些领域继续上新的项目，生产能力大于需求的矛盾将进一步加剧。还应看到，这些行业不但总量上过剩，在企业组织结构、行业技术结构、产品结构上的不合理问题也很严重。目前，部分行业产能过剩的不良后果已经显现，产品价格下跌，库存上升，企业利润增幅下降，亏损增加。如果任其发展下去，资源环境约束的矛盾就会更加突出，结构不协调的问题就会更加严重，企业关闭破产和职工失业就会显著增加，必须下决心抓紧解决。要充分认识到，加快产能过剩行业的结构调整，既是巩固和发展宏观调控成果的客观需要，也是宏观调控的一项重要而艰巨的任务；既是把经济社会发展切实转入科学发展轨道的迫切需要，也是继续保持当前经济平稳较快增长好势头的重要举措。

部分行业产能过剩，给经济和社会发展带来了负面影响，但同时也为推动结

构调整提供了机遇。在供给能力超过市场需求的情况下，市场竞争加剧，企业才有调整结构的意愿和压力，也有条件淘汰一部分落后的生产能力。国家在宏观调控的过程中，已经积累了产业政策与其他经济政策协调配合的经验，形成了相对完善的市场准入标准体系，为推进产业结构调整、淘汰落后生产能力提供了一定的制度规范和手段。各地区、各有关部门要进一步树立和落实科学发展观，加深对统筹协调发展、转变经济增长方式必要性和紧迫性的认识，增强预见性，避免盲目性，提高主动性和自觉性，因势利导，化害为利，加快推进产能过剩行业结构调整。

二、推进产能过剩行业结构调整的总体要求和原则

加快推进产能过剩行业结构调整的总体要求是：坚持以科学发展观为指导，依靠市场，因势利导，控制增能，优化结构，区别对待，扶优汰劣，力争今年迈出实质性步伐，经过几年努力取得明显成效。在具体工作中要注意把握好以下原则：

（一）充分发挥市场配置资源的基础性作用。坚持以市场为导向，利用市场约束和资源约束增强的“倒逼”机制，促进总量平衡和结构优化。调整和理顺资源产品价格关系，更好地发挥价格杠杆的调节作用，推动企业自主创新、主动调整结构。

（二）综合运用经济、法律手段和必要的行政手段。加强产业政策引导、信贷政策支持、财税政策调节，推动行业结构调整。提高并严格执行环保、安全、技术、土地和资源综合利用等市场准入标准，引导市场投资方向。完善并严格执行相关法律法规，规范企业和政府行为。

（三）坚持区别对待，促进扶优汰劣。根据不同行业、不同地区、不同企业的具体情况，分类指导、有保有压。坚持扶优与汰劣结合，升级改造与淘汰落后结合，兼并重组与关闭破产结合。合理利用和消化一些已经形成的生产能力，进一步优化企业结构和布局。

（四）健全持续推进结构调整的制度保障。把解决当前问题和长远问题结合起来，加快推进改革，消除制约结构调整的体制性、机制性障碍，有序推进产能过剩行业的结构调整，促进经济持续快速健康发展。

三、推进产能过剩行业结构调整的重点措施

推进产能过剩行业结构调整，关键是要发挥市场配置资源的基础性作用，充分利用市场的力量推动竞争，促进优胜劣汰。各级政府在结构调整中的作用，一方面是通过深化改革，规范市场秩序，为发挥市场机制作用创造条件，另一方面是综合运用经济、法律和必要的行政手段，加强引导，积极推动。2006 年，要

通过重组、改造、淘汰等方法，推动产能过剩行业加快结构调整步伐。

（一）切实防止固定资产投资反弹。这是顺利推进产能过剩行业结构调整的重要前提。一旦投资重新膨胀，落后产能将死灰复燃，总量过剩和结构不合理矛盾不但不能解决，而且会越来越突出。要继续贯彻中央关于宏观调控的政策，严把土地、信贷两个闸门，严格控制固定资产投资规模，为推进产能过剩行业结构调整创造必要的前提条件和良好的环境。

（二）严格控制新上项目。根据有关法律法规，制定更加严格的环境、安全、能耗、水耗、资源综合利用和质量、技术、规模等标准，提高准入门槛。对在建和拟建项目区别情况，继续进行清理整顿；对不符合国家有关规划、产业政策、供地政策、环境保护、安全生产等市场准入条件的项目，依法停止建设；对拒不执行的，要采取经济、法律和必要的行政手段，并追究有关人员责任。原则上不批准建设新的钢厂，对个别结合搬迁、淘汰落后生产能力的钢厂项目，要从严审批。提高煤炭开采的井型标准，明确必须达到的回采率和安全生产条件。所有新建汽车整车生产企业和现有企业跨产品类别的生产投资项目，除满足产业政策要求外，还要满足自主品牌、自主开发产品的条件；现有企业异地建厂，还必须满足产销量达到批准产能80％以上的要求。提高利用外资质量，禁止技术和安全水平低、能耗物耗高、污染严重的外资项目进入。

（三）淘汰落后生产能力。依法关闭一批破坏资源、污染环境和不具备安全生产条件的小企业，分期分批淘汰一批落后生产能力，对淘汰的生产设备进行废毁处理。逐步淘汰立窑等落后的水泥生产能力；关闭淘汰敞开式和生产能力低于1万吨的小电石炉；尽快淘汰5000千伏安以下铁合金矿热炉（特种铁合金除外）、100立方米以下铁合金高炉；淘汰300立方米以下炼铁高炉和20吨以下炼钢转炉、电炉；彻底淘汰土焦和改良焦设施；逐步关停小油机和5万千瓦及以下凝汽式燃煤小机组；淘汰达不到产业政策规定规模和安全标准的小煤矿。

（四）推进技术改造。支持符合产业政策和技术水平高、对产业升级有重大作用的大型企业技术改造项目。围绕提升技术水平、改善品种、保护环境、保障安全、降低消耗、综合利用等，对传统产业实施改造提高。推进火电机组以大代小、上煤压油等工程。支持汽车生产企业加强研发体系建设，在消化引进技术的基础上，开发具有自主知识产权的技术。支持纺织关键技术、成套设备的研发和产业集群公共创新平台、服装自主品牌的建设。支持大型钢铁集团的重大技改和新产品项目，加快开发取向冷轧硅钢片技术，提升汽车板生产水平，推进大型冷、热连轧机组国产化。支持高产高效煤炭矿井建设和煤矿安全技术改造。

（五）促进兼并重组。按照市场原则，鼓励有实力的大型企业集团，以资产、资源、品牌和市场为纽带实施跨地区、跨行业的兼并重组，促进产业的集中化、大型化、基地化。推动优势大型钢铁企业与区域内其他钢铁企业的联合重组，形成若干年产3000万吨以上的钢铁企业集团。鼓励大型水泥企业集团对中小水泥厂实施兼并、重组、联合，增强在区域市场上的影响力。突破现有焦化企业的生产经营格局，实施与钢铁企业、化工企业的兼并联合，向生产与使用一体化、经营规模化、产品多样化、资源利用综合化方向发展。支持大型煤炭企业收购、兼并、重组和改造一批小煤矿，实现资源整合，提高回采率和安全生产水平。

（六）加强信贷、土地、建设、环保、安全等政策与产业政策的协调配合。认真贯彻落实《国务院关于发布实施〈促进产业结构调整暂行规定〉的决定》（国发〔2005〕40号），抓紧细化各项政策措施。对已经出台的钢铁、电解铝、煤炭、汽车等行业发展规划和产业政策，要强化落实，加强检查，在实践中不断完善。对尚未出台的行业发展规划和产业政策，要抓紧制定和完善，尽快出台。金融机构和国土资源、环保、安全监管等部门要严格依据国家宏观调控和产业政策的要求，优化信贷和土地供应结构，支持符合国家产业政策、市场准入条件的项目和企业的土地、信贷供应，同时要防止信贷投放大起大落，积极支持市场前景好、有效益、有助于形成规模经济的兼并重组；对不符合国家产业政策、供地政策、市场准入条件、国家明令淘汰的项目和企业，不得提供贷款和土地，城市规划、建设、环保和安全监管部门不得办理相关手续。坚决制止用压低土地价格、降低环保和安全标准等办法招商引资、盲目上项目。完善限制高耗能、高污染、资源性产品出口的政策措施。

（七）深化行政管理和投资体制、价格形成和市场退出机制等方面的改革。按照建设社会主义市场经济体制的要求，继续推进行政管理体制和投资体制改革，切实实行政企分开，完善和严格执行企业投资的核准和备案制度，真正做到投资由企业自主决策、自担风险，银行独立审贷；积极稳妥地推进资源性产品价格改革，健全反映市场供求状况、资源稀缺程度的价格形成机制，建立和完善生态补偿责任机制；建立健全落后企业退出机制，在人员安置、土地使用、资产处置以及保障职工权益等方面，制定出台有利于促进企业兼并重组和退出市场，有利于维护职工合法权益的改革政策；加快建立健全维护市场公平竞争的法律法规体系，打破地区封锁和地方保护。

（八）健全行业信息发布制度。有关部门要完善统计、监测制度，做好对产能过剩行业运行动态的跟踪分析。要尽快建立判断产能过剩衡量指标和数据采集系统，并有计划、分步骤建立定期向社会披露相关信息的制度，引导市场投资预期。加强对行业发展的信息引导，发挥行业协会的作用，搞好市场调研，适时发布产品供求、现有产能、在建规模、发展趋势、原材料供应、价格变化等方面的信息。同时，还要密切关注其他行业生产、投资和市场供求形势的发展变化，及时发现和解决带有苗头性、倾向性的问题，防止其他行业出现产能严重过剩。

加快推进产能过剩行业结构调整，涉及面广，政策性强，任务艰巨而复杂，各地区、各有关部门要增强全局观念，加强组织领导，密切协调配合，积极有序地做好工作。要正确处理改革发展稳定的关系，从本地区、本单位实际情况出发，完善配套措施，认真解决企业兼并、破产、重组中出现的困难和问题，做好人员安置和资产保全等工作，尽量减少损失，避免社会震动。各地区、各有关部门要及时将贯彻落实本通知的情况上报国务院。国家发展改革委要会同有关部门抓紧制定具体的政策措施，做好组织实施工作。

国务院

二〇〇六年三月十二日

020

国务院关于发布实施《促进产业结构调整暂行规定》的决定

国发〔2005〕40号

各省、自治区、直辖市人民政府，国务院各部委、各直属机构：

《促进产业结构调整暂行规定》（以下简称《暂行规定》）已经2005年11月9日国务院第112次常务会议审议通过，现予发布。

制定和实施《暂行规定》，是贯彻落实党的十六届五中全会精神，实现“十一五”规划目标的一项重要举措，对于全面落实科学发展观，加强和改善宏观调控，进一步转变经济增长方式，推进产业结构调整和优化升级，保持国民经济平稳较快发展具有重要意义。各省、自治区、直辖市人民政府要将推进产业结构调整作为当前和今后一段时期改革发展的重要任务，建立责任制，狠抓落实，按照《暂行规定》的要求，结合本地区产业发展实际，制订具体措施，合理引导投资方向，鼓励和支持发展先进生产能力，限制和淘汰落后生产能力，防止盲目投资和低水平重复建设，切实推进产业结构优化升级。各有关部门要加快制定和修订财税、信贷、土地、进出口等相关政策，切实加强与产业政策的协调配合，进一步完善促进产业结构调整的政策体系。各省、自治区、直辖市人民政府和国家发展改革委、财政、税务、国土资源、环保、工商、质检、银监、电监、安全监管以及行业主管等有关部门，要建立健全产业结构调整工作的组织协调和监督检查机制，各司其职，密切配合，形成合力，切实增强产业政策的执行效力。在贯彻实施《暂行规定》时，要正确处理政府引导与市场调节之间的关系，充分发挥市场配置资源的基础性作用，正确处理发展与稳定、局部利益与整体利益、眼前利益与长远利益的关系，保持经济平稳较快发展。

国务院

二〇〇五年十二月二日

促进产业结构调整暂行规定

国务院

2005年12月2日

第一章 总 则

第一条 为全面落实科学发展观，加强和改善宏观调控，引导社会投资，促进产业结构优化升级，根据国家有关法律、行政法规，制定本规定。

第二条 产业结构调整的目标：

推进产业结构优化升级，促进一、二、三产业健康协调发展，逐步形成农业为基础、高新技术产业为先导、基础产业和制造业为支撑、服务业全面发展的产业格局，坚持节约发展、清洁发展、安全发展，实现可持续发展。

第三条 产业结构调整的原则：

坚持市场调节和政府引导相结合。充分发挥市场配置资源的基础性作用，加强国家产业政策的合理引导，实现资源优化配置。

以自主创新提升产业技术水平。把增强自主创新能力作为调整产业结构的中心环节，建立以企业为主体、市场为导向、产学研相结合的技术创新体系，大力提高原始创新能力、集成创新能力和引进消化吸收再创新能力，提升产业整体技术水平。

坚持走新型工业化道路。以信息化带动工业化，以工业化促进信息化，走科技含量高、经济效益好、资源消耗低、环境污染少、安全有保障、人力资源优势得到充分发挥的发展道路，努力推进经济增长方式的根本转变。

促进产业协调健康发展。发展先进制造业，提高服务业比重和水平，加强基础设施建设，优化城乡区域产业结构和布局，优化对外贸易和利用外资结构，维护群众合法权益，努力扩大就业，推进经济社会协调发展。

第二章 产业结构调整的方向和重点

第四条 巩固和加强农业基础地位，加快传统农业向现代农业转变。加快农业科技进步，加强农业设施建设，调整农业生产结构，转变农业增长方式，提高农业综合生产能力。稳定发展粮食生产，加快实施优质粮食产业工程，建设大型商品粮生产基地，确保粮食安全。优化农业生产布局，推进农业产业化经营，加快农业标准化，促进农产品加工转化增值，发展高产、优质、高效、生态、安全农业。大力发展畜牧业，提高规模化、集约化、标准化水平，保护天然草场，建设饲料草场基地。积极发展水产业，保护和合理利用渔业资源，推广绿色渔业养殖方式，发展高效生态养殖业。因地制宜发展原料林、用材林基地，提高木材综合利用率。加强农田水利建设，改造中低产田，搞好土地整理。提高农业机械化水平，健全农业技术推广、农产品市场、农产品质量安全和动植物病虫害防控体系。积极推行节水灌溉，科学使用肥料、农药，促进农业可持续发展。

第五条 加强能源、交通、水利和信息等基础设施建设，增强对经济社会发展的保障能力。

坚持节约优先、立足国内、煤为基础、多元发展，优化能源结构，构筑稳定、经济、清洁的能源供应体系。以大型高效机组为重点优化发展煤电，在生态保护基础上有序开发水电，积极发展核电，加强电网建设，优化电网结构，扩大西电东送规模。建设大型煤炭基地，调整改造中小煤矿，坚决淘汰不具备安全生产条件和浪费破坏资源的小煤矿，加快实施煤矸石、煤层气、矿井水等资源综合利用，鼓励煤电联营。实行油气并举，加大石油、天然气资源勘探和开发利用力度，扩大境外合作开发，加快油气领域基础设施建设。积极扶持和发展新能源和可再生能源产业，鼓励石油替代资源和清洁能源的开发利用，积极推进洁净煤技术产业化，加快发展风能、太阳能、生物质能等。

以扩大网络为重点，形成便捷、通畅、高效、安全的综合交通运输体系。坚持统筹规划、合理布局，实现铁路、公路、水运、民航、管道等运输方式优势互补，相互衔接，发挥组合效率和整体优势。加快发展铁路、城市轨道交通，重点建设客运专线、运煤通道、区域通道和西部地区铁路。完善国道主干线、西部地区公路干线，建设国家高速公路网，大力推进农村公路建设。优先发展城市公共交通。加强集装箱、能源物资、矿石深水码头建设，发展内河航运。扩充大型机场，完善中型机场，增加小型机场，构建布局合理、规模适当、功能完备、协调发展的机场体系。加强管道运输建设。

加强水利建设，优化水资源配置。统筹上下游、地表地下水资源调配、控制地下水开采，积极开展海水淡化。加强防洪抗旱工程建设，以堤防加固和控制性水利枢纽等防洪体系为重点，强化防洪减灾薄弱环节建设，继续加强大江大河干流堤防、行蓄洪区、病险水库除险加固和城市防洪骨干工程建设，建设南水北调工程。加大人畜饮水工程和灌区配套工程建设改造力度。

加强宽带通信网、数字电视网和下一代互联网等信息基础设施建设，推进“三网融合”，健全信息安全保障体系。

第六条 以振兴装备制造业为重点发展先进制造业，发挥其对经济发展的重要支撑作用。

装备制造业要依托重点建设工程，通过自主创新、引进技术、合作开发、联合制造等方式，提高重大技术装备国产化水平，特别是在高效清洁发电和输变电、大型石油化工、先进适用运输装备、高档数控机床、自动化控制、集成电路设备、先进动力装备、节能降耗装备等领域实现突破，提高研发设计、核心元器件配套、加工制造和系统集成的整体水平。

坚持以信息化带动工业化，鼓励运用高技术和先进适用技术改造提升制造业，提高自主知识产权、自主品牌和高端产品比重。根据能源、资源条件和环境容量，着力调整原材料工业的产品结构、企业组织结构和产业布局，提高产品质量和技术含量。支持发展冷轧薄板、冷轧硅钢片、高浓度磷肥、高效低毒低残留农药、乙烯、精细化工、高性能差别化纤维。促进炼油、乙烯、钢铁、水泥、造纸向基地化和大型化发展。加强铁、铜、铝等重要资源的地质勘查，增加资源地质储量，实行合理开采和综合利用。

第七条 加快发展高技术产业，进一步增强高技术产业对经济增长的带动作用。

增强自主创新能力，努力掌握核心技术和关键技术，大力开发对经济社会发展具有重大带动作用的高新技术，支持开发重大产业技术，制定重要技术标准，构建自主创新的技术基础，加快高技术产业从加工装配为主向自主研发制造延伸。按照产业聚集、规模化发展和扩大国际合作的要求，大力发展信息、生物、新材料、新能源、航空航天等产业，培育更多新的经济增长点。优先发展信息产业，大力发展集成电路、软件等核心产业，重点培育数字化音视频、新一代移动通信、高性能计算机及网络设备等信息产业群，加强信息资源开发和共享，推进信息技术的普及和应用。充分发挥我国特有的资源优势和技术优势，重点发展生物农业、生物医药、生物能源和生物化工等生物产业。加快发展民用航空、航天产业，推进民用飞机、航空发动机及机载系统的开发和产业化，进一步发展民用航天技术和卫星技术。积极发展新材料产业，支持开发具有技术特色以及可发挥我国比较优势的光电子材料、高性能结构和新型特种功能材料等产品。

第八条 提高服务业比重，优化服务业结构，促进服务业全面快速发展。坚持市场化、产业化、社会化的方向，加强分类指导和有效监管，进一步创新、完善服务业发展的体制和机制，建立公开、平等、规范的行业准入制度。发展竞争力较强的大型服务企业集团，大城市要把发展服务业放在优先地位，有条件的要逐步形成服务经济为主的产业结构。增加服务品种，提高服务水平，增强就业能力，提升产业素质。大力发展金融、保险、物流、信息和法律服务、会计、知识产权、技术、设计、咨询服务等现代服务业，积极发展文化、旅游、社区服务等需求潜力大的产业，加快教育培训、养老服务、医疗保健等领域的改革和发展。规范和提升商贸、餐饮、住宿等传统服务业，推进连锁经营、特许经营、代理制、多式联运、电子商务等组织形式和服务方式。

第九条 大力发展循环经济，建设资源节约和环境友好型社会，实现经济增长与人口资源环境相协调。坚持开发与节约并重、节约优先的方针，按照减量化、再利用、资源化原则，大力推进节能节水节地节材，加强资源综合利用，全面推行清洁生产，完善再生资源回收利用体系，形成低投入、低消耗、低排放和高效率的节约型增长方式。积极开发推广资源节约、替代和循环利用技术和产品，重点推进钢铁、有色、电力、石化、建筑、煤炭、建材、造纸等行业节能降耗技术改造，发展节能省地型建筑，对消耗高、污染重、危及安全生产、技术落后的工艺和产品实施强制淘汰制度，依法关闭破坏环境和不具备安全生产条件的企业。调整高耗能、高污染产业规模，降低高耗能、高污染产业比重。鼓励生产和使用节约性能好的各类消费品，形成节约资源的消费模式。大力发展环保产业，以控制不合理的资源开发为重点，强化对水资源、土地、森林、草原、海洋等的生态保护。

第十条　优化产业组织结构，调整区域产业布局。提高企业规模经济水平和产业集中度，加快大型企业发展，形成一批拥有自主知识产权、主业突出、核心竞争力强的大公司和企业集团。充分发挥中小企业的作用，推动中小企业与大企业形成分工协作关系，提高生产专业化水平，促进中小企业技术进步和产业升级。充分发挥比较优势，积极推动生产要素合理流动和配置，引导产业集群化发展。西部地区要加强基础设施建设和生态环境保护，健全公共服务，结合本地资源优势发展特色产业，增强自我发展能力。东北地区要加快产业结构调整和国有企业改革改组改造，发展现代农业，着力振兴装备制造业，促进资源枯竭型城市转型。中部地区要抓好粮食主产区建设，发展有比较优势的能源和制造业，加强基础设施建设，加快建立现代市场体系。东部地区要努力提高自主创新能力，加快实现结构优化升级和增长方式转变，提高外向型经济水平，增强国际竞争力和可持续发展能力。从区域发展的总体战略布局出发，根据资源环境承载能力和发展潜力，实行优化开发、重点开发、限制开发和禁止开发等有区别的区域产业布局。

第十一条　实施互利共赢的开放战略，提高对外开放水平，促进国内产业结构升级。加快转变对外贸易增长方式，扩大具有自主知识产权、自主品牌的商品出口，控制高能耗高污染产品的出口，鼓励进口先进技术设备和国内短缺资源。支持有条件的企业“走出去”，在国际市场竞争中发展壮大，带动国内产业发展。提高加工贸易的产业层次，增强国内配套能力。大力发展服务贸易，继续开放服务市场，有序承接国际现代服务业转移。提高利用外资的质量和水平，着重引进先进技术、管理经验和高素质人才，注重引进技术的消化吸收和创新提高。吸引外资能力较强的地区和开发区，要着重提高生产制造层次，并积极向研究开发、现代物流等领域拓展。

第三章　产业结构调整指导目录

第十二条　《产业结构调整指导目录》是引导投资方向，政府管理投资项目，制定和实施财税、信贷、土地、进出口等政策的重要依据。

《产业结构调整指导目录》由发展改革委会同国务院有关部门依据国家有关法律法规制订，经国务院批准后公布。根据实际情况，需要对《产业结构调整指导目录》进行部分调整时，由发展改革委会同国务院有关部门适时修订并公布。

《产业结构调整指导目录》原则上适用于我国境内的各类企业。其中外商投资按照《外商投资产业指导目录》执行。《产业结构调整指导目录》是修订《外商投资产业指导目录》的主要依据之一。《产业结构调整指导目录》淘汰类适用于外商投资企业。《产业结构调整指导目录》和《外商投资产业指导目录》执行中的政策衔接问题由发展改革委会同商务部研究协商。

第十三条 《产业结构调整指导目录》由鼓励、限制和淘汰三类目录组成。不属于鼓励类、限制类和淘汰类，且符合国家有关法律、法规和政策规定的，为允许类。允许类不列入《产业结构调整指导目录》。

第十四条 鼓励类主要是对经济社会发展有重要促进作用，有利于节约资源、保护环境、产业结构优化升级，需要采取政策措施予以鼓励和支持的关键技术、装备及产品。按照以下原则确定鼓励类产业指导目录：

（一）国内具备研究开发、产业化的技术基础，有利于技术创新，形成新的经济增长点；

（二）当前和今后一个时期有较大的市场需求，发展前景广阔，有利于提高短缺商品的供给能力，有利于开拓国内外市场；

（三）有较高技术含量，有利于促进产业技术进步，提高产业竞争力；

（四）符合可持续发展战略要求，有利于安全生产，有利于资源节约和综合利用，有利于新能源和可再生能源开发利用、提高能源效率，有利于保护和改善生态环境；

（五）有利于发挥我国比较优势，特别是中西部地区和东北地区等老工业基地的能源、矿产资源与劳动力资源等优势；

（六）有利于扩大就业，增加就业岗位；

（七）法律、行政法规规定的其他情形。

第十五条 限制类主要是工艺技术落后，不符合行业准入条件和有关规定，不利于产业结构优化升级，需要督促改造和禁止新建的生产能力、工艺技术、装备及产品。按照以下原则确定限制类产业指导目录：

（一）不符合行业准入条件，工艺技术落后，对产业结构没有改善；

（二）不利于安全生产；

（三）不利于资源和能源节约；

（四）不利于环境保护和生态系统的恢复；

（五）低水平重复建设比较严重，生产能力明显过剩；

（六）法律、行政法规规定的其他情形。

第十六条 淘汰类主要是不符合有关法律法规规定，严重浪费资源、污染环境、不具备安全生产条件，需要淘汰的落后工艺技术、装备及产品。按照以下原则确定淘汰类产业指导目录：

（一）危及生产和人身安全，不具备安全生产条件；

（二）严重污染环境或严重破坏生态环境；

（三）产品质量低于国家规定或行业规定的最低标准；

（四）严重浪费资源、能源；

（五）法律、行政法规规定的其他情形。

第十七条 对鼓励类投资项目，按照国家有关投资管理规定进行审批、核准或备案；各金融机构应按照信贷原则提供信贷支持；在投资总额内进口的自用设备，除财政部发布的《国内投资项目不予免税的进口商品目录（2000年修订）》所列商品外，继续免征关税和进口环节增值税，在国家出台不予免税的投资项目目录等新规定后，按新规定执行。对鼓励类产业项目的其他优惠政策，按照国家有关规定执行。

第十八条 对属于限制类的新建项目，禁止投资。投资管理部门不予审批、核准或备案，各金融机构不得发放贷款，土地管理、城市规划和建设、环境保护、质检、消防、海关、工商等部门不得办理有关手续。凡违反规定进行投融资建设的，要追究有关单位和人员的责任。

对属于限制类的现有生产能力，允许企业在一定期限内采取措施改造升级，金融机构按信贷原则继续给予支持。国家有关部门要根据产业结构优化升级的要求，遵循优胜劣汰的原则，实行分类指导。

第十九条 对淘汰类项目，禁止投资。各金融机构应停止各种形式的授信支持，并采取措施收回已发放的贷款；各地区、各部门和有关企业要采取有力措施，按规定限期淘汰。在淘汰期限内国家价格主管部门可提高供电价格。对国家明令淘汰的生产工艺技术、装备和产品，一律不得进口、转移、生产、销售、使用和采用。

对不按期淘汰生产工艺技术、装备和产品的企业，地方各级人民政府及有关部门要依据国家有关法律法规责令其停产或予以关闭，并采取妥善措施安置企业人员、保全金融机构信贷资产安全等；其产品属实行生产许可证管理的，有关部门要依法吊销生产许可证；工商行政管理部门要督促其依法办理变更登记或注销登记；环境保护管理部门要吊销其排污许可证；电力供应企业要依法停止供电。对违反规定者，要依法追究直接责任人和有关领导的责任。

第四章 附 则

第二十条 本规定自发布之日起施行。原国家计委、国家经贸委发布的《当前国家重点鼓励发展的产业、产品和技术目录（2000年修订）》、原国家经贸委发布的《淘汰落后生产能力、工艺和产品的目录（第一批、第二批、第三批）》和《工商投资领域制止重复建设目录（第一批）》同时废止。

第二十一条 对依据《当前国家重点鼓励发展的产业、产品和技术目录（2000年修订）》执行的有关优惠政策，调整为依据《产业结构调整指导目录》鼓励类目录执行。外商投资企业的设立及税收政策等执行国家有关外商投资的法律、行政法规规定。

四 生产资料流通体制改革

021

国务院办公厅转发国家经委　国家计委　国家物资局关于加强统配物资管理意见的通知

国办发〔1986〕66号

国务院同意国家经委、国家计委、国家物资局《关于加强统配物资管理的意见》，现转发给你们，请认真贯彻执行。

国务院办公厅
一九八六年九月九日

关于加强统配物资管理的意见（摘要）

国家经委　国家计委　国家物资局
1986年8月2日

近几年来，国家统配物资分配调拨计划和订货合同执行情况不够好。国家统配物资调拨计划不落实和订货合同兑现差的原因主要是：一些企业对国家计划的严肃性认识不足；国家对指令性计划缺乏有效的监督措施，纪律松懈；有些企业的原材料、电力、运输等生产条件不够落实。

《中共中央关于经济体制改革的决定》指出“指令性计划是必须执行的”。这是当前保证国家重点生产建设，稳定经济全局的重要手段。为了严肃指令性计划，加强统配物资管理，维护国家计划的严肃性，现提出以下措施：

一、各地区、部门和企业都必须严格执行国家统配物资调拨计划，教育广大干部和职工，树立全局观念，把完成国家计划作为自己的光荣职责和首要任务。

二、所有承担国家统配物资分配调拨任务的企业，都必须严格按计划接受订货，按需要的品种规格组织生产，全面完成供货合同。在确保按质、按量、按期完成国家调拨计划的前提下，企业才能自销（国家有特殊规定的产品不能自销）。没有按计划完成供货合同而擅自自销的企业，由工商行政管理部门没收其全部自销多得的收入，上缴国家财政。

三、国家安排生产计划时，要做好综合平衡工作，要给企业特别是大中型企业留有适当的超产余地。指令性生产计划所需的主要原材料、燃料、电力等生产条件，各有关主管部门和地方，要按国家下达的计划给予保证。企业要千方百计完成国家指令性计划，如遇到难以解决的重大问题，各有关主管部门和地方，要认真帮助协调解决，确实解决不了的要立即向国家计委、国家经委报告。

四、企业如因主要原材料，燃料不足，自行采购议价原材料、燃料完成国家调拨计划的，其多支出的费用，按一九八五年国务院批准的国家经委、国家体改委《关于增强大中型国营工业企业活力若干问题的暂行规定》第十条办理。

五、在组织订货前，由国家物价局、国家物资局和生产主管部门，根据供需情况，在物资价格总水平基本不动的前提下，对少数产品制定浮动价格。

六、交通、运输部门要切实保证办公室指令性计划调拨物资运输，不允许以计划外物资挤占计划内物资运输。

七、要把按质、按量、按期完成国家统配物资根本调拨计划和供货合同作为考核企业全面完成计划的重要指标，并与企业提取奖励基金挂钩。

八、加强监督检查，严肃经济纪律。由国家经委、国家计委有关部门，对企业执行国家统配物资调拨计划和完成合同的情况，要认真进行监督检查。国家物资局按季通报企业完成国家统配物资调拨计划和供货合同的执行情况。对完成调拨计划好的企业、部门和地区，要给予表彰和奖励；对无故不完成国家调拨计划的，要追究企业和主管部门领导人责任，并根据其情节轻重，分别给予停发奖金、扣发部分工资或行政处分，并限期补交所欠物资。

022

物资部　国家体改委　国务院经济贸易办公室关于发布《全民所有制物资企业转换经营机制实施办法》的通知

〔1992〕物综字246号

各省、自治区、直辖市及计划单列市物资厅（局）、体改委、经委（计经委、生产办），新疆生产建设兵团物资局，物资部各行政、企事业单位：

根据《全民所有制工业企业转换经营机制条例》的规定，现发布《全民所有制物资企业转换经营机制实施办法》，请遵照执行。

附件：《全民所有制物资企业转换经营机制实施办法》

物资部
国家经济体制改革委员会
国务院经济贸易办公室
一九九二年十二月二十六日

附件：

全民所有制物资企业转换经营机制实施办法

物资部　国家体制改革委员会　国务院经济贸易办公室
1992年12月26日

为贯彻《全民所有制工业企业转换经营机制条例》（以下简称《条例》），深化物资流通体制改革，转换全民所有制物资企业经营机制，增强全民所有制物资企业活力，加速物资流通产业发展，根据《条例》的有关规定，结合物资企业实际，制定本实施办法。

第一条　落实企业经营决策权

1. 物资企业有权以市场为导向，自主选择商品经营范围，开展跨地区、跨行业经营，实行一业为主，多种经营。国家对销售单位有限制规定的商品，经国家有关部门批准也可经营。

2. 指令性计划分配物资，企业必须按照计划规定的范围销售。计划外物资可不受地区、系统的限制，自由采购销售。

3. 物资企业执行指令性计划，有权要求在政府有关部门的组织下，与需方签订合同；也可以根据国家规定，要求与政府指定的生产企业签订国家订货合同。未按照规定执行指令性计划或者不履行经济合同，物资企业可以向政府或者政府有关部门申诉，也可以依法向人民法院起诉，追究违约方责任。

4. 承担指令性计划物资供应的企业，应严格按照供需双方签订的合同规定，保证工业企业生产指令性计划产品的物资供应，不能保证的，承担违约责任。

5. 接受国家委托承担指令性计划物资供应，因规格品种不对路等原因不符合需要的，物资企业有权进行调剂串换，满足用户需要。调剂串换所产生的价差，作为当期经营损益处理。计划内物资定价高于市场价的，在保证用户所需物资品种规格的前提下，物资企业有权不对指定的生产企业订货。

6. 企业有权跨地区设置自己的购销网络，有权同各种经济成分的企业开展购销业务。

第二条　落实企业进出口权

1. 各类大中型物资企业按照国家关于赋予部分大中型物资企业进出口权的规定，可申请进出口经营权。经批准赋予进出口权的企业，在获得进出口配额、许可证及出入境业务人员审批等方面，与外贸企业享有同等待遇。

没有进出口权的物资企业以委托代理、参股、合作、联营等多种形式，从事进出口业务，并有权参与同外商谈判，按规定自主使用留成外汇和进行外汇调剂。

2. 经有关部门批准，物资企业有权按照外向型经济的需要调整经营策略，引进外资和技术，兴办合资合作企业，以及在境外兴办中资、合资企业和设立各类经营机构。

3. 除国家明令禁止外，物资企业有权按有关规定开展边贸、地贸及各种方式的对外贸易。经批准可以实物、现汇等投资形式在境外建立独资、合资企业、保税仓库、商店等。

第三条　落实企业定价权

1. 企业经营的生产资料价格，除国务院物价部门和省物价部门颁布的价格分工管理目录所列的少数产品外，其它产品价格随行就市，自主定价，销售利润率不受限制。

2. 企业经营计划内物资，应按照“合理计费、合理盈利”的原则，获得合理利润。原规定收费标准低于实际平均费率的，企业可按物价管理权限，向有关部门提出申请，适当调整。对一物多价的物资，可实行均价销售。

3. 企业应按照国家统一规定建立削价准备金制度。经计划管理部门同意，企业可将超储积压的计划内物资转市场销售，价格随行就市，并入正常经营损益。

4. 物资企业为实现政府规定的社会公益目标或经营指令性计划产品，由于价格方面原因而形成政策性亏损，企业有权向物价部门提出调整或者放开价格的建议，物价部门应当有计划地调整或者放开价格予以解决；不能调整或者放开价格的，经财政部门审查核准，给予相应的补贴或者以其它方式补偿；采用上述措施后，企业仍然亏损的，作为经营性亏损处理。

第四条 落实企业人事劳动用工权

1. 企业根据经营业务和自身发展的需要，按照面向社会、公开招聘、全面考核、择优录用的原则，自主决定招工时间、条件、方式、数量。从农村招收职工的具体管理办法和审批程序，依照企业所在省、自治区、直辖市人民政府的规定执行。

除国家特殊规定必须接收的人员外，企业对不需要的人员，有权拒绝接收。

2. 企业有权自主决定用工形式。可在合理组合、择优上岗的基础上，实行合同化管理或全员劳动合同制。在实行合同制中，对业务骨干可以签订长期劳动合同；对下岗人员，要本着“企业内部消化为主，社会调剂为辅”的原则，主要通过广开生产经营门路，发展其它产业等措施，妥善安排，一时安置不了的，实行内部待业、退出岗位休养或转岗培训，也可自谋职业。企业内的待业人员经培训合格的可重新上岗。

3. 企业有权按照“公开、竞争、择优”的原则，实行管理人员和专业技术人员聘任制、考核制。被解聘或落聘的管理人员可以安排其他工作，包括到工人岗位上工作。企业可从优秀工人中选拔聘用管理人员和专业技术人员。

4. 企业除执行国家有关评定职称的统一规定外，有权根据经营发展需要，考核评定和聘用在本企业内部有效的专业技术职务。经有关部门批准，企业可以跨地区乃至从境外招聘专业技术人员、管理人员和购销业务人员。

5. 对有重要贡献的优秀企业家、管理人员、购销业务人员和技术人员，可制定相应的措施，予以特殊安排。经本人同意可适当延长聘任期。

6. 企业可根据经营业务的需要，自主设置机构和确定编制。除法律另有规定和国务院有特殊规定的，企业有权拒绝有关部门和单位提出的设置对口机构、规定人员编制和级别待遇的要求。

第五条 落实企业分配权

1. 企业的工资总额依照政府规定的工资总额同经济效益挂钩的办法确定。企业在相应提取的工资总额内，有权自主使用，自主分配工资和奖金。

2. 企业根据实际情况，自主决定企业内部的工资分配制度。可实行万元利润工资含量包干办法，联利、联销双挂钩工资含量包干办法，以及计件工资制、提成制、效益工资制、浮动工资制、岗位工资制等多种分配形式。

3. 企业有权根据劳动岗位、劳动责任、劳动条件以及职工的劳动技能和劳动贡献，确定不同的劳动报酬。对于那些“招不进、留不住”的“苦、脏、累”岗位，可以实行岗位补贴或协议工资，易岗易薪。

4. 企业有权拉开分配档次，建立重奖重罚制度。对完成经济指标、组织开发短线资源、处理积压滞销产品、开发新技术、提高管理效益等有特殊贡献的有关人员，可实行重奖。对完不成经济指标以至给企业造成经济亏损的有关人员，实行相应的经济处罚。

5. 企业要建立健全工资分配约束机制，使企业的工资总额增长幅度低于本企业经济效益（依据实现利税）增长幅度，职工实行平均收入增长幅度低于本企业劳动生产率（依据净产值）增长幅度。

第六条　增强企业实力

1. 企业为增强自身实力，依照有关法律和政府规章，有权以留用资金、实物、土地使用权等，自主决策投资，兴办工业。按国家有关规定，经银行审批，企业可向银行申请网点建设贷款和向社会发行债券等，多方筹措建设资金。有条件的企业经批准可以通过实行股份制筹集资金，解决企业经营资金的不足。

2. 企业有权自主选择联合对象，开展跨地区、跨行业、跨所有制的各种形式的横向经济联合。除物资系统内部联合外，应积极发展与生产、金融、科技、外贸企业的联合。按照有关规定积极组建和发展物资流通企业集团。

企业按照自愿、有偿的原则，可以跨地区、跨行业兼并其他企业，报政府主管部门备案，并享受国家在资产转让、债务清理、信贷和税收等方面的优惠政策。

3. 企业可充分运用各地政府为加速流通发展给予的各项政策，增强企业实力。经财政部门批准，国家政策性调价库存增殖部分可用于补充企业自有流动资金。企业按照国家统一制定的有关固定资产折旧的规定，有权选择具体的折旧办法，确定加速折旧的幅度。

4. 企业以留利安排生产性建设项目或补充流动资金的，经企业申请，税务部门批准，退还企业再投资部分已缴纳所得税的40%的税款。

5. 企业可充分发挥优势，加速兴办工业和发展其它第三产业，如房地产业、旅游业、信息业、咨询业、生活服务业、运输业等。将现在的信息咨询机构、内部服务设施和交通运输工具向社会开放，开展有偿服务。

6. 企业要注意资本金（固定资产原值、自有流动资金、生产发展基金、后备基金）增殖，建立资产增殖和资金增补制度。实行承包制的企业应将资产增殖和资金增补指标列入承包指标，其他企业也应列入年度经营指标，确保企业财产的增殖。

7. 企业为维护自身合法权益，有权抵制各种乱摊派、乱收费、乱检查、乱罚款。

第七条 增强企业自负盈亏的责任

1. 企业经理（厂长）对企业盈亏负有直接经营责任，全体职工对企业盈亏负有相应责任。实行承包经营责任制的企业，在未完成上交利润任务时，应当以风险抵押金、工资储备基金、税后留利等抵补。

2. 企业盈亏与职工的切身利益挂钩，与企业各级管理人员的奖惩挂钩。对盈利情况良好的企业，除按规定对经理（厂长）和职工给予奖励外，连续三年资产保值增殖，完成上缴税利，扭亏增盈成绩显著的，由上级主管部门对企业经理给予特殊贡献奖。对发生经营性亏损的，在规定的期限内不能扭亏为盈的，要相应扣发工资；经理（厂长）应降职降薪或就地免职，在一定期限内不得易地原职级安排工作；职工应停发奖金和减发工资。

3. 企业应建立资产负债和经营损益考核制度，定期进行财产盘点和审计，做到帐实相符。对于企业不提、少提各项应提基金，少计成本、虚增库存和长期挂帐等，造成企业虚盈实亏的，企业应以留用资金等予以弥补，情节严重的，要追究当事人的责任。

4. 在《条例》颁布前，企业历年积累的政策性亏损和损失，经财政和银行部门核实后，按国务院有关规定办理。

第八条 转换物资部门职能

1. 为适应企业转换经营机制的需要，各级物资部门要按照政企分开的原则，转变管理职能，改变管理方式。重点是：搞好物资综合平衡和宏观调控；会同有关部门加强行业管理；运用经济杠杆和政策，引导企业行为；为企业提供信息、咨询、培训等服务。

2. 在国家统筹规划下，物资部门应会同政府有关部门采取各项措施，积极培育和完善生产资料市场体系，打破地区、部门封锁和分割，建立和完善全国统一市场；国家物资部门负责拟订生产资料市场管理法规，制订生产资料市场管理的有关规章，促进市场公开交易、公平竞争、公正管理，为企业转换经营机制走向市场创造条件。

3. 各级物资部门要确保企业经营自主权的落实。属于应该放给企业的各项自主权，必须全部放给企业，不得截留、不得干预、不得限制。要加强联系、协调工作，取得当地政府和工商、财政、税务、物价、银行等部门的支持，落实本办法中的有关条款。

4. 各级物资部门对转换全民所有制物资企业经营机构的工作，要切实加强领导，深入调查研究，从实际情况出发，制定具体实施方案。针对不同情况要加强分类指导，有计划有步骤地推进企业转换经营机制。重要改革应先行试点，取得经验后再全面推广，力戒一哄而起或“一刀切”等简单做法。

5. 要引导企业把转换经营机制同加强企业管理、提高服务水平结合起来，在转换机制中健全和完善各项管理制度。

第九条　其他

1. 本办法适用于全民所有制物资企业。

2. 本办法公布以前，物资部的有关规章和行政性文件的内容与本办法相抵触的，一律以本办法为准。

3. 本办法由物资部负责解释。

4. 《条例》有明确规定，而本办法未涉及的其他事宜，按照《条例》执行。

5. 本办法自发布之日起执行。

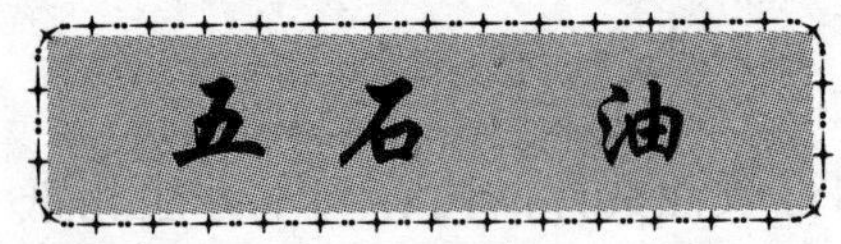

023

商务部关于“十二五”期间石油流通行业发展的指导意见

商运发〔2011〕413号

各省、自治区、直辖市、计划单列市及新疆生产建设兵团商务主管部门，中国石油天然气集团公司、中国石油化工集团公司、中国海洋石油总公司、中国中化集团公司、中国航空油料集团公司、陕西延长集团公司：

石油流通行业是石油产业链和价值链的重要环节，与人民生产生活息息相关，关系国民经济运行质量与经济安全。“十一五”期间，石油流通行业对内、对外开放力度进一步加大，长效监管机制建设积极推进，行业立法与标准体系框架基本形成，市场监测预警机制初步建立，成品油市场供应得到有效保障，加油站和油库建设布局更趋合理，石油流通行业组织化、现代化、规范化水平显著提高。同时，石油市场仍然存在相关制度有待完善、市场秩序尚需进一步规范等问题。为促进“十二五”期间石油流通行业科学、全面、协调、可持续发展，制定本指导意见。

一、指导思想、基本原则和发展目标

（一）指导思想

深入贯彻落实科学发展观，以加快转变石油流通行业发展方式为主线，以保障能源安全、维护国内石油市场稳定供应为根本目的，以公平市场准入、优化市场主体结构为重要手段，进一步加强石油流通行业法制化、规范化、现代化建设，加快推进石油市场有序开放、健康发展，提高石油流通行业市场竞争和服务质量，为我国经济平稳较快发展提供坚实的石油保障。

（二）基本原则

坚持改革开放的原则。把深化改革、扩大开放作为推进石油流通行业发展的根本动力，进一步完善管理体制机制，促进多种所有制主体共同发展，建设统一开放、竞争有序的现代石油流通市场体系。

坚持服务生产和消费的原则。以满足生产生活需求为根本出发点，统筹城乡网点布局，加强成品油供应薄弱地区分销网络建设，提高石油流通企业服务质量和服务水平，进一步拓展终端网络服务功能。

坚持规范发展的原则。公平市场准入、完善退出机制，加大行业监管力度，会同有关部门严厉打击石油市场违法违规行为，营造公平竞争的市场环境。

坚持绿色环保的原则。将绿色、环保、低碳作为石油流通行业加快转变发展方式的重要方向，妥善处理好资源环境承载能力与行业发展的关系，实现石油流通行业的可持续发展。

（三）发展目标

——石油分销体系进一步完善，布局更加合理，零售终端服务功能更加完备，石油流通企业规模明显扩大，企业实力显著增强，多种所有制主体共同参与竞争的市场格局基本形成。

——石油市场供应保障能力进一步增强，应急保供机制更加健全，商业储备体系初步建立。到 2015 年，国内原油和成品油销售量分别达到 5.3 亿吨和 2.9 亿吨，基本满足国内不断增长的生产与消费需求；成品油批发企业常备库存量不小于上年度平均 15 天销售量。

——石油流通效率及现代化水平进一步提高，流通环节连锁率、配送率不断提升，第三方专业物流、共同配送稳步发展，电子商务与信息技术得到广泛应用。

——绿色节能发展取得重大突破，节能减排工作积极开展，加油站和油库实现达标排放，油品质量升级步伐加快，能源消耗强度和二氧化碳排放强度大幅下降。

——石油市场监管体系更趋完善，法规、标准和信用体系进一步健全，行业管理体制和管理方式更趋科学合理，市场主体诚信意识明显提升，市场秩序更加规范有序。

二、主要任务

（四）完善石油市场分销体系

培育多元化的石油市场投资与经营主体，鼓励中小企业做大做强，吸引多种经济成分共同参与市场竞争。进一步完善原油和成品油经营资格审批制度，以合理布局、满足消费为原则，公平石油流通行业市场准入，完善企业退出机制，形成以大型国有石油企业为主体，多种所有制主体共同参与竞争的市场格局。

（五）提高石油市场供应保障能力

密切关注石油市场动态，全面掌握市场供应、销售、库存等运行与变化趋势，畅通信息渠道，及时发布、提前预警。抓好油源组织，完善重点石油企业联系制度，建立省际间的资源合作机制，切实做好产地与销地资源的有效衔接。采取有效措施，科学合理地调配资源，加强重点地区、重点行业、重点加油站（点）的供应保障能力建设，确保重要季节、重要节日以及重大活动期间的油品供应。逐步探索建立全国联网的成品油库存监测网络，指导石油流通企业建立成品油商业储备体系，各地可结合本地区实际，探索建立柴油地方储备。

（六）提升石油流通行业现代化水平

进一步提升成品油流通环节的连锁化水平，引导大型骨干企业加大直营连锁经营网络的建设，有序开展加油站特许连锁。继续推广普及自动液位计量监测系统、车载卫星定位系统等自动化管理的先进技术，支持加油站开展自助式加油、综合服务区、手机及银行卡支付等现代零售模式。鼓励石油流通企业应用现代物流技术，提升物流信息化水平，按照资源的合理流向，统筹优化运输途径、方式和工具，探索发展第三方专业物流、共同配送，实现物流整合、资源共享，提高成品油储运设施的利用效率，逐步建立符合市场需要、高效便捷的新型物流配送体系。

（七）进一步加强石油流通行业监管

加强石油流通企业的动态管理与过程监管，做好企业变更、年检、整改及日常监管等项工作。会同并支持有关部门，加强对当地石油市场的日常监管与检查，严厉查处石油市场的价格违法、掺杂使假、短斤少两、无照经营、走私、侵犯他人注册商标专用权等违法违规行为，强化行业安全管理，标本兼治，依法维护国内石油市场经营秩序。大力推行政务公开，完善石油市场管理信息化建设，及时为社会提供真实、准确的政策信息。

（八）提升石油流通行业服务水平

加快石油经营企业信用体系建设，建立违规企业“黑名单”制度，并将企业信用与企业年检、换证及退出机制相结合。鼓励加油站开展以保证油品计量、质量和规范服务为重点的营销服务活动，促进加油站全面提升整体形象和服务质量，为消费者提供安全、便捷、舒适和保质保量的油品服务。在保障安全的前提下，支持加油站利用网点布局优势、地理位置优势、企业品牌优势和客户资源优势，实现一网多用，在加油站开展便利店等非油品业务服务，进一步拓展零售终端服务功能、提升行业服务水平。

（九）推广实施绿色低碳节能发展方式

指导石油流通企业做好自身节能减排，进一步推动石油分销体系中油库、配送设施及加油站建设的技术创新。石油流通企业应严格按照国家关于大气污染物排放的标准要求，完成加油站、油库、油罐车油气回收的治理工作，新建加油站及油库更要注重环境风险防范，实现达标排放。加快车用燃油低硫化步伐，全面推动清洁汽柴油在全国范围内使用，切实降低机动车尾气污染。积极研究制订生物柴油、乙醇汽油等替代能源的市场流通政策，构建高效、清洁、低碳的能源供应体系。

三、保障措施

（十）加强组织领导

积极协调地方人民政府，健全石油流通行业管理机构，完善工作机制，明确工作职责，强化部门分工协作，着力营造良好的市场环境、法制环境和政策环境。加强对石油流通行业协会和中介机构的引导，完善行业自律。

（十一）加快推进法律法规与标准建设

根据“十二五”期间石油流通行业中出现的新情况、新问题、新特点，积极推动《石油市场管理条例》出台，修订完善相关部门规章及管理制度，加快推进农村和水上加油站点管理、加油站非油品业务等技术规范的研究起草工作，进一步建立、健全石油流通行业的法规规章和标准体系。各地商务主管部门要认真贯彻执行国家石油市场管理的法规规章及相关政策，结合各地实际情况制订具体实施细则，同时加大石油流通行业标准的宣传贯彻实施力度，充分发挥标准在规范行业发展中的基础性作用，提升企业经营管理和服务规范化水平。

（十二）制订行业发展规划

各地商务主管部门要科学编制发布本地区成品油流通行业“十二五”发展规划，依法实施成品油油库和加油站建设审批，严格市场准入，合理布局油库和加油站，避免重复投资、重复建设。有序规划城区加油站建设，保障城区居民加油便利；积极引导大型骨干企业，按照当地加油站行业发展规划，在农村、少数民族集聚区及偏远地区新建加油站、改造加油网点，加大对成品油供应薄弱地区零售及配送网络建设的投入，切实保障农业生产和人民生活用油需求。

（十三）落实石油流通领域的相关政策

贯彻《国务院办公厅关于搞活流通扩大消费的意见》（国办发〔2008〕134号）和《国务院办公厅关于促进物流业健康发展政策措施的意见》（国办发〔2011〕38号）精神，在石油流通行业落实相关优惠政策，加大财政对石油流通行业重点领域、重点项目的支持。各地商务主管部门要积极争取地方石油市场管理行政经费，研究落实对农村、少数民族地区及偏远地区石油流通网络建设的土地和财政优惠政策。

（十四）加强石油流通行业人才队伍建设

有计划地组织有关人员进行石油市场学习与培训，提升石油市场管理队伍的整体素质，通过培训交流等多种方式，加强对基层管理人员的能力培养，建设一支政治合格、业务精通、结构合理、廉洁高效的石油市场管理队伍。加强石油流通行业专家队伍建设，组织石油流通行业方面的专家学者，定期开展学术交流活动。指导石油经营企业多渠道吸纳、着力培养专业技术和管理人才，提高石油流通人才队伍整体水平。

商务部

二〇一一年十一月八日

024

中华人民共和国商务部令

2006 年第 24 号

《原油市场管理办法》已于 2006 年 11 月 16 日经中华人民共和国商务部第 9 次部务会讨论通过，现予以公布，自 2007 年 1 月 1 日起施行。

部长　薄熙来

二〇〇六年十二月四日

原油市场管理办法

第一章　总　则

第一条　为加强原油市场监督管理，规范原油经营行为，维护原油市场秩序，保护原油经营企业和消费者的合法权益，根据《国务院对确需保留的行政审批项目设定行政许可的决定》（国务院令第 412 号）和有关法律、行政法规，制定本办法。

第二条　在中华人民共和国境内从事原油经营活动的，应当遵守有关法律法规和本办法。本办法所称原油经营企业是指从事原油销售和仓储活动的企业。

第三条　国家对原油经营活动实行许可制度。

商务部负责起草原油市场管理的法律法规，拟定部门规章并组织实施，依法对全国原油市场进行监督管理。各级人民政府商务主管部门依据本办法和相关法律法规负责组织协调本辖区内原油经营活动的监督管理。

第四条　本办法所称原油是指在中华人民共和国领域及管辖海域开采生产的原油和进口原油。

第二章　原油经营许可的申请与受理

第五条　申请原油销售、仓储经营资格的企业，应当向所在地省级人民政府商务主管部门提出申请，省级人民政府商务主管部门审查后，将初步审查意见及申请材料上报商务部，由商务部决定是否给予原油销售、仓储许可。

第六条　申请原油销售资格的企业，应当具备下列条件：

（一）申请主体应具有中国企业法人资格，注册资本不低于 1 亿元人民币；

（二）具有长期、稳定的原油供应渠道：

1. 经国务院批准取得《石油采矿许可证》并有实际产量的原油开采企业，或者

2. 具有原油进口经营资格且年进口量在50万吨以上的进口企业，或者

3. 与符合本款1、2项要求的企业签订1年以上的与经营规模相适应的原油供应协议；

（三）具有长期、稳定、合法的原油销售渠道；

（四）拥有库容不低于20万立方米的原油油库，油库建设符合当地城乡规划、油库布局规划；并通过国土资源、规划建设、安全监管、公安消防、环境保护、气象、质检等部门的验收。

第七条 申请原油仓储资格的企业，应当具备下列条件：

（一）申请主体应具有中国企业法人资格，注册资本不低于5000万元人民币；

（二）拥有库容不低于50万立方米的原油油库，油库建设符合当地城乡规划、油库布局规划；并通过国土资源、规划建设、安全监管、公安消防、环境保护、气象、质检等部门的验收；

（三）具备接卸原油的输送管道或铁路专用线或不低于5万吨的原油水运码头等设施。

第八条 设立外商投资原油经营企业，应当遵守本办法及国家有关政策、外商投资法律、法规、规章的规定。

第九条 申请原油销售资格的企业，应当报送下列文件：

（一）申请文件；

（二）长期、稳定原油供应渠道的法律文件及相关材料；

（三）长期、稳定、合法原油销售渠道的法律文件及相关材料；

（四）原油油库及其配套设施的产权证明文件；国土资源、规划建设、安全监管、公安消防、环境保护、气象、质检等部门核发的油库及其他设施的批准证书及验收合格文件；

（五）工商部门核发的《企业法人营业执照》或《企业名称预先核准通知书》；

（六）安全监管部门核发的《危险化学品经营许可证》；

（七）外商投资企业还应提供《中华人民共和国外商投资企业批准证书》；

（八）审核机关要求的其他文件。

第十条 申请原油仓储资格的企业，应当报送下列文件：

（一）申请文件；

（二）原油油库及其配套设施的产权证明文件；国土资源、规划建设、安全

监管、公安消防、环境保护、气象、质检等部门核发的油库及其他设施的批准证书及验收合格文件；

（三）接卸原油的输送管道或铁路专用线或不低于5万吨的原油水运码头等设施的产权证明文件；

（四）工商部门核发的《企业法人营业执照》或《企业名称预先核准通知书》；

（五）安全监管部门核发的《危险化学品经营许可证》；

（六）外商投资企业还应提供《中华人民共和国外商投资企业批准证书》；

（七）审核机关要求的其他文件。

第十一条 省级以上商务主管部门应当在办公场所公示原油销售、仓储许可申请的条件、程序、期限以及需提交的材料目录和申请书规范文本。

第十二条 接受申请的省级人民政府商务主管部门认为申请材料不齐全或者不符合规定的，应当在收到申请之日起5个工作日内一次告知申请人所需补正的全部内容。逾期不告知的，自收到申请材料之日起即为受理。

第十三条 省级人民政府商务主管部门在申请人材料齐全、符合规定形式，以及申请人按照要求提交全部补正申请材料时，应当受理申请。

省级人民政府商务主管部门受理许可申请，应当出具加盖本行政机关专用印章和注明日期的书面凭证。不受理许可申请，应当出具加盖本行政机关专用印章、说明不受理理由和注明日期的书面凭证，并告知申请人享有依法申请行政复议或者提出行政诉讼的权利。

第三章 原油销售、仓储许可审查的程序与期限

第十四条 省级人民政府商务主管部门在收到申请人上报的原油销售、仓储经营资格申请后，应当在20个工作日内完成审查，并将初步审查意见和申请材料上报商务部。

第十五条 商务部自收到省级人民政府商务主管部门上报的企业原油经营资格申请材料之日起，20个工作日内完成审核。对符合本办法第六条规定条件的，应当给予原油销售许可，并颁发《原油销售经营批准证书》；对符合本办法第七条规定条件的，应当给予原油仓储许可，并颁发《原油仓储经营批准证书》。对不符合条件的，将不予许可的决定及理由书面通知申请人，并告知申请人享有依法申请行政复议或提出行政诉讼的权利。

企业凭商务部核发的《原油销售经营批准证书》、《原油仓储经营批准证书》到工商行政管理、税务部门办理登记手续。

第十六条 原油经营企业新建、迁建、扩建仓储设施的，须在办理国土资源、规划建设、安全监管、公安消防、环境保护、气象、质检等验收手续后，报

商务部备案。

第十七条 外商投资企业设立、变更经营范围或外商并购境内企业涉及原油经营业务的，应当向省级人民政府商务主管部门提出申请，省级人民政府商务主管部门应当自收到全部申请文件之日起1个月内完成审查，并将初步审查意见及申请材料上报商务部，商务部在收到全部申请文件之日起3个月内作出是否批准的决定。

第四章 原油销售、仓储批准证书的颁发与变更

第十八条 《原油销售经营批准证书》、《原油仓储经营批准证书》由商务部统一负责印制、颁发。

第十九条 原油经营企业要求变更《原油销售经营批准证书》、《原油仓储经营批准证书》事项的，应向省级人民政府商务主管部门提出申请。省级人民政府商务主管部门应当进行初审，并将初审意见及申请材料报商务部。

具备继续从事原油经营条件的，由商务部换发变更的《原油销售经营批准证书》、《原油仓储经营批准证书》。

第二十条 原油经营企业要求变更《原油销售经营批准证书》、《原油仓储经营批准证书》事项的，应提交下列文件：

（一）企业名称变更的，应当提供工商行政管理部门出具的《企业名称预先核准通知书》；

（二）法定代表人变更的，应附任职证明和新的法定代表人身份证明；

（三）不涉及储运设施迁移的经营地址变更，应提供经营场所合法使用权证明；

（四）经营单位投资主体发生变化的，原有经营单位应办理相应经营资格注销手续，新的经营单位应重新申办相应资格。

第五章 监督管理

第二十一条 各级人民政府商务主管部门应当加强对本辖区原油市场的监督检查，对原油经营企业的违法违规行为进行查处。

第二十二条 省级人民政府商务主管部门应当依据本办法，每年组织对具有原油经营资格的企业进行检查，并将检查结果报商务部。

年度检查中不合格的原油经营企业，商务部应当责令其限期整改；经整改仍不合格的，撤销其原油经营资格。

第二十三条 原油销售企业年度检查的主要内容是：

（一）企业上年度原油经营状况；

（二）原油供油及销售协议的签订、执行情况；

（三）原油销售企业及其配套设施是否符合本办法及有关技术规范要求；

（四）企业消防、安全、环保等方面情况。

第二十四条 原油仓储企业年度检查的主要内容是：

（一）企业上年度原油仓储经营状况；

（二）原油仓储企业及其配套设施是否符合本办法及有关技术规范要求；

（三）企业消防、安全、环保等方面情况。

第二十五条 原油经营企业歇业或终止经营的，应当到商务部办理原油经营资格暂停或注销手续。原油经营企业的停歇业不应超过18个月。无故不办理停歇业手续或停歇业超过18个月的，由商务部撤销其原油经营许可，注销《原油销售经营批准证书》、《原油仓储经营批准证书》，并通知有关部门。

第二十六条 各级商务主管部门实施原油经营许可及市场监督管理，不得收取费用。

第二十七条 商务部应当将取得原油经营许可的企业名单和变更、撤销情况进行公示。

第二十八条 《原油销售经营批准证书》、《原油仓储经营批准证书》不得伪造、涂改、买卖、出租、转借或者以任何其他形式转让。已变更或注销的《原油销售经营批准证书》、《原油仓储经营批准证书》应当交回商务部，其他任何单位和个人不得私自收存。

第二十九条 原油经营企业应当依法经营，禁止下列行为：

（一）无证无照、证照不符或超范围经营；

（二）掺杂掺假、以假充真、以次充好；

（三）销售、仓储非法渠道获得的原油；

（四）向未经国家批准的炼油企业、销售企业销售原油或为其提供仓储服务；

（五）违反价格法律法规，哄抬油价或低价倾销；

（六）国家法律法规禁止的其他经营行为。

第三十条 有下列情况之一的，商务部应当撤销原油经营许可：

（一）对不具备资格或者不符合法定条件的申请人作出准予许可决定的；

（二）超越法定职权作出准予许可决定的；

（三）违反法定程序作出准予许可决定的；

（四）原油销售企业不再具备本办法第六条规定条件的；

（五）原油仓储企业不再具备本办法第七条规定条件的；

（六）未参加或未通过年度检查的；

（七）被许可人以欺骗、贿赂等不正当手段取得经营许可的；

（八）隐瞒有关情况、提供虚假材料或者拒绝提供反映其经营活动真实材料的；

（九）依法应当撤销行政许可的其他情形。

第六章　法律责任

第三十一条　商务主管部门及其工作人员违反本办法规定，有下列情形之一的，由其上级行政机关或监察机关责令改正；情节严重的，对直接负责的主管人员和其他直接责任人员给予行政处分：

（一）对符合法定条件的申请不予受理的；

（二）未向申请人说明不受理申请或者不予许可理由的；

（三）对不符合条件的申请者予以许可或者超越法定职权作出许可的；

（四）对符合法定条件的申请者不予批准或无正当理由不在法定期限内作出批准决定的；

（五）不依法履行监督职责或监督不力，造成严重后果的。

第三十二条　商务主管部门在实施原油经营许可过程中，擅自收费的，由其上级行政机关或监察机关责令退还非法收取的费用，并对主管人员和直接责任人员给予行政处分。

第三十三条　原油经营企业有下列行为之一的，法律、法规有具体规定的，从其规定；法律、法规未做规定的，由商务部视情节依法给予警告、责令限期改正、处违法所得3倍以下或30000元以下罚款处罚：

（一）涂改、倒卖、出租、出借或者以其他形式非法转让原油经营批准证书的；

（二）违反本办法规定的条件和程序，擅自新建、迁建和扩建原油油库的；

（三）采取掺杂掺假、以假充真、以次充好等手段销售原油的；

（四）销售或仓储非法渠道获得原油的；

（五）向未经国家批准的炼油企业、销售企业销售原油或为其提供仓储服务的；

（六）违反国家价格法律、法规销售原油的；

（七）法律、法规规定的其他违法行为。

第三十四条　企业申请从事原油经营资格有下列行为之一的，商务部应当作出不予受理或者不予许可的决定，并给予警告；申请人在一年内不得再次申请原油经营许可。

（一）隐瞒真实情况的；

（二）提供虚假材料的；

（三）违反有关政策和申请程序，情节严重的。

第七章　附　　则

第三十五条　在中华人民共和国境内从事中外合作开采陆上或海上石油资源

的外国合同者，应遵守《中华人民共和国对外合作开采陆上石油资源条例》和《中华人民共和国对外合作开采海洋石油资源条例》的有关规定。

本办法颁布以前，原有经依法批准的、符合国家政策的原油生产企业按本办法规定申领《原油销售经营批准证书》。

第三十六条 本办法由商务部负责解释。

第三十七条 本办法自 2007 年 1 月 1 日起施行。

025

关于印发《石油价格管理办法（试行）》的通知

发改价格〔2009〕1198 号

各省、自治区、直辖市、新疆生产建设兵团发展改革委、物价局，中国石油天然气集团公司、中国石油化工集团公司、中国海洋石油总公司：

根据《国务院关于实施成品油价格和税费改革的通知》（国发〔2008〕37 号）等有关规定，现将我们制定的《石油价格管理办法（试行）》印发给你们，请按照执行。

附件：石油价格管理办法（试行）

国家发展和改革委员会

二〇〇九年五月七日

附件：

石油价格管理办法（试行）

国家发展和改革委员会

2009 年 5 月 7 日

第一条 为完善我国石油价格形成机制，规范价格行为，根据《国务院关于实施成品油价格和税费改革的通知》（国发〔2008〕37 号）的有关规定，制定本办法。

第二条 本办法所称石油包括原油以及由原油炼制的汽油、柴油、航空煤油和航空汽油等成品油。

第三条 在我国从事石油生产、批发和零售的企业，应遵守本办法。

第四条 原油价格由企业参照国际市场价格自主制定。中国石油化工集团公司（以下简称中石化）和中国石油天然气集团公司（以下简称中石油）之间互供原油价格由购销双方按国产陆上原油运达炼厂的成本与国际市场进口原油到厂成本相当的原则协商确定。中石化、中石油供地方炼厂的原油价格参照两个集团公司之间互供价格制定。中国海洋石油总公司及其他企业生产的原油价格参照国际市场价格由企业自主制定。

第五条 成品油价格区别情况，实行政府指导价或政府定价。

（一）汽、柴油零售价格和批发价格，以及供应社会批发企业、铁路、交通等专项用户汽、柴油供应价格实行政府指导价；

（二）国家储备和新疆生产建设兵团用汽、柴油供应价格，以及航空汽油、航空煤油出厂价格实行政府定价。

第六条 当国际市场原油连续22个工作日移动平均价格变化超过4%时，可相应调整国内成品油价格。

第七条 当国际市场原油价格低于每桶80美元时，按正常加工利润率计算成品油价格。高于每桶80美元时，开始扣减加工利润率，直至按加工零利润计算成品油价格。高于每桶130美元时，按照兼顾生产者、消费者利益，保持国民经济平稳运行的原则，采取适当财税政策保证成品油生产和供应，汽、柴油价格原则上不提或少提。

第八条 国家发展改革委制定各省（自治区、直辖市）或中心城市汽、柴油最高零售价格。汽、柴油最高零售价格以国际市场原油价格为基础，考虑国内平均加工成本、税金、合理流通环节费用和适当利润确定。国家发展改革委根据实际情况，适时调整有关成本费用参数。

已实行全省统一价格的地区，执行国家发展改革委制定的全省统一最高零售价格。暂未实行全省统一价格的地区，由省级价格主管部门以国家发展改革委制定的中心城市最高零售价格为基础，考虑运杂费增减因素合理安排省内非中心城市最高零售价格。省内划分的价区原则上不超过3个，价区之间的价差原则上每吨不大于100元。省际之间价差较大的应适当衔接。省级价格主管部门要将省内价区具体安排报国家发展改革委备案。

成品油零售企业可在不超过政府规定的汽、柴油最高零售价格的前提下，自主制定具体零售价格。

第九条 国家发展改革委制定汽、柴油吨升折算原则。省级价格主管部门会同有关部门依据国家确定的折算原则制定当地汽、柴油吨升折算系数。在此基础上，省级价格主管部门制定当地以升为单位的汽、柴油最高零售价格。

第十条 成品油批发企业销售给零售企业的汽、柴油最高批发价格，合同约定由供方配送到零售企业的，由省级价格主管部门按最高零售价格每吨扣减300元确定；合同未约定配送的，最高批发价格由省级价格主管部门在扣减300元的基础上，再考虑运杂费因素确定。成品油批发企业可在不超过汽、柴油最高批发价格的前提下，与零售企业协商确定具体批发价格。当市场零售价格降低时，批发价格也要相应降低，合同约定配送的，保持批零价差每吨不小于300元；合同未约定配送的，扣除运杂费后，保持批零价差每吨不小于300元。凡合同约定配送的，不得另外收取运杂费；未约定配送的，不得强制配送。

成品油生产经营企业供给符合国家规定资质的社会批发企业汽、柴油最高供应价格，按最高零售价格扣减400元确定。当市场零售价格降低时，对社会批发企业供应价格相应降低，保持批零价差每吨不小于400元。

第十一条 铁路、交通等专项用户用汽、柴油最高供应价格，在全国平均最高零售价格基础上每吨扣减400元确定。具体供应价格可在不超过最高供应价格的前提下，由供需双方协商确定。当市场零售价格降低时，对专项用户供应价格相应降低。

专项用户是指历史上已形成独立供油系统的大用户，具体名单由国家发展改革委确定。

第十二条 国家发展改革委制定国家储备、新疆生产建设兵团用汽、柴油供应价格以及航空汽油出厂价格。

第十三条 本办法第八至十二条汽油、柴油、航空汽油价格均指标准品价格。

国家发展改革委制定成品油标准品与非标准品的品质比率。省级价格主管部门按规定的品质比率制定汽、柴油非标准品最高批发价格和最高零售价格；成品油生产经营企业按规定的品质比率制定国家储备、新疆生产建设兵团用汽、柴油非标准品供应价格，供应社会批发企业、铁道、交通等专项用户汽、柴油非标准品最高供应价格，以及航空汽油非标准品出厂价格。

第十四条 乙醇汽油价格政策按同一市场同标号普通汽油价格政策执行。

第十五条 国家发展改革委按与国际市场接轨的原则制定成品油生产企业销售的航空煤油标准品出厂价格。非标准品出厂价格由生产企业按标准品出厂价格和规定的品质比率自行确定。

第十六条 成品油批发、零售企业要在显著位置标识成品油的品名、规格、计价单位、价格等信息。销售企业在销售成品油时，不得以其它名目在国家规定的成品油价格之外加收或代收任何费用。

第十七条 国家发展改革委在门户网站公布按吨计算的汽、柴油标准品最高零售价格，国家储备、新疆生产建设兵团用汽、柴油供应价格，专项用户用汽、柴油最高供应价格；省级价格主管部门在指定网站公布本地区汽、柴油标准品和非标准品最高批发价格和最高零售价格；主要成品油生产经营企业通过所在地新闻媒体公布本公司的汽、柴油具体批发价格和零售价格。成品油生产经营企业调整汽、柴油出厂价格、供应价格、批发价格和零售价格的同时，将调价具体方案抄报国家发展改革委和有关省级价格主管部门。

第十八条 价格主管部门依法对成品油生产、批发和零售企业的价格活动进行检查，并依照法律法规规定对价格违法行为实施行政处罚。

第十九条 本办法由国家发展改革委负责解释。

第二十条 本办法自发文之日起试行。

026

中华人民共和国海关总署令

第 204 号

《中华人民共和国海关管道运输进口能源监管办法》已于 2011 年 10 月 18 日经海关总署署务会议审议通过，现予公布，自 2011 年 12 月 1 日起施行。

署长　于广州

二〇一一年十月二十四日

中华人民共和国海关管道运输进口能源监管办法

第一条　为了规范海关对管道运输进口能源的监管，依据《中华人民共和国海关法》（以下简称《海关法》）的规定，制定本办法。

第二条　管道运输进口能源跨境管道境内计量站（以下简称计量站）是海关监管场所，应当依照《中华人民共和国海关监管场所管理办法》接受海关监管。

第三条　管道经营单位应当依照国家有关规定经营计量站、计量管道运输数据、传输能源计量电子数据，并依法向海关申报，办理相关手续。

第四条　管道经营单位应当依照本办法规定向计量站所在地直属海关提交下列材料，办理备案手续，提交复印件的，应当同时出示原件供海关验核：

（一）管道经营单位备案登记表（见附件）；

（二）企业法人营业执照；

（三）企业法人组织机构代码证；

（四）海关要求提供的其他材料。

不具备法人资格，但经法人授权的管道经营单位还应当提交法人授权文书。

管道经营单位委托代理人代为办理备案手续的，代理人应当向海关提交管道经营单位出具的授权委托书。

第五条　计量站的计量仪表、设备、软件等应当符合海关监管要求，并经国家主管部门或者法律法规授权的计量检定机构检定或者校准。

管道经营单位应当向计量站所在地直属海关或者经直属海关授权的隶属海关提交国家主管部门或者法律法规授权的计量检定机构出具的载明检定或者校准结

论的有效文本。

第六条 管道经营单位应当在计量站运营前将与海关监管相关的管道计量参数报送海关备案。

经计量站所在地直属海关或者经直属海关授权的隶属海关审核同意后，管道计量参数可以根据需要进行调整。

应当备案的管道计量参数项目由海关总署另行公告。

第七条 海关可以对跨境管道的管线设施和计量设备的旁通出口、流量计、流量计算机柜以及其它关键部位施加封志。

管道经营单位需要开启海关施加的封志的，应当向海关提交书面申请，经审核同意的，由海关派员实施开启。开启原因消失后，由海关再次施加封志。

管道运营过程中发生可能影响国家安全和社会秩序的紧急情况，不立即处理将造成人员重大伤亡或者财产重大损失的，管道经营单位可以采取紧急处理措施先予处理，并采取适当方式报告海关。紧急情况消除后，管道经营单位应当立即书面向海关报告相关情况。

海关对计量站设施进行实地检查时，管道经营单位应当到场并提供必要的协助。

第八条 管道经营单位应当按照海关规定传输计量站计量电子数据，并向海关报送相应时段的纸质入境计量报告。

由于计算机故障等特殊情形无法按照规定向海关传输计量电子数据的，管道经营单位应当立即向海关报告有关情况。经海关同意后，管道经营单位应当在海关规定的时限内向海关递交入境计量报告纸本，并于特殊情形消除后立即向海关补充传输计量电子数据。

应当向海关传输的电子数据项目、纸质入境计量报告数据项目，由海关总署另行公告。

海关根据计量数据进行现场验核时，管道经营单位应当到场并提供必要的协助。

第九条 管道运输进口能源在办结申报、纳税及其他海关手续前，属于海关监管货物，未经海关许可，不得进行销售、抵押、质押或者进行其他处置。

管道经营单位应当在计量站运营前向海关报告用以开通管道的水、氮气等数量和处理方式，并按照海关规定定期向海关申报能源损耗和能源耗用相关情况，接受海关监管。

第十条 管道经营单位接收和复运出境清管器等设备的，应当按照暂时进出境货物相关管理规定办理海关手续，接受海关监管。

第十一条 经海关批准，管道运输进口能源的收货人应当在每月 1 日至 14 日期间向海关定期申报上月进口能源，并缴纳相应税款。

管道运输进口能源的收货人超过前款规定期限向海关申报的，海关依法征收滞报金。

收货人向海关办理申报手续时，除按照规定提交进口货物报关单外，还应当同时向海关提交管道经营单位出具的入境计量报告、相应许可证件以及海关要求的其他单证。

第十二条 办理定期申报的收货人应当向海关提供有效担保。

经海关批准，办理定期申报的收货人也可以按照《中华人民共和国海关事务担保条例》的有关规定，向海关申请适用管道运输进口能源定期申报总担保。

管道运输进口能源定期申报总担保具体办法由海关总署另行制定。

第十三条 管道运输进口能源按照海关接受该货物申报进口之日适用的税率、汇率计征税款。

第十四条 不同国别的原产地混合运输的能源，收货人应当按照定期申报时间段内不同国别的原产地能源进口数量分别向海关申报。

海关在审核确定进口能源原产地时，可以要求收货人提交原产地证明或者其他足以证明能源原产地的材料，并予以审验。

第十五条 海关认为必要时，可以按照海关化验管理的有关规定提取管道运输的能源样品进行化验，管道经营单位应当提供必要的协助。

第十六条 因设备运行故障、检修等原因导致管道不能正常运输或者重新启动运输，管道经营单位应当立即向海关报告。

第十七条 管道运输进口能源的收货人、管道经营单位等有关企业、单位应当妥善保管会计账簿、会计凭证、报关单证以及其他有关资料，接受海关稽查。

第十八条 违反本办法规定，构成走私行为、违反海关监管规定行为或者其他违反《海关法》行为的，由海关依照《海关法》、《中华人民共和国海关行政处罚实施条例》等有关法律、行政法规的规定予以处理；构成犯罪的，依法追究刑事责任。

第十九条 本办法下列用语的含义：

“能源”，是指通过管道运输方式进口的原油、天然气。

“能源损耗”，是指在管道运输过程中因流失、泄漏等损失或者排污、设备检修过程中放空以及因设备故障损失的能源。

“能源耗用”，是指为了维持管道运输，或者作为加压、加热的动力燃料以及维持加压站、加热站、计量站等管道配套设施运行需要，从管道中提取的能源。

第二十条 本办法由海关总署负责解释。

第二十一条 本办法自 2011 年 12 月 1 日起施行。

附件：管道经营单位备案登记表（略）

027

中华人民共和国商务部令

2006年第23号

《成品油市场管理办法》已于2006年11月16日经中华人民共和国商务部第9次部务会讨论通过，现予以公布，自2007年1月1日起施行。

部长　薄熙来

二〇〇六年十二月四日

成品油市场管理办法

第一章　总　　则

第一条　为加强成品油市场监督管理，规范成品油经营行为，维护成品油市场秩序，保护成品油经营者和消费者的合法权益，根据《国务院对确需保留的行政审批项目设定行政许可的决定》（国务院令第412号）和有关法律、行政法规，制定本办法。

第二条　在中华人民共和国境内从事成品油批发、零售、仓储经营活动，应当遵守有关法律法规和本办法。

第三条　国家对成品油经营实行许可制度。

商务部负责起草成品油市场管理的法律法规，拟定部门规章并组织实施，依法对全国成品油市场进行监督管理。

省、自治区、直辖市及计划单列市人民政府商务主管部门（以下简称省级人民政府商务主管部门）负责制定本辖区内加油站和仓储行业发展规划，组织协调本辖区内成品油经营活动的监督管理。

第四条　本办法所称成品油是指汽油、煤油、柴油及其他符合国家产品质量标准、具有相同用途的乙醇汽油和生物柴油等替代燃料。

第二章　成品油经营许可的申请与受理

第五条　申请从事成品油批发、仓储经营资格的企业，应当向所在地省级人民政府商务主管部门提出申请，省级人民政府商务主管部门审查后，将初步审查意见及申请材料上报商务部，由商务部决定是否给予成品油批发、仓储经营许可。

第六条　申请从事成品油零售经营资格的企业，应当向所在地市级（设区的市，下同）人民政府商务主管部门提出申请。地市级人民政府商务主管部门审查后，将初步审查意见及申请材料报省级人民政府商务主管部门。由省级人民政府商务主管部门决定是否给予成品油零售经营许可。

第七条　申请成品油批发经营资格的企业，应当具备下列条件：

（一）具有长期、稳定的成品油供应渠道：

1. 拥有符合国家产业政策、原油一次加工能力 100 万吨以上、符合国家产品质量标准的汽油和柴油年生产量在 50 万吨以上的炼油企业，或者

2. 具有成品油进口经营资格的进口企业，或者

3. 与具有成品油批发经营资格且成品油年经营量在 20 万吨以上的企业签订 1 年以上的与其经营规模相适应的成品油供油协议，或者

4. 与成品油年进口量在 10 万吨以上的进口企业签订 1 年以上的与其经营规模相适应的成品油供油协议；

（二）申请主体应具有中国企业法人资格，且注册资本不低于 3000 万元人民币；

（三）申请主体是中国企业法人分支机构的，其法人应具有成品油批发经营资格；

（四）拥有库容不低于 10000 立方米的成品油油库，油库建设符合城乡规划、油库布局规划；并通过国土资源、规划建设、安全监管、公安消防、环境保护、气象、质检等部门的验收；

（五）拥有接卸成品油的输送管道或铁路专用线或公路运输车辆或 1 万吨以上的成品油水运码头等设施。

第八条　申请成品油零售经营资格的企业，应当具备下列条件：

（一）符合当地加油站行业发展规划和相关技术规范要求；

（二）具有长期、稳定的成品油供应渠道，与具有成品油批发经营资格的企业签订 3 年以上的与其经营规模相适应的成品油供油协议；

（三）加油站的设计、施工符合相应的国家标准，并通过国土资源、规划建设、安全监管、公安消防、环境保护、气象、质检等部门的验收；

（四）具有成品油检验、计量、储运、消防、安全生产等专业技术人员；

（五）从事船用成品油供应经营的水上加油站（船）和岸基加油站（点），除符合上述规定外，还应当符合港口、水上交通安全和防止水域污染等有关规定；

（六）面向农村、只销售柴油的加油点，省级人民政府商务主管部门可根据本办法规定具体的设立条件。

第九条 申请成品油仓储经营资格的企业，应当具备下列条件：

（一）拥有库容不低于10000立方米的成品油油库，油库建设符合城乡规划、油库布局规划；并通过国土资源、规划建设、安全监管、公安消防、环境保护、气象、质检等部门的验收；

（二）申请主体应具有中国企业法人资格，且注册资本不低于1000万元人民币；

（三）拥有接卸成品油的输送管道或铁路专用线或公路运输车辆或1万吨以上的成品油水运码头等设施；

（四）申请主体是中国企业法人分支机构的，其法人应具有成品油仓储经营资格。

第十条 设立外商投资成品油经营企业，应当遵守本办法及国家有关政策、外商投资法律、法规、规章的规定。

同一外国投资者在中国境内从事成品油零售经营超过30座及以上加油站的（含投资建设加油站、控股和租赁站），销售来自多个供应商的不同种类和品牌的成品油的，不允许外方控股。

第十一条 申请成品油经营资格的企业，应当提交下列文件：

（一）申请文件；

（二）油库、加油站（点）及其配套设施的产权证明文件；国土资源、规划建设、安全监管、公安消防、环境保护、气象、质检等部门核发的油库、加油站（点）及其他设施的批准证书及验收合格文件；

（三）工商部门核发的《企业法人营业执照》或《企业名称预先核准通知书》；

（四）安全监管部门核发的《危险化学品经营许可证》；

（五）外商投资企业还应提交《中华人民共和国外商投资企业批准证书》；

（六）审核机关要求的其他文件。

第十二条 申请成品油批发经营资格的企业，除提交本办法第十一条规定的文件外，还应当提供具有长期、稳定成品油供应渠道的法律文件及相关材料。

第十三条 申请从事成品油零售经营资格的企业，除提交本办法第十一条规定的文件外，还应当提交具有长期、稳定成品油供应渠道的法律文件及相关材料以及省级人民政府商务主管部门核发的加油站（点）规划确认文件。

通过招标、拍卖、挂牌方式取得加油站（点）土地使用权的，还应提供省级人民政府商务主管部门同意申请人投标或竞买的预核准文件及国土资源部门核发的国有土地使用权拍卖（招标、挂牌）《成交确认书》。

水上加油站（船）还需提供水域监管部门签署的《加油船经营条件审核意见书》。

第十四条 申请从事成品油仓储经营资格的企业，除提交本办法第十一条规定的文件外，还应当提交省级人民政府商务主管部门核发的油库规划确认文件。

通过招标、拍卖、挂牌方式取得油库土地使用权的，还应提供省级人民政府商务主管部门出具的同意申请人投标或竞买的预核准文件及国土资源部门核发的国有土地使用权拍卖（招标、挂牌）《成交确认书》。

第十五条 商务主管部门应当在办公场所公示成品油经营许可申请的条件、程序、期限以及需提交的材料目录和申请书规范文本。

第十六条 接受申请的商务主管部门认为申请材料不齐全或者不符合规定的，应当在收到申请之日起5个工作日内一次告知申请人所需补正的全部内容。逾期不告知的，自收到申请材料之日起即为受理。

第十七条 商务主管部门在申请人申请材料齐全、符合法定形式，或者申请人按照要求提交全部补正申请材料时，应当受理成品油经营许可申请。

商务主管部门受理成品油经营许可申请，应当出具加盖本行政机关专用印章和注明日期的书面凭证。

不受理成品油经营许可申请，应当出具加盖本行政机关专用印章、说明不受理理由和注明日期的书面凭证，并告知申请人享有依法申请行政复议或者提起行政诉讼的权利。

第十八条 受理申请的商务主管部门应当对申请人提交的材料认真审核，提出处理意见。需报上级商务主管部门审核的，将初步审查意见及申请材料报上级商务主管部门。

第三章 成品油经营许可审查的程序与期限

第十九条 省级人民政府商务主管部门收到成品油批发、仓储经营资格申请后，应当在20个工作日内完成审查，并将初步审查意见及申请材料上报商务部。

商务部自收到省级人民政府商务主管部门上报的材料之日起，20个工作日内完成审核。对符合本办法第七条规定条件的，应当给予成品油批发经营许可，并颁发《成品油批发经营批准证书》；对符合本办法第九条规定条件的，应当给予成品油仓储经营许可，并颁发《成品油仓储经营批准证书》；对不符合条件的，将不予许可的决定及理由书面通知申请人。

第二十条 地市级人民政府商务主管部门收到成品油零售经营资格申请后，应当在20个工作日内完成审查，并将初步审查意见及申请材料上报省级人民政府商务主管部门。

省级人民政府商务主管部门自收到地市级人民政府商务主管部门上报的材料之日起，20个工作日内完成审核。对符合本办法第八条规定条件的，应当给予成品油零售经营许可，并颁发《成品油零售经营批准证书》；对不符合条件的，将不予许可的决定及理由书面通知申请人。

第二十一条 成品油批发、仓储经营企业进行新建、迁建、扩建油库等仓储设施，须符合城乡规划、油库布局规划，在取得省级人民政府商务主管部门核发的油库规划确认文件，并办理相关部门验收手续后，报商务部备案。

成品油零售经营企业迁建、扩建加油站（点）等设施，须符合城乡规划、加油站行业发展规划，在取得省级人民政府商务主管部门核发的加油站（点）规划确认文件，并办理相关部门验收手续后，报省级人民政府商务主管部门备案。

第二十二条 采取国有土地使用权招标、拍卖、挂牌等方式确定经营单位的新建加油站项目，招标方、拍卖委托人等单位应取得所在地省级人民政府商务主管部门关于招标、拍卖标的物的规划确认文件，方可组织招标、拍卖活动；投标申请人和竞买人应当经省级人民政府商务主管部门同意并取得预核准文件后，方可参加投标、竞买。

第二十三条 外商投资企业设立、增加经营范围或外商并购境内企业涉及成品油经营业务的，应当向省级人民政府商务主管部门提出申请，省级人民政府商务主管部门应当自收到全部申请文件之日起1个月内完成审查，并将初步审查意见及申请材料上报商务部，商务部在收到全部申请文件之日起3个月内作出是否批准的决定。

外商投资企业经商务部核准设立、并购或增加经营范围后，按本办法有关规定申请成品油经营资格。

第二十四条 省级人民政府商务主管部门应当将成品油零售经营企业的批复文件，于10个工作日内报商务部备案，同时将成品油零售经营企业基本情况纳入成品油市场管理信息系统企业数据库。

第二十五条 对申请人提出的成品油经营许可申请，接受申请的商务主管部门认为需要举行听证的，应当向社会公告并举行听证。

第二十六条 成品油经营企业设立经营成品油的分支机构，应按照本办法规定，另行办理申请手续。

第四章 成品油经营批准证书的颁发与变更

第二十七条 成品油经营批准证书由商务部统一印制。《成品油批发经营批准证书》、《成品油仓储经营批准证书》由商务部颁发；《成品油零售经营批准证书》由省级人民政府商务主管部门颁发。

第二十八条　成品油批发、仓储经营企业要求变更《成品油批发经营批准证书》或《成品油仓储经营批准证书》事项的，向省级人民政府商务主管部门提出申请。省级人民政府商务主管部门初审合格后，报请商务部审核。对具备继续从事成品油批发或仓储经营条件的，由商务部换发变更的《成品油批发经营批准证书》或《成品油仓储经营批准证书》。

成品油零售经营企业要求变更《成品油零售经营批准证书》事项的，向地市级人民政府商务主管部门提出申请，经地市级人民政府商务主管部门初审合格后，报省级人民政府商务主管部门审核。对具备继续从事成品油零售经营条件的，由省级人民政府商务主管部门换发变更的《成品油零售经营批准证书》。

第二十九条　成品油经营企业要求变更成品油经营批准证书有关事项的，应向申请部门提交下列文件：

经营单位投资主体未发生变化的，属企业名称变更的，应当提供工商行政管理部门出具的《企业名称预先核准通知书》或船籍管理部门的船舶名称变更证明；属法定代表人变更的，应附任职证明和新的法定代表人身份证明；不涉及油库和加油站迁移的经营地址变更，应提供经营场所合法使用权证明。

经营单位投资主体发生变化的，原经营单位应办理相应经营资格的注销手续，新经营单位应重新申办成品油经营资格。

第五章　监督管理

第三十条　各级人民政府商务主管部门应当加强对本辖区成品油市场的监督检查，及时对成品油经营企业的违法违规行为进行查处。

第三十一条　省级人民政府商务主管部门应当依据本办法，每年组织有关部门对从事成品油经营的企业进行成品油经营资格年度检查，并将检查结果报商务部。

年度检查中不合格的成品油经营企业，商务部及省级人民政府商务主管部门应当责令其限期整改；经整改仍不合格的企业，由发证机关撤销其成品油经营资格。

第三十二条　成品油经营企业年度检查的主要内容是：

（一）成品油供油协议的签订、执行情况；

（二）上年度企业成品油经营状况；

（三）成品油经营企业及其基础设施是否符合本办法及有关技术规范要求；

（四）质量、计量、消防、安全、环保等方面情况。

第三十三条　成品油经营企业歇业或终止经营的，应当到发证机关办理经营资格暂停或注销手续。成品油批发和仓储企业停歇业不应超过18个月，成品油零售经营企业停歇业不应超过6个月。无故不办理停歇业手续或停歇业超过规定期限的，由发证机关撤销其成品油经营许可，注销成品油经营批准证书，并通知有关部门。

对因城市规划调整、道路拓宽等原因需拆迁的成品油零售企业，经企业所在地省级人民政府商务主管部门同意，可适当延长歇业时间。

第三十四条 各级人民政府商务主管部门实施成品油经营许可及市场监督管理，不得收取费用。

第三十五条 商务部和省级人民政府商务主管部门应当将取得成品油经营资格的企业名单以及变更、撤销情况进行公示。

第三十六条 成品油经营批准证书不得伪造、涂改，不得买卖、出租、转借或者以任何其他形式转让。

已变更或注销的成品油经营批准证书应交回发证机关，其他任何单位和个人不得私自收存。

第三十七条 成品油专项用户的专项用油，应当按照国家规定的用量、用项及供应范围使用，不得对系统外销售。

第三十八条 成品油经营企业应当依法经营，禁止下列行为：

（一）无证无照、证照不符或超范围经营；

（二）加油站不使用加油机等计量器具加油或不按照规定使用税控装置；

（三）使用未经检定或超过检定周期或不符合防爆要求的加油机，擅自改动加油机或利用其他手段克扣油量；

（四）掺杂掺假、以假充真、以次充好；

（五）销售国家明令淘汰或质量不合格的成品油；

（六）经营走私或非法炼制的成品油；

（七）违反国家价格法律、法规，哄抬油价或低价倾销；

（八）国家法律法规禁止的其他经营行为。

第三十九条 成品油零售企业应当从具有成品油批发经营资格的企业购进成品油。

成品油零售企业不得为不具有成品油批发经营资格的企业代销成品油。

成品油仓储企业为其他单位代储成品油，应当验证成品油的合法来源及委托人的合法证明。

成品油批发企业不得向不具有成品油经营资格的企业销售用于经营用途的成品油。

第四十条 有下列情况之一的，作出成品油经营许可决定的商务主管部门或者上一级商务主管部门，根据利害关系人的请求或依据职权，应当撤销成品油经营许可决定：

（一）对不具备资格或者不符合法定条件的申请人作出准予许可决定的；

（二）超越法定职权作出准予许可决定的；

（三）成品油经营企业不再具备本办法第七条、第八条、第九条相应规定条件的；

（四）未参加或未通过年检的；

（五）以欺骗、贿赂等不正当手段取得经营许可的；

（六）隐瞒有关情况、提供虚假材料或者拒绝提供反映其经营活动真实材料的；

（七）依法应当撤销行政许可的其他情形。

第六章　法律责任

第四十一条　商务主管部门及其工作人员违反本办法规定，有下列情形之一的，由其上级行政机关或监察机关责令改正；情节严重的，对直接负责的主管人员和其他直接责任人员给予行政处分：

（一）对符合法定条件的申请不予受理的；

（二）未向申请人说明不受理申请或者不予许可理由的；

（三）对不符合条件的申请者予以许可或者超越法定职权作出许可的；

（四）对符合法定条件的申请者不予批准或无正当理由不在法定期限内作出批准决定的；

（五）不依法履行监督职责或监督不力，造成严重后果的。

第四十二条　商务主管部门在实施成品油经营许可过程中，擅自收费的，由其上级行政机关或监察机关责令退还非法收取的费用，并对主管人员和直接责任人员给予行政处分。

第四十三条　成品油经营企业有下列行为之一的，法律、法规有具体规定的，从其规定；如法律、法规未做规定的，由所在地县级以上人民政府商务主管部门视情节依法给予警告、责令停业整顿、处违法所得 3 倍以下或 30000 元以下罚款处罚：

（一）涂改、倒卖、出租、出借或者以其他形式非法转让成品油经营批准证书的；

（二）成品油专项用户违反规定，擅自将专项用油对系统外销售的；

（三）违反本办法规定的条件和程序，未经许可擅自新建、迁建和扩建加油站或油库的；

（四）采取掺杂掺假、以假充真、以次充好或者以不合格产品冒充合格产品等手段销售成品油，或者销售国家明令淘汰并禁止销售的成品油的；

（五）销售走私成品油的；

（六）擅自改动加油机或利用其他手段克扣油量的；

（七）成品油批发企业向不具有成品油经营资格的企业销售用于经营用途成品油的；

（八）成品油零售企业从不具有成品油批发经营资格的企业购进成品油的；

（九）超越经营范围进行经营活动的；

（十）违反有关技术规范要求的；

（十一）法律、法规、规章规定的其他违法行为。

第四十四条 企业申请从事成品油经营有下列行为之一的，商务主管部门应当作出不予受理或者不予许可的决定，并给予警告；申请人在一年内不得为同一事项再次申请成品油经营许可。

（一）隐瞒真实情况的；

（二）提供虚假材料的；

（三）违反有关政策和申请程序，情节严重的。

第四十五条 已取得省级以上商务主管部门颁发的成品油经营批准证书但尚不符合本办法第七条、第八条、第九条规定条件的企业，成品油批发和仓储企业应于本办法公布实施之日起 18 个月内、成品油零售企业应于 6 个月内进行整改；对于期满尚不符合条件的成品油经营企业，由行政许可机关撤销成品油经营许可，注销成品油经营批准证书。

第七章　附　　则

第四十六条 本办法颁布前，原有经依法批准的、符合国家政策的炼油企业按本办法规定申领《成品油批发经营批准证书》。

第四十七条 本办法由商务部负责解释。

第四十八条 本办法自 2007 年 1 月 1 日起施行，《成品油市场管理暂行办法》同时废止。

028

商务部关于加强当前成品油市场供应保障工作的紧急通知

商务部

2010年11月9日

各省、自治区、直辖市、计划单列市及新疆生产建设兵团商务主管部门，中国石油天然气集团公司、中国石油化工集团公司：

近期，受国内外多重因素影响，我国成品油市场柴油资源供应偏紧，部分地区柴油市场出现限量销售甚至停售现象，柴油供需矛盾凸显。近日，国务院常务会议研究部署了稳定消费价格总水平、保障群众基本生活的政策措施，提出要增加成品油特别是柴油产量、确保敞开供应、加强监管、维护市场秩序等政策措施。为贯彻落实国务院常务会议精神，切实保障成品油市场供应，现就加强当前成品油市场供应保障有关事项紧急通知如下：

一、保持高度重视，认真部署工作

成品油是关系国计民生的重要商品和战略物资，地方各级商务主管部门要充分认识保障成品油市场供应、稳定成品油市场价格的重要性，增强责任感和紧迫感，加强组织领导，采取有力措施，切实做好当前成品油市场供应保障相关工作。

二、密切关注市场，加强监测预警

地方各级商务主管部门要密切关注当前成品油市场动态及反应，建立健全成品油市场应急预案，进一步加强成品油市场监测预警工作。务必畅通信息渠道，全面掌握成品油市场供应、销售、库存等运行情况，继续坚持成品油市场监测月报、周报制度，并在必要时启动日报监测制度，加强分析预警，发现问题及时处理。

三、努力增加产量，保证市场供给

地方各级商务主管部门要积极协调成品油经营企业增加市场供给，全力保证成品油市场供应。中国石油天然气集团公司、中国石油化工集团公司要合理安排炼厂生产，努力提高成品油特别是柴油产量，安排部署低凝点柴油生产，确保冬季低凝点柴油供应。

四、合理调配资源，稳定市场价格

地方各级商务主管部门要积极协调铁路部门和成品油经营企业合理调配资源，做好资源调运工作，确保资源及时到位。要加强全国各地区成品油资源的整体优化平衡，增加柴油市场资源投放，敞开供应，稳定成品油市场价格。

五、保障供给重点，满足民生需求

地方各级商务主管部门要协调成品油经营企业，保障重点需求的成品油供给，保证群众生产生活不受影响，确保社会经济正常运行。按照“保增长、保民生、保稳定”的要求，必要时优先保障重点地区、重点行业及民航、公交运输等社会公共服务用油的资源所需。

六、强化现场管理，保证优质服务

地方各级商务主管部门要指导、协调成品油经营企业，进一步强化加油站和油库的现场管理，提高企业服务质量，及时疏导个别加油站的排队现象，优化车辆运行和加油秩序，维护好现场工作秩序，实现安全平稳运行。

七、加强市场监管，打击非法囤油

地方各级商务主管部门要积极部署、加强成品油市场监管工作，进一步加强与发展改革、公安、工商、质监、安监、物价等职能部门的沟通协作，各司其职，齐抓共管，依法打击非法囤油、乘机抬价等扰乱市场秩序的违法行为。

八、加强正面宣传，稳定市场预期

地方各级商务主管部门要加强与新闻媒体的沟通合作，必要时向媒体通报成品油市场运行的具体情况及采取的应对措施，加强正面宣传教育工作，合理引导社会舆论，消除人为的恐慌情绪，稳定市场预期，保障成品油市场正常秩序，促进经济又好又快平稳健康发展。

029

国务院关于实施成品油价格和税费改革的通知

国发〔2008〕37 号

各省、自治区、直辖市人民政府，国务院各部委、各直属机构：

为建立完善的成品油价格形成机制和规范的交通税费制度，促进节能减排和结构调整，公平负担，依法筹措交通基础设施维护和建设资金，国务院决定实施成品油价格和税费改革。现通知如下：

一、实施成品油价格和税费改革的必要性

我国现行成品油价格和交通税费政策，对保障国内成品油市场供应，加快交通基础设施建设步伐，促进国民经济平稳较快发展，起到了积极作用。但随着我国石油需求不断增加，经济社会发展与资源环境之间的矛盾日益突出；以费代税、负担不公平等弊端日益显现；二级收费公路规模过大，结构不合理，与地方经济发展和群众出行的矛盾越来越尖锐，迫切需要理顺成品油价格和交通税费机制。

近期国际市场油价持续回落，为实施成品油价格和税费改革提供了十分难得的机遇。及时把握当前有利时机，推进成品油价格和税费改革，对规范政府收费行为，公平社会负担，促进节能减排和结构调整，依法筹措交通基础设施维护和建设资金，促进交通事业稳定健康发展，都具有重大而深远的意义。

二、改革的主要内容

（一）关于成品油税费改革。

提高现行成品油消费税单位税额，不再新设立燃油税，利用现有税制、征收方式和征管手段，实现成品油税费改革相关工作的有效衔接。

1. 取消公路养路费等收费。取消公路养路费、航道养护费、公路运输管理费、公路客货运附加费、水路运输管理费、水运客货运附加费等六项收费。

2. 逐步有序取消政府还贷二级公路收费。抓紧制定实施方案和中央补助支持政策，由省、自治区、直辖市人民政府根据相关方案和政策统筹研究，逐步有序取消政府还贷二级公路收费。各地可以省为单位统一取消，也可在省内区分不同情况，分步取消。实施方案由国家发展改革委会同交通运输部、财政部制订，报国务院批准后实施。

3. 提高成品油消费税单位税额。汽油消费税单位税额每升提高 0.8 元，柴

油消费税单位税额每升提高 0.7 元，其他成品油单位税额相应提高。加上现行单位税额，提高后的汽油、石脑油、溶剂油、润滑油消费税单位税额为每升 1 元，柴油、燃料油、航空煤油为每升 0.8 元。

4. 征收机关、征收环节和计征方式。成品油消费税属于中央税，由国家税务局统一征收（进口环节继续委托海关代征）。纳税人为在我国境内生产、委托加工和进口成品油的单位和个人。纳税环节在生产环节（包括委托加工和进口环节）。计征方式实行从量定额计征，价内征收。

今后将结合完善消费税制度，积极创造条件，适时将消费税征收环节后移到批发环节，并改为价外征收。

5. 特殊用途成品油消费税政策。提高成品油消费税单位税额后，对进口石脑油恢复征收消费税。2010 年 12 月 31 日前，对国产的用作乙烯、芳烃类产品原料的石脑油免征消费税；对进口的用作乙烯、芳烃类产品原料的石脑油已纳消费税予以返还。航空煤油暂缓征收消费税。对用外购或委托加工收回的已税汽油生产的乙醇汽油免征消费税；用自产汽油生产的乙醇汽油，按照生产乙醇汽油所耗用的汽油数量申报纳税。对外购或委托加工收回的汽油、柴油用于连续生产甲醇汽油、生物柴油的，准予从消费税应纳税额中扣除原料已纳消费税税款。

6. 新增税收收入的分配。新增成品油消费税连同由此相应增加的增值税、城市维护建设税和教育费附加具有专项用途，不作为经常性财政收入，不计入现有与支出挂钩项目的测算基数，除由中央本级安排的替代航道养护费等支出外，其余全部由中央财政通过规范的财政转移支付方式分配给地方。改革后形成的交通资金属性不变、资金用途不变、地方预算程序不变、地方事权不变。具体转移支付办法由财政部会同交通运输部等有关部门制定并组织落实。新增税收收入按以下顺序分配：

一是替代公路养路费等六项收费的支出。具体额度以 2007 年的养路费等六费收入为基础，考虑地方实际情况按一定的增长率来确定。

二是补助各地取消政府还贷二级公路收费。每年安排一定数量的专项补助资金，用途包括债务偿还、人员安置、养护管理和公路建设等。

三是对种粮农民增加补贴，对部分困难群体和公益性行业，考虑用油量和价格水平变动情况，通过完善成品油价格形成机制中相应的配套补贴办法给予补助支持。

四是增量资金，按照各地燃油消耗量、交通设施当量里程等因素进行分配，适当体现全国交通的均衡发展。

（二）关于完善成品油价格形成机制。

国产陆上原油价格继续实行与国际市场直接接轨。国内成品油价格继续与国际市场有控制地间接接轨。成品油定价既要反映国际市场石油价格变化和企业生产成本，又要考虑国内市场供求关系；既要反映石油资源稀缺程度，促进资源节约和环境保护，又要兼顾社会各方面承受能力。

1. 国内成品油出厂价格以国际市场原油价格为基础，加国内平均加工成本、税金和适当利润确定。当国际市场原油一段时间内平均价格变化超过一定水平时，相应调整国内成品油价格。

2. 汽、柴油价格继续实行政府定价和政府指导价。（1）汽、柴油零售实行最高零售价格。最高零售价格由出厂价格和流通环节差价构成。适当缩小出厂到零售之间流通环节差价。（2）汽、柴油批发实行最高批发价格。（3）对符合资质的民营批发企业汽、柴油供应价格，合理核定其批发价格与零售价格价差。（4）供军队、新疆生产建设兵团和国家储备用汽、柴油供应价格，按国家核定的出厂价格执行。（5）合理核定供铁路、交通等专项部门用汽、柴油供应价格。（6）上述差价由国家发展改革委根据实际情况适时调整。

3. 在国际市场原油价格持续上涨或剧烈波动时，继续对汽、柴油价格进行适当调控，以减轻其对国内市场的影响。

4. 航空煤油等其他成品油价格继续按现行办法管理。液化气改为实行最高出厂价格管理。

5. 国家发展改革委根据上述完善后的成品油价格形成机制，另行制定石油价格管理办法。

（三）关于完善成品油价格配套措施。

1. 继续发挥石油企业内部上下游利益调节机制作用。当国际市场原油价格大幅上涨，国家实施有控制地调整汽、柴油价格措施时，原油加工企业会出现暂时性困难，中石油、中石化两公司要继续按照石油企业内部上下游利益调节机制，平衡好内部利益关系，调动炼油企业生产积极性，保证市场供应。

2. 完善相关行业价格联动机制。（1）铁路货运价格，根据上年国内柴油价格上涨影响铁路运输成本增加的情况，由铁路运输企业消化20%，其余部分通过提高铁路货物运输价格疏导，原则上每年调整一次。具体幅度由国家发展改革委商铁道部确定。（2）民航国内航线旅客运输价格，首先在运价浮动机制内，由航空公司自主调整具体票价，需要调整燃油附加时，根据航空煤油价格影响民航运输成本变化情况，由航空公司消化20%，其余部分通过调整燃油附加标准或基准票价的方式疏导。调整燃油附加标准间隔时间原则上不少于半年。燃油附加具体收取标准由国家发展改革委会同民航局按照上述原则确定。（3）出租车和道路客运价格，由各地进一步完善价格联动机制，根据油价变动情况，通过法定程序，决定调整运价或燃油附加。

3. 完善对种粮农民、部分困难群体和公益性行业补贴的机制。（1）种粮农民。当年成品油价格变动引起的农民种粮增支，继续纳入农资综合直补政策统筹考虑给予补贴。对种粮农民综合直补只增不减。（2）城市公交、农村道路客运

（含岛际和农村水路客运）、林业、渔业（含远洋渔业）。成品油价格调整影响上述行业增加的成本，由中央财政通过专项转移支付的方式给予补贴。补贴比例按现行政策执行，补贴标准随成品油价格的升降而增减，具体补贴办法由财政部商有关部门另行制定。新的补贴办法从 2009 年起执行。（3）出租车。在运价调整前，因油价上涨增加的成本，继续由财政给予临时补贴。（4）低收入困难群体。各地综合考虑成品油、液化气等调价和市场物价变动因素，继续做好城乡低保对象等困难群体基本生活保障工作。

4. 继续实行石油涨价收入财政调节机制。为合理调节石油涨价收入，妥善处理各方面利益关系，继续按相关规定征收石油特别收益金。

（四）妥善解决改革的相关问题。

1. 妥善安置交通收费征稽人员。妥善做好改革涉及人员的安置工作，是成品油税费改革顺利推进的重要保证。要按照转岗不下岗、待安置期间级别不变、合规合理的待遇不变的总体要求，由省、自治区、直辖市人民政府负总责，多渠道安置，有关部门给予指导、协调和支持，确保改革稳妥有序推进。各地要锁定改革涉及的征稽收费人员数量，严格把关，防止突击进人。

对公路养路费征稽人员的安置措施：一是交通运输行业内部转岗；二是税务部门接收；三是地方人民政府统筹协调，多种渠道安置改革涉及人员。

人员安置工作指导意见由交通运输部会同中央编办、财政部、人力资源社会保障部、税务总局制订，报国务院批准后实施。

2. 研究解决普通公路建设发展，特别是二级公路发展问题。地方要以这次改革为契机，利用中央财政给予的支持政策，整合现有资源，更好地用于发展二级公路。同时有关部门要按照六费原有资金功能不变的原则，抓紧研究建立和理顺普通公路投融资体制，促进普通公路健康发展。

3. 加强成品油市场监管。加强油品市场监测和监管，坚决禁止成品油生产企业为规避税收只开具发票而无实际货物交付和突击销售成品油等非正常销售成品油行为，严厉打击油品走私、经营假冒伪劣油品以及合同欺诈等违法行为，确保成品油市场稳定。

（五）实施时间。完善成品油价格形成机制，理顺成品油价格，自发文之日起实施。成品油税费改革自 2009 年 1 月 1 日起实施。

三、切实做好改革的实施工作

成品油价格和税费改革是党中央、国务院做出的重大决策，是贯彻落实科学发展观、促进经济社会平稳较快发展的重要举措。各地区、各有关部门要统一思想，充分认识改革的必要性和紧迫性，切实把思想和行动统一到中央的决策部署上来，精心组织，周密部署，共同做好有关工作，确保改革方案平稳实施。

（一）加强组织领导。国务院有关部门组成的成品油价格和税费改革部际协调小组，要切实做好改革方案的组织实施工作；各省、自治区、直辖市人民政府要成立由主要负责同志牵头的改革领导小组，主要负责同志负总责，发展改革、价格、财政、交通、税务、编制、人事等相关部门密切配合，落实责任，确保改革措施落实到位。

（二）保证队伍稳定和资金有效衔接。地方各级人民政府要切实担负起安置人员和维护稳定的责任，把人员安置的工作摆在推进改革的突出位置，提前筹划，周全安排，妥善安置。各级财政部门要做好改革前后资金安排及预算衔接工作；中央财政要通过向地方预拨资金，确保养护管理及人员经费等需要，保障改革平稳顺利推进。

（三）确保取消收费政策到位，严格禁止乱收费。各地要按照改革方案的统一安排，在 2009 年 1 月 1 日零时全部取消公路养路费等六项收费，已经提前预收的要及时清退，要加强检查，确保取消收费政策落到实处。对确定撤销的政府还贷二级公路收费站点，省级人民政府要及时向社会公布其位置和名称，接受社会监督；同时做好财务清理工作，防止国有资产流失和逃废银行债务。绝不允许任何地方、部门、单位和个人，以任何理由、任何名义继续收取或变相收取明令取消的各项收费。违反规定的，要严肃查处，并追究相关责任人的责任。国家发展改革委、财政部要会同有关部门尽快制定下发配套文件，并加大督查力度。

（四）加强宣传解释工作。要通过广播、电视、报纸、网络等多种媒体，有针对性地开展宣传解释工作，取得群众的理解和支持，为改革的顺利实施创造有利的舆论环境。地方各级人民政府要结合本地实际情况，加强舆论引导。

（五）确保社会大局稳定。成品油价格和税费改革涉及面广，情况复杂。各地要密切关注市场情况和社会动态，针对改革过程中可能出现的新情况、新问题，提前做好应对预案，并妥善处理，切实维护社会稳定的大局。

各地区、各有关部门贯彻落实情况，要及时向国务院报告。

国务院

二〇〇八年十二月十八日

030

关于民营成品油企业经营有关问题的通知

发改经贸〔2008〕602号

各省、自治区、直辖市及计划单列市发展改革委、经贸委（经委）、商务厅（局），新疆生产建设兵团发展改革委、商务局，中石油集团、中石化集团：

经国务院同意，现就民营成品油企业经营有关问题通知如下。

一、依法规范民营成品油企业经营

（一）所有民营成品油批发企业和零售企业必须按照商务部的有关规定，依法取得经营资格，方可开展经营活动。

（二）民营批发企业应当与零售加油站签订长期稳定的供油合同，并经由所属加油站和已签订合同的零售加油站向社会销售成品油。

（三）民营零售加油站可以选择与中石油、中石化两集团公司所属批发企业，或者具备资格的民营批发企业签订长期供货合同。

二、合理向民营成品油企业供油

（一）中石油和中石化两集团公司负责向签订长期供货协议的民营批发及零售企业供油。供需双方应严格履行协议条款。

（二）对民营批发企业向其所属加油站和已签约零售加油站以外销售的，中石油、中石化两集团公司可以相应核减供油数量。

三、合理确定民营成品油企业经营用油价格

（一）中石油、中石化两集团公司对民营批发企业供应的成品油价格，由双方在按国家规定确定的实际零售价格基础上倒扣5.5～7.0%之间协商确定。

（二）中石油、中石化两集团公司供系统外零售加油站的成品油批发价格，继续执行国家规定的按实际零售价倒扣不低于4.5%的规定，合理定价。

四、加快民营成品油企业重组进程

（一）中石油、中石化两集团公司要继续根据企业发展战略和成品油市场布局，采取收购、参股、联营等方式，加快推进对民营批发企业的重组工作。

（二）民营批发企业之间应依照公平、对等、协商的原则，实行重组联合，

调整企业结构，提高服务水平和成品油经营集中度。

五、规范成品油流通秩序

（一）严格控制零售加油站的建设。各省市自治区商务主管部门要按照各地加油站行业发展规划和相关技术规范要求，严格审批新建加油站。

（二）地方炼厂（具备批发资格的除外）所产成品油要严格执行交中石油、中石化两集团公司集中批发的规定。

（三）所有成品油经营企业必须严格执行国家规定的价格政策，严禁违反规定擅自提价。严格遵守国家有关质量、计量等规定。

（四）依法注销或撤销成品油经营资格的企业，不得再继续从事成品油相应经营。

（五）其他成品油生产经营企业，也应参照本通知有关规定执行。

六、加强成品油流通工作的领导

地方各级人民政府要按照国家有关规定，进一步加强成品油市场管理，推进成品油集约化经营，依法撤销不合格的成品油经营企业。相关职能部门要严肃查处供需双方违约行为和违反规定乱涨价的行为，及时协调解决成品油流通中的矛盾和问题。

各地区、有关部门要共同努力，切实做好成品油供应工作，确保社会稳定。

国家发展和改革委员会
商务部
二〇〇八年三月三日

031

关于缓解成品油调价对交通运输业影响严格控制连锁反应的通知

发改电〔2008〕217号

各省、自治区、直辖市发展改革委、物价局、财政厅（局）、交通厅（局、委）：

成品油价格调整后，相应增加了公路、水路客货运输成本。各级价格、财政、交通主管部门要在当地党委、政府统一领导下，密切配合，采取综合配套措施，缓解成品油价格调整对交通运输业的影响，严格控制连锁反应，把调价负面影响控制在最低限度，促进交通运输业的健康发展。现就有关事项通知如下：

一、稳定部分交通运输价格。《国家发展改革委关于调整成品油价格的通知》（发改电〔2008〕205号）和《关于严格控制成品油电力价格调整连锁反应保持市场价格基本稳定的通知》（发改电〔2008〕209号）规定，城市公交、农村道路客运（含岛际和农村水路客运，下同）价格不作调整，出租车价格暂不调整。各地要坚决落实相关政策要求，确保城市公交、农村道路客运、出租车运价稳定，不得以任何理由提高或者变相提高运价。

二、加快落实财政补贴政策。根据《财政部关于认真做好财政补贴落实工作确保石油价格改革顺利实施的紧急通知》（财建明电〔2008〕4号）和《财政部、发展改革委、交通运输部、住房城乡建设部关于全力做好城市出租车油价补贴工作切实维护社会稳定的紧急通知》（财建明电〔2008〕5号）等有关文件规定，城市公交按现行政策继续由中央财政给予补贴。对农村道路客运新增加的支出，由中央财政全额补贴。继续将城市出租车列为补贴对象并加大补贴力度，对东部地区，中央财政负担40%；对中西部地区，中央财政负担由55%提高到65%。在中央财政补贴基础上，地方财政部门要进一步加大补贴力度，在出租车行业暂不调整运价期间，全额补贴出租车经营者，消除油价调整对出租车行业的影响。各地要切实落实各项财政补贴政策，确保补贴资金按规定时限足额发放到直接经营者手中。

三、适当疏导运价矛盾。对实行政府定价或者政府指导价的公路客运（不含农村道路客运），可采取提高政府定价或政府指导价基准价水平、扩大政府指导价浮动幅度、出台或提高燃油附加标准等形式合理疏导运价矛盾。尚未建立相关交通运输价格与成品油价格联动机制的地方，要抓紧建立联动机制；已经建立了联动机制的地方，也要根据实际情况对联动机制做进一步完善。安排运价水平时，要充分考虑市场供求状况和社会承受能力，统筹兼顾消费者和经营者的利益，严禁超过油价上调成本增支幅度搭车涨价。能够在现行运价水平内消化成本增支的，可暂不上调运价。要通过成本监审等措施，督促经营者改善管理、降低成本；在合理成本范围内，经营企业也要尽量消化增支因素。各地调整运价，要注意把握节奏，尽量错开出台时间，避免出现大范围集中涨价的情况。运价上调的幅度，不得超过因油价上涨增加的成本支出，严禁以任何其他理由搭车涨价。

对已经实行市场调节价的公路货运、水路客货运输等交通运输价格，要加强监测监管，及时制止经营者超成本增支幅度搭车涨价。

四、清理和减免收费。要继续加大清理整顿涉及交通运输行业收费的工作力度。坚决取消不合理收费项目，降低偏高的收费标准。各地可根据实际情况，对相关交通运输经营者给予减免收费优惠政策，努力降低运输成本，减轻经营者负担。要认真落实对整车合法装载运输蔬菜、生猪等鲜活农产品车辆的“绿色通道”政策；对向地震灾区运送抗震救灾物资的车辆实行免缴过路过桥费优惠政策。各地还可根据实际情况，对定期定线运行的客运班线车辆通行费推广实行月票或年票制，实行大客户优惠。

五、加强市场监测和价格监督检查。各级交通主管部门要会同有关部门，加强对交通运输市场监测。根据各地运输市场实际情况，从严控制新增运力，保持运输市场供求基本平衡。继续加大打击非法营运工作力度，维护正常的市场秩序。对出现的问题和矛盾，要及时采取有效措施化解，努力保持交通运输市场稳定。

各级价格主管部门要加大价格监测和监督检查力度，密切关注交通运输市场的变化情况，加强对交通运输价格、涉及相关交通运输行业各项收费的监督检查。加强对成品油供应、价格情况的监督检查，成品油经营企业要与专业运输企业签订长期供销协议，优先保障对公路、水路客货运输车辆、船舶的成品油供应，坚决制止违反国家政策规定擅自提高成品油批发、零售价格，强制搭售其他商品等行为。认真受理群众投诉、举报，依法处理各种价格违法行为，保护消费者和经营者的合法权益。

国家发展和改革委员会
财政部
交通运输部
二〇〇八年六月二十七日

032

关于严格控制成品油电力价格调整连锁反应保持市场价格基本稳定的通知

发改电〔2008〕209号

各省、自治区、直辖市及计划单列市、副省级省会城市、新疆生产建设兵团发展改革委、物价局、监察厅（局）：

近日，国家提高了成品油价格，公布了电力价格调整方案，宣布了对电煤实施临时价格干预。为确保各项调价措施顺利实施，把连锁反应控制在最低程度，保持市场价格基本稳定，现就有关事项通知如下：

一、认真贯彻落实成品油和电力价格调整方案

各地要严格执行《国家发展改革委关于调整成品油价格的通知》和《国家发展改革委关于提高电力价格有关问题的通知》有关要求，把确保成品油、电力调价方案平稳出台作为一项重要工作抓好抓实。调整成品油价格时，液化气、天然气价格不调整；调整电价时，对居民生活和农业、化肥生产用电价格不作调整，对四川、陕西、甘肃三省受地震灾害影响严重的县（市）电价也不作调整。各部门要密切配合，分工协作，确保各项调价政策措施落实到位，补贴资金足额限时兑现到补贴对象手中。省级价格主管部门要按照国家发展改革委要求，抓紧研究测算电价调整实施方案，按时出台调价措施。各地要加强对成品油、电力及交通运输等相关行业价格及市场供求的监测分析，密切跟踪市场变化动态，及时协调解决出现的各种矛盾和问题，确保调价方案出台后市场平稳运行。

二、严格执行电煤价格临时干预措施

各地要严格执行《国家发展改革委关于对全国发电用煤实施临时价格干预措施的公告》，督促煤炭生产企业严格执行国家发展改革委对发电用煤的临时价格干预措施，确保在价格干预期间煤炭生产企业供发电用煤的出矿价（车板价）不超过2008年6月19日实际结算价格。同时，为稳定非重点合同电煤的市场销售价格，要采取限定差价率等措施，控制流通环节费用。

三、从严控制下游产品涨价范围和幅度

这次成品油调价后，与居民消费密切相关的铁路客运、城市公交、农村道路

客运（含岛际和农村水路客运）等价格均不得提高，出租车运价也暂不调整。对出租车行业的影响，近期要通过增加财政补贴解决。由各省级价格主管部门管理的地方铁路、地方控股合资（合作）铁路等客运价格，一律不得调整。对其他相关交通运输行业，要督促经营者降低成本，尽量消化上游产品价格调整影响的增支因素，在此基础上，充分考虑市场供求状况和社会承受能力，统筹兼顾经营者和消费者的利益，严格控制调价幅度。同时，要继续清理整顿收费，加大政府规费减免力度，对整车运输的蔬菜、生猪等鲜活农产品过路过桥费一律予以免除，落实向地震灾区运送抗震救灾物资免缴过路过桥费优惠政策，努力降低运输成本，减轻经营者负担。

四、继续加强价格管理

各地要综合采取各种措施，严禁放开商品趁机搭车涨价、变相涨价。与群众生活关系密切的供气、供水、供暖等公用事业价格，学校学费、住宿费标准以及医疗服务价格要保持基本稳定。要按照《国家发展改革委关于对部分重要商品及服务实行临时价格干预措施的实施办法》、《关于加强抗震救灾帐篷和过渡安置房及生产原材料价格监管的紧急通知》和《关于保障灾后重建物资供应加强价格监管的通知》要求，继续加强对粮食、食用植物油、肉、蛋、奶、液化气等居民生活必需品，以及钢材、玻璃、水泥、砖瓦砂石等抗震救灾物资和灾后重建物资价格监管，抑制价格不合理上涨，确保市场供应。

五、加强价格监督检查

各级价格主管部门要加大价格监督检查力度，依法从严打击各种价格违法行为。要加强与纪检、监察、公安、工商、质监，以及新闻单位的配合，集中时间、集中力量，加强市场巡查，加大对成品油、电力、煤炭生产经营企业及相关行业的检查力度，严厉打击价格违法行为。对违反国家政策规定，扩大范围，提高幅度或者提前调整价格；不执行政府临时价格干预措施，擅自涨价；趁成品油、电力价格调整之机，捏造、散布涨价信息，哄抬价格；相互串通，操纵市场价格；或者超出成本增支范围，大幅度提高产品价格；以及采取价外加价（加收费用）、以次充好、以假充真、短斤缺两等欺诈手段变相提高价格等不正当价格违法行为，要依法从重从快予以严厉打击。对性质恶劣、影响较大的典型案件要及时给予公开曝光，并提请有关部门追究相关人员的行政、刑事责任。要畅通12358价格举报电话，认真受理群众投诉，及时化解价格矛盾，切实维护社会和谐稳定。

六、严肃工作纪律

各级监察部门要加强对相关部门执行国家价格政策的监督力度，督促各级政府和有关部门认真履行职责，依法行政，依法监管。要大力支持和配合有关部门做好加强价格监管的工作，加大执纪执法的力度。对不顾大局，不执行、不落实中央加强价格监管措施及相关工作要求的；对擅自出台调价措施，截留挪用国家补贴资金的；对组织不力、政策落实不到位，工作失职、渎职造成严重后果或恶劣影响的，各级政府监察部门要会同有关部门依纪依法追究相关责任者和主要领导人的党纪政纪责任。

各级发展改革委、监察厅（局）、物价局要统一思想，充分认识控制成品油和电力价格调整后的连锁反应、保持市场物价基本稳定的重要意义；要在当地党委、政府的统一领导下，协调各有关部门，采取有效措施，扎扎实实、不折不扣地贯彻国务院宏观调控的各项决策部署。各部门主要负责同志要亲自抓落实工作，妥善处理好各种苗头性和倾向性问题，努力保持市场物价稳定和社会安定。

国家发展和改革委员会

监察部

二〇〇八年六月二十一日

033

关于提高成品油消费税税率的通知

财税〔2008〕167号

各省、自治区、直辖市、计划单列市财政厅（局）、国家税务局，新疆生产建设兵团财务局：

按照《国务院关于实施成品油价格和税费改革的通知》（国发〔2008〕37号），现将提高成品油消费税税率问题通知如下：

一、将无铅汽油的消费税单位税额由每升0.2元提高到每升1.0元；将含铅汽油的消费税单位税额由每升0.28元提高到每升1.4元。

二、将柴油的消费税单位税额由每升0.1元提高到每升0.8元。

三、将石脑油、溶剂油和润滑油的消费税单位税额由每升0.2元提高到每升1.0元。

四、将航空煤油和燃料油的消费税单位税额由每升0.1元提高到每升0.8元。

五、本通知自2009年1月1日起执行。原消费税的政策规定与本通知有抵触的，依照本通知执行。

附件：

1. 成品油消费税税目税率表
2. 成品油消费税征收范围注释

财政部

国家税务总局

二〇〇八年十二月十九日

附件1：

成品油消费税税目税率表

税目	税率
成品油：	
1. 汽油	
（1）无铅汽油	1.0元/升
（2）含铅汽油	1.4元/升
2. 柴油	0.8元/升
3. 航空煤油	0.8元/升
4. 石脑油	1.0元/升
5. 溶剂油	1.0元/升
6. 润滑油	1.0元/升
7. 燃料油	0.8元/升

附件2：

成品油消费税征收范围注释

一、汽油

汽油是指用原油或其他原料加工生产的辛烷值不小于66的可用作汽油发动机燃料的各种轻质油。含铅汽油是指铅含量每升超过0.013克的汽油。汽油分为车用汽油和航空汽油。

以汽油、汽油组分调和生产的甲醇汽油、乙醇汽油也属于本税目征收范围。

二、柴油

柴油是指用原油或其他原料加工生产的倾点或凝点在-50至30的可用作柴油发动机燃料的各种轻质油和以柴油组分为主、经调和精制可用作柴油发动机燃料的非标油。

以柴油、柴油组分调和生产的生物柴油也属于本税目征收范围。

三、石脑油

石脑油又叫化工轻油，是以原油或其他原料加工生产的用于化工原料的轻质油。

石脑油的征收范围包括除汽油、柴油、航空煤油、溶剂油以外的各种轻质油。非标汽油、重整生成油、拔头油、戊烷原料油、轻裂解料（减压柴油 VGO 和常压柴油 AGO）、重裂解料、加氢裂化尾油、芳烃抽余油均属轻质油，属于石脑油征收范围。

四、溶剂油

溶剂油是用原油或其他原料加工生产的用于涂料、油漆、食用油、印刷油墨、皮革、农药、橡胶、化妆品生产和机械清洗、胶粘行业的轻质油。

橡胶填充油、溶剂油原料，属于溶剂油征收范围。

五、航空煤油

航空煤油也叫喷气燃料，是用原油或其他原料加工生产的用作喷气发动机和喷气推进系统燃料的各种轻质油。

六、润滑油

润滑油是用原油或其他原料加工生产的用于内燃机、机械加工过程的润滑产品。润滑油分为矿物性润滑油、植物性润滑油、动物性润滑油和化工原料合成润滑油。

润滑油的征收范围包括矿物性润滑油、矿物性润滑油基础油、植物性润滑油、动物性润滑油和化工原料合成润滑油。以植物性、动物性和矿物性基础油（或矿物性润滑油）混合掺配而成的“混合性”润滑油，不论矿物性基础油（或矿物性润滑油）所占比例高低，均属润滑油的征收范围。

七、燃料油

燃料油也称重油、渣油，是用原油或其他原料加工生产，主要用作电厂发电、锅炉用燃料、加热炉燃料、冶金和其他工业炉燃料。腊油、船用重油、常压重油、减压重油、180CTS 燃料油、7 号燃料油、糠醛油、工业燃料、4—6 号燃料油等油品的主要用途是作为燃料燃烧，属于燃料油征收范围。

034

国务院办公厅转发国家经贸委等部门关于进一步整顿和规范成品油市场秩序意见的通知

国办发〔2001〕72号

各省、自治区、直辖市人民政府，国务院各部委、各直属机构：

国家经贸委、工商总局、质检总局、公安部、建设部《关于进一步整顿和规范成品油市场秩序的意见》已经国务院同意，现转发给你们，请认真贯彻执行。

成品油是关系国计民生的重要商品，整顿和规范成品油市场秩序直接关系石油石化行业的改革和发展，关系整个国民经济的健康运行。各地区、各有关部门要高度重视，顾全大局，加强领导，落实责任，坚持不懈地抓好整顿和规范成品油市场秩序工作。

国务院办公厅

二〇〇一年九月二十八日

关于进一步整顿和规范成品油市场秩序的意见

国家经贸委　工商总局

质检总局　公安部　建设部

2001年8月31日

1999年以来，根据《国务院办公厅转发国家经贸委等部门关于清理整顿小炼油厂和规范原油成品油流通秩序意见的通知》（国办发〔1999〕38号）精神，各地区、各有关部门对成品油经营企业进行了一次全面的清理整顿，取得了初步成效。但是由于政出多门、利益驱动、监管不严等原因，成品油市场秩序仍存在一些问题，特别是一些地区和部门越权擅自批准建设加油站（包括加油点，下同），造成加油站盲目重复建设，市场恶性竞争，不仅扰乱了成品油市场秩序，而且严重影响了石油石化行业的改革发展和国民经济的健康运行。为贯彻《国务院关于整顿和规范市场经济秩序的决定》（国发〔2001〕11号），进一步整顿和规范成品油市场秩序，现就有关问题提出以下意见。

一、严厉查处违法违规建设和经营加油站

（一）对未取得《成品油零售经营批准证书》和营业执照的加油站，以及已建成但不符合规划要求、非法占地和违章建设的加油站，一律依法取缔。

（二）对未经省级经贸委批准，正在建设或尚未开工的加油站，一律停止建设。

（三）对存在严重掺杂使假、偷税漏税、缺斤短两、加油机未经质检部门检定以及使用不符合整机防爆要求的加油机等情况的加油站，责令停业整顿。经整顿仍不合格的加油站，取消其成品油经营资格。

（四）对存在上述问题，而拒不执行依法取缔、停止建设、停业整顿等要求的违法违规加油站，要强制拆除，并由省级经贸委通报中国石油天然气集团公司、中国石油化工集团公司（以下简称石油集团、石化集团）在本地区的企业。石油集团、石化集团不得收购、参股、联营、租赁违法违规加油站；石油集团、石化集团所属批发企业及以联营、参股等方式重组的批发企业，不得向违法违规的加油站以及整改不合格的加油站销售成品油，违者一律取消其成品油批发经营资格，并由其上级单位追究企业直接责任人和负责人的责任。

（五）对有营业执照但未取得《成品油零售经营批准证书》的加油站，以及上述被取消成品油经营资格的加油站，由工商行政管理部门责令其限期办理注销登记；拒不办理的，吊销营业执照。

二、严格成品油市场准入，进一步规范成品油市场秩序

（一）严格控制新建加油站，规范新建加油站审批程序。自本意见下发之日起，各地区新建的加油站，统一由石油集团、石化集团全资或控股建设；在外商投资的高速公路新建加油站，按照《指导外商投资方向暂行规定》和《外商投资产业指导目录》执行。新建加油站，必须报省级经贸委按照本地区加油站行业发展规划、城市规划和规定的条件严格审批，并凭批准文件到有关部门办理规划、土地、消防、环保等手续；加油站建设完工，经省级经贸委组织验收合格后，核发《成品油零售经营批准证书》，再凭批准证书到工商行政管理部门办理登记注册手续。为防止盲目扩大规模，加油站改建、扩建，需经省级经贸委批准后方可进行。省级经贸委要会同有关部门制定本地区加油站行业发展规划，引导加油站合理布局、有序发展。新建燃气汽车加气站的具体审批办法，由国家经贸委、建设部会同有关部门另行制定。

任何地区和部门都不得违反上述程序越权擅自批准新建加油站，违者要追究有关单位负责人和责任人的责任。

（二）成品油由石油集团、石化集团集中批发。全国成品油批发企业布局规划由两大集团制订，报国家经贸委审批。自本意见下发之日起，新设成品油批发企业，一律由石油集团、石化集团报国家经贸委审批。国家经贸委按照国家经贸委等部门《关

于印发〈关于清理整顿成品油流通企业和规范成品油流通秩序的实施意见〉的通知》（国经贸贸易〔1999〕637号）规定的条件和布局规划要求，审核批准并核发《成品油批发经营批准证书》，企业凭批准证书到工商行政管理部门办理登记注册手续。

（三）要严格控制新建和扩建成品油仓储设施，确需建设的，由省级经贸委按照有利于有序竞争、合理布局原则审批，并报国家经贸委备案。

（四）对成品油经营（包括零售、批发、仓储）资格实行动态管理，由核发经营资格证书的部门每年审核一次。对不符合规定条件的成品油经营企业，要取消其成品油经营资格。被取消成品油经营资格的企业，要依法到工商行政管理部门办理变更登记或注销登记；逾期不办理的，吊销其营业执照。凡违反规定条件和程序批准设立成品油经营企业的，要追究有关单位负责人和直接责任人的责任。

（五）国家经贸委要会同有关部门抓紧制订有关成品油市场管理法规，把成品油市场纳入法制化轨道。

三、加强领导、分工负责、狠抓落实

各地区、各部门要坚决贯彻《国务院关于整顿和规范市场经济秩序的决定》（国发〔2001〕11号）精神，在全国清理整顿小炼油厂和规范原油成品油流通秩序领导小组（以下简称全国清理整顿领导小组）的部署下，按照“全国统一领导，地方政府负责，部门指导协调，各方联合行动”的方针，开展整顿和规范成品油市场秩序工作。

全国清理整顿领导小组统一领导整顿和规范成品油市场秩序工作，负责检查整顿和规范工作的进展情况，协调整顿和规范工作中的重大事项。省级清理整顿领导小组要按照本意见要求，督促有关部门制订本地区整顿和规范的实施方案，提出标本兼治的具体措施，加强监督检查。查处违法违规建设和经营加油站的工作要在2001年12月底前完成。对未按要求取缔、停止建设、停业整顿的违法违规加油站，省级人民政府要依法追究其所在地人民政府主要负责人、直接责任人以及企业负责人的责任；对触犯刑律的，由有关部门移送司法机关依法从严惩处，典型案例要予以曝光。

各级行政主管部门和执法部门在整顿和规范成品油市场秩序工作中要从大局出发，加强协调，力戒政出多门、互相推诿扯皮，加大执法力度，坚决刹住乱批滥建加油站的歪风，使成品油市场秩序得到根本好转，为国民经济健康发展创造良好环境。各省（自治区、直辖市）要将本地区查处违法违规建设和经营加油站及进一步规范成品油市场秩序工作情况报国家经贸委。国家经贸委要会同有关部门督促检查本意见的贯彻执行情况，并向国务院报告。

035

关于印发《关于清理整顿成品油流通企业和规范成品油流通秩序的实施意见》的通知

国经贸贸易〔1999〕637号

各省、自治区、直辖市、计划单列市及新疆生产建设兵团经贸委（经委、计经委）、外经贸委（厅）、工商行政管理局、国家税务局、质量技术监督局，国务院各部委、各直属机构，中国石油天然气集团公司、中国石油化工集团公司：

根据《国务院办公厅转发国家经贸委等部门关于清理整顿小炼油厂和规范原油成品油流通秩序意见的通知》（国办发〔1999〕38号），我们制定了《关于清理整顿成品油流通企业和规范成品油流通秩序的实施意见》。现印发你们，请遵照执行。

国家经济贸易委员会
对外贸易经济合作部
国家工商行政管理局
国家税务总局
国家质量技术监督局
一九九九年七月七日

关于清理整顿成品油流通企业和规范成品油流通秩序的实施意见

国家经济贸易委员会　对外贸易经济合作部
国家工商行政管理局　国家税务总局
国家质量技术监督局
1999年7月7日

为做好清理整顿成品油流通企业和规范成品油流通秩序工作，根据《国务院办公厅转发国家经贸委等部门关于清理整顿小炼油厂和规范原油成品油流通秩序意见的通知》（国办发〔1999〕38号），制定本实施意见。

一、清理整顿成品油流通企业和规范成品油流通秩序的对象、目标和任务

（一）清理整顿成品油流通企业和规范成品油流通秩序的对象是国内所有从

事汽油、煤油、柴油批发、仓储、零售业务的批发企业、仓储企业和加油站（点）。

（二）清理整顿成品油流通企业和规范成品油流通秩序的总体目标是在清理整顿小炼油厂、管住油源的基础上，集中批发，规范零售，建立规范的成品油市场流通秩序。

（三）清理整顿成品油流通企业和规范成品油流通秩序的主要任务，一是全面清理整顿成品油批发企业，理顺批发经营渠道，规范批发经营行为，实现汽油、煤油、柴油由中国石油天然气集团公司、中国石油化工集团公司（以下简称两大集团）集中批发；二是全面清理整顿加油站（点），规范成品油零售市场，推行集中配送和连锁经营，提高成品油零售环节的组织化程度；三是在清理整顿基础上，加强市场监管，建立和完善成品油市场规则，逐步把成品油流通纳入法制化轨道。

二、清理整顿汽油、煤油、柴油批发企业，实现集中批发

（一）国内各炼油厂生产的汽油、煤油、柴油全部由两大集团的批发企业批发经营，其他企业和单位不得批发经营。

（二）从事汽油、煤油、柴油批发业务的企业必须具备下列基本条件：

1. 经省级或省级以上成品油市场主管部门批准，并依法登记注册；

2. 注册资本不低于500万元人民币；

3. 全资或控股拥有库容不低于4000立方米的成品油油库；

4. 油库建设经省级人民政府或省级人民政府指定的部门批准，符合《石油库设计规范》（GBJ-74—84）；

5. 具有成品油管输、铁路专用线或成品油水运码头等接卸条件；

6. 各项管理制度健全，有合格的石油检验、计量、储运、消防安全等专业技术人员。

（三）两大集团所属批发企业具备从事汽油、煤油、柴油批发业务基本条件的，可从事汽油、煤油、柴油批发业务。

（四）两大集团以外的批发企业（以下简称社会批发企业）具备从事汽油、煤油、柴油批发业务基本条件的，可由两大集团依法采取划转、联营、参股、收购等方式进行重组，重组后的企业可继续从事汽油、煤油、柴油批发业务。

（五）省级经贸委（经委、计经委，下同）会同有关部门，按照以上规定组织对本地区所有从事汽油、煤油、柴油批发业务的企业和单位进行清理。

（六）省级经贸委会同有关部门对两大集团符合基本条件的批发企业和符合基本条件并与两大集团实行重组的社会批发企业，逐一填写《申请汽油、煤油、柴油批发经营企业登记表》（附件一），其中与两大集团实行重组的企业要附重组

协议书或合同，于1999年10月31日前报国家经贸委。经全国清理整顿领导小组同意后，由国家经贸委核发《汽油、煤油、柴油批发经营批准证书》。企业凭批准证书到工商行政管理、税务部门重新办理工商、税务登记手续。

（七）1999年12月31日前未取得批准证书的企业，由工商行政管理部门依法取消其汽油、煤油、柴油批发经营资格。

（八）自本意见下发施行之日起，各地区不得批准新设汽油、煤油、柴油批发企业。国家经贸委按照从事汽油、煤油、柴油批发业务必须具备的基本条件和合理布局、有序竞争的原则，对两大集团新设汽油、煤油、柴油批发企业严格审批。

（九）进口成品油国内流通管理问题由国家经贸委、外经贸部另行规定。

三、清理整顿成品油仓储企业

（一）成品油仓储企业必须具备下列基本条件：

1. 依法登记注册；

2. 油库建设经省级人民政府或省级人民政府指定的部门批准，符合《石油库设计规范》（GBJ-74—84）；

3. 储油罐及接卸条件符合现行国家标准、计量检定规程的规定，并满足安全、环保的要求；

4. 各项管理制度健全，有合格的石油检验、计量、储运、消防安全等专业技术人员。

（二）省级经贸委要按照成品油仓储企业必须具备的基本条件，组织对本地区所有成品油仓储企业和单位进行清理。对符合基本条件的企业，经省级清理整顿领导小组同意后，核发国家经贸委统一印制的《成品油仓储经营批准证书》。企业持批准证书到工商行政管理、税务部门重新办理工商、税务登记。

（三）1999年12月31日前未取得批准证书的，由工商行政管理部门依法取消其仓储经营资格。

（四）严格控制新建和扩建成品油仓储设施，避免重复建设。确需建设的，必须由省级经贸委批准报国家经贸委备案同意并取得《成品油仓储经营批准证书》后，方可办理申请立项等手续。

四、清理整顿加油站（点），规范成品油零售市场

（一）加油站（点）必须具备下列基本条件：

1. 经地市级以上经贸委批准，并依法登记注册；

2. 有稳定的成品油供应渠道，与合格的成品油批发企业签订供油协议；

3. 加油站符合国家标准《小型石油库及汽车加油站设计规范》（GB-

50156—92）以及有关技术规范的要求；

4. 符合当地政府总体规划要求，经营设施符合现有国家标准、计量检定规程的规定，并满足消防、环保等要求，各项批准手续完备；

5. 有消防安全及石油专业技术人员；

6. 财务制度和其他管理制度健全；

7. 符合安装税控装置或使用税控加油机的条件。

（二）省级经贸委按照加油站（点）必须具备的基本条件，组织对本地区所有加油站（点）进行清理。对符合基本条件的加油站（点），经省级清理整顿领导小组同意后，核发国家经贸委统一印制的《成品油零售经营批准证书》。加油站（点）凭批准证书到工商行政管理、税务部门重新办理工商、税务登记手续。

（三）2000 年 6 月 30 日前未取得批准证书的加油站（点），由工商行政管理部门依法取消其零售经营资格。

（四）经清理整顿合格的加油站，必须按照国家税务总局和国家质量技术监督局《关于加油机安装税控装置和生产使用税控加油机有关问题的通知》（国税发〔1999〕110 号）的要求，安装税控装置或具有税控功能的加油机。加油机必须向法定计量检定机构申请定期检定。

（五）新建加油站必须经省级经贸委或由省级经贸委授权的地市级经贸委审核批准，并取得《成品油零售经营批准证书》后，方可办理申请立项等手续。省级经贸委要会同土地、城建、交通、规划部门制定本地区加油站建设规划，对新建加油站要按照加油站建设规划及加油站（点）必须具备的基本条件从严审批。

（六）外商投资加油站（点）的清理及新设外商投资加油站（点）项目按照本实施意见关于清理整顿外商投资成品油流通企业的规定办理。

五、清理整顿外商投资成品油流通企业

（一）清理整顿的对象为所有从事成品油批发或零售业务的外商投资企业，包括：按国家有关规定批准设立的外商投资成品油流通企业；各地区、各部门未按国家有关规定自行批准设立的外商投资成品油流通企业；未经批准擅自从事成品油批发和零售的外商投资企业。

依法设立并按合同规定的内外销比例在国内销售自产成品油的外商投资成品油生产企业，不在此次清理整顿范围之内。按国家外商投资政策审批、依法设立并经营的外商投资成品油流通企业可以继续经营。

（二）省级经贸委会同同级外经贸部门、工商行政管理部门对本地区外商投资成品油流通企业的审批机关、批准文件、股东情况、合同主要条款、经营设施、经营范围、油品来源、经营方式、经营现状和年检情况等进行认真调查核实，逐一填写《外商投资成品油流通企业登记表》（附件二），连同企业的可行性

研究报告、合同和章程及其批准文件、批准证书、工商营业执照副本等，于1999年9月30日前报国家经贸委、外经贸部和国家工商行政管理局。国家经贸委会同外经贸部和国家工商行政管理局根据国家外商投资政策，对各地区外商投资成品油流通企业提出处理意见报国务院。

（三）对国内成品油流通企业以租赁、委托管理、品牌特许等方式与外商合作开展成品油批发、零售业务的，参照以上要求上报有关情况和材料。国家经贸委会同外经贸部和国家工商行政管理局提出处理意见报国务院。

（四）设立外商投资成品油流通企业，只限于与高速公路配套建设、经营的加油站，且应按国家规定的程序办理审批手续。各地区未按国家规定正在进行审批的外商投资成品油流通企业项目，必须立即停止办理一切手续。

六、加强对成品油专项用油的管理

（一）军队、国家储备、外贸出口、铁道、交通、民航、林业、农垦、新疆生产建设兵团、海洋渔业等专项用油，要严格按照国家有关规定使用。对违反规定将直供成品油对社会进行批发、零售经营的，要核减其计划供油数量，直至取消其直供资格，工商行政管理部门依法予以处罚。

（二）国家储备用油由两大集团按照国家计划配置的数量和价格负责供应。国家物资储备局按有关规定对国家储备用油进行储备和轮换出库，轮换出库的成品油按国家规定的价格销售给两大集团所属批发企业。

（三）各专项用户要制定系统内部供应管理办法，对内部批发单位和加油站进行清理和规范。专项用户所属对外经营的批发企业和加油站按照本实施意见所规定的条件和程序进行清理整顿。经贸、工商行政管理、税务等部门要加强对专项用油的监督。

七、规范经营行为，实现有序竞争

（一）所有从事汽油、煤油、柴油批发、仓储和零售经营业务的成品油流通企业必须按本实施意见规定的程序取得批准证书，领取营业执照后，方可按核定的经营范围开展成品油经营活动，不得无照无证经营和超范围经营；不得经营走私油品和非法生产及来源不明的油品；不得掺杂使假、缺斤短两、经营质量不合格的成品油，损害消费者利益。两大集团在经营活动中要遵守国家资源调控要求和价格政策，不得对两大集团以外的加油站及其它用户采取不正当竞争行为。

（二）各级工商行政管理、税务、公安、海关、质量技术监督等执法部门要依法加大市场监管力度，严厉打击成品油流通中无照无证经营、偷逃税收、走私贩私、缺斤短两、掺杂使假、经营非标产品和不合格产品等违法经营行为。对违反上述规定的行为，由执法部门依据职能分工依法进行查处。

（三）两大集团要深化内部销售体制改革，减少流通环节，完善批发零售体系，规范经营行为，保障市场供应。两大集团所属油田、输油管道、炼油化工及其他生产、科研等单位不得从事汽油、煤油、柴油批发业务，有关设施和机构要纳入集团销售系统统一管理。对经清理整顿合格的加油站逐步实行集中配送和连锁经营。国家经贸委组织两大集团研究制定加油站连锁经营实施方案，并选择部分条件较好的大中城市，进行加油站计算机联网管理及IC卡加油试点，逐步建立规范化的连锁经营体系。新设批发和储运企业，要优先考虑与符合基本条件的社会批发企业重组，充分利用社会上现有设施，避免重复建设。

八、组织领导和实施步骤

（一）清理整顿成品油流通企业和规范流通秩序工作，由全国清理整顿领导小组统一部署。省级经贸委要在省级清理整顿领导小组的领导下，负责组织本地区清理整顿成品油流通企业和规范成品油流通秩序工作，并积极引导符合基本条件的社会批发企业与两大集团按照自愿、平等、互利原则进行重组，妥善处理好各方面利益关系，保证清理整顿成品油流通企业和规范成品油流通秩序工作的顺利进行。

（二）工商行政管理、税务、质量技术监督等执法部门要严厉打击和查处违法经营行为。工商行政管理和税务部门负责对取得批准证书的成品油流通企业重新办理工商登记和税务登记。未取得批准证书的企业要在限期内办理变更登记或注销登记。

（三）两大集团要积极配合国家有关部门和地方政府开展工作，并切实搞好所属成品油流通企业的清理整顿。

（四）成品油批发企业的清理整顿，要在1999年底前基本完成；加油站（点）的清理整顿，要在2000年6月底前基本完成。在批发企业清理整顿结束和加油站（点）清理整顿结束后1个月内，省级经贸委要分别向国家经贸委报送清理整顿总结材料。全国清理整顿领导小组将赴各地组织检查。清理整顿结束后，要按照本实施意见的要求，继续做好规范成品油流通秩序工作。

附件：

一、申请汽油、煤油、柴油批发经营业务企业登记表（略）

二、外商投资成品油流通企业登记表（略）

七 石 化

036

关于印发《石化和化学工业“十二五”发展规划》的通知

工信部规〔2011〕583号

各省、自治区、直辖市及计划单列市、新疆生产建设兵团工业和信息化主管部门，有关行业协会，有关中央企业：

石化和化学工业是国民经济的基础产业之一，也是国民经济的支柱性产业。为推动行业转型升级，走中国特色的新型工业化道路，依据《中华人民共和国国民经济和社会发展第十二个五年规划纲要》和《工业转型升级规划（2011—2015年）》，我部制定了《石化和化学工业“十二五”发展规划》。现印发你们，请结合各自实际，认真贯彻落实。

附件：

1. 石化和化学工业“十二五”发展规划
2. 烯烃工业“十二五”发展规划
3. 化肥工业“十二五”发展规划
4. 危险化学品“十二五”发展布局规划
5. 农药工业“十二五”发展规划

工业和信息化部

二〇一一年十二月十三日

附件1：

石化和化学工业“十二五”发展规划

前 言

石化和化学工业是国民经济重要的支柱产业和基础产业，资源、资金、技术密集，产业关联度高，经济总量大，产品应用范围广，在国民经济中占有十分重要的地位。

“十二五”是国民经济发展的重要战略机遇期，也是石化和化学工业发展的关键时期。为适应国内外形势新变化，深入贯彻落实科学发展观，加快转变发展方式，促进石化和化学工业转型升级，提高行业整体质量和效益，增强国际竞争力和可持续发展能力，特编制本规划。规划期为2011—2015年。本规划内容包括石油化工、天然气化工、煤化工、盐化工和生物化工等。

本规划依据《国民经济和社会发展第十二个五年规划纲要》、《工业转型升级规划（2011—2015年）》编制，是引导市场主体行为、配置政府公共资源以及制定相关政策的重要依据，是指导石化和化学工业未来五年持续健康发展的行动纲领。

本规划配套发布《烯烃工业“十二五”发展规划》、《危险化学品“十二五”发展布局规划》、《化肥工业“十二五”发展规划》、《农药工业“十二五”发展规划》四个子规划。

一、发展现状

（一）取得的成绩

“十一五”期间，我国石化和化学工业经受了国际金融危机的严峻考验，结构调整步伐加快，产业规模进一步扩大，自主创新能力不断增强，技术装备水平明显提高，质量效益稳步提升，行业总体保持平稳较快发展。

1. 综合实力明显增强

据初步统计，截至2010年底，我国石化和化学工业规模以上企业约3.5万家，全部从业人员约608万人，资产总计约5.25万亿元。2010年，全行业实现工业总产值7.64万亿元（现行价格），“十一五”年均增长22.3%（见表1）。

表1　　我国石化和化学工业主要经济指标

序号	项目	2005年	2010年	年均增长（%）
1	工业总产值（亿元）	27961	76351	22.3
2	利润总额（亿元）	806	4793	42.8
3	固定资产投资（亿元）	2734	8959	26.8
4	进出口额（亿美元）	1489	76351	16.3

目前我国已成为世界石化化工生产和消费大国。成品油、乙烯、合成树脂、无机原料、化肥、农药等重要大宗产品产量位居世界前列，基本满足国民经济和社会发展需要（见表2）。

表 2　　主要产品产量

序号	产品名称	2005 年	2010 年	年均增长（%）
1	成品油（含气煤柴油）	17477	25277	7.7
2	乙烯	756	1419	13.4
3	合成树脂	2141	4361	15.3
4	合成纤维单体	741	1374	13.1
5	合成橡胶	181	310	11.4
6	化肥（折纯）	5178	6620	5.0
7	农药（折 100%）	115	234	15.3
8	硫酸（折 100%）	4545	7060	9.2
9	纯碱（折 100%）	1421	2029	7.4
10	烧碱（折 100%）	1240	2087	11.0

2. 产业结构调整加快

产品结构进一步改善。车用汽油质量全面达到国Ⅲ标准，三大合成材料的保障能力、产品差别化率和档次进一步提高，高浓度化肥比重达 80%，重质纯碱比重达 50%，离子膜烧碱比重达 80%，轮胎子午化率达 80%，高毒高残留农药比重下降到 5%左右。有机硅、有机氟、工程塑料等化工新材料开发步伐加快，高附加值产品比重不断增加。淘汰电石落后产能 305 万吨。资源密集型出口结构得到改善。

产业规模效应进一步显现。2010 年千万吨级炼厂已达 20 个，占国内总能力的 49.6%；形成 6 个百万吨级乙烯生产企业，现有蒸汽裂解制乙烯装置平均规模达 54 万吨/年。产业集中度不断提高，形成 24 个百万吨级大型化肥生产企业，大中型化肥企业产量占总产量的 70%以上，聚氯乙烯、纯碱、染料、轮胎行业前十大企业产量分别占总产量的 52%、60%、80%、70%。

投资主体呈多元化发展。石化化工产业已基本形成大中小企业并存、多种所有制经济协调发展的格局。大型石化化工企业集团国际化步伐加快，综合实力进一步提升，有 4 家企业进入世界 500 强。一批创新能力强、专业特色突出、生态环境友好的新兴化工企业进一步成长。

3. 基地化格局基本形成

目前我国已形成了长江三角洲、珠江三角洲、环渤海地区三大石化化工集聚区及 22 个炼化一体化基地。沿海地区依托市场和国内外资源，外向型经济发展迅速，建设了一批以高端产品为特色的化工产业园区。上海、南京、宁波、惠州、茂名、泉州、独山子等化工园区或基地已达到国际先进水平。

依托煤、盐、化学矿等资源，形成了一批各具特色的化工产业基地，包括蒙西、宁东等大型煤化工及煤电化一体化基地、环渤海湾碱业、云贵鄂磷肥、青海和新疆钾肥等一批大型生产基地。

4. 技术装备取得突破

“十一五”期间，我国石化和化学工业重大技术装备研制和创新水平进一步提高，部分达到世界先进水平。千万吨级炼油加氢反应器、循环氢压缩机等关键设备，百万吨乙烯“三机”（裂解气、乙烯、丙烯压缩机）立足国内制造；大型乙烯裂解炉、乙烯冷箱、聚乙烯、聚丙烯成套设备、化肥关键技术与装置、大型空气分离装置已基本实现自主化；千万吨炼油、百万吨乙烯、30 万吨合成氨等形成了成套工程化技术；大规模二苯基甲烷异氰酸酯（MDI）、巨型工程子午胎、全氟离子膜工程技术、膜极距复极式离子膜电解槽、煤制油、甲醇制烯烃、多喷嘴对置式水煤浆气化以及粉煤加压气化技术等一批关键技术及成套设备取得突破，并相继建设了煤制油、煤制烯烃、煤制乙二醇、煤制天然气等示范工程。

5. 节能减排初见成效

2010 年化学工业单位工业增加值能耗比 2005 年累计降低 35.8%，年均降低 8.5%。“十一五”期间化学工业污染物减排扎实推进，成果显著（见表 3）。

表 3　　2005—2010 年化学工业减排情况

	SO_2 排放量	烟尘排放量	粉尘排放量	废水排放量	固废排放总量
2005	116.8	53.6	17.5	339052	70
2010	104.0	43.6	14.1	309006	12.1
同比下降	11.0%	18.6%	19.4%	8.9%	82.7%

注：以上为化学原料及化学制品制造业数据

（二）存在的问题

1. 部分产能增长过快，落后产能仍占一定比重

近几年我国传统煤化工产品产能扩张较快，2010 年，合成氨、甲醇和电石产能分别占全球产能的 35%、50%和 97%。部分地区未充分考虑资源环境等制约因素，有盲目规划、发展煤化工项目的趋势。轮胎、纯碱、烧碱和电石法聚氯乙烯等传统化工产品过快增长，过剩态势日趋严峻。2010 年部分产品开工率见表 4。

表 4　　**2010 年部分产品开工率**

产品	产能	产量	开工率（%）
电石	2400	1462	60.9
甲醇	3840	1574	41.0
三甲醚	1000	250	25.0
醋酸	630	384	61.0

在炼油、化肥、烧碱等行业仍存在一定比例的落后产能，资源消耗高，“三废”处理措施不到位，技术装备水平低，原料配套条件差，影响行业整体竞争力。

2. 产业布局不尽合理，安全环保隐患突出

我国石化化工产业存在区域布局分散，一体化、规模化、集约化水平偏低，产业内容雷同、特色不突出等问题。目前，部分非燃料型炼油企业不具备炼化一体化条件，石化资源利用不尽合理。部分地区化肥、甲醇等化工企业既远离资源产地，又不靠近市场，原料和产品均需长距离调运。

随着经济社会不断发展，城镇化快速推进，众多老化工企业逐渐被城镇包围，安全防护距离不足等问题凸显。部分处于城镇人口稠密区、江河湖泊上游、重要水源地、主要湿地和生态保护区的危险化学品生产企业已成为重大安全环保隐患。

3. 高端产品比重偏低，技术创新能力不强

目前我国石化化工产品仍以中低端和通用品种为主，高端产品短缺。新技术新产品产业化进程较慢，缺少具有知识产权的核心技术。部分大型成套技术装备和高端产品主要依赖进口，化工新材料及其部分单体缺口严重，工程塑料、特种橡胶和高性能纤维总体保障能力不足 50%。

4. 能源资源约束加大，节能减排任务艰巨

目前，我国原油、天然气、钾资源、天然橡胶、硫资源等大宗原料对外依存度较高，国内外能源资源价格大幅震荡上行，北方及沿海地区淡水资源短缺等，已成为影响行业持续健康发展的主要制约因素。部分原料对外依存情况见表 5。

表 5　　**2010 年部分原料对外依存情况**

	原油	天然气	钾资源	天然橡胶	硫资源
对外依存度（净进口量/表观消费量，%）	53.8	11.7	44.3	72.0	59.4

据初步统计，化学原料及化学制品制造业排放的废水、废气、废固总量分别居全国工业行业第2位、第4位和第5位，化学需氧量（COD）、氨氮、二氧化硫、氮氧化物等主要污染物排放也均位居全国工业前列。

二、发展环境

（一）面临形势

“十二五”是全面建设小康社会的关键时期，也是加快转变经济发展方式的攻坚时期，经济全球化深入发展，国内外经济形势将继续发生深刻变化，我国石化和化学工业发展既面临有利的机遇，也面临诸多严峻挑战。

从国际看，随着国际经济秩序深入调整，全球石化产业发展重心快速向具有资源优势的中东地区和拥有市场优势的亚太地区转移，产业格局将会发生变化。“和平、发展、合作”的国际环境，总体上有利于我国石化化工企业广泛、深入参与国际合作与竞争。国际金融危机之后，世界各国竞相加快开发新技术，发展绿色低碳新兴产业，发达国家继续占据国际竞争的制高点。世界局部地区政治冲突和经济动荡，国际原油价格将会出现大幅波动。一些自由贸易区的建立，在促进部分行业良性发展、改善境外产品市场准入条件的同时，也加剧了部分石化化工产品的市场竞争。国际贸易保护主义抬头，使化工领域贸易摩擦频发，围绕市场、资源、能源、技术等方面的竞争更趋激烈。而应对全球气候变化又对石化和化学工业的发展提出新的挑战。

从国内看，“十二五”期间，我国经济将继续保持平稳较快发展，工业化和城镇化不断深入，石化化工产品内需市场潜力巨大。随着经济结构的战略性调整，工业转型升级的步伐不断加快，要求石化和化学工业必须加快调整和升级，大力发展高端化学品和化工新材料，以满足战略性新兴产业和相关产业的更高需求。随着我国建设资源节约型、环境友好型社会战略的实施，石化和化学工业在资源保障、节能减排、淘汰落后、环境治理、安全生产等方面，面临着更加严峻的形势和任务。

（二）需求分析

以“十一五”国内石化化工产品消费情况为基础，综合考虑“十二五”国民经济和相关行业发展情况，采用多种方法测算，预计“十二五”时期大宗石化化工产品的需求增长低于同期GDP的增长，高端石化化工产品增长率略高于GDP增长速度。其中，需求仍有较大增长空间的产品有：成品油、烯烃、钾肥等刚性需求较大的产品，对二甲苯（PX）、己丙酰胺、乙二醇等进口量较大的产品，天然气、轻烃等低碳原料与产品，工程塑料等化工新材料及专用化学品。主要产品需求预测见表6。

表6　　主要产品“十二五”需求预测　　(单位：万吨)

类型	产品类型	2005年消费量	“十一五”消费量情况		“十二五”需求量预测	
			2010年	年均增速	2015年	年均增速
油品	成品油	16859	24515	7.8%	32000	5.5%
烯烃	乙烯（当量）	1785	2960	10.6%	3800	5.1%
	丙烯（当量）	1346	2150	9.8%	2800	5.4%
合成树脂	聚乙烯	1049	1706	10.2%	2100	4.2%
	聚丙烯	823	1295	9.5%	1650	5.0%
	聚氯乙烯	792	1255	9.6%	1600	12.5%
合成纤维单体	已丙酰胺 *	70.5	111	9.5%	200	5.0%
	乙二醇	509	800	9.5%	1020	5.0%
	精对苯二甲酸	1205	1720	7.4%	2400	6.9%
	丙稀脂	122	165	6.2%	210	4.9%
合成橡胶	丁苯橡胶	61	115	13.5%	140	4.0%
	丁二烯橡胶	45	84	13.3%	100	3.5%
有机原料	甲醇	666	2092	25.7%	3500	10.8%
	苯乙烯	428	690	10.0%	880	5.0%
无机原料	纯碱	1251	1850	8.1%	2350	4.9%
	烧碱	1159	1940	10.9%	2450	4.8%
	电石	885	1700	13.9%	2200	5.3%

三、指导思想、基本原则及发展目标

（一）指导思想

以邓小平理论和“三个代表”重要思想为指导，深入贯彻落实科学发展观，以加快转变石化和化学工业发展方式为主线，加快产业转型升级，优化产业布局，增强科技创新能力，进一步加大节能减排、联合重组、淘汰落后、技术改造、安全生产、两化融合力度，提高资源能源综合利用效率，大力发展循环经济，实现石化和化学工业集约发展、清洁发展、低碳发展、安全发展和可持续发展。

（二）基本原则

坚持内需为主。立足国内经济社会发展需要，适当增加成品油、烯烃等刚性需求及化工新材料等市场缺口较大产品的生产能力，提高农用化学品的保障供应能力，为全社会及其他行业的发展提供有效供给。

坚持结构调整。继续坚持原料多元化、上下游一体化、集约化、基地化发展模式。发展高端石化化工产品，提高差异化、高附加值产品比重，淘汰落后产能。优化产业布局，规范园区建设。加快推进兼并重组，提高产业集中度。

坚持技术进步。加强关键技术和大型成套装备研发，提高科技创新对产业发展的支撑和引领作用。加快化工新材料、石油替代、低碳环保等新兴产业技术的研发和产业化步伐。加大传统产业的技术改造力度，提升产业整体技术与装备水平。

坚持绿色发展。发展循环经济，推行清洁生产，加大节能减排力度，推广新型、高效、低碳的节能节水工艺，积极探索有毒有害原料（产品）替代，提高资源能源利用效率，减少污染物产生和排放。积极推进城市人口集中地和重要水源地等环境敏感地区的石化化工企业转型或搬迁改造，消除重大安全环保隐患。

坚持国际合作。继续实施“走出去”战略，积极参与国际化学品管理机构相关活动，加强国际交流与合作。继续支持有条件的企业开展境外能源和矿产资源开发利用与合作，积极参与国际并购和重组。

（三）发展目标

1. 总量目标

“十二五”期间，全行业经济总量继续保持稳步增长，总产值年均增长13%左右。到2015年，石化和化学工业总产值增长到14万亿元左右。

2. 结构调整目标

组织结构：到2015年，全国炼厂平均规模超过600万吨/年，石油路线乙烯装置平均规模达到70万吨/年以上。氮肥、农药、氯碱、纯碱、电石、轮胎等行业产业集中度进一步提高；全行业销售收入过千亿的企业达到10个以上。

原料结构：烯烃原料多元化率达到20%，采用先进煤气化（000968）技术的氮肥产能比例提高到30%，低阶煤和低品位矿产资源的利用率进一步提高。

产品结构：发展高档润滑油、工艺用油、高等级道路沥青、特种沥青；石化化工产品质量全面提升，烯烃国内保障能力保持合理水平，烯烃下游产品品种进一步丰富；单质肥复合化率逐步提高，专用肥规模逐步扩大；子午线轮胎、离子膜烧碱、环境友好型涂料和绿色工艺的染料等比重明显提升；高毒高残留农药比例降至3%以下；氟硅材料、工程塑料、特种合成橡胶、聚氨酯及中间体、高性能纤维、功能高分子材料及复合材料、新型专用化学品等高端产品国内保障能力进一步提高。

布局结构：成品油“北油南运”状况得到改善。长三角、珠三角、环渤海地区三大石化产业区集聚度进一步提高，形成3～4个2000万吨级炼油及3个200万吨级乙烯生产基地；配合国家油气战略通道建设，完善东北、西北、西南石化产业布局。传统煤化工布局分散状况得到改善，现代煤化工产业向资源地集中；原料产地化肥比重提高到70%，专用化肥等深加工产品和精细化学品向消费地集中。园区和基地建设更加规范完善。

3. 技术创新目标

到2015年，行业科技投入达销售收入的1%以上。突破一批关键、共性技术和重大装备，产业核心竞争力得到大幅提升。一批处于国际先进水平的新产品实现产业化。建立和完善一批企业技术中心。

4. 节能减排目标

全面完成国家“十二五”节能减排目标，全行业单位工业增加值用水量降低30%、能源消耗降低20%、二氧化碳排放降低17%，化学需氧量（COD）、二氧化硫、氨氮、氮氧化物等主要污染物排放总量分别减少8%、8%、10%、10%，挥发性有机物得到有效控制。炼油装置原油加工能耗低于86千克标准煤/吨，乙烯燃动能耗低于857千克标准煤/吨，合成氨装置平均综合能耗低于1350千克标准煤/吨。

四、重点任务

（一）加快产业结构调整升级

1. 促进企业兼并重组

充分发挥市场机制作用，推动产业关联企业，以资产、资源、品牌和市场为纽带，通过整合、参股、并购等多种形式，实施兼并重组，实现优势互补，提高产业集中度，形成若干个国际化大型石化化工企业集团。支持和引导各类所有制石化化工企业间的合作和发展。鼓励中小石化化工企业向“专、精、特、新”方向发展。支持有条件的企业“走出去”，广泛参与国际间的重组活动。加快形成大、中、小企业结构合理，上下游企业协作配套的产业组织体系。

专栏1　促进企业兼并重组
01 石化　推动大型石化企业强强联合，开展战略合作，优化产业布局和上下游资源配置。鼓励企业间、相关产业间联合布局和一体化发展，建设具有国际竞争力的产业集群。鼓励有条件的企业开展境外并购、重组或投资合作，增强抵御国际市场风险能力。
02 煤化工　突破现有煤化工企业的生产经营格局，鼓励石化化工企业与煤炭、电力等企业联合，形成若干个以大型企业为主体的“煤电化热一体化”产业集群和大型煤化工生产基地。
03 化肥　促进基础肥料向优势企业集中。引导大型能源企业与氮肥企业联合重组或结成战略联盟，实现优势互补，提高竞争力。到2015年大中型氮肥企业产能比重达到80%以上，大型磷肥企业产能比重达到70%以上，支持钾肥行业龙头企业开展产业整合，形成以大型企业集团为主的集约化产业格局。
04 农药　以市场为导向，鼓励优势企业跨地区整合农药企业，促进原药、制剂上下游一体化；实现农药企业大规模、多品种、国际化经营。到2015年农药原药生产企业销售额在10亿元以上的达到20家，培育2～3家具有国际竞争力的大型农药企业集团。
05 化工新材料与新型专用化学品　鼓励有实力的化工新材料与新型专用化学品生产企业跨地区兼并重组，提高企业规模，促进产品开发，形成若干个具有行业领先地位的高科技企业。

坚持基地化、一体化、园区化、集约化发展模式，立足现有企业，严格控制项目新布点。炼油布局要贴近市场、靠近资源、方便运输，缓解区域油品产销不平衡的矛盾，鼓励原油、成品油管道建设，改善“北油南运”状况；乙烯、芳烃布局应坚持炼化一体化，降低成本，提高竞争力。现代煤化工需综合考虑煤炭、水资源、环境容量、区域二氧化碳和主要污染物减排指标等条件，适度布局；煤制烯烃是石油制烯烃的重要补充，要在对现有国家示范工程进行技术经济评价的基础上进一步深入总结研究和优化提升，与石油制烯烃项目实现差别化布局。

引导基础肥料向资源产地或粮棉主产区转移，二次加工产品向消费区域集中。能源产地特别是具有能源优势的粮棉主产区实现尿素自给；进一步提高云、贵、鄂、川四省磷肥产能比重；继续建设青海、新疆两大钾肥基地，鼓励企业在国外钾资源地建设钾肥生产基地；在化肥消费区域基本形成复混肥料、缓控释肥料和掺混肥料加工、集散、分销和使用服务体系。农药原药生产向工业园区或化工集中区聚集，制剂加工向交通便捷、靠近市场的地区转移，在基础条件较好的地区建成3～5个生产企业集中、配套设施齐全、管理水平较高的专业农药工业园区，形成具有国际竞争力的产业集群。综合考虑资源和市场条件，优化氯碱、纯碱、轮胎等产业布局。

推进安全风险高、环境风险大、安全防护距离不足的城镇危险化学品生产、储存企业搬迁进入化工园区，不能搬迁的，限期转产或关闭。坚持高标准、有特色的原则，规范和完善现代化工园区建设，全面提升我国化工园区整体水平。在临港地区依托国内外资源与市场，建设以大型炼化、特色精细化工等为代表的外向型化工园区；在内陆地区依托本地资源能源优势，建设以大型煤化工、盐化工、磷化工等为代表的资源优势型化工园区。

专栏2　重大生产力布局
01石化　依托海上进口原油，在沿海地区完善炼油生产力布局；依托中缅、中俄、中哈和沿江原油管线，提高华中、西南炼油能力，发展以武汉、成都、昆明等为核心的中西部内陆石化产业集中区，建设规模以满足当地成品油市场为主。到2015年我国地区间油品供需不平衡的矛盾得到较大缓解。优先依托条件好的现有大型石化企业，结合炼油能力改扩建，完善炼化一体化；在资源供给有保障、物流成本较低、下游市场发达、环境容量大的广东、浙江、江苏、海南、天津等沿海地区布局建设世界级石化产业基地，做强长三角、珠三角等石化产业群，支持海峡西岸发展石化产业；为满足中西部市场需求，加快武汉、成都乙烯项目建设；促进东北地区石化现有装置改造升级，推动大庆、抚顺等乙烯项目建设。对二甲苯原则上依托炼油项目布局，要充分考虑极端自然灾害发生可能性，确定合理的安全防护距离，提高项目建设安全环保标准。

续表

02 现代煤化工　煤制油、煤制天然气、煤制烯烃、煤制二甲醚、煤制乙二醇等现代煤化工项目要按照有关产业政策，综合考虑煤炭、水资源、生态环境、交通运输、地区经济发展情况及区域二氧化碳、节能和主要污染物减排指标等综合条件，在蒙、陕、新、宁、贵等重点产煤省区，适度布局，并采取集中集约、上下游一体化方式建设现代煤化工生产基地及煤电化热一体化示范基地；其余省区，尤其是煤炭调入和基本平衡省区、生态环境脆弱地区、大气联防联控重点区域、主要污染物排放总量超标和节能评估审查不合格的地区，严格限制现代煤化工的发展。新建项目烯烃规模要达到 50 万吨/年以上；“十二五”重点组织实施好煤制烯烃升级示范项目建设。在原料可以保证稳定、持续供应的前提下，在沿海地区慎重布局进口甲醇制烯烃项目。研究集中利用已建成的符合经济规模的甲醇生产能力建设大型烯烃项目。
03 化工园区　按照主体功能区定位及城市发展规划，结合危险化学品分布及产业特点，统筹区域危险化学品发展规划及化工园区或化工集聚区布局，与城市发展和环境保护相协调。新建危险化学品生产企业必须设置在化工园区等专业工业园区内，并严格准入条件。对不在规划区域内的危险化学品生产储存企业制定“关、停、并、转（迁）”计划，推动重大危险源过多或分散、安全距离不足、安全风险高以及在城市主城区、居民集中区、饮水源区、江河水资源保护地、生态保护区、风景名胜区等环境敏感区域内的危险化学品生产企业搬迁进入化工园区等专业工业园区。化工园区要定期开展区域安全、环保风险分析，园区内建设要遵循产品项目一体化、公用工程一体化、物流运输一体化、安全消防应急一体化、园区管理服务一体化的原则。危险化学品生产企业逐步实现“生产上规模、工艺上水平、管理上台阶、企业进园区”的目标。

保障基础石化化工产品有效供给。立足国内市场，合理安排具有刚性需求的石化化工产品产能增长，兼顾优化产业布局和工艺流程；有效增加烯烃、有机原料、合成材料、化工新材料和专用化学品等国内短缺石化化工产品的供给能力。严格控制烧碱、纯碱、氮肥、磷肥、农药等供需基本平衡产品产能的过快增长。

专栏 3　2015 年主要产品生产能力目标
01 石化　全国一次原油加工能力 6 亿吨/年左右。乙烯生产能力达到 2700 万吨/年左右。对二甲苯总产能达到 1200 万吨/年以上。聚丙烯、聚乙烯、ABS（丙烯腈－丁二烯－苯乙烯共聚物）、聚苯乙烯、聚氯乙烯等五大通用合成树脂与合成橡胶的产能分别达到 6800 万吨和 460 万吨，己丙酰胺、乙二醇、丙烯腈等合成纤维单体国内供应能力显著提高。
02 化工　化肥总产能控制在 7760 万吨左右（折纯，下同），其中氮肥 5110 万吨/年，磷肥 2150 万吨/年，钾肥 500 万吨/年。其他化工产品总量得到有效控制，烧碱、纯碱、甲醇、电石的产能分别控制在 3100 万吨/年、3000 万吨/年、4000 万吨/年、2800 万吨/年，农药、染料总体生产规模基本控制在现有水平。

加快发展高端石化化工产品。围绕培育壮大战略性新兴产业、改造提升传统产业，重点发展国民经济建设急需的化工新材料及中间体、新型专用化学品等高端石化化工产品。大力发展工程塑料、特种合成橡胶等先进结构材料，促进结构

材料的轻质化；加快发展以氟硅材料、功能性膜材料为代表的非金属功能材料；加速发展高性能纤维及其增强复合材料；注重发展电子化学品、食品添加剂、饲料添加剂、水处理化学品、环保型塑料添加剂等高性能、环境友好、本质安全的新型专用化学品。

专栏 4　“十二五”高端石化化工产品发展重点
01 基础有机原料　双酚 A、多乙烯多胺、己二酸、1，3－丙二醇、脂肪族和脂环族二异氰酸酯（ADI）、环氧丙烷（过氧化氢法）。
02 合成树脂　聚乙烯、聚丙烯专用料，ABS 树脂、电子级环氧树脂。
03 合成纤维及单体己内酰胺、己二腈。
04 合成橡胶及弹性体溶液　丁苯橡胶、乙丙橡胶、（卤化）丁基橡胶、丁腈橡胶、异戊橡胶、氯丁橡胶（丁二烯路线）、丙烯酸酯橡胶、聚硫橡胶、苯乙烯类热塑性弹性体、聚烯烃类热塑性弹性体、硫化橡胶弹性体、聚氨酯弹性体等。
05 农药　高效环保型农药新品种：新型菊酯类农药（氯氟醚菊酯、七氟甲醚菊酯等）、新型杂环农药（烯肟菌酯、烯肟菌胺等）等。
06 工程塑料　聚碳酸酯、聚甲醛、尼龙工程塑料、聚对苯二甲酸丁二醇酯（PBT）、聚苯醚、特种工程塑料（聚苯硫醚、聚砜、聚酰亚胺等）、聚甲基丙烯酸甲酯（PMMA）、特种聚酯。
07 高性能纤维　芳纶、碳纤维、对苯二甲酸丙二醇酯（PTT）纤维、超高分子量聚乙烯纤维、聚苯硫醚纤维。
08 氟硅材料　高性能含氟聚合物、环保型含氟消耗臭氧层物质（ODS）替代品、功能性氟材料、烷氧基硅烷、液体硅橡胶、硅油、高性能有机硅深加工产品。
09 可降解材料　聚乳酸、聚丁二酸丁二醇酯（PBS）可降解塑料、CO_2 降解塑料。
10 功能性膜材料　含氟离子交换膜、太阳能电池背板膜、高性能纳滤膜、溶胶（EVA）封装膜、光学聚酯膜、耐热动力电池隔膜、单片型双极性膜、均质离子交换膜、扩散渗析膜、光伏用聚对苯二甲酸乙二醇酯（PET）膜、光学聚乙烯醇（PVA）薄膜、光学三醋酸纤维（TAC）膜、透明导电膜、电磁波屏蔽膜、反渗透膜、柔性有机聚合物膜等。
11 其他新材料　高性能聚氨酯材料、水相法氯化高聚物、液晶聚合物、特种塑料合金、特种功能性高分子材料（高吸水性树脂、复合型聚丙烯酰胺等）、高性能复合材料、风力发电叶片专用环氧树脂、感光材料，以及磷酸铁锂、钴酸锂及六氟磷酸锂等先进储能材料。
12 专用化学品　高性能、环保型专用化学品，包括高性能无机颜料（如氯化法钛白粉等）、环保和特种功能高档涂料、新型含氟染料、安全型高性能食品及饲料添加剂（如蛋氨酸等）、环保型水处理剂、环保型塑料添加剂、高性能电子化学品、无卤阻燃剂、低汞/无汞催化剂等。
13 其他　绿色节能乘用车胎、高性能乘用车胎、航空轮胎、高性能绿色轮胎添加剂、高等级道路沥青和水工沥青、高铁沥青、机场沥青等特种沥青。

加快淘汰落后产能。按照《国务院关于进一步加强淘汰落后产能工作的通知》（国发〔2010〕7 号）、产业结构调整指导目录、部分工业行业淘汰落后生产

工艺装备和产品指导目录、禁限用高毒农药管理措施公告等相关产业政策的要求和履行国际公约淘汰部分消耗臭氧层物质（ODS）及持久性有机污染物（POPs）等的承诺，充分发挥市场的作用，综合运用法律、经济、技术及必要的行政手段，加快淘汰危及生产和人身安全、严重污染环境、资源消耗高、安全隐患多的落后生产工艺装备和产品，推进石化化工产业结构调整和优化升级。新增产能要严格执行产业准入条件，严格控制主要污染物排放总量。

专栏5　落后产能淘汰重点
01 氯碱、电石　单台炉容量小于12500千伏安的电石炉及开放式电石炉，高汞催化剂（氯化汞含量6.5%以上）和使用高汞催化剂的乙炔法聚氯乙烯生产装置。
02 农药　加快淘汰钠法百草枯生产工艺、敌百虫碱法敌敌畏生产工艺以及部分高毒、高残留农药品种。
03 其他　淘汰单台产能5000吨/年以下和不符合准入的黄磷、有钙焙烧铬化合物（2013年）、隔膜法烧碱、5000吨/年以下和工艺技术落后及污染严重的氢氟酸生产装置，逐步削减并淘汰含氢溴氟烃、溴氯甲烷、甲基溴等消耗臭氧层物质（ODS），以及多氯联苯类持久性有机污染物（POPs）等。

（二）大力推动行业技术进步

1. 增强科技创新能力

推进原始创新、集成创新和消化吸收再创新，结合国家科技计划（专项），加大对行业可持续发展具有重要意义的基础性研究，做好技术储备。突破一批核心、共性和关键技术。

专栏6　技术创新重点
01 石化　百万吨乙烯成套装备、直接氧化法环氧丙烷技术、环氧乙烷大型反应器、高档润滑油成套技术开发，基于非茂体系的聚烯烃合成及后续改性技术、ABS本体法聚合大型成套技术、五大通用树脂高性能化技术、顺式和反式异戊橡胶合成及加工关键技术、10万吨/年以上大型氯乙烯流化床反应器、万吨级脂肪族异氰酸酯生产技术开发与应用，乙烯－醋酸乙烯树脂、聚偏二氯乙烯等高性能阻隔树脂、聚异丁烯、特种共聚单体的聚烯烃开发等。
02 现代煤化工　大型煤液化、甲醇制烯烃（MTO）、流化床甲醇制丙烯（FMTP）工艺完善和技术升级，超大型甲醇、甲烷化、煤制乙二醇、合成气制多元醇、甲醇制芳烃等大型煤化工成套技术和装备。
03 化肥及无机盐　大型成套氮肥技术和装备、大型煤气化炉成套技术、湿法磷酸精制技术、磷石膏综合利用技术、铬盐清洁生产技术、高纯锂盐制备技术等。开展非水溶性钾资源开发、优化海水提钾的示范工作。

续 表

04 农药　吡啶及其衍生物定向氯化、氟化技术，羧酸盐系列农用专用助剂，农药生产三废处理技术，废弃农药包装瓶回收再利用技术等。
05 化工新材料与新型专用化学品　新型臭氧层消耗物质替代品、高性能含氟聚合物、特种有机硅材料、工程塑料、丁基橡胶、乙丙橡胶、异戊橡胶、稀土顺丁橡胶、高性能热塑性弹性体、碳纤维、芳纶等生产技术和复合材料生产技术。

2. 加强企业技术改造

立足现有企业和基础，加大技术改造投入，加快新技术、新材料、新工艺、新装备升级，提升传统产业，推进涉及光气化、硝化等十五种危险化工工艺装置的自动化改造、重大危险源配套监控设备以及企业安全生产标准化工作。淘汰落后产能，加快形成高端产品的生产能力，提高核心竞争力，促进产业优化升级。鼓励企业积极开发新产品，提高技术含量和附加值，改善品种质量。加强节能减排和安全生产，提高能源资源的综合利用率。加强信息化与工业化的深度融合，推进石化化工企业信息化建设，提升化工园区和产业集群信息化水平。建立健全技术标准，加强过程控制，提升检验检测能力，推广先进质量管理方法和质量管理体系认证，推进重点产品质量对标达标工作。

专栏 7　技术改造要点
01 石化　继续实施油品质量升级、对不同品质原油加工适应性和综合利用技术改造；加快现有大型乙烯及副产资源综合利用技术改造。
02 化肥　氮肥工业继续开展原料及动力结构调整。磷肥工业提高磷资源加工利用率和氟资源回收。钾肥工业重点加强镁、锂、钠等钾矿伴生资源综合利用，加大国内钾资源开发，重点推进新疆罗布泊钾肥基地、青海固液转化氯化钾项目建设。复混肥工业重点开发和推广缓控释肥和掺混肥生产技术和装备，以及新型包裹材料生产技术，实现相关技术和装备产业化。
03 农药　加大对高效、低毒、低残留农药创制产品的产业化扶持力度，优化农药生产工艺，大力推进农药剂型的水基化、无尘化，提高环境友好型农药产品比例。
04 盐　化工、染料、涂料、无机盐、轮胎等传统产业围绕提升产品档次和资源综合利用，加强节能减排和安全生产，促进产业升级和结构调整的技术改造。
05 危险化学品　实施城市主城区、居民集中区、饮水源区、江河水资源保护地、生态保护区、风景名胜区等环境敏感区域内石化化工企业搬迁、转产；通过行业技术进步、兼并重组淘汰落后高危工艺，优化危险化学品的产品结构。
06 两化融合　推进先进过程控制系统的应用，普及实时在线产品质量成分分析系统，发展工艺流程仿真技术，优化调度、故障诊断，提高集约化生产水平。推进安全生产防控信息系统建设。

3. 健全产业创新体系

加快建立以市场为导向，企业为主体的“产学研”技术创新体系和产业联盟。整合资源，鼓励联合开展关键的共性和核心技术研发。加强专业石化化工人才队伍建设，培养创新人才。加大研发投入，加强企业技术中心和研发平台建设，建立产业技术联盟，促进科技进步与产业升级。支持和促进重大科技成果工程化、产业化，加快推进技术和装备自主化，提升产业技术发展水平。

（三）促进绿色低碳安全发展

1. 推进节能降耗治污减排

全面贯彻落实环境保护相关法律法规和国家有关节能减排的政策措施，建立和完善石化化工行业节能减排指标体系、检测体系和考核体系。鼓励企业采用先进的节能、环保技术和装备，实施余热余压利用、节约和替代石油、能量系统优化项目，严格控制新建高耗能、高污染项目，提高企业能源利用效率、减少污染物排放。

加大工业废水处理和循环利用力度，节约水资源。减少化学需氧量（COD）、粉尘、二氧化硫、氨氮、氮氧化合物、挥发性有机物等污染物及二氧化碳排放。重点做好煤化工、农药、染料等排放量较大行业的污染防治；做好基础化学原料制造和涂料、油墨、颜料等行业重金属污染防治，减少重金属排放；推进磷矿石等化学矿产资源综合利用；加强与钢铁、建材企业合作，联合处置铬渣。

2. 发展循环经济及资源再利用

推广化工园区产业集聚、能源有效利用、排放集中治理等先进生产方式，实现废弃物减量化和资源化，构建循环经济产业链。支持企业清洁生产技术改造，加强有毒有害原料（产品）替代，提升清洁生产水平。加大石化化工废弃物和副产品回收再利用。

提高炼厂轻烃回收利用率，优化乙烯裂解原料；提高氢气、乙烯、丙烯、丁二烯、苯等产品的总收率；优化配置、集中利用碳四、碳五、碳九等裂解副产物资源。加强煤炭资源的综合利用，在有条件的地方利用高硫煤和低阶煤发展煤化工产业，鼓励利用焦炉气和电石炉气生产高价值产品，提高资源综合利用水平。探寻温室气体减排路径，开发二氧化碳捕捉、封存、综合利用技术和装备并推广应用。积极开展硫化物回收利用、炉渣综合利用等工作。加强化肥、农药副产物和废旧轮胎的回收再利用，初步建立农药包装瓶回收、处理、再利用体系。

专栏 8　节能减排和资源综合利用要点
01 石化　进一步提高重质原油的综合加工和利用水平，扩大加氢裂化、加氢精制的规模水平，推广各项节能技术，降低能耗和污染物排放量。采用国内外先进适用技术对乙烯生产装置进行节能降耗改造。综合利用炼油乙烯副产资源。
02 化肥　在化肥生产中推广先进煤气化和煤基多联产技术、推广清洁节能生产工艺，加大测土配方施肥等科学施肥工作，提高肥料利用率，减少资源浪费和环境污染。

续 表

03 现代煤化工　提高现代煤化工能效水平。鼓励采用节水型工艺，充分利用再生水、矿井水发展煤化工。开发二氧化碳捕捉、封存、综合利用技术和装备并推广应用。探索建设燃气蒸汽联合循环发电（IGCC）热电化一体化可行性。
04 精细化工　采用新技术，提高对农药、染料等精细化工生产特征污染物的处理能力，加大环境友好型涂料、胶粘剂、水处理剂等产品的开发力度。
05 提高资源综合利用率　提高低品位矿产资源综合利用水平。提高废胶粉沥青、翻旧沥青的利用率。推进固体废弃物的资源化综合利用。综合利用磷矿伴生和电解铝副产氟资源减少萤石资源消耗；重点抓好磷石膏、碱渣、电石渣、铬渣等固体废物无害化科学治理和综合利用；推广磷石膏制建材、碱渣脱硫、电石渣制水泥、多种氯产品联产工艺技术，构建循环经济产业链。推广大型密闭电石炉、零极距电解槽、氧阴极电解技术、低汞触媒的应用，实现电石炉和黄磷炉尾气的回收利用。选择有条件的地方改造氯碱－异氰酸酯联合生产工艺。

3. 强化危险化学品安全发展

贯彻落实《危险化学品安全管理条例》，完善危险化学品法规和标准体系，加快实施全球化学品统一分类和标签制度（GHS)。规范设计、高效管理，淘汰落后高危工艺，全面提升危险化学品产业本质安全水平。强化企业安全管理，规范生产行为，完善作业场所安全设施、警示标志，杜绝违章操作事故。鼓励企业对新建的石化化工装置进行危险和可操作研究分析（HAZOP）和安全完整性评价（SIL)。优化危险化学品生产企业布局，实施园区准入制度，科学规划园区或产业集聚区内危险化学品产业规模、结构、布局、工艺和产业链、运输风险、项目间安全相关性等，合理制定安全容量和环境安全防护距离。消除隐患，降低连锁事故发生的概率。整合应急救援资源，加快危险化学品安全生产应急平台体系建设，提高事故救援能力。加强安全宣传和教育，加强危险化学品企业安全专业人才培训。

加大三聚氰胺、增塑剂、瘦肉精、工业硫磺、荧光增白剂、染色剂等可能在食品中违法添加的化学品的生产及流通管理力度，按要求在产品标签和包装上印制“严禁用于食品和饲料加工”等警示标识。

积极倡导和推进责任关怀，引导企业关注安全、关注员工、关注社会，履行社会责任。

五、政策措施

（一）加强规划指导

本规划由工业行业主管部门会同有关部门共同组织实施。围绕规划提出的目标和任务，加强规划与产业政策、环境保护政策、年度计划的衔接，及时与相关部门进行信息沟通和工作协调，依据规划核准或备案相关建设项目。各地区石化化工发展规划应依据本规划制定，加强省级规划与本规划的衔接。建立规划实施的动态评估机制，对规划实施的阶段成果实行动态监测，及时发现、反馈规划实施过程中存在的问题，适时按程序调整规划内容。

（二）完善产业政策

严格行业准入，研究制定煤化工产业发展政策，制定和完善化肥、农药、铬化合物、氰化钠等行业准入条件。制定化工园区指导意见，规范园区规划和布局。积极研究支持石化化工企业兼并重组的政策。加强石化化工产业政策与财税、金融、土地、环保、安全生产等政策的衔接，支持本规划提出的发展重点、重大项目和示范工程。

（三）加大科技投入

积极利用国家技术创新激励政策，鼓励和引导企业加大科研投入，提高研发水平和自主创新能力，保护知识产权，支持有条件的企业建立国家工程实验室、企业技术中心等创新平台，加快科技成果产业化步伐。引导企业和社会资本，围绕产品升级、节能减排、安全生产、两化融合，加大技术改造投入，推动重大示范工程实施，提高行业技术装备水平，促进产业转型升级。

（四）健全标准体系

提高生产、技术、应用、安全、能耗、环保、质量等国家标准和行业标准水平，做好标准间的衔接，加强标准贯彻。完善标准体系，加快现代煤化工安全生产相关标准规范制定，提高石化化工行业的产品质量、安全生产、职业健康、环境保护等规范化管理水平，加强对标准执行情况的监管。大力发展先进的检测认证技术和体系，积极参与国际标准的制修订，推进我国标准与国际标准的双向转化。

（五）加强资源保障

建立和完善原油、煤炭、钾、硫、天然橡胶等重要石化化工原料的供应保障体系。深化国际合作，支持有条件的企业“走出去”，开展境外资源合作勘探开发。完善原油、化肥、农药、天然橡胶储备机制，提高抗风险能力。完善化肥市场调控体系，增强农用化学品的保障能力。

（六）维护公平贸易

进一步完善石化化工产品进出口关税、出口退税及加工贸易政策，优化进出口产品结构。完善产业损害预警机制，依法运用贸易救济措施，维护公平贸易秩序，积极推动业界对话磋商与合作，努力化解贸易摩擦。严厉打击各种走私违法行为，维护进出口贸易秩序。

（七）改善行业管理

各级工业主管部门要建立健全行业管理体系，完善规划、政策、法规、标准等职能，加强行业管理和指导。加强行业经济运行监测，建立信息定期发布制度，及时协调解决行业发展中出现的重大问题。充分发挥行业协会和中介组织的桥梁和纽带作用，在信息交流、行业自律、人才培训、咨询研究、维护企业权益等方面积极开展工作。

附件 2:

烯烃工业“十二五”发展规划

烯烃是国民经济重要的基础原料，在石化和化学工业发展中占有重要的战略地位。“十二五”是我国烯烃工业进一步优化升级、提高国际竞争力的关键时期。为加快转变烯烃工业发展方式，实现平稳健康可持续发展，特编制本规划。规划内容包括乙烯和丙烯，原料路线涉及石脑油、凝析油、轻烃、煤炭等资源，规划期为2011—2015年。

一、发展现状

（一）取得的成绩

长期以来，烯烃工业坚持炼化一体化、基地化、集约化的发展模式，产业规模逐步扩大、布局日趋合理、技术装备水平不断提高、节能降耗成效显著、综合实力明显增强。目前我国以石脑油制烯烃为主，煤制烯烃和重油催化热裂解制烯烃示范装置实现工业化运行，烯烃原料呈现多元化。2000 年到 2010 年，乙烯、丙烯产能年均增长分别达到13%、12.7%。

1. 产业规模不断扩大

2010 年我国乙烯产能 1519 万吨/年，产量 1419 万吨，进口量 81.5 万吨，出口量 3.4 万吨，表观消费量约 1497 万吨，当量消费量近 2960 万吨，国内保障能力达到 48%。形成 6 个百万吨级乙烯生产企业，蒸汽裂解乙烯企业平均规模 67 万吨/年、装置平均规模 54 万吨/年，较 2005 年分别提高了 58.4%和 44%，规模效益突出，产业竞争力明显提升。

当量消费量是指乙烯表观消费量加上乙烯衍生物净进口量折算成乙烯消费量的总和。

2010 年我国丙烯生产能力 1583 万吨/年，产量 1350 万吨，进口量 152.4 万吨，出口量 0.8 万吨，表观消费量约 1502 万吨，当量消费量约 2150 万吨，国内保障能力达到 63%。

表 1　“十一五”我国烯烃工业发展情况

产品	指标	2005 年	2010 年	年均增长率（%）
乙烯	产能（万吨）	757.5	1519	14.9
	产量（万吨）	755.5	1419	13.4
	当量消费量（万吨）	1785	2960	10.6
	国内保障能力（%）	42.3	48	—

续 表

产品	指标	2005 年	2010 年	年均增长率（%）
丙烯	产能（万吨）	886	1583	12.3
	产量（万吨）	802.7	1350	11
	当量消费量（万吨）	1346	2150	9.8
	国内保障能力（%）	60	63	—

“十一五”期间，我国合成树脂、合成纤维单体及聚合物、合成橡胶产能大幅增长，2010 年产量分别达到 4361 万吨、2732 万吨和 310 万吨，国内保障能力分别为 61%、65%和 70%。

经过多年的发展，我国烯烃生产企业规模效益、质量管理水平不断增强，形成了以中石化、中石油为主，中海油、中国兵器、神华集团、中国化工，以及外资企业广泛参与、共同发展的产业格局。

2. 产业基地基本形成

目前我国已建成了 22 个大型炼化一体化基地，并以炼油、乙烯为龙头，形成了长三角、珠三角及环渤海三大石化集聚区，2010 年三大集聚区集中了我国 68%的乙烯生产能力。依托炼化一体化基地布局了一批石化工业园区，通过与园区内其他企业资源整合、设施共享，实现共同发展，其中上海、南京、宁波、惠州、天津等园区已具有国际先进水平。

3. 技术装备水平明显提高

“十一五”期间，我国在烯烃及下游衍生物领域拥有了一批具有知识产权的关键技术，如乙烯裂解及分离、大型聚乙烯、聚丙烯、乙苯/苯乙烯、丙烯腈、丁苯橡胶、丁腈橡胶、丁基橡胶、顺丁橡胶、甲醇制烯烃（MTO）、流化床甲醇制丙烯（FMTP）等技术，部分实现工程应用；实现了大型裂解炉、大型裂解气压缩机组、丙烯制冷压缩机组、冷箱等关键设备自主化，可依靠自主开发的成套技术建设百万吨级乙烯装置，自主化率可达 75%。建成重油催化热裂解制烯烃（CPP）示范装置工程。

4. 煤制烯烃示范工程投产

随着国际油价高位运行，我国具有知识产权的甲醇制烯烃等技术和装备不断取得突破，开发并建设了世界首套 60 万吨/年神华包头煤制烯烃示范工程。装置已进行商业化运行，聚乙烯、聚丙烯产品符合相关标准。该示范工程的顺利投产为拓宽烯烃原料来源、进一步推进石油替代战略奠定了基础。

5. 节能降耗成效显著

通过优化生产工艺、原料结构，以及采用高效催化剂、变压吸附、膜分离、催化蒸馏、多效蒸发等先进适用的技术，实现节能降耗；通过采用提高循环水浓缩倍率、空冷技术、水集成技术等，实现节水；通过采用碳四分离成套技术及炼厂催化裂化干气回收乙烯技术等，实现减排。2010 年蒸汽裂解制乙烯燃动能耗达到 886 千克标煤/吨，较 2005 年下降 11.3%，双烯收率由 2005 年的 45.6%提高到 2010 年的 47%。

（二）存在的问题

1. 烯烃原料制约较大

2010 年我国乙烯生产需要化工轻油约 5000 万吨。我国石油资源短缺，能源需求增长较快，2010 年原油对外依存度达 53%，随着国际原油价格的大幅上涨和国内供求矛盾加剧，烯烃原料供应紧张，制约了乙烯行业发展。同时，受炼油行业布局分散和平均规模较低的制约，部分炼厂生产的石脑油数量有限，难以配套合理经济规模的乙烯装置。

2. 高端产品国内保障能力不足

我国烯烃工业在高端牌号合成树脂、合成纤维和合成橡胶等领域缺乏国际先进水平的自有技术，下游产品以通用合成材料为主，产品差异化程度较低，高附加值、功能性、专用产品比例不高。我国工程塑料、特种橡胶和高性能纤维的国内保障能力不足 50%。

3. 副产资源利用深度不够

目前我国乙烯副产碳四、碳五、碳九等资源总体利用程度较低，部分直接用作燃料，而用于生产异戊橡胶、高档石油树脂等高附加值产品的比例需进一步提高。

4. 煤制烯烃发展亟待规范

目前随着煤制烯烃技术取得突破，部分地区和企业未综合考虑煤资源、水资源、环境、市场等条件规划了大量项目，煤制烯烃产业发展有过热的倾向。另外，工业化示范装置刚刚投产，各项技术、装备、安全、环保等标准亟待完善，还需在提高系统资源利用率、降低综合能耗、减少特征污染物及二氧化碳排放，降低投资等方面进一步优化提升。

二、发展环境

（一）国内外环境

“十二五”时期，经济全球化深入发展，国际环境总体有利于我国石化企业“走出去”，参与国际合作与竞争。但是，由于国际金融危机、欧债危机、以及部分地区政治经济动荡，使国际油价大幅波动，世界石化产业结构调整加快，跨国公司加大在市场及资源产地投资，烯烃工业发展重心正向亚太和中东地区转移，这部分地区新增产能规模较大，预计 2015 年，两地区的烯烃产能占全球的比例将分别升至30.7%和15.6%。中东地区和我国周边国家乙烯产能总体供过于求，目标市场以中国为主，且中东地区烯烃原料75%是油田伴生的轻烃资源，价格低廉，而我国乙烯原料以石脑油为主，约占65%，加氢尾油及轻柴油约16%，轻烃不足10%，生产成本高、竞争力不强。一些自由贸易区的建立，改善了境外化工产品的市场准入条件，但在促进行业良性发展的同时，也加剧了部分石化产品的市场竞争。跨国公司加快并购重组，在技术水平、品种质量和全球营销网络等方面继续保持领先地位，围绕资源和市场的竞争更趋激烈。

从国内看，我国经济将继续保持平稳较快的发展，国内烯烃供给缺口相对较大，产业仍存在较大的发展空间。随着工业转型升级步伐加快，下游汽车、电子、轻工、纺织、建材等相关产业对高附加值、高性能的专用石化产品需求迫切，对烯烃工业产品结构优化和技术创新提出了更高的要求。煤制烯烃示范工程的成功建设，使烯烃生产的原料路线更加多元化，有利于推进石油替代战略的实施。同时，随着改革开放的不断深入，各类投资主体积极进入烯烃生产领域，市场竞争将更为激烈。随着环境保护和安全生产法律法规不断完善、各类标准规范更加严格，烯烃生产过程中的节能减排和安全生产任务更为艰巨。

（二）需求预测

经测算，预计2015年，我国乙烯当量需求量约3800万吨，年均增长率5.1%；丙烯当量需求量约2800万吨，年均增长率5.4%。

三、指导思想、基本原则和发展目标

（一）指导思想

深入贯彻落实科学发展观，以满足国内市场需求和提升竞争力为目标，进一步推进烯烃产业基地建设，优化产业布局，大力推动技术进步，有效推进烯烃原料多元化，加快调整产品结构，发展高附加值、高技术含量产品，提高烯烃资源综合利用率，广泛参与国际合作，促进烯烃工业持续、快速、健康发展。

（二）基本原则

坚持原料多元化。积极利用国内国际两种资源、两个市场，拓宽原料路线，保障烯烃原料供给。坚持集中布局。继续按照一体化、大型化和集约化的发展模式，立足现有烯烃和炼油生产企业，集中布局。严格煤制烯烃准入条件。坚持技术创新。加强关键技术装备的研发，增加高附加值产品和高技术含量石化产品的比例。强化企业在创新中的主体地位，鼓励产学研结合，发挥技术创新对产业结构优化升级的引领和支撑作用。坚持可持续发展。加大节能减排力度，保护环境，提高副产物的综合利用率，发展循环经济，实现低碳、安全、绿色发展。

(三) 发展目标

总量目标：到 2015 年，我国乙烯产能达到 2700 万吨/年，丙烯产能达到 2400 万吨/年。

表 2 "十二五" 烯烃工业发展目标

	产能（万吨）	产量（万吨）	国内保障能力（%）
乙烯	2700	2430	64
丙烯	2400	2160	77

结构调整目标：石脑油路线制乙烯装置平均规模达到 70 万吨/年以上，烯烃原料多元化率达到 20%以上，形成 3 个 200 万吨级乙烯生产基地。高端石化产品比例进一步提高，工程塑料、特种橡胶和高性能纤维的国内保障能力力争较 2010 年各提高 20 个百分点。

技术进步目标：石化核心技术和三大合成材料技术接近或达到国际先进水平。大型装置自主化率进一步提高。

节能减排目标：到 2015 年石脑油路线制乙烯装置燃动能耗降到 857 千克标煤/吨。主要污染物排放大幅下降。

四、重点任务

(一) 调整产业结构

1. 扩大烯烃原料来源

按照 2015 年乙烯产能 2700 万吨/年的发展目标，按蒸汽裂解测算，需要化工轻油 8100 万吨/年。为缓解烯烃原料不足，需要采取多种途径保障烯烃资源供给。鼓励进口凝析油、轻烃等资源，优化烯烃原料结构。依托我国丰富的煤炭资源和自主开发的煤制烯烃技术，适度发展煤制烯烃。充分发挥炼化一体化优势，最大限度利用炼厂副产品生产烯烃。

2. 优化产业布局

按照炼化一体化、园区化、集约化的发展要求，优先依托条件好的现有大型石化企业，结合炼油能力改扩建，支持企业进行乙烯装置的扩能和技术改造，提高炼化一体化水平；严格控制石脑油制烯烃项目新布点。在资源供给有保障、物流成本较低、下游市场发达、环境容量大的沿海地区布局建设世界级石化产业基地，继续做强长三角、珠三角等沿海石化产业群，支持海峡西岸发展石化产业，中西部地区以满足区域市场需求为主，东北地区以现有装置升级改造为主。改扩建和新建项目的装置规模、技术装备、资源利用、环境保护、产品质量等要达到国际先进水平。新建项目乙烯规模要达到 100 万吨/年以上。在煤炭资源丰富、水资源较好、二氧化碳减排潜力和环境容量较大、交通运输便利及产业发展能力较强的煤炭净调出省区，从严布局煤制烯烃项目，新建项目烯烃规模要达到50万吨/年以上，乙烯单体优先用于区域内电石法聚氯乙烯技术升级。其余地区，尤其是煤炭调入省区，要严格限制发展煤制烯烃。在原料可以保证长期稳定供应的前提下，在沿海地区慎重布局进口甲醇制烯烃项目。

3. 优化组织结构

推动大型企业强强联合、开展战略合作，优化产业布局和上下游资源配置。鼓励具有市场优势的国内企业与具有资源或技术优势的国外大型企业合资合作，实现互利共赢。鼓励国内企业开展境外石化并购、重组或投资合作，增强抵御国际市场风险能力。支持具有资源优势的煤炭、电力企业和具有技术优势的石化企业联合建设大型煤化工基地，发展煤制烯烃，实现煤电化热一体化，提高产业竞争力。

专栏　重大烯烃项目生产力布局
01 石油制乙烯 加快大庆乙烯、抚顺乙烯、武汉乙烯和四川乙烯项目建设；推进扬子乙烯、华锦乙烯第三轮改造、镇海炼化二期和惠州炼化二期等现有企业改扩建项目前期研究；开展湛江、台州、洋浦、泉州等乙烯项目前期研究，积极探讨海峡西岸地区建设大型乙烯项目的可行性。
02 煤经甲醇制烯烃 继续推进神华宁煤和大唐多伦的煤制丙烯项目，优化工艺技术，逐步实现平稳运行。在蒙、陕、新、宁、贵等省区从严布局煤制烯烃升级示范项目。研究集中利用已建成的符合经济规模的甲醇生产能力建设大型烯烃项目。

4. 加快产品结构调整

调整烯烃下游大宗产品生产结构。为应对境外低成本石化产品的冲击，要根据区域市场的不同特点，实行装置规模化、产品差别化发展，降低聚乙烯、聚丙烯生产成本，着重开发下游高性能产品。

提高烯烃下游高端产品的比例。为满足国民经济相关产业对烯烃高端产品的需求，优先发展技术含量和产品附加值高、生产工艺绿色、国内市场短缺、可填补空白的高端石化产品。开发并生产特种聚乙烯与聚丙烯等专用料，异戊橡胶、稀土顺丁橡胶、三元乙丙橡胶等新品种合成橡胶，碳纤维、芳纶、超高分子量聚乙烯纤维等高性能合成纤维，加快实现烯烃工业产品结构调整和升级换代。

（二）增强科技创新能力

瞄准国际先进技术，抢占国内外高端市场，培育烯烃工业新的经济增长点。开发和完善百万吨乙烯关键核心技术及部分配套技术，大型聚乙烯、聚丙烯专用料技术，直接氧化法环氧丙烷技术、基于非茂体系的聚烯烃合成及后续改性技术、ABS（丙烯腈一丁二烯一苯乙烯）、三元乙丙橡胶等产品大型化成套技术，节能、环保、低成本的基本有机原料技术；继续推动煤制烯烃工艺完善和技术升级，开发具有知识产权的新一代甲醇制烯烃技术。进一步完善重油催化热裂解（CPP）制烯烃技术。研究新型节能节水技术。依托新建和改扩建烯烃项目，积极采用具有知识产权的工艺包，加快开发百万吨乙烯成套装备、环氧乙烷大型反应器、10万吨/年以上大型氯乙烯流化床反应器、聚烯烃造粒挤出机等关键设备。

（三）坚持可持续发展

1. 加强资源能源利用

采用新技术，加大资源综合利用效率。推广催化干气回收乙烯、烯烃转化，低碳烃催化裂解制乙丙烯、裂解汽油苯乙烯回收等适用技术，按循环经济的理念，挖掘石化产业链潜力，实现效益最大化。集中利用烯烃副产物，降低成本，提高效益。充分发挥炼化一体化的综合优势，加强炼厂富乙烯气、饱和轻烃回收和利用；合理调整炼厂加氢裂化装置的操作，达到炼油和化工产品方案之间的效益平衡。探索煤油化一体化模式，通过煤造气，提供氢气、一氧化碳及蒸汽，与油化一体化充分结合，形成从轻到重的完整原料链配置。

2. 大力推进节能减排

采用国内外先进适用技术对乙烯生产装置进行节能降耗改造。开展生产过程清洁化及节能技术研究，降低装置能耗，减少排放；开发更高选择性、更长清焦周期的新型裂解炉、乙烯装置低温热优化利用技术。加快推进企业生产废水处理及催化裂化等工序烟气二氧化硫治理，加强生产、输送和存储过程中挥发性有机物泄漏的监测与监管，大力削减挥发性有机物排放，加大石化废弃物回收再利用。结合大型煤化工项目，开发并完善二氧化碳捕捉、封存、资源化利用技术和装备并推广应用。

3. 加强安全生产管理

加强企业安全生产，加大安全投入，不断利用新技术、新工艺进行安全改造，提高装置本质安全度。鼓励企业对装置进行危险和可操作研究分析（HAZOP）及安全完整性评价（SIL）。积极倡导和推进责任关怀，引导企业关注安全、关注员工、关注社会，履行社会责任。

五、政策措施

（一）加强行业管理

加强行业规划的实施，严格按照规划布局核准建设项目。加快研究制定煤制烯烃产业政策，合理设置大型煤制烯烃技术、装备、安全、环保及能源利用效率等指标，严格行业准入管理。完善烯烃装置的清洁生产考核指标和节能减排指标体系，加强考核和监督。

（二）加快技术进步

积极利用国家技术创新激励政策，鼓励和引导企业加大科研投入，提高研发水平和科技创新能力，加大知识产权保护，加快科技成果产业化步伐。积极引导社会资本投入烯烃工业，推动重大示范工程实施。围绕产品升级、装备国产化、节能减排、循环经济、两化融合等加大技改投入，加大现有企业技术改造，提高行业技术装备水平，促进产业转型升级。

（三）鼓励国际合作

深化国际合作与交流，积极参与国际安全、环保和职业卫生等标准制定，支持企业参与境外资源开发和兼并重组，提高资源保障能力。发挥中介组织作用，建立国际业界对话磋商机制，沟通情况，化解矛盾。

（四）维护公平贸易

加强进口产品监测，完善产业损害预警机制。依法采取贸易救济措施，维护公平贸易秩序。开展石化产业重点产品产业安全研究，为自贸区谈判奠定基础。严厉打击走私活动，维护产业安全。

附件 3:

化肥工业“十二五”发展规划

化肥是现代农业的重要生产资料，对于保障粮食安全和促进农民增收具有十分重要的作用，是关系国计民生的重要基础产业。

一、发展现状

（一）取得的成绩

我国是化肥生产和消费大国。经过多年努力，尿素、磷铵等主要化肥产品从大量依赖进口到自给有余，钾肥国内保障能力不断增强，对国民经济和社会发展做出了重要贡献。

1. 产业规模持续增长

据初步统计，2010 年我国化肥产量 6620 万吨（折纯，下同），“十一五”期间年均增长 5.0％。主要产品产量均保持较快增长，尿素、磷铵、氯化钾产量年均增长分别达到 4.7％、16.7％和 6.3％。2010 年进口化肥 386 万吨，出口化肥 733 万吨，表观消费量约 6273 万吨，较好地保障了农业生产的需要。

表 1　“十一五”期间我国主要化肥品种产量　（单位：万吨）

种类	2005 年产量	2010 年产量	年均增长率（%）
合成氨	4597	4963	1.5
化肥合计（折纯）	5178	6620	5.0
氮肥（折氮 N）	3809	4521	3.5
尿素（折氮 N）	1995	2516	4.7
磷肥（折五氧化二磷）	1206	1701	7.1
磷铵（折五氧化二磷）	488	1057	16.7
钾肥（折氮化钾）	159	397	20.1
氮化钾（折氧化钾）	176	239	6.3

2. 产业结构不断优化

品种结构得到改善。高浓度化肥比重日益提高，整体达 80%。钾肥国内保障能力由 2005 年的 24%提高到 2010 年的 56%。复混（合）肥、掺混肥、缓控释肥等专用肥料得到快速发展。

表 2　2010 年我国化肥供需平衡情况　（单位：万吨）

种类	产量	进口量	出口量	表观消费量	国内保障能力（%）
化肥合计（折纯）	6620	386	733	6273	106
氮肥（折氮 N）	4522	26	462	4080	111
磷肥（折 P_2O_5）	1702	39	265	1475	115
钾肥（折 K_2O）	397	321	6	712	56

企业大型化进程加快。“十一五”末已形成 24 个百万吨级大型化肥生产企业，其中 3 家企业产能达 500 万吨级，大中型化肥企业产量占总产量的 70%以上。氮肥行业形成 20 个尿素产能超过百万吨的大型企业集团，占总产能的 68%。磷肥行业形成 2 个磷铵产能超过 200 万吨的大型企业集团。钾肥行业形成 2 个百万吨级大型企业集团。

产业布局逐步合理。原料本地化的合成氨产能比例达到 53%。磷肥生产主要集中在湖北、云南、贵州、四川等磷资源丰富的地区。青海盐湖、新疆罗布泊钾肥规模逐步扩大。化肥产业布局正逐步形成基础肥料向资源地、专用肥料向用肥市场调整的格局。

3. 循环经济初见成效

氮肥企业的废气、废渣综合利用水平不断提高，约 50%的企业建设了综合利用的热电联产装置，二氧化硫回收利用，冷却水、中水循环利用等逐步得到推广。湿法磷酸精制、硫酸低温位热能回收、磷石膏制石膏板、制砖等大规模综合利用技术取得突破。钾盐伴生资源综合利用水平逐步提高。

4. 技术装备取得突破

具有知识产权的水煤浆、粉煤加压气化等先进煤气化技术与装备已成功应用于氮肥行业，30 万吨/年合成氨、大颗粒尿素已实现自主化。30 万吨/年磷酸、60 万吨/年磷酸二铵、80 万吨/年硫磺制硫酸、40 万吨/年硫铁矿制硫酸装置的设计、制造、安装均基本实现自主化，达到世界先进水平。钾肥生产工艺技术取得重大突破，百万吨钾肥工艺技术达到国际先进水平。

（二）存在问题

能源资源约束大，生产成本较高。2010 年氮肥行业消耗煤炭资源约 8500 万吨、天然气 100 亿立方米。随着能源价格的大幅上涨，氮肥生产成本持续上升，大部分企业一直处于亏损边缘。磷肥生产所需硫资源对外依存度超过 60%。我国磷矿资源丰而不富，平均品位仅 17%，富矿只占 6.6%，且胶磷矿多，采选成本高。我国钾资源相对贫乏，对外依存度近半，国际市场钾肥价格波动不定，影响农业生产。

产业集中度不高，落后产能依然较大。我国合成氨企业 472 家，平均规模仅 14 万吨，小于 8 万吨的企业仍有 249 家。有磷酸装置的磷肥企业 90 多家（其中磷铵企业 80 家），80%的磷酸生产企业规模不到 10 万吨。取得生产许可证的复混肥生产企业 4400 多家，平均规模不足 5 万吨。中小氮肥厂技术装备相对落后，能耗高。小型磷肥厂技术水平落后，资源利用水平低，磷石膏无序堆放对环境影响大。复混肥企业点多面广，产品质量难以保障。

企业农化服务水平低，行业发展模式尚需完善。我国化肥企业在产业链中仍局限于生产制造领域，主要依赖资源投入、产能扩张带动发展，生产企业农化服务发展滞后，不适应现代农业测土配方、精准施肥发展的需要，造成施肥不科学、肥效利用率低，面源污染严重。

二、发展趋势和需求预测

（一）发展趋势

我国人多地少，通过化肥实现农业稳产、增产是保障国家粮食安全的重要举措，化肥的刚性需求依然存在。随着我国农业现代化步伐加快，以及节能减排和环境保护要求日趋严格，科学施肥，提高化肥利用效率，减少化肥对环境造成的影响将成为未来农化行业发展的重要方向。同时，目前化肥企业仍享受部分优惠政策（包括享受天然气、用电和铁路运输等优惠价格及免征增值税），随着化肥价格形成机制不断完善，优惠政策将逐步取消，化肥企业经营面临着新的机遇和挑战。

（二）需求预测

我国化肥消费90%用于农业，10%用于工业。2010年我国化肥表观消费量为6273万吨，其中农用化肥氮、磷、钾施用比例为1∶0.36∶0.18。根据"十二五"期间农业生产的品质要求和多样化发展等因素预测，2015年农用化肥氮、磷、钾施用比例按1∶0.38∶0.25考虑，兼顾工业需求，预计2015年我国化肥需求总量及结构见表3。

表3　化肥需求预测　（单位：万吨）

种类	2010年消费量	2015年需求量
化肥合计（折纯%）	6273	6610
其中：氮肥（折N）	4086	4350
磷肥（折P_2O_5）	1475	1490
钾肥（折K_2O）	712	770

三、指导思想和发展目标

（一）指导思想

深入贯彻落实科学发展观，适应现代农业发展的需求，以转变化肥工业发展方式为主线，加快调整产业组织结构，控制氮肥、磷肥产能过快增长，增加钾肥供应和资源保障能力，推进循环经济，发展农化服务业，培育品牌和营销网络，提高化肥利用效率，保护环境，促进化肥行业持续健康发展。

（二）发展目标

总量目标。"十二五"期间，化肥工业在满足农业、工业基本需求和淘汰落后产能的基础上，继续保持产量整体自给有余，其中氮肥、磷肥完全自给并有少量出口，钾肥国内保障能力达到60%以上，基本满足科学施肥的需要。

产业集中度。到2015年，氮肥、磷肥和复混肥企业数量大幅减少，大中型氮肥企业产能比重达到80%以上。大型磷肥企业产能比重达到70%以上。2家大型钾肥企业集团规模进一步壮大。

产品结构。到2015年，尿素占氮肥的比重达到70%左右，磷铵占磷肥的比重达到70%左右，无氯钾肥满足国内需求，单质肥复合化率、大颗粒尿素比重逐步提高。

表 4 **2015 年化肥生产目标**

种类	产能	产量
化肥合计（折纯）	7760	6910
氮肥（折 N）	5110	4600
尿素（折 N）	3600	3220
磷肥（折五氧化二磷）	2150	1860
磷铵（折五氧化二磷）	1600	1320
钾肥（折氮化钾）	500	450
氮化钾（折氧化钾）	380	330

技术进步。积极推广先进煤气化和煤基多联产技术，先进煤气化技术的氮肥产能比例提高到 30%，年产 45 万吨合成氨和 80 万吨尿素装置（或以上规模）实现自主化。不断提高中低品位磷矿石和磷石膏的利用效率和水平。氯化钾生产技术不断提高，盐湖卤水制取硫酸钾技术进一步完善。掺混肥料技术和装备实现产业化。进一步提高农用化肥的质量标准和技术水平。研究制定尿素、磷酸二铵的粒径标准。

节能减排。合成氨综合能耗降至 1350 千克标准煤/吨，其中以天然气和焦炉气、无烟块煤、非无烟煤为原料的合成氨单位产品综合能耗分别降至 1150 千克标准煤/吨、1300 千克标准煤/吨及 1650 千克标准煤/吨以下；磷石膏综合利用率提高到 40%。

四、重点任务

（一）加快结构调整

优化品种结构。按照适应现代农业发展和环境友好的要求，改进提升尿素、磷铵、氯化钾和硫酸钾（镁）等基础肥料，适度发展硝基肥料、熔融磷钾肥料、液体肥料等多元肥料，鼓励发展按配方施肥要求的复混肥和专用肥，重视发展中、微量元素肥料、缓控释肥料。

加快兼并重组。抓住化肥流通体制改革契机，加快促进基础肥料生产向优势企业集中，逐步形成以大型化肥企业为主导的生产经营格局。鼓励大型企业通过兼并重组、淘汰落后及建设化肥基地，进一步壮大经营规模和实力。引导大型能源企业与氮肥企业联合重组，实现优势互补，提高竞争力。

提升农化服务。鼓励大型化肥企业以生产为基础，以质量为保证，加强质量专业人员培养，着力培育品牌和营销网络，加快建立高效的供销和服务体系，扩大农化服务业务，减少流通环节，降低化肥流通成本。推动地方开展测土配方，实现精准施肥，防止和减少过量施肥，提高肥效，降低面源污染。

（二）优化产业布局

促进基础肥料向资源产地和优势企业集中。结合兼并重组、原料结构调整和上大压小，支持企业在能源产地和有条件的粮棉主产区建设大型尿素生产基地。在云、贵、鄂、川等磷资源产地，依托现有企业完善大型磷肥基地建设。重点依托青海和新疆钾肥资源优势建设大型钾肥基地，青海基地进一步优化资源配置，新增100万吨钾肥产能（实物量），新疆基地力争新增170万吨钾肥产能（实物量）。同时加快境外钾肥基地建设步伐。复混肥和掺混肥料主要在消费区域建立加工、集散、分销和使用服务体系。

（三）推动技术进步

氮肥。开发和推广大型合成氨、尿素国产化技术及装备，研发和推广低阶煤、高硫煤加压气化等新型煤气化技术，高效率、大型化脱硫脱碳、变换、气体精制、氨合成和新型催化剂等先进净化和合成技术，利用造气炉渣、煤末、吹风气等资源，采用循环流化床锅炉，实现热电联产，鼓励提高锅炉压力等级，开展能源梯级利用。

磷肥。重点开发和推广中低品位磷矿制酸及磷酸精制技术，磷矿伴生资源综合利用技术，大型硫酸、磷酸、磷铵装置自主化技术和装备，氟回收和高附加值氟产品生产技术，硫铁矿铁资源回收利用技术，低浓度烟气回收制酸、煤化工硫回收等含硫废弃物回收制酸技术，硫酸余热利用技术，磷石膏低能耗制硫酸联产水泥、制硫酸钾副产氯化铵、制缓凝剂、化学法转化等磷石膏综合利用技术。

钾肥。重点研发钾矿伴生资源综合利用技术，盐湖卤水直接提取硫酸钾技术，难溶性钾资源利用技术，硝酸钾生产新技术，海水提钾技术。

复混肥。重点开发、推广缓控释肥料和掺混肥料生产技术及装备，水溶性肥料、新型包裹材料和制剂生产技术，建立和完善复混肥标准。

（四）提高资源保障能力

鼓励氮肥企业和煤炭企业联合建设化肥用煤生产基地，保障化肥用煤稳定供应。根据国家天然气利用政策及天然气价格调整，引导以天然气为原料的化肥企业调整原料结构。

加强磷矿特别是中低品位磷矿采选能力建设，在云南、贵州等地建成1800万吨磷矿采选能力，新增200万吨硫铁矿采选能力，力争探明6～8亿吨磷矿和1亿吨硫铁矿资源储量。

加快国内钾矿资源勘探，开发利用难溶性钾矿资源，加快钾肥工业“走出去”步伐，力争在境外建成200万吨氯化钾生产基地。

（五）强化安全发展

加强化肥企业安全生产，对位于城区的老装置研究制定搬迁规划，新建装置必须进入化工园区或集聚区，保证与周围居民区的安全距离。加大安全投入，不断利用新工艺、新技术进行安全改造，提高装置本质安全度。鼓励企业对新建的化肥装置进行危险和可操作研究分析（HAZOP）和安全完整性评价（SIL）。鼓励化肥企业开展清洁生产，加强污水处理及循环利用，积极倡导责任关怀。

五、保障措施

（一）加大技术改造力度

继续开展化肥企业技术改造，重点支持氮肥原料和动力结构调整、磷石膏综合利用、中低品位磷矿加工利用、钾肥工业发展、重大技术装备自主化和新品种产业化项目。支持化肥企业提高信息化水平，促进两化融合。

（二）完善行业准入制度

制定合成氨、磷铵、复混肥行业准入条件，通过上优汰劣，产能置换，优化产业结构，逐步建立落后产能退出机制。研究制定化肥行业淘汰落后工艺技术装备目录及配套政策。

（三）鼓励科技创新

通过对国内各种煤气化示范技术进行评估，开展技术试点推广应用，鼓励通过技术创新，不断提高技术的稳定性和优越性，并加强知识产权保护。支持新型肥料的开发和应用。继续研究开发化肥大型化技术及装备。

（四）完善化肥市场调控

以保障化肥行业平稳运行和供应为前提，适时调整化肥进出口政策；完善化肥淡季商业储备制度，推进钾肥国有储备制度建立。

（五）加强行业运行监测

密切跟踪化肥行业经济运行中遇到的问题，定期发布运行分析报告，及时采取切实有效措施防止化肥行业出现供需失衡和价格大幅度波动等情况。

（六）发挥中介组织作用

大力发挥行业协会等中介组织在信息统计、标准化管理、技术交流、人才培训、企业维权等方面的作用，提高行业自律水平，建立诚信体系。

附件 4:

危险化学品“十二五”发展布局规划

前 言

根据《危险化学品安全管理条例》，危险化学品是指具有毒害、腐蚀、爆炸、燃烧、助燃性质，对人体、设施、环境具有危害的剧毒化学品和其他化学品。目前列入《危险化学品名录》(2002 版)的化学品共分为八大类，3823 种，其中列入《剧毒化学品目录》的有 335 种，化工行业主要大宗原料和产品 80%以上属于危险化学品，另外《禁止化学武器公约》监控的化学品绝大部分属于危险化学品。

危险化学品既是重要的化工原料，也与人民生活密切相关，在国民经济和社会发展中发挥着不可替代的作用。危险化学品具有生产过程工艺复杂、高温高压、易燃易爆、有毒有害、链长面广等特性，一旦发生事故，不仅会带来人身伤害，还会引起环境污染等次生灾害，直接影响经济发展与社会稳定。“十二五”是加快转变危险化学品发展方式的关键时期，为优化产业布局，规范安全管理，提升本质安全，特制定本规划。

本规划是《石化和化学工业“十二五”发展规划》的重要组成部分，是危险化学品发展布局的重要指导性文件。

一、发展现状

“十一五”期间，我国石化和化学工业坚持一体化、集约化、大型化发展，一批技术先进、布局合理的大型炼化一体化、现代煤化工、特大型油库等项目相继建成投产，产业规模逐步扩大。一批技术水平低、布局不合理、安全环保隐患严重的落后产能逐步淘汰。行业技术装备水平不断提高，产业布局逐步优化，本质安全得到提升。

通过科技创新，一批行业关键共性技术取得突破。企业通过改进工艺技术，加大安全环保生产投入，采用先进的安全环保生产专用设备，包括控制监测设备、安全保护、个人防护、特种安全设施及应急救援等，企业安全管理和环境治理水平不断提高，安全和环境风险得到有效控制。

“十一五”期间，危险化学品事故总量、死亡人数、重特大事故及主要安全生产指标均实现了显著下降。危险化学品事故由 2005 年的 158 起下降到 2010 年的 60 起，死亡人数由 277 人下降至 135 人，安全生产状况总体稳定，安全形势明显好转。但是，仍然存在一些安全生产问题，主要有：危险化学品生产企业数量多、布局分散，生产技术、管理法规标准不健全，落后工艺装备仍占相当大的比例，安全环保投入不足，危险源数量多而散。随着城镇化、工业化进程的加快，部分企业与城区、居民区以及周边企业的安全距离进一步缩小，安全隐患增大。一些企业位于江河水源保护地等环境敏感区，影响饮用水安全。部分地方化工园区发展与城市总体规划缺乏统一协调，园区整体规划缺乏安全评估，项目布局与安全环保设施不配套。一些危险性较大的化工项目有从发达地区向安全环保投入不足的欠发达和不发达地区转移的趋势。装置大型化及密集化布局加大固有安全环保风险等问题。

二、面临的环境

从国际看，金融危机导致全球经济进入调整期，新产业、新技术、新产品孕育突破，加剧了高端产品市场竞争。国际社会对化学品的统一管理越来越重视，相继出台国际公约或准则，如全球化学品统一分类和标签制度（GHS）、欧盟化学品注册、评估、许可和限制（REACH）法规等，工业发达国家有将一些资源消耗大、污染排放多的危险化学品项目向我国转移的趋势。部分国家和地区贸易保护主义抬头，设置了较高的安全、环保、职业卫生等技术贸易壁垒，围绕市场、能源、资源等方面的竞争更趋激烈。国际社会推行的“责任关怀”，对企业更加注重员工、社会和环境的安全健康等提出了更高的要求。

从国内看，工业化、信息化、城镇化、市场化、国际化不断深入，危险化学品仍有较大的市场需求。随着经济社会发展和人民生活水平的不断提高，人们对安全健康环保的要求越来越高，民众享有知情权和追求高品质生活的愿望越来越强烈，急需进一步规范危险化学品安全发展，改变“谈化色变”的现象，创造良好的社会环境。为实现可持续发展，危险化学品必须优化布局、调整结构，提升本质安全度，从源头上解决困扰危险化学品发展的安全环保问题。

三、指导思想、基本原则及发展目标

（一）指导思想

深入贯彻落实科学发展观，牢固树立以人为本、安全发展的理念，围绕《石化和化学工业“十二五”发展规划》，优化产业布局，规范园区发展，提升本质安全，降低环境风险，建立危险化学品安全环保发展保障机制，促进危险化学品安全、绿色、健康、平稳发展。

（二）基本原则

坚持优化布局，削减各类安全环保隐患。按照产业集聚、布局集中、用地集约和安全环保的原则，规划区域功能，优化园区安全布局，完善公用工程配套和安全、环保保障设施。坚持技术进步，提升本质安全水平。以技术进步为先导，以提高装备配套水平为保障，以信息化促进工业化，加大安全环保投入，加快高危工艺改造，淘汰落后工艺装备，提升本质安全。

坚持准入管理，完善标准规范。遵循法律法规、产业政策和安全健康环保准则，严格准入管理制度，建立安全环保隐患严重的企业和落后工艺装备、产品退出机制。

（三）发展目标

到 2015 年，产业布局更加合理、化工园区和集聚区更加规范，危险源多而散的局面明显改善。法规标准建设更加完善，本质安全度有效提升。

——化工事故死亡人数下降 12.5％以上，较大和重大事故起数下降 15％以上，特别重大事故下降 50％以上；

——新建企业进园入区率达到 100％；

——搬迁企业进园入区率达到100%；
——危险工艺安全改造率达到100%；
——危险化学品企业完成一次清洁生产审核；
——承诺实施责任关怀的企业达到80%以上。

四、重点任务

（一）优化产业布局

1. 加强统筹协调，优化产业布局

按照主体功能区定位及城市发展规划，结合危险化学品分布及产业特点，统筹区域危险化学品发展规划及化工园区或化工集聚区布局，与城市发展相协调。对不在化工园区等专业工业园区的危险化学品生产、储存企业制定“关、停、并、转（迁）”计划，推动重大危险源过多或分散、安全防护距离不达标的危险化学品生产企业搬迁、远离城区及江河水资源保护地等环境敏感地区，避免企业二次搬迁。严格控制剧毒化学品和监控化学品项目新布点，新建危险化学品生产企业必须设置在化工园区等专业工业园区内。逐步实现危险化学品生产企业“生产上规模、工艺上水平、管理上台阶、企业进园区”的目标。

专栏1　危险化学品企业搬迁方案编制要求
01 搬迁目标 通过搬迁使危险化学品布局更加合理、安全距离得到满足、危险源多而散局面有效改观、工艺技术装备得到升级、企业本质安全提升。
02 重点搬迁区域 危险化学品生产企业所在城市主城区、居民集中区、饮水源区、江河水资源保护地、生态保护区、风景名胜区等环境敏感区域。
03 搬迁方案 摸清底数：对现有及在建化工企业逐一核查登记，摸清家底。 做好规划：按照主体功能区定位及城市发展规划，结合地区危险化学品企业的分布，做好区域危险化学品发展规划。 制定政策：制定经济补偿、土地使用、职工安置、税收减免、信贷优惠等政策，支持危险化学品企业的搬迁。制定化工用地改作其他用途时污染土地修复方案。 提升水平：在实施搬迁工作中，要淘汰落后生产工艺、装备，提升节约能源、资源、安全生产、环境保护等方面的水平，对于无法提升水平的从业单位，责令关、停、并、转。 职工安置：做好危险化学品搬迁企业的职工安置工作。

2. 强化园区统一规划，提高入园企业准入门槛

危险化学品园区布局要结合大型项目建设，向综合性化工园区和专业特色园区方向发展，形成炼油乙烯、煤化工、农药、盐化工、磷化工、氟化工等特色园区。严格

制定和实施化工园区建设和准入标准，实施安全总量控制。按照循环经济发展和园区安全环保风险防控要求，完善园区基础设施和配套保障，使入园企业达到生产技术装备先进、产业链合理、物流便捷、资源共享、能量梯次利用、土地集约和生态环境友好等要求。入园企业应符合园区内产业特点，在产品结构与质量、工艺技术、节能减排、安全生产条件等方面严格准入条件，基本实现全国主要化工园区的规范管理。

专栏 2　园区规划布局原则
01 园区选址 ①安全原则：园区用地要满足建设用地要求，不存在地质灾害等，生产及仓储区范围要具备建专用消防通道及消防救灾制高点的条件，周边设施要满足一系列相关法律、法规和规范等要求；危险化学品运输路线尽量避开人口密集区和水源保护区等敏感区域，减少安全环保隐患；园区周边一定范围内要禁止或有条件允许相关项目的建设，确保危险化学品周边长期安全。 ②协调原则：化工园区与化工基地的设置应与城市今后远期的功能定位相互协调。应避免企业二次搬迁。 ③效率原则：对外交通应靠近区域交通主干道或对外交通设施（如港口、高速公路等），衔接便捷；对内交通要求通达性好，尽量减少到消费地的运输距离。 危险化学品专区应适当集中，有利于资源利用、管理。 02 园区规划 ①产品项目一体化：利用化工产品上下游关联的特点，形成化工项目链。 ②公用工程一体化：对园区能源供应进行统一规划、集中建设，形成一体化的“公用工程岛”。 ③物流运输一体化：通过输送管网、仓库、码头、铁路和道路等，形成园区内一体化的物流运输系统。 ④安全消防应急一体化：园区内设立安全消防应急中心。 ⑤园区管理服务一体化：为驻园企业提供一站式服务，寓管理于服务之中。
03 总量控制 依据化工园区（区域）发展规划以及区内危险物质总量和安全、环境容量，进行风险评估，科学合理确定园区危险化学品产业发展规模，实行总量控制，消除隐患，降低连锁事故发生的概率。

（二）推进技术进步

1. 加强科技研发投入，推动企业技术改造

科技进步是保障产业本质安全的重要支撑。支持企业和社会各方面加大对危险化学品行业安全技术、工艺、装备和产品研发的投入。突破一批提升安全生产保障能力的关键技术和装备。促进产学研用相结合，加快安全科技成果转化。积极推广应用先进适用的工艺技术和装备，促进设施装备更新改造，引导危险化学品企业提高机械化、自动化、信息化生产水平。鼓励企业对新建的危险化学品装置进行危险和可操作研究分析（HAZOP）和安全完整性评价（SIL）。

专栏 3　危险化工工艺安全改造重点
01 重点改造的 15 种危险工艺 光气化、电解（氯碱）、氯化、硝化、合成氨、裂解（裂化）、氟化、加氢、重氮化、氧化、过氧化、胺基化、磺化、聚合、烷基化工艺。
02 改造途径和手段 实行自动化控制技术改造，通过装备集散控制和紧急停车系统，提高生产装置自动化控制水平。涉及危险工艺的化工装置应装备自动化控制系统，选用安全可靠的仪表、联锁控制系统，配备必要的有毒有害、易燃易爆气体泄漏检测报警系统和火灾报警系统，提高装置安全可靠性。危险化学品重大危险源安装监控系统，实现自动化监控，温度、压力、液位等参数实现远程实时监测报警。

2. 加快产业结构调整，促进产业安全发展

充分发挥市场机制作用，鼓励技术装备先进、安全管理水平高、产业关联企业通过多种形式，实施兼并重组，提高产业集中度，减少危险源。发展高端、安全、环保的工艺和产品，实现产品结构升级。鼓励低风险产品替代高风险产品，低危工艺替代高危工艺。严格限制低水平、小规模、高污染、高环境风险、不符合有关安全标准、安全性能低下、职业危害严重、危及安全生产的落后技术、工艺、装备和产品的发展。淘汰和限制使用列入《关于消耗臭氧层物质的蒙特利尔议定书》和《关于持久性有机污染物的斯德哥尔摩公约》等国际环境公约要求的相关物质，推动公约增列的持久性有机污染物类物质的淘汰、削减和控制。

3. 完善检验检测技术，推进 GHS 实施进程

加强危险化学品分类检验检测 GLP（良好实验室规范）实验室建设，提高我国在危险化学品物理危害、生态毒理、健康毒理等方面的检验检测能力。逐步实现我国实验室检测数据国际互认。建立国家危险化学品基础数据库，积极推动 GHS 在我国的全面实施。

专栏 4　推进 GHS 实施
01 GHS GHS 是全球化学品统一分类和标签制度的简称，于 1992 年联合国环境与发展会议提出，旨在统一化学品分类和危险性信息、通过标签和安全数据单对潜在的接触者提供化学品危害信息、指导各国制定化学品管理制度、保护人类健康与生态环境、降低化学品国际贸易成本的制度。

续　表

02 实施 GHS 工作重点 ①制修订国内安全生产、环境保护、职业健康、进出口检验检疫等法律、法规和标准，与联合国 GHS 的要求接轨。 ②制定国家实施 GHS 行动方案。 ③在全国按计划、分步骤开展 GHS 实施工作。 ④对化学品生产、储存、使用、运输、经营企业及人员进行 GHS 培训。 ⑤积极参与联合国 GHS 相关规则的制定，开展国际交流。

（三）强化安全管理

1. 积极倡导责任关怀，促进健康持续发展

以大型企业和化工园区为重点，在石化和化工行业尤其是危险化学品行业全面推广和实施责任关怀。制定支持推进责任关怀的政策措施，引导企业开展责任关怀，推进危险化学品产业健康可持续发展。

专栏 5　实施责任关怀
01 责任关怀 是全球化工界自愿发起的关于承诺改善健康、安全及环境质量，不断提高化工企业在生产经营活动中对健康安全及环保的认知度和行动意识，从而避免产品生命周期中对人类和环境造成伤害的一项理念和制度，并已经得到全球范围内化学品相关行业人士的广泛的认同。 02 责任关怀工作重点 ①加强责任关怀理念的宣传，制定符合我国国情的责任关怀实施计划。 ②选择重点企业和园区进行实施责任关怀试点，树立责任关怀示范典型，为企业和园区全面推进责任关怀提供经验。 ③引导国有大型企业率先承诺实施，使行业范围内 80%以上的企业自觉承诺实施责任关怀。

2. 完善规章制度建设，加强安全教育培训

加强企业安全管理，完善危险化学品安全生产、进出口监管等法律法规及规章制度建设，规范生产行为，提高从业人员素质和安全意识，着力增强人员事故防范和应急处置能力。建立安全技术人才培训、储备机制，加大安全培训力度，开展职业教育培训，努力培养高素质的安全专业人才，加大安全专业人员资格制度实施力度、杜绝违章操作事故发生。

3. 整合应急救援资源，提升应急处置能力

加快建设高效实用的应急救援体系。依托大型企业，加快危险化学品国家救援基地和队伍建设。鼓励支持各地区、各部门、各行业依托大型企业和专业救援力量，加强服务周边的区域性应急救援能力建设。加快危险化学品应急平台体系

建设，建立应急物资储备体系和调用机制，完善应急预案，提高事故救援能力。

五、保障措施

（一）加强规划指导

本规划由工业行业主管部门会同有关部门共同组织实施。各省级工业主管部门应依据本规划制定本地区危险化学品发展布局规划，作为审核调整和建设危险化学品项目及化工园区的重要依据。加强与安全生产、环境保护、城乡规划等部门的信息沟通和工作协调，及时发现、反馈规划实施过程中存在的问题，确保规划实施。

（二）强化行业准入管理

建立化工园区准入制度，科学评估园区安全容量，完善配套安全设施。制定氟化工、铬化合物、氰化物、光气、合成氨和部分磷化工产品等危险化学品和监控化学品行业准入条件。

（三）加大安全投入

研究制定财税激励政策，结合高危行业资产保险改革，鼓励和引导企业加大技术改造和安全投入。鼓励企业建立安全生产保障基金，做好安全隐患整改，推动企业安全升级改造。建立布局合理、功能齐全、反应迅捷的信息共享平台。

（四）加快 GHS 实施进程

充分发挥全球化学品统一分类和标签制度部际联席会议的作用，协同推进 GHS 实施。建立健全与 GHS 相适应的法律法规、标准体系，制定我国实施 GHS 的国家战略，加大 GHS 培训力度。积极协调化学品检验检测数据与国外机构和政府的互认。

（五）发挥中介组织作用

充分发挥行业协会等中介组织作用，开展行业安全管理及教育培训，加强危险化学品信息统计、运行监测、事故预警等，建立危险化学品安全生产专家数据库。

附件 5：

农药工业“十二五”发展规划

农药是重要的农业生产资料和救灾物资，在防治农业有害生物，保障农业生产、农民增收及农产品贮存等方面发挥重要作用。

一、发展现状

（一）取得的成绩

经过多年的发展，我国已形成了包括科研开发、原药生产、制剂加工、原材料及中间体配套的较为完整的农药工业体系，农药的生产能力与产量已处于世界前列，产品质量稳步提高，品种不断增加，为农业丰产丰收提供了强有力支持。产业规模不断扩大。截至2010年，我国农药生产企业1800多家（规模以上959家），其中原药生产企业500多家，全行业从业人员19.2万人。2010年实现现价销售收入1576亿元，利润129.1亿元，资产总额1339亿元；农药产量234.2万吨（折100%），“十一五”年均增长15.3%，其中杀虫剂74.6万吨、杀菌剂16.6万吨、除草剂105.5万吨，植物生产调节剂等其它农药品种37.5万吨；农药出口61.3万吨，“十一五”年均增长7.6%；目前，农药销售额超过10亿元的企业超过8家，以农药为主营业务的上市公司达18家。

我国农药工业主要经济指标表

指标	产值（亿元）	产量（万吨）	出口量（万吨）	进口量（万吨）	表观消费量（万吨）
2005年	613.9	114.7	42.5	3.7	75.9
2010年	1625.6	234.2	61.3	5.1	178
年均增速（%）	21.5	15.3	7.6	6.6	18.6

我国农药工业主要经济指标表指标产值产品结构不断改善。我国常年生产260多个原药品种，3000多个制剂品种。从三大类农药品种结构来看，杀虫剂比重不断下降，已从2005年的41.8%，降低到2010年的31.9%，除草剂和杀菌剂比重已分别由2005年的28.6%和10.1%调整为2010年的45%和7.1%，生物农药发展步伐加快。高毒农药削减计划实施顺利，2007年停止生产甲胺磷、久效磷等5种高毒有机磷品种，高毒高残留农药品种比重降至5%。创制品种比例有所提高。“十一五”以来，我国加强了科研开发的投入，依托现有国内农药科研力量，创制了15个具有知识产权的高效农药品种，如杀虫剂氯氟醚菊酯，除草剂甲硫醚磺隆、杀菌剂唑菌酯等。“十一五”期间，我国创制品种占常年使用农药比例已由5%提高至10%左右。

（二）存在问题

产业集中度较低，企业规模较小。我国现有农药原药生产企业500多家，布局分散，规模较小，至今尚无具有国际竞争能力的龙头企业，前10家农药企业销售收入占全行业的比例仅为21.9%，销售额5000万元以下的原药生产企业约占50%。科技创新能力弱，技术装备水平低。目前我国农药品种仍以仿制为主。绝大多数农药企业研发投入占销售收入的比例不到1%，品种档次、质量与发达国家相比还存在较大差距，基础研究薄弱，新产品开发后劲不足。目前只有少数企业在个别产品生产中实现了连续化、自动化，大多数企业仍然采用工艺参数集中显示、就地或手动遥控。绿色环保产品少，高毒高残留农药仍未淘汰。目前，适合我国国情和农业生产方式的绿色环保农药品种发展缓慢，高毒高残留农药品种仍占一定比例，特丁硫磷、甲拌磷、甲基异柳磷等20多种高毒农药品种仍需进一步削减和替代。环境资源问题突出，废弃物缺乏有效处置。农药原药生产未反应的原料和副产物回收率低，废水含盐高、难降解有机污染物浓度高，一些特殊污染因子缺乏有效的处理手段。大部分原药生产企业不具备有效处理特殊污染物的能力。制剂中含有毒有机溶剂的品种仍较多。农药包装废弃物回收尚未全面开展。

二、面临的形势

"十二五"是我国农药行业加快产业转型升级的重要时期，既面临着难得的发展机遇，也面临着严峻的挑战。从国际看，随着经济全球化的深入发展，发达国家的原药及制剂生产能力逐步向发展中国家转移，国内企业可以利用国外先进技术和管理经验，不断提升技术、管理和国际化水平，提高农药品种的质量档次与环保标准。发达国家继续保持在农药创制领域的优势地位，产品、技术、市场竞争更趋激烈。随着《斯德哥尔摩公约》、《鹿特丹公约》等国际公约的推进实施，安全环保标准越来越高，对我国农药生产企业提出了更高的要求。从国内看，农药的需求受宏观经济影响小于普通化工产品，主要与气候、耕作方式影响下发生的病虫害直接相关。随着国家粮食安全战略的实施，农业将持续发展，农业的投入将进一步增加，农药的刚性需求态势将会持续。同时，随着全社会环境保护和食品安全意识的不断增强，农药的生产和使用对环境的负面影响日益引起人们的关注，环保法规将日益严格，农产品中农药残留限量标准门槛将不断提高，农药生产将面临着越来越严峻的挑战。

三、指导思想和发展目标

（一）指导思想

深入贯彻落实科学发展观，适应国内外形势新变化，以加快转变农药工业发展方式为主线，以满足国内农业生产需要为主要任务，着力提高农药科技创新能力，调整产品结构，提升质量和档次，优化产业布局，加快农药企业兼并重组，推动产业集聚和升级，切实保护生态环境，保障食品安全，促进农药行业长期平稳健康发展。

（二）发展目标

产业组织结构。到2015年，销售额在50亿元以上的农药生产企业达到5家以上，销售额在10亿元以上的农药生产企业达到20家。前20家农药生产企业的原药产量占总产量的50%以上。进入化工集中区的农药原药企业达到全国农药原药企业总数的50%以上，培育2～3个销售额超过100亿元、具有国际竞争力的大型企业集团。产品结构。到2015年，高效、安全、经济和环境友好的农药品种占总产量的50%以上，高毒、高残留品种的产量由5%降至3%以下。生物农药比例进一步提高。科技创新。农药创制体系和创新机制进一步完善，GLP（优良实验室规范）实验室建设得到加强，实现数据国际互认。到2015年，农药创制品种累计达到50个以上，大型和科技型农药企业研发投入占销售收入的比重达到5%以上，农药全行业的研发投入占到销售收入的2%以上。农药行业整体技术装备水平有较大提高，大型企业主导产品的生产实现连续化、自动化。环境资源。到2015年，特殊污染物处理技术进一步提高和完善，"三废"排放量进一步减少，主要污染物排放总量减少10%以上。农药产品收率提高2%～5%，副产物资源化利用率提高30%。

四、重点任务

（一）大力调整产业结构

提高产业集中度。鼓励通过兼并、重组、股份制改造等多种方式组建大型农药企业集团，大幅度减少农药生产企业数量，推动形成具有特色的大规模、多品种的农药生产企业集团。优化产业布局。严格控制原药生产企业新布点，新建农药原药企业向化工园区等专业工业园区或化工集中区聚集，制剂加工向交通便捷、靠近市场的地区转移，重要水源地、城市近郊等环境敏感地区的现有农药原药企业逐步实施搬迁入园。根据市场、资源环境容量、产业基础等条件，在全国形成3～5个生产企业集中、规模适度、配套设施齐全、管理水平较高的农药特色明显的化工园区。大力调整产品结构。重点发展高效、安全、环保的杀虫剂和除草剂品种，包括常发性、难治害虫、地下害虫、线虫、外来入侵害虫的杀虫剂，适应耕作制度、耕作技术变革的除草剂等；积极发展果树和蔬菜用新型杀菌剂和病毒抑制剂，用于温室大棚、城市绿化、花卉、庭院作物的杀菌剂等；鼓励发展生物农药。大力推动农药剂型向水基化、无尘化、控制释放等高效安全方向发展。鼓励开发节约型、环保型包装材料。加快技术改造和淘汰落后产能。支持对高环境风险农药替代、环境友好型农药制剂发展、高浓度含磷、含盐等废水治理等技术改造，加快实现大型企业主要产品的生产连续化、自动化，提高农药生产本质安全水平。限期分批淘汰和禁用22种高毒农药，淘汰产业结构调整指导目录中的落后农药产品和生产工艺技术装备。

专栏　22种高毒农药品种
01 近期停止生产的10种高毒农药品种 苯线磷、地虫硫磷、甲基硫环磷、磷化钙、磷化镁、磷化锌、硫线磷、蝇毒磷、治螟磷、特丁硫磷。
02 拟逐步禁用的12种高毒农药品种 杀扑磷、甲拌磷、甲基异柳磷、克百威、灭多威、灭纤威、涕灭威、磷化铝、氧乐果、水胺硫磷、溴甲烷、硫丹。

提升农化服务水平。鼓励大型农药企业以生产为基础，以质量为保证，加强质量专业人员培养，着力培育品牌和营销网络。提高农化服务水平，规范农药使用行为，逐步建立农药生产到使用的全流程服务体系。

（二）提高科技创新能力

以市场为导向、产品为核心，通过产学研用相结合，积极推进以企业为主体、科研单位为支撑的农药技术创新体系建设。加大农药行业共性技术、关键技术和集成技术的开发。充分运用现代化技术手段，加强具有知识产权和市场竞争力的新农药的创制开发力度。加大重要农药中间体和专用助剂的开发。重点开发吡啶及其衍生物定向氯化、氟化技术，羧酸盐系列农用专用助剂，农药生产三废处理技术，废弃农药包装瓶回收再利用技术等。加强农药行业知识产权保护力度，维护企业合法权益。

（三）保护生态环境和节约资源

开发和推行清洁生产工艺，加强有毒有害原料（产品）替代，加大农药“三废”治理技术和设备开发力度，提高杂环类等特殊污染物的处理能力。加强环境污染治理设施的管理工作。严格控制含甲苯、二甲苯等有毒有害溶剂和助剂的使用，开发和推广水基化等剂型。大力发展循环经济和资源综合利用，提高农药原辅材料回收利用率。

五、保障措施

（一）加强规划指导

各有关地区工业主管部门要结合当地实际，依据本规划组织制定本地区农药发展的指导性文件，备案建设项目，并加强对本地区农药生产的监督管理。

（二）提高农药行业准入门槛

按照本规划、《农药产业政策》及《农药生产管理办法》，制定发布《农药工业限制和淘汰的产品、技术和装备目录》，不断提高行业准入条件，严格控制新增农药厂点和盲目新增产能，建立和完善促进兼并重组及农药企业退出机制，对未达到准入条件的企业，实行关、停、并、转（产）。

（三）建立健全农药产品标准规范

加快制修订农药产品国家标准和行业标准，规范农药产品企业标准备案管理工作，接受社会监督。提高农药生产在工艺和装备、产品质量、环保、安全等方面的标准。

（四）加强行业运行监测

密切跟踪农药行业经济运行状况，及时协调解决行业发展中出现的问题，发布运行分析报告。会同有关部门向社会公布农药核准、延续核准、产品登记和生产许可信息。配合有关部门积极做好农药打假工作。

（五）发挥中介组织作用

大力发挥行业协会等中介组织在信息统计、技术交流、人才培训、企业维权等方面的作用，提高行业自律水平，建立诚信体系。

037

石化产业调整和振兴规划

国发〔2009〕16号

石化产业是国民经济的支柱产业，资源资金技术密集，产业关联度高，经济总量大，产品广泛应用于国民经济、人民生活、国防科技等各个领域，对促进相关产业升级和拉动经济增长具有举足轻重的作用。为应对国际金融危机的影响，落实党中央、国务院关于保增长、扩内需、调结构的总体要求，确保石化产业稳定发展，加快结构调整，推动产业升级，特编制本规划，作为石化产业综合性应对措施的行动方案。规划期为2009—2011年。

一、石化产业现状及面临的形势

我国是石化产品生产和消费大国。进入21世纪以来，石化产业保持快速增长，产业规模不断扩大，综合实力逐步提高。工业增加值年均增长20%左右，拉动国民经济增长约1个百分点。化肥、农药、成品油、乙烯、合成树脂等产品产量位居世界前列。相继建成了14个千万吨级炼油、3个百万吨级乙烯生产基地，云南、贵州、湖北三大磷肥产区，青海、新疆百万吨钾肥工程。但是，石化产业在快速发展过程中，长期积累的矛盾和问题也日益凸现，主要表现为：集约发展程度偏低，产业布局分散；创新能力不强，高端产品生产技术和大型成套技术装备主要依赖进口；产品结构不尽合理，中低端产品比重较大；资源环境约束加大，产业发展与环境保护的矛盾加剧；农资供给需要加强，低成本产品产能不足，市场调控体系不完善；一些地区不顾资源、环境条件，不注重能源转换效率，盲目发展煤化工。2008年下半年以来，受国际金融危机影响，石化产业受到较大冲击，国内外市场萎缩，生产持续下降，企业库存增加、价格大幅下跌，行业经济效益下滑、生产经营困难。当前，我国石化产品消费仍处于增长期，油品、化肥、农药刚性需求长期存在，高端石化产品市场潜力巨大，必须抓住机遇，加快石化产业的调整和振兴，促进产业平稳运行和健康发展。

二、指导思想、基本原则和目标

（一）指导思想

全面贯彻落实党的十七大精神，以邓小平理论和“三个代表”重要思想为指导，深入贯彻落实科学发展观，按照保增长、扩内需、调结构的总体要求，稳定石化产品市场，保持产业平稳增长；依托大型企业和产业基地，按照炼化一体化、园区化、集约化模式和发展循环经济、保护生态环境、促进安全生产的要求，优化石化产业布局；统筹国内外资源，保障农资供给；推进自主创新，实施技术改造，发展高端产品，着力提高创新能力和管理水平；加快结构调整和产业升级，不断增强产业竞争能力，进一步增强石化产业的支柱产业地位。

（二）基本原则

坚持稳定生产运行与促进产业振兴相结合。既要着力解决当前石化产业面临的突出问题，保障产业平稳运行，又要着眼长远，加快转变增长方式，促进产业升级，增强发展后劲。

坚持调整产品结构与增加有效供给相结合。抓住有利时机，优化资源配置，降低生产成本，提高中高档产品比重，促进产品升级换代，增加有效供给能力，满足市场需求。

坚持加快技术改造与推进自主创新相结合。加大引进技术的消化吸收力度，推动产业技术进步；强化技术改造，促进石化产业技术的系统化和集成化；加强关键和前沿技术研发，增强自主创新对产业发展的支撑能力。

坚持实施重大项目与调整产业布局相结合。加快重大项目建设，严格控制炼油乙烯新布点，统筹考虑对外合作项目规划布局。推动大型企业兼并重组，优化资源配置，促进产业集中布局、集约发展。

（三）规划目标

2009—2011 年，石化产业保持平稳较快增长。2009 年力争实现平稳运行，经过三年调整和振兴，到 2011 年，产业结构趋于合理，发展方式明显转变，综合实力显著提高。

1. 产量保持稳步增长。到 2011 年，原油加工量达到 40500 万吨，成品油、乙烯产量分别达到 24750 万吨、1550 万吨。

2. 农资保障能力增强。到 2011 年，化肥产量达到 6250 万吨（折纯），钾肥产量达到 400 万吨（折纯），高浓度化肥比重提高到 80%；在原料产地生产的化肥比重提高到 60%，生产成本大幅下降；化肥储备基本满足市场调控需要。高效低毒低残留农药比重显著提高，县乡农用柴油供应网络不断完善。

3. 产业布局趋于合理。成品油“北油南运”的状况得到改善。长三角、珠三角、环渤海地区产业集聚度进一步提高，建成 3～4 个 2000 万吨级炼油、200 万吨级乙烯生产基地。煤化工盲目发展的势头得到遏制。

4. 产品结构显著改善。2009 年车用汽油全部达到国Ⅲ标准，2010 年车用柴油全部达到国Ⅲ标准，2011 年轻质油品收率达到 75%。高端石化产品自给率明显提高。

5. 技术进步明显加快。丁基橡胶等产业化技术取得突破，千万吨级以上炼油、百万吨级乙烯、大型粉煤制合成氨等成套技术装备实现本地化，煤制油、烯烃、乙二醇等示范工程建成投产。

6. 节能减排取得成效。到2011年，石化产业单位工业增加值能耗下降12%以上，污水、二氧化硫和粉尘等污染物排放量减少6%以上，行业特征污染物排放得到控制。综合能耗普遍降低，大型炼油装置吨原油加工耗标准油低于63千克，大型乙烯装置吨乙烯耗标准油低于640千克，大型煤制合成氨装置吨氨综合能耗低于1.8吨标准煤。

三、产业调整和振兴的主要任务

（一）保持产业平稳运行

加快实施国家扩大内需、调整和振兴重点产业、增产千亿斤粮食等各项综合措施，拉动石化产品消费。落实有利于石化产业发展的税收和加工贸易政策，扩大石化产品市场。加强对进口石化产品的监测预警，防止境外产品倾销。打击石化产品走私，维护市场秩序。严格执行油品质量标准，严禁达不到国家规定标准的油品进入市场。扩大油品和化肥储备，减轻企业库存压力。采取积极的信贷措施，缓解企业流动资金困难。

（二）提高农资保障能力

采用洁净煤气化和能源梯级利用技术，对现有氮肥生产企业进行原料和动力结构调整，实现原料煤多元化，降低成本；在能源产地适当建设大型氮肥生产装置，替代落后产能。优化磷肥资源配置，推广硫和中低品位磷矿综合利用等技术，继续建设好云南、贵州、湖北三大磷肥基地。加大国内外钾矿资源勘探开发，科学规划青海、新疆钾肥基地发展，加强钾矿共生、伴生资源开发利用。调整农药产品结构，发展高效低毒低残留品种，推动原药集中生产。完善化肥储备制度，提高市场调控能力。加强农用柴油供应网络建设，满足季节性集中消费需要。

（三）稳步开展煤化工示范

坚持控制产能总量、淘汰落后工艺、保护生态环境、发展循环经济以及能源化工结合、全周期能效评价的方针，坚决遏制煤化工盲目发展势头，积极引导煤化工行业健康发展。今后三年停止审批单纯扩大产能的焦炭、电石等煤化工项目，原则上不再安排新的煤化工试点项目，重点抓好现有煤制油、煤制烯烃、煤制二甲醚、煤制甲烷气、煤制乙二醇等五类示范工程，探索煤炭高效清洁转化和石化原料多元化发展的新途径。

（四）抓紧实施重大项目

抓紧组织实施好“十一五”规划内在建的6套炼油、8套乙烯装置重大项目，力争2011年全部建成投产。在现有基础上，通过实施上述项目，形成20个千万吨级炼油基地、11个百万吨级乙烯基地。炼油和乙烯企业平均规模分别提高到600万吨和60万吨。

（五）统筹重大项目布局

坚持保护生态环境、发展循环经济、立足现有企业、靠近消费市场、方便资源吞吐、淘汰落后产能的原则，按照一体化、园区化、集约化、产业联合的发展模式，统筹重大项目布局，严格控制炼油乙烯项目新布点。做好新建重大炼油乙烯项目论证和区域环境影响评价等工作。近期重点做好利用境外资源在国内合作加工的炼化项目前期工作，选择 2～3 个条件好的现有大型炼化企业进行扩建。结合中缅原油管线的进展情况，适时开展西南地区炼化项目的布局研究。

（六）大力推动技术改造

加快前沿技术自主化、关键技术产业化、工程技术本地化，及时研究制定相关技术和产品标准。推广资源综合利用和废弃物资源化技术，推动园区化发展和清洁生产，实现节能减排。炼油乙烯行业重点推广液化气制高辛烷值汽油、渣油加氢处理、资源梯级使用等技术，提高石油资源利用率。氮肥行业重点推广废水闭路循环等技术，磷肥行业重点推广硫酸生产余热回收等技术。推动企业技术改造，开展炼油企业油品质量升级改扩建，乙烯装置节能降耗改扩建，氮肥企业原料路线和动力结构调整，磷肥企业优化资源配置，农药企业高效低毒低残留产品生产和农药废弃物处置能力建设，高端石化产品产能建设等工作。

（七）加快淘汰落后产能

淘汰工艺技术落后、产品质量差、安全隐患大、环境污染严重的落后产能。对炼油行业采取区域等量替代方式，淘汰 100 万吨及以下低效低质落后炼油装置，积极引导 100 万～200 万吨炼油装置关停并转，防止以沥青、重油加工等名义新建炼油项目。对化肥行业通过上大压小，产能置换，淘汰技术落后、污染严重、资源利用不合理的产能。对农药行业依据行政法规，淘汰一批高毒高风险农药品种。加快淘汰电石、甲醇等产品的落后产能，提高污染防治和产业发展水平。

（八）加强生态环境保护

石化产业属于资源消耗量大、废弃物排放量高的产业，生态环境保护和安全生产责任重大。要加强产业监管，促进产业发展与国家主体功能区规划相协调。加强环境容量调查和规划，引导石化产业合理布局、清洁发展。行业协会要积极配合职能部门加强产业运行的监测管理。生产企业要严格遵守国家法律法规，切实履行生态环境保护和安全生产责任，进一步增强事故应急处置能力。重点加强江河湖泊和人口密集区等敏感地区产业发展的监督指导。依法关停不符合环保和安全生产要求的企业，现有企业必须达标运行，新建项目原则上应进入合规设立、环保和安全设施齐全的产业园区。

（九）支持企业联合重组

推动大型石化集团开展战略合作，优化产业布局和上下游资源配置，增强国际竞争力。引导大型能源企业与氮肥企业组成战略联盟，实现优势互补。支持骨干磷肥企业通过兼并重组，提高集中度。支持钾肥龙头企业开展产业整合，促进钾矿资源合理利用。鼓励优势农药企业实施跨地区整合，努力实现原药、制剂生产上下游一体化。支持有实力的企业开展兼并重组，扩大产业规模，做强高端石化产业。

（十）增强资源保障能力

加大国内石油资源勘探开发力度，稳定石化产业原料的国内供给；开展油钾兼探，推动青海和新疆等地含钾卤水和海相钾矿资源勘查。加强石油天然气、有色金属、煤炭资源开发利用领域硫回收，增强资源保障能力。积极实施“走出去”战略，支持国内有实力的企业开展境外油气、钾矿、硫资源开发与合作。

（十一）提高企业管理水平

石化企业要从自身实际出发，抓住产业调整和振兴的机遇，加强生产要素全球配置能力，深化企业改革，加快现代企业制度建设，完善公司治理结构，不断提高经营管理和科学决策水平，着力增强企业创新能力、风险防范能力及核心竞争力。强化质量管理和节能管理，加强安全生产监督管理，严格安全生产责任。加强环境保护，做好节能降耗和减排工作。加强职工队伍建设，培养高素质企业人才，全面履行社会责任，建设和谐企业。

四、政策措施

（一）完善化肥储备机制

完善中央、地方两级化肥淡季商业储备制度，加强淡储化肥调运，建立健全科学合理的淡储旺供的调控体系，保障供给，稳定市场价格。支持化肥骨干生产企业储备磷铵和尿素。抓紧研究建立国家化肥储备。

（二）抓紧落实油品储备

加快储备设施建设，抓住当前有利时机增加成品油国家储备。参照原油商业储备做法，尽快研究制订成品油商业储备办法和制度。

（三）加强信贷政策支持

鼓励金融机构对基本面较好、信用记录较好、守法经营、有竞争力、有市场，但暂时出现经营或财务困难的石化企业给予信贷支持。

（四）完善成品油价格形成机制

完善成品油价格政策，结合消费税制度改革，积极创造条件，加快建立有利于石化产业发展的成品油消费税征收体制。

（五）加大技术改造投入

制订《石化产业技术进步与技术改造项目及产品目录》，设立石化产业振兴和技术改造专项，重点支持油品质量升级、化肥农药结构调整、高端石化产品发展。支持异戊橡胶等前沿技术研发和推广应用，丁基橡胶和己内酰胺等关键技术产业化，大型乙烯等工程技术本地化示范工程建设。

（六）支持境外资源开发

加强引导，简化审批手续，完善信贷、外汇、税收等措施，支持符合条件的企业开展境外资源勘探和开发。

（七）实施公平税负政策

统筹兼顾石化产业与下游加工贸易发展，科学制定石化产品进出口税收政策和加工贸易政策，实行国产与加工贸易进口石化产品公平税负。抓紧完善化肥出口管理政策。

（八）推进企业兼并重组

认真落实和完善企业兼并重组的政策措施，妥善解决富余人员安置、企业资产划转、债务核定与处置、财税利益分配等问题。采取资本金注入、融资信贷（银行贷款，发行股票、企业债券、公司债券、中长期票据，吸收私募股权投资）等方式支持中央企业实施兼并重组。支持开展兼并重组的骨干企业实施技术改造，调整产品结构。

（九）完善产业发展政策

抓紧制（修）订相关产业政策、燃油质量标准、行业污染物排放标准、能源使用和污染排放管理办法、产业准入目录、鼓励发展和研发高端石化产品和技术目录。严格控制甲醇、烧碱、纯碱等产能过剩行业项目建设和炼油乙烯项目新布点。对于没有完成小炼油等落后生产装置关停并转任务的地区，禁止建设新增产能的项目。综合运用提高准入门槛、加强清洁生产审核、实施差别电价等手段，加快淘汰落后产能。建立产业退出机制，完善和落实配套政策措施。加快重点项目的环境评价、用地审核及项目核准工作。

（十）依法做好反倾销和反走私等工作

完善石化产业损害预警机制，加强对三大合成材料和高端石化产品进出口异常情况及其对我国内产业影响的监测。依法采取反倾销等贸易救济措施，维护公平贸易秩序。加强成品油进出口监管，严厉打击成品油走私活动，防止扰乱国内市场。

五、规划实施

国务院各有关部门要按照《规划》分工，加强沟通协商，密切配合，尽快制定完善各项配套政策措施，并加强指导和监督检查。要建立部门联合发布信息制度，适时向社会发布产业调整和振兴的有关信息。有关部门要适时开展《规划》的后评价工作，及时提出评价意见。

有关地区要按照《规划》确定的目标、任务和政策措施，结合当地实际抓紧制订具体落实方案，确保取得实效。具体工作方案和实施过程中出现的新情况、新问题要及时报送发展改革委、工业和信息化部等有关部门。

国务院

二〇〇九年五月十八日

038

中华人民共和国国家发展和改革委员会令

第 35 号

《钢铁产业发展政策》业经国务院常务会议讨论通过，经国务院同意，现予以发布，自发布之日起施行。

附：钢铁产业发展政策

国家发展和改革委员会主任　马凯

二〇〇五年七月八日

附：

钢铁产业发展政策

国家发展和改革委员会

2005 年 7 月 8 日

钢铁产业是国民经济的重要基础产业，是实现工业化的支撑产业，是技术、资金、资源、能源密集型产业，钢铁产业的发展需要综合平衡各种外部条件。我国是一个发展中大国，在经济发展的相当长时期内钢铁需求较大，产量已多年居世界第一，但钢铁产业的技术水平和物耗与国际先进水平相比还有差距，今后发展重点是技术升级和结构调整。为提高钢铁工业整体技术水平，推进结构调整，改善产业布局，发展循环经济，降低物耗能耗，重视环境保护，提高企业综合竞争力，实现产业升级，把钢铁产业发展成在数量、质量、品种上基本满足国民经济和社会发展需求，具有国际竞争力的产业，依据有关法律法规和钢铁行业面临的国内外形势，制定钢铁产业发展政策，以指导钢铁产业的健康发展。

第一章 政策目标

第一条 根据我国经济社会发展需要和资源、能源及环保状况，钢铁生产能力保持合理规模，具体规模可在规划中解决。钢铁综合竞争能力达到国际先进水平，使我国成为世界钢铁生产的大国和具有竞争力的强国。

第二条 通过产品结构调整，到2010年，我国钢铁产品优良品率有大幅度提高，多数产品基本满足建筑、机械、化工、汽车、家电、船舶、交通、铁路、军工以及新兴产业等国民经济大部分行业发展需要。

第三条 通过钢铁产业组织结构调整，实施兼并、重组，扩大具有比较优势的骨干企业集团规模，提高产业集中度。到2010年，钢铁冶炼企业数量较大幅度减少，国内排名前十位的钢铁企业集团钢产量占全国产量的比例达到50％以上；2020年达到70％以上。

第四条 通过钢铁产业布局调整，到2010年，布局不合理的局面得到改善；到2020年，形成与资源和能源供应、交通运输配置、市场供需、环境容量相适应的比较合理的产业布局。

第五条 按照可持续发展和循环经济理念，提高环境保护和资源综合利用水平，节能降耗。最大限度地提高废气、废水、废物的综合利用水平，力争实现“零排放”，建立循环型钢铁工厂。钢铁企业必须发展余热、余能回收发电，500万吨以上规模的钢铁联合企业，要努力做到电力自供有余，实现外供。2005年，全行业吨钢综合能耗降到0.76吨标煤、吨钢可比能耗0.70吨标煤、吨钢耗新水12吨以下；2010年分别降到0.73吨标煤、0.685吨标煤、8吨以下；2020年分别降到0.7吨标煤、0.64吨标煤、6吨以下。即今后十年，钢铁工业在水资源消耗总量减少和能源消耗总量增加不多的前提下实现总量适度发展。

第六条 在2005年底以前，所有钢铁企业排放的污染物符合国家和地方规定的标准，主要污染物排放总量应符合地方环保部门核定的控制指标。

第二章 产业发展规划

第七条 国家通过钢铁产业发展政策和中长期发展规划指导行业健康、持续、协调发展。钢铁产业中长期发展规划由国家发展和改革委员会会同有关部门制定。

第八条 2003年钢产量超过500万吨的企业集团可以根据国家钢铁产业中长期发展规划和所在城市的总体规划，制定本集团规划，经国务院或国家发展和改革委员会进行必要衔接平衡后批准执行。规划内的具体建设项目国家发展和改革委员会不再审批或核准，由企业办理土地、环保、安全、信贷等审批手续后自行组织实施，并按规定报国家发展和改革委员会备案。

第九条 其它钢铁企业的发展也必须符合钢铁产业发展政策和钢铁工业中长期发展规划的要求。

第三章 产业布局调整

第十条 钢铁产业布局调整要综合考虑矿产资源、能源、水资源、交通运输、环境容量、市场分布和利用国外资源等条件。钢铁产业布局调整，原则上不再单独建设新的钢铁联合企业、独立炼铁厂、炼钢厂，不提倡建设独立轧钢厂，必须依托有条件的现有企业，结合兼并、搬迁，在水资源、原料、运输、市场消费等具有比较优势的地区进行改造和扩建。新增生产能力要和淘汰落后生产能力相结合，原则上不再大幅度扩大钢铁生产能力。

重要环境保护区、严重缺水地区、大城市市区，不再扩建钢铁冶炼生产能力，区域内现有企业要结合组织结构、装备结构、产品结构调整，实施压产、搬迁，满足环境保护和资源节约的要求。

第十一条 从矿石、能源、资源、水资源、运输条件和国内外市场考虑，大型钢铁企业应主要分布在沿海地区。内陆地区钢铁企业应结合本地市场和矿石资源状况，以矿定产，不谋求生产规模的扩大，以可持续生产为主要考虑因素。

东北的鞍山—本溪地区有比较丰富的铁矿资源，临近煤炭产地，有一定水资源条件，根据振兴东北老工业基地发展战略，该区域内现有钢铁企业要按照联合重组和建设精品基地的要求，淘汰落后生产能力，建设具有国际竞争力的大型企业集团。

华北地区水资源短缺，产能低水平过剩，应根据环保生态要求，重点搞好结构调整，兼并重组，严格控制生产厂点继续增多和生产能力扩张。对首钢实施搬迁，与河北省钢铁工业进行重组。

华东地区钢材市场潜力大，但钢铁企业布局过于密集，区域内具有比较优势的大型骨干企业可结合组织结构和产品结构调整，提高生产集中度和国际竞争能力。

中南地区水资源丰富，水运便利，东南沿海地区应充分利用深水良港条件，结合产业重组和城市钢厂的搬迁，建设大型钢铁联合企业。

西南地区水资源丰富，攀枝花—西昌地区铁矿和煤炭资源储量大，但交通不便，现有重点骨干企业要提高装备水平，调整品种结构，发展高附加值产品，以矿石可持续供应能力确定产量，不追求数量的增加。

西北地区铁矿石和水资源短缺，现有骨干企业应以满足本地区经济发展需求为主，不追求生产规模扩大，积极利用周边国家矿产资源。

第四章 产业技术政策

第十二条 为确保钢铁工业产业升级和实现可持续发展，防止低水平重复建设，对钢铁工业装备水平和技术经济指标准入条件规定如下，现有企业要通过技术改造努力达标：

建设烧结机使用面积180平方米及以上；焦炉炭化室高度6米及以上；高炉有效容积1000立方米及以上；转炉公称容量120吨及以上；电炉公称容量70吨及以上。

沿海深水港地区建设钢铁项目，高炉有效容积要大于3000立方米；转炉公称容量大于200吨，钢生产规模800万吨及以上。钢铁联合企业技术经济指标达到：吨钢综合能耗高炉流程低于0.7吨标煤，电炉流程低于0.4吨标煤，吨钢耗新水高炉流程低于6吨，电炉流程低于3吨，水循环利用率95%以上。其它钢铁企业工序能耗指标要达到重点大中型钢铁企业平均水平。

钢铁建设项目要节约用地，严格土地管理，有关部门要抓紧完成钢铁厂用地指标和建筑系数标准修订工作。

第十三条 所有生产企业必须达到国家和地方污染物排放标准，建设项目主要污染物排放总量控制指标要严格执行经批准的环境影响评价报告书（表）的规定，对超过核定的污染物排放指标和总量的，不准生产运行。

新上项目高炉必须同步配套高炉余压发电装置和煤粉喷吹装置；焦炉必须同步配套干熄焦装置并匹配收尘装置和焦炉煤气脱硫装置；焦炉、高炉、转炉必须同步配套煤气回收装置；电炉必须配套烟尘回收装置。

企业应根据发展循环经济的要求，建设污水和废渣综合处理系统，采用干熄焦，焦炉、高炉、转炉煤气回收和利用，煤气—蒸汽联合循环发电，高炉余压发电、汽化冷却，烟气、粉尘、废渣等能源、资源回收再利用技术，提高能源利用效率、资源回收利用率和改善环境。

第十四条 加快培育钢铁工业自主创新能力，支持企业建立产品、技术开发和科研机构，提高开发创新能力，发展具有自主知识产权的工艺、装备技术和产品。支持企业跟踪、研究、开发和采用连铸薄带、熔融还原等钢铁生产流程前沿技术。

第十五条 企业应积极采用精料入炉、富氧喷煤、铁水预处理、大型高炉、转炉和超高功率电炉、炉外精炼、连铸、连轧、控轧、控冷等先进工艺技术和装备。

第十六条 支持和组织实施钢铁工业装备本地化，提高我国钢铁工业的重大技术装备研发、设计、制造水平。对于以国产新开发装备为依托建设的钢铁重大项目，国家给予税收、贴息、科研经费等政策支持。

第十七条 加快淘汰并禁止新建土烧结、土焦（含改良焦）、化铁炼钢、热烧结矿、容积300立方米及以下高炉（专业铸铁管厂除外）、公称容量20吨及以下转炉、公称容量20吨及以下电炉（机械铸造和生产高合金钢产品除外）、叠轧薄板轧机、普钢初轧机及开坯用中型轧机、三辊劳特式中板轧机、复二重式线材轧机、横列式小型轧机、热轧窄带钢轧机、直径 76 毫米以下热轧无缝管机组、中频感应炉等落后工艺技术装备。

钢铁产业必须严格遵守国家适时修订的《工商领域制止重复建设目录》、《淘汰落后生产能力、工艺和产品的目录》，或依照环保法规要求，淘汰落后工艺、产品和技术。

第十八条 进口技术和装备政策：鼓励企业采用国产设备和技术，减少进口。对国内不能生产或不能满足需求而必须引进的装备和技术，要先进实用。对今后量大面广的装备要组织实施本地化生产。

禁止企业采用国内外淘汰的落后二手钢铁生产设备。

第十九条 特钢企业要向集团化、专业化方向发展，鼓励采用以废钢为原料的短流程工艺，不支持特钢企业采用电炉配消耗高、污染重的小高炉工艺流程。鼓励特钢企业研发生产国内需求的军工、轴承、齿轮、工模具、耐热、耐冷、耐腐蚀等特种钢材，提高产品质量和技术水平。

第五章 企业组织结构调整

第二十条 支持钢铁企业向集团化方向发展，通过强强联合、兼并重组、互相持股等方式进行战略重组，减少钢铁生产企业数量，实现钢铁工业组织结构调整、优化和产业升级。

支持和鼓励有条件的大型企业集团，进行跨地区的联合重组，到 2010 年，形成两个 3000 万吨级，若干个千万吨级的具有国际竞争力的特大型企业集团。

大型钢铁企业均要进行股份制改造并支持其公开上市，鼓励包括民营资本在内的各类社会资本通过参股、兼并等方式重组现有钢铁企业，推进资本结构调整和机制创新。

第二十一条 国家支持具备条件的联合重组的大型钢铁联合企业通过结构调整和产业升级适当扩大生产规模，提高集约化生产度，并在主辅分离、人员分流、社会保障等方面给予政策支持。

第六章 投资管理

第二十二条 国家对各类经济类型的投资主体投资国内钢铁行业和国内企业投资境外钢铁领域的经济活动实行必要的管理，投资钢铁项目需按规定报国家发展和改革委员会审批或核准。

第二十三条 建设炼铁、炼钢、轧钢等项目，企业自有资本金比例必须达到 40％及以上。

建设钢铁项目除满足环保生态、安全生产等国家法律法规要求外，企业还必须具备较强的资金实力、先进的技术和管理能力，以及健全的市场营销网络，水资源、矿石原料、煤炭和电力能源、运输等外部条件要稳定可靠和基本落实。

钢铁企业跨地区投资建设钢铁联合企业项目，普钢企业上年钢产量必须达到500万吨及以上，特钢企业产量达到50万吨及以上。非钢铁企业投资钢铁联合企业项目的，必须具有资金实力和较高的公信度，必须对企业注册资本进行验资，银行提供资信证明，会计事务所提供业绩报告，有条件的通过招标方式选择项目业主。

境外钢铁企业投资中国钢铁工业，须具有钢铁自主知识产权技术，其上年普通钢产量必须达到1000万吨以上或高合金特殊钢产量达到100万吨。投资中国钢铁工业的境外非钢铁企业，必须具有强大的资金实力和较高的公信度，提供银行、会计事务所出具的验资和企业业绩证明。境外企业投资国内钢铁行业，必须结合国内现有钢铁企业的改造和搬迁实施，不布新点。外商投资我国钢铁行业，原则上不允许外商控股。

第二十四条 对不符合本产业发展政策和未经审批或违规审批的项目，国土资源部门不予办理土地使用手续，工商管理部门不予登记，商务管理部门不批准合同和章程，金融机构不提供贷款和其它形式的授信支持，海关不予办理免税进口设备手续，质检部门不予颁发生产许可证，环保部门不予审批项目环境影响评价文件和不予发放排污许可证。

第二十五条 各金融机构向炼铁、炼钢、轧钢项目发放中长期固定资产投资贷款，要符合钢铁产业发展政策，加强风险管理，向新增能力的炼铁、炼钢、轧钢项目发放固定资产投资贷款需要项目单位提供国家发展和改革委员会出具的相应的项目批复、核准或备案文件。

第二十六条 企业申请首次公开发行股票或在证券市场融资，募集资金投向于钢铁行业，必须符合钢铁产业发展政策，并需向证券监管部门提供由国家发展和改革委员会出具的募集资金投向的文件。

第二十七条 国家鼓励钢铁生产和设备制造企业采用工贸或技贸结合的方式出口国内有优势的技术和冶金成套设备，并在出口信贷等方面给予支持。

第七章 原材料政策

第二十八条 矿产资源属国家所有。国家鼓励大型钢铁企业进行铁矿等资源勘探开发，矿山开采必须依法取得采矿许可证。储量5000万吨及以上铁矿资源的开采建设项目必须经国家发展和改革委员会核准或审批，同时做好矿山规划、安全生产以及土地复垦、水土保持、地下矿井回填等环境保护工作，禁止乱采滥挖行为。未经合法审批手续乱采滥挖的，国土资源部门要收回采矿权，停止非法开采行为。

第二十九条　根据我国富矿少、贫矿多的资源现状，国家鼓励企业发展低品位矿采选技术，充分利用国内贫矿资源。国土资源部门要加大矿产资源勘探力度，保护矿产资源，对滥采乱挖行为，要给予必要处罚和进行整顿。

第三十条　按照优势互补、互利双赢的原则，加强与境外矿产资源国际合作。支持有条件的大型骨干企业集团到境外采用独资、合资、合作、购买矿产资源等方式建立铁矿、铬矿、锰矿、镍矿、废钢及炼焦煤等生产供应基地。沿海地区企业所需的矿石、焦炭等重要原辅材料，国家鼓励依靠海外市场解决。

钢铁协会要搞好行业自律和协调，稳定国内外原料市场。国内多家企业对境外资源造成恶性竞争时，国家可采取行政协调方式，进行联合或确定一家企业进行投资，避免恶性竞争。企业应服从国家行政协调。

限制出口能耗高、污染大的焦炭、铁合金、生铁、废钢、钢坯（锭）等初级加工产品，降低或取消对这些产品的出口退税。

第八章　钢材节约使用

第三十一条　全社会要树立节约使用钢材意识，科学使用，鼓励用可再生材料替代和废钢材回收，减少钢材使用数量。

第三十二条　建设部门要适时组织修订和完善建筑钢材使用设计规范和标准，在确保安全的情况下，降低钢材使用系数。

设计部门要严格按照设计规范和标准进行设计，把研发的经济、节约型产品及时纳入标准设计。

第三十三条　鼓励研究、开发和使用高性能、低成本、低消耗的新型材料，替代钢材。

第三十四条　鼓励钢铁企业生产高强度钢材和耐腐蚀钢材，提高钢材强度和使用寿命，降低钢材使用数量。

通过推广Ⅲ级（400MPa）及以上级别热轧带肋钢筋、各类用途的高强度钢板、H型钢等钢材品种，降低钢材消耗。

开发应用抗硫化氢、抗二氧化碳腐蚀的油井管和管线钢板、耐大气腐蚀钢板和型钢、耐火钢等产品，提高钢材的耐腐蚀性和钢材使用寿命。

第三十五条　随着市场保有钢铁产品数量增加和废钢回收量增加，逐渐减少铁矿石比例和增加废钢比重。

第九章　其　　它

第三十六条　咨询、设计、施工单位从事钢铁业活动，必须遵守本产业政策。相关行业协会要建立自律机制，互相监督。违反本产业政策规定的，由国家发展和改革委员会、建设部、工商管理总局等有关部门根据规定对责任人、责任单位进行处罚。

本产业发展政策是对钢铁行业的基本要求，各有关部门和行业协会可根据本产业政策制定和修订有关技术规范和相关标准。

第三十七条 规范市场秩序，维护市场稳定。鼓励钢铁企业与用户建立长期战略联盟，稳定供需关系，提高钢材加工配送能力，延伸钢铁企业服务。

第三十八条 发挥行业协会的作用，行业协会要建立和完善钢铁市场供求、生产能力、技术经济指标等方面信息定期发布制度和行业预警制度，向政府行政部门及时反映行业动向和提出政策建议，协调行业发展的重大事项，加强行业自律，引导企业的发展。

第三十九条 本产业政策由国务院授权发布，各政府行政管理部门都应遵守。对违反本产业发展政策的建设单位和行政单位，各级监察、投资、土地、工商、税务、质检、环保、商务、金融、证券监管等部门要追究其责任。

第四十条 钢铁产业发展政策，由国家发展和改革委员会组织有关部门制定、修订报国务院批准，并监督执行。

注：

1. 本产业发展政策所称钢铁产业的范围包括铁矿、锰矿、铬矿采选，烧结、焦化、铁合金、炭素制品、耐火材料、炼铁、炼钢、轧钢、金属制品等各工艺及相关配套工艺。

2. 跨地区投资指跨国、跨省、自治区、直辖市。

3. 境外企业包括国外和在香港、澳门、台湾地区注册的企业。

039

关于印发《钢铁工业“十二五”发展规划》的通知

工信部规〔2011〕480号

各省、自治区、直辖市工业和信息化主管部门，有关行业协会，有关中央企业：

钢铁工业是国民经济的重要基础产业，在我国工业化、城镇化进程中发挥着重要作用。为推动钢铁工业转型升级，走中国特色的新型工业化道路，依据《国民经济和社会发展第十二个五年规划纲要》和《工业转型升级规划（2011—2015年）》，我部制定了《钢铁工业“十二五”发展规划》。现印发你们，请结合实际，认真贯彻落实。

工业和信息化部

二〇一一年十月二十四日

钢铁工业“十二五”发展规划

工业和信息化部

2011年10月24日

前 言

钢铁工业是国民经济的重要基础产业，包括采矿、选矿、烧结（球团）、焦化、炼铁、炼钢、轧钢、金属制品及辅料等生产工序。经过改革开放以来特别是近十年的发展，市场配置资源的作用不断加强，各种所有制形式的钢铁企业协同发展，产品结构、组织结构、技术装备不断优化，有效支撑了国民经济平稳较快发展。

“十二五”时期是深入推进科学发展、加快转变发展方式的攻坚阶段。钢铁工业“十二五”发展规划，根据《国民经济和社会发展第十二个五年规划纲要》和《工业转型升级规划（2011—2015年）》编制，主要阐明钢铁行业发展战略和目标，明确发展重点，引导市场优化配置资源，对钢铁工业转型升级进行部署，作为“十二五”期间我国钢铁工业发展的指导性文件。

一、发展现状

“十一五”时期是我国钢铁工业发展速度最快、节能减排成效显著的五年，钢铁工业有效满足了经济社会发展需要。但与此同时，行业发展的资源、环境等制约因素逐步增大，结构性矛盾依然突出。

（一）“十一五”主要成就

1. 支撑了国民经济平稳较快发展。“十一五”时期，我国粗钢产量由 3.5 亿吨增加到 6.3 亿吨，年均增长 12.2%。钢材国内市场占有率由 92%提高到 97%。2010 年，钢铁工业实现工业总产值 7 万亿元，占全国工业总产值的 10%；资产总计 6.2 万亿元，占全国规模以上工业企业资产总值的 10.4%，为建筑、机械、汽车、家电、造船等行业以及国民经济的快速发展提供了重要的原材料保障。

2. 品种质量明显改善。“十一五”时期，我国钢铁产品结构进一步优化，钢材品种齐全，产品质量不断提高，大部分品种自给率达到 100%。关键钢材品种开发取得长足进步，高强建筑用钢板、抗震建筑用高强螺纹钢筋、航天器用合金材料、高性能管线钢、大型水电站用钢、高磁感取向硅钢、高速铁路用钢轨等高性能钢铁材料有力支撑了相关领域的发展，保障了北京奥运会场馆、上海世博会场馆、灾后重建、载人航天、探月工程等国家重大工程建设以及西气东输、三峡工程、京沪高铁等国家重点项目的顺利实施。

3. 技术装备水平大幅度提高。“十一五”时期，重点统计钢铁企业 1000 立方米及以上高炉生产能力所占比例由 48.3%提高到 60.9%，100 吨及以上炼钢转炉生产能力所占比例由 44.9%提高到 56.7%，大部分企业已配备铁水预处理、钢水二次精炼设施，精炼比达到 70%。轧钢系统基本实现全连轧，长期短缺的热连轧、冷连轧宽带钢轧机分别由 26 套和 16 套增加到 72 套和 50 套。宝钢、鞍钢、武钢、首钢京唐、马钢、太钢、沙钢、兴澄特钢、东特大连基地等大型钢铁企业技术装备达到国际先进水平。

4. 节能减排成效显著。“十一五”期间，共淘汰落后炼铁产能 12272 万吨、炼钢产能 7224 万吨，高炉炉顶压差发电、煤气回收利用及蓄热式燃烧等节能减排技术得到广泛应用，部分大型企业建立了能源管理中心，促进了钢铁工业节能减排。2010 年，重点统计钢铁企业各项节能减排指标全面改善，吨钢综合能耗降至 605 千克标准煤、耗新水量 4.1 立方米、二氧化硫排放量 1.63 千克，与 2005 年相比分别下降 12.8%、52.3%和 42.4%。固体废弃物综合利用率由 90%提高到 94%。

5. 联合重组步伐加快。跨地区重组不断推进，宝钢重组新疆八一钢铁、韶钢和宁波钢铁，武钢重组鄂钢、柳钢和昆钢股份，鞍钢联合重组攀钢，首钢重组水钢、长治钢铁、贵阳钢铁和通化钢铁，沙钢重组河南永钢，华菱钢铁重组无锡钢厂等基本完成。区域联合重组取得新进展，相继组建了河北钢铁集团、山东钢铁集团、渤海钢铁集团、新武安钢铁集团，河北钢铁集团还探索以渐进式股权融合方式重组了区域内 12 家钢铁企业。

6. 布局优化取得进展。建成了曹妃甸、鲅鱼圈、宁波等现代化沿海钢铁基地，宝钢、武钢、沙钢、马钢等沿江钢厂的影响力进一步增强。宝钢湛江和武钢防城港沿海钢铁精品基地已完成前期筹备，首钢、重钢、大连钢厂等城市钢厂搬迁工程基本完成。以国内资源为主导的钢铁工业布局逐步向国际、国内资源并举和贴近市场的战略布局转变。

7. 两化融合水平不断提升。钢铁行业工业化和信息化相互促进，融合程度不断加深。钢铁企业在工艺装备、流程优化、企业管理、市场营销和节能减排等方面的信息化水平大幅提升，并加速向集成应用转变。基础自动化在全行业普及应用，重点统计钢铁企业已全面实施生产制造执行系统，主要钢铁企业实现了企业管理信息化，逐步形成了多层次、多角度的信息化整体解决方案。

8. 铁矿资源勘探开采迈出新步伐。“十一五”期间，我国新增查明铁矿石资源储量151亿吨，平均每年增加30.2亿吨，国内铁矿石年产量从4.2亿吨增加到10.7亿吨，年均增长20.6％，增强了我国钢铁工业发展的资源基础。

（二）面临的主要问题

1. 品种质量亟待升级。我国钢材产品实物质量整体水平仍然不高，只有约30％可以达到国际先进水平。量大面广的热轧螺纹钢筋等品种升级换代缓慢，规范和标准不能适应减量化用钢的要求。产品质量不稳定，下游行业尚不能高效科学使用钢材。少数关键品种钢材仍依赖进口，高强度、耐腐蚀、长寿命、减量化等高性能产品研发和生产技术水平有待进一步提高。钢铁行业尚未形成为下游产业提供完整材料解决方案的服务体系。

2. 布局调整进展缓慢。钢铁工业“北重南轻”的布局长期未能改善，东南沿海经济发展迅速，钢材需求量大，长期供给不足。环渤海地区钢铁产能近4亿吨，50％以上产品外销。部分地区钢铁工业布局不符合全国主体功能区规划和制造业转移的要求。16个直辖市和省会城市建有大型钢铁企业，已越来越不适应城市的总体发展要求。

3. 能源、环境、原料约束增强。重点统计钢铁企业烧结、炼铁、炼钢等工序能耗与国际先进水平相比还有一定差距，二次能源回收利用效率有待进一步提高，企业节能减排管理有待完善，成熟的节能减排技术有待进一步系统优化。高炉、转炉煤气干法除尘普及率较低。烧结脱硫尚未普及，绿色低碳工艺技术开发还处于起步阶段，二氧化硫、二氧化碳减排任务艰巨。铁矿石价格大幅上涨极大地挤压了钢铁行业的盈利空间，严重制约了钢铁行业的健康发展。

4. 自主创新能力不强。重点统计钢铁企业研发投入只占主营业务收入的1.1％，远低于发达国家3％的水平。多数钢铁企业技术创新体系尚未完全形成，自主创新基础薄弱，缺乏高水平专家带头人才，工艺技术装备和关键品种自主创新成果不多。轧钢过程控制自动化技术和部分关键装备仍然主要依靠引进，非高炉炼铁、近终形连铸轧等前沿技术研发投入不足。

二、市场消费预测

“十二五”期间，我国发展仍处于可以大有作为的重要战略机遇期，钢铁工业将步入转变发展方式的关键阶段，既面临结构调整、转型升级的发展机遇，又面临资源价格高涨、需求增速趋缓、环境压力增大的严峻挑战，产品同质化竞争加剧，行业总体上将呈现低增速、低盈利的运行态势。

（一）发展环境

从国际环境看，世界经济复苏与增长有利于拉动全球钢铁工业发展，发展中国家特别是新兴经济体国家经济持续快速增长为钢铁工业提供了新的市场空间，同时也将加剧各国钢铁企业间的竞争。经济全球化深入发展将有利于我国钢铁企业广泛参与国际合作与竞争。同时，国际金融危机影响深远，国际钢铁市场各种形式的贸易保护主义抬头，围绕市场、资源、标准等方面的竞争更加激烈。全球铁矿石等原燃料供应及价格波动将对我国钢铁工业运行继续产生重大影响。应对气候变化和环境保护等因素对钢铁工业发展提出了更高的要求。我国钢铁工业发展的国际环境更趋复杂。

国内环境方面，我国在“十二五”期间将以内需拉动为主，经济发展仍将保持平稳较快势头，但国内生产总值增长速度比“十一五”期间将有所降低，固定资产投资增速将减缓，消费及第三产业对经济增长的拉动作用将逐渐增强。我国经济发展对钢铁消费需求还将继续增长，但增速减缓。转变经济发展方式将降低单位国内生产总值钢铁消费强度，新型材料将取代一部分钢铁产品，下游行业转型升级和战略性新兴产业发展将对钢材品种质量提出更高和更新的要求，钢铁工业与其他产业之间的融合发展将进一步加强。资源环境约束趋紧，节能减排将继续抑制钢铁产能释放。受进口大宗原燃料价格不断提高和其他要素成本上升的影响，钢铁生产成本压力继续增大，经营风险进一步增加。

（二）2015 年粗钢消费量预测

钢材消费量主要受经济总量和经济结构、发展阶段、固定资产投资规模等因素影响。“十二五”时期，工业化、城镇化不断深入，保障性安居工程、水利设施、交通设施等大规模建设将拉动钢材消费。同时，我国将加快转变发展方式，推动工业转型升级，培育发展战略性新兴产业，钢材“减量化”和材料替代等因素将对钢材消费量和消费结构产生重大影响。综合考虑以上因素，规划采用以下三种方法对 2015 年国内粗钢消费量进行了预测：

行业消费调研法。调查分析建筑、机械、汽车、交通、矿山、石油化工等 13 个主要下游行业的“十二五”用钢需求，预测 2015 年消费量为 7.5 亿吨左右。

地区消费平衡法。根据各省市公布的“十二五”国内生产总值发展目标，结合各地区现有钢材消费水平和发展趋势，预测 2015 年消费量为 8.2 亿吨。

消费系数和回归分析法。根据《国民经济和社会发展第十二个五年规划纲要》提出的目标，设定了“十二五”期间国民经济快速、较快和适度等三种不同发展情景，综合采用国内生产总值钢材消费系数法、固定资产投资钢材消费系数法和回归分析法，预测 2015 年消费量分别为 8.1 亿吨、7.5 亿吨和 7.1 亿吨。

综合预测，2015 年国内粗钢导向性消费量约为 7.5 亿吨。

（三）中远期粗钢消费量预测

参考美、德、日等国钢铁工业发展规律，考虑我国地域广阔，各地区经济发展不平衡，对钢材消费总量和持续时间都将产生较大影响。综合各种因素，采用国内生产总值消费系数法和人均粗钢法，预测我国粗钢需求量可能在“十二五”期间进入峰值弧顶区，最高峰可能出现在 2015 年至 2020 年期间，峰值约 7.7～8.2 亿吨，此后峰值弧顶区仍将持续一个时期。随着工业化、城镇化不断深入发展，以及经济发展方式转变和产业升级，城乡基础设施投资规模增速放缓，我国钢铁需求增速将呈逐年下降趋势，进入平稳发展期。

（四）关键钢材品种需求预测

根据各行业用钢需求，预测了 2015 年关键钢材品种消费量。

专栏 1　2015 年关键钢材品种消费预测

序号	品种	2010 年（万吨）	2015 年（万吨）
1	铁路用重轨	400	380
2	铁路车轮、车轴钢	54	60
3	高强钢筋	5650	11200
4	轴承钢	370	500
5	齿轮钢	207	250
6	合金弹簧钢	260	450
7	合金模具钢	30	50
8	造船板	1300	1600
9	高压容器用钢板	100	160
10	汽车用冷轧及镀锌薄板	835	1400
11	油井管	380	470
12	电站用高压锅炉管	48	70
13	硅钢片	572	650
14	不锈钢	940	1600

三、指导思想、基本原则和主要目标

（一）指导思想

以邓小平理论和“三个代表”重要思想为指导，深入贯彻落实科学发展观，坚持走中国特色新型工业化道路，满足下游行业转型升级和战略性新兴产业发展的要求，以钢铁工业结构调整、转型升级为主攻方向，以自主创新和技术改造为支撑，提高质量，扩大高性能钢材品种，实现减量化用钢，推进节能降耗，优化区域布局，引导兼并重组，强化资源保障，提高资本开放程度和国际化经营能力，加快实现由注重规模扩张发展向注重品种质量效益转变。

（二）基本原则

坚持结构调整。把扩大品种、提高质量、增进服务和推进钢材减量化以及加快节能减排、淘汰落后、优化布局作为结构调整的重点，严格控制产能扩张，加快发展钢铁新材料和生产性服务业，继续推进兼并重组，进一步提高产业集中度。

坚持绿色发展。积极开发、推广使用高效能钢材，推进两化深度融合，加快资源节约型、环境友好型的钢铁企业建设，大力发展清洁生产和循环经济，积极研发和推广使用节能减排和低碳技术，加强废弃物的资源化综合利用。

坚持自主创新。把自主创新作为钢铁工业可持续发展的重要支撑，强化钢铁企业技术创新主体地位，加快原始创新、集成创新和引进消化吸收再创新，完善技术创新体系，培育自主知识产权核心技术和品牌产品。

坚持区域协调。落实国家区域发展总体战略和主体功能区战略，根据资源能源条件、市场需求、环境容量、产业基础和物流配套能力，统筹沿海沿边与内陆、上下游产业及区域经济发展，优化产业布局，满足各地区经济社会发展需求。

强化资源保障。把提高资源保障能力提升到行业发展安全的战略高度。充分利用国内外两种资源两个市场，加大境外矿产资源合作开发，整合国内铁矿资源开发，规范国内铁矿石市场秩序，建立健全铁矿石资源战略保障体系。

（三）主要目标

“十二五”末，钢铁工业结构调整取得明显进展，基本形成比较合理的生产力布局，资源保障程度显著提高，钢铁总量和品种质量基本满足国民经济发展需求，重点统计钢铁企业节能环保达到国际先进水平，部分企业具备较强的国际市场竞争力和影响力，初步实现钢铁工业由大到强的转变。

1. 品种质量。产品质量明显提高，稳定性增强，满足重点领域和重大工程需求，支撑下游行业转型升级和战略性新兴产业发展。进口量较大的高强高韧汽车用钢、硅钢片等品种实现规模化生产，国内市场占有率达到90%以上；船用耐蚀钢、低温压力容器板、高速铁路车轮及车轴钢、高压锅炉管等高端品种自给率达80%。400兆帕及以上高强度螺纹钢筋比例超过80%。

2. 节能减排。淘汰400立方米及以下高炉（不含铸造铁）、30吨及以下转炉和电炉。重点统计钢铁企业焦炉干熄焦率达到95%以上。单位工业增加值能耗和二氧化碳排放分别下降18%，重点统计钢铁企业平均吨钢综合能耗低于580千克标准煤，吨钢耗新水量低于4.0立方米，吨钢二氧化硫排放下降39%，吨钢化学需氧量下降7%，固体废弃物综合利用率97%以上。

3. 产业布局。产能过剩地区的盲目扩张得到抑制，建成湛江、防城港钢铁精品基地，从根本上解决“北钢南运”问题。

4. 资源保障。基本建立利益共享的铁矿石、煤炭等钢铁工业原燃料保障体系，新增境外铁矿石产能1亿吨以上。

5. 技术创新。重点统计钢铁企业建立起完善的技术创新体系，研发投入占主营业务收入达到1.5%以上。绿色低碳冶炼和资源综合利用等自主创新工艺技术取得进展，高效生产和节能减排等共性关键技术得到广泛应用。

6. 产业集中度。大幅度减少钢铁企业数量，国内排名前10位的钢铁企业集团钢产量占全国总量的比例由48.6%提高到60%左右。

专栏2 “十二五”时期钢铁工业发展主要指标

序号	指标	2005年	2010年	2015年	“十二五”时期累计增长（%）
1	行业前十家产业集中度提高（%）	34.7	48.6	60	11.4*
2	单位工业增加值能耗降低（%）				18
3	单位工业增加值二氧化碳排放降低（%）				18
4	企业平均吨钢综合能耗降低（千克标煤）	694	605	≤580	≥4
5	吨钢耗新水量降低（立方米）	8.6	4.1	≤4.0	≥2.4
6	吨钢二氧化硫排放量降低（千克）	2.83	1.63	≤1	≥39
7	吨钢化学需氧量降低（千克）	0.25	0.07	0.065	7
8	固体废弃物综合利用率提高（%）	90	94	≥97	≥3*
9	研究与实验发展经费占主营业务收入比重（%）	0.9	1.1	≥1.5	≥0.5*

注：* 为2015年比2010年增加或减少的百分点。

四、重点领域和任务

（一）加快产品升级

全面推进钢材品种、质量和标准的提升。为适应国家产业转型升级需要，钢铁企业要将产品升级放在首位，将提高量大面广的钢材产品质量、档次和稳定性作为产品结构调整的重中之重，全面提高钢铁产品性能和实物质量，加快标准升级，有效降低生产成本。进一步提高铁水预处理、炉外精炼比例，注重铁合金等辅料对产品质量的影响，以洁净钢平台建设为重点，理顺工艺流程，推广使用新一代控轧控冷等工艺技术。从生产和使用两方面开展工作，加强钢铁产品标准与下游建设、制造标准规范的衔接，建立健全产品质量检测体系，进一步提升建筑、机械、轻工、造船等行业用钢材的产品质量，增强质量稳定性。

加大高强钢筋的推广应用。支持钢铁企业围绕高强度螺纹钢筋生产和品种开发实施技术改造，提高产品质量，保障供应能力，完善高强度螺纹钢筋生产及市场配送体系。修订钢筋混凝土用钢标准，研究开发高强度螺纹钢筋联接技术，满足高强度螺纹钢筋生产要求。结合国家城乡基础设施建设重大工程、保障性安居工程和重点水利工程建设项目，在抓好江苏、河北、云南等地应用高强度螺纹钢筋试点工作基础上，在全国大中城市全面推广使用400兆帕、500兆帕高强度螺纹钢筋，促进建筑钢材升级换代和减量应用。

发展关键钢材品种。鼓励有实力的钢铁企业开发高端钢材品种，同时防止产品高档次同质化发展，避免投资浪费和高端产品的无序竞争。

专栏3　下游行业主要用钢材产品升级方向
01　建筑业 适应减量化用钢趋势，升级热轧螺纹钢标准，重点发展400兆帕及以上高强度螺纹钢筋、抗震钢筋、高强度线材（硬线）；在钢结构建筑领域重点推广高强度、抗震、耐火耐候钢板和H型钢的应用。
02　机械行业 重点发展高强度、低合金中厚板和高强度棒材，提高钢材产品质量稳定性。
03　造船业 重点发展油船用高品质耐蚀船板、大型液化天然气（LNG）运输船用低温压力容器板和高强度船板。
04　汽车业 重点发展700兆帕及以上高强度汽车大梁板，780兆帕～1500兆帕高强度汽车板，高强、超高强帘线钢等产品。提高产品表面质量和质量稳定性。
05　家电业 重点发展高强度、薄规格家电钢板，提高板材表面质量、平整度，推广使用钝化或耐指纹膜处理的镀铝锌钢板、热镀锌无铬钝化板、无铬彩涂板、电工钢环保涂层板等绿色环保用材。

续 表

06 电力业 重点发展超临界、超超临界火电机组用大口径耐热、耐高压管，核电机组用高性能铁素体和奥氏体不锈钢、锰镍钼类合金钢管，低铁损、高磁感硅钢，非晶带材。

促进特钢品质全面升级。支持特钢企业兼并重组，增强太钢、中信泰富、东北特钢、宝钢特钢等特钢龙头企业的引领作用，鼓励特钢企业走“专、精、特、新”的发展道路，大力推进特钢企业技术进步和产品升级换代，开发绿色低碳节能环保型钢材以及装备制造业、航空航天业所需的高性能特钢材料。着重提高轴承钢、齿轮钢、工模具钢、不锈钢、高温合金等特钢产品的质量和性能，特别是延长使用寿命。支持大力发展特钢废钢回收体系等特钢配套产业。

专栏 4 特殊钢发展重点
01 推广应用特钢生产技术 特殊钢高洁净冶炼技术，电渣熔铸、真空冶金等特种冶炼技术，均质化、细晶化凝固技术，精准成分控制技术，控制成型技术，特种成型技术，精准热处理技术。
02 重点发展的关键特钢品种 高铁等重大装备用高品质轴承钢、车轴钢、车轮、弹簧钢，超超临界火电机组用耐热钢，高档不锈钢，汽车等制造业用高档齿轮钢，高抛光性能、高耐蚀性能工模具钢，特种耐腐蚀油井管，航空航天零部件用特殊钢，高档数控机床用特殊钢，核电机组用特殊钢，工程机械用高强度高硬度合金结构钢，高温合金及特种合金材料，特种合金钢管、银亮材、精密冷带等深加工产品。
03 特钢重点工艺技术开发 大型锻件生产线，超大规格圆坯连铸，特种钢板热处理，高等级特钢型材及不锈钢无缝钢管，合金钢丝生产线。

（二）深入推进节能减排

按照国家节能减排总体要求和地区分解任务指标，降低钢铁企业单位增加值能源消耗、二氧化碳排放和用水量，减少二氧化硫排放总量。烧结机全部加装烟气脱硫和余热回收装置，鼓励实施脱硝改造，钢铁企业焦炉基本采用干法熄焦，高炉全部配备高效喷煤和余热余压回收装置，提升转炉负能炼钢水平，进一步推广普及应用干法除尘、蓄热式燃烧等节能技术。加强冶金渣、尘泥等固体废弃物的综合利用，加快钢铁行业资源能源回收利用产业发展。促进钢铁与其他产业的融合，发展循环经济。健全能源计量管理制度，完善能源管理体系，依法开展能源审计、清洁生产审核和清洁生产方案的实施。

专栏 5　节能减排技术推广应用重点
01　铁前节能减排技术 低温烧结工艺技术，烧结烟气脱硫、脱硝技术，小球烧结技术，链篦机—回转窑球团技术，球团废热循环利用技术，高温高压干熄焦技术，煤调湿技术，捣固炼焦技术，焦炉、高炉利用废塑料技术，高炉高效喷煤技术，高炉脱湿鼓风技术，高炉干法除尘技术，高炉热风炉双预热技术，转底炉处理含铁尘泥技术。
02　炼钢、轧钢节能减排技术 转炉煤气干法除尘技术，转炉负能炼钢工艺技术，电炉烟气余热回收利用除尘技术，蓄热式燃烧技术，低温轧制技术，在线热处理技术，轧钢氧化铁皮综合利用技术。
03　综合节能减排技术 燃气—蒸汽联合循环发电技术，原料场粉尘抑制技术，双膜法污水处理回用技术，能源管理中心及优化调控技术。冶金渣综合利用技术，综合污水处理技术，余热余压综合利用技术。

（三）强化技术创新和技术改造

推进企业技术创新，提高钢铁工业自主创新能力。鼓励开发应用新一代可循环钢铁流程技术，低品位、难选冶、共伴生矿资源开发与尾矿综合利用技术，非高炉炼铁技术，高效低成本洁净钢生产技术，近终形连铸轧成套装备技术，高强、长寿、耐腐蚀产品制造技术，以及烧结脱硝脱二噁英等节能减排前沿技术。支持企业围绕战略性新兴产业开发钢铁新材料。

加快建立以企业为主体、市场为导向、产学研用相结合的技术创新体制和机制。增强冶金科研院所、高校和工程设计单位创新动力，鼓励大型钢铁企业加大研发投入，推动建立企业、科研院所、高校、工程设计单位和下游用户共同参与的创新战略联盟。完善钢铁工业国家工程实验室、重点实验室、工程技术（研究）中心、企业技术中心、技术创新示范企业、高新技术产业化基地和高效钢材应用示范等技术创新平台。

专栏 6　技术创新重点
01　新工艺、新装备、新技术 非高炉炼铁技术，新一代可循环钢铁流程技术，钢材强韧化技术，新一代控轧控冷技术，大型电炉设备成套技术，薄带连铸短流程产业化技术，煤针状焦产业化技术，工业核心工艺控制器系统（CCTS）研究与开发。
02　新产品、新材料技术 核电不锈钢、核岛压力容器钢板、核电发电机转子锻件合金钢、核电蒸发器传热管用钢生产技术；超超临界火电机组蒸汽管、过热器、再热器用钢，高中压电转子用钢生产技术；超纯铁素体不锈钢、高氮控氮奥氏体不锈钢、超级奥氏体耐蚀不锈钢生产技术；油船用高品质耐蚀船板、特种耐腐蚀油井管生产技术；高强高韧汽车用钢、高品质轴承钢、齿轮钢等生产技术。

续 表

03 节能减排新技术及资源、能源循环利用技术 高炉富氧喷吹焦炉煤气技术，高炉炉顶煤气循环氧气鼓风炼铁技术，烧结脱硝脱二噁英技术，电炉炼钢中二噁英类物质的减排技术，转底炉直接还原钒钛磁铁矿技术，矿产资源综合利用新流程技术，高炉渣、钢渣等显热回收利用技术，共伴生矿、难选冶矿应用技术。

加快技术改造，促进钢铁工业优化升级。围绕品种质量、节能降耗、清洁生产、“两化”融合和安全生产等重点，加快应用新技术、新工艺、新装备，对企业现有生产设施、装备、生产工艺条件进行改造，不断优化生产流程，升级企业技术装备，提高资源综合利用水平，增强新产品开发能力，加快产品升级换代，加强安全生产保障。

专栏 7 技术改造重点
01 品种质量 重点开发满足下游行业和战略性新兴产业发展需要的关键钢材品种，提高产品质量、档次和稳定性。依托有实力的企业发展高速铁路用钢、高磁感取向硅钢、高强高韧汽车用钢、高强度机械用钢、低温压力容器板、船舶行业用耐蚀钢、高性能油气输送管线钢、高强度机械用钢、海洋工程用钢、油气储罐用钢、电力行业用高压锅炉管和核电用钢等高精尖产品和关键钢材品种。 建筑钢材生产企业全面改造升级，生产 400 兆帕及以上高强度螺纹钢筋。
02 资源开发 低品位、伴生矿采选冶炼，尾矿综合利用，废钢加工等。
03 节能减排 转炉、高炉烟气干法净化与余热余压综合利用系统集成优化，电炉烟气余热回收，烧结工序节能减排系统集成优化，冶金渣等固废处理利用与过程中余热利用系统集成优化。
04 工艺技术 洁净钢生产、新一代控轧控冷（TMCP）等工艺技术改造和工艺流程优化。
05 两化融合 钢材性能在线监测、预报、控制技术改造，信息化集成系统技术改造，建设能源管理中心。

（四）淘汰落后生产能力

“十二五”时期是淘汰落后的攻坚期，继续严格执行节能、土地、环保等法律法规，综合运用差别电价、财政奖励、考核问责等法律手段、经济手段和必要的行政手段，加大淘汰落后产能力度，公告淘汰落后产能企业名单，切实落实淘汰落后年度计划，严禁落后产能转移。要将上大与压小相结合，淘汰落后与新上项目相结合，根据各地区淘汰落后产能情况，优先核准淘汰落后任务完成较好地区和企业的技术改造项目。

专栏 8　落后生产工艺装备和产品
01　烧结、球团和炼焦生产工艺装备 90 平方米以下烧结机，土烧结矿、热烧结矿工艺，8 平方米以下球团竖炉，土法炼焦（含改良焦炉），单炉产能 7.5 万吨/年以下或无煤气、焦油回收利用和污水处理达不到准入条件要求的半焦（兰炭）生产装置，炭化室高度 4.3 米（捣固焦炉 3.8 米）以下常规机焦炉。
02　炼铁、炼钢生产工艺装备 400 立方米及以下的炼铁高炉，200 立方米及以下的专业铸铁管厂高炉，生产地条钢、普碳钢的工频和中频感应炉（机械铸造用钢锭除外），30 吨及以下炼钢转炉，15000 千伏安及以下（30 吨及以下）炼钢电炉，5000 千伏安及以下（公称容量 10 吨及以下）高合金钢电炉。
03　轧钢生产工艺装备 复二重线材轧机，叠轧薄板轧机，横列式棒材及型材轧机，普钢初轧机及开坯用中型轧机，热轧窄带钢（600 毫米及以下）轧机，三辊劳特式中板轧机，直径 76 毫米以下热轧无缝管机组，三辊横列式型线材轧机（不含特殊钢生产）。
04　落后产品 热轧硅钢片，Ⅰ级螺纹钢筋产品，Ⅱ级螺纹钢筋产品（按建筑行业用钢标准和建筑规范要求淘汰），25A 空腹钢窗料，普通松弛级别的钢丝、钢绞线。 工频和中频感应炉等生产的地条钢、普碳钢及以其为原料生产的钢材产品。

（五）优化产业布局

结合兼并重组和淘汰落后，在不增加生产能力的前提下，围绕提高产品质量和降低物流成本，统筹考虑市场需求、交通运输、环境容量和铁矿、煤炭、供水、电力等资源能源保障条件，有保有压，优化产业布局。重大布局调整项目要进行能耗、水耗、环境容量、运输等综合平衡，把完成能耗和环保约束性指标作为项目核准的必要条件。

环渤海、长三角地区原则上不再布局新建钢铁基地。河北、山东、江苏、辽宁、山西等钢铁规模较大的地区通过兼并重组、淘汰落后，减量调整区域内产业布局。湖南、湖北、河南、安徽、江西等中部地区省份在不增加钢铁产能总量条件下，积极推进结构调整和产业升级。西部地区部分市场相对独立区域，立足资源优势，承接产业转移，结合区域差别化政策，适度发展钢铁工业。

继续推进东南沿海钢铁基地建设。“十二五”期间，加快建设湛江、防城港沿海钢铁精品基地，彻底改变东南沿海钢材供需矛盾，推进福建宁德钢铁基地建设，促进海峡西岸经济发展。通过上述重大布局项目的建设，抑制过剩地区钢铁产能盲目扩张。

西部地区已有钢铁企业要加快产业升级，结合能源、铁矿、水资源、环境和市场容量适度发展。新疆、云南、黑龙江等沿边地区，积极探索利用周边境外矿产、能源和市场，发展钢铁产业。充分发挥攀西钒钛资源和包头稀土资源优势，发展具有资源综合利用特色的钢铁工业。

有序推进与城市发展不协调的钢厂转型或搬迁。对于经济支撑作用下降和资源环境矛盾突出的钢铁企业，实施转型或搬迁改造。综合实力弱、技术水平低的企业应实行转型，发展钢铁服务业或其他产业。有实力、有技术、有特色的城市钢厂，要结合区域钢铁企业兼并重组、淘汰落后和产业升级，综合考虑城市总体发展规划、企业承受能力，特别是人员安置等因素，有序实施环保搬迁，严禁借搬迁之名扩大钢铁生产能力。"十二五"期间根据条件成熟情况，支持广州、青岛、昆明、合肥、唐山（丰南）、杭州、芜湖等城市钢厂搬迁改造或转型发展，科学论证西宁、抚顺、石家庄、贵阳等城市钢厂发展定位。

（六）增强资源保障能力

强化铁矿石资源保障体系建设。积极优化铁矿资源全球配置，鼓励钢铁企业建立与资源所在国利益共享的对外资源开发机制，实施投资区域多元化，在具有资源优势国家和地区以及周边国家，有序建立稳定、可靠的铁矿石、铬矿、锰矿、焦煤等原燃料供应基地和运输保障体系。规范国内铁矿石市场秩序，加大国内铁矿资源的勘探力度，提高尾矿回收综合利用水平。对闭坑矿山的生态恢复和复垦给予必要的支持。鼓励国内现有矿山资源的整合，提高产业集中度，保证有序开发，严禁大矿小开，乱采滥挖。

加快建立适应我国钢铁工业发展要求的废钢循环利用体系。依托符合环保要求的国内废钢加工配送企业，重点建设一批废钢加工示范基地，完善加工回收配送产业链，提高废钢加工技术装备水平和废钢产品质量。积极研究制定进口废钢的优惠政策措施，鼓励在海外建立废钢回收加工配送基地。

（七）加快兼并重组

按照市场化运作、企业为主体、政府引导的原则，以符合国家钢铁产业政策和《钢铁行业生产经营规范条件》的企业为兼并重组主体，结合淘汰落后、技术改造和优化布局，加快钢铁企业兼并重组步伐。鼓励社会资本参与国有钢铁企业兼并重组。

重点支持优势大型钢铁企业开展跨地区、跨所有制兼并重组。充分发挥宝钢、鞍钢、武钢、首钢等大型钢铁企业集团的带动作用，形成3～5家具有核心竞争力和较强国际影响的企业集团。重点推进完善鞍钢与攀钢、本钢、三钢等企业，宝钢与广东钢铁企业，武钢与云南、广西钢铁企业，首钢与吉林、贵州、山西等地钢铁企业兼并重组。

积极支持区域优势钢铁企业兼并重组，大幅减少钢铁企业数量，促进区域钢铁企业加快产业升级，不断提升发展水平，形成6～7家具有较强市场竞争力的企业集团。巩固河北钢铁、山东钢铁重组成果，积极推进唐山渤海钢铁、太原钢铁开展兼并重组，引导河北、江苏、山东、山西、河南、云南等省内钢铁企业兼并重组。

加强兼并重组协调管理，保持各钢铁企业间的和谐健康发展，避免形成恶性竞争。重组企业要发挥协同效应，注重体制和机制创新，在战略管理、规划发展、技术创新、人财物、产供销等方面进行实质性整合，再造业务流程。重组企业要加大淘汰落后和节能减排力度，切实保障职工合法权益。

（八）加强钢铁产业链延伸和协同

转变服务理念、增强服务意识，建立钢铁企业与下游用户战略合作机制，发展钢材深加工，完善物流配送体系，提升产品价值和企业服务功能，促进由钢铁生产商向服务商转变。加强政府引导，推进产业结合，推广钢材新产品应用。鼓励钢铁企业建立钢材服务中心，联合下游行业开发钢铁新材料和下游产品，为用户提供全方位钢铁材料解决方案，实现钢铁工业与下游行业互利共赢。积极发展咨询服务、技术中介、工业设计、电子商务等钢铁服务业。积极开展维修、仓储、物流等服务外包，以及制氧、石灰、渣处理、废钢分类加工等辅助工序外包。

（九）进一步提高国际化水平

充分利用两个市场、两种资源，统筹“引进来”与“走出去”，加强国际化经营，深化经济技术合作。进一步扩大钢铁工业对外开放程度，鼓励国外先进知名钢铁企业参股和投资国内钢铁企业和项目，在钢材产品深加工领域投资设立企业和研发中心，提升我国钢铁企业的创新能力和管理水平。

将在国外投资建设钢铁厂作为我国钢铁工业实施“走出去”的重大战略，研究适合钢铁产业转移的境外地区和国家，制定鼓励政策措施，支持国内钢铁企业及其他企业在境外投资建设钢铁厂及经贸合作区，参与国外钢铁企业的兼并重组，开拓市场营销网络等，提高国内钢铁企业参与国际竞争的能力和水平，打造具有较强国际竞争力水平的国际化企业集团。支持部分沿边地区发展市场、原料及能源在外的钢铁产业。

五、政策措施

（一）完善行业管理体系

建立健全钢铁工业运行监测网络和预警体系，强化行业信息统计和信息发布。加强行业管理，及时协调解决行业发展中出现的重大问题，减轻企业负担，严格安全生产管理，促进行业平稳运行发展。发挥协会等中介组织在加强信息交流、行业自律、企业维权等方面的积极作用。

（二）营造公平竞争的市场环境

充分发挥市场配置资源的基础性作用，加强和改善宏观调控。规范钢铁行业生产经营秩序，完善钢铁工业市场进入和退出机制，营造各种所有制钢铁企业依法平等使用生产要素、公平参与市场竞争的市场环境，坚决制止偷税漏税、生产假冒伪劣产品、严重污染环境等违法行为。

（三）加强行业标准化工作

强化标准化在产品质量、企业管理、生产经营、市场开拓中的作用。抓紧修改完善落后于发展实际的标准。加强钢铁企业与下游用钢企业的合作，共同促进钢铁行业标准化体系建设。加强标准化工作的组织管理和监督，发挥企业在标准化中的主体作用。

（四）加强政策宏观引导

加强财税、金融、贸易、土地、节能、环保、安全生产等各项政策与钢铁产业政策的衔接。适时发布钢铁工业先进技术、产品和装备指导目录，引领钢铁工业先进生产力发展方向。加强现有钢铁企业生产经营规范管理，强化产品质量、节能减排、环境保护、装备水平、合理规模、安全生产和社会责任对企业的约束和引导作用，分批公告符合生产经营规范条件的企业名单。制定钢铁工业兼并重组指导意见，指导地方和企业开展兼并重组工作。

（五）促进国际交流合作

完善中外钢铁交流机制，促进各方在信息、技术、管理等方面的沟通。适时调整产品进出口贸易政策，积极应对国际贸易摩擦。建立高效协调机制，支持企业有序开发境外资源。引导具有国际竞争力的境外钢铁企业集团参与国内兼并重组和合资合作。支持大型优势企业围绕低碳制造技术开展国际合作。

（六）推动两化深度融合

推动钢铁行业“两化”融合发展水平评估，建立和完善钢铁工业信息化标准规范工作体系。推进企业建设产供销一体、管控衔接、三流同步（信息流、资金流、物质流）的信息化集成系统，支持跨地区企业集团建立完善异地分布的信息系统，提高管控效率。加强信息安全和系统安全的保障体系建设，提高信息化系统安全性和稳定保障能力。

（七）健全规划实施机制

各地区行业主管部门要将推进钢铁工业发展与本地区的兼并重组、淘汰落后、上大压小、能耗和环境容量等项工作结合起来，要联系本地区发展实际，落实规划提出的任务和政策措施。有关企业要制订与本规划相衔接的规划方案，做好与本规划提出的主要目标和重点任务的协调。中国钢铁工业协会等行业组织要发挥桥梁和纽带作用，及时反映钢铁行业贯彻落实规划的新情况、新问题，提出政策建议。

040

钢铁产业调整和振兴规划

国发〔2009〕6号

钢铁产业是国民经济的重要支柱产业，涉及面广、产业关联度高、消费拉动大，在经济建设、社会发展、财政税收、国防建设以及稳定就业等方面发挥着重要作用。

为应对国际金融危机的影响，落实党中央、国务院保增长、扩内需、调结构的总体要求，确保钢铁产业平稳运行，加快结构调整，推动产业升级，特编制本规划，作为钢铁产业综合性应对措施的行动方案。规划期为2009—2011年。

一、钢铁产业现状及面临的形势

我国是钢铁生产和消费大国，粗钢产量连续13年居世界第一。进入21世纪以来，我国钢铁产业快速发展，粗钢产量年均增长21.1%。2008年，粗钢产量达到5亿吨，占全球产量的38%，国内粗钢表观消费量4.53亿吨，直接出口折合粗钢6000万吨，占世界钢铁贸易量的15%。2007年，规模以上钢铁企业完成工业增加值9936亿元，占全国GDP的4%，实现利润2436亿元，占工业企业利润总额的9%，直接从事钢铁生产的就业人数358万。钢铁产品基本满足国内需要，部分关键品种达到国际先进水平。钢铁产业有力支撑和带动了相关产业的发展，促进了社会就业，对保障国民经济又好又快发展做出了重要贡献。

但是，钢铁产业长期粗放发展积累的矛盾日益突出。一是盲目投资严重，产能总量过剩。截至2008年底，我国粗钢产能达到6.6亿吨，超出实际需求约1亿吨。二是创新能力不强，先进生产技术、高端产品研发和应用还主要依靠引进和模仿，一些高档关键品种钢材仍需大量进口，消费结构处于中低档水平。三是产业布局不合理，大部分钢铁企业分布在内陆地区的大中型城市，受到环境容量、水资源、运输条件、能源供应等因素的严重制约。四是产业集中度低，粗钢生产企业平均规模不足100万吨，排名前5位的企业钢产量仅占全国总量的28.5%。五是资源控制力弱，国内铁矿资源禀赋低，自给率不足50%。六是流通秩序混乱。钢铁产品经销商超过15万家，投机经营倾向较重。

2008年下半年以来，随着国际金融危机的扩散和蔓延，我国钢铁产业受到严重冲击，出现了产需陡势下滑、价格急剧下跌、企业经营困难、全行业亏损的局面，钢铁产业稳定发展面临着前所未有的挑战。应当看到，钢铁产业在经历了长期粗放型扩张后，必然要进行一次大的调整。现阶段，我国城镇化、工业化任务依然繁重，内需潜力巨大，钢铁产业发展的基本面没有改变。必须抓住机遇，制定实施钢铁产业结构调整和振兴规划，促进钢铁产业平稳运行、健康发展。

二、指导思想、基本原则及目标

（一）指导思想。

全面贯彻党的十七大精神，以邓小平理论和“三个代表”重要思想为指导，深入贯彻落实科学发展观，按照保增长、扩内需、调结构的总体要求，统筹国内外两个市场，以控制总量、淘汰落后、企业重组、技术改造、优化布局为重点，着力推动钢铁产业结构调整和优化升级，切实增强企业素质和国际竞争力，加快钢铁产业由大到强的转变。

（二）基本原则。

1. 应对危机与振兴产业相结合。立足当前，着眼长远，既要着力解决钢铁产业当前面临的主要困难，保先进生产力，保重点骨干企业，保关键品种，保市场稳定，促进产业平稳发展，又要利用市场倒逼机制，充分利用各种有利因素，加快钢铁产业结构优化升级，不断增强产业发展后劲。

2. 控制总量与优化布局相结合。按照沿海、沿江、内陆科学合理布局和与资源环境相适应的要求，结合淘汰落后、企业重组和城市钢厂搬迁，在控制总量的前提下，调整优化产业布局。

3. 自主创新与技术改造相结合。培育企业原始创新、集成创新和引进消化吸收再创新能力，着力突破制约产业转型升级的关键技术，加大技术改造力度，提高工艺装备水平，提升产品档次和质量。

4. 企业重组与体制创新相结合。通过体制创新，努力消除影响企业重组的财税利益分配、资产划拨、债务核定和处置等体制性障碍，为推动钢铁企业集团化发展和实现跨地区、跨所有制、跨行业的兼并重组创造良好的环境。

5. 内需为主与全球配置相结合。坚持充分利用两个市场、两种资源，以满足国内市场需求为主，优化直接出口，扩大间接出口，在努力加强地质勘查和合理开发利用国内铁矿资源的同时，抓住机遇，积极实施“走出去”战略。

（三）规划目标。

力争在 2009 年遏制钢铁产业下滑势头，保持总体稳定。到 2011 年，钢铁产业粗放发展方式得到明显转变，技术水平、创新能力再上新台阶，综合竞争力显著提高，支柱产业地位得到巩固和加强，步入良性发展的轨道。

1. 总量恢复到合理水平。2009 年我国粗钢产量 4.6 亿吨，同比下降 8%；表观消费量维持在 4.3 亿吨左右，同比下降 5%。到 2011 年，粗钢产量 5 亿吨左右，表观消费量 4.5 亿吨左右，工业增加值占 GDP 的比重维持在 4%的水平。

2. 淘汰落后产能有新突破。按期淘汰 300 立方米及以下高炉产能和 20 吨及以下转炉、电炉产能。提高淘汰落后产能的标准，力争三年内再淘汰落后炼铁能力7200万吨、炼钢能力2500万吨。

3. 联合重组取得重大进展。形成若干个具有较强自主创新能力和国际竞争力的特大型企业，国内排名前5位钢铁企业的产能占全国产能的比例达到45%以上，沿海沿江钢铁企业产能占全国产能的比例达到40%以上，产业布局明显优化，重点中心城市钢铁企业污染明显减少。

4. 技术进步得到较大提升。加强技术改造，加快技术进步，降低生产成本，提高产品质量，优化品种结构。重点大中型钢铁企业60%以上产品实物质量达到国际先进水平，百万千瓦火电及核电用特厚钢板和高压锅炉管、25万千伏安以上变压器用高磁感低铁损取向硅钢等产品生产实现自主化，关键钢材品种自给率达到90%以上，400MPa及以上热轧带肋钢筋使用比例达到60%以上。

5. 自主创新能力进一步增强。通过引进消化吸收和创新，提高技术装备水平，一般装备基本实现本地化、自主化，大型装备本地化率92%以上。力争在关键工艺技术、节能减排技术，以及高端产品研发、生产和应用技术等方面取得新突破。

6. 节能减排取得明显成效。重点大中型企业吨钢综合能耗不超过620千克标准煤，吨钢耗用新水量低于5吨，吨钢烟粉尘排放量低于1.0千克，吨钢二氧化碳排放量低于1.8千克，二次能源基本实现100%回收利用，冶金渣近100%综合利用，污染物排放浓度和排放总量双达标。

三、产业调整和振兴的重点任务

按照上述指导思想、基本原则和规划目标，当前和今后一个时期，要着力做好以下八个方面工作。

（一）保持国内市场稳定，改善出口环境。

积极落实国家扩大内需措施，稳定建筑用钢市场，保障重点工程用钢。通过调整和振兴相关产业，努力稳定和扩大汽车、造船、装备制造等产业需求，以及保障性住房等房地产建设、新农村建设、地震灾后重建和公路、铁路、机场等重大基础设施建设的用钢需求。建筑用钢占国内消费量的比重稳定在50%左右。

改善钢铁产品进出口环境，实施适度灵活的出口税收政策，稳定国际市场份额，鼓励钢材间接出口。组织协会和企业积极应对反倾销、反补贴等贸易摩擦，争取良好的国际贸易环境。

（二）严格控制钢铁总量，加快淘汰落后。

严格控制新增产能，不再核准和支持单纯新建、扩建产能的钢铁项目，所有项目必须以淘汰落后为前提。2010年年底前，淘汰300立方米及以下高炉产能5340万吨，20吨及以下转炉、电炉产能320万吨；2011年底前再淘汰400立方米及以下高炉、30 吨及以下转炉和电炉，相应淘汰落后炼铁能力 7200 万吨、炼钢能力 2500 万吨。实施淘汰落后、建设钢铁大厂的地区和其它有条件的地区，要将淘汰落后产能标准提高到 1000 立方米以下高炉及相应的炼钢产能。

（三）促进企业重组，提高产业集中度。

进一步发挥宝钢、鞍本、武钢等大型企业集团的带动作用，推动鞍本集团、广东钢铁集团、广西钢铁集团、河北钢铁集团和山东钢铁集团完成集团内产供销、人财物统一管理的实质性重组；推进鞍本与攀钢、东北特钢，宝钢与包钢、宁波钢铁等跨地区的重组，推进天津钢管与天铁、天钢、天津冶金公司，太钢与省内钢铁企业等区域内的重组。力争到 2011 年，全国形成宝钢集团、鞍本集团、武钢集团等几个产能在 5000 万吨以上、具有较强国际竞争力的特大型钢铁企业；形成若干个产能在 1000～3000 万吨级的大型钢铁企业。

（四）加大技术改造力度，推动技术进步。

实施钢铁产业技术进步与技术改造专项，对符合国家产业政策的大型骨干企业，对实施跨区域、跨所有制、跨行业重组的龙头企业，对实施跨区域、跨所有制、跨行业重组的龙头企业，以及国防军工、航天航空关键材料生产企业，给予重点支持；对发展高速铁路用钢、高磁感取向硅钢、高强度机械用钢等关键钢材品种，推广高强度钢筋使用和节材技术，发展高温高压干熄焦、烧结余热利用、烟气脱硫等循环经济和节能减排工艺技术，以及提升开发利用低品位、难选冶铁矿等技术，给予重点支持。

（五）优化钢铁产业布局，统筹协调发展。

在减少或不增加产能的前提下，加快调整钢铁产业布局。一是建设沿海钢铁基地。按期完成首钢搬迁工程，建成曹妃甸钢铁精品基地。结合广州钢铁搬迁，推动宝钢与广东钢铁企业、武钢与广西钢铁企业兼并重组，通过淘汰或减少现有产能，适时建设湛江、防城港沿海钢铁精品基地。按照首钢在曹妃甸减少产能、发展循环经济的模式，结合济钢、莱钢、青钢压缩产能和搬迁，对山东省内钢铁企业实施重组和淘汰落后产能，推动日照钢铁精品基地建设。结合杭钢搬迁、以及宝钢跨地区重组和淘汰落后、压缩产能，论证宁波钢铁续建项目。二是推进城市钢厂搬迁，引导产业有序转移和集聚发展，减少城市环境污染。组织实施好北京、广州、杭州、合肥等城市钢厂搬迁项目，统筹研究推进抚顺、青岛、重庆、石家庄等城市钢厂搬迁。三是抓紧实施《汶川地震灾后重建生产力布局和产业调整专项规划》确定的钢铁项目建设。

（六）调整钢材品种结构，提高产品质量。

重点发展高速铁路用钢、高强度轿车用钢、高档电力用钢和工模具钢、特殊大锻材等关键钢材品种，支持有条件的企业、科研单位开展百万千瓦火电及核电用特厚钢板和高压锅炉管、25 万千伏安以上变压器用高磁感低铁损取向硅钢等技术进行攻关。提高认证标准，加强政策引导，促进钢材实物质量达到国际先进水平。修改相关设计规范，淘汰强度335MPa及以下热轧带肋钢筋，加快推广使用强度400MPa及以上钢筋，促进建筑钢材的升级换代。

（七）保持进口铁矿石资源稳定，整顿市场秩序。

行业协（商）会通过行业协调，加强自律，规范进口铁矿石市场秩序。探索、推行代理制。抓住当前市场全面疲软时机，协调国内用户与铁矿石供应商，建立互惠互利的进口矿定价机制和长期稳定的合作关系。规范钢材销售制度，建立产销风险共担机制，发挥流通环节对稳定钢材市场的调节功能。

（八）开发国内外两种资源，保障产业安全。

加大国内铁矿资源的勘探力度，合理配置与开发国内铁矿资源，增加资源储备。鼓励大型钢铁企业开展铁矿勘探开发，适度开发利用低品位矿和尾矿，加强对共生矿、伴生矿产资源的研究、开发和综合利用。积极推进河北司家营、山西袁家村等大型铁矿资源开发，提高国产铁矿石自给率；支持邯钢中关、唐钢石人沟、通钢塔东、武钢恩施等现有矿山的深部开采，提高资源综合利用水平；鼓励四川攀西、河北承德地区钒钛资源综合利用；整合开发安徽霍丘地区和山东苍山等地区的铁矿资源。

鼓励有条件的大型企业到国外独资或合资办矿，组织实施好已经开展前期工作的境外矿产资源项目。鼓励沿海钢铁企业充分利用区位和运输优势，尽可能利用国外铁矿石、煤炭等资源。

四、政策措施

（一）调整部分产品的进出口税率。

继续坚持控制“两高一资”低附加值产品出口的政策导向，认真落实提高部分钢铁产品出口退税率的措施，适时适当提高技术含量高、附加值高的钢材产品的出口退税率。加快出口退税进度，确保及时足额退税。

（二）实施公平贸易政策。

研究国产钢材和进口钢材公平税负政策，制订具体措施，为国内钢铁企业创造公平竞争的市场环境。

（三）加大技术进步及技术改造投入。

在中央预算内基本建设投资中列支专项资金，以贷款贴息形式支持钢铁企业开展技术改造（不包括节能技术改造）、技术研发和技术引进，推动钢铁产业技术进步，调整品种结构，提升钢材质量。加大节能技术改造财政奖励支持力度，鼓励、引导钢铁企业积极推进节能技术改造。

（四）完善落后产能退出机制。

加大淘汰落后产能的财政奖励力度，支持钢铁企业在淘汰落后产能过程中妥善解决职工安置、企业转产、债务化解等问题，促进社会和谐稳定。严格实行节能减排、淘汰落后问责制，比照《国务院批转节能减排统计监测及考核实施方案和办法的通知》（国发〔2007〕36 号）规定，对未完成节能减排、淘汰落后任务的地区暂停项目的核准和审批。工业和信息化部会同有关部门，加强对淘汰落后产能工作的监督检查，定期向国土资源、金融、环保、工商、质检等部门通报淘汰落后企业名单。地方各级人民政府要对限期淘汰的落后装备实施严格监管，防止擅自扩容改造或异地转移。对擅自扩容改造或异地转移落后装备的，金融机构不提供任何形式的信贷支持，国土资源管理部门不予办理用地手续。

（五）完善企业重组政策。

制定鼓励钢铁企业兼并重组的政策措施，妥善解决富余人员安置、企业资产划转、债务核定与处置、财税利益分配等问题，对大型企业跨省（区、市）重组后的改扩建等项目优先予以核准。落实好鼓励钢铁企业重组的税收政策。适时研究制定钢铁企业兼并重组条例。

（六）适时修订钢铁产业政策。

调整更新《产业结构调整指导目录》，修订完善《钢铁产业发展政策》。一是提高吨钢综合能耗、吨钢耗新水以及炼铁、炼钢淘汰落后标准；二是修改国内钢铁产业集中度指标的考核范围和比重；三是增加节能减排指标，包括化学需氧量（COD）排放、二氧化硫排放、烟粉尘排放、可燃气体回收利用率、固体废弃物综合利用率等环保指标；四是明确资源配置的具体要求，储量 5000 万吨以上铁矿资源，优先依法配置给国内大中型钢铁企业；五是提高矿产资源开发准入门槛。

（七）提高建筑工程用钢标准。

尽快完善建筑领域工程建设标准体系，结合提高抗震标准，研究出台扩大工业厂房、公共建筑、商业设施等建筑物钢结构使用比例的规定，修改提高地震多发地区建筑物、重点工程、建筑物基础工程等用钢标准及设计规范。

（八）实现钢铁与相关产业协调发展。

完善装备、汽车、造船、家电等相关产业发展政策，带动钢铁产品消费和产业升级。加强钢铁新技术、新产品研发，适应和促进上下游及相关产业升级和产品换代。鼓励和支持钢铁企业与相关领域用钢企业开展合作，实现协调发展。

（九）继续实施有保有压的融资政策。

加大对钢铁重点骨干企业的金融支持力度，对符合环保、土地法律法规以及投资管理规定的项目，以及实施并购、重组、走出去、技术进步的企业，在发行股票、企业债券、公司债、中期票据、短期融资券以及银行贷款、吸收私募股权投资等方面给予支持。防范大型骨干企业资金断链风险，必要时给予贷款贴息支持。对违法违规建设、越权审批的项目和产能落后企业，继续实施融资限制等措施。

（十）积极实施“走出去”战略。

进一步简化项目审批程序，完善信贷、外汇、财税、人员出入境等政策措施。提高境外资源开发企业准入条件。支持符合准入条件的重点骨干企业到境外开展资源勘探、开发、技术合作和对外并购。进一步加强境外资产的经营管理，切实防范和化解境外资产风险。扩大冶金设备出口信贷规模，带动设备物资出口。完善出口信用保险政策，支持钢铁企业建立境外营销网络，稳定高端产品出口份额。充分利用境外矿产资源权益投资专项资金、对外经济技术合作专项资金和国外矿产资源风险勘探专项资金，支持企业实施“走出去”战略，增强资源保障能力。

（十一）建立产业信息披露制度。

建立部门联合发布信息制度，适时向社会发布产业政策导向及项目核准、生产销售库存、产能利用、淘汰落后、企业重组、污染排放、银行贷款情况等信息，切实加强信息共享，为企业投资决策、银行贷款、土地预审等提供信息指导。

（十二）发挥行业协（商）会作用。

充分发挥行业协（商）会的桥梁和纽带作用，支持企业联合对外谈判，由钢铁协会组织用矿企业统一对外谈判，建立新的双赢定价机制。由钢铁协会会同相关商会协调企业，积极应对国际贸易中的反补贴、反倾销诉讼，维护市场秩序和公平竞争环境。行业协（商）会要及时反映行业问题和企业诉求，为企业提供信息服务，引导企业落实国家产业政策，加强行业自律，提高行业整体素质。

五、规划实施

各地区要按照《规划》确定的目标、任务和政策措施，结合当地实际抓紧制订具体落实方案，确保取得实效。各省（区、市）要将具体工作方案和实施过程中出现的新情况、新问题及时报送国家发展改革委。

国务院各有关部门要按照《规划》分工，加强沟通协商，密切配合，尽快制定具体实施办法，明确政策措施的实施范围和执行期限，并加强指导和监督检查。有关部门要认真开展实施《规划》的中后期后评价工作，及时提出评价意见。

国务院

二〇〇九年三月二十日

041

国务院办公厅关于进一步加大节能减排力度加快钢铁工业结构调整的若干意见

国办发〔2010〕34 号

各省、自治区、直辖市人民政府，国务院各部委、各直属机构：

为深入贯彻科学发展观，进一步落实《钢铁产业调整和振兴规划》，实现国家确定的“十一五”节能减排目标，加快钢铁工业结构调整，经国务院同意，现就做好钢铁工业节能减排和结构调整有关工作提出以下意见。

一、充分认识加强钢铁工业节能减排和结构调整工作的重要意义

（一）认清形势，统一思想，提高认识。钢铁工业是国民经济的支柱产业，在推进工业化和城镇化进程中发挥着重要作用，为应对国际金融危机挑战、促进经济社会发展做出了积极贡献。同时，钢铁工业在快速发展过程中，也存在着重复建设严重、产能过剩、铁矿石流通秩序混乱、资源环保压力加大等深层次矛盾和问题，必须充分利用市场变化形成的倒逼机制，综合运用经济、技术、法律和必要的行政手段，切实加大节能减排力度，加快结构调整步伐，促进钢铁工业的全面、协调和可持续健康发展。

钢铁工业是节能减排潜力最大的行业，在节能减排工作中占有举足轻重的地位。加强节能减排和结构调整，是转变钢铁工业发展方式、提高产业发展质量和效益、实现可持续发展的重大举措，是适应全球供求结构发生重大变化、应对世界铁矿石资源垄断加剧严峻形势、增强抵御国际市场风险能力的有效途径，是抑制钢铁产能过快增长、推进淘汰落后产能的重要抓手，是走低消耗、低排放、高效益、高产出的新型工业化道路的必然要求。各地区、各有关部门要充分认识推进钢铁工业节能减排和结构调整的重要性和紧迫性，进一步统一思想，正确处理速度与效益、局部与整体、当前与长远的关系，认真贯彻党中央、国务院的相关决策部署和政策规定，扎扎实实抓好组织实施。

二、坚决抑制钢铁产能过快增长

（二）切实制止钢铁行业盲目投资和重复建设。将抑制钢铁产能过快增长作为落实节能减排工作的重中之重，除国家已批准开展前期工作的项目外，2011年底前不再核准、备案任何扩大产能的钢铁项目。要将控制总量和优化布局结合

起来，切实推进钢铁产业布局调整。要进一步依法提高行业准入门槛，强化质量、安全、环保、能耗、清洁生产等指标约束作用，加强质量、用地、金融等方面的监督管理，进一步加大对违规建设项目的政策压力。积极引导钢铁企业以品牌、标准、服务和效益为重点，全面提升产品质量，增强国际竞争力。

（三）严格履行钢铁项目审批和核准程序。对所有新建和改造项目，严格依法依规进行审批。坚决制止以淘汰落后产能等名义擅自建设钢铁项目，对违规建设的要严肃处理。发展改革委要牵头组织对2005年以来建设的钢铁项目进行清理。国土资源部牵头组织对在建和已建成的钢铁项目违法违规用地行为进行查处。环境保护部牵头组织对未经环评审批或污染超标的项目进行查处。要进一步健全项目审批问责制，认真查处越权审批、未批先建、边批边建等行为，依法严肃追究相关负责人的责任。环境保护、国土资源部门及金融机构要依法严格环境影响评价、建设用地和贷款的审批。

三、加大淘汰落后产能力度

（四）完善落后产能退出机制。充分发挥市场配置资源的基础性作用，严格税收征管，清理和纠正地方擅自出台的对钢铁企业的税收优惠政策，努力营造促进企业公平竞争和落后产能退出的市场环境。完善和落实土地使用、差别电价政策，加大差别电价实施力度，大幅提高差别电价的加价标准，进一步提高落后产能的生产成本。中央财政要加大对钢铁工业淘汰落后产能的支持力度，将淘汰落后产能奖励资金与淘汰落后产能企业挂钩。工业和信息化部要尽快公布淘汰落后产能企业名单，抓紧牵头制定《钢铁行业生产经营规范条件》，及时公布符合规范条件的企业名单，为有关部门和金融机构做好促进钢铁企业兼并重组、淘汰落后和扶持优势企业发展等工作提供重要依据。

（五）强化淘汰落后产能工作的组织实施。各有关部门要各司其职，密切配合，加强对各地的督促检查，切实抓好相关政策落实。各省、自治区、直辖市人民政府要根据工业和信息化部提出的淘汰落后钢铁产能年度目标任务，制定实施方案并分解落实到市、县和具体企业。对未完成淘汰落后钢铁产能任务的地区，要严格执行项目“区域限批”规定，暂停对该地区其他建设项目的环评、供地和核准审批；对完成淘汰落后产能任务较好的地区实施先拆后建的技术改造项目，经综合平衡后可优先予以核准。各地在淘汰落后产能过程中要按照政策规定妥善解决职工安置、企业转产、债权债务重组等问题，维护社会和谐稳定。

四、进一步强化节能减排

（六）大力推进钢铁工业节能减排。实现钢铁工业节能减排要将控制总量、淘汰落后、技术改造结合起来。大力推广高温高压干熄焦、干法除尘、煤气余热余压回收利用、烧结烟气脱硫等循环经济和节能减排新技术新工艺，提高“三废”的综合治理和利用水平。加强和完善废钢铁综合利用，鼓励发展短流程炼钢。有关部门要尽快出台鼓励余热余压发电上网政策。要强化节能减排计量管理，提高能耗和排放计量检测的准确性和数据分析能力。通过强化环境准入、执法监管、考核问责等工作机制，进一步加强环保监测、减排核查、清洁生产审核、能耗限额标准执行监察，推动重污染企业加快退出市场。

（七）调整钢铁产品进出口结构。钢铁产品进出口政策要服从和服务于满足国内市场需求、促进钢铁工业节能减排、控制总量、淘汰落后产能的总体目标。要继续控制“两高一资”低附加值钢铁产品出口，在符合世界贸易组织有关规定的基础上，统筹研究有利于钢铁工业节能减排的进出口措施，相应调整钢铁产品进出口政策。

五、加快钢铁企业兼并重组

（八）明确钢铁企业兼并重组的工作目标。要按照市场化运作、企业平等协商、政府引导的原则，支持各类钢铁企业开展兼并重组。支持优势大型钢铁企业集团开展跨地区、跨所有制兼并重组，鼓励各省、自治区、直辖市人民政府继续推动本地区钢铁企业的兼并重组，进一步提高我国钢铁产业集中度，培育形成3～5家具有较强国际竞争力、6～7家具有较强实力的特大型钢铁企业集团。力争到2015年，国内排名前10位的钢铁企业集团钢产量占全国产量的比例从2009年的44％提高到60％以上，推动钢铁工业结构调整迈上一个新的台阶。各省、自治区、直辖市人民政府要抓紧制定和上报本地区2010—2011年钢铁企业兼并重组方案，由工业和信息化部会同有关部门审批后组织实施。

（九）抓紧完善和落实促进钢铁企业兼并重组的政策措施。要在项目审批、土地供应、贷款授信、资本市场融资以及安排国有资本经营预算支出等方面，加强对企业兼并重组的支持。对国有钢铁企业因重组出现阶段性经营绩效下降和负债率上升等情况，国有资产监管机构要在确定年度考核和任期考核目标中作相应调整。钢铁企业兼并重组要切实依法规范操作，保护出资人和职工合法权益，维护金融机构合法债权安全，切实防止国有资产流失，维护企业和社会稳定。

六、大力实施企业技术创新和技术改造

（十）积极支持钢铁行业做好技术创新工作。充分重视发挥科技支撑作用，持续加大科研经费投入力度。依托相关科技计划，引导和鼓励钢铁企业和科研机构围绕重大工程和战略需求进一步加大投入，加强新工艺、新技术、新产品研发，加强引进消化吸收再创新，加强前瞻性储备技术研究，尽快形成具有自主知识产权、适应未来国际竞争需要、支撑钢铁工业转型升级的核心关键技术和高附

加值产品。

（十一）重点支持钢铁企业开展技术改造。积极落实财政支持政策，鼓励、引导钢铁企业加强技术改造。切实提高资金使用效率，集中支持对钢铁工业结构调整意义重大的关键项目和企业。加大关键钢材品种、钢铁新材料、新一代全流程可循环工艺、节能减排、矿山资源综合利用以及工业化与信息化融合等技术改造工作力度，促进钢铁产业升级。

七、切实规范铁矿石流通秩序

（十二）强化行业自律，规范铁矿石进口秩序。在推进钢铁行业结构调整、加快兼并重组和淘汰落后产能，大幅度减少国内钢铁企业数量的基础上，通过行业自律，进一步提高铁矿石进口经营集中度。要加快落实《钢铁产业调整和振兴规划》，加大行业协调力度，抑制囤积居奇、倒买倒卖、哄抬铁矿石价格等行为。优化铁矿石资源配置，铁矿石资源要优先配置给符合《钢铁行业生产经营规范条件》的企业。进一步做好进口铁矿石信息报送工作，有关行业协会、商会要根据公布的符合规范条件的钢铁企业名单，加强对铁矿石进口流向的监测管理。

（十三）建立长期稳定的铁矿石进口渠道。有关行业协会、商会要加强与各类钢铁生产和贸易企业的协商，建立健全进口铁矿石价格形成机制。有关部门要积极创造条件，支持国内用户和国外供应商加强协调协作，建立长期稳定、互利互惠的合作关系，保持进口铁矿石的合理价格水平。

八、推进国内铁矿开发和“走出去”战略的实施

（十四）大力推进国内铁矿资源的勘探开发。加大国内铁矿石资源的勘探力度，增加资源储量。研究降低国内铁矿石生产和开采企业负担、提高国内铁矿石资源保障能力的政策措施。加强对共伴生矿、难选冶矿的技术和科研开发力度，对尾矿回收等综合利用项目研究完善有关税收优惠政策。推动国内矿山的有序建设和开发，加快推进铁矿资源的开发整合，将铁矿矿业权依法优先配置给符合钢铁产业政策的钢铁企业和大型矿山企业。用好现有扶持政策，支持大型铁矿山技术改造和资源综合利用。

（十五）进一步推进“走出去”战略。支持钢铁企业充分利用两个市场、两种资源，加强对外投资和跨国经营，深化经济技术合作。鼓励钢铁和矿山企业开展多种形式的境外铁矿石资源勘探开发，在境外建立稳定、可靠的铁矿石供应基地，并统筹考虑矿山、道路、港口、供电、供水设施的规划与建设。鼓励有条件的大型钢铁企业到国外建设钢铁厂和钢铁工业园区，努力提高钢铁企业的国际化经营水平。商务部要会同有关部门组织协会商会和企业，积极应对国外对我钢材产品提起的反倾销、反补贴等贸易救济调查，加强与各国政府及行业间的交流合

作，积极化解贸易摩擦，营造良好的国际贸易环境。

九、加强工作的组织协调

（十六）加强组织协调，狠抓各项工作落实。钢铁工业节能减排和结构调整是一项重要而艰巨的任务，要狠抓各项政策措施的落实。各有关部门要加强沟通配合，切实做好钢铁工业节能减排、结构调整工作的统筹规划和政策协调，抓紧细化和落实有关政策措施。各地区要切实加强组织领导，结合当地实际制定具体实施方案和配套办法并抓好落实。行业协会、商会要充分发挥桥梁和纽带作用，积极反映钢铁行业的新情况新问题，及时提出政策建议，督促钢铁企业认真落实国家钢铁产业政策。钢铁企业要从产业发展的大局出发，强化内部管理，积极开展淘汰落后、节能减排、技术改造、兼并重组等各项工作。工业和信息化部要会同有关部门加强监督指导，确保加大节能减排力度加快钢铁工业结构调整各项工作措施落到实处。

附件：重点工作分工表

国务院办公厅

二〇一〇年六月四日

附件：

重点工作分工表

序号	工作任务	负责单位	参加单位
1	严格钢铁建设项目核准	发展改革委、工业和信息化部	
2	清理钢铁建设项目	发展改革委	监察部、工业和信息化部、国土资源部、环境保护部
3	查处违法用地行为	国土资源部	
4	查处环保违规行为	环境保护部	
5	严格钢铁行业贷款审批	银监会、人民银行	
6	加强产品质量监督管理	质检总局	
7	严格税收征管	财政部、税务总局	
8	完善差别电价政策	发展改革委	
9	下达淘汰落后产能年度目标任务	工业和信息化部	

续 表

序号	工作任务	负责单位	参加单位
10	公布淘汰落后产能企业名单	工业和信息化部	
11	制定《钢铁行业生产经营规范条件》，公布符合规范条件的企业名单	工业和信息化部	环境保护部、商务部
12	落实淘汰落后产能奖励资金	财政部、工业和信息化部	
13	制定鼓励余热余压发电上网政策	发展改革委	
14	加强节能减排计量工作	质检总局	
15	调整钢铁产品进出口税收政策	财政部	发展改革委、工业和信息化部、商务部、海关总署、税务总局，钢铁工业协会
16	推进钢铁企业兼并重组	工业和信息化部	发展改革委、财政部、国土资源部、国资委、税务总局、银监会、证监会
17	促进钢铁企业技术改造	发展改革委、工业和信息化部	
18	规范铁矿石流通秩序	钢铁工业协会、五矿进出口商会	商务部、外交部、发展改革委、工业和信息化部
19	加大国内铁矿资源勘探开发力度	国土资源部	财政部
20	鼓励国内企业到境外进行矿山开发和钢厂建设	发展改革委、商务部	工业和信息化部、人民银行、国资委
21	应对国际贸易摩擦	商务部	发展改革委、工业和信息化部、质检总局，钢铁工业协会

042

关于清理钢铁项目的通知

发改产业〔2010〕2600 号

各省、自治区、直辖市、计划单列市发展改革委、国土资源厅（局）、环境保护厅（局）：

为贯彻落实《国务院关于进一步加大工作力度确保实现“十一五”节能减排目标的通知》（国发〔2010〕12 号）和《国务院办公厅关于进一步加大节能减排力度加快钢铁工业结构调整若干意见》（国办发〔2010〕34 号）文件精神，国家发展改革委、国土资源部、环境保护部将会同有关部门，对钢铁项目进行一次性清理。现将有关事项通知如下：

一、清理目的

为“十二五”钢铁产业布局、结构调整和产业升级提供第一手资料，为钢铁产业宏观调控、能耗和环保指标分配、资源和土地配给、企业融资、差别电价、联合重组、淘汰落后、技术改造等政策的制订提供重要依据。

二、清理范围

根据国办发〔2010〕34 号文件精神，此次项目清理的范围为 2005 年以来开工建设（含在建和已建成）的钢铁项目（包括新建、改扩建的铁矿开发项目和钢铁生产项目）。

三、清理内容

此次钢铁项目的清理内容，主要包括产能总体情况，项目核准情况，项目用地情况，以及项目节能环保等情况。

四、清理方式

请各省级发展改革委牵头，对辖区内现有钢铁企业总体情况和 2005 年以来开工建设的钢铁项目（包括经国务院投资主管部门核准和未经国务院投资主管部门核准的全部钢铁项目）进行清理，并填写钢铁产能情况表，达到产业政策准入条件的钢铁项目填写钢铁项目基本情况表，其中具备完整“炼铁—炼钢—热轧”或“电炉—热轧”流程的综合项目要填写钢铁综合项目情况表，清理结果报告和附表（附光盘）于 12 月 31 日前报送国家发展改革委、国土资源部、环境保护部。

各单位要认真清理，如实填报，严禁瞒报和弄虚作假，一经查实，涉及的项目将取消下一步整顿核准资格，所涉及地区“十二五”产业布局将实行“区域限批”。

五、清理结果处理

国家发展改革委、国土资源部、环境保护部将会同有关部门，研究出台《钢铁建设项目清理整顿处理意见》，对各省上报的钢铁项目清理结果进行分类处理，并对外公布清理结果。

联系方式：
国家发展改革委：水恒勇
联系电话：010－68501582，68502060（传真）
电子信箱：shuihy@ndrc. gov. cn
国土资源部：刘天科
联系电话：010－66558144（兼传真）
电子信箱：liutk666@126. com
环境保护部：李清龙
联系电话：010－66556422，66556419（传真）
电子信箱：lian. jun@mep. gov. cn

附件：钢铁产能情况表、钢铁项目基本情况表、钢铁综合项目情况表（略）

国家发展和改革委员会
国土资源部
环境保护部
二〇一〇年十月二十九日

043

关于发布《进口废钢铁环境保护管理规定（试行）》的公告

环境保护部公告 2009 年第 66 号

为进一步完善可用作原料的固体废物进口管理工作，促进冶金行业结构调整和节能减排，依据《中华人民共和国固体废物污染环境防治法》、国务院《关于落实科学发展观加强环境保护的决定》（国发〔2005〕39 号）和《国务院批转发展改革委等部门关于抑制部分行业产能过剩和重复建设引导产业健康发展的若干意见》（国发〔2009〕38 号）等有关规定，我部制定了《进口废钢铁环境保护管理规定（试行）》。现予以公布，自 2010 年 1 月 1 日起施行。原国家环境保护总局《关于进一步做好进口废钢铁审批和管理工作的通知》（环函〔2005〕158 号）同时废止。

附件：进口废钢铁环境保护管理规定（试行）

环境保护部

二〇〇九年十二月十日

附件：

进口废钢铁环境保护管理规定（试行）

环境保护部

2009 年 12 月 10 日

一、进口废钢铁的定义

本规定所称的进口废钢铁，是指列入《自动许可进口类可用作原料的固体废物目录》的“铸铁废碎料”、“其他合金钢废碎料”、“镀锡钢铁废碎料”、“机械加工中产生的钢铁废料（机械加工指车、刨、铣、磨、锯、锉、剪、冲加工）”、“未列明钢铁废碎料”和“供再熔的碎料钢铁锭”。

二、加工利用企业类型

以下类型之一的企业可以申请进口废钢铁加工利用：

（一）钢铁冶炼企业；

（二）进口废钢铁加工配送中心；

（三）进口废五金定点单位，即环境保护部核定的进口废五金电器、废电线电缆、废电机定点加工利用单位；

（四）外籍设备修理企业，即承担外籍船舶或者其他外籍机械设备修理业务，并产生无法退运出境废钢铁的企业；

（五）特钢铸件出口回收企业，即从事出口特殊成分钢铁铸造件的生产、加工业务，并对已出口产品的报废件、破碎件、边角余料等进行回收利用的企业。

三、一般规定

进口废钢铁加工利用企业应当符合以下规定：

（一）属于依法成立并具有增值税一般纳税人资格的企业法人；

（二）符合建设项目环境保护管理有关规定；

（三）建立了固体废物加工利用经营情况记录簿、日常环境监测等环境管理制度；

（四）有相关环境保护专业技术人员和管理人员；

（五）申请进口数量与加工利用能力相适应，进口口岸符合就近原则和国家有关口岸管理规定；

（六）委托其他企业代理进口的，所选择的进口企业必须具有进口废物原料国内收货人资格，且加工利用企业必须在进口企业所持《进口废物原料国内收货人登记证书》已登记的“国内加工利用企业”范围内；

（七）加工利用企业及其法定代表人或者所委托的进口企业及其法定代表人，近两年内没有隐瞒有关情况或者提供虚假材料申请固体废物进口许可证，或者买卖固体废物进口许可证，或者将所进口固体废物全部或者部分转让、提供或者委托给许可证载明的加工利用企业以外的单位或者个人的行为；

（八）近一年内没有以下违反环境保护法律、法规的行为：

1. 超过国家或者地方规定的污染物排放标准排放污染物；

2. 对进口固体废物加工利用后的残余物未进行无害化处置；

3. 环境监测记录或者进口固体废物经营情况弄虚作假，或者不如实申报。

四、钢铁冶炼企业的特殊规定

钢铁冶炼企业进口废钢铁，除应符合本规定第三条所述的一般规定外，还应符合以下规定：

（一）生产工艺、设备和产品符合国家钢铁产业政策；

（二）具有加工利用进口废钢铁的设施、设备、场地及配套的污染防治设施和措施，并符合国家或者地方相关标准、规范或者政策的要求。

五、进口废钢铁加工配送中心的特殊规定

进口废钢铁加工配送中心进口废钢铁，除应符合本规定第三条所述的一般规定外，还应符合以下规定：

（一）有附一所列的废钢铁加工处理或者利用的设施、设备、场地及配套的污染防治设施和措施，并经所在地省级环境保护行政主管部门考核合格；

（二）自行进口废钢铁，不得由其他企业代理进口；

（三）近两年内没有将所进口废钢铁全部或者部分转让、提供或者委托给符合本规定的钢铁冶炼企业以外的单位或者个人的行为。

六、进口废五金定点单位的特殊规定

进口废五金定点单位进口废钢铁，除应符合本规定第三条所述的一般规定外，还应符合以下规定：

（一）具有环境保护部核定的进口废五金电器、废电线电缆、废电机（以下简称“废五金类废物”）定点加工利用单位资格，且当年已取得废五金类废物进口许可证；

（二）申请数量不超过当年进口废五金类废物批准量的10%，进口企业和口岸与废五金类废物进口许可证的进口企业和口岸一致；

（三）加工利用企业及其法定代表人或者所委托的进口企业及其法定代表人，近两年内没有将所进口废钢铁全部或者部分转让、提供或者委托给符合本规定的钢铁冶炼企业以外的单位或者个人的行为。

七、外籍设备修理企业的特殊规定

外籍设备修理企业进口废钢铁，除应符合本规定第三条所述的一般规定外，还应符合以下规定：

（一）最近一年内正常从事外籍船舶或者其他外籍机械设备修理的业务，并产生无法退运出境的废钢铁；

（二）仅限于向海关申报进口修理外籍设备产生的无法退运出境的废钢铁。

八、特钢铸件出口回收企业的特殊规定

特钢铸件出口回收企业进口废钢铁，除应符合本规定第三条所述的一般规定外，还应符合以下规定：

（一）最近一年内正常从事特殊成分钢铁铸造件出口的生产、加工业务；

（二）具有对已出口特殊成分钢铁铸造件产品的报废件、破碎件、边角余料等进行回收利用的设施、设备、场地及配套的污染防治设施和措施，并符合国家

或者地方相关标准、规范或者政策的要求。

九、申请材料及相关证明材料要求

申请进口废钢铁，须按照进口自动许可类可用作原料的固体废物的申请程序提交《自动许可进口类可用作原料的固体废物申请书》（可从环境保护部固体废物管理中心网站 http：//ncswm. mep. gov. cn 下载），并附必要的证明材料，包括：

（一）首次申请进口废钢铁的，提交下列证明材料：

1. 加工利用企业年检有效的法人营业执照副本、组织机构代码证书副本、一般纳税人资格证书（或者加盖“增值税一般纳税人”字样的国税税务登记证）的复印件。

2. 加工利用企业有关证明废钢铁加工处理、利用能力以及进口数量合理性的材料，如生产设备型号和规格、数量以及有关合理可信的说明和计算材料。其中：

（1）钢铁冶炼企业应提交有关符合国家钢铁产业政策（有关政策摘要见附二）的材料。

（2）进口废钢铁加工配送中心应提交与符合本规定的钢铁冶炼企业签订的供货合同，以及有关其加工配送废钢铁的设施、设备、场地及配套的污染防治设施和措施的证明材料，并附所在地省级环境保护行政主管部门出具的考核表（见附一）。

（3）进口废五金定点单位应提交与符合本规定的钢铁冶炼企业签订的供货合同。

（4）外籍设备修理企业应提交“最近一年内正常从事外籍船舶或者其他外籍机械设备修理的业务，并产生无法退运出境的废钢铁”的证明材料，可以是维修外籍设备的合同、维修时间、数量、重量以及所产生废钢铁数量的汇总清单等。

（5）特钢铸件出口回收企业应提交“最近一年内正常从事出口特殊成分钢铁铸造件的生产、加工业务”的证明材料，可以是已出口产品的《中华人民共和国出口货物报关单》及其汇总清单，以及与境外企业签订的已出口产品的报废件、破碎件、边角余料回收合同等。

3. 加工利用企业（进口废五金定点单位除外）建设项目环境影响评价文件、环境影响评价批准文件、环境保护竣工验收文件（或者试运行批准文件）等的复印件。

4. 加工利用企业有关经营情况记录簿、日常环境监测等制度样本。

经营情况记录簿应如实记载每批进口废钢铁所使用的许可证号、进口口岸、进口时间、进口重量；运输单位的名称和联系方式；加工处理或者利用废钢铁的数量、时间和最终流向；所产生不可利用固体废物的最终流向等。有关废钢铁进口、运输、销售等合同、发票、付汇单据、加工利用企业与进口企业的资金往来单据，以及其他固体废物（包括可利用和不可利用固体废物）流向的有关合同及运输单据等原始凭证应作为经营情况记录簿的附件保存。

环境监测方案应确定监测指标和频率，以及应急监测预案。自行监测的，应当制定监测仪器的维护和标定方案，定期维护，标定并记录结果。委托监测的，应当提供委托合同和委托监测机构的监测资质证明文件。

5. 加工利用企业有相关环境保护的专业技术人员和管理人员的证明材料。如相关专业技术和管理人员的学历和学位证书、职称证书复印件；相关专业技术和管理人员与申请单位签订的劳动合同等能证明劳动关系的证明材料，如合同聘用文本及聘期、合同期间社保证明等。

6. 委托其他企业代理进口的，应提交进口企业年检有效的工商营业执照副本、《进口废物原料国内收货人登记证书》复印件，以及代理进口合同原件。

代理进口合同中，应当订明以下条款：

（1）所进口废物的种类、数量、价格和质量要求；

（2）所进口废物必须符合我国进口废物环境保护控制标准；以及对不符合环境保护控制标准废物退运责任的规定；

（3）不得将所进口废物全部或者部分转让、提供或者委托给许可证载明的加工利用企业之外的单位或者个人。

7. 废物出口者签章的《进口废物原料境外供货企业注册证书》复印件。

8. 利用设施所在地省级环境保护行政主管部门出具的对加工利用企业近一年内监督管理等情况的意见（见附三）。

9. 其他证明符合本规定的文件和材料。

（二）非首次进口废钢铁的，提交下列证明材料：

1. 加工利用企业年检有效的法人营业执照副本、组织机构代码证书副本、一般纳税人资格证书（或者加盖“增值税一般纳税人”字样的国税税务登记证）的复印件。

2. 加工利用企业有关证明废钢铁进口数量合理性的材料，如生产设备型号和规格、数量以及有关合理可信的说明和计算材料。其中：

（1）进口废钢铁加工配送中心、进口废五金定点单位应提交与符合本规定的钢铁冶炼企业签订的供货合同。

（2）外籍设备修理企业应提交“最近一年内正常从事外籍船舶或者其他外籍机械设备修理的业务，并产生无法退运出境的废钢铁”的证明材料，可以是维修外籍设备的合同、维修时间、数量、重量以及所产生废钢铁数量的汇总清单等。

（3）特钢铸件出口回收企业应提交“最近一年内正常从事出口特殊成分钢铁

铸造件的生产、加工业务”的证明材料，可以是已出口产品的《中华人民共和国出口货物报关单》及其汇总清单，以及与境外企业签订的已出口产品的报废件、破碎件、边角余料回收合同等。

3. 委托其他企业代理进口的，应提交进口企业年检有效的工商营业执照副本、《进口废物原料国内收货人登记证书》复印件，以及代理进口合同原件。

代理进口合同中，应当订明以下条款：

（1）所进口废物的种类、数量、价格和质量要求；

（2）所进口废物必须符合我国进口废物环境保护控制标准；以及对不符合环境保护控制标准废物退运责任的规定；

（3）不得将所进口废物全部或者部分转让、提供或者委托给许可证载明的加工利用企业之外的单位或者个人。

4. 废物出口者签章的《进口废物原料境外供货企业注册证书》复印件。

5. 利用设施所在地省级环境保护行政主管部门出具的关于对加工利用企业近一年内监督管理等情况的意见（见附三）。

6. 有关未买卖固体废物进口许可证的证明材料，如上批次废物进口资金流的证明材料。加工利用企业自行进口的，应提供付汇证明；委托其他企业进口的，应提供进口企业的付汇证明，以及加工利用企业与进口企业的资金往来证明等。

7. 进口废钢铁加工配送中心、进口废五金定点单位应当提交有关未将所进口废钢铁全部或者部分转让、提供或者委托给符合本规定的钢铁冶炼企业以外的单位或者个人的证明材料，如上批次进口废钢铁买卖相关资金往来的材料。

8. 其他证明符合本规定的文件和材料。

以上全部证明材料必须加盖企业公章。提交复印件的，须在复印件上签署“此复印件与原件相同”字样，并注明日期。

附一：（填写企业名称）（进口废钢铁加工配送中心）环境保护考核表（试行）（略）

附二：国家钢铁产业政策摘要（略）

附三：环境保护厅（局）关于（填写企业名称）监督管理情况（略）

044

关于对港存进口铁矿石进行疏港的通知

发改工业〔2008〕1360号

各省、自治区、直辖市发展改革委、商务厅，辽宁、河北、天津、山东、福建、江苏、广东、广西省（区、市）交通厅（委）、上海市港口管理局，沈阳、北京、太原、济南、上海、南昌、南宁铁路局及广铁（集团）公司，中国钢铁工业协会、中国五矿化工进出口商会：

今年年初以来，国内港口铁矿石港存积压情况严重。根据有关部门统计，至5月15日全国主要港口港存铁矿石7922万吨，达到历史最高位，比2007年12月末的4473万吨增加3449万吨，比正常港存量（一个半月到两个月的高炉生产需求量）4000万吨多出了3922万吨，尤其是青岛港、日照港、天津港、连云港四个港口铁矿石积压和堵港问题比较突出，导致港口以疏定卸，严重影响到港口的船舶接卸和正常运转，而且资金大量占用，也影响到国民经济的正常运行。

造成以上情况的主要原因：一是一些企业预期铁矿石价格仍会上涨，加快进口节奏或提前进口；二是国内铁路运能总体紧张，且今年以来保煤、油、粮食以及抗灾物资运输任务十分繁重，与此同时港口接卸能力大于铁路疏运能力，造成港口堆场积压，部分钢铁企业生产所需的铁矿石因运能不足而受到影响；三是受铁矿石、焦炭等价格近期上涨较快以及从紧的货币政策等国家一系列宏观调控政策的影响，部分小钢铁企业开工不足，贸易矿销售不畅，积压严重。

今年1～4月份，我国高炉生铁产量15931万吨，同比增加1216万吨，所需增加矿石量为1920万吨左右；国内大中型矿山生产铁矿石原矿23540万吨，折合成精矿粉比去年同期新增2270万吨左右，完全能够满足高炉生产的需求。同期国内进口铁矿石15349万吨，同比增加2019万吨，中国铁矿石市场出现了供大于求的趋势。港存铁矿石数量的增加，加大了港口吞吐和铁路运输压力，同时也造成我国铁矿石需求旺盛的假象。

为减轻我国港口和铁路运输压力，现就有关要求通知如下：

一、钢铁生产企业要充分发挥各自企业内部矿石料场的堆放能力，积极配合港口、铁路等运输部门，将本企业存放在港口的铁矿石运往厂内。

二、贸易企业要将滞存在港口的铁矿石尽快明确流向，迅速销往符合钢铁产业政策要求的钢铁企业，严禁借港口堆场大量存货。

三、各进口铁矿石接卸港口要积极配合有关部门做好疏港工作，按照有关规定加收滞港、堆存等费用，并对现有铁矿石港存情况进行自查，通知客户将已滞存在港口的铁矿石尽快疏出，减轻港口压力。各港口要将铁矿石当前港存情况（分用户及入库时间）及疏运计划于 6 月 20 日前分别报国家发展改革委、交通运输部、铁道部、商务部。

四、各相关铁路局要积极支持配合港口铁矿石疏港工作，加强沟通协调和运输组织，加大港口疏运倾斜力度，增加排空车数，加快推进直通运输等提高效率的方式，对已明确流向的铁矿石尽快组织运输，保证在短期内港口铁矿积压问题得到解决。

五、钢铁工业协会、五矿商会应加强行业自律，及时跟踪铁矿石进口动态，加强预警机制。对不顾国内市场实际需求，大量进口和囤积铁矿石，伺机高价倒卖，扰乱国内铁矿石市场的行为要进行行业通报。

六、国家发展改革委、交通运输部、铁道部、商务部将适时组成联合调查组进行专项检查，督促铁矿石疏运工作。对铁矿石长期滞港企业将商请银行慎贷，防范金融风险。

国家发展和改革委员会
交通运输部
铁道部
商务部
二〇〇八年六月十日

045

关于禁止落后炼铁高炉等淘汰设备转为它用有关问题的紧急通知

发改产业〔2007〕2047 号

各省、自治区、直辖市、计划单列市及新疆生产建设兵团发展改革委、经委（经贸委）：

落后生产能力是资源能源浪费、环境污染的源头。加快淘汰落后生产能力是促进产业结构优化升级、转变经济增长方式、实现“十一五”节能减排目标的一项重要措施。近年来，各地认真贯彻国家法律、法规和产业政策，淘汰严重浪费资源、污染环境的落后生产能力，取得了积极成效。但是，近来在一些地方出现了部分企业不认真执行国家法律、法规和产业政策，将国家明令淘汰的设备转为它用的问题。这种做法严重影响淘汰落后生产能力工作，不利于产业结构的调整和优化升级，也影响节能减排目标的实现。因此，各地必须高度重视，采取切实可行的措施加以制止。现将有关问题通知如下：

一、目前问题比较突出的是淘汰的部分炼铁高炉用来生产铁合金

（一）高炉铁合金生产能力严重过剩。铁合金生产中高炉主要用于生产高炉锰铁，高炉容积一般为 100～300 立方米。据初步统计，目前我国共有铁合金高炉 36 座，高炉锰铁生产能力约 100 万吨。而近年来我国高炉锰铁的产量仅 60 万吨左右，产能过剩约 40%。

（二）部分落后炼铁高炉盲目转产铁合金。由于 300 立方米及以下的炼铁高炉属于淘汰的落后炼铁生产能力，部分企业为逃避淘汰将 300 立方米以下的炼铁高炉转产铁合金。这些高炉有 300 多座，如全部转产可增加铁合金生产能力 1000 多万吨，这将进一步加剧铁合金产能过剩的矛盾。

（三）以铁合金名义盲目建设一批镍铬生铁高炉。2006 年以来，随着不锈钢生产的快速增长，金属镍价格上涨，一些地区以铁合金项目的名义建设（新建或改建）了一批以进口的红土矿为原料生产镍铬生铁的高炉，有些地区还准备新建。初步统计，目前镍铬生铁高炉生产能力在 200 万吨以上。这些镍铬生铁高炉容积小，装备比较落后，有些是用应淘汰的炼铁高炉转产生产镍铬生铁，无烟气净化措施，氟污染严重，难以治理，“三废”排放严重超标。另外，由于这种镍铬生铁高炉生产工艺是先炼出镍铬生铁再生产不锈钢，没有实现与炼钢工序的热装热送，热能利用效率低，浪费能源。这种镍铬生铁高炉实际上就是炼铁高炉，

应该按炼铁项目要求进行建设，以铁合金项目建设降低了行业的准入门槛。

落后炼铁高炉转产铁合金，以及铁合金高炉建设中存在的上述问题，在目前铁合金生产能力严重过剩的情况下，如果进一步发展，将加剧铁合金产能过剩矛盾，严重冲击铁合金企业生产，影响落后炼铁高炉的淘汰进度，不利于钢铁行业和铁合金行业的结构调整和宏观调控。

二、针对上述问题，为进一步促进钢铁行业和铁合金行业结构调整，加快淘汰落后生产能力，特提出如下要求：

（一）落后炼铁高炉要按期淘汰，禁止转产铁合金。炼铁高炉的淘汰，以炉体及风机、烧结、烟囱等设备设施拆除，生产场地平整为标准。各地要对淘汰的落后高炉转产铁合金的情况认真进行清理，发现一起，纠正一起，并将处理结果于9月底前报我委（产业政策司）。

（二）停止建设铁合金高炉。对新建、拟建铁合金高炉项目，各级投资主管部门不予核准和备案，金融机构不得提供信贷支持，对在建项目各地要认真进行清理，并将清理结果于9月底前报我委（产业政策司）。

（三）新建镍铬生铁高炉严格按炼铁项目进行管理。按《钢铁产业发展政策》要求，新建镍铬生铁高炉有效炉容应在1000立方米及以上，同步配套污染治理和综合利用设施，能源消耗、新水耗量等达到炼铁高炉的准入条件。项目应按程序核准。对现有300立方米以下的镍铬生铁高炉按照炼铁高炉的要求限期淘汰。

（四）铁合金高炉必须生产铁合金。对改变用途冶炼生铁的，按照炼铁高炉要求重新进行审核。属于2005年8月以后建设的1000立方米以下的高炉项目，不符合产业政策规定，应予以停产。属于300立方米以下的高炉应予以淘汰。

（五）各地区要举一返三，关注其它行业淘汰落后生产能力情况，及时发现和解决苗头性、倾向性问题。认真贯彻落实《国务院关于发布实施〈促进产业结构调整暂行规定〉的决定》和《国务院关于加快推进产能过剩行业结构调整的通知》等国家产业政策，严格执行行业准入条件，坚决淘汰落后生产能力。禁止落后生产能力转移，禁止落后生产设备转产。

国家发展和改革委员会
二〇〇七年八月十八日

046

关于钢铁工业控制总量淘汰落后加快结构调整的通知

发改工业〔2006〕1084 号

各省、自治区、直辖市、计划单列市、新疆生产建设兵团发展改革委（计委）、经贸委（经委）、商务厅、国土资源厅（局）、环保局，海关总署广东分署、天津、上海特派办，各直属海关，质监局、人民银行各分行（营业管理部）、各省会（首府）城市中心支行，银监会各监管局，国家政策性银行，国有独资商业银行、股份制商业银行：

根据国务院《关于加快推进产能过剩行业结构调整的通知》（国发〔2006〕11 号）的有关部署，现将钢铁工业控制总量、淘汰落后、加快结构调整的实施要求通知如下：

一、充分认识钢铁工业产能过剩的严峻形势

钢铁工业是国民经济的重要原材料产业。改革开放以来，我国钢铁工业取得了长足发展，已成为世界上最大的钢铁生产和消费国，为国民经济持续、稳定、健康发展做出了重要贡献。值得注意的是，钢铁工业在快速增长的同时，由于受体制和机制不完善的影响，粗放型特征非常明显，近两年来，盲目投资问题尤其突出。为加强对钢铁等行业的宏观调控，国务院印发了《国务院办公厅转发发展改革委等部门关于制止钢铁电解铝水泥行业盲目投资若干意见的通知》（国办发〔2003〕103 号），及时召开了电视电话会议，进行研究部署，发改委、国土、金融、环保、质检等各部门密切协作，完善调控措施，控制土地、金融两个闸门效果开始显现；经国务院审议批准，国家发展改革委发布了《钢铁产业发展政策》，具体明确了钢铁工业结构调整任务和方向。总体上看，这一轮宏观调控对抑制钢铁工业盲目发展发挥了重要作用，并取得了积极成效。一是投资增长幅度明显回落。钢铁工业投资由 2003 年增长 92.6%回落到 2005 年 27.5%，与全国固定资产投资增长 27.2%的幅度基本持平；二是钢材需求过快增长的势头明显减弱。钢材表观消费量增幅由 2003 年的 28%回落到 2005 年的 22%；三是产品结构不断改善。2005 年钢材板带比已达 38.56%，比 2003 年提高 4.56 个百分点；四是企业兼并重组加快。鞍钢与本钢，武钢与鄂钢，唐钢与宣钢、承钢等企业联合标志着我国钢铁工业重组迈出了重要的一步；五是淘汰落后产能初见端倪。受去年

下半年大部分钢材价格跌破成本的市场压力，一些技术、设备落后的钢铁企业已开始停产、半停产；部分地方，如河南省政府已根据环保等法律法规关闭了部分污染严重的落后产能。尽管钢铁工业宏观调控取得了一些成效，但盲目扩张累积的问题已十分突出，一些地方和企业还在继续上新项目，产能过剩的矛盾在进一步加剧，其后果正在显现。具体表现在：

一是产能过剩的矛盾十分突出。2005 年底已形成炼钢能力 4.7 亿吨，还有在建能力 0.7 亿吨、拟建能力 0.8 亿吨，如果任其全部建成，届时，我国炼钢产能将突破 6 亿吨。而 2005 年钢表观消费量在 3.5 亿吨左右，即使考虑到未来钢材需求的增长，供求也是严重失衡的。严重短缺的一些钢材品种，如不锈钢，也出现了产能过剩的问题。在市场已经过剩的情况下，不少企业仍在违规盲目上新项目，2003 年以后新增的炼钢产能中，经国家发展改革委、环保总局、国土资源部核准的项目产能不足全部新增产能的 20%，绝大部分产能未经核准、环评和科学论证。

二是资源供给和环境容量难以支撑。目前，我国钢铁工业所用的铁矿石已有 50%以上来自进口，全球新增铁矿石量的 90%以上用于我国的消费，受此影响，2005 年进口铁矿石价格上涨 71.5%，今年还有进一步上涨的压力；2004 年钢铁工业耗能近 3 亿吨标准煤，占全国能耗总量的 15%，耗新水近 40 亿吨，占工业耗新水总量的 14%，运输量 10 亿吨，占全社会货运量的 6%。而钢铁工业增加值仅占 GDP 的 3.14%；钢铁工业粉尘年排放量约 120 万吨，占工业排放量的 14%，钢铁企业已成为许多地方的主要污染源，引起了人民群众的强烈不满，也是政协和人大代表比较集中关注的问题之一。因此，无论是资源供给还是环境容量，均不允许钢铁工业粗放型发展下去了。

三是低水平产能占相当比重。在 2004 年末形成的 4.2 亿吨钢产能中，落后的 300 立方米及以下的小高炉能力约 1 亿吨，20 吨及以下的小转炉和小电炉能力 5500 万吨，分别占总能力的 27%和 13.1%。这部分落后产能，规模小、效率低、污染重、无综合利用设施，单位能耗通常要比大型设备高出 10%至 15%，物耗高出 7%至 10%，二氧化硫排放量高 3 倍以上，粉尘、煤气超标排放，对周边生态环境构成严重威胁。

四是行业恶性竞争已经出现。2005 年 9 月下旬以来，在钢材价格出现全面下跌，原材料价格居高不下，95%的钢材产品价格跌破成本，企业产成品资金占用增长 50%，钢铁工业整体走向微利甚至亏损的形势下，相当多的企业仍在继续增产，加剧了市场供大于求的矛盾。

五是产业集中度进一步下降。由于我国钢铁企业数量增长过快，钢铁工业总体规模迅速扩张，产业集中度不升反降。2005 年我国 69 家重点统计企业钢产量占全国的 79.81%，比上年下降了 3.71 个百分点。

上述问题，如不及时加以解决，资源、能源、运输和环境矛盾将进一步加剧，并引发市场恶性竞争，国际贸易摩擦，企业亏损面扩大，一些企业将被迫停产，失业人数增加，银行呆坏帐扩大等，我国钢铁工业有可能再次丧失由大到强转变的重要战略机遇。

二、抓住机遇，审时度势，明确目标，稳妥调控

当前，随着科学发展观的深入人心，各地区和钢铁企业已感受和认识到过度投资的危害和后果，提高了转变增长方式和加快结构调整紧迫性的认识。钢材供需形势的变化，为钢铁工业结构调整带来了市场压力，国务院通过的钢铁产业发展政策，对钢铁行业结构调整提出了具体要求。目前，钢铁工业正处于结构调整有压力、发展有动力、宏观调控有政策的有利时机，要抓住和利用好这一机遇，把控制总量、淘汰落后和调整结构作为当前和今后一个时期钢铁工业发展的重要任务，作为转变增长方式、实现单位国内生产总值能耗下降20%的重要举措加以推进。要清醒地认识到，早调整、主动调整比晚调整、被动调整对钢铁工业造成的损失少，对社会震动小，更有助于钢铁工业增长方式的转变。

（一）结构调整目标

严格控制钢铁工业新增产能，加快淘汰落后生产能力，“十一五”期间，淘汰约1亿吨落后炼铁能力，2007年前淘汰5500万吨落后炼钢能力等，2006年淘汰落后产能工作要取得实质性进展；钢铁工业布局不合理的局面得到改善，结合城市钢厂搬迁和淘汰落后产能，建成曹妃甸等沿海钢铁基地；产品结构调整取得进展，主要产品满足国民经济发展需要，2010年板带比达到50%；加快兼并重组，产业集中度有所提高，形成2～3个3000万吨级、若干个千万吨级的具有国际竞争力的大型钢铁企业集团，国内排名前10位的钢铁企业集团钢产量占全国的比例达到50%以上。

（二）结构调整需要把握的原则

1. 坚持市场机制为主，严格执行法律法规。钢铁工业具有市场竞争性强、全球资源配置的特征，在充分发挥市场机制对钢铁工业结构调整的推动和基础性作用的同时，要采取有效的经济手段，严格执行土地、信贷、环保等法律法规。宏观调控是完善和发挥市场机制、顺利实现优胜劣汰的必要措施。

2. 坚持区别对待，分类指导原则。要根据不同地区、不同企业的实际情况，按照钢铁产业政策和规划的要求，有保有压，坚持总量调控和结构调整相结合，扶优与汰劣相结合，兼并重组与关停相结合，现有企业改造与搬迁相结合。

3. 注重平稳发展，防止大起大落。为确保钢铁工业控制总量、淘汰落后、结构调整的顺利进行，需要一个相对稳定的环境，既要抓住当前有利时机，坚决推进，又要把握力度和节奏，以最小的代价，换取明显的成效，特别要避免出现

因钢铁工业大的滑坡等不稳定因素，而影响和动摇结构调整正常进行的被动局面。因此，在目前比较脆弱的市场形势下，要审时度势，把握宏观调控的力度，当前首先要不放松现有政策的执行力度。

4. 注意标本兼治，建立长效机制。在着力对钢铁工业控制总量、淘汰落后能力的同时，要研究解决和消除钢铁工业粗放型发展的体制性因素，推动相应的体制改革，建立有助于钢铁工业健康发展的长效机制，避免再度出现反弹。

三、采取有力措施，务求控制总量、淘汰落后和结构调整取得实效

钢铁工业控制总量和淘汰落后，是“十一五”期间结构调整的一项重要任务，为顺利完成上述任务，要继续加强和改善宏观调控，采取以下具体措施：

（一）严格执行法律法规和钢铁产业发展政策

国家制定颁发的一系列保护环境、安全生产法律和国务院常务会议通过的《钢铁产业发展政策》等，对控制总量、淘汰落后能力、加快结构调整都提出了具体要求。贯彻落实法律法规和钢铁产业发展政策，是发改委、金融、土地、环保、质检、商务等行政主管部门的重要职责。对于违反法律法规和钢铁产业政策的企业或项目，金融机构不提供任何形式的信贷支持；国土资源管理部门不予办理用地手续；环保管理部门不受理其环境影响评价文件；商务部门不予批准其合同和章程，不发放外商投资企业证书；质检部门不发放生产许可证或依法收回生产许可证；证监会不允许其在境内外证券市场上募集资金；项目审批部门不予出具项目确认书；海关不予减免进口设备的关税和进口环节增值税；工商、税务部门不予登记；设计部门不提供设计；物价部门及水、电供应单位，要研究制定差别水价、电价政策，对能耗高、污染重、装备水平低的落后钢铁企业，提高其用水、用电价格，并报国家有关部门备案。各部门要根据产业政策，结合部门职能，制定具体配套办法。

（二）严格控制钢铁工业生产能力

一是依法把违规项目停下来。各地发改委（计委）、经贸委（经委）对未经科学论证、用地手续不合法和缺少环保审批手续，违规建设的钢铁项目，应立即停建，并进行清理整顿和依法予以处理。对符合产业政策的项目要按程序核准；对不符合产业政策的在建能力，尤其是产业政策明令禁止建设和限期淘汰的工艺装备，要采取强有力的果断措施，令其停建。二是对国办发〔2003〕103 号文件下发后仍继续违规审批和建设的项目，各部门要按照有关规定，从严查处。各地区要认真开展对钢铁企业土地使用情况、金融、环保和项目审批进行一次自查，由各省市发改委（计委）、经贸委（经委）牵头，将自查结果和处理意见于 2006 年 7 月 31 日前上报国家各有关部门。三是严把项目准入关。投资主管部门严格按照钢铁产业政策规定的技术、资金、资源消耗、能耗、水耗、土地和环保等方

面的准入标准，严格市场准入。原则上不批准新建钢铁企业，个别结合搬迁、淘汰落后的项目也要从严掌握。

（三）淘汰落后生产能力

按照《大气污染防治法》、《水污染防治法（96修正）》、《固体废物污染环境防治法（2004年修订）》、《清洁生产促进法》和《安全生产法》以及《钢铁产业发展政策》、《产业结构调整指导目录》（2005年本）等现行的有关法律法规，关闭一批浪费资源、污染环境和不具备生产条件的落后生产能力。2007年前重点淘汰200立方米及以下高炉、20吨及以下转炉和电炉的落后能力；2010年前淘汰300立方米及以下高炉等其他落后装备的能力。对列入淘汰目录的装备，不得进行转让、变卖，金融机构要慎贷，环保部门要加强排污监控，质检部门要加强质量检查；在能源、水、电供应、流动资金贷款、铁矿等资源配置方面也要采取相应措施，不支持污染严重、能耗高、属于应淘汰的落后生产企业；地方可根据实际情况，采取差别电价、水价等经济手段，促其尽快淘汰；国家发展改革委核准钢铁项目将与该地区淘汰落后产能进度挂钩。各地、各部门本着谁审批谁负责的原则，妥善处理淘汰落后能力过程中出现的问题。国家发展改革委将会同土地、金融、环保等部门对重点地区进行检查。

（四）支持企业技术改造和技术创新

要按照钢铁产业发展政策的要求，支持增强自主创新能力，着力提升产业技术水平，改善品种，提高质量，降低消耗，加强综合利用、环境保护和安全生产的项目。继续支持符合钢铁产业政策，对调整结构、改善环境、调整布局方面有重大影响和带动作用的项目。鼓励企业加大技术开发力度，促进清洁生产，开发高质量、节约型、有特色的高附加值产品。对于淘汰企业转产其他符合国家产业政策的项目，土地、金融等方面应给予支持。

（五）推进钢铁企业的联合重组

要按照市场优胜劣汰原则，鼓励有实力的大型企业集团，以资产和资源为纽带，实施跨地区、跨所有制的兼并、联合重组，促进钢铁产业集中度的提高。金融、社保、财税部门要制定鼓励兼并重组的政策，提供必要的方便。联合重组要注重实效，实现企业生产要素的优化组合，提高竞争力。既要防止不顾市场规律的“拉郎配”，也要排除体制障碍，顺应市场要求，推动重组。要巩固鞍本联合的成果，推动鞍本资产、人事和管理的实质性重组；要结合首钢搬迁改造，促进与河北省钢铁企业的联合重组；要总结宝钢与上海冶金企业重组的经验，推动其它大型钢铁企业进行区域内及跨地区的联合重组。

（六）加强行业自律

钢铁工业协会要关心行业发展方向和行业的整体利益，及时发布关系行业健康发展的需求预测、产能变化、落后生产能力等信息，及时与政府、企业进行沟通，形成协调互动的机制，确保各项政策措施落到实处。同时，协会和企业要加强行业自律，统一思想认识，规范行业秩序，避免无序竞争和盲目发展。

（七）加强领导，落实责任

钢铁行业控制总量、淘汰落后和结构调整具有涉及面广、市场性强、政策配套和依法行政的特点，要充分认识到这一工作的重要性、紧迫性、艰巨性和复杂性。各地区，特别是淘汰落后产能任务比较重的地区要统一思想认识，加强领导，责任到人，根据不同情况和地区特点，制定出本地区五年规划和实施方案，摸清落后产能情况，明确重点和进度，于2006年三季度前报国家发展改革委，每半年将进展情况上报国务院有关部门。各级政府要高度重视淘汰落后工作，形成地方政府主导，部门配合联动的工作体系。地方经济综合主管部门应当依法向当地政府提出淘汰设备、关停企业的意见，在政府统一组织下，依法实施关闭。与此同时，各地要正确处理改革、发展与稳定的关系，认真解决淘汰落后、结构调整过程中出现的困难和问题，做好人员安置，维护社会稳定。国务院有关部门要密切配合，积极主动，各司其职，及时总结淘汰落后和结构调整的经验，加强对地方的指导。

附件：淘汰落后产能的法律依据（略）

国家发展和改革委员会　商务部
国土资源部　环保总局　海关总署
质检总局　银监会　证监会
二〇〇六年六月十四日

047

国务院办公厅转发发展改革委等部门关于制止钢铁电解铝水泥行业盲目投资若干意见的通知

国办发〔2003〕103 号

各省、自治区、直辖市人民政府，国务院各部委、各直属机构：

发展改革委等部门《关于制止钢铁行业盲目投资的若干意见》、《关于制止电解铝行业违规建设盲目投资的若干意见》和《关于防止水泥行业盲目投资加快结构调整的若干意见》已经国务院同意，现转发给你们，请认真贯彻执行。

钢铁、电解铝、水泥是国民经济建设中的重要原材料。经过多年的建设，我国钢铁、电解铝、水泥行业取得了长足的发展，一大批具有一定国际竞争力的大型企业集团正在崛起，产品已基本满足国民经济和社会发展需要，为国民经济持续快速健康发展做出了重要贡献。近年来，受市场需求的拉动，钢铁、电解铝、水泥等行业投资增速加快，产量大幅度上升。在这过程中，一些地区和企业受利益驱动，不顾市场、资源等外部条件，违反规定大规模新建和扩建钢铁、电解铝、水泥项目，出现了盲目投资、低水平重复建设和违法生产现象。目前，3 个行业的在建项目生产能力大大超过了预期需求，必将导致生产能力过剩、市场无序竞争、浪费资源和污染环境，甚至造成金融风险和经济社会其他方面的隐患。对此，各地区、各部门必须引起高度重视，保持清醒的认识，坚持以市场为导向，依照产业政策和发展规划，运用经济、法律、行政手段，采取有力措施，迅速遏制盲目投资、低水平重复建设的势头，促进这些行业健康发展。

各地区、各部门要根据本通知精神，尽快组织力量，对各地钢铁、电解铝、水泥等投资建设项目进行认真清理，并将清理结果于 2004 年 2 月底前报国务院。国务院将派出检查组，督促检查各地贯彻落实本通知精神的情况。

国务院办公厅

二〇〇三年十二月二十三日

关于制止钢铁行业盲目投资的若干意见

国家发展和改革委员会　国土资源部　商务部　环保总局　银监会

2003年11月19日

钢铁工业是国民经济的重要基础产业。改革开放以来，我国钢铁工业取得了长足发展，已成为世界上最大的钢铁生产和消费国，为国民经济持续、稳定、健康发展做出了重要贡献。但是，近几年来，我国钢铁工业出现了盲目投资、低水平扩张的现象。一些地方不顾市场及外部条件，以各种名义大规模新建炼钢炼铁项目，并低价出让、未征先用土地，给企业各种不合理的优惠政策和减免税收，还有一些地方以外商投资鼓励类名义，违规审批炼钢、炼铁项目，造成钢铁工业出现生产能力过剩，铁矿资源不足，布局不合理，结构性矛盾突出等问题。到2003年底，我国钢铁生产能力将达到2.5亿吨，目前在建能力约0.8亿吨，预计到2005年底将形成3.3亿吨钢铁生产能力，已大大超过2005年市场预期需求。此外，据不完全统计，各地拟建能力还约有0.7亿吨。钢铁工业是资金、资源和能源密集型产业，吞吐量大，污染重，耗水多。从资源、能源、环境和可持续发展等各方面条件看，我国钢铁工业低水平扩张、粗放经营的状况已难以为继。对于当前出现的盲目发展现象，如不加以引导和调控，将导致一些品种产量严重过剩和市场过度竞争，造成社会资源极大浪费，并易引发有关经济和社会问题。为迅速遏制钢铁工业盲目发展的势头，促进钢铁工业健康发展，现提出以下意见：

一、加强产业政策和规划导向

面对国际产业结构加速调整的形势和更加开放的市场环境，根据走新型工业化道路的原则，国务院有关部门要抓紧修订钢铁工业产业政策和发展规划，引导产业结构调整和升级，及时调整战略布局，推进企业联合重组，利用好国内外两种资源。要鼓励增加板管等高附加值短缺钢材的供给能力，限制发展能力已经过剩、质量低劣、污染严重的长线材等品种，降低资源消耗，实现清洁化生产，提高我国钢铁工业在国内外市场的整体竞争力。加强对国内外钢铁工业发展形势的研究和分析，建立和完善市场信息发布制度，及时发布钢铁产品、铁矿石、焦煤等重要原燃料市场供需状况、生产能力及价格变化等方面的信息，引导地方和企业的投资方向。

二、严格市场准入管理

为保证技术的先进性和满足环境保护的要求，实现钢铁工业可持续发展，必须严格市场准入条件。钢铁投资建设项目的最低条件暂定为：

（一）烧结机使用面积达到 180m^2 及以上、焦炉炭化室高度达到 4.3m 及以上，高炉容积达到 1000m^3 及以上、转炉容积达到 100 吨及以上、电炉达到 60 吨及以上。

（二）高炉必须同步配套建设煤粉喷吹装置、炉前粉尘捕集装置，大型高炉要配套建设余压发电装置；焦炉必须同步配套建设干熄焦、装煤、推焦除尘装置；转炉必须同步配套建设转炉煤气回收装置；电炉必须配套烟尘回收装置。

（三）新建钢铁联合企业，吨钢综合能耗低于 0.7 吨标煤，吨钢耗新水低于 6 吨，符合清洁生产要求，污染物排放指标达到环保标准要求。

（四）矿石、焦炭、供水、交通运输等外部条件要具备并落实。

对达不到上述条件的，一律不得批准建设。对按规定程序批准并已开工建设的项目，要按照上述条件积极进行调整。现有生产企业要通过技术进步、提高装备水平逐步达到上述条件。

当前钢铁生产能力过剩的矛盾日益突出，国家和各地原则上不再批准新建钢铁联合企业和独立炼铁厂、炼钢厂项目，确有必要的，必须经过国家投资主管部门按照规定的准入条件充分论证和综合平衡后报国务院审批。严禁地方各级人民政府将项目化整为零、越权、违规审批钢铁项目，对违反规定的，依法追究有关领导的责任。对生产“地条钢”的，要依法严厉打击。要加强对外商投资方向的指导和引导。

三、强化环境监督和执法

根据《中华人民共和国环境保护法》和《中华人民共和国环境影响评价法》的有关规定，加强对现有钢铁生产企业执行环保标准情况的监督检查。环保总局要定期发布环保不达标钢铁生产企业名单。对达不到排放标准或超过排污总量指标的钢铁生产企业实行限期治理，在限期治理期间，按照达标排放和环境保护行政主管部门下达的污染物排放总量控制的要求限产限排，限期治理不合格的要给予停产处理。对未按法定程序向环境保护行政主管部门报批环境影响报告书擅自开工建设的项目，在建的一律停建，投产的一律停产，并依照有关法律法规进行处理。

四、加强用地管理

各级国土资源行政主管部门要认真履行职责，切实加强对钢铁企业用地管理。新建、扩建（改建）钢铁企业用地必须符合土地利用总体规划，纳入土地利用年度计划，用地规模必须符合国家颁布的《工程项目建设用地指标》的规定；涉及占用农用地和征用农民集体土地的，必须严格按照法定程序和权限，履行农用地转用和土地征用审批手续。省级国土资源行政主管部门要根据本地实际情况，按照国务院关于进一步治理整顿土地市场秩序的统一部署和要求，会同发展改革委（计委）、经贸委（经委）、监察部门，对2000年以来新建、扩建（改建）钢铁企业的用地情况进行一次检查。对未经依法批准擅自占地开工建设的，要停止建设，并依法收回土地，不能收回的，要依法进行处罚；对违背土地利用总体规划以及违法用地、低价出让土地的，要依法严肃处理，情节严重的，要追究有关责任人的法律责任。

五、加强和改进信贷管理

人民银行要按照国家产业政策加强“窗口”指导；银监会要加强监管，督促金融机构控制信贷风险；金融机构要增强风险意识，强化信贷审核。对于符合产业政策和各项市场准入条件的钢铁企业和建设项目，要继续给予积极支持；对于盲目投资、低水平扩张、不符合产业政策和市场准入条件，以及未按规定程序审批的项目，一律不得贷款，已发生贷款的要采取适当方式予以纠正。

六、认真做好项目的清理工作

各地特别是近几年钢产量增长较快的地区，要在近期内对已建、在建、拟建钢铁项目进行一次认真的清理。凡不符合国家产业政策，未经审批或违规审批的项目，以及违法生产“地条钢”的，各级国土资源行政主管部门不得受理用地（含各类开发区已征用土地）申请，环境保护行政主管部门不得审批其环境影响报告书和核发排污许可证，工商行政管理部门不予登记，质检部门不得发放生产许可证，证监会不得核准含有此类项目公司的首次公开发行和再融资申请，海关对未经审批的项目引进设备一律不予免税，经有关部门检查认定为违规或越权审批的项目，应通知海关对其已免税的进口设备补征相应税款。

关于制止电解铝行业违规建设盲目投资的若干意见

国家发展和改革委员会　财政部　国土资源部　商务部

人民银行　环保总局　工商总局

2003年11月25日

电解铝工业既是重要的基础原材料行业，也是高投入、高能耗、环保影响大、资源依赖性强的行业。近几年来，由于受国内市场需求增长的拉动，以及国际市场氧化铝价格一度暴跌、电解铝价格上涨等因素影响，部分地区和企业受经济利益驱动，未经规定程序批准，违规建设、盲目投资电解铝项目。到2002年底，全国电解铝生产能力546万吨，当年产量435万吨，我国已成为世界最大的电解铝生产国和氧化铝消耗国。目前，全国仍有不少在建电解铝项目，预计2003年底，全国电解铝生产能力将超过700万吨。按目前发展态势，2005年底电解铝产能将超过900万吨，远远超过2005年全国电解铝预计消费量600万吨水平。届时将出现总量严重过剩和市场过度竞争，加剧铝土矿和煤炭资源的消耗，严重污染环境，甚至引发一系列经济和社会问题。为迅速遏制目前电解铝违规建设、盲目投资的势头，现提出以下意见：

一、加强规划引导，严格项目管理

根据可持续发展战略和基本国情，按照走新型工业化道路的要求，重新修订铝工业发展规划和产业政策，明确我国铝工业的发展方向和区域布局，严格行业准入制度，引导行业有序发展。所有电解铝建设项目，一律按现行审批程序，报国家投资主管部门批准。鼓励电解铝企业与氧化铝企业联合重组，提高产业集中度，合理利用资源，实现优势互补。鼓励民营资本和外资参与国有电解铝企业的改革、改组和改造，支持做大做强，提高国际竞争力。

国家和地方政府有关部门要严格履行职责，依法加强监管。凡不符合产业政策和发展规划的电解铝、氧化铝项目，国家投资主管部门不得批准，国土资源行政主管部门不得办理建设用地和采矿许可手续，环境保护行政主管部门不得办理审批手续、不准核发排污许可证，金融机构不得提供贷款，证监会不得核准含有此类项目公司的首次公开发行和再融资申请，工商行政管理部门不予颁发营业执照。外商投资项目也按此规定办理。同时，商务主管部门要加强氧化铝进口监控。有关部门要加强市场供求信息的发布，充分发挥协会等中介组织的作用，正确引导地方和企业投资行为。

二、调整经济政策，控制新建项目

为逐步改变电解铝工业以环保为代价换取经济效益的局面，从2004年1月1日开始，将电解铝出口退税率由15%下调至8%，今后视情况再作进一步调整。从严掌握进口电解铝生产设备适用的免税政策，对违规建设项目，不得出具《国家鼓励发展的内外资项目确认书》。坚决取消地方违反价格管理权限自行确定的优惠电价等政策。

根据产业政策和环保标准，结合环境治理，限定在2004年底前淘汰尚存的自焙槽生产能力。暂定在2005年底以前，除淘汰自焙槽生产能力置换项目和环保改造项目外，原则上不再审批扩大电解铝生产能力的建设项目。

三、整顿开采秩序，合理利用资源

为保护好有限的铝土矿资源，要加强对铝土矿开采秩序的治理整顿，依法关闭破坏资源、污染环境、布局不合理和不符合安全生产条件的矿点。矿产资源开采登记管理部门必须严格依法审批和颁发采矿许可证，从严审批铝土矿勘查许可证，严格控制新建铝土矿矿山。今后新建氧化铝企业，必须按照有关法律法规规定，申请铝土矿采矿权，按照批准的开发利用方案配套建设矿山，依法开采铝土矿资源。任何未按国家规定审批和没有落实合法铝土矿来源的氧化铝建设项目，一律不得自行开工建设。氧化铝生产企业不得收购无证开采的铝土矿，正在进行收购的必须立即停止。有关部门要采取切实有效措施，鼓励使用国外铝土矿资源。

四、加强监督检查，规范建设行为

环保总局要会同有关地方人民政府根据《中华人民共和国环境保护法》和《中华人民共和国大气污染防治法》有关规定，对现有电解铝生产企业执行环保标准情况进行监督检查，定期发布环保不达标电解铝生产企业名单，对达不到排放标准或超过排污总量者由地方人民政府限期治理。在限期治理期间，按照达标排放和环境保护行政主管部门下达的污染物排放总量控制的要求限产限排，限期治理后仍不合格的，予以停产或关闭处理。

国家投资主管部门要会同有关地方人民政府，对《国务院办公厅转发国家计委国家经贸委关于制止电解铝行业重复建设势头意见的通知》(国办发〔2002〕29号）下发后开工的建设项目进行认真检查，凡属违规建设的，要进行严肃处理，并追究有关人员的责任；情节严重的，吊销营业执照。对于未按规定程序向有批准权限的环境保护行政主管部门报批环境影响报告书擅自开工建设的项目，在建的一律停建，投产的一律停产，并依照有关法律法规进行处理。电解铝项目建设用地不符合土地利用总体规划和年度计划的，一律停止建设。依照《中华人民共和国节约能源法》及有关规定，对为电解铝生产提供电力的小发电机组予以关闭。根据《国务院办公厅关于严格禁止违规建设13.5万千瓦及以下火电机组的通知》（国办发明电〔2002〕6号）精神，今后发电设备制造单位承接单机容量13.5万千瓦及以下发电机组订单，必须由订货方提供符合国家建设程序审批的项目建议书或可行性研究报告批准文件后方可制造，违反规定的，依法进行处理。

关于防止水泥行业盲目投资加快结构调整的若干意见

国家发展和改革委员会　财政部　国土资源部

建设部　环保总局　质检总局

2003年11月21日

水泥是国民经济建设的重要原材料。近年来，受固定资产投资、第二产业、建筑业及房地产业投资高速增长的拉动，我国水泥工业市场需求旺盛，生产能力快速扩张，结构调整加快，效益显著提高。特别是新型干法水泥快速发展，大型水泥企业实力明显增强。但是，目前我国水泥工业发展中存在几个突出问题：一是水泥总量中有75%以上是立窑等落后工艺生产的，少数地区又出现新建落后立窑，扩径改造及已淘汰的小水泥“死灰复燃”等现象。二是局部地区新上项目过于集中，生产能力增长过快，市场出现恶性竞争。三是大量立窑水泥企业石灰石矿资源利用率只有40%，严重浪费资源、污染环境。针对上述问题，为防止水泥工业盲目投资和低水平重复建设，促进水泥工业健康发展，提出以下意见：

一、完善产业政策

根据水泥工业发展新形势，尽快修订水泥工业产业政策，进一步明确国家支持、限制和淘汰的水泥工艺、技术和产品。支持加快发展新型干法水泥，重点支持在有资源的地方建设日产4000吨及以上规模新型干法熟料基地项目，鼓励地方和企业以淘汰落后生产能力的方式，发展新型干法水泥。各地要根据水泥工业发展的实际情况，制定加快淘汰现有立窑及其他落后工艺水泥的目标和进度，并严格禁止新建和扩建机立窑、干法中空窑、立波尔窑、湿法窑水泥项目。行业协会等中介组织要建立和完善市场信息发布制度，正确引导投资方向。

二、科学规划布局

各地在发展水泥工业中应遵循“控制总量、调整结构、提高质量、保护环境”原则，统筹考虑本地资源、能源、市场需求等情况，认真做好水泥工业规划和布局。各地区要有针对性地采取措施，切实制止低水平重复建设。

三、严格市场准入

各级国土资源行政主管部门要严格新建、扩建水泥项目建设用地管理。建设行政主管部门要推广高性能混凝土的应用，限制立窑水泥、制止不符合标准的水泥进入重点建设工程和建筑物结构工程，保证工程质量。质检部门要严格生产许可证管理，对违反产业政策，违规新建立窑企业，不得发放生产许可证，对无证生产企业坚决依法予以取缔。对国家产业政策明令限制、淘汰的落后水泥建设项目，金融机构不得提供贷款，证监会不得核准含有此类项目公司的首次公开发行和再融资申请。财税部门要进一步研究完善现行的资源综合利用中有关水泥的税收政策。

四、强化环境监督

环境保护行政主管部门对新、改、扩建水泥生产项目要严格执行环境影响评价、“三同时”（同时设计、同时施工、同时投产使用）和污染物排放总量控制制度。对现有水泥生产企业要严格执行污染物排放许可证制度，没有排污许可证的一律不准排污。逐步安装在线监控装置，提高监控能力。对超过国家或地方规定污染物排放标准，以及污染物排放总量控制指标的水泥生产企业，各级地方人民政府按照管理权限对超标企业实行限期治理，限期治理期间要实行限产达标排放，限期治理到期后仍然达不到要求的，必须停产整治，直至关闭或取缔。要抓紧修订《水泥工业污染物排放控制标准》，改变现行水泥生产污染物排放按建厂时间划分的不合理做法，统一水泥企业的污染排放标准。

五、加强资源管理

加强石灰石矿产资源管理，在保护生态环境的前提下，确保石灰石及配料采矿权布局合理，合理开发利用石灰石资源。制定和完善在石灰石矿山开发中的环境保护、土地复垦和生态恢复，以及水泥生产过程中的清洁生产、资源节约和综合利用等方面的政策和措施。

048

海关总署关于废钢铁范围的公告

中华人民共和国海关总署公告 2001 年第 3 号

根据《中华人民共和国海关进出口税则》(以下简称《税则》)的规定，钢铁废碎料仅指那些用于熔融回收金属或制化学品的钢铁。可按原用途使用或适于作其他用途使用的钢铁制品及不须先经熔融回收金属即可改作他用的钢铁制品，均不属于《税则》所称的废钢铁。据此规定如下：

一、下述钢铁制品不属于废钢铁：

(一)未经使用或使用过的、规格长短不一的螺纹钢等；

(二)使用过的工字钢、槽钢等钢铁型材、异型材或角材；

(三)未经使用或使用过的建筑施工用钢铁箍件、钢铁模板；

(四)锈蚀、变形、镀层脱落等的钢铁平板轧材(包括卷材、非卷材)；

(五)机械加工所产生的大小、形状不规则但还可作为钢铁材料使用的余料；

(六)旧的机电设备(包括机动车辆)或其钢铁制零部件。

二、上述钢铁制品在境外经以下处理的，可视为废钢铁：

上述第(一)、(二)项货品切割成长度不超过 1 米或经扭曲；

上述第(三)、(四)、(五)项货品经扭曲、压折、切割或其他破坏性处理成不可再使用状；

上述第(六)项货品经碎裂或压扁成不可复原状。

三、钢铁生产及机械加工所产生的钢铁碎料或上述第二条所述废钢铁与上述第一条所述货品混装进口时，若废钢铁(包括钢铁碎料)所占比例大于 80%时，可一并视作废钢铁。

凡符合本公告第二、三条规定的货品，可按废钢铁归入税则税目 7204 的有关子目；本公告第一条第(一)至(五)项所述货品应按相关的钢铁制品归类，第(六)项所述货品应按相关的机电产品或其零部件归类；具有放射性的钢铁废碎料应归入税则税目 2844 的有关子目。

本公告自 2001 年 8 月 1 日起执行。

海关总署

二〇〇一年六月十二日

049

国务院办公厅转发国家经贸委　冶金部关于促进钢铁工业持续发展意见的通知

国办发〔1994〕55号

各省、自治区、直辖市人民政府，国务院各部委、各直属机构：

国家经贸委、冶金部《关于促进钢铁工业持续发展的意见》已经国务院同意，现转发给你们，请认真贯彻执行。

国务院办公厅
一九九四年四月九日

关于促进钢铁工业持续发展的意见

国家经贸委　冶金部
1994年2月15日

国务院：

近几年，我国钢铁工业发展很快，为保证国民经济持续、快速、健康发展作出了很大贡献，但也存在着一些亟待解决的问题，主要表现在：（一）企业工艺装备落后，品种不能满足需要。据冶金部统计，目前落后工艺装备约占总量的67%左右。（二）冶金矿山发展滞后。铁矿山开采条件差，品位低，剥采比大，经济效益普遍低下，靠矿山企业自身积累难以发展。多数矿山已开采三四十年，亟需抓紧后继矿山建设。（三）钢材进口失控。据海关统计，1993年全国进口钢材3026万吨，比上年多进口2300多万吨，造成部分钢材积压，库存上升。（四）引进设备的消化吸收工作进展缓慢。改革开放以来，我国钢铁工业已引进70多亿美元的国外先进技术和装备。但由于没有同时引进制造技术软件，备品备件国产化率低，重复引进的问题仍然存在。（五）近年来地方盲目建设小炼钢（厂）、小轧钢（厂），亟待引导和整顿。

对当前钢铁工业存在的这些问题，国务院领导同志十分关心和重视，多次指示有关方面研究提出解决意见。根据国务院领导同志的指示精神，我们会同国家计委、国家体改委、财政部、中国人民银行、外经贸部、内贸部、机械部、国家税务总局、中国工商银行、中国人民建设银行、海关总署等部门，就促进钢铁工业持续发展问题进行了研究，拟采取以下政策措施：

一、多渠道筹集资金，集中力量加快老企业重点技术改造，促进钢铁工业结构优化。

（一）加速解决关键钢材品种的生产。继续抓好已纳入专项计划的汽车用易切钢、齿轮钢、电站用高压锅炉管、高压锅炉板、轴承钢管材、模具钢等品种项目的技术改造。

（二）加快铁道用重轨项目建设。目前铁道等部门每年约需重轨 150 多万吨，而国内生产能力仅 112 万吨。要抓好包钢、攀钢和武钢等重轨生产线的技术改造，并根据需要选择条件适用的地区或企业新建重轨生产线。

（三）加快发展连铸。“八五”后两年，冶金行业要把重点放在加快重点钢铁企业的连铸建设上，同时国家给予支持。1994 年努力使连铸比由 34％提高到 39％左右。

（四）分期分批搞好重点特钢企业的技术改造。“八五”后两年重点抓好抚顺、大冶、长城和大连等特殊钢厂已批准技改项目的建设。同时选择一个已实行股份制的特钢企业进行系统改造。

二、对矿山改造建设和矿山企业予以扶持。

（一）将重点矿山建设项目列入国家重点建设计划，纳入政策性银行贷款，以支持矿山发展。

（二）研究制定老矿山闭坑转产的政策。闭坑转产项目要按程序报批，纳入投资计划。

三、对 110 户大中型钢铁企业全面进行清产核资，按《国务院办公厅关于扩大清产核资试点工作有关政策的通知》（国办发〔1993〕29 号）精神处理潜亏和亏损挂帐问题，减轻企业负担。企业要采取多种措施，增加流动资金。

四、根据计划体制改革的总体要求和进程，在适当的时机将统配钢材分配改为国家订货，由生产企业和用户直接签订定点定量长期合同。国家对国防军工、铁路、交通、发电设备、能源、农用水利、救灾、储备等重点单位，优先安排专用钢材品种计划，确保国家重点建设需要。

五、建立现代企业制度，转换企业经营机制，加强企业管理。在钢铁行业积极推广武钢、宝钢和邯钢减少消耗、降低成本、提高劳动生产率的经验。建议选择一批钢铁企业作为国家建立现代企业制度的试点。

六、加强宏观调控，搞好总量平衡。建议国家计委、国家经贸委、外经贸部、海关总署、内贸部和冶金部建立进口钢材定期协调制度，分析市场供求情况，共同拟定宏观调控措施，保持钢材供需总量平衡。加强对地方小炼钢、小轧钢等工厂的宏观管理，有关部门要加强协作，1994 年要制订出相应的行政法规，实行综合治理。要加强钢材价格的宏观调控和管理，凡国家管理的钢材产品，有关生产、流通企业要严格执行国家定价和规定。对已放开价格的钢铁产品的出厂价和市场价，国家将实行指导价和调价申报制度，对流通环节采取差率控制措施等进行调控和干预。

七、建立引进和消化吸收、开发创新、推广应用一体化的引进新技术、装备的机制。国家计委拟对引进直流电炉、熔融还原和薄板连铸连轧三项新技术进行试点，在立项安排资金时由国家安排引进软件（设计制造）费用，并组织冶金、机械制造部门的设计、科研、制造和生产应用等单位组成一体化协作组织，承担消化吸收和开发创新、推广等任务。

以上意见如无不妥，请批转各地区和有关部门执行。

九 钢 材

050

国务院关于加强钢材管理的决定

国发〔1988〕78号

钢材是重要的生产资料。近几年来，钢材生产有很大发展，国家对钢材的管理也进行了较大改革，开放了钢材市场，进入市场交易的钢材品种和数量逐年增多，这对活跃流通、促进生产、保证国民经济持续发展起了积极作用。与此同时，也存在着市场秩序混乱，价格上涨过猛，有些单位和个人转手倒卖，牟取暴利等问题，严重影响经济的稳定和改革的深入。为了整治钢材流通领域中的混乱现象，促进钢材生产，稳定钢材市场，保证国家生产建设的需要，国务院决定进一步加强对钢材的计划管理和市场管理。

一、钢铁企业必须保证完成国家下达的指令性计划任务。全面完成国家指令性计划是稳定国民经济、保证重点需要的重要条件，也是每个企业应尽的义务。所有企业必须按指令性计划规定的数量、品种、规格接受订货，严格按合同交货，不得拖欠。要把完成指令性计划作为考核企业经营好坏的一项主要指标，对没有完成指令性计划而将产品自销的企业，要追究企业领导人的责任，其自销多得的收入由物价部门予以没收并对企业处以罚款，上缴国家财政，这样的企业不能评为先进企业。

钢铁企业承担国家指令性计划所需的燃料、电力、炉料、运输等主要生产条件，有关主管部门在计划上应予以保证，有关企业、单位要在主管部门的组织下，严格完成计划，按合同保证供应。如有关企业、单位不执行合同造成钢铁企业损失，除由其承担应负的责任，赔偿损失外，还要追究领导人的责任，这样的企业也不能被评为先进企业。这方面的问题，由国家计委会同冶金部、物资部处理，或由合同管理机关依法仲裁。

钢铁企业要按季向国家计委和冶金部、物资部报告合同执行情况，以及完成国家指令性计划所需生产条件的落实情况，由国家计委会同冶金部、物资部按季通报。

对重点钢铁企业，分别由冶金部、地方冶金厅（局）派出巡视员，督促企业执行国家计划和合同，指导企业自销钢材流向，反映企业生产经营的情况和问题。

二、对冷轧薄钢板、冷轧硅钢片、镀锡薄钢板、镀锌薄钢板实行专营。对极短缺的冷轧薄钢板、冷轧硅钢片、镀锡薄钢板、镀锌薄钢板四种钢材（包括国内生产和进口的）由国家委托物资部中国黑色金属材料总公司和各省、自治区、直辖市及计划单列市物资厅（局）所属金属材料公司专营，其他部门、单位和个人一律不准经营。生产这些钢材的企业，其产量除经有关主管部门核实留作本企业生产使用的四项用料和为换取必不可少的生产条件、承接主管部门批准的来料加工、偿还企业集资所需的以外，一律由国家统一分配，组织产需直接见面。钢铁企业已签订的集资、协作、补偿贸易、代加工等合同（协议），由冶金部和物资部进行清理。专营钢材的价格，国内生产部分可按利润率高于生产其它品种钢材的原则加以调整，进口部分实行代理价，国家规定有最高限价的要执行最高限价。专营办法由国家计委、物资部、冶金部、国家物价局等有关部门制订。

三、对部分计划外钢材实行定点定量供应。这类钢材主要是：重轨、轻轨、各种型材、中厚板、汽车大梁板、螺纹钢、无缝管、轮网钢、轴承钢、高速工具钢、齿轮钢、弹簧钢、焊条钢、电机硅钢片、冷镦钢等。冶金部门、物资部门要从钢铁企业自销的部分中划出一定数量，组织钢铁企业和重点用户进行产需衔接，实行定点定量供应，价格由供需双方在国家规定的最高限价范围内协商确定。

四、清理整顿钢材经营企业。以下几类单位允许经营钢材：（一）物资部门所属经营金属的企业；（二）有直属直供企业的主管部门按物资体制改革方案规定承担供应任务的供应机构；（三）钢铁企业的销售机构和经物资部、冶金部批准的为冶金企业组织炉料的专业公司；（四）供销社的废金属回收企业；（五）受物资部门委托的县乡镇企业供销公司和县以下的供销社。其他单位和个人，一律不准经营钢材。

上述单位，应按照在工商管理部门登记的经营范围从事经营。企业主管部门的供应机构只限于供应本系统和单位需要的钢材；钢铁企业销售机构只限于销售本企业指令性计划外的自销钢材；冶金专业公司只限于为钢铁企业组织炉料的钢材，其品种和数量由冶金部、物资部核定；供销社的废金属回收企业只限于销售用废钢铁加工、串换来的钢材；县乡镇企业供销公司只限于供应本县乡镇企业所需要的钢材；县以下的供销社只限于供应本地区乡镇企业和私人企业需要的钢材以及农民建房用材。

清理整顿工作由各省、自治区、直辖市人民政府和国务院各有关部门分别负责，成立专门的工作班子。具体工作可由工商行政管理部门和物资部门组织进行。全部清理整顿工作，要求在今年内基本结束，并向国务院报告。

经过清理整顿，批准保留的，由县以上工商行政管理部门发给企业法人营业执照；需要新建的，向主管部门提出申请，报物资部门审查同意并经工商行政管理部门核准，发给企业法人营业执照。其他任何部门和个人，一律无权审批经营钢材的企业。

五、有领导有组织地建立钢材市场。钢材市场，原则上每个中等城市设一个，直辖市和省会城市可设二个，对超过的要予以合并或撤销。此外，物资部在北京、上海、天津、沈阳、武汉、成都、西安市各设一个地区市场。

钢材市场由物资部门主办，以为生产建设服务为宗旨，不以盈利为目的。为了便于用户就地采购所需的少量钢材，物资部门还可根据实际需要设立若干经营网点。

六、严格钢材市场管理。以下钢材的销售必须通过钢材市场：（一）重点钢铁企业和县以上钢铁企业的自销钢材（由物资等部门组织产需衔接的除外）；（二）国家和地方投放市场的钢材；（三）进口的钢材（经贸部门以进养出的除外）；（四）使用钢材单位库存多余的钢材；（五）用废钢铁加工、串换的钢材。

进入钢材市场的单位，应是经过审批具有钢材经营资格的企业和使用钢材的生产企业及建设单位。进入市场的企业可以直接购销，也可委托物资企业代购代销。对停缓建项目的钢材，清理后由项目主管部门调剂使用，或交物资企业收购、代销。经清理整顿被取消钢材经营资格的企业，其积存的钢材，要限期销售，超过期限的，交物资企业收购或代销。

以下交易行为为非法交易：（一）无经营资格的单位经销钢材；（二）加价倒卖订货合同或提货票证；（三）不开发票的现金交易；（四）不在指定场所公开交易。

钢材市场上的交易一律通过银行结算，使用国家统一发票，加盖钢材市场专用章，没有盖章的，银行不予结算转帐。严禁用行贿、给“好处费”及其他非法手段购销钢材，违反者要予以严惩，对检举人要予以奖励，并给以保护。

钢材市场的交易活动，由工商、物价、税务等部门依法监督。

物资企业要充分发挥中介作用。目前从事钢材交易的经纪人活动利少弊多，一律暂停，进行整顿。

县及县以下钢铁企业用自产钢生产的钢材的销售，可以不通过钢材市场，但必须执行国家的价格政策和其他有关规定，使用国家统一发票。

七、加强钢材价格管理。要严格执行物价部门核定的计划内钢材出厂价格和钢材流通中各项收费标准，任何单位不得随意加价和多收费。对计划外钢材及炉料实行最高限价，其办法由国家物价局会同有关部门拟定并监督执行。在钢材市场销售钢材，一律明码标价，公开销售。对不执行最高限价办法、哄抬价格、采用非法手段牟取暴利的，由物价、工商、税务等部门查处，没收其全部货款，并予以处罚。

八、严格控制钢材及原料出口，限制国内不合理的消费。钢材、钢锭、钢坯、生铁、铁合金、焦炭等，除计划内出口总量、品种由国家计委会同物资部、冶金部、经贸部确定外，对计划外临时需要出口的，要报经物资部、冶金部审定，经贸部批准并发放许可证。废钢铁的出口管理，按有关文件规定执行。

要制订限制不合理消费的政策。对供内销的和出口换汇率极低的产品（如饼干、糕点、糖果、香烟、罐头、药品等）包装、装璜使用镀锡薄钢板，要加以限制；对各类不锈钢用具，要适当控制消费量；对质量低劣、市场滞销的电扇、自行车、洗衣机、各类改装车辆、电动机、变压器、电工仪器等产品，要限产或停产。生产企业要持有省级主管部门发放的生产许可证，方能生产销售。有关部门要制订限制不合理消费的办法和节约、代用、回收、综合利用的措施。

九、物资部门和所属企业要遵纪守法，搞好服务，做执行政策的模范。要把钢铁企业按指令性计划上缴的钢材，及时按计划供应给用户，不得擅自转为计划外销售。要掌握一定数量的钢材和资金，增强调控能力，发挥好主渠道的作用。要切实搞好服务，减少中转环节，凡能够直接供应到用户的就不要中转。钢材经营企业购进的短缺品种，原则上直接供应到用户，不得销售给其他经销单位；县物资企业购进的钢材，应直接销售给用户，不得销售给其他经销单位；联营单位的成员之间，不得相互销售钢材。

十、加强对钢材市场的宏观调控。计划、物资、冶金、经贸、工商、银行、物价、税务、海关等有关部门要相互配合，统一政策，及时根据市场情况，灵活运用信贷、税收、价格、物资投放等手段，以及调整产业政策和生产建设计划等，调节供求，保证重点，稳定市场。各有关部门还要及时向物资部门提供钢材资源、需求、价格和进出口等信息，以便加强宏观管理，统一发布信息，及时指导生产和市场交易。

加强钢材管理，做好清理整顿工作，是治理经济环境、整顿经济秩序的重要内容，各地区（包括广东、福建、海南等沿海地区和经济特区）和国务院各主管部门，要切实加强领导，周密部署，认真贯彻落实本决定。

国务院

一九八八年十一月十一日

051

关于清理整顿钢材经营单位的通知

工商市字〔1988〕第321号

各省、自治区、直辖市、计划单列市及南京、成都市工商行政管理局、物资厅（局）：

根据国务院《关于加强钢材管理的决定》（以下简称《决定》），为纠正钢材经营中的混乱现象，保障钢材购销活动的正常进行，制止钢材交易中的违法活动，稳定钢材市场，决定对现有经营钢材的单位进行清理整顿。

现将有关事项通知如下：

一、凡是经营钢材（含钢坯、生铁）的单位及其所属分支机构，均属理清整顿的对象。

具体清理整顿工作，由原登记主管机关和同级物资部门共同进行。

二、要通过清理整顿，进一步明确允许经营钢材的企业。下列企业经核准登记可以经营钢材：

（一）物资部门所属经营金属材料的企业。包括：各级金属材料公司及其供应网点；按物资体制改革方案规定并入物资部门的各部门的供应机构及其分支机构（只限于销售给本部门的直属直供企业）；军工物资供销企业（只限于销售给国防军工企业）；物资配套承包企业（只限于销售给本企业承包的基建项目所需钢材）；物资再生利用（金属回收）企业（只限于销售加工串换来的钢材）；拆船企业（只限于销售拆船板及加工钢材）；生产资料服务公司（只限于现有县以上的公司，以办理“四代一调”业务为主，还可经营国家规定允许进入市场流通的钢材）；物资贸易中心（只限于现有地市级以上的城市物资贸易中心，以提供交易场所及有关的服务业务为主，还可经营国家规定允许进入市场流通的钢材）；外资企业物资服务公司（只限于销售给外商投资企业）。

（二）有直属直供企业主管部门按物资体制改革方案规定承担供应任务的供应机构（只限于采购、供应本系统企业和单位需要的钢材）。

（三）钢铁企业的销售机构和经物资部、冶金工业部批准的为冶金企业组织炉料的专业公司（前者只限于销售本企业指令性计划外允许自销的钢材，后者只限于为钢铁企业组织炉料所需的钢材，其品种和数量由冶金部、物资部核定）。

（四）供销社的废金属回收企业（只限于销售用废钢铁加工、串换来的钢材）。

（五）受物资部门委托的县乡镇企业供销公司和县以下的供销社（只限于销售给本县乡镇企业和私营企业需要的钢材以及农民建房用钢材）。

对以上五类企业，在审批时也要从严控制。

从事钢材交易的经纪人活动（包括以咨询服务名义参与钢材交易活动），一律暂停，进行整顿。

四种专营钢材的经营单位按物资部、冶金工业部、国家工商行政管理局发布的《关于对四种短缺钢材实行专营的实施办法》的规定办理。

三、除《决定》和本通知规定允许经营钢材的五类企业外，其他单位和个体工商户，一律不准经营钢材。自本通知下发之日起，现有钢材经营单位要立即向各自的主管部门和工商行政管理机关申报经营情况，由工商行政管理机关和物资部门依据《决定》和本通知规定进行经营资格和经营范围的审查。不属允许经营钢材的五类企业而经营钢材的单位和个体工商户，必须立即停止采购钢材，并向工商行政管理机关申请办理变更登记或注销登记，本通知下发后一个月内不申请办理的，由工商行政管理机关吊销营业执照；符合本通知规定允许经营钢材的五类企业，应按下列程序向工商行政管理机关重新申请办理登记注册：

（一）持主管部门审查同意经营钢材业务的审批文件，报请县以上物资部门归口审查，签署意见。

（二）持上述文件及其他有关文件、证件，依照企业法人登记法规的有关规定，向工商行政管理机关重新申请登记注册，经工商行政管理机关审查，核定经营范围，核准登记后，核发《企业法人营业执照》或《营业执照》。

四、经审查不准继续经营钢材的企业和个体工商户，对其积存钢材的处理办法是：凡属于《决定》中专营的四种钢材，按照《关于对四种短缺钢材实行专营的实施办法》的规定处理；其他钢材，限一个月内销售完毕；

逾期销不完的，交指定的钢材经营单位收购或代销。对超越经营范围经营和违法经营的企业和个体工商户，其钢材及非法所得，由工商行政管理机关依法处理。

五、对钢材经营单位的清理整顿，应在一九八九年三月底前完成。清理整顿期间，一律停止审批新的钢材经营单位。清理整顿后，需要新增的钢材经营单位须按本通知规定的程序办理申请登记。其他任何部门无权审批钢材经营单位的资格和经营范围。

六、各级工商行政管理机关和物资部门要抓紧工作，尽快完成清理整顿的部署和调查摸底工作，在一九八九年一月底前将工作开展情况报上级工商行政管理机关和物资部门。

七、对不按期申报和接受清理整顿的企业、单位和个体工商户，工商行政管理机关按有关规定予以查处。

国家工商行政管理局

一九八八年十二月二十九日

052

国务院办公厅转发国家经委关于进一步压缩钢材库存报告的通知

国办发〔1987〕51 号

各省、自治区、直辖市人民政府，国务院各部委、各直属机构：

国家经委《关于进一步压缩钢材库存的报告》，已经国务院同意，现转发给你们，请遵照执行。

国务院办公厅

一九八七年八月十九日

关于进一步压缩钢材库存的报告

国家经济委员会

1987 年 7 月 16 日

国务院：

最近，中央和国务院领导同志针对当前全国钢材库存增加的问题，要求我们采取更加有效的措施，清仓利库，压缩库存。我们会同有关部门进行了研究，现将情况和措施报告如下。

今年二季度末，全国钢材库存达三千零七十九万吨，比年初增加二百零六万吨，上升 7.2%；比去年同期增加三百四十万吨，上升 12.4%；按同口径消费量计算，库存可供周转二百七十五天，这是很不正常的。超储的主要原因：一是钢材生产、品种结构不能适应消费需求。近年来，基建规模有所控制，而较易增产的小型型材、线材生产发展很快，供过于求；发电设备、家用电器、轻纺和出口产品增长幅度很大，而薄板、马口铁、矽钢片、优质大型型材等由于轧机能力难以上去，供应十分紧张。二是对企业流动资金管理不严。用户存在有备无患的心理，不管是长线还是短线钢材产品，都大量储备，占用了大量的流动资金。三是流通渠道不畅，信息不灵，余缺难以调剂。由于现行的物资管理体制所致，部门、地区层层设库，全国库存钢材中的 77.2 %分散在各地区、各部门的生产建设单位和主管部门的各级仓库里。一些钢材市场刚刚建立起来，所能调剂的钢材数量和品种有限，调剂面也很窄，信息不灵，一些长线钢材仍在大量生产，而一些地区和部门还在进口。

今年三、四月间，遵照国务院领导同志的指示，国家经委、中国人民银行等六个单位已经采取了一些措施，并且下达了全国压缩库存钢材一百五十万吨的指标。但是，由于贯彻实施不得力，至今钢材库存量仍在增加。为此，拟进一步采取以下措施：

一、各地区、各部门要尽快将压缩库存钢材一百五十万吨的指标分解落实到基层企业单位，并结合贯彻关于清仓利库、挖掘资金潜力的部署，加强督促检查。年终考核时，对未完成压缩库存任务的，一要扣减下年度国家计划分配的平价钢材指标，二要对超储占用的资金按规定加收罚息，三要相应收回多占用的流动资金。今后，要通过改进信贷制度，促进企业改善经营管理，合理使用流动资金。对积压钢材的企业，银行要抽紧银根，减少其流动资金和贷款，以促使其加快周转，减少积压。

二、冶金部要督促企业按需生产（增产短线产品，压缩长线产品），按需订货供应。为维护国家计划的严肃性，凡是将欠交统配钢材变为计划外销售的，其销售价格高于国家定价的差额，除已交税款外，要从企业留利中如数扣缴财政，并追究企业领导人的责任。

三、加强钢材进口的统一管理，严格限制长线产品的进口。各地区、各部门利用自有外汇进口的钢材，要按国家计委《关于加强进口钢材管理的暂行规定》（计综〔1986〕864号）执行。各主管部门在钢材进口的审查发证工作中，要严格控制长线产品的进口。

四、要抓紧短线钢材进口的订货。据有关单位反映，短线钢材订货十分困难，这将影响今年下半年以至明年的轻工产品的生产和扩大机电产品出口。建议由国家物资局会同冶金部提出进口数量、品种，由国家计委审定并通知经贸部对外签订短线钢材长期协议。

五、搞活钢材流通渠道，完善和发展钢材市场。要进一步推广石家庄市的经验，改变各部门和地区层层设库的状况，逐步建立有领导有计划的钢材市场，充分发挥各地生产资料贸易中心和物资供应站的作用，把钢材流通搞活。

六、各地区、各部门要认真做好库存钢材重点品种的普查工作。国家经委、国家统计局、国家物资局要尽快建立定期的库存钢材品种统计制度，及时掌握情况，沟通信息，做好库存钢材的调剂工作。

以上报告如无不妥，建议批转各地区、各部门贯彻执行。

053

国务院关于完善钢材进口管理的通知

国发〔1994〕第49号

各省、自治区、直辖市人民政府，国务院各部委、各直属机构：

做好钢材进口管理工作，是保证今年各项经济体制改革顺利实施的重要环节，也是实现钢材供需平衡、保证钢铁工业正常生产的重要措施。为此，必须对现行钢材进口管理办法进行补充和完善，并对进口钢材经营秩序进行整顿。

现就完善钢材进口管理的有关问题通知如下：

一、除进料和来料加工、补偿贸易、外商投资企业投资额内进口的钢材外，对其他各种贸易方式进口钢材实行自动登记制度。从1994年9月15日起，按照国家计委、外经贸部、中国人民银行、海关总署、国家外汇管理局发布的《特定商品进口自动登记管理暂行办法》中的有关规定，到国家计委授权的登记管理机关办理进口登记手续。

二、外商投资企业在投资额度内用于建厂（场）和安装、加固机器进口所需钢材，海关凭外经贸部门批准的合同验放，但进口后不得内销，也不得转作其他用途。对以进料和来料加工贸易方式进口的钢材，仍由海关监管，不得内销，违者按走私处罚。

三、经济特区生产建设等自用钢材进口和国务院批准设立的经济技术开发区、高科技开发区、保税区及其他享受优惠进口政策的各类开发区建设自用钢材进口，由所在省、自治区、直辖市及计划单列市计委（计经委）根据企业的实际需要申报数审定其年度进口用量，报国家计委、海关总署核定后下达，如原核定数量不够，还可继续申报。在核定数量内进口的钢材由国家计委授权的登记管理机关办理登记手续，不得在国内市场销售，擅自销售的，由海关和工商行政管理部门按《中华人民共和国海关法》和其他有关规定处罚。

四、对易货贸易、边境贸易和捐赠进口的钢材，从1994年9月11日起，改按法定税率全额征收关税和进口环节增值税，不再享受减免关税和进口环节增值税的优惠政策。对9月10日前已签合同，在11月30日前到货的，凭有效合同，按原优惠政策办理。

五、重新核定钢材进口经营企业。除外商投资企业和开展“三来一补”业务的企业外，钢材进口经营企业需经外经贸部重新核定（经济特区钢材进口经营企业，由特区政府核定后报外经贸部审定），其他任何未经核定的外贸企业不得经营钢材进口业务。代理钢材进料加工进口业务的外贸企业，也必须具有外贸部核准的钢材进出口经营权。

六、海关要加强进口钢材报关的审核、审价和查验工作。对违反钢材进口管理办法的，由海关按有关规定处罚。

七、加强钢材市场和进出口的监测工作。由国家计委会同国家经贸委、冶金部、内贸部、外经贸部、海关总署定期协调分析钢材市场供需情况和进出口动态，拟订宏观调控措施，引导企业的市场经营活动。

八、国务院以前下发的有关文件，凡与本通知不一致的，以本通知为准。

国务院

一九九四年八月二十六日

054

关于印发《钢材、汽车代理制试点总体方案》的通知

国经贸市〔1995〕854号

各省、自治区、直辖市及计划单列市经贸委（经委、计经委）、物资厅（局）（集团总公司）、冶金厅（局）、机械厅（局）：

为贯彻党的十四届五中全会精神，深化物资流通体制改革，国务院决定选择部分钢材和汽车生产企业及流通企业进行代理制试点。现将《钢材、汽车代理制试点总体方案》印发你们，请认真组织实施，切实把代理制试点工作作为建立和完善社会主义市场经济体制的重大举措来抓，并将试点工作中出现的情况和问题及时报告试点协调领导小组办公室。

国家经济贸易委员会
国内贸易部　冶金工业部　机械工业部
一九九五年十二月二十六日

钢材、汽车代理制试点总体方案

国家经济贸易委员会　国内贸易部
冶金工业部　机械工业部
1995年12月26日

为贯彻党的十四届五中全会关于发展和完善商品市场，积极发展代理制等现代流通组织形式的决定，按照国务院领导同志关于开展钢材、汽车代理制试点，深化物资流通体制改革的指示精神，国家经贸委会同国内贸易部、冶金工业部、机械工业部在深入调查、反复研究的基础上，制定了钢材、汽车代理制试点总体方案。

一、试点的指导原则

代理制是当今许多发达国家工商企业普遍采用的一种营销方式。推行代理制是我国流通体制的一项重要改革，是建立统一、开放、竞争、有序的市场体系的重要措施。代理制有助于调整工商之间的经济关系，使工商双方成为风险共担、利益共享的贸易伙伴，实现生产和流通的有机结合，规范流通秩序，稳定市场价格，优化资源配置，实现规模经营，促进重要产业的发展。

为保证试点的顺利进行，试点工作应遵循以下指导原则：

（一）从我国国情和钢材、汽车的产销特点出发，有选择地吸收和借鉴国外经验，探索具有中国特色的代理制。试点工作要坚持规范化、高起点，以点带面，循序渐进，取得经验，逐步推广。

（二）生产企业和流通企业双向选择、自愿结合，建立代理关系。国家在生产企业和流通企业推荐的基础上，根据现有生产规模和产品流通的区域分布状况及有关资格条件，选择适当数量的企业进行代理制试点。

（三）按照“风险共担，利益共享”的原则，合理确定工商企业双方的权利、责任、义务及利益关系，并以经济合同等具有法律效力的形式固定下来。

（四）代理方式由生产企业和流通企业双方参照国际惯例，并结合实际情况协商确定，在运行中不断总结、完善，逐步规范。

（五）有关政府部门在试点工作中的主要职责是组织引导，政策协调，解决问题，总结经验，宣传推动。

（六）代理制是培育新型工商关系的形式之一，其试点不排斥其它营销方式的应用。企业已建立的供销关系仍可继续运行，同时，鼓励企业继续探索和发展其它行之有效的营销方式。

二、试点的目标和内容

通过试点，逐步改变传统的产品流转方式，形成以合同或订单为基础、以代理销售为主的稳定的流通渠道；使生产企业逐步做到按市场需求组织生产；流通企业逐步调整组织结构，改革经营方式，增强服务功能，降低流通成本，提高流通效益，实现规模经营；生产企业和流通企业之间通过签订有别于一般经济合同的代理协议，明确和强化双方的权利、责任、义务约束，建立风险共担、利益共享的新型工商关系，逐步形成利益共同体，共同开拓市场，稳定价格，获得企业的发展；探索建立科学的结算办法，通过银行承兑汇票、商业承兑汇票等结算方式，实现企业资金的良性循环。

三、试点企业的条件

根据钢材、汽车产品的特点及对流通的要求，代理制试点企业应具备以下条件：

（一）生产企业的条件

1. 全国重点钢厂和国家规划重点发展的汽车生产企业，其产品质量好，具有一定的生产规模和市场覆盖率；

2. 在营销网络建设和管理上已有较好的基础；

3. 资金实力强，信誉好，合同履约率高；

4. 具备向代理商提供技术指导和营销、技术人员培训的能力。

（二）流通企业的条件

1. 具有一定的经营规模、销售渠道和市场开拓能力；

2. 具有与经营规模相适应的资金（融资、筹资能力）和良好的商业信誉，合同履约率高；

3. 钢材代理企业要具备一定的加工、配送能力；

4. 汽车代理企业要具有整车销售、配件供应、维修服务、信息反馈功能及相应的设施；

5. 具有有经验的营销队伍和一定比例的专业技术人员。

国家经贸委会同国内贸易部、冶金工业部、机械工业部依据上述条件，根据企业的推荐，确定4家钢材生产企业、27家钢材流通企业、5家汽车生产企业、79家汽车流通企业作为第一批试点企业。

四、试点的实施步骤

（一）试点生产企业和流通企业依据有关法规和《钢材、汽车代理制试点总体方案》的要求，在充分协商的基础上，签订代理协议，确立代理关系。

代理协议要包括代理形式、代理价格、结算方式、利益分配方式、产品流转方式、双方有关权利和义务、违约责任及仲裁机关等内容。

（二）在签订代理协议的基础上，试点生产企业和流通企业要协商制定试点的具体实施方案。

实施方案内容包括：试点的主要目标（分阶段要实现的代理规模、产品产销率、企业库存量和资金周转期等量化指标）以及逐步规范代理制的措施。

（三）试点企业的代理协议和实施方案由生产企业和流通企业分别报主管部门，地方流通企业还要报所在省、区、市经贸委（经委、计经委）备案。代理协议和实施方案经各主管部门同意后上报试点协调领导小组办公室备案。

（四）各试点企业所在省、区、市的经贸委（经委、计经委）在企业签订代理协议和实施方案的基础上，牵头组织银行、税务等有关部门逐一衔接落实对试点企业的各项政策，并帮助协调解决试点中出现的问题。

（五）试点工作一九九六年初进入全面实施。

五、试点的组织领导

为保证试点工作的顺利进行，由国家经贸委、国家计委、国家体改委、国内贸易部、冶金工业部、机械工业部、财政部、中国人民银行、中国工商银行、国家税务总局、国家工商局、国务院法制局、交通部、公安部组成试点协调领导小组。代理制试点工作在协调领导小组领导下进行。协调领导小组定期召开联席会议，安排部署试点工作，协调有关试点的重要政策和法规，及时沟通情况，解决试点中遇到的问题。领导小组办公室设在国家经贸委市场流通司，其成员由领导小组成员单位委派有关司局的同志组成，负责试点的日常工作。

附件一：

钢材代理制第一批试点企业名单

1. 鞍山钢铁公司

上海市金属材料总公司
浙江省金属材料公司
天津市金属材料总公司
南京市金属材料总公司
辽宁省物产集团总公司
广东省金属材料公司
中国黑色金属材料总公司
中国煤炭物资总公司
中国铁路物资总公司
中国轻工物资供销总公司
中国钢铁工贸集团公司
中国机械工业供销总公司

2. 首都钢铁公司

南京市金属材料总公司
京沪工贸公司
京浙工贸公司
河北物产企业（集团）公司
中国黑色金属材料总公司
中国机械工业供销总公司

3. 武汉钢铁公司

上海市金属材料总公司
江苏省金属材料总公司
浙江省金属材料公司
四川省金属材料总公司
湖北省物产总公司
武汉市金属材料总公司

湖南省金属材料总公司
广东珠海金鑫集团公司
中国机械工业供销总公司
中国物资储运总公司
中国钢铁工贸集团公司
中国轻工物资供销总公司

4. 马鞍山钢铁公司

江苏省金属材料总公司
浙江省金属材料公司
湖北省金属材料总公司
陕西省金属材料总公司
河南省金属材料总公司
安徽省金属材料总公司
山东省金属材料总公司
中国煤炭物资总公司

附件二：

汽车代理制第一批试点企业名单

1. 中国第一汽车

第一汽车集团辽宁联合贸易公司集团
第一汽车集团河南联合贸易公司
山东一汽联营公司
中国第一汽车集团湖南联合贸易公司
中国第一汽车集团贸易公司湖北联合贸易公司
上海一汽集团华东汽贸联销公司
中国第一汽车集团贸易公司浙江联合贸易公司
广东物资集团汽车贸易公司
中国第一汽车集团贸易公司开封经销公司
一汽集团厦门贸易联合公司
中国第一汽车集团贸易公司北京经销公司
陕西省解放汽车贸易公司
四川第一汽车集团联合贸易公司
一汽江苏汽车联合贸易公司

第一汽车集团内蒙古联合贸易公司
中国一汽集团贸易公司福建经销有限责任公司
一汽集团贸易公司河北联合公司
一汽集团蒙城联合公司

2. 东风汽车公司

云南东风汽车经销联合公司
甘肃东风汽车经销联合公司
新疆东风汽车专营有限公司
黑龙江东风汽车经销联合公司
河北东风汽车经销联合公司
内蒙古东风汽车销售技术服务联合公司
山西东风汽车销售技术服务联合公司
河南省东风汽车经销联合公司
河南东风汽车经销联合公司
郧阳东风汽车经销联合公司
江苏东风汽车经销联合公司
济南东风汽车销售技术服务联合公司
东风蒙城汽车经销联合公司
湖北东风汽车销售技术服务联合公司
湖北省东风汽车专营有限公司
湖南东风汽车经销联合公司
湖南东风汽车销售技术服务联合公司
广西东风汽车销售技术服务联合公司

3. 上海汽车工业总公司

四川上海汽车工业供销联营公司
上海汽车工业河南联营公司
河北上海汽车联营销售公司
上海汽车工业广西销售公司
山西上海汽车工业销售有限公司
湖南申湘实业股份有限公司
北京市上海汽车联营销售公司
山东上海汽车销售股份有限公司
上海汽车工业供销公司辽宁公司
云南上海汽车工业供销联营公司
上海汽车工业武汉联营公司

上海汽车工业南京供销公司
浙江申浙汽车股份有限公司
福建厦门申闽汽车股份有限公司
上海汽车西安联营销售公司
赤峰上海汽车工业销售有限责任公司
上海汽车工业重庆销售有限责任公司
上海汽车工业长春销售公司
上海汽车工业吴江销售有限责任公司
上海汽车工业沪东销售有限责任公司

4. 天津汽车工业公司

天津汽车工业销售武汉有限公司
天津汽车工业销售湖南有限公司
天津汽车工业销售成都有限公司
天津汽车工业销售河北有限公司
天津汽车工业销售山东有限公司
天津汽车工业销售开封有限公司
天津汽车工业销售江苏有限公司
天津汽车工业销售华北有限公司
天津汽车工业销售厦门有限公司
天津汽车工业销售浙江有限公司
中国汽车贸易总公司
中国汽车工业销售总公司

5. 跃进汽车集团公司

中国汽车工业销售总公司
北京市机电设备总公司
中国汽车贸易总公司华东公司
江苏省机电产品总公司
开封市机电设备（集团）股份有限公司
上海市机电设备总公司
湖南省机电设备总公司
辽宁省汽贸股份有限公司
河北物产集团汽车销售总公司
安徽省蒙城县物资集团总公司
南京市机电设备总公司

055

关于发布《关于制止低价倾销钢材的不正当竞争行为的暂行规定》的通知

计价格〔1998〕1777号

各省、自治区、直辖市及计划单列市物价局（委员会）、冶金行业主管部门，有关钢铁生产企业、冶金价格协调委员会：

为制止低价倾销钢材的不正当竞争行为，维护公平、公开、合法的市场竞争和正常的价格秩序，保护经营者、消费者的合法权益，根据《中华人民共和国价格法》及国家有关法律、法规，国家计委、国家冶金局制定了《关于制止低价倾销钢材的不正当竞争行为的暂行规定》（以下简称《暂行规定》），现予发布，并将有关事项通知如下：

一、《暂行规定》是国家对钢材价格进行调控所采取的重要措施，是冶金行业制止低价倾销钢材行为的一个重要规章，具有法律效力。《暂行规定》的贯彻落实，对维持正常的钢铁生产经营秩序，促进冶金行业的健康发展，形成良好的市场竞争环境将产生重要影响。各级价格、冶金行业主管部门、钢铁生产企业和经销单位要积极、自觉地贯彻执行《暂行规定》，制止低价倾销钢材行为。

二、各级价格主管部门要加强对钢材市场价格的调控，认真受理举报案件，从严查处低价倾销钢材行为。在《暂行规定》颁布实施后，要对国家已公布行业平均成本的首批制止低价倾销钢材品种价格进行一次检查，督促生产、经营企业严格执行《暂行规定》，对低价倾销行为要进行认真查处。低价倾销钢材行为包括：生产企业销售钢材的出厂价格低于其生产成本的，经销企业销售价格低于其进货成本的；用高规格、高等级充抵低规格、低等级手段变相降低价格使生产企业实际出厂价格低于其生产成本的，经销企业销售价格低于进货成本的；采用折扣、补贴或多给数量等手段，使生产企业实际出厂价格低于其生产成本的、经销企业销售价格低于进货成本的；以易货交易或抵帐等方式，生产企业实际出厂价格低于其生产成本、经销企业销售价格低于进货成本等。

三、各钢铁生产企业和钢材经销企业要认真贯彻、执行《中华人民共和国价格法》及《暂行规定》，自觉约束和抵制低价倾销行为。要严格执行有关财务会计制度，如实核算产品生产成本，不得乱摊和少列生产成本。要如实、及时向有关部门上报企业生产成本、价格信息等有关资料。生产和经销企业要保持钢材价格水平的相对稳定，每次调价时间间隔原则上不得少于2个月。企业之间要相互监督，对低价倾销行为要及时举报；各有关企业应积极配合价格主管部门对价格的监督检查。

四、冶金价格协调委员会和各级行业主管部门要按照《暂行规定》的要求，及时掌握、汇总行业成本、价格信息，督促指导企业认真执行《暂行规定》，积极配合物价主管部门处理举报案件，指定专人负责制止低价倾销的协调工作。

五、根据钢材市场现状，取消螺蚊钢等10种主要钢材品种的国家指导价格，由企业依据市场供求状况，在不低于生产成本的前提下自行确定市场价格。

六、鉴于钢材品种繁多，经研究，先确定线材（含方坯）、螺蚊钢（含方坯）、热轧卷板3个品种为首批制止低价倾销品种。国家将定期发布这3个钢材品种的行业平均生产成本，据此对这3个品种低价倾销行为进行监督检查。今后根据需要再扩大到其他品种。

上述规定，请认真贯彻执行，执行中如出现问题，请及时向国家计委和国家冶金局反映。

附件：关于制止低价倾销钢材的不正当竞争行为的暂行规定

国家计委　国家冶金局

一九九八年九月十八日

附件：

关于制止低价倾销钢材的不正当竞争行为的暂行规定

国家计委　国家冶金局

1998年9月18日

第一条　为制止低价倾销钢材的不正当竞争行为，维护公平、公开、合法的市场竞争和正常的价格秩序，维护国家利益，保护经营者和消费者的合法权益，根据《中华人民共和国价格法》及有关法律，制定本规定。

第二条　凡在中华人民共和国境内从事生产、销售钢材的经营者，均应执行本规定。

第三条　本规定所称低价倾销钢材的不正当竞争行为是指钢材经营者为了排挤竞争对手或独占市场，生产企业以低于其生产成本的价格销售钢材产品，经销企业以低于其进货成本销售钢材产品，扰乱钢材正常的生产经营秩序，损害国家利益或者其他经营者合法权益的行为。以下行为属于低价倾销不正当竞争行为：

（一）生产企业销售钢材的出厂价格低于其生产成本的，或经销企业的销售价格低于其进货成本的。生产成本是指企业生产该产品的当月完全成本，包括制造成本和应分摊的期间费用，经销企业进货成本包括经销企业的当月进货价格和相关运杂费；

（二）用高规格、高等级充抵低规格、低等级手段，变相降低价格，使生产企业的实际出厂价格低于生产成本，或经销企业的实际销售价格低于其进货成本的；

（三）采取折扣、补贴等办法，低价销售，使生产企业的实际出厂价格低于生产成本的，或经销企业的实际销售价格低于其进货成本的；

（四）通过多给数量、批量优惠等方式，变相降低价格，使生产企业的实际出厂价格低于生产成本，或经销企业的实际销售价格低于其进货成本的；

（五）采用其他方式使生产企业实际出厂价格低于生产成本，或经销企业的实际销售价格低于其进货成本的。

第四条 国家冶金工业局定期发布钢材主要品种、规格的行业平均生产成本。

第五条 原则上钢材生产企业的出厂价格不应低于行业平均生产成本；经销企业的销售价格不应低于其进货成本。经营者应当遵循按质论价原则，按照国家颁布的钢材产品标准和规格、等级制定具体价格，禁止混等和按统货出售。

第六条 生产企业以低于行业平均生产成本或经销企业低于进货成本销售钢材，造成钢材生产经营秩序混乱，并损害了其他经营者权益，任何单位和个人都可以向国务院价格主管部门或省、自治区、直辖市价格主管部门举报，政府价格主管部门可以根据情况立案调查。

第七条 举报人应据实反映情况，提供被举报人不正当竞争行为的事实材料及被损害情况。被举报者应当配合政府价格主管部门调查，如实提供所需的帐簿、单据、凭证以及其它资料。

第八条 经调查认定，被举报的经营者确有本规定第三条所列不正当竞争行为之一的，政府价格主管部门责令其改正并根据具体情况进行下列处罚：(1) 予以警告；(2) 处以罚款；(3) 责令其停业整顿；(4) 由工商行政管理机构吊销其营业执照。

第九条 钢材经营者应当建立、健全内部价格管理及成本、费用核算制度，据实、准确记录与核定钢材的生产成本及进货成本，不得弄虚作假。

第十条 冶金行业价格协调委员会及各级冶金行业主管部门要督促钢材经营者执行本规定。对生产企业低于行业平均生产成本销售的、经销企业低于进货成本销售的，可以规劝其改正；对不接受规劝，有低价倾销钢材嫌疑的，可以向政府价格主管部门直接举报。

第十一条 本规定由国家发展计划委员会、国家冶金工业局负责解释。

第十二条 本规定自 1998 年 10 月 1 日起执行。

056

关于印发《钢材“以产顶进”改进办法实施细则》的通知

国税发〔1999〕68号

根据《关于改进钢材“以产顶进”办法的补充通知》（财税字〔1999〕34号）的有关规定，我们制定了《钢材“以产顶进”改进办法实施细则》。现印发给你们，并就有关事项通知如下：

一、各有关部门要加强配合，通力合作，及时沟通，对出现的问题要及时解决或报告上级领导机关。

二、为切实做好钢材“以产顶进”工作，决定将列名钢铁企业由15家增加到27家，具体名单附后。

三、在监管证书下发前，各地税务机关可根据监管小组开具的有关部门证明材料，先对“以产顶进”钢材办理免、抵税手续，待监管证书下发后再补办有关手续。

请遵照执行。

国家税务总局　国家经贸委
财政部　海关总署
国家外汇管理局
一九九九年四月十六日

钢材“以产顶进”改进办法实施细则

国家税务总局　国家经贸委　财政部　海关总署　国家外汇管理局
1999年4月16日

第一章　总则

第一条　为了认真贯彻钢材“以产顶进”改进办法，明确职责和操作程序，依法规范运作，根据国家经济贸易委员会、财政部、国家税务总局、海关总署《关于改进钢材“以产顶进”办法的通知》（国经贸贸易〔1999〕144号）和财政部、国家经济贸易委员会、国家税务总局、海关总署《关于改进钢材“以产顶进”办法的补充通知》（财税字〔1999〕34号）精神，特制订本细则。

第二章　机构及职责

第二条　国家经济贸易委员会（以下简称国家经贸委）、财政部、国家税务总局、海关总署和国家冶金工业局联合组成国家钢材“以产顶进”协调小组，具体负责钢材“以产顶进”日常协调工作。钢材“以产顶进”的具体事务性工作由协调小组办公室负责。小组办公室设在国家冶金工业局。

第三条　协调小组办公室派出钢材“以产顶进”监管小组（以下简称“监管小组”），配合有关国家税务局实施监管工作。监管小组的具体职责和任务由国家经贸委商有关部门另行下达。

第四条　列名钢材企业所在地国家税务局按规定负责“以产顶进”钢材的“免、抵”税工作。加工出口企业所在地国家税务局负责“以产顶进”钢材的登记、购进信息反馈及加工出口企业加工出口产品的有关征（免）、退税工作。

第五条　接受加工出口企业成品出口申报的海关（以下简称出口地海关）负责对使用“以产顶进”钢材加工出口成品的出口监管工作。

第六条　列名钢铁企业包括列名钢铁企业总公司及其经钢铁企业所在地省级国家税务局批准认定的子公司。子公司的具体认定数量由省级国家税务局本着便于管理的原则自定，并报国家税务总局备案。跨省子公司由国家税务总局批准认定。

加工出口企业为直接对外签约并自行组织加工出口货物业务的企业。

以上两类企业在前三年内无违法违规行为。

第三章　购销管理

第七条　国家冶金工业局根据各列名钢铁企业销售计划提出钢材“以产顶进”计划，报国家税务总局核准，同时抄送国家经贸委、财政部。经审核，国家税务总局会同国家冶金工业局向列名钢铁企业及其所在地国家税务局下达钢材“以产顶进”计划。

年度内需要追加计划指标的，由国家冶金工业局提出追加计划的总额及分企业数量申请，报国家税务总局，抄报国家经贸委、财政部。经核准后下达执行。

第八条　列名钢铁企业在国家税务总局、国家冶金工业局下达的钢材“以产顶进”计划内，按照核定的数量，同加工出口企业签订销售合同，按不含税销售额开具普通发票。

第九条　加工企业与列名钢铁企业结算“以产顶进”钢材货款，加工企业有相应收支范围的外汇账户的，可以外汇结算；没有外汇账户或者没有相应收支范围的外汇账户、或者外汇账户内资金不足以结算的，应当以人民币结算，不得购汇结算。

加工企业与列名钢铁企业以外汇结算的，加工企业应当持销售合同正本、监管小组签发的“外汇支付通知书”（格式见附件一）、货运凭证、《外商投资企业外汇登记证》或《外汇账户使用证》向外汇指定银行申请。外汇指定银行在审核上述规定的有效凭证和商业单据后为其办理外汇支付手续。外汇指定银行为加工企业办理外汇支付手续后，应当保留上述凭证和单据正本 5 年备查。

列名钢铁企业收到上述外汇后，应当持销售合同、监管小组签发的“外汇支付通知书”、货运凭证，到外汇指定银行办理结汇。外汇指定银行应当将上述凭证和单据正本保留 5 年备查。外汇指定银行在为列名钢铁企业办理结汇手续后，不得为其出具出口收汇核销专用联。

第十条 监管小组经查验加工出口企业营业执照副本、货运凭证和钢材实际流向后，核定加工出口货物耗用钢材加工单耗标准并予以开具“以产顶进钢材监管书”（以下简称“专用监管书”，格式见附件二）一式五份，分送列名钢铁企业、加工出口企业及其各自所在地国家税务局。“以产顶进钢材监管书”由国家税务总局监制。

第四章 列名钢铁企业税收管理

第十一条 列名钢铁企业销售“以产顶进”钢材并在财务上作销售后，持专用监管书、普通发票复印件等凭证向主管其征税的税务机关申报办理免、抵税手续。

第十二条 列名钢铁企业所在地主管征税的税务机关须在“以产顶进”钢材销售并办理完毕免、抵税手续后 3 个月内，依据加工出口企业所在地国家税务局签发的“以产顶进钢材购进确认单”（格式见附件三），对列名钢铁企业销售的“以产顶进”钢材进行核销。3 个月内尚未收到加工出口企业所在地国家税务局签发的“以产顶进钢材购进确认单”的，列名钢铁企业所在地主管征税机关须及时通知监管小组，并停止办理其“以产顶进”国产钢材“免、抵”税的审批手续，并追缴已“免、抵”税款，同时按有关规定追缴滞纳金。

第十三条 列名钢铁企业销售的“以产顶进”钢材办理完毕“免、抵”税手续后，如发生退货，由加工出口企业向其所在地主管退税的税务机关申报办理注销已“免、抵”税“以产顶进”钢材的手续，主管加工出口企业退税的税务机关应向列名钢铁企业所在地主管征税的税务机关发函告知已退货，同时列名钢铁企业也应及时主动向其所在地主管征税的税务机关申报。

第五章 加工产品出口及税收管理

第十四条 加工出口企业应在钢材运抵后五天内向当地主管出口退税的税务机关办理购进已免税钢材的登记备案手续。经审核，主管出口退税的税务机关填写“以产顶进钢材购进确认单”一式三份，分送监管小组和列名钢铁企业所在地主管征税的税务机关。

第十五条 加工出口企业使用“以产顶进”钢材加工成品出口时，除常规手续外，还应按以下规定办理：

（一）向出口地海关提交专用监管书；

（二）在出口货物报关单“贸易方式”栏填入相应的海关监管的贸易方式，全部使用国产原材料的填“一般贸易”；含有进口保税货物的，填写相应的加工贸易海关监管的贸易方式；

（三）在“税费征收情况”栏内加盖“以产顶进钢材监管书监管（冶金）*****号”字样的戳记（戳记规格为20mm×60mm，字体为楷体），并填写专用监管书的编号。

第十六条 海关应对“以产顶进”钢材加工成品出口进行严格监管，出口地海关在办理结关手续时，应按以下规定办理：

（一）按规定签发出口货物报关单（出口退税联）；

（二）在出口货物报关单“税费征收情况”栏内批注“以产顶进钢材监管书监管（冶金）*****号”；

（三）在专用监管书背面的“以产顶进”钢材成品出口验放记录栏内批注出口货物情况；

（四）在出口货物报关单和专用监管书上加盖“验讫章”，并由经办关员签名和批注签发日期。

经转关运输出境的“以产顶进”钢材加工成品，海关按转关运输监管规定监管和办理手续。

第十七条 加工出口企业须在加工货物出口后三个月内持出口货物报关单、外汇核销单和海关签章的专用监管书向当地主管出口退税的税务机关办理有关加工出口货物的退（免）税手续。

第十八条 对加工出口企业利用已免税“以产顶进”钢材加工生产的出口货物，比照现行有关加工贸易税收管理办法进行征（免）、退税管理。具体地：

（一）加工出口企业（1993年12月31日前成立的外商投资企业除外）购进已免税的“以产顶进”钢材后，视同进料加工进口料件对待，先填具“生产企业进料加工贸易申报表”（表中注明“以产顶进”钢材字样），持发货票复印件、付款凭证复印件等凭证，报经主管其出口退税的税务机关同意签章后，再将此申报表报送主管其征税的税务机关，并准许其在计征加工成品的增值税时对这部分“以产顶进”钢材按规定征税率计算税额予以抵扣。货物出口后，主管退税的税务机关在计算其退税或免抵税额时，也应对这部分“以产顶进”钢材按规定退税率计算税额并予抵扣。具体计算办法按《财政部、国家税务总局关于出口货物税收若干问题的补充通知》（财税字〔1997〕14号）第二条规定的办法计算退税。

（二）1993年12月31日前成立的外商投资企业购进已免税的“以产顶进”

钢材后，凭监管小组出具的专用监管书向当地主管出口退税的税务机关申请办理“准予免税证明”（格式见附件四），并持此证明向主管其征税的税务机关申报办理免征其加工产品的增值税、消费税。货物出口后三个月内，加工出口企业应凭出口货物报关单和海关已签章的专用监管书、外汇核销单向主管出口退税的税务机关办理核销手续。逾期未核销的，主管出口退税的税务机关会同主管征税的税务机关予以补税和处罚。

第十九条 加工出口企业如未经加工将已免税的“以产顶进”钢材直接出口的，应按一般贸易方式报关出口，出口地海关对其专用监管书不予签章确认。加工出口企业凭出口货物报关单、外汇核销单和海关未予确认的专用监管书，向主管其出口退税的税务机关办理“以产顶进”钢材的补税手续。具体补税按钢材征税税率与退税率之差补征增值税。

第二十条 加工出口企业如将已免税的“以产顶进”钢材转为国内销售的，或加工产品未出口的，需全额补缴钢材已免、抵的税款。

监管小组要协助加工出口企业所在地国家税务局向加工出口企业追缴税款，并立即停止向该企业供应免税的“以产顶进”钢材。

第六章 其他

第二十一条 列名钢铁企业及其所在地国家税务局须定期将“以产顶进”钢材销售情况及免、抵税情况专项统计上报。列名钢铁企业每半年终了十五日内将“以产顶进”钢材的商品名称、规格、数量、销售额及加工出口企业等汇总分别上报国家冶金工业局和国家税务总局，抄报国家经贸委、财政部、海关总署；列名钢铁企业所在地国家税务局须将“以产顶进”钢材免、抵税情况每半年分别统计上报国家税务总局。

第二十二条 列名钢铁企业及加工出口企业采取伪造、涂改、贿赂或其他非法手段骗取免、抵税的，按照《中华人民共和国税收征收管理法》第四十条有关规定处罚，并取消列名钢铁企业经营“以产顶进”钢材的资格。

第二十三条 以前规定与本实施细则有出入的，以本实施细则为准。

附件：

列名钢铁企业名单

1. 上海宝山钢铁（集团）公司
2. 武汉钢铁（集团）公司
3. 鞍山钢铁（集团）公司
4. 攀枝花钢铁（集团）公司

5. 首钢总公司
6. 太原钢铁（集团）公司
7. 马鞍山钢铁股份有限公司
8. 本溪钢铁（集团）有限责任公司
9. 酒泉钢铁（集团）有限责任公司
10. 济南钢铁集团总公司
11. 邯郸钢铁集团有限责任公司
12. 唐山钢铁集团有限责任公司
13. 重庆钢铁集团有限责任公司
14. 莱芜钢铁总厂
15. 南京钢铁集团有限公司
16. 包头钢铁（集团）有限责任公司
17. 浙江冶金集团杭州钢铁集团公司
18. 安阳钢铁集团有限责任公司
19. 江苏沙钢集团有限公司
20. 湖南华菱钢铁集团有限责任公司
21. 广州钢铁集团有限公司
22. 四川川投长城特殊钢（集团）有限责任公司
23. 北钢集团有限责任公司
24. 冶钢集团有限公司
25. 天津钢管公司
26. 大连钢铁集团有限责任公司
27. 抚顺特殊钢（集团）有限责任公司

057

关于进一步打击地条钢建筑用材非法生产销售行为的紧急通知

发改运行〔2004〕1003号

各省、自治区、直辖市、新疆生产建设兵团经贸委（经委、工交办、发展改革委），建设厅，商务厅，工商局，质监局，环保局：

近年来，由于钢材价格持续走高，一些地区地条钢建筑用材生产销售活动有所抬头，假冒伪劣钢材充斥市场。地条钢建筑用材的非法生产和销售，严重危害经济社会协调发展。地条钢建筑用材用于建筑工程，成为人民生命财产安全的重大隐患；地条钢在熔炼过程中排放大量粉尘，严重污染环境，危害人民身体健康；每吨地条钢的生产过程耗电高达700～800千瓦时，加剧了电力供应紧张的局面；地条钢非法生产企业往往挤占农村用电，干扰农业生产；地条钢建筑用材的轧制设备绝大多数都是国家明令淘汰的复二重、横列式轧机，能耗高，污染重；另外，地条钢非法生产耗用大量废钢资源，严重干扰钢铁行业正常生产经营秩序。

为贯彻党的十六届三中全会和中央经济工作会议精神，落实中央宏观调控的政策措施，坚持科学发展观，促进国民经济协调健康发展，现就进一步打击地条钢建筑用材生产销售等问题通知如下：

一、坚决取缔非法生产企业。生产销售地条钢建筑用材属非法行为，违反《中华人民共和国产品质量法》、《中华人民共和国环境影响评价法》、《中华人民共和国节约能源法》、《中华人民共和国电力法》以及原国家经贸委《工商投资领域制止重复建设目录》（第一批）、《淘汰落后生产能力、工艺和产品的目录》（第二批、第三批）等法律法规和产业政策，各地要立即对本地区地条钢建筑用材非法生产企业进行全面清理，坚决依法取缔。对于依法取缔的地条钢非法生产企业，其生产设备必须就地销毁，不得转移；电力企业要根据当地政府通知，立即停止供电，拆除相关供电设施。对于涉及行政许可的，由许可机关依《中华人民共和国行政许可法》撤销行政许可，办理注销行政许可手续。对被查处的生产、销售企业和个人要给予曝光，对涉嫌犯罪的要及时移送司法机关。

二、依法查处流通环节的地条钢建筑用材。在依法取缔生产企业的同时，对本地区市场流通环节的地条钢建筑用材进行清查，凡在市场中流通的，依《中华人民共和国产品质量法》等有关规定进行查处。

三、加强工程钢材采购的监督管理。建设主管部门要加强对进场钢材的监督监测。工程建设单位、施工单位不得采购、不得使用地条钢建筑用材。一旦发现进场的钢材中夹杂有地条钢建筑用材，应立即报告建设主管部门予以查处，并由建设主管部门及时通报质检、工商部门对生产厂家、流通商家进行查处。

四、严格控制地条钢建筑用材生产设备的制造和销售。各设备制造企业必须按照国家产业政策要求，立即停止地条钢建筑用材生产用的感应炉（工频炉、中频炉）、复二重、横列式轧机的定货、生产和销售。对于其它用途所使用的感应炉定货，必须出示项目批准文件，设备制造企业方可接受定货。违者依《中华人民共和国大气污染防治法》和《中华人民共和国节约能源法》予以坚决查处。

五、加强废钢资源管理。各流通企业、钢铁企业要加强自律，牢固树立“以人为本”的观念，本着对人民生命财产高度负责的精神，不向非法地条钢生产企业销售废钢。

六、做好打击地条钢建筑用材非法生产销售行为的组织实施工作。请各地发展改革委、经贸委（经委）根据本通知精神，按照地方政府统一部署，会同有关部门组成工作领导小组，并组建联合执法队伍，统一执法。各部门要设立举报电话，充分利用社会力量保持对地条钢建筑用材非法生产销售行为的高压态势，对于举报的非法生产销售企业，一经查实，坚决取缔。国家将于近期派出督查组，对各地贯彻落实本通知情况进行督促和检查。请各地打击地条钢工作领导小组于2004年8月底前将工作进展情况综合汇总后报送我们。

注：本通知地条钢建筑用材和地条钢建筑用材生产设备的界定范围。以废钢为原料，采用感应炉（工频炉、中频炉）生产建筑用材的钢坯、钢锭，以及以其为原料轧制的建筑用材（线材、螺纹钢、小型材）。生产设备包括冶炼设备和轧制设备，冶炼设备是指感应炉（工频炉、中频炉），轧制设备是指复二重、横列式钢材轧机。

联系人：张德琛
联系电话：010－68535534

国家发展和改革委员会　建设部　商务部　工商总局
质检总局　环保总局　电监会
二〇〇四年六月七日

058

中华人民共和国商务部 中华人民共和国海关总署 公告

2007年第41号

根据《中华人民共和国对外贸易法》和《中华人民共和国货物进出口管理条例》，现就对部分钢材出口实行出口许可证管理的有关问题公告如下：

一、从2007年5月20日起，对部分钢材产品出口按照《货物出口许可证管理办法》（商务部公告2004年第28号）的有关规定实行出口许可证管理（海关商品编号详见附件）。

二、凡出口本公告附件所列钢材的企业按照《货物出口许可证管理办法》的规定，向企业所在地省级（省、自治区、直辖市、计划单列市，新疆生产建设兵团）发证机构申领出口许可证。

三、申领本公告附件所列钢材出口许可证的贸易方式仅限于一般贸易出口（不含归还贷款出口和国际招标出口）。

四、本公告所列钢材出口许可证实行一批一证管理。外商投资企业按《货物出口许可证管理办法》的有关规定执行。

五、本公告所列钢材出口许可证有效期为许可证签发之日起3个月内有效。

六、商务部、海关总署负责对本公告的解释。

特此公告。

附件：实行出口许可证管理的钢材产品目录

商务部　海关总署

二○○七年四月三十日

附件：

实行出口许可证管理的钢材产品目录

序号	海关商品编号	商品名称
1	7208100000	轧压花纹的热轧卷材
2	7208250000	厚度≥4.75mm其他经酸洗的热轧卷材
3	7208261000	屈服强度大于355牛顿/平方毫米，3mm≤厚度＜4.75mm其他经酸洗热轧卷材

续 表

序号	海关商品编号	商品名称
4	7208269000	其他 3mm≤厚度<4.75mm 其他经酸洗热轧卷材
5	7208271000	厚度<1.5mm 的其他经酸洗的热轧卷材
6	7208279000	1.5mm≤厚<3mm 其他的热轧卷材
7	7208360000	厚度>10mm 的其他热轧卷材
8	7208370000	10mm≥厚≥4.75mm 的其他热轧卷材
9	7208381000	屈服强度大于 355 牛顿/平方毫米，4.75mm>厚度≥3mm 的大强度卷材
10	7208389000	其他 4.75mm>厚度≥3mm 的卷材
11	7208391000	厚度<1.5mm 的其他热轧卷材
12	7208399000	1.5mm≤厚<3mm 的其他热轧卷材
13	7208400000	轧有花纹的热轧非卷材
14	7208511000	厚度>50mm 的其他热轧非卷材
15	7208512000	20mm<厚≤50mm 的其他热轧非卷材
16	7208519000	10mm<厚≤20mm 的其他热轧非卷材
17	7208520000	10mm≥厚度≥4.75mm 的热轧非卷材
18	7208531000	屈服强度大于 355 牛顿/平方毫米，4.75mm>厚≥3mm 大强度热轧非卷材
19	7208539000	其他 4.75mm>厚≥3mm 的热轧非卷材
20	7208541000	厚度<1.5mm 的热轧非卷材
21	7208549000	1.5≤厚<3mm 的热轧非卷材
22	7208900000	其他热轧铁或非合金钢宽平板轧材
23	7211130000	未轧花纹的四面轧制的热轧非卷材
24	7211140000	厚度≥4.75mm 的其他热轧板材
25	7211190000	其他热轧铁或非合金钢窄板材
26	7211230000	含炭量低于 0.25%的冷轧板材
27	7211290000	其他冷轧铁或非合金钢窄板材
28	7211900000	冷轧的铁或非合金钢其他窄板材

续 表

序号	海关商品编号	商品名称
29	7212100000	镀（涂）锡的铁或非合金钢窄板材
30	7212200000	电镀锌的铁或非合金钢窄板材
31	7212300000	其他镀或涂锌的铁窄板材
32	7212400000	涂漆或涂塑的铁或非合金钢窄板材
33	7212500000	涂镀其他材料铁或非合金钢窄板材
34	7212600000	经包覆的铁或非合金钢窄板材
35	7213100000	铁或非合金钢制热轧盘条
36	7213200000	其他易切削钢制热轧盘条
37	7213910000	直径＜14mm 圆截面的其他热轧盘条
38	7213990000	其他热轧盘条
39	7214200000	铁或非合金钢的热加工条、杆
40	7214300000	易切削钢的热加工条、杆
41	7214910000	其他矩形截面的条杆
42	7214990000	其他热加工条、杆
43	7215100000	其他易切削钢制冷加工条、杆
44	7215500000	其他冷加工或冷成形的条、杆
45	7215900000	铁及非合金钢的其他条、杆
46	7216101000	截面高度＜80mm 的 H 型钢
47	7216102000	截面高度＜80mm 工字钢
48	7216109000	截面高度＜80mm 槽钢
49	7216210000	截面高度＜80mm 角钢
50	7216220000	截面高度＜80mm 丁字钢
51	7216310000	截面高度≥80mm 槽型钢
52	7216321000	截面高度＞200mm 工字钢
53	7216329000	80mm≤截面高度≤200mm 工字钢
54	7216331100	截面高度＞800mm H 型钢
55	7216331900	200mm＜截面高度≤800mm H 型钢

续 表

序号	海关商品编号	商品名称
56	7216339000	80mm＜截面高度≤200mm H 型钢
57	7216401000	截面高度≥80mm 角钢
58	7216402000	截面高度≥80mm 丁字钢
59	7216501000	乙字钢
60	7216509000	其他角材、型材及异型材
61	7216610000	冷加工平板轧材制的角材、型材及异型材
62	7216690000	冷加工角材、型材及异型材
63	7216910000	其他冷加工平板轧材制角材、型材、异型材
64	7216990000	其他角材、型材及异型材
65	7217100000	未镀或涂层的铁或非合金钢丝
66	7217200000	镀或涂锌的铁或非合金钢丝
67	7217300000	镀或涂其他贱金属铁或非合金钢丝
68	7217900000	其他铁丝或非合金钢丝
69	7219131100	3mm≤厚＜4.75mm 未经酸洗按重量计含镍量在 7%以下的热轧铬锰系不锈钢卷材
70	7219132100	3mm≤厚＜4.75mm 经酸洗含镍量按重量计在 7%以下的铬锰系热轧不锈钢卷材
71	7219132900	3mm≤厚＜4.75mm 经酸洗的其他热轧不锈钢卷板
72	7219141100	厚度＜3mm 未经酸洗按重量计含镍量在 7%以下的铬锰系热轧不锈钢卷板
73	7219142100	厚度＜3mm 经酸洗按重量计含镍量在 7%以下的铬锰系热轧不锈钢卷材
74	7225910000	电镀锌的其他合金钢宽平板轧材
75	7225920000	其他镀或涂锌的其他合金钢宽板材
76	7225991000	宽≥600mm 的高速钢制平板轧材
77	7225999000	宽≥600mm 的其他合金钢平板轧材
78	7226920000	宽度＜600mm 冷轧其他合金钢板材
79	7226991000	电镀锌的其他合金钢窄平板轧材

续　表

序号	海关商品编号	商品名称
80	7226992000	用其他方法镀或涂锌的其他合金钢窄板材
81	7227200000	硅锰钢的热轧盘条
82	7228200000	其他硅锰钢的条、杆
83	7228600000	其他合金钢条、杆

十 煤炭综合管理

059

中华人民共和国煤炭法

（1996年8月29日第八届全国人民代表大会常务委员会第二十一次会议通过，根据2009年8月27日第十一届全国人民代表大会常务委员会第十次会议《关于修改部分法律的决定》第一次修正，根据2011年4月22日第十一届全国人民代表大会常务委员会第二十次会议《关于修改〈中华人民共和国煤炭法〉的决定》第二次修正）

第一章 总 则

第一条 为了合理开发利用和保护煤炭资源，规范煤炭生产、经营活动，促进和保障煤炭行业的发展，制定本法。

第二条 在中华人民共和国领域和中华人民共和国管辖的其他海域从事煤炭生产、经营活动，适用本法。

第三条 煤炭资源属于国家所有。地表或者地下的煤炭资源的国家所有权，不因其依附的土地的所有权或者使用权的不同而改变。

第四条 国家对煤炭开发实行统一规划、合理布局、综合利用的方针。

第五条 国家依法保护煤炭资源，禁止任何乱采、滥挖破坏煤炭资源的行为。

第六条 国家保护依法投资开发煤炭资源的投资者的合法权益。

国家保障国有煤矿的健康发展。

国家对乡镇煤矿采取扶持、改造、整顿、联合、提高的方针，实行正规合理开发和有序发展。

第七条 煤矿企业必须坚持安全第一、预防为主的安全生产方针，建立健全安全生产的责任制度和群防群治制度。

第八条 各级人民政府及其有关部门和煤矿企业必须采取措施加强劳动保护，保障煤矿职工的安全和健康。

国家对煤矿井下作业的职工采取特殊保护措施。

第九条 国家鼓励和支持在开发利用煤炭资源过程中采用先进的科学技术和

管理方法。

煤矿企业应当加强和改善经营管理，提高劳动生产率和经济效益。

第十条　国家维护煤矿矿区的生产秩序、工作秩序，保护煤矿企业设施。

第十一条　开发利用煤炭资源，应当遵守有关环境保护的法律、法规，防治污染和其他公害，保护生态环境。

第十二条　国务院煤炭管理部门依法负责全国煤炭行业的监督管理。国务院有关部门在各自的职责范围内负责煤炭行业的监督管理。

县级以上地方人民政府煤炭管理部门和有关部门依法负责本行政区域内煤炭行业的监督管理。

第十三条　煤炭矿务局是国有煤矿企业，具有独立法人资格。

矿务局和其他具有独立法人资格的煤矿企业、煤炭经营企业依法实行自主经营、自负盈亏、自我约束、自我发展。

第二章　煤炭生产开发规划与煤矿建设

第十四条　国务院煤炭管理部门根据全国矿产资源勘查规划编制全国煤炭资源勘查规划。

第十五条　国务院煤炭管理部门根据全国矿产资源规划规定的煤炭资源，组织编制和实施煤炭生产开发规划。

省、自治区、直辖市人民政府煤炭管理部门根据全国矿产资源规划规定的煤炭资源，组织编制和实施本地区煤炭生产开发规划，并报国务院煤炭管理部门备案。

第十六条　煤炭生产开发规划应当根据国民经济和社会发展的需要制定，并纳入国民经济和社会发展计划。

第十七条　国家制定优惠政策，支持煤炭工业发展，促进煤矿建设。

煤矿建设项目应当符合煤炭生产开发规划和煤炭产业政策。

第十八条　开办煤矿企业，应当具备下列条件：

（一）有煤矿建设项目可行性研究报告或者开采方案；

（二）有计划开采的矿区范围、开采范围和资源综合利用方案；

（三）有开采所需的地质、测量、水文资料和其他资料；

（四）有符合煤矿安全生产和环境保护要求的矿山设计；

（五）有合理的煤矿矿井生产规模和与其相适应的资金、设备和技术人员；

（六）法律、行政法规规定的其他条件。

第十九条　开办煤矿企业，必须依法向煤炭管理部门提出申请；依照本法规定的条件和国务院规定的分级管理的权限审查批准。

审查批准煤矿企业，须由地质矿产主管部门对其开采范围和资源综合利用方案进行复核并签署意见。

经批准开办的煤矿企业，凭批准文件由地质矿产主管部门颁发采矿许可证。

第二十条 煤矿建设使用土地，应当依照有关法律、行政法规的规定办理。征用土地的，应当依法支付土地补偿费和安置补偿费，做好迁移居民的安置工作。

煤矿建设应当贯彻保护耕地、合理利用土地的原则。

地方人民政府对煤矿建设依法使用土地和迁移居民，应当给予支持和协助。

第二十一条 煤矿建设应当坚持煤炭开发与环境治理同步进行。煤矿建设项目的环境保护设施必须与主体工程同时设计、同时施工、同时验收、同时投入使用。

第三章 煤炭生产与煤矿安全

第二十二条 煤矿投入生产前，煤矿企业应当依照本法规定向煤炭管理部门申请领取煤炭生产许可证，由煤炭管理部门对其实际生产条件和安全条件进行审查，符合本法规定条件的，发给煤炭生产许可证。

未取得煤炭生产许可证的，不得从事煤炭生产。

第二十三条 取得煤炭生产许可证，应当具备下列条件：

（一）有依法取得的采矿许可证；

（二）矿井生产系统符合国家规定的煤矿安全规程；

（三）矿长经依法培训合格，取得矿长资格证书；

（四）特种作业人员经依法培训合格，取得操作资格证书；

（五）井上、井下、矿内、矿外调度通讯畅通；

（六）有实测的井上、井下工程对照图、采掘工程平面图、通风系统图；

（七）有竣工验收合格的保障煤矿生产安全的设施和环境保护设施；

（八）法律、行政法规规定的其他条件。

第二十四条 国务院煤炭管理部门负责下列煤矿企业的煤炭生产许可证的颁发管理工作：

（一）国务院和依法应当由国务院煤炭管理部门审查批准开办的煤矿企业；

（二）跨省、自治区、直辖市行政区域的煤矿企业。

省、自治区、直辖市人民政府煤炭管理部门负责前款规定以外的其他煤矿企业的煤炭生产许可证的颁发管理工作。

省、自治区、直辖市人民政府煤炭管理部门可以授权设区的市、自治州人民政府煤炭管理部门负责煤炭生产许可证的颁发管理工作。

第二十五条 煤炭生产许可证的颁发管理机关，负责对煤炭生产许可证的监督管理。

依法取得煤炭生产许可证的煤矿企业不得将其煤炭生产许可证转让或者出租给他人。

第二十六条　在同一开采范围内不得重复颁发煤炭生产许可证。

煤炭生产许可证的有效期限届满或者经批准开采范围内的煤炭资源已经枯竭的，其煤炭生产许可证由发证机关予以注销并公告。

煤矿企业的生产条件和安全条件发生变化，经核查不符合本法规定条件的，其煤炭生产许可证由发证机关予以吊销并公告。

第二十七条　煤炭生产许可证管理办法，由国务院依照本法制定。

省、自治区、直辖市人民代表大会常务委员会可以根据本法和国务院的规定制定本地区煤炭生产许可证管理办法。

第二十八条　对国民经济具有重要价值的特殊煤种或者稀缺煤种，国家实行保护性开采。

第二十九条　开采煤炭资源必须符合煤矿开采规程，遵守合理的开采顺序，达到规定的煤炭资源回采率。

煤炭资源回采率由国务院煤炭管理部门根据不同的资源和开采条件确定。

国家鼓励煤矿企业进行复采或者开采边角残煤和极薄煤。

第三十条　煤矿企业应当加强煤炭产品质量的监督检查和管理。煤炭产品质量应当按照国家标准或者行业标准分等论级。

第三十一条　煤炭生产应当依法在批准的开采范围内进行，不得超越批准的开采范围越界、越层开采。

采矿作业不得擅自开采保安煤柱，不得采用可能危及相邻煤矿生产安全的决水、爆破、贯通巷道等危险方法。

第三十二条　因开采煤炭压占土地或者造成地表土地塌陷、挖损，由采矿者负责进行复垦，恢复到可供利用的状态；造成他人损失的，应当依法给予补偿。

第三十三条　关闭煤矿和报废矿井，应当依照有关法律、法规和国务院煤炭管理部门的规定办理。

第三十四条　国家建立煤矿企业积累煤矿衰老期转产资金的制度。

国家鼓励和扶持煤矿企业发展多种经营。

第三十五条　国家提倡和支持煤矿企业和其他企业发展煤电联产、炼焦、煤化工、煤建材等，进行煤炭的深加工和精加工。

国家鼓励煤矿企业发展煤炭洗选加工，综合开发利用煤层气、煤矸石、煤泥、石煤和泥炭。

第三十六条　国家发展和推广洁净煤技术。

国家采取措施取缔土法炼焦。禁止新建土法炼焦窑炉；现有的土法炼焦限期改造。

第三十七条 县级以上各级人民政府及其煤炭管理部门和其他有关部门，应当加强对煤矿安全生产工作的监督管理。

第三十八条 煤矿企业的安全生产管理，实行矿务局长、矿长负责制。

第三十九条 矿务局长、矿长及煤矿企业的其他主要负责人必须遵守有关矿山安全的法律、法规和煤炭行业安全规章、规程，加强对煤矿安全生产工作的管理，执行安全生产责任制度，采取有效措施，防止伤亡和其他安全生产事故的发生。

第四十条 煤矿企业应当对职工进行安全生产教育、培训；未经安全生产教育、培训的，不得上岗作业。

煤矿企业职工必须遵守有关安全生产的法律、法规、煤炭行业规章、规程和企业规章制度。

第四十一条 在煤矿井下作业中，出现危及职工生命安全并无法排除的紧急情况时，作业现场负责人或者安全管理人员应当立即组织职工撤离危险现场，并及时报告有关方面负责人。

第四十二条 煤矿企业工会发现企业行政方面违章指挥、强令职工冒险作业或者生产过程中发现明显重大事故隐患，可能危及职工生命安全的情况，有权提出解决问题的建议，煤矿企业行政方面必须及时作出处理决定。企业行政方面拒不处理的，工会有权提出批评、检举和控告。

第四十三条 煤矿企业必须为职工提供保障安全生产所需的劳动保护用品。

第四十四条 煤矿企业应当依法为职工参加工伤保险缴纳工伤保险费。鼓励企业为井下作业职工办理意外伤害保险，支付保险费。

第四十五条 煤矿企业使用的设备、器材、火工产品和安全仪器，必须符合国家标准或者行业标准。

第四章　煤炭经营

第四十六条 依法取得煤炭生产许可证的煤矿企业，有权销售本企业生产的煤炭。

第四十七条 设立煤炭经营企业，应当具备下列条件：

（一）有与其经营规模相适应的注册资金；

（二）有固定的经营场所；

（三）有必要的设施和储存煤炭的场地；

（四）有符合标准的计量和质量检验设备；

（五）符合国家对煤炭经营企业合理布局的要求；

（六）法律、行政法规规定的其他条件。

第四十八条 设立煤炭经营企业，须向国务院指定的部门或者省、自治区、直辖市人民政府指定的部门提出申请；由国务院指定的部门或者省、自治区、直辖市人民政府指定的部门依照本法第四十七条规定的条件和国务院规定的分级管理的权限进行资格审查；符合条件的，予以批准。申请人凭批准文件向工商行政管理部门申请领取营业执照后，方可从事煤炭经营。

第四十九条　煤炭经营企业从事煤炭经营，应当遵守有关法律、法规的规定，改善服务，保障供应。禁止一切非法经营活动。

第五十条　煤炭经营应当减少中间环节和取消不合理的中间环节，提倡有条件的煤矿企业直销。

煤炭用户和煤炭销区的煤炭经营企业有权直接从煤矿企业购进煤炭。在煤炭产区可以组成煤炭销售、运输服务机构，为中小煤矿办理经销、运输业务。

禁止行政机关违反国家规定擅自设立煤炭供应的中间环节和额外加收费用。

第五十一条　从事煤炭运输的车站、港口及其他运输企业不得利用其掌握的运力作为参与煤炭经营、谋取不正当利益的手段。

第五十二条　国务院物价行政主管部门会同国务院煤炭管理部门和有关部门对煤炭的销售价格进行监督管理。

第五十三条　煤矿企业和煤炭经营企业供应用户的煤炭质量应当符合国家标准或者行业标准，质级相符，质价相符。用户对煤炭质量有特殊要求的，由供需双方在煤炭购销合同中约定。

煤矿企业和煤炭经营企业不得在煤炭中掺杂、掺假，以次充好。

第五十四条　煤矿企业和煤炭经营企业供应用户的煤炭质量不符合国家标准或者行业标准，或者不符合合同约定，或者质级不符、质价不符，给用户造成损失的，应当依法给予赔偿。

第五十五条　煤矿企业、煤炭经营企业、运输企业和煤炭用户应当依照法律、国务院有关规定或者合同约定供应、运输和接卸煤炭。

运输企业应当将承运的不同质量的煤炭分装、分堆。

第五十六条　煤炭的进出口依照国务院的规定，实行统一管理。

具备条件的大型煤矿企业经国务院对外经济贸易主管部门依法许可，有权从事煤炭出口经营。

第五十七条　煤炭经营管理办法，由国务院依照本法制定。

第五章　煤矿矿区保护

第五十八条　任何单位或者个人不得危害煤矿矿区的电力、通讯、水源、交通及其他生产设施。

禁止任何单位和个人扰乱煤矿矿区的生产秩序和工作秩序。

第五十九条　对盗窃或者破坏煤矿矿区设施、器材及其他危及煤矿矿区安全的行为，一切单位和个人都有权检举、控告。

第六十条 未经煤矿企业同意，任何单位或者个人不得在煤矿企业依法取得土地使用权的有效期间内在该土地上种植、养殖、取土或者修建建筑物、构筑物。

第六十一条 未经煤矿企业同意，任何单位或者个人不得占用煤矿企业的铁路专用线、专用道路、专用航道、专用码头、电力专用线、专用供水管路。

第六十二条 任何单位或者个人需要在煤矿采区范围内进行可能危及煤矿安全的作业时，应当经煤矿企业同意，报煤炭管理部门批准，并采取安全措施后，方可进行作业。

在煤矿矿区范围内需要建设公用工程或者其他工程的，有关单位应当事先与煤矿企业协商并达成协议后，方可施工。

第六章 监督检查

第六十三条 煤炭管理部门和有关部门依法对煤矿企业和煤炭经营企业执行煤炭法律、法规的情况进行监督检查。

第六十四条 煤炭管理部门和有关部门的监督检查人员应当熟悉煤炭法律、法规，掌握有关煤炭专业技术，公正廉洁，秉公执法。

第六十五条 煤炭管理部门和有关部门的监督检查人员进行监督检查时，有权向煤矿企业、煤炭经营企业或者用户了解有关执行煤炭法律、法规的情况，查阅有关资料，并有权进入现场进行检查。

煤矿企业、煤炭经营企业和用户对依法执行监督检查任务的煤炭管理部门和有关部门的监督检查人员应当提供方便。

第六十六条 煤炭管理部门和有关部门的监督检查人员对煤矿企业和煤炭经营企业违反煤炭法律、法规的行为，有权要求其依法改正。

煤炭管理部门和有关部门的监督检查人员进行监督检查时，应当出示证件。

第七章 法律责任

第六十七条 违反本法第二十二条的规定，未取得煤炭生产许可证，擅自从事煤炭生产的，由煤炭管理部门责令停止生产，没收违法所得，可以并处违法所得一倍以上五倍以下的罚款；拒不停止生产的，由县级以上地方人民政府强制停产。

第六十八条 违反本法第二十五条的规定，转让或者出租煤炭生产许可证的，由煤炭管理部门吊销煤炭生产许可证，没收违法所得，并处违法所得一倍以上五倍以下的罚款。

第六十九条 违反本法第二十九条的规定，开采煤炭资源未达到国务院煤炭管理部门规定的煤炭资源回采率的，由煤炭管理部门责令限期改正；逾期仍达不到规定的回采率的，吊销其煤炭生产许可证。

第七十条　违反本法第三十一条的规定，擅自开采保安煤柱或者采用危及相邻煤矿生产安全的危险方法进行采矿作业的，由劳动行政主管部门会同煤炭管理部门责令停止作业；由煤炭管理部门没收违法所得，并处违法所得一倍以上五倍以下的罚款，吊销其煤炭生产许可证；构成犯罪的，由司法机关依法追究刑事责任；造成损失的，依法承担赔偿责任。

第七十一条　违反本法第四十八条的规定，未经审查批准，擅自从事煤炭经营活动的，由负责审批的部门责令停止经营，没收违法所得，可以并处违法所得一倍以上五倍以下的罚款。

第七十二条　违反本法第五十三条的规定，在煤炭产品中掺杂、掺假，以次充好的，责令停止销售，没收违法所得，并处违法所得一倍以上五倍以下的罚款，可以依法吊销煤炭生产许可证或者取消煤炭经营资格；构成犯罪的，由司法机关依法追究刑事责任。

第七十三条　违反本法第六十条的规定，未经煤矿企业同意，在煤矿企业依法取得土地使用权的有效期间内在该土地上修建建筑物、构筑物的，由当地人民政府动员拆除；拒不拆除的，责令拆除。

第七十四条　违反本法第六十一条的规定，未经煤矿企业同意，占用煤矿企业的铁路专用线、专用道路、专用航道、专用码头、电力专用线、专用供水管路的，由县级以上地方人民政府责令限期改正；逾期不改正的，强制清除，可以并处五万元以下的罚款；造成损失的，依法承担赔偿责任。

第七十五条　违反本法第六十二条的规定，未经批准或者未采取安全措施，在煤矿采区范围内进行危及煤矿安全作业的，由煤炭管理部门责令停止作业，可以并处五万元以下的罚款；造成损失的，依法承担赔偿责任。

第七十六条　有下列行为之一的，由公安机关依照治安管理处罚条例的有关规定处罚；构成犯罪的，由司法机关依法追究刑事责任：

（一）阻碍煤矿建设，致使煤矿建设不能正常进行的；

（二）故意损坏煤矿矿区的电力、通讯、水源、交通及其他生产设施的；

（三）扰乱煤矿矿区秩序，致使生产、工作不能正常进行的；

（四）拒绝、阻碍监督检查人员依法执行职务的。

第七十七条　对不符合本法规定条件的煤矿企业颁发煤炭生产许可证或者对不符合本法规定条件设立煤炭经营企业予以批准的，由其上级主管机关或者监察机关责令改正，并给予直接负责的主管人员和其他直接责任人员行政处分；构成犯罪的，由司法机关依法追究刑事责任。

第七十八条　煤矿企业的管理人员违章指挥、强令职工冒险作业，发生重大伤亡事故的，依照刑法有关规定追究刑事责任。

第七十九条 煤矿企业的管理人员对煤矿事故隐患不采取措施予以消除，发生重大伤亡事故的，依照刑法有关规定追究刑事责任。

第八十条 煤炭管理部门和有关部门的工作人员玩忽职守、徇私舞弊、滥用职权的，依法给予行政处分；构成犯罪的，由司法机关依法追究刑事责任。

第八章 附 则

第八十一条 本法自1996年12月1日起施行。

060

中华人民共和国国家发展和改革委员会公告

2007 年第 80 号

为贯彻落实《国务院关于促进煤炭工业健康发展的若干意见》（国发〔2005〕18 号），严格产业准入，转变发展方式，推动产业结构优化升级，提高生产力水平，保障安全生产，提高资源利用率，加强环境保护，促进煤炭工业健康发展，结合相关法律法规，国家发展和改革委员会制定了《煤炭产业政策》，经国务院批准，现予发布，自发布之日起实施。

附件：煤炭产业政策

国家发展和改革委员会

二〇〇七年十一月二十三日

附件：

煤炭产业政策

国家发展和改革委员会

2007 年 11 月 23 日

煤炭是我国的主要能源和重要工业原料。煤炭产业是我国重要的基础产业，煤炭产业的可持续发展关系国民经济健康发展和国家能源安全。为全面贯彻落实科学发展观，合理、有序开发煤炭资源，提高资源利用率和生产力水平，促进煤炭工业健康发展，根据《中华人民共和国煤炭法》、《中华人民共和国矿产资源法》和《国务院关于促进煤炭工业健康发展的若干意见》（国发〔2005〕18 号）等法律和规范性文件，制定本政策。

第一章　发展目标

第一条　坚持依靠科技进步，走资源利用率高、安全有保障、经济效益好、环境污染少的煤炭工业可持续发展道路，为全面建设小康社会提供能源保障。

第二条　深化煤炭资源有偿使用制度改革，加快煤炭资源整合，形成以合理开发、强化节约、循环利用为重点，生产安全、环境友好、协调发展的煤炭资源开发利用体系。

第三条 严格产业准入，规范开发秩序，完善退出机制，形成以大型煤炭基地为主体、与环境和运输等外部条件相适应、与区域经济发展相协调的产业布局。

第四条 深化煤炭企业改革，推进煤炭企业的股份制改造、兼并和重组，提高产业集中度，形成以大型煤炭企业集团为主体、中小型煤矿协调发展的产业组织结构。

第五条 推进煤炭技术创新体系建设，建立健全以市场为导向、企业为主体、产学研相结合的煤炭技术创新机制，形成一批具有自主知识产权的行业重大关键技术。培育科技市场，发展服务机构，形成完善的技术创新服务体系。

第六条 强化政府监管，落实企业主体责任，依靠科技进步，以防治瓦斯、水、火、煤尘、顶板、矿压等灾害为重点，健全煤矿安全生产投入及管理的长效机制。

第七条 加强煤炭资源综合利用，推进清洁生产，发展循环经济，建立矿区生态环境恢复补偿机制，建设资源节约型和环境友好型矿区，促进人与矿区和谐发展。

第八条 推进市场化改革，完善煤炭市场价格形成机制，加强煤炭生产、运输、需求的衔接，促进总量平衡，形成机制健全、统一开放、竞争有序的现代煤炭市场体系。

第二章 产业布局

第九条 根据国民经济和社会发展规划总体部署，按照煤炭工业发展规划、矿产资源规划、煤炭生产开发规划、煤矿安全生产规划、矿区总体规划，合理、有序开发和利用煤炭资源。

第十条 稳定东部地区煤炭生产规模，加强中部煤炭资源富集地区大型煤炭基地建设，加快西部地区煤炭资源勘查和适度开发。建设神东、晋北、晋中、晋东、陕北、黄陇（华亭）、鲁西、两淮、河南、云贵、蒙东（东北）、宁东等十三个大型煤炭基地，提高煤炭的持续、稳定供给能力。

第十一条 大力推进煤炭、煤层气等资源的协调开发和基础设施的高效利用。在大型煤炭基地内，一个矿区原则上由一个主体开发，一个主体可以开发多个矿区。按照资源禀赋、运输、水资源等条件和环境承载能力确定区域煤炭开发规模和开发强度，在大型整装煤田和资源富集地区优先建设大型和特大型现代化煤矿。

第十二条 鼓励建设坑口电站，优先发展煤、电一体化项目，优先发展循环经济和资源综合利用项目。新建大中型煤矿应当配套建设相应规模的选煤厂，鼓励在中小型煤矿集中矿区建设群矿选煤厂。

第十三条　在水资源充足、煤炭资源富集地区适度发展煤化工，限制在煤炭调入区和水资源匮乏地区发展煤化工，禁止在环境容量不足地区发展煤化工。国家对特殊和稀缺煤种实行保护性开发，限制高硫、高灰煤炭资源开发。

第三章　产业准入

第十四条　开办煤矿或者从事煤炭和煤层气资源勘查，从事煤矿建设项目设计、施工、监理、安全评价等，应当具备相应资质，并符合法律、法规规定的其他条件。煤矿资源回收率必须达到国家规定标准，安全、生产装备及环境保护措施必须符合法律法规的规定。

第十五条　山西、内蒙古、陕西等省（区）新建、改扩建矿井规模不低于120万吨/年。重庆、四川、贵州、云南等省（市）新建、改扩建矿井规模不低于15万吨/年。福建、江西、湖北、湖南、广西等省（区）新建、改扩建矿井规模不低于9万吨/年。其他地区新建、改扩建矿井规模不低于30万吨/年。鉴于当前小煤矿数量多、布局不合理、破坏资源和环境的状况尚未根本改善，煤矿安全生产形势依然严峻，“十一五”期间一律停止核准（审批）30万吨/年以下的新建煤矿项目。

第十六条　煤矿企业应当按照国家规定，配置地矿类主体专业人员，特种作业人员必须按照国家有关规定取得相应资质。鼓励煤矿企业从技术学校招收工人。

第四章　产业组织

第十七条　取缔非法煤矿，关闭布局不合理、不符合产业政策、不具备安全生产条件、乱采滥挖破坏资源、污染环境和造成严重水土流失的煤矿。

第十八条　鼓励以现有大型煤炭企业为核心，打破地域、行业和所有制界限，以资源、资产为纽带，通过强强联合和兼并、重组中小型煤矿，发展大型煤炭企业集团。鼓励发展煤炭、电力、铁路、港口等一体化经营的具有国际竞争力的大型企业集团。鼓励大型煤炭企业参与冶金、化工、建材、交通运输企业联营。鼓励中小型煤矿整合资源、联合改造，实行集约化经营。

第十九条　鼓励煤炭企业进一步完善法人治理结构，按照现代企业制度要求积极推进股份制改造，转换经营机制，提高管理水平。

第二十条　积极引导资源枯竭矿区经济转型，支持资源枯竭、亏损严重的国有煤矿转产发展。建立中小型煤炭生产企业退出机制。鼓励和支持资源枯竭煤矿发挥人才、技术和管理等优势，异地开发煤炭资源。

第五章　产业技术

第二十一条　鼓励发展地球物理勘探、高精度三维地震勘探技术。鼓励发展厚冲积层钻井法、冻结法和深井快速建井技术。

第二十二条 鼓励采用高新技术和先进适用技术，建设高产高效矿井。鼓励发展露天矿开采技术。鼓励发展综合机械化采煤技术，推行壁式采煤。发展小型煤矿成套技术以及薄煤层采煤机械化、井下充填、“三下”采煤、边角煤回收等提高资源回收率的采煤技术。鼓励开展急倾斜特厚煤层水平分段综采放顶煤技术的研究。鼓励低品位、难采矿的地下气化等示范工程建设。

第二十三条 加快推进小型煤矿采煤工艺和支护方式改革，推广锚杆支护和采煤工作面金属支护，淘汰木支护。加快发展安全、高效的井下辅助运输技术、综采设备搬迁技术和装备。

第二十四条 发展自动控制、集中控制选煤技术和装备。研制和发展高效干法选煤技术、节水型选煤技术、大型筛选设备及脱硫技术，回收硫资源。鼓励水煤浆技术的开发及应用。

第二十五条 鼓励煤炭企业实施以产业升级为目的的技术改造。鼓励通过多种方式进行煤炭勘探、开采、洗选加工、转化等关键技术和重大装备的研发、集成和自主化生产。

第二十六条 推进煤炭企业信息化建设，利用现代控制技术、矿井通讯技术，实现生产过程自动化、数字化。推进建设煤矿安全生产监测监控系统、煤炭产量监测系统和井下人员定位管理系统。

第六章　安全生产

第二十七条 坚持安全第一、预防为主、综合治理的安全生产方针，落实企业安全生产的主体责任和法定代表人的安全生产第一责任人责任。煤炭企业应当严格遵守法律、法规，以及有关国家标准或者行业标准，强化现场管理，严禁超能力、超强度、超定员组织生产，遏制事故发生。煤炭生产企业未取得安全生产许可证的，不得从事煤炭生产活动。

第二十八条 建立健全矿井通风、防瓦斯、防突、防火、防尘、防水、防洪等系统。坚持先抽后采、监测监控、以风定产的煤矿瓦斯治理方针，落实优先开采保护层和预抽煤层瓦斯等区域性防突措施，提高瓦斯抽采率。坚持预测预报、有疑必探、先探后掘、先治后采的煤矿水害防治原则，落实防、堵、疏、排、截等综合治理措施。加强煤矿冲击地压监测控制和顶板事故防范。

第二十九条 建立健全煤矿重大事故隐患排查、治理和报告制度。建立和完善灾害预防和应急救援体系。坚持煤矿负责人和生产经营管理人员下井带班制度。

第三十条 严格执行煤矿建设项目安全设施与主体工程“三同时”制度。煤炭生产各环节必须配备必要的安全卫生防护设施，有较大危险因素的生产经营场所和有关设施、设备上必须设置明显的安全警示标志，禁止使用不符合安全标准的工艺、设备。对煤矿井下和有关设备、器材实行安全标志管理制度。

第七章 贸易与运输

第三十一条 严格煤炭经营企业资格审查，促进煤炭经营企业结构优化，形成以煤炭生产企业和大型煤炭经营企业为主体、中小型煤炭经营企业为补充的协调发展格局。

第三十二条 积极推进煤炭贸易市场化改革，建立健全煤炭交易市场体系，完善煤炭价格市场形成机制，制定公平交易规则。建立全国和区域性煤炭交易中心及信息发布平台，鼓励煤炭供、运、需三方建立中长期合作关系，引导合理生产、有序运输和均衡消费。稳步发展国际煤炭贸易，优化煤炭进出口结构，鼓励企业到国外投资办矿。

第三十三条 积极发展铁路、水路煤炭运输，加快建设和改造山西、陕西、内蒙古西部出煤通道和北方煤炭下水港口，提高煤炭运输能力。限制低热值煤、高灰分煤长距离运输。煤炭运输应当采取防尘、防洒漏措施。

第八章 节约利用与环境保护

第三十四条 实施节约优先的发展战略，加快资源综合利用，减少煤炭加工利用过程中的能源消耗，提高煤炭资源回采率和利用效率。

第三十五条 加强节能和能效管理，建立和完善煤炭行业节能管理、评价考核、节能减排和清洁生产奖惩制度。鼓励煤炭企业开发先进适用节能技术，煤炭企业新建、改扩建项目必须按照节能设计规范和用能标准建设，必须淘汰落后耗能工艺、设备和产品，推广使用符合国家能效标准、经过认证的节能产品。

第三十六条 按照减量化、再利用、资源化的原则，综合开发利用与煤共伴生资源和煤矿废弃物。鼓励企业利用煤矸石、低热值煤发电、供热，利用煤矸石生产建材产品、井下充填、复垦造田和筑路等，综合利用矿井水，发展循环经济。支持煤层气（煤矿瓦斯）长输管线建设，鼓励煤层气（煤矿瓦斯）民用、发电、生产化工产品等。

第三十七条 煤炭资源的开发利用必须依法开展环境影响评价，环保设施与主体工程要严格实行项目建设“三同时”制度。按照谁开发、谁保护，谁损坏、谁恢复，谁污染、谁治理，谁治理、谁受益的原则，推进矿区环境综合治理，形成与生产同步的水土保持、矿山土地复垦和矿区生态环境恢复补偿机制。

第三十八条 煤炭采选、贮存、装卸过程中产生的污染物必须达标排放，防止二次污染。加强煤矿瓦斯抽采利用和减少排放。洗煤水应当实现闭路循环。优化巷道布置，减少井下矸石产出量。

第三十九条 建立矿区开发环境承载能力评估制度和评价指标体系。严格执行煤矿环境影响评价、水土保持、土地复垦和排污收费制度。限制在地质灾害高易发区、重要地下水资源补给区和生态环境脆弱区开采煤炭，禁止在自然保护区、重要水源保护区和地质灾害危险区等禁采区内开采煤炭。加强废弃矿井的综合治理。

第四十条 加强对在矿山开发过程中可能诱发灾害的调查、监测及预报预警，及时采取有效的防治措施。建立信息网络系统，制定防灾减灾预案。

第九章 劳动保护

第四十一条 煤炭生产企业应当参加工伤保险社会统筹，建立和完善工伤预防、补偿、康复相结合的工伤保险制度体系。落实煤矿井下艰苦岗位津贴制度，逐步提高煤矿职工收入水平。

第四十二条 加强劳动用工和定员管理，推广井下四班六小时工作制。推进矿井质量标准化建设，改善井下作业环境。为井下工人配备符合国家标准或者行业标准的劳动保护用品。

第四十三条 鼓励煤炭生产企业加大安全和尘肺病等职业病防治投入。发展和推广职业病防治、职业安全和劳动保护技术的研究和应用。建立健全职业健康管理和职业病危害控制体系。

第十章 保障措施

第四十四条 完善有利于提高煤矿安全生产水平和煤炭资源利用率、促进煤炭工业健康发展的税费政策，完善资源勘查、开发和综合利用的税收优惠政策。实行严格的煤炭资源利用监管制度，对煤炭资源回采率实行年度核查、动态监管，对达不到国家规定标准的，依照有关法律法规予以处罚。

第四十五条 煤炭资源开发坚持先规划、后开发的原则。国家统一管理煤炭资源一级探矿权市场，由国家投资完成煤炭资源的找煤、普查和必要详查，编制矿区总体开发规划和矿业权设置方案，有计划地将二级探矿权和采矿权转让给企业，形成煤炭资源勘查投入良性循环机制。中央地质勘查基金（周转金）重点支持国家确定的重点成矿区（带）内煤炭资源勘查。

第四十六条 支持煤炭企业建立技术开发中心，增强自主创新能力。煤矿企业可以从煤炭产品销售收入中提取一定比例资金，用于技术创新和技术改造。推进煤炭生产完全成本化改革，严格煤矿维简费、煤炭生产安全费用提取使用和安全风险抵押金制度。按照企业所有、专款专用、专户储存、政府监督的原则，煤矿企业应按规定提取环境治理恢复保证金。鼓励社会资金投入矿区环境治理。

第四十七条 实施煤炭行业专业技术人才知识更新工程，加强国家煤矿专业人才继续教育、培养基地建设和专业人才培养，实施煤炭行业技能型紧缺人才培养培训工程，完善对口单招和订单式培养。规范煤矿从业人员职业资格管理，鼓励企业开展全方位、多层次的职工安全、技术教育培训。

第四十八条　支持煤炭企业分离办社会职能，加快企业主辅分离。支持煤矿企业提取煤矿转产发展资金，专项用于发展接续产业和替代产业。

第四十九条　对不符合规划和产业发展方向的建设项目，国土资源部门不予办理矿业权登记和土地使用手续，环保部门不予审批环境影响评价文件和发放排污许可证，水利部门不予审批水土保持方案文件，工商管理部门不予办理工商登记，金融机构不予提供贷款和其他形式的授信支持，投资主管部门不予办理核准手续。

第五十条　发挥中介组织作用。煤炭行业协会应当建立和完善煤炭市场供求、技术经济指标等方面的信息定期发布制度和行业预警制度，及时反映行业动态和提出政策建议，加强行业自律，引导企业发展。

本政策由国家发展和改革委员会负责解释。煤炭工业有关管理部门可以依据本政策制订相关技术标准和规范。

本政策自发布之日起实施。

061

国务院关于促进煤炭工业健康发展的若干意见

国发〔2005〕18号

各省、自治区、直辖市人民政府，国务院各部委、各直属机构：

煤炭是我国重要的基础能源和原料，在国民经济中具有重要的战略地位。在我国一次能源结构中，煤炭将长期是我国的主要能源。改革开放以来，煤炭工业取得了长足发展，煤炭产量持续增长，生产技术水平逐步提高，煤矿安全生产条件有所改善，对国民经济和社会发展发挥了重要的作用。但煤炭工业发展过程中还存在结构不合理、增长方式粗放、科技水平低、安全事故多发、资源浪费严重、环境治理滞后、历史遗留问题较多等突出问题。随着国民经济的发展，煤炭需求总量不断增加，资源、环境和安全压力进一步加大。为促进煤炭工业持续稳定健康发展，保障国民经济发展需要，提出以下意见：

一、指导思想、发展目标和基本原则

（一）指导思想。以邓小平理论和“三个代表”重要思想为指导，全面落实科学发展观，坚持依靠科技进步，走资源利用率高、安全有保障、经济效益好、环境污染少和可持续的煤炭工业发展道路。把煤矿安全生产始终放在各项工作的首位，以建设大型煤炭基地、培育大型煤炭企业和企业集团为主线，按照统筹煤炭工业与相关产业协调发展，统筹煤炭开发与生态环境协调发展，统筹矿山经济与区域经济协调发展的要求，构建与社会主义市场经济体制相适应的新型煤炭工业体系，实现煤炭工业持续稳定健康发展，加快建设资源节约型社会，为全面建设小康社会提供可靠的能源保障。

（二）发展目标。从2005年起，用3～5年时间，建立规范的煤炭资源开发秩序，大型煤炭基地建设初见成效，形成若干个亿吨级生产能力的大型煤炭企业和企业集团，煤矿安全基础条件有较大改善，煤矿瓦斯得到有效治理，重特大事故多发的势头得到有效遏制，煤矿安全生产形势明显好转，矿区生态环境恶化的趋势初步得到控制，煤炭法规政策体系逐步完善。再用5年左右时间，形成以合理保护、强化节约为重点的资源开发监管体系，以大型煤炭基地和大型煤炭企业集团为主体的煤炭供给体系，以强化管理和投入为重点、先进技术为支撑的安全生产保障体系，以煤炭加工转化、资源综合利用和矿山环境治理为核心的循环经济体系，以《中华人民共和国煤炭法》和《中华人民共和国矿产资源法》为基础的法规政策调控体系。

（三）基本原则。坚持发展先进生产能力和淘汰落后生产能力相结合的原则，一方面加快现代化大型煤炭基地建设，培育大型煤炭企业和企业集团，促进中小型煤矿重组联合改造，另一方面继续依法关闭布局不合理、不具备安全生产条件、浪费资源、破坏生态环境的小煤矿。坚持治标与治本相结合的原则，着力解决影响煤炭工业健康发展的突出问题，同时抓紧完善法规政策调控体系，提高煤炭资源勘查、开发准入条件。坚持“安全第一、预防为主”的方针和综合治理的原则，促使煤矿安全文化、安全法制、安全责任、安全科技、安全投入等各项要素到位。坚持国家引导、扶持和企业自主发展相结合的原则，既要帮助企业解决历史遗留问题，为企业发展创造公平竞争的市场环境，又要尊重企业的自主发展权。坚持体制改革与机制创新相结合的原则，推进煤炭企业建立规范的现代企业制度，建立保障安全生产和促进健康发展的激励约束机制，提高企业的活力和竞争力。坚持煤炭开发与地方经济和社会发展相结合的原则，合理开发利用煤炭资源，促进煤炭、电力、冶金、化工等相关产业的联合和煤炭就地转化，带动地方经济和社会协调发展。

二、强化规划和管理，完善煤炭资源开发监管体系

（四）加强对煤炭资源的规划管理。煤炭资源是重要的战略资源，要改进管理方式，实现由粗放开发型管理向科学合理开发、保护节约型管理的转变。依法科学合理划定煤炭资源国家规划矿区和对国民经济具有重要价值的矿区，严格按国家规划有序开发。国家规划矿区、对国民经济具有重要价值矿区的划定，由国土资源部研究提出，会同发展改革委共同审定并公布。建立煤炭资源战略储备制度，对特殊和稀缺煤种实行保护性开发。

（五）完善煤炭资源管理与生产开发的管理制度。各级发展改革（煤炭行业）主管部门要综合运用煤炭发展规划、产业政策、法律法规等手段，加强对煤矿开发建设和煤炭生产的监督管理。各级国土资源主管部门要按照《中华人民共和国矿产资源法》和国务院行政法规，规范煤炭资源勘查、开采登记管理工作，纠正、制止一切越权审批和以招商引资为由越权配置煤炭资源的行为。煤炭开发规划和资源管理工作要相互衔接，紧密配合。发展改革（煤炭行业）主管部门编制煤炭生产开发规划、矿区总体规划时，必须征求同级国土资源主管部门的意见，并作为批准规划的重要依据。国土资源主管部门在编制煤炭资源勘查规划、矿业权设置方案时，必须征求同级发展改革（煤炭行业）主管部门的意见，并作为批准煤炭资源勘查规划和矿业权设置方案的重要依据。产煤地区地方各级人民政府要落实煤炭行业管理职能部门，并充实和加强煤炭管理力量，健全和完善管理制度，强化煤炭资源和生产开发管理。

（六）加大煤炭资源勘探力度。加大煤炭资源勘探资金支持力度，研究建立煤炭地质勘探周转资金，增强煤炭资源保障能力。由国家投资完成煤炭资源的找煤、普查和必要的详查，统一管理煤炭资源一级探矿权市场，在此基础上编制矿区总体开发规划和矿业权设置方案；依据矿区总体开发规划和矿业权设置方案，实行煤炭资源二级探矿权和采矿权市场化转让，转让收入要按规定实行“收支两条线”管理，并用于煤炭资源勘探投入，实现滚动发展。健全煤炭地质勘查市场准入制度，培育精干高效、装备精良的煤田地质勘探队伍。严格执行勘查技术规程，进一步完善储量评估制度，依靠科技进步，提高地质勘探精度，保障地质勘查质量，为合理规划和开发煤炭资源奠定基础。

（七）合理有序开发煤炭资源。进一步完善矿业权有偿取得制度，规范煤炭矿业权价款评估办法，逐步形成矿业权价款市场发现机制，实现矿业权资产化管理。煤炭矿业权资产化要与科学的生产规划相结合，按照“统一规划、集中开发、一次置权、分期付款”的原则有序进行。严格矿业权审批，对国家规划矿区内的煤炭资源，凡未经国家批准开发规划和矿业权设置方案的，一律不得办理矿业权的设置。保障矿区井田的科学划分和合理开发，形成有利于保护和节约资源的煤炭开发秩序。加快修订煤矿设计规范，严格开采顺序、开采方法和开发强度管理，禁止越层越界和私挖乱采。鼓励采用先进技术，开采难采煤层和极薄煤层。煤矿新建和改扩建项目必须按照隶属关系，依法取得同级安全生产监管部门的审查批准，并认真执行安全生产设施“三同时”制度（同时设计、施工和投入使用）。

（八）保护节约和合理利用煤炭资源。修订煤炭生产矿井资源回采率标准和管理办法，凡设计回采率达不到国家规定标准的煤炭开发建设项目，一律不予核准，不予颁发采矿许可证。建立严格的煤炭资源利用监管制度，对煤炭资源回采率实行年度核查、动态监管，达不到回采率标准的煤矿，要责令限期整改；逾期仍达不到回采率标准的，依法予以处罚，直至吊销采矿许可证和煤炭生产许可证。加快完善煤炭资源税费计征办法，研究将煤炭资源税费以产量和销售收入为基数计征，改为以资源储量为基数计征的方案，并在条件成熟时实施；同时，要积极探索多种激励约束机制，促使煤炭生产企业节约煤炭资源。健全煤炭生产企业资源储量管理机构，落实储量管理责任，完善煤炭储量管理档案和制度，严格执行生产技术和管理规程。

三、加快结构调整，加强煤炭供应体系

（九）加快大型煤炭基地建设。按照煤炭发展规划和开发布局，选择资源条件好、具有发展潜力的矿区，以国有大型煤炭企业为依托，加快神东、陕北、晋中等 13 个大型煤炭基地建设，形成稳定可靠的商品煤供应基地、煤炭深加工基

地和出口煤基地。国家继续从中央预算内基建投资（或国债资金）中安排资金，以资本金注入等方式，重点支持大型煤炭基地建设。政策性银行、国有商业银行和股份制商业银行应积极改进金融服务，加大金融产品创新力度，切实支持符合国家产业政策和市场准入条件的煤炭开发建设。支持有条件的煤炭企业上市融资，按照国家规定发行企业债券，筹集建设资金，加快建设和发展。

（十）促进煤炭与相关产业协调发展。大型煤炭基地建设要与煤炭外运和水资源等条件相衔接，与相关产业和地方经济发展相协调。要加大投资力度，改革铁路和港口投资体制，鼓励企业法人、非公有资本参股建设和管理，抓紧建设和改造山西、陕西、内蒙古西部出煤通道和北方煤炭下水港口，提高煤炭运输能力，从根本上缓解交通运输对煤炭供给的制约。按照政府引导和企业自愿的原则，鼓励煤电一体化发展，加快大型坑口电站建设，缓解煤炭运输压力。鼓励大型煤炭企业与冶金、化工、建材、交通运输企业联营。火力发电、煤焦化工、建材等产业发展布局，要优先安排依托煤炭矿区的项目，促进能源及相关产业布局的优化和煤炭产业与下游产业协调发展。

（十一）培育大型煤炭企业集团。打破地域、行业和所有制界限，加快培育和发展若干个亿吨级大型煤炭骨干企业和企业集团，使之成为优化煤炭工业结构、建设大型煤炭基地、平衡国内煤炭市场供需关系和“走出去”开发国外煤炭、参与国际市场竞争的主体。煤炭企业要进一步完善法人治理结构，按照现代企业制度要求积极推进股份制改造，转换经营机制，提高管理水平。国家规划矿区、对国民经济具有重要价值矿区的资源开发由国有资本控股。鼓励发展煤炭、电力、铁路、港口等一体化经营的具有国际竞争力的大型企业集团。鼓励大型煤炭企业到境外投资办矿，带动煤炭机械产品出口和技术、劳务输出，提高我国煤炭工业的国际竞争力。

（十二）进一步改造整顿和规范小煤矿。各产煤地区要充分发挥市场机制的作用，加快中小型煤矿的整顿、改造和提高，整合煤炭资源，实行集约化开发经营。鼓励大型煤炭企业兼并改造中小型煤矿，鼓励资源储量可靠的中小型煤矿，通过资产重组实行联合改造。积极推进中小型煤矿采煤工艺改革和技术改造，规模以上煤矿必须尽快做到壁式正规化开采。继续淘汰布局不合理、不符合安全标准、不符合环保要求和浪费资源的小煤矿，坚决取缔违法经营的小煤矿。

（十三）加快提升煤炭生产和设备制造技术水平。采用高新技术和先进适用技术，加快高产高效矿井建设，提高煤矿装备现代化、系统自动化、管理信息化水平，淘汰落后的技术装备与工艺，推动煤炭工业科技进步。大力推进中小型煤矿机械化，加快培育和发展面向小型煤矿的综合服务机构，形成完善的技术服务体系。通过关键技术引进、技贸结合、合作制造、市场换技术等多种方式，提高煤炭重大技术装备研发和制造能力，促进重大装备制造国产化。加强企业、科研机构和各类院校的联合，推进技术创新体系建设。

（十四）规范煤炭市场秩序。深化煤炭流通体制改革，改革电煤价格形成机制，运用经济手段和必要的行政法规，合理调整煤炭企业与发电企业的利益关系。继续推进煤炭订货方式改革，鼓励供需双方自主衔接、签订长期供货合同。加快建立以全国煤炭交易中心为主体，以区域市场为补充，以网络技术为平台，有利于政府宏观调控、市场主体自由交易的现代化煤炭交易体系。严格煤炭经营企业资格审查，取缔无证非法经营活动，清理煤炭运销环节乱收费、乱罚款，依法打击掺杂使假和偷骗税款等不法行为。

四、坚持综合治理，强化煤矿安全生产保障体系

（十五）进一步落实安全生产责任。加强“国家监察、地方监管、企业负责”的煤矿安全工作体系建设，进一步落实安全生产责任制。完善煤矿安全监察体制，提高监察的权威性和有效性，强化煤矿安全执法检查。落实地方人民政府煤矿安全监督管理职责，建立地方人民政府领导分工联系本地区煤矿安全生产工作制度。认真实行煤矿安全生产许可证制度，强化煤炭企业安全生产责任主体，落实企业法定代表人作为安全生产第一责任人的责任；精简企业管理机构，加强一线管理力量；坚持煤炭企业内部安全生产机构派驻制度，严格执行煤矿领导干部下井带班作业制度。严格外包工程队伍资质管理和现场管理。建立煤矿安全生产风险抵押金制度。

（十六）加大煤矿安全投入。按照企业负责、政府支持的原则，完善中央、地方和企业共同增加煤矿安全投入的机制。各类煤矿要按有关规定提取生产安全费用。国家继续从预算内基建投资（国债资金）中安排资金支持煤矿安全技术改造。对国家支持的煤矿安全改造项目，地方财政要积极安排配套资金，专项列支，并与中央资金同时到位。各级财政、审计和煤炭行业管理、煤矿安全监察部门要加强监督，确保煤矿安全资金专款专用，安全改造项目顺利实施并发挥效用。

（十七）提高瓦斯防治技术水平。成立煤矿瓦斯防治部际协调领导小组，加强煤矿瓦斯防治工作的领导和协调。设立国家瓦斯治理和利用（煤层气）工程研究中心，加强瓦斯防治科技攻关，立足于推动煤矿安全生产科技进步，从根本上扭转瓦斯事故多发的现状，加快瓦斯灾害监测预警、应急救援、瓦斯煤尘防爆、瓦斯抽采利用技术的研究。抓紧制订和实施全国煤矿瓦斯治理总体方案，尽快使煤矿瓦斯治理取得明显成效。财政、税务部门要尽快制订实施办法，对瓦斯（煤层气）抽采和利用实行税收优惠。煤炭企业要严格高瓦斯和瓦斯突出矿井的管理，建立健全危险源辨识技术体系、瓦斯抽采和监测监控体系、灾害预警救援体系，切实防范重特大瓦斯事故的发生。

（十八）提高煤矿职工队伍素质。建立和完善企业职工培训制度，组织和引

导企业开展多层次、全方位的职工安全、技术培训和继续教育，全面提高煤矿职工队伍特别是采掘工人的素质和安全生产技能。对煤矿负责人和主要工种依法实行强制性安全培训，杜绝违章指挥、违章作业、违反纪律等现象。实行国家职业资格证书制度，对煤矿采煤等专业技术岗位人员和特殊工种人员实行职业准入，持证上岗，严格技术岗位人员配备标准。教育部门要加强与煤炭行业的合作，将煤炭行业有关专业纳入技能型紧缺人才培养、培训计划；要与大型煤炭企业合作，尽快恢复或设立一批煤炭职业技术学校。要引导有关大专院校和中等职业学校按照煤炭行业市场需求培养懂安全、有技术、会管理的煤炭专业人才。要通过设立煤炭专业奖学金、减免学费等措施，鼓励学生报考煤炭专业。

五、加强综合利用与环境治理，构建煤炭循环经济体系

（十九）推进洁净煤技术产业化发展。发展改革委要制定规划，完善政策，组织建设示范工程，并给予一定资金支持，推动洁净煤技术和产业化发展。大力发展洗煤、配煤和型煤技术，提高煤炭洗选加工程度。积极开展液化、气化等用煤的资源评价，稳步实施煤炭液化、气化工程。加快低品位、难采矿的地下气化等示范工程建设，带动以煤炭为基础的新型能源化工产业发展。采用先进的燃煤和环保技术，提高煤炭利用效率，减少污染物排放。

（二十）推进资源综合利用。按照高效、清洁、充分利用的原则，开展煤矸石、煤泥、煤层气、矿井排放水以及与煤共伴生资源的综合开发与利用。鼓励瓦斯抽采利用，变害为利，促进煤层气产业化发展。按照就近利用的原则，发展与资源总量相匹配的低热值煤发电、建材等产品的生产。修改制定配套法规、标准和管理办法，落实和完善财税优惠政策，鼓励对废弃物进行资源化利用，无害化处理。在煤炭生产开发规划和建设项目申报中，必须提出资源综合利用方案，并将其作为核准项目的条件之一。

（二十一）保护和治理矿区环境。煤炭资源的开发利用必须依法开展环境影响评价，环保设施与主体工程要严格实行建设项目“三同时”制度。按照“谁开发、谁保护，谁污染、谁治理，谁破坏、谁恢复”的原则，加强矿区生态环境和水资源保护、废弃物和采煤沉陷区治理。研究建立矿区生态环境恢复补偿机制，明确企业和政府的治理责任，加大生态环境治理投入，逐步使矿区环境治理步入良性循环。对原中央国有重点煤矿历史形成的采煤沉陷等环境治理欠账，要制订专项规划，继续实施综合治理，中央政府给予必要的资金和政策支持，地方各级人民政府和煤炭企业按规定安排配套资金。

（二十二）大力开展煤炭节约和有效利用。积极引导合理用煤、节约用煤和有效用煤，努力缓解当前煤炭供求紧张状况，解决煤炭产需长期矛盾。大力调整经济结构，切实转变增长方式，抓紧完善产业政策和产品能耗标准，限制高耗能

工业的发展。优化能源生产和消费结构，鼓励发展新能源，努力减少和替代煤炭使用。依靠科技进步和创新，推广先进的节煤设备、工艺和技术。强化科学管理，减少煤炭生产、流通、消费等环节的损失和浪费。制定有利于节约用煤的经济政策、技术标准和法规，利用经济、法律和必要的行政手段，实行全面、严格的节煤措施，在全社会形成节约用煤和合理用煤的良好环境。

六、制订和完善有关法律规章制度，健全煤炭工业法规政策调控体系

（二十三）加强煤炭法制建设。抓紧修订《中华人民共和国煤炭法》和《中华人民共和国矿产资源法》，完善配套法规，建立健全与社会主义市场经济体制相适应的煤炭法规体系。尽快修订煤炭产业政策，完善办矿审核制度，严格准入标准。制订严格的煤炭资源消耗、污染物排放等标准，促进新技术、新工艺、新材料的应用，推动煤炭产业升级。加强煤炭执法队伍建设，依法规范煤炭市场秩序，为各类煤炭企业发展创造良好的市场环境。煤炭企业要认真贯彻执行国家关于资源、环境、安全生产等方面的技术政策和行业标准、规范，建立健全企业内部技术管理规章制度，规范矿井设计、施工、技术改造、生产和加工利用等方面的行为，深入开展安全质量标准化活动。

（二十四）切实减轻煤炭企业负担。各地要根据国家关于分离企业办社会职能的有关政策，加快分离煤炭企业办社会职能。严格按照1998年国务院关于改革国有重点煤矿管理体制的规定，切实落实原中央财政对国有重点煤矿增值税定额返还和所得税返还政策。加快增值税改革步伐，落实对已公布取消的各类基金和收费项目的清理、整顿措施，减轻煤炭企业负担。

（二十五）促进煤炭企业接续发展。落实《中华人民共和国煤炭法》有关规定，研究建立煤炭产业积累煤矿衰老期转产资金制度，筹集资金专项用于发展接续产业和替代产业。完善煤炭成本核算制度，保障煤炭企业增加接续资源，开展资源勘查，保护和治理环境，发展接续产业。重视煤炭合理开发与矿区经济社会的协调发展，在基础设施建设、财政转移支付等方面制定相关扶持政策，促进矿业城镇产业结构调整和经济发展，支持资源枯竭矿区经济转型。

（二十六）提高矿工劳动保障水平。加强煤矿质量标准化基础工作，提高机械化、自动化水平，改善作业环境，减轻矿工劳动强度。改革煤矿工作制度，将矿工入井时间缩短到八小时以内，并尽快实行四班六小时工作制。加强煤矿劳动保护用品的研发，煤炭企业必须为井下工人发放必需的劳动保护用品，不断提高劳动保护水平。加强对煤矿作业场所职业危害的监督检查，做好煤矿尘肺病等职业病的防治工作，保护矿工身心健康。全面贯彻落实《工伤保险条例》，各地劳动和社会保障部门要根据本地区煤炭企业的实际情况，制订煤炭企业参加工伤保险的具体办法。各类煤炭企业都应为矿工办理工伤保险，切实维护矿工的合法权益。

（二十七）提高矿工生活质量。劳动和社会保障部门要根据井下矿工的劳动强度和风险、生产环境等情况，制订或提高煤矿工人艰苦岗位津贴标准。各类煤炭企业应根据效益情况，逐步提高矿工收入水平。继续采取国家、地方政府、企业和个人共同出资的办法，解决历史形成的矿区危房、棚户改造问题。

（二十八）发挥中介组织作用。进一步培育和规范中介市场，充分发挥行业协会等中介组织在行业统计、技术服务、安全评价、市场开发、信息咨询、行业自律等方面的作用，为企业提供优质服务，为政府宏观调控提供决策咨询，规范企业市场行为，维护市场公平竞争秩序。

煤炭工业健康发展事关国民经济发展和能源安全大局。各地区、各部门要加强调查研究，结合本地区、本部门实际，认真做好贯彻落实工作，抓紧制订和落实各项具体措施。发展改革委要会同有关部门加强监督检查和指导协调，认真研究解决煤炭工业发展中遇到的困难和问题，促进煤炭工业持续健康发展。

国务院

二〇〇五年六月七日

062

国家发展改革委关于印发煤炭工业发展“十二五”规划的通知

发改能源〔2012〕640号

各省、自治区、直辖市及计划单列市、新疆生产建设兵团发展改革委、煤炭行业管理部门：

为加快转变煤炭工业发展方式，构建新型煤炭工业体系，促进煤炭工业健康发展，依据《国民经济和社会发展第十二个五年规划纲要》，我委制订了《煤炭工业发展“十二五”规划》，现印发你们，请参照执行。

附件：

一、《煤炭工业发展“十二五”规划》

二、落实《煤炭工业发展“十二五”规划》分工方案表（略）

国家发展和改革委会

二〇一二年三月十八日

附件：

煤炭工业发展“十二五”规划

国家发展和改革委员会

2012年3月18日

前　　言

煤炭是我国的主体能源，在一次能源结构中占70%左右。在未来相当长时期内，煤炭作为主体能源的地位不会改变。煤炭工业是关系国家经济命脉和能源安全的重要基础产业。煤炭工业发展“十二五”规划，根据《国民经济和社会发展第十二个五年规划纲要》和《能源发展“十二五”规划》编制，在总结分析发展现状、存在问题和面临形势的基础上，提出了“十二五”时期煤炭工业发展的指导思想、基本原则、发展目标、主要任务和政策措施，是指导煤炭工业健康发展的纲领性文件。

一、规划基础和背景

(一) 发展基础

“十一五”时期，煤炭工业全面贯彻落实《国务院关于促进煤炭工业健康发展的若干意见》和《煤炭产业政策》等政策措施，发展方式转变和结构调整取得重要进展，整体水平显著提高。

1. 资源保障程度提高。中央、地方和企业加大地质勘查投入，煤炭资源储量增加，保障程度增强。截至2010年底，全国煤炭保有查明资源储量13412亿吨，比2005年增加约3000亿吨，其中西部地区占全国增量的90%以上，为煤炭开发战略西移奠定了基础。

2. 生产技术水平大幅提升。生产煤矿技术改造和大中型煤矿建设加快，形成一批现代化煤矿。2010年，全国煤炭产量32.4亿吨，比2005年增加8.9亿吨；装备现代化、管理信息化、年产120万吨及以上的大型煤矿661处，产量18.8亿吨，占全国的58%；建成安全高效煤矿359处，产量10.2亿吨；千万吨级煤矿40处，产量5.6亿吨；采煤机械化程度65%左右。原煤入选能力17.5亿吨/年，入选原煤16.5亿吨。

3. 大型煤炭基地建设稳步推进。统筹大型煤炭基地开发建设，加强矿区总体规划管理，规范煤炭资源开发秩序，一批大型矿区已成为综合能源基地的主体。2010年，14个大型煤炭基地产量28亿吨，占全国的87%；10个基地煤炭产量超过亿吨，其中神东5.6亿吨，晋北和蒙东超过3亿吨，云贵、晋东和河南超过2亿吨。

4. 大型煤炭企业集团快速发展。相继组建了一批区域性大型煤炭企业集团，形成了煤电、煤化等上下游产业一体化发展格局。山西、河南等省兼并重组中小煤矿取得重大进展。2010年，千万吨级以上企业47家，产量占全国63%。其中，亿吨级特大型企业5家，产量占25%，比2005年增加4家、产量比重提高19个百分点；5000万吨级大型企业10家，产量占19%，比2005年增加7家、产量比重提高11个百分点。

5. 淘汰落后产能成效显著。按照“整合为主、新建为辅”的方针，加快推进整顿关闭和资源整合，小煤矿数量和产量大幅度减少。全国累计关闭小煤矿9616处，淘汰落后产能5.4亿吨。2010年，年产能30万吨以下小煤矿减少到1万处以内，产量比重由2005年的45%下降到22%。

6. 安全生产形势持续好转。煤矿安全生产法律法规体系基本形成，经济政策逐步完善，安全管理基础工作进一步加强，安全生产形势持续稳定好转。2010年，煤矿事故死亡2433人，比2005年下降59%，百万吨死亡率由2.81下降到0.749。其中，煤矿瓦斯事故死亡623人，比2005年下降71%。

7. 科技创新能力进一步增强。建成了一批国家工程中心、工程实验室和重点实验室，煤炭地质综合勘查关键技术取得新突破，特厚冲积层建井技术国际领先，年产 600 万吨综采成套技术装备实现国产化，煤层气（煤矿瓦斯）抽采利用技术取得突破，煤制油、煤制烯烃等现代煤化工示范项目建成投产。

8. 资源综合利用取得新进展。11 家煤炭企业列入国家循环经济试点，形成了各具特色的矿区循环经济典型模式。2010 年，全国煤层气（煤矿瓦斯）抽采量 90 亿立方米，利用量 35 亿立方米；洗矸、煤泥和中煤综合利用发电装机容量 2600 万千瓦，利用低热值资源 1.3 亿吨，相当于回收 4200 万吨标准煤，少占压土地 300 公顷；矿井水利用率 59%；土地复垦率 40%。

9. 改革开放不断深化。煤炭产运需衔接制度改革取得进展，市场配置资源的基础性作用得到进一步发挥。大型煤炭企业公司制、股份制改革不断深化，非公有制经济发展较快并不断壮大，多元投融资机制基本形成，投融资能力明显增强。到 2010 年底，在境内外上市企业 35 家，直接融资 1690 亿元。煤炭企业投资境外煤矿迈出实质性步伐。2010 年净进口煤炭 1.46 亿吨。

10. 职工生产生活条件改善。井下作业环境明显改善，部分企业井下工作制度由“三八制”改为“四六制”。2010 年，规模以上煤矿企业职工年均收入 4.2 万元，比 2005 年增加 1.9 万元；矿区生态修复和环境治理成效明显，采煤沉陷区治理和棚户区改造取得较大进展，职工住房条件和生活环境得到改善。

（二）突出问题

煤炭工业虽然取得了长足进步，但发展过程中不协调、不平衡、不可持续问题依然突出。一是资源支撑难以为继。我国煤炭人均可采储量少，仅为世界的三分之二；开发规模大，储采比不足世界平均水平的三分之一；资源回采率低，部分大矿采肥丢瘦、小矿乱采滥挖，资源破坏浪费严重；消费量大，约占世界的 48%。资源开发和利用方式难以支撑经济社会长远发展。

二是生产与消费布局矛盾加剧。东部煤炭资源日渐枯竭，产量萎缩；中部受资源与环境约束的矛盾加剧，煤炭净调入省增加；资源开发加速向生态环境脆弱的西部转移，不得不过早动用战略后备资源。北煤南运、西煤东调的压力增大，煤炭生产和运输成本上升。

三是整体生产力水平较低。采煤技术装备自动化、信息化、可靠性程度低，采煤机械化程度与先进产煤国家仍有较大差距。装备水平差、管理能力弱、职工素质低、作业环境差的小煤矿数量仍占全国的 80%。生产效率远低于先进产煤国家水平。

四是安全生产形势依然严峻。煤矿地质条件复杂，瓦斯含量高，水害严重，开采难度大，开采深度超过 1000 米的矿井 39 对。占三分之一产能的煤矿亟需生产安全技术改造，占三分之一产能的煤矿需要逐步淘汰。重特大事故尚未得到有效遏制，煤矿安全生产问题突出。

五是煤炭开发利用对生态环境影响大。煤炭开采引发的水资源破坏、瓦斯排放、煤矸石堆存、地表沉陷等，对矿区生态环境破坏严重，恢复治理滞后。煤炭利用排放大量二氧化碳等有害气体，应对气候变化压力大。

六是行业管理不到位。行业管理职能分散、交叉重叠，行政效率低。资源开发秩序乱，大型整装煤田被不合理分割，不少企业炒卖矿业权，部分地区片面强调以转化项目为条件配置资源，一些大型煤炭企业资源接续困难。准入门槛低，一些不具备技术和管理实力的企业投资办矿，存在安全保障程度低等问题。

（三）发展形势

从国际看，世界煤炭需求总量增加，发达经济体煤炭需求平稳，新兴经济体煤炭需求增长。2010 年世界煤炭产量 53.3 亿吨标准煤，比 2005 年增加 9.5 亿吨标准煤，其中我国占增量的 74.7%；2010 年世界煤炭消费量 50.8 亿吨标准煤，比 2005 年增加 7.8 亿吨标准煤，其中我国占增量的 91%。但受世界经济发展不确定性影响，以及应对气候变化减少温室气体排放的要求，煤炭需求增速放缓。主要煤炭资源大国为促进经济发展，将进一步扩大国际合作，为我国煤炭工业实施“走出去”战略，利用“两种资源、两个市场”创造了条件。煤炭开发利用领域广泛采用高新技术，世界煤炭工业向集团化、集约化、多元化、洁净化方向发展。

从国内看，国民经济继续保持平稳较快发展，工业化和城镇化进程加快，煤炭消费量还将持续增加。考虑到调整能源结构、保护环境、控制 PM2.5 污染等因素的影响，煤炭在一次能源结构中的比重将明显下降。合理控制煤炭消费总量，限制粗放型经济对煤炭的不合理需求，降低煤炭消费增速，也是煤炭工业可持续发展的客观需要，2015 年消费总量宜控制在 39 亿吨左右。瓦斯、水害、地温、地压等自然灾害日趋严重，煤矿安全生产和生态环境保护要求更加严格，生产成本不断增加。东中部煤矿转产和资源型城市转型难度大，西部生态环境脆弱，实现安全发展、节约发展、清洁发展任务艰巨。

二、指导方针和目标

（一）指导思想

以邓小平理论和“三个代表”重要思想为指导，深入贯彻落实科学发展观，按照科学布局、集约开发、安全生产、高效利用、保护环境的发展方针，以加快转变发展方式为主线，以改革开放为动力，以科技进步为支撑，建设大型煤炭企业集团，建设大型煤炭基地，建设大型现代化煤矿，保障煤炭稳定供应；提高资源综合利用水平，提高矿区环境质量，提高矿工生活水平，促进煤炭工业可持续发展。

（二）基本原则

坚持煤炭工业发展与产业布局调整、体制机制创新相结合，加快转变发展方式；坚持生产建设与控总量、调结构相结合，保障煤炭供应安全；坚持发展先进生产力与淘汰落后生产能力相结合，促进煤炭产业升级；坚持开发转化与水资源、环境承载力相协调，推进高效清洁利用；坚持企业发展、接替产业发展与地区经济社会发展相协调，建设和谐矿区；坚持国内发展与国际合作相衔接，实现互利共赢。

（三）发展目标

到 2015 年，煤炭调整布局和规范开发秩序取得明显成效，生产进一步向大基地、大集团集中，现代化煤矿建设取得新进展，安全生产状况显著好转，资源回采率明显提高，循环经济园区建设取得重大进展，矿区生态环境得到改善，企业“走出去”取得新成效，矿工生活水平明显提高，基本建成资源利用率高、安全有保障、经济效益好、环境污染少和可持续发展的新型煤炭工业体系。

煤炭生产：生产能力 41 亿吨/年。其中：大型煤矿 26 亿吨/年，占总能力的 63%；年产能 30 万吨及以上中小型煤矿 9 亿吨/年，占总能力的 22%；年产能 30 万吨以下小煤矿控制在 6 亿吨/年以内，占总能力的 15%。煤炭产量控制在 39 亿吨左右。原煤入选率 65%以上。

煤矿建设：“十一五”结转建设规模 3.6 亿吨/年，“十二五”新开工建设规模 7.4 亿吨/年，建成投产规模 7.5 亿吨/年，结转“十三五”建设规模 3.5 亿吨/年。

企业发展：形成 10 个亿吨级、10 个 5000 万吨级大型煤炭企业，煤炭产量占全国的 60%以上。

技术进步：全国煤矿采煤机械化程度达到 75%以上。其中：大型煤矿达到 95%以上；30 万吨及以上中小型煤矿达到 70%以上；30 万吨以下小煤矿达到 55%以上。千万吨级矿井（露天）达到 60 处，生产能力 8 亿吨/年。安全高效煤矿达到 800 处，产量 25 亿吨。

安全生产：煤矿安全生产形势显著好转，重特大事故大幅度下降，职业危害防治明显改善，职业培训落实到位。煤矿事故死亡人数、重特大事故起数比 2010 年分别下降 12.5%和 15%以上，百万吨死亡率下降 28%以上。

综合利用：新增煤层气探明储量 10000 亿立方米。煤层气（煤矿瓦斯）产量 300 亿立方米。其中：地面开发 160 亿立方米，基本得到利用；井下抽采 140 亿立方米，利用率 60%以上。煤层气（煤矿瓦斯）发电装机容量超过 285 万千瓦。低热值煤炭资源综合利用发电装机容量达到 7600 万千瓦。煤矸石综合利用率 75%，矿井水利用率 75%。

生态环境保护：土地复垦率超过 60%；煤田火区治理任务基本完成；主要污染物达标排放。

资源节约：节约能源 9500 万吨标准煤。其中：煤矸石发电节约 8500 万吨标准煤；煤矸石和粉煤灰制建材节约 1000 万吨标准煤。

职工生活：职工工作环境和居住条件进一步改善，收入与劳动生产效率和企业效益协调增长，并向采掘一线职工倾斜。

三、生产开发布局

（一）总体布局

全国煤炭开发总体布局是控制东部、稳定中部、发展西部。东部（含东北）开采历史长，可供建设新井的资源少，控制开发强度，维持现有供应能力。中部资源相对丰富，开发强度偏大，放缓开发增速，保障稳定供应。西部资源丰富，开发潜力大，提高供应能力，增加调出量。

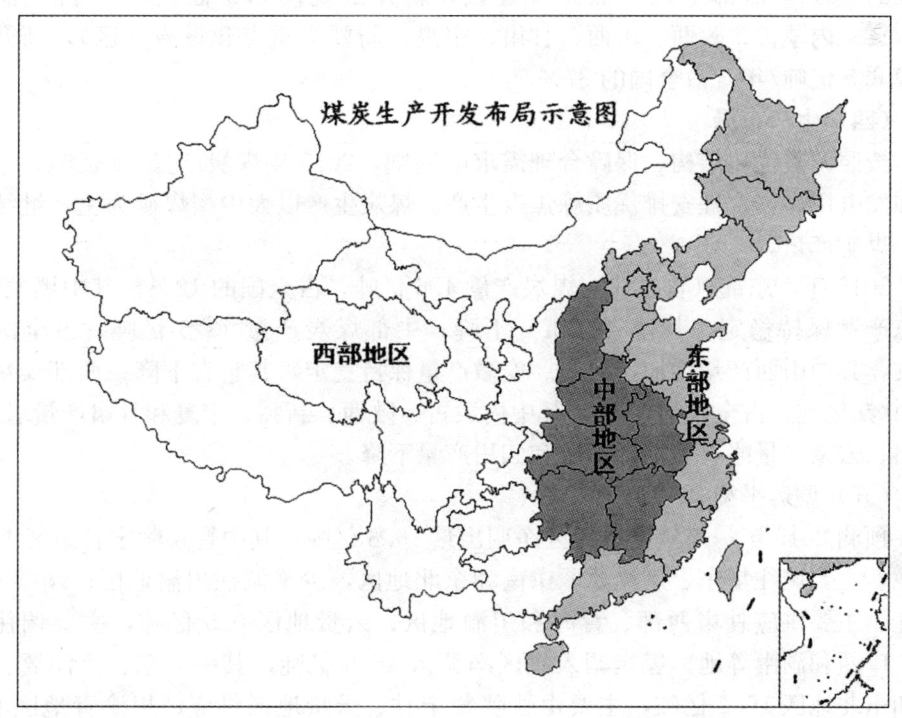

（二）勘查布局

东部（含东北）地区。重点勘查辽宁、吉林、黑龙江、河北、山东、福建等省的矿区深部和外围资源，勘查深度控制在 1200 米以浅。

中部地区。山西、河南重点做好资源整合区补充勘探，安徽加强矿区 1200 米以浅资源勘探。积极推进煤炭和煤层气综合勘探。

西部地区。重点做好神东、陕北、黄陇、宁东和云贵等大型煤炭基地内已规划矿区勘探。蒙东褐煤资源区域和新疆大型煤炭基地围绕重点开发矿区及近期建设项目开展勘探。青海加强木里和鱼卡矿区勘探。力争在新疆等西北地区低阶煤煤层气勘探取得突破。

（三）建设布局

“十一五”结转煤矿建设规模3.6亿吨/年。其中，东部（含东北）建设规模0.2亿吨/年，占全国的5.6%；中部建设规模1.1亿吨/年，占全国的30.6%；西部建设规模2.3亿吨/年，占全国的63.8%。

按照上大压小、产能置换的原则，合理控制煤炭新增规模。“十二五”新开工规模7.4亿吨/年。东部（含东北）地区建设接续煤矿，新开工规模0.25亿吨/年，占全国的3.3%；中部地区适度放缓建设，新开工规模1.85亿吨/年，占全国的25%；西部地区重点开发建设，新开工规模5.3亿吨/年，占全国的71.7%。内蒙古、陕西、山西、甘肃、宁夏、新疆为重点建设省（区），新开工规模6.5亿吨/年，占全国的87%。

（四）生产布局

按照调整优化结构、保障合理需求的原则，2015年煤炭产量39亿吨，主要增加发电用煤，合理安排优质炼焦煤生产。煤炭生产以大中型煤矿为主，继续压减小煤矿产量。

2015年，东部（含东北）煤炭产量4.6亿吨，占全国的12%，其中黑龙江、山东产量保持稳定，其他省（市）下降；中部煤炭产量13.5亿吨，占全国的35%，其中山西产量增加，河南、安徽产量保持稳定，其它省下降；西部煤炭产量20.9亿吨，占全国的53%，其中内蒙古、陕西、新疆、宁夏和甘肃产量增加，贵州、云南产量略有增加，重庆和四川产量下降。

（五）调运平衡

预测2015年，煤炭调出省区净调出量16.6亿吨，其中晋陕蒙宁甘地区15.8亿吨，主要调往华东、京津冀、中南和东北地区，少量调往川渝地区；新疆0.3亿吨，主要供应甘肃西部、青海和川渝地区；云贵地区0.5亿吨，主要调往广东、广西和湖南等地。煤炭调入省区净调入16.6亿吨，其中华东、京津冀、中南和东北地区16.2亿吨，主要由晋陕蒙宁甘、云贵地区供应；川渝青地区0.4亿吨，主要由新疆供应0.3亿吨，其余由晋陕蒙宁甘补充供给。

1. 铁路运输及重点地区调出

煤炭铁路运输以晋陕蒙（西）宁甘地区煤炭外运为主，由大秦线、朔黄线、石太线、侯月线、蒙冀线、陇海线、宁西线和山西中南部通道等组成横向通道，由京沪线、京九线、京广线、焦柳线以及规划建设的蒙西、陕北至湖北、湖南和江西的煤运铁路等组成纵向通道，构成西煤东调、北煤南运的铁路运输格局。

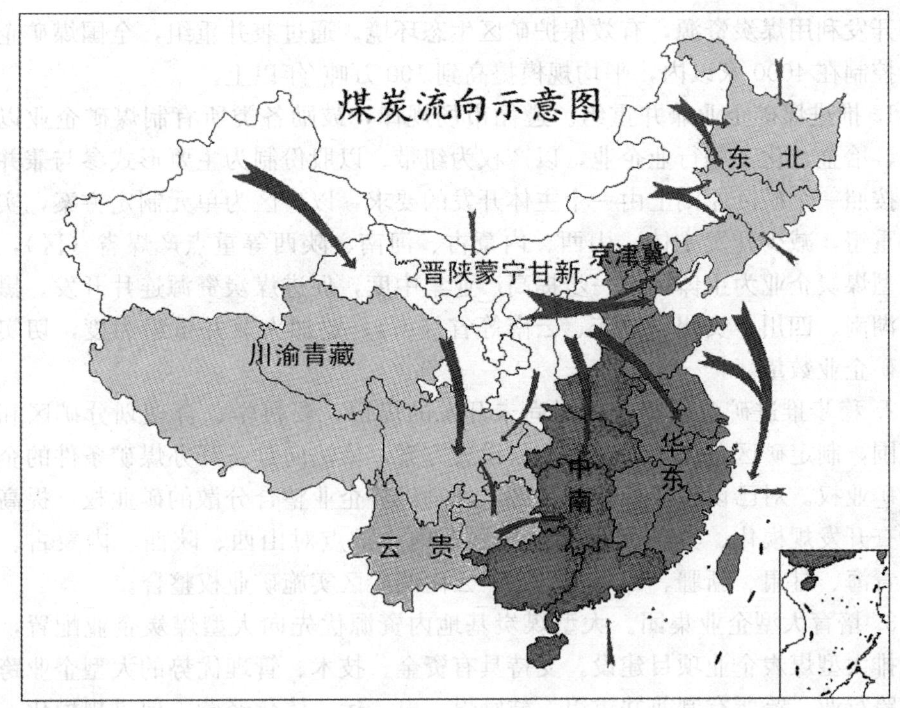

2015 年，全国煤炭铁路运输需求 26 亿吨。考虑铁路、港口，生产、消费等环节不均衡性，需要铁路运力 28～30 亿吨。铁路规划煤炭运力 30 亿吨，可基本满足煤炭运输需要。其中，晋陕蒙（西）宁甘地区调出量 14.3 亿吨，铁路规划煤炭外运能力约 20 亿吨；兰新铁路电气化改造和兰渝铁路建成投运后，可基本满足新疆煤炭外运需求。

2. 水运和北方港口运输

以锦州、秦皇岛、天津、唐山、黄骅、青岛、日照、连云港等北方下水港，江苏、上海、浙江、福建、广东、广西、海南等南方接卸港，以及沿长江、京杭大运河的煤炭下水港，组成北煤南运水上运输系统。

预测 2015 年，北方港口海运一次下水量 7.5 亿吨。考虑铁路、港口、生产、消费等环节不均衡性，需下水能力 8 亿吨。交通运输规划煤炭装船能力 8.3 亿吨，可适应煤炭下水需要。

四、重点任务

（一）推进煤矿企业兼并重组，发展大型企业集团大力推进煤矿企业兼并重组，淘汰落后产能，发展大型企业集团，提高产业集中度，提升安全保障能力，有序开发利用煤炭资源，有效保护矿区生态环境。通过兼并重组，全国煤矿企业数量控制在4000家以内，平均规模提高到100万吨/年以上。

1. 推进煤矿企业兼并重组。遵循市场规律，鼓励各类所有制煤矿企业以及电力、冶金、化工等行业企业，以产权为纽带、以股份制为主要形式参与兼并重组。按照一个矿区原则上由一个主体开发的要求，以矿区为单元制定方案，实施兼并重组，减少开发主体。山西、内蒙古、河南、陕西等重点产煤省（区），要以大型煤炭企业为主体，进一步提高产业集中度，促进煤炭资源连片开发。黑龙江、湖南、四川、贵州、重庆、云南等省（市），要加大兼并重组力度，切实减少煤矿企业数量。

2. 稳步推进矿业权整合。对尚未开发的煤田，要科学、合理划分矿区和井田范围，制定矿区总体规划和矿业权设置方案，依法向具备开办煤矿条件的企业出让矿业权。对已设置矿业权的矿区，鼓励优势企业整合分散的矿业权，提高资源勘查开发规模化、集约化程度。规划期内，重点对山西、陕西、内蒙古、宁夏、青海、甘肃、新疆、四川、贵州、云南的矿区实施矿业权整合。

3. 培育大型企业集团。大型煤炭基地内资源优先向大型煤炭企业配置，优先安排大型煤炭企业项目建设。支持具有资金、技术、管理优势的大型企业跨地区、跨行业、跨所有制兼并重组，鼓励煤、电、运一体化经营，促进规模化、集约化发展，培育一批具有国际竞争力的大型企业集团。

（二）有序建设大型煤炭基地，保障煤炭稳定供应以大型煤炭企业为开发主体，加快陕北、黄陇、神东、蒙东、宁东、新疆煤炭基地建设，稳步推进晋北、晋中、晋东、云贵煤炭基地建设。重点建设一批大型矿区。统筹规划建设能源输送通道、水源等基础设施，大力推进上下游产业一体化发展。坚持开发与保护并重，大力发展循环经济，建设生态环境保护工程。神东、陕北、黄陇、宁东基地，加快建设能源输送通道，有序建设大型现代化煤矿，重点建设一批世界一流的千万吨级矿井群。晋北、晋中、晋东基地，重点做好整合煤矿升级改造，适度新建大型现代化煤矿，加快发展煤层气产业，对优质炼焦煤和无烟煤资源实行保护性开发。冀中、鲁西、河南、两淮基地，做好深部资源勘查，建设接续煤矿，限制1000米以深新井建设。蒙东（东北）基地，内蒙古东部褐煤矿区重点实施煤电项目一体化开发，优先建设大型露天煤矿；黑龙江、辽宁切实做好煤矿技术改造和淘汰落后产能，建设接续煤矿。云贵基地，加快建设大中型煤矿，大力整合关闭小煤矿，调整煤炭生产结构。新疆基地，作为我国重要的能源战略后备基地，实行保护性开发，强化可持续发展，重点做好规划，优先建设大型露天煤矿，生产开发规模要与生态环境承载力和水资源条件相适应，以满足区内需求为主，适度加大外调量。

（三）建设大型现代化煤矿，提升小煤矿办矿水平以建设大型现代化煤矿、加强现有大中型煤矿技术改造和淘汰落后产能为重点，全面提升煤矿生产技术水平。

1. 稳步建设大型现代化煤矿。新建煤矿以大型现代化煤矿为主，优先建设露天煤矿、特大型矿井和煤电一体化项目。按照一个矿井一个工作面或不超过两个工作面的模式，采用先进技术装备，设计和建设大型现代化煤矿。按照一次建设、分期投产的原则，储备一批煤矿产能。晋陕蒙宁甘新重点建设300万吨/年及以上煤矿，河北、黑龙江、安徽、山东、河南重点建设120万吨/年及以上煤矿，四川、贵州、云南等重点建设90万吨/年及以上煤矿。在适合建设大中型煤矿、且小煤矿多的省（区）推行上大压小、产能置换，新井建设规模与淘汰落后产能相衔接。

2. 加快推进大中型煤矿技术改造。对具备条件的老矿井，采用先进适用技术装备，以优化开拓部署、简化生产系统、减少工作面个数、提高生产效率为主要内容，积极推进技术改造，配套完善生产辅助设施。

3. 大力提升小煤矿办矿水平。借鉴山西、河南等地煤矿企业兼并重组、资源整合经验，结合各地实际，完善小煤矿退出机制，继续淘汰落后产能。对有条件的小煤矿，以提高生产规模、技术装备水平、管理水平和职工技术素质为重点，提升办矿水平。停止新建30万吨/年以下的高瓦斯矿井、45万吨/年以下的煤与瓦斯突出矿井项目。在现有技术管理条件下，难以有效治理的高瓦斯和煤与瓦斯突出矿井退出生产。

（四）提高煤矿安全生产水平，加强职业健康监护坚持安全发展，深入贯彻落实安全第一、预防为主、综合治理的方针，有效防范重特大事故，加强职业健康监护，进一步提高煤矿安全生产水平。

1. 加强重大灾害防治。在瓦斯防治方面，高瓦斯和煤与瓦斯突出矿井全部建成瓦斯抽采系统，做到先抽后采、抽采达标。在水害防治方面，按照预测预报、有疑必探、先探后掘、先治后采的原则，加强煤矿水文地质勘探和主要含水层监测，做好采空区、断层、陷落柱等重点部位水患排查，落实防治水措施，提高防治水系统能力。在火灾防治方面，重点做好阻燃材料应用、电缆电气设备维护、煤层自然发火监测、采空区注浆注氮等工作，综合防治火灾事故。

2. 实施重大安全工程。进一步加强“一通三防”工程建设，提高系统能力及设施标准。建设高瓦斯和煤与瓦斯突出矿井综合治理示范工程，提高瓦斯灾害防治水平。建设完善矿井监测监控、人员定位、紧急避险、压风自救、供水施救和通信联络等安全避险系统，全面提升煤矿安全保障能力。建设国家和区域矿山应急救援队，提高矿山应急救援装备水平，增强矿山应急救援能力。

3. 加强职业危害防治。切实落实煤矿作业场所职业危害防治有关规定，完善煤矿职业危害申报、监督检查、治疗、康复与赔偿等制度，健全职业安全健康监管体系。以防范尘肺病为重点，加强劳动保护设施建设，改善井下作业环境，提高劳动保护用品质量和标准，全面提升职业健康保障水平。

（五）大力发展洁净煤技术，促进资源高效清洁利用大力发展煤炭洗选加工，有序建设现代煤化工升级示范工程，促进煤炭高效清洁利用。

1. 大力发展煤炭洗选加工。大中型煤矿要配套建设选煤厂，鼓励在小型煤矿集中矿区建设群矿选煤厂。在大型煤炭基地重点建设一批具有国际先进水平的大型选煤厂。采用先进技术和设备改造现有选煤厂。推广先进的型煤生产应用技术，加强褐煤提质技术的研发和示范，完善煤炭产品质量和利用技术装备标准，提高炼焦精煤、高炉喷吹用煤产品质量和利用效率，提高动力煤入选比例。

2. 稳步推进煤炭深加工示范项目建设。在内蒙古、陕西、山西、云南、贵州、新疆等地选择煤种适宜、水资源相对丰富的地区，重点支持大型企业开展煤制油、煤制天然气、煤制烯烃、煤制乙二醇等升级示范工程建设，加快先进技术产业化应用。不断创新和完善技术，提高能源转化效率、降低水耗和煤耗、降低生产成本，增强竞争力。支持开展二氧化碳捕集、利用和封存技术研究和示范。

（六）推进瓦斯抽采利用，促进煤层气产业化发展健全体制机制，推进采煤采气一体化开发。加大煤层气（煤矿瓦斯）勘探开发利用力度，遏制煤矿瓦斯事故，增加清洁能源供应，减少温室气体排放。

1. 推进煤矿瓦斯抽采利用。建立煤矿企业瓦斯防治能力评估制度，推进高瓦斯和煤与瓦斯突出小煤矿兼并重组。完善瓦斯抽采利用标准，全面实施高瓦斯矿井规模化抽采工程，建成 36 个年抽采量超过 1 亿立方米的规模化抽采矿区。支持煤矿瓦斯民用和发电，加快煤矿区瓦斯管路联网，集中规模化利用。鼓励低浓度瓦斯利用，开展乏风瓦斯利用试验及示范项目建设。

2. 大力发展煤层气产业。支持大型煤炭企业参与煤层气勘探开采，鼓励外商和民营企业利用先进技术和资金投资煤层气开发，提高煤层气开发利用技术和管理水平。继续推进大华北区煤层气勘探开发试验，加快开展新疆地区低阶煤盆地、西南高应力区和中部低渗透三软煤层煤层气勘查与开发评价。重点建设沁水盆地和鄂尔多斯盆地东缘煤层气产业基地，建成寺河、潘河、成庄、潘庄、赵庄等项目，加快建设大宁、郑庄、柿庄南等重点项目，配套建设沁水盆地南部和鄂尔多斯盆地东缘煤层气产业基地的集输管网。

（七）发展循环经济，保护矿区生态环境

按照减量化、资源化、再利用的原则，发展循环经济，扩大资源综合利用规模，建设资源节约型、环境友好型矿区。

1. 大力发展循环经济。在大中型矿区内，以煤矸石发电为龙头，利用矿井水等资源，发展电力、建材、化工等资源综合利用产业，建设煤—焦—电—建材、煤—电—化—建材等多种模式的循环经济园区。合理利用内蒙古中西部和山西北部高铝煤炭资源，推行定点集中利用，建设煤—电—铝—建材一体化循环经济园区。扩大煤矸石井下充填、复垦和筑路利用量。在大型选煤厂周边地区建设洗矸、煤泥和中煤综合利用电厂，新增装机容量5000万千瓦。2015年，煤矸石综合利用量6.1亿吨，利用率达到75%以上。其中，电厂利用3亿吨，煤矸石制建材利用1亿吨，煤矸石井下充填、复垦和筑路利用2.1亿吨以上。力争利用含铝粉煤灰约1080万吨，形成氧化铝年生产规模360万吨。

2. 加强矿区生态环境保护。按照建设环境友好型矿区的要求，切实加大矿区生态环境保护与治理力度，推进由被动治理向主动防治转变。重点加强采煤沉陷区综合治理、土地复垦和植被恢复，结合新农村规划建设，做好村庄搬迁。高硫煤、高砷煤要采取洗选加工等措施降低含硫量、含砷量，集中利用、集中治理、达标排放。基本完成内蒙古、宁夏、新疆煤田灭火工作。

（八）加强科技创新，提升科技支撑能力

进一步完善以企业为主体、市场为导向、产学研相结合的煤炭科技创新体系。加强基础理论研究、关键技术攻关、新技术推广应用、重大成套装备研制，提高煤炭科技自主创新能力和煤矿技术装备水平。

1. 加强基础理论研究。重点加强煤与瓦斯突出机理、突水机理、冲击地压、煤层自然发火防治、深井钻井和井壁支护、煤矿围岩支护机理等基础理论研究。

2. 开展技术攻关。开展煤炭资源的高精度勘探、煤层气储层压裂工艺、煤层气（煤矿瓦斯）抽采利用、水害防治、深井热害防治等技术攻关。支持煤矿无人工作面开采技术研发与示范工程建设，开展地下气化采煤技术研发与示范工程建设。

3. 推广先进适用技术。大力推广年产600万吨采煤工作面、年产400万吨选煤系统等成套技术与装备，提高煤矿装备现代化、系统自动化、管理信息化水平。加快推广中小煤矿机械化成套技术装备、先进的人员安全防护和矿山救护技术装备。积极推广煤矿充填开采、保水开采等技术。

4. 推进煤矿重大装备国产化。重点开展年产千万吨级综采成套装备、薄煤层机械化开采装备、短壁综采装备、煤巷快速掘进与支护成套装备、矿井新型辅助运输装备、矿井信息网络自动化系统，以及关键元部件的研制及示范应用。开展大型现代化露天煤矿半连续工艺关键设备国产化研制。重大事故快速抢险与应急处置技术及大型装备的研制。

（九）发展现代煤炭物流，建立煤炭应急储备体系

加快建立社会化、专业化、信息化的现代煤炭物流服务体系，提高煤炭物流效率，降低煤炭物流成本。加快建立全国煤炭应急储备体系，提高应急保障能力。

1. 发展现代煤炭物流。整顿煤炭流通秩序，取消违规收费。

加强物流基础设施建设和衔接，优化煤炭物流节点布局，整合和利用现有物流资源。在煤炭生产、消费集中地和主要中转地，建设具备储存、加工、配送等功能的煤炭物流园区。鼓励煤炭企业之间、煤炭企业与相关企业之间联合组建第三方物流公司，发展大型现代煤炭物流企业，推进煤炭物流规模化、集约化。建立完善定位明确、功能齐全、信息灵敏的煤炭交易中心。

2. 建设煤炭应急储备。按照辐射范围广、应急能力强、运输距离短、储备成本低、环境污染小的要求，在沿海、沿江、沿河港口及华中、西南等地区，加快国家煤炭应急储备建设。加强对地方和企业煤炭储备工作的引导和规范，建立全国煤炭应急储备体系。建立和完善运行机制及管理制度，确保储得进、管得好、用得上。

（十）积极开展国际合作，深入实施走出去战略

充分利用国际国内两个市场、两种资源，坚持多元发展、互利共赢，加强国际交流与合作，积极参与境外煤炭资源开发利用，深入开展对外工程承包和技术服务，进一步拓展煤炭国际贸易。

1. 加强境外煤炭资源开发利用。支持优势煤炭企业参与境外煤炭资产并购，加大境外煤炭资源勘查开发力度，提高境外权益煤炭产能。鼓励大型煤炭企业投资境外煤炭加工转化项目，延伸产业链。引导符合条件的企业，结合境外煤炭资源开发利用需要，开展有关基础设施建设和投资。

2. 开展对外工程承包和技术服务。鼓励大型煤炭企业承揽境外煤矿建设、技术改造以及运营管理，带动先进技术和大型装备出口，促进我国煤炭装备制造业发展。建立境外煤炭装备制造基地、零配件基地和技术服务中心，提高技术服务水平。

3. 拓展煤炭国际贸易。坚持市场化原则，巩固和发展与主要煤炭资源国长期稳定的贸易关系，鼓励进口。鼓励沿海、沿边地区拓展煤炭进口渠道，保障进口煤源稳定可靠。北方地区适度出口。

五、环境影响评价

（一）煤炭生产对环境的影响

煤炭生产对环境的影响主要是煤矸石、煤矿瓦斯和矿井水排放，以及采煤引起的地表沉陷。

东部（含东北）地区。人口稠密、土地资源稀缺，大多数煤矿位于平原地区，主要环境影响是地表沉陷。2015 年，东部（含东北）地区产生煤矸石和煤泥 1.27 亿吨、矿井水 10.24 亿立方米、煤矿瓦斯 31.12 亿立方米，形成地表沉陷面积 0.93 万公顷。

中部地区。山西煤炭开发强度大，生态环境较脆弱，主要环境影响是地下水

径流破坏、潜水位下降和地表水减少，煤矸石和煤矿瓦斯产生量大。安徽、江西、河南、湖北、湖南5省主要环境影响是地表沉陷和瓦斯排放。2015年，中部地区产生煤矸石和煤泥3.21亿吨、矿井水22.49亿立方米、煤矿瓦斯83亿立方米，形成地表沉陷面积2.69万公顷，水土流失面积2.83万公顷。

西部地区。除广西和西南地区外，均处于干旱半干旱地区，水资源缺乏，植被稀少，生态环境脆弱，主要环境影响是地下水径流破坏、地下潜水位下降和地表水减少，引起地表干旱、荒漠化和植被枯萎，煤矸石和瓦斯产生量大。2015年，西部地区产生煤矸石和煤泥3.52亿吨、矿井水38.19亿立方米、煤矿瓦斯91.15亿立方米，形成土地沉陷面积4.18万公顷，水土流失面积4.39万公顷。

（二）预防和减轻环境影响的对策

1. 制定规划，减少污染源点。推进资源整合和兼并重组，建设大型现代化煤矿，提高生产集约化水平，集中排放，集中治理，减少污染源点，降低排放强度。

2. 优化设计，减轻环境影响程度。依靠技术进步，采用井下充填、以矸换煤、保水开采等新工艺和新技术，优化设计，减轻对地表水和地下水的破坏，减少煤矸石和矿井水产生量以及采煤引起的地表沉陷等。

3. 加强治理，改善矿区生态环境。新矿区、新矿井建设要严格执行环境影响评价制度，落实“三同时”和环境保护措施。生产矿区、生产煤矿要按照《清洁生产促进法》的规定，补建环保设施，做到当年排放当年治理，并逐步偿还历史欠账。加强采煤沉陷区土地复垦利用，发展生物复垦和生态复垦。

4. 突出重点，发展循环经济。加强煤矸石、煤泥、煤层气（煤矿瓦斯）等综合利用发电，充分利用煤矸石和粉煤灰等生产新型建材，大力发展井下采空区和地面沉陷区煤矸石充填。加强矿井水综合利用和达标排放，选煤厂全部实现煤泥水闭路循环。

5. 建立机制，促进矿区可持续发展。完善矿区生态环境恢复补偿机制、矿区碳汇林绿化机制，明确企业和政府治理责任。制定专项规划，加大生态环境治理投入。对历史形成的环境欠账，中央政府给予必要的资金和政策支持，地方政府和煤炭企业按规定安排配套资金，逐步使矿区环境治理步入良性循环。

（三）环境治理的预期效果

通过实施以上措施，到2015年基本实现规划提出的环境保护目标，煤炭生产对环境的影响减弱，矿区生态环境恶化的趋势得到有效遏制。

1. 全国环境治理预期效果。2015年，全国煤矸石产生量8亿吨，利用量6.1亿吨，综合利用率75%以上；矿井水产生量70.92亿立方米，利用量54亿立方米左右，利用率75%，达标排放率100%；煤层气产量160亿立方米，基本全部利用；煤矿瓦斯抽采量140亿立方米，利用率60%；采煤沉陷面积7.8万公顷，复垦面积4.7万公顷。

2. 地区环境治理预期效果。东部（含东北）地区采取煤矸石发电、井下充填、土地复垦和立体开发等措施，煤矸石利用率85%以上，矿井水利用率80%，沉陷区土地复垦率超过80%，煤矿瓦斯利用率51%。中部地区采取煤矸石发电、井下充填、地表土地复垦和立体开发、植被绿化等措施，煤矸石利用率77%，矿井水利用率68%，沉陷土地复垦率超过65%，煤矿瓦斯利用率63%。西部地区采取煤矸石发电、井下充填、地表土地复垦和立体开发、植被绿化、保水充填开采等措施，煤矸石利用率达到70%，矿井水利用率达到80%，沉陷土地复垦率超过50%，煤矿瓦斯利用率超过55%。

六、保障措施

（一）加强煤炭行业管理。完善以《煤炭法》为主体的法律法规体系，加强煤炭及相关标准制定和修订工作。研究制定煤炭工业可持续发展政策措施，健全集中统一、上下协调的行业管理体制，加强煤炭资源、开发、安全生产、经营全过程管理。修订生产煤矿回采率管理暂行规定，提高资源回采率。建立健全煤炭质量和市场监管体系，完善煤炭清洁利用标准体系，建立清洁煤先进技术认证制度，促进煤炭高效清洁利用。制定煤层气产业政策、煤层气开发利用管理办法，引导和规范煤层气开发利用。完善煤炭、煤层气产业协调发展机制，推进煤炭企业与煤层气企业合作开发利用煤层气资源。

（二）深化煤炭行业改革。进一步深化国有煤炭企业改革，完善现代企业制度，推进煤炭企业股份制改造，支持大型煤炭企业上市融资、发行债券。积极推进投资主体多元化，鼓励非公有制经济参与煤炭生产开发，引导非公有制煤炭企业实施产业升级改造。重点支持煤炭、电力企业联合重组，鼓励企业参与运煤通道建设，促进煤电运一体化经营。按照清费立税的原则，积极推进煤炭税费综合改革，完善煤炭成本核算制度，取消各类违规收费，合理确定煤炭企业税负。健全煤炭市场交易体系，完善煤炭价格形成机制，理顺电煤价格，探索煤炭期货交易。建立资源枯竭矿区转型发展援助机制。继续安排中央预算内资金支持煤矿地质补充勘探，优先安排财政补贴或贴息资金支持被兼并重组企业的煤矿技术改造项目。

（三）规范煤炭开发秩序。按照煤炭工业发展规划、矿区总体规划，合理配置煤炭资源，安排煤矿建设项目。严格执行产业政策和项目基本建设程序，进一步完善项目审批条件，对有未批先建、批小建大等违法违规行为的企业做出限制性规定。新建、改扩建、技术改造（产业升级）和资源整合（兼并重组）煤矿项目投产后5年内，不得通过能力核定提高生产能力。生产煤矿重新核定生产能力必须超过5年。强化井下生产布局管理，严禁超强度、超能力生产。制定煤炭生产技术装备政策，完善小煤矿退出机制，依法淘汰落后产能。深化矿业权制度改革，规范矿业权交易秩序；加强煤层气矿业权监管，提高勘探投入最低标准，完善扶持政策，创新协调开发机制。

（四）加强科技创新和人才培养。提高国家专项资金规模，支持煤炭工业科技基础理论研究，支持共性和关键技术研发。鼓励企业与科研院所加强协作，开展技术创新。建立煤矿重大技术装备引进、消化、吸收和再创新机制，加快推进国产化。建立国家清洁煤先进技术推广应用工作领导和协调机制，促进清洁煤技术产业化发展。支持大型优势煤炭企业增加科技研发投入，建立技术中心或工程技术研究院，发挥科技攻关主体作用。积极扩大高等学校和中等职业学校煤矿主体专业招生规模，通过定向招生或订单培养模式，推进煤炭企业变招工为招生，落实煤矿从业人员岗前培训和在职继续学习制度。鼓励和支持高等学校、中等职业学校增设煤炭工业急需的学科专业。

（五）增强煤矿安全保障能力。落实煤矿企业安全生产主体责任，推行煤矿企业领导干部下井带班制度，实行企业负责人安全责任事故任职资格终身否决制度。加强煤矿安全专业人才队伍建设，开展煤矿安全质量标准化建设，夯实安全基础工作。严格执行煤矿安全设施“三同时”制度。提足用好煤炭生产安全费用。继续安排中央预算内投资，引导地方财政和企业加大投入，加强煤矿安全改造和灾害防治。煤矿企业应当依法为职工参加工伤保险，缴纳工伤保险费。完善职业健康法规标准，加强执法检查，保障煤矿职工健康。探索实行全员安全生产风险抵押，积极稳妥推行安全生产责任保险制度，加大事故责任追究处罚力度。

（六）加快煤炭运输通道建设。加快建设蒙西、陕北至湖北、湖南和江西的煤运通道，推进蒙冀、山西中南部、赤锦、锡林浩特至乌兰浩特等新通道，以及集通、朔黄、宁西、邯长、邯济、通霍、太焦线扩能改造建设，提高晋陕蒙宁地区铁路煤炭外运能力，大幅度减少公路长途运煤。加快兰新线电气化改造和兰渝铁路建设，建成新疆直达川渝地区的煤炭运输通道。加快建立煤炭应急储备体系，提高应急调运能力。建设锦州港、唐山港、天津港、黄骅港、青岛港等北方港口煤炭码头，增加煤炭堆存规模，形成一批储配煤基地，提高煤炭下水能力。发挥水运通道作用，提高内陆省份煤炭调运保障能力。

（七）加强资源综合利用和矿区生态环境保护。落实国家资源综合利用项目扶持政策，鼓励原煤入选，优先建设煤矸石综合利用项目，建设矿区循环经济园区，促进煤炭工业节能减排。全面落实瓦斯发电上网加价、税费优惠等政策，支持煤矿企业拓宽瓦斯利用范围，提高瓦斯利用率。研究制定煤炭开发区域环境管理政策，提高煤矿生态环保标准。完善矿山环境治理恢复保证金制度，推进矿区环境治理和生态恢复。加大煤田灭火投入，加快煤田火区治理，保护煤炭资源和生态环境。

（八）积极推进和谐矿区建设。统筹压煤村庄搬迁、新农村和城镇化建设，加快完成分离煤矿企业办社会职能，促进矿区和地方经济社会协调发展。继续实施棚户区改造政策，改善矿工居住条件。规范企业劳动用工合同管理，保障职工合法权益。

（九）支持企业走出去。研究设立境外投资专项资金，对国家鼓励的境外煤炭重点投资项目给予支持。鼓励金融机构通过出口信贷、项目融资等多种方式，改进和完善对企业境外煤炭投资项目金融服务。积极发挥商业银行作用，为企业境外煤炭投资提供融资支持，对于国家鼓励的境外煤炭投资重点项目加大信贷支持力度。建立健全风险防控机制、安全风险预警机制和突发事件应急处理机制。

063

煤炭工业发展"十一五"规划

国家发展和改革委员会

2007年1月

前　言

我国是世界第一产煤大国，煤炭产量占世界的37%。煤炭是我国的主要能源，分别占一次能源生产和消费总量的76%和69%，在未来相当长的时期内，我国仍将是以煤为主的能源结构。随着煤炭工业经济增长方式的转变、煤炭用途的扩展，煤炭的战略地位仍然十分重要。

根据《中华人民共和国国民经济和社会发展第十一个五年规划纲要》和《国务院关于促进煤炭工业健康发展的若干意见》，国家发改委组织有关研究单位和大型煤炭企业编制了《煤炭工业"十一五"发展规划》（以下简称《规划》）。在总结分析煤炭工业发展状况、存在问题和面临形势的基础上，提出了"十一五"时期煤炭工业的发展方针、目标、主要任务和政策措施。

《规划》以邓小平理论、"三个代表"重要思想和科学发展观为指导，提出了以煤炭整合、有序开发为重点，完善体制、创新机制，强化管理、保障安全，改小建大、优化结构，依靠科技、促进升级，深度加工、洁净利用，节约资源、保护环境，构建与社会主义市场经济体制相适应的新型煤炭工业体系。

《规划》提出了煤炭工业发展的主要任务，即优化煤炭布局，调控煤炭总量，建设大型煤炭基地，培育大型煤炭企业集团，整合改造中小型煤矿，淘汰资源回收率低、安全隐患大的小煤矿，加快煤炭科技创新，提高煤矿安全生产水平，建设资源节约型和环境友好型矿区。

为建设与社会主义市场经济体制相适应的新型煤炭工业体系，必须贯彻科学发展观，健全和完善煤炭宏观调控体系，加强大型煤炭基地建设，加快煤炭企业重组，促进煤炭与相关产业协调发展，优先发展煤炭科技教育，加强煤矿安全综合治理，发展循环经济，保护矿区环境，提高矿工劳动保障和生活水平，解决煤矿历史遗留问题。

《规划》是指导未来五年煤炭工业发展、加强和改善宏观调控、引导市场主体行为的重要依据。

一、基本情况和“十五”回顾

“十五”期间，煤炭产量持续增长，科技进步步伐加快，投资主体趋于多元化，大型煤炭基地建设取得阶段性成果，大型煤炭企业集团发展加快。国家确立了以煤为主的能源发展战略，《国务院关于促进煤炭工业健康发展的若干意见》（以下简称《若干意见》）为煤炭工业持续稳定协调发展指明了方向。

（一）煤炭资源相对丰富，但分布不均衡

已查明资源储量1万亿吨，居世界第三位。在查明资源储量中，晋陕蒙宁占67%；新甘青、云贵川渝占20%；其他地区仅占13%。与国外主要采煤国家相比，我国煤炭资源开采条件属中等偏下水平，可供露天矿开采的资源极少，除晋陕蒙宁和新疆等省区部分煤田开采条件较好外，其他煤田开采条件较复杂。

（二）煤炭生产建设加快，保障了国民经济发展

“十五”期间，在市场的强劲拉动和国家政策的支持下，扭转了“九五”期间建设规模严重不足的局面，煤炭产量年均增速达11%，保障了国民经济发展。2005年，煤炭产量22亿吨，比2000年增长69.7%；在建规模4.4亿吨/年，是“九五”末期的10倍；煤炭占我国一次能源生产总量的76.3%，比2000年提高4.3个百分点；占消费总量的68.7%，比2000年提高0.9个百分点。

（三）大型煤炭基地建设取得阶段性成果，大型煤炭企业集团发展加快

“十五”期间建设的大中型煤矿，主要分布在大型煤炭基地内。2005年，大中型煤矿产量占54%，比2000年上升7个百分点；原煤入选率32%，比2000年提高6个百分点；在建煤矿中，大中型煤矿规模占82%。目前，已形成3000万吨级以上的煤炭企业10家。其中，亿吨级特大型企业集团2个，5000万吨级的大型企业3个。煤炭企业与电力、化工等企业合作步伐加快，向区域化、多元化发展，23家煤炭企业跨入全国500强。

（四）科技进步步伐加快，技术面貌进一步改善

以煤炭企业为主体的技术创新体系初步建立，攻克了一批行业共性的关键技术难题。年产400～600万吨煤炭的综采技术装备实现了国产化。开发了具有自主知识产权的煤炭液化技术，年产百万吨级煤炭液化产业化工程启动。2005年，国有重点煤矿采煤机械化程度达到82.7%，比2000年提高8.3个百分点。“十五”期间，安全高效煤矿数量由2000年的82个，增加到2005年的197个。其中，建成投产10个千万吨级煤矿。一批煤炭企业的生产和安全指标达到世界先进水平。

（五）安全基础工作得到加强，安全生产形势有所好转

国家采取了一系列重大举措，加强煤矿安全基础工作，安全生产形势有所好转。“十五”期间，全国煤炭产量增长了69.7%，百万吨死亡率下降了39.2%。2005年，全国煤矿百万吨死亡率2.711。其中，国有重点煤矿0.919，国有地方煤矿1.993，乡镇煤矿5.158。

（六）煤层气（煤矿瓦斯）规模化开发起步，资源综合利用取得进展

煤层气资源分布状况基本摸清，探明储量1023亿立方米。2005年，煤矿抽采瓦斯约23亿立方米，利用约10亿立方米。建成煤层气井615口，初步实现商业化运营。全国低热值煤电厂201座，装机888万千瓦。以煤矸石和粉煤灰为原料的水泥生产能力2900万吨、墙体材料的生产能力54亿块标准砖。矿井水产生量45亿立方米，利用量20亿立方米。

煤炭工业存在主要问题：一是行业管理职能分散，法制建设滞后；二是资源开发秩序乱，资源回收率；三是矿区环境（恶化）保护投入少，综合治理滞后；四是安全基础依然薄弱，安全生产形势严峻；五是科技水平差距大，创新能力不足；六是生产力落后，产业集中度低。七是企业负担沉重，职工收入水平低。以上问题，严重影响煤炭工业可持续发展。

二、煤炭工业面临的形势

“十一五”期间，随着国民经济快速发展，煤炭工业面临着新的发展机遇，也面临严峻挑战。

（一）煤炭需求持续增长

综合考虑经济结构调整、技术进步和节能降耗等因素，预测2010年全国煤炭需求总量为26亿吨。电力、钢铁工业用煤继续快速增长，建材工业用煤基本维持不变，煤化工产业成为新的增长点。

（二）发展环境进一步改善

《煤炭法》和《若干意见》配套法规和政策措施的实施，财税政策的深化改革，铁路和港口建设的加快，为煤炭工业发展营造了良好的条件。

（三）煤炭布局矛盾更加突出

京津冀、东北、华东、中南地区煤炭需求量持续增加，供应仍将集中在晋陕蒙宁煤炭主产地区，水资源短缺限制着该地区煤炭加工转化规模，“北煤南运、西煤东调”压力加大。煤炭资源与水资源逆向分布、煤炭生产与消费逆向布局的矛盾更加突出。

（四）可持续发展压力增大

煤矿企业技术人员匮乏、职工素质低等问题短期内难以解决，安全生产任务仍然艰巨；煤炭富集省（区）的资源保护和储备，特别是对特殊和稀缺煤种保护性开采的难度增加；晋陕蒙宁地区水资源流失严重，遏制矿区生态环境恶化愈发

困难。东部平原地区采煤沉陷引发的问题越来越多。

（五）协调发展任务艰巨

推进煤炭企业重组、整顿关闭浪费资源和不具备安全生产条件的小型煤矿、调控煤炭生产总量日益重要。随着成本核算体系完善，资源、环境、安全、劳动力、转产等费用足额进入成本，煤矿企业经营压力加大。市场资源加速流向优势矿区，资源枯竭矿区和劣势矿区转型发展步履艰难，不稳定因素增多。

三、煤炭工业发展方针和目标

煤炭是我国的主体能源，煤炭工业是关系能源安全和国民经济命脉的重要基础产业。“十一五”是全面建设小康社会的关键时期，煤炭工业在保障国民经济和社会发展需要的同时，必须转变经济增长方式，加快结构调整，走资源利用率高、安全有保障、经济效益好、环境污染少和可持续的发展道路。

（一）发展方针

“十一五”煤炭工业发展方针是：以邓小平理论、“三个代表”重要思想和科学发展观为指导，按照国民经济和社会发展第十一个五年规划纲要和《若干意见》的总体部署，以煤炭整合、有序开发为重点，完善体制、创新机制，强化管理、保障安全，改小建大、优化结构，依靠科技、促进升级，深度加工、洁净利用，节约资源、保护环境，构建与社会主义市场经济体制相适应的新型煤炭工业体系。

“十一五”期间，要以煤炭整合、有序开发为重点。对中小煤矿实施整合改造，实现资源、资产、技术、人力等生产要素的整合和重组。在大型煤炭基地内，一个矿区原则上由一个主体开发，推进企业整合。鼓励大型煤炭企业整合重组和上下游产业融合，提高产业集中度。加强资源勘查，科学制定规划，规范矿权设置，调控建设规模，合理组织生产，有序开发资源。

完善体制、创新机制。健全煤炭工业管理体制，加强煤炭行业管理。健全和完善法律法规、标准、产业政策体系，制定《若干意见》的配套政策和实施办法，加强规划引导和调控，充分发挥市场配置资源的基础性作用，营造煤炭企业公平竞争的市场环境。

强化管理，保障安全。按照安全发展的要求，坚持“安全第一、预防为主、综合治理”的方针，从安全文化、安全法制、安全责任、安全科技和安全投入等方面加强建设，完善安全生产管理体系，全面提高煤矿安全生产水平。

改小建大、优化结构。煤炭发展以“整合为主、新建为辅”，严格控制小型煤矿建设，整合改造中小型煤矿，全面提升办矿水平；加强大型煤炭基地建设，优先建设大型现代化露天煤矿和千万吨级安全高效矿井，优化煤炭生产结构。

依靠科技、促进升级。采用高新技术和先进适用技术，加快安全高效大型现代化煤矿建设，大力推进中小型煤矿机械化，淘汰落后的工艺和装备，提高煤炭重大装备研发和制造能力，促进煤炭产业升级。

深度加工、洁净利用。大力发展煤炭洗选加工，提高煤炭利用和运输效率。发展煤化工，开发煤基液体燃料，推进煤炭气化、液化示范工程建设，弥补油气供应不足，提高国家能源安全保障程度。

节约资源、保护环境。切实提高煤炭资源回收率，开展煤层气（煤矿瓦斯）、矿井水、煤矸石、煤泥以及与煤共伴生资源的综合开发与利用，大力发展循环经济。推行清洁生产，减少对环境和生态的影响。

（二）发展目标

建立规范的煤炭资源开发秩序，大型煤炭基地建设初见成效，中小型煤矿整合改造取得明显进展；现代企业制度进一步完善，形成若干个亿吨级产能的大型煤炭企业和企业集团；基本形成适应煤炭工业发展的科技创新体系；煤矿安全生产形势明显好转；洁净煤技术开发和产业化全面发展，资源综合利用和节约资源取得明显进展；矿区生态环境恶化的趋势得到遏制；职工收入稳步增长，初步形成与社会主义市场经济体制相适应的煤炭工业管理体制和煤炭法律法规体系。

煤炭生产：煤炭产量26亿吨，其中：大型煤矿产量14.5亿吨，比重占56%；中型煤矿产量4.5亿吨，比重占17%；小型煤矿数量控制在1万处，产量控制在7亿吨以内，比重占27%。原煤入选13亿吨，入选率50%。

煤炭建设："十五"结转的在建煤矿全部建成投产。"十一五"期间，小型煤矿整合改造为大中型煤矿，增加产能2亿吨；新开工（新建和改扩建）煤矿规模4.5亿吨，形成产能2亿吨。重点建设10个千万吨级现代化露天煤矿，10个千万吨级安全高效现代化矿井。加强煤炭资源基础地质勘查，提交普查资源量1500亿吨。

大集团发展：促进以煤为基础，煤电、煤化、煤路等多元化发展，形成6～8个亿吨级和8～10个5000万吨级大型煤炭企业集团，煤炭产量占全国的50%以上。

技术进步：大型煤矿采掘机械化程度达到95%以上，中型煤矿达到80%以上，小型煤矿机械化、半机械化程度达到40%。安全高效煤矿数量达到380个，产量占全国的45%，其中千万吨级煤矿达到25个。

职工素质：煤矿专业技术人员占职工总数的比例比2005年提高5个百分点，达到12%。职工受教育的平均年限达到11年，其中高中及以上文化程度的职工达到50%。

安全生产：煤矿重特大事故多发的势头得到有效遏制，伤亡总量明显下降，职业危害初步得到控制。煤矿百万吨死亡率降到2.0以下。

节约资源：节约能源6000万吨标准煤。其中，煤矸石电厂装机容量达到

3000万千瓦，节约煤炭5200万吨标准煤；利用煤矸石和粉煤灰生产水泥1.3亿吨，墙体材料250亿块标准砖，节约煤炭800万吨标准煤。年均节约水34亿立方米。

煤层气：现有矿井逐步实现应抽尽抽，新建矿井基本实现先采气、后采煤，瓦斯抽采率达40%以上。煤层气（煤矿瓦斯）产量100亿立方米。其中，地面煤层气产量50亿立方米，全部利用；井下瓦斯产量50亿立方米，利用30亿立方米。新增煤层气探明地质储量3000亿立方米。

环境保护：煤矸石、矿井水利用率均达到70%，矿井水达标排放率100%，洗煤废水闭路循环率80%，自燃矸石山灭火率达到95%，土地复垦率超过40%。大中型煤矿企业主要污染物全部达标排放，小型煤矿企业污染物排放总量逐步减少。

四、煤炭工业发展的主要任务

（一）优化煤炭布局

全国煤炭布局原则：稳定调入区生产规模，增加调出区开发规模，适度开发自给区资源。根据煤炭资源、区位、市场等情况，全国划分为煤炭调入区、煤炭调出区和煤炭自给区。调入区包括京津冀、东北、华东、中南四个规划区；调出区为晋陕蒙宁规划区；自给区包括西南、新甘青两个规划区。

1. 稳定调入区生产规模

东北区　在稳定现有生产规模的基础上，加强地质勘探，积极寻找接续资源，适当建设大中型煤矿，解决煤矿衰老接续问题，提高小型煤矿办矿标准。适当扩大黑龙江生产规模，做好炼焦煤资源的保护性开发和合理利用，褐煤资源的开发要和坑口电厂建设同步进行。稳定辽宁、吉林两省煤炭生产规模，同时做好衰老矿区的产业接续和转型工作。

京津冀区　河北要加快蔚州和平原矿区开发，稳定煤炭生产规模，提高小型煤矿办矿标准。稳定北京京西矿区大中型矿井生产能力，做好小型煤矿退出工作。

华东区　加强深部煤炭地质勘查，提高勘查程度，建设一批大中型矿井，解决衰老矿井接续问题。稳定山东生产规模，适度扩大安徽生产规模。做好江苏矿井的技术改造，维持生产规模。江西和福建要提高小型煤矿的办矿标准，维持现有生产规模，缓解煤炭调入压力。浙江煤矿应尽快退出市场。

中南区　提高河南深部资源勘查程度，建设一批大中型矿井，稳定生产规模，同时要大力整合现有小型煤矿，提高矿井规模和办矿标准。湖南、湖北、广西重点做好小型矿井整合改造，提高办矿标准，维持现有生产规模，缓解煤炭调入压力。广东煤矿应尽快退出市场。

2. 增加调出区开发规模

晋陕蒙宁区 重点建设神东、陕北、黄陇、晋北、晋中、晋东、蒙东、宁东等8个大型煤炭基地，提高勘查程度，增加精查储量，以建设大型、特大型煤矿为主，新建煤矿原则上不低于120万吨/年。重组和关闭小型煤矿，减少矿点数量。对山西省优质炼焦煤资源实行保护性开发，合理利用。

3. 适度开发自给区资源

西南区 充分发挥贵州和云南煤炭资源丰富的优势，建设云贵大型煤炭基地，提高勘查程度，配合“西电东送”工程建设，建设大中型煤矿和重组改造小型煤矿结合，大力调整生产结构，适度扩大生产能力，以满足当地需要为主，并调出部分煤炭到两广和湖南等地。四川要重点开发古叙、筠连矿区，四川、重庆要做好小型煤矿的技术改造，稳定煤炭生产规模，减轻煤炭调入压力。

新甘青区 加强煤炭资地质勘查，做好矿区总体规划，合理开发资源。新疆、甘肃、青海，适度扩大生产能力，以满足当地需要为主，严格控制小型煤矿建设规模，重点建设甘肃的华亭矿区，提高勘查程度，增加资源储备。从保护生态环境考虑，严格控制青海西南部和西藏地区煤炭生产开发。

（二）调控煤炭总量

1. 煤炭生产

按照保障煤炭有效供给的原则，2010年煤炭生产总量控制在26亿吨。主要增加优质动力用煤和优质高炉喷吹用煤生产，适度增加优质炼焦用煤和无烟块煤生产，控制高硫高灰煤炭生产。新增煤炭产量以大型煤矿为主，中型煤矿为辅。压减小型煤矿产量，严格限制煤矿超能力生产。

2010年，煤炭调入区产量8.66亿吨，比2005年增加0.22亿吨，占全国增量的5.6%；煤炭调出区的晋陕蒙宁区产量13.15亿吨，比2005年增加3.25亿吨，占全国增量的82.2%；煤炭自给区产量4.19亿吨，比2005年增加0.48亿吨，占全国增量的12.2%。分省（区、市）煤炭产量规划见附表一。

2. 煤矿建设

“十一五”期间，煤矿建设坚持“整合为主、新建为辅”的原则，全面整合、改造小型煤矿，全面调控煤矿建设年度开工规模。以建设大中型煤矿为主，优先建设煤电联营和煤转化一体化项目，严格控制小型煤矿建设。在煤与瓦斯突出区域内，严禁新建小型煤矿。在瓦斯、水、火等灾害特别严重的矿区，适度控制大中型矿井建设，禁止建设小型煤矿。

“十一五”期间，全国大中型煤矿建设规模8.1亿吨。其中，“十五”结转3.6亿吨，“十一五”新开工建设4.5亿吨。全国煤矿新增生产能力4.3亿吨。其中，“十五”结转的大中型煤矿项目全部投产，增加3.6亿吨；小型煤矿整合改造为大中型煤矿，增加2亿吨；新开工大中煤矿4.5亿吨，建成投产2.5亿吨；

通过实施资源整合与关闭淘汰，现有小型生产、在建煤矿生产能力由2005年的10.8亿吨，压减到2010年的7亿吨以内。分省（区、市）煤矿建设规模规划见附表二。

3. 煤炭资源勘查

重点围绕建设大型煤炭基地，开展区域煤炭预查、普查基础地质勘查，提高勘查程度，择优开展煤炭详查，满足矿区总体规划需要。按照煤矿项目建设规划，适时开展煤炭资源勘探，满足“十一五”煤矿开工建设及“十二五”项目前期准备需要。

做好北方缺水矿区水资源普查工作。在山西晋城、沁源、阳泉、潞安、大同、离柳、乡宁，陕西榆神、榆横、新民、彬长、铜川、黄陵，内蒙古东胜、准格尔、扎赉诺尔，山东济宁、巨野等矿区开展水资源详查，建设矿区供水工程。加强山西阳泉、晋城，河北峰峰、邢台，山东济北、兖州，河南永夏等矿区下组煤水文地质补充勘查工作，防治水害。

（三）建设大型煤炭基地

大型煤炭基地包括神东、陕北、黄陇（华亭）、晋北、晋中、晋东、鲁西、两淮、冀中、河南、云贵、蒙东（东北）、宁东13个大型煤炭基地。大型煤炭基地建设，一是坚持有序集中开发。依据批准的矿区总体规划和矿业权设置方案，实行矿业权市场化配置。坚持一个矿区原则上由一个主体开发，一个主体可以开发多个矿区的集中开发模式，合理安排勘查开发项目，控制建设节奏。二是推进制度创新。以大型基地建设为契机，培育大型煤炭企业集团，建立现代企业制度；以大型煤炭企业为主体建设大型煤炭基地。三是优化生产结构。优先建设大型现代化露天煤矿和现代化矿井，提高资源回收率，加快淘汰小型煤矿。四是促进产业融合。支持煤电、煤化、煤路等一体化建设，推进产业聚集和产业融合。五是发展循环经济和加强环境保护。按照循环经济的理念，综合开发利用煤炭及与煤共伴生资源。采取有力措施，做好资源开发与保护，加强生态环境保护、污染治理和地质灾害防治。

“十一五”期间，全国新开工大中型煤矿主要分布在大型煤炭基地内，重点建设10个千万吨级现代化露天煤矿和10个千万吨级安全高效矿井。2010年，大型煤炭基地产量达到22.4亿吨。

（四）培育大型煤炭企业集团

以市场运作为主，强化政府推动和政策引导，打破区域界限，发展跨区域企业集团；打破行业界限，发展煤、电、化、路、港为一体的跨行业企业集团；打破所有制界限，发展各类资本参与的混合所有制企业集团。把大型煤炭企业集团培育成为优化煤炭工业结构的主体、大型煤炭基地开发建设的主体、平衡国内市场供需关系的主体、参与国际市场竞争的主体，逐步形成若干个由国有资本控股、担负跨省区市煤炭供应的大型煤炭企业集团，提高国家对煤炭资源的控制力和对煤炭市场的调控力，保障煤炭供应安全，促进煤炭工业健康稳定协调发展。根据资源分布特点、企业发展现状、对国民经济的重要程度以及长远发展的要求，煤炭企业战略性重组的重点区域是晋陕蒙宁、华东、东北、西南等地区，要依托大型煤炭基地内外部优势条件，兼并联合区域内中小型煤矿，加快发展坑口电厂，大力发展煤炭深加工和综合利用产业，以神骅铁路、大秦铁路和拟规划建设的输煤铁路为纽带，加强与铁路沿线电厂联营，参与铁路、港口的建设和股份制改造，形成煤炭、电力、化工、铁路和港口运输等综合经营的大型企业集团。

（五）整合改造中小型煤矿

综合运用经济、法律和必要的行政手段，加快中小型煤矿的整合改造，实行集约化开发经营。鼓励大型煤炭企业兼并改造中小型煤矿。积极推进中小型煤矿技术改造，规模以上煤矿必须采用壁式开采工艺。继续整顿关闭布局不合理、不符合安全标准、浪费资源和不符合环保要求的小型煤矿，坚决取缔违法经营的小型煤矿。瓦斯、水、火等灾害严重的小型煤矿，重点予以整合，难以整合的限期退出。小型煤矿产量控制目标见附表三。

山西、陕西、内蒙古省区 2005 年小型煤矿产量 3.8 亿吨，在建规模 0.4 亿吨。“十一五”期间，小型煤矿整合改造为大中型煤矿的生产能力增加 1.5 亿吨，保留的小型煤矿产量控制在 2.5 亿吨以内。

黑龙江、河北、安徽、山东、河南、贵州、云南、甘肃、新疆省区 2005 年小型煤矿产量 3.8 亿吨，在建规模 0.2 亿吨。“十一五”期间，小型煤矿整合改造为大中型煤矿的生产能力增加 0.4 亿吨，保留的小型煤矿产量控制在 2.7 亿吨以内。

辽宁、吉林、江苏、福建、江西、湖北、湖南、广西、重庆、四川等省区市 2005 年小型煤矿产量 2.4 亿吨，在建规模 0.2 亿吨。到 2010 年，小型煤矿整合改造为大中型煤矿的生产能力增加 0.1 亿吨，保留的小型煤矿产量控制在 2 亿吨以内。

（六）加快煤炭科技创新

1. 加大科技攻关力度。围绕煤炭资源高精度快速勘探技术、煤矿高效集约化生产配套技术、煤矿重大安全隐患防治技术、煤炭洁净加工转化与利用技术、矿区污染治理和环境保护技术等加强科技攻关。主要包括：煤炭资源的高效找矿及快速精细勘探技术，600 米深厚冲积层大型深井凿井技术研发与示范工程，年产 600 万吨厚煤层高效综采技术与成套装备，煤矿瓦斯动力灾害重大基础理论和防治技术研究，深部开采动力灾害及热害防治技术研究，模块选煤厂生产技术与成套装备研究开发，百万吨煤炭液化工艺研究与产业化示范工程，煤层气井上下抽采利用技术示范工程，大型矿区污染治理与环境保护技术开发及示范工程。

2. 建立以企业为主体的技术创新体系。大型煤炭企业要加快科技投入，建立和完善技术研发中心，重视战略规划机构的建设，加强与科研机构和各类院校的联合，推进技术创新体系建设。把企业技术创新体系建设作为大型国有煤炭企业领导班子的考核内容。

3. 推进煤矿重大装备国产化。充分发挥市场配置资源的基础性作用和企业的市场主体作用，加强组织协调和政策引导，重点围绕大型煤矿综合采掘和露天开采设备、大型运输提升和洗选设备、大型煤炭气化和合成设备的国产化，组织跨行业大协作，处理好引进与研发、制造与使用、投资与收益的关系，推进重大装备国产化。

4. 加快安全高效矿井建设。采用高新技术和先进适用技术，加快现有煤矿的技术改造，推行一个矿井一个工作面的新井建设，提高煤矿装备现代化、系统自动化、管理信息化水平，加快安全高效矿井建设。

5. 大力推进中小型煤矿机械化。发展适合于中小型煤矿的机械化装备，加快培育和发展面向小型煤矿的综合服务体系，新建中小型煤矿必须采用机械化开采，现有煤矿限期进行技术改造，尽快提升中小型煤矿技术装备水平。

（七）提高煤矿安全生产水平

1. 完善煤矿“一通三防”、防治水等防灾系统。“十一五”期间，所有矿井完成“一通三防”工程补套，高瓦斯和煤与瓦斯突出矿井必须建立完善地面永久瓦斯抽采系统，加强水害防治系统建设。建立矿井安全监测监控系统，重点煤矿实现企业内部监测监控联网，其他煤矿实现县（区）范围内联网。

2. 强化煤矿安全基础管理。制定安全发展规划，健全安全责任体系和规章制度，严格执行《煤矿安全规程》，加强劳动用工管理，严禁超能力、超强度、超定员生产，建设安全质量标准化和本质安全型矿井。严格执行安全生产费用提取及使用、风险抵押金、企业负责人和经营管理人员下井带班等制度。增强职工安全意识，充分发挥工会和职工在安全生产方面的监督作用。

3. 加强煤矿安全教育培训。逐步建立煤矿专业教育、职业教育、企业教育和社会教育的安全生产教育体系。健全煤矿安全培训体系，建立健全煤矿企业安全培训机构，形成国家、省、市、县多级培训网络。强化煤矿企业主要负责人、安全生产管理人员和特种作业人员培训，重点抓好农民工、外来包工队的安全培训。

4. 大力推进煤矿瓦斯治理。新建高瓦斯和煤与瓦斯突出矿井必须同时建设瓦斯抽采设施，强力推进“先抽后采”。现有高瓦斯和煤与瓦斯突出生产矿井必须达到国家制定的抽采标准。矿井全部装备瓦斯监测监控系统，实施数字化监测监控系统联网，加强对发生瓦斯动力现象矿井的监管工作。

5. 加强煤矿重大事故隐患排查与治理。建立健全煤矿重大事故隐患排查、治理和报告制度。按照分级分期的原则，组织各级政府、有关主管部门和企业重点对通风系统、瓦斯抽采系统等存在重大隐患的场所、设施进行排查和整改。淘汰国家明令禁止使用和严重危及生产安全的工艺和设备。

6. 重视煤矿职业危害防治工作。不断提高煤矿机械化、自动化水平，减轻职工劳动强度，改善井下作业环境。制定作业场所职业危害申报、监督检查、职业危害事故处理等规章制度。整合职业卫生技术服务资源，推广建设职业安全健康管理体系，加大监督执法力度，提高煤矿工人职业健康水平。

（八）建设资源节约型和环境友好型矿区

1. 大力发展循环经济。按照减量化、再利用、再循环的原则，重点治理和利用煤矸石、矿井水和粉煤灰。在各环节采用节能高效的实用技术及先进装备，全面提高资源综合利用效率。加快煤矿资源综合利用项目技术改造，建设覆盖合理范围的集中利用或与排放量相匹配的综合利用项目。对不具备单独利用煤矸石等低热值燃料条件的中小型煤矿，实行区域集中治理和集中利用。“十一五”期间，在大型煤炭基地和主要煤炭矿区，加快扩大煤矸石、煤泥、洗中煤、矿井水等资源的综合利用，建设一批13.5万千瓦及以上煤矸石电厂，新增装机容量2000万千瓦。2010年，煤矸石综合利用量3.9亿吨以上，利用率达到70%以上。其中，煤矸石等低热值燃料电厂年利用2亿吨，；煤矸石砖利用0.9亿吨；煤矸石复垦造田筑路和井下充填消纳1亿吨以上。产生矿井水50亿立方米，利用36亿立方米，利用率达到70%。其中，晋陕蒙宁严重干旱缺水地区的大型煤炭基地矿井水利用率要达到90%以上。油母页岩、耐火黏土等与煤共伴生资源80%得到利用。

2. 加快煤层气开发和利用。坚持地面抽采与井下抽采相结合，自主开发与对外合作相结合，就近利用与余气外输相结合，居民利用与工业应用相结合，企业开发与国家扶持相结合，促进煤层气产业发展，保障煤矿安全生产、充分利用资源、保护生态环境。发挥示范工程的带动作用，加快煤层气开发和利用。“十一五”期间，示范工程及产业化建设备选项目包括：以沁水盆地和鄂尔多斯盆地两大煤层气基地为重点，建设沁南高技术产业化示范工程项目、油气战略选区示范工程端氏项目、山西大宁先采气、后采煤示范工程项目；在淮南和沈阳矿区建设高瓦斯、高地温、高地压煤层群瓦斯综合治理与利用示范工程；在松藻和郑州矿区的严重突出矿井建设瓦斯抽采与利用示范工程；在淮北和阳泉矿区的自燃发火严重高瓦斯矿井建设瓦斯抽采与利用示范工程；在晋城和鹤岗矿区建设先抽气后采煤、煤炭与煤层气共采示范工程，以及瓦斯抽采与利用的技术研发与装备制造等示范工程。统筹规划煤层气管线和天然气管网建设。“十一五”期间，规划建设主要煤层气输气管道10条，线路全长1441公里，设计总输气能力65亿立方米。

3. 积极发展煤炭洗选加工。积极发展煤炭洗选加工，优化产品结构，提高产品质量。采用先进技术和设备改造现有选煤厂，充分发挥生产能力。大力推广具有自主知识产权的重介选煤和干法选煤等技术，重点在大型煤炭基地建设一批具有国际先进水平的选煤厂。大中型煤矿原则上要配套建设选煤厂，小型煤矿要依托大型煤矿选煤厂或建设群矿选煤厂。充分发挥现有生产能力，扩大动力煤、高炉喷吹煤洗选加工量，提高炼焦精煤产品质量。逐步推广使用动力配煤，在煤炭中转港口和主要集散地建设配煤厂，发展产、配、销、送及售后服务一条龙体系，为用户提供质量稳定、价格合理、环保型动力配煤。

4. 有序推进煤炭转化示范工程建设。积极开展气化液化等用煤的资源评价，做好煤化工基地规划，调控煤化工建设规模，防止低水平、小规模盲目建设，推进煤炭液化示范工程建设。“十一五”期间，完成煤炭液化、煤制烯烃的工业化示范，为后十年产业化发展奠定基础。示范工程包括：采用国内开发的工艺和高效催化剂技术，建成100万吨/年煤炭直接液化示范工程，完成具有自主知识产权的煤直接液化工艺的工业化示范；引进国外成熟技术，建设300万吨/年的间接液化工厂，并完成商业化运行示范；采用不同的自主知识产权技术，分别完成16万吨/年和100万吨/年间接液化示范装置和示范工程；采用自主知识产权技术，完成60万吨/年煤制烯烃示范工程。

5. 加强矿区环境的保护和治理。按照建设环境友好型社会的要求，矿区环境保护的重点要从被动治理转向污染防治与生态恢复并重，切实加大矿区环境生态保护与治理的力度。加快内蒙古、宁夏、新疆煤田自燃区灭火进度。着重解决晋陕蒙宁、新甘青规划区井下火区、水土保持等重大问题。切实做好内蒙古东部草原生态保护。着重解决京津冀、东北、华东、中南规划区煤矸石综合利用和采煤沉陷区综合治理。着重解决西南规划区水污染防治，通过洗选等措施降低高硫煤含硫量。将晋城、平朔、神东、准格尔、伊敏河、南桐等作为备选矿区，建设生态保护示范矿区，实现生态良性循环。加强淮南、平顶山、抚顺、西山、新汶五个循环经济试点矿区建设，将大屯、潞安、峰峰、开滦、皖北等作为备选矿区，建设循环经济示范矿区。将阜新、铜川、徐州、萍乡、淄博、邯郸等衰老矿区作为备选矿区，建设补偿工业污染欠账的示范矿区。

五、环境影响评价

（一）煤炭生产对环境的影响

煤炭生产对环境的影响主要是煤矸石、矿井瓦斯和矿井水排放，以及采煤引起的地表沉陷。

1. 煤炭调入区。该区人口稠密、土地资源稀缺，大多数煤矿在平原地区开采，主要环境影响是采煤引起的地表沉陷。2010年，该区规划煤炭产量8.66亿吨，预计地表沉陷约1.6万公顷。

2. 煤炭调出区。该区水资源缺乏，生态环境脆弱，主要环境影响成地下水径流破坏、地下水和地表水减少，煤矸石和矿井瓦斯产生量大。“十一五”期间，全国新增煤炭产量的80%集中在该区。2010年，规划煤炭产量13.15亿吨，预计产生煤矸石2.6亿吨、矿井水11.6亿吨、矿井瓦斯68亿立方米，形成土地沉陷面积2.6万公顷、水土流失面积3.2万公顷。

3. 煤炭自给区。新甘青规划区水资源缺乏，生态环境脆弱，主要环境影响与煤炭调出区相同，但由于该区开发强度小、国土面积大、人口少，环境容量较大。西南规划区主要环境影响是煤矸石、矿井瓦斯和矿井水排放。2010年，规划煤炭产量4.19亿吨，预计产生煤矸石0.8亿吨、矿井水8.1亿吨、矿井瓦斯21.3亿立方米。

（二）预防和减轻对环境影响的对策

1. 制定规划，减少污染源点。通过采取资源整合、建设大型现代化煤矿、严格控制小型煤矿建设、整顿关闭小型煤矿等一系列措施，提高煤炭生产集约化水平，在提高产量的同时，减少矿点数量，减少污染源点。

2. 优化设计，减少污染物排放。按照科学发展观的要求，依靠技术进步，采用新工艺、新设备、新材料，优化煤矿和选煤厂设计，在生产全过程，减少地下水渗漏、煤矸石和矿井水产生量、地表沉陷等。

3. 加强治理，改善矿区生态环境。新矿区、新矿井建设要认真执行环境影响评价制度，严格落实“三同时”制度和环境保护措施。老矿区、老矿井生产要按照《清洁生产促进法》的规定，补建环保设施，做到不增加新的污染，并逐步治理既有污染源。

4. 突出重点，发展循环经济。建设综合利用电厂和建材厂，发展筑路回填，利用和消化煤矸石。加强矿井水利用和达标排放，选煤厂要实现煤泥水的闭路循环。大力开发和利用煤层气（煤矿瓦斯）。加强采煤沉陷区土地复垦和利用，发展生物复垦和生态复垦。

5. 建立机制，促进矿区可持续发展。研究建立矿区生态环境恢复补偿机制，明确企业和政府的治理责任，制订专项规划，加大生态环境治理投入。对历史形成的环境欠账，中央政府给予必要的资金和政策支持，地方政府和煤炭企业要按规定安排配套资金，逐步使矿区环境治理步入良性循环。

（三）环境治理的预期效果

1. 全国环境治理的预期效果

2010年与2005年相比，全国煤炭生产对环境的影响减弱。煤矸石产生量由2005年的3.5亿吨，增加到2010年的5.5亿吨。其中，利用量由1.5亿吨增加到3.9亿吨；未利用量由2亿吨减少到1.6亿吨。

矿井水产生量由2005年的45.4亿立方米，增加到2010年的50亿立方米。其中，利用量由19.9亿立方米增加到36亿立方米；未利用量由25.5亿立方米减少到14亿立方米，达标排放率由80%提高到100%。

煤矿瓦斯产生量由2005年的150亿立方米，增加到2010年的177亿立方米。其中，抽采量由23亿立方米增加到100亿立方米；利用量由10亿立方米增加到87亿立方米；排空量由140亿立方米减少到90亿立方米。

采煤沉陷面积由2005年的4.5万公顷，增加到2010年的5.3万公顷，土地复垦面积由0.9万公顷增加到2.2万公顷。水土流失面积由2005年的5.4万公顷，增加到2010年的6.3万公顷，治理水土流失面积由1.1万公顷增加到2.6万公顷。

2. 调出区环境治理的预期效果

晋陕蒙宁调出区是环境治理的重点区域，2010年与2005年相比，煤炭生产对环境的影响减弱。煤矸石产生量由2005年的1.7亿吨，增加到2010年的2.6亿吨。其中，利用量由0.7亿吨增加到1.9亿吨；未利用量由1亿吨减少到0.7亿吨。

矿井水产生量由2005年的8.5亿立方米，增加到2010年的11.6亿立方米。其中，利用量由1.3亿立方米增加到10.6亿立方米；未利用量由7.2亿立方米减少到1亿立方米，达标排放率由80%提高到100%。

煤矿瓦斯产生量由2005年的51亿立方米，增加到2010年的68亿立方米。其中，抽采量由10亿立方米增加到38亿立方米；利用量由4亿立方米增加到34亿立方米；排空量由47亿立方米减少到34亿立方米。

采煤沉陷面积由2005年的2.1万公顷，增加到2010年的2.6万公顷，土地复垦面积由0.4万公顷增加到1.2万公顷。水土流失面积由2005年的2.5万公顷，增加到2010年的3.2万公顷，治理水土流失面积由0.48万公顷增加到1.4万公顷。

六、政策措施

（一）健全宏观调控体系

1. 健全法律法规。进一步完善以《煤炭法》为主体的法律法规体系。完善煤炭准入管理制度，严格煤炭地质勘查、开办煤矿及煤炭经营准入。贯彻落实《若干意见》，制定和完善与之配套的产业政策、制度和标准。

2. 完善经济政策。切实落实中央财政对国有重点煤矿增值税定额返还和所得税返还政策。加快煤炭税费制度改革步伐，把煤矿企业税负降到合理水平。完善煤炭成本核算制度，将资源、环境、安全、劳动力、转产发展等费用足额纳入生产成本。推进电煤价格与市场价格并轨。

3. 加强行业管理。加强煤炭行业管理机构建设，科学确定职能，充实和加强煤炭管理力量，健全和完善管理制度，优化政策环境，加强对煤矿生产经营全过程的管理。积极推进山西煤炭工业可持续发展试点工作。

4. 强化规划调控。强化煤炭工业发展规划、大型煤炭基地建设规划、矿区总体规划的作用，规范煤炭勘查开发秩序，加强煤矿基本建设管理，调控煤炭生产开发布局和建设规模，防止煤炭产能过剩。加强规划队伍建设。适时对规划进行滚动调整。

5. 扩大对外开放。在煤矿重大装备国产化、煤矿灾害防治、资源节约、环境保护、煤层气开发、煤炭气化液化等领域，鼓励外资企业与国内企业开展多种形式的技术和经济合作。煤炭出口调控在合理水平，增加东南沿海地区煤炭进口。支持有条件的煤炭企业到境外开发煤炭。

（二）推进大型煤炭基地建设和煤炭企业整合

1. 加强资源勘查。中央地质勘查基金（周转金）优先保障煤炭资源勘查需要，重点用于国家规划矿区、对国民经济具有重要价值矿区、特殊和稀缺煤种矿区普查和必要的详查。提高勘查质量，完善储量评估制度。

2. 建设大型煤炭基地。在大型煤炭基地内以建设大型煤矿为主，优先建设特大型露天煤矿和安全高效现代化矿井，严格控制小型煤矿建设。国家给予适当国债资金补助，重点支持大型煤炭企业兼并整合中小型煤矿。

3. 构建大型煤炭集团。制定切实可行的政策，鼓励煤炭企业联合重组，引导形成产能亿吨级和5000万吨级的大型骨干企业。鼓励有优势的煤炭企业实行煤电联营或煤电运一体化经营。

4. 促进小型煤矿整合。产煤地区要结合实际情况制定小型煤矿整合规划和控制目标，运用经济、法律和必要的行政手段，继续依法关闭布局不合理、不具备安全生产条件、破坏资源和环境的煤矿。

（三）促进煤炭与相关产业协调发展

1. 加强煤运通道建设。重点加强晋、陕、蒙、宁、黔煤炭铁路外运通道及北方煤炭港口建设，合理布局矿区铁路支线、矿区公路。加快铁路体制改革，吸引社会各类资金特别是优势煤炭企业的投资，参与运煤通道建设。

2. 鼓励发展坑口电站和低热值燃料电厂。做好与电力规划的衔接，合理规划一批大型坑口电厂。在水资源许可的条件下，增加晋、陕、蒙、宁、黔、皖电力建设规模。低热值燃料电厂建设纳入国家电源建设规划，优先予以核准。

3. 大力发展煤矸石建材。将煤矸石、粉煤灰生产建筑材料纳入国家建材发展规划，完善生产和使用煤矸石墙体材料的财税优惠政策，引导煤矸石墙体材料快速发展，促进节约能源资源和保护土地资源。

（四）优先发展煤炭科技教育

1. 加强科技攻关。国家列专项支持煤炭工业科技基础研究，支持共性技术和关键技术的研发和攻关。鼓励企业与科研院所加强协作，开展技术创新，建立煤矿重大技术装备引进、消化吸收协调机制，加快推进国产化。

2. 提高职工素质。国家制定煤矿特殊工种定员标准和培训标准。大中专院校要通过减免学费、设立煤炭专业奖学金、校企对口招生等措施，扩大生源并提高教学质量。企业通过加强职业技术学校建设、改变用工制度、提高技术人员待遇等措施，尽快提升煤矿职工队伍素质。

（五）加强煤矿安全综合治理

1. 健全安全生产法制。抓紧完善有关安全生产的法律法规，加大对重特大事故责任人的刑事处罚力度。加强安全执法，协调联合执法，提高执法能力、执法水平和执法权威性，做到违法必究、令行禁止。

2. 健全和落实安全生产责任制。强化行政首长负责制和企业法定代表人负责制，建立产煤地区和煤矿企业安全生产考核制度，把百万吨死亡率、安全人员配备和安全培训等作为考核领导干部的重要内容。认真落实伤亡事故经济赔偿和安全生产风险抵押金等制度。

3. 继续加大安全生产投入。坚持企业负责，政府支持的原则。企业要提足用好生产安全费用，加快安全技术改造。国家继续安排国债资金，重点支持特殊困难煤矿以"一通三防"为主的安全改造、瓦斯综合治理和科技攻关试点工程，以及应急救援体系建设。

4. 加大安全生产监管力度。进一步理顺综合监管与行业监管、国家监察与地方监管、政府监管与企业管理等方面的关系，明确职责，加强协调。搞好重点监察、专项监察和定期监察。强化事故责任追究制度，严肃追究有关人员责任。

（六）发展循环经济和保护矿区环境

1. 节约煤炭资源。完善资源有偿使用制度，建立煤炭资源税费与动用储量挂钩的机制，加大资源监管力度，提高煤炭资源回收率。制定政策，鼓励采用先进技术，开采建筑物下、铁路下、水体下煤层和极薄煤层。充分调动社会各界力量，增加煤田灭火工程投资，加快煤田火区治理，保护煤炭资源和生态环境。

2. 加快煤层气（煤矿瓦斯）开发利用。完善煤层气（煤矿瓦斯）开发宏观调控管理、法规体系建设和经济扶持政策，协调煤炭开采与煤层气抽采的关系，改进煤层气矿业权管理，加强煤层气开发关键技术的攻关，制定"先采气、后采煤"的具体实施办法，统筹规划建设长输管网。

3. 鼓励洁净煤技术产业化。加强技术攻关，解决煤炭气化液化的技术障碍，制定生产和使用煤制油、醇、醚等替代燃料的财税优惠政策，促进煤炭深度加工转化。完善煤炭产品质量标准，促进煤炭洗选加工的发展，限制未经洗选加工煤炭的长距离运输和使用。

4. 加强资源综合利用。新建和扩建煤矿项目，必须提出资源综合利用方案，严禁设立永久性煤矸石堆场。以煤矸石等低热值燃料电厂为重点，建立资源综合利用项目认证和督察制度。对综合利用煤矸石、煤泥等资源，实行更加合理的财税扶持政策。

5. 保护和治理矿区环境。研究建立矿区生态环境恢复补偿机制、煤炭清洁生产评价指标体系和标准，明确企业和政府的责任，加大生态环境保护和治理投入，逐步使矿区环境保护和治理步入良性循环。

（七）提高矿工劳动保障和生活水平

将矿工入井时间缩短到八小时以内，尽快实行四班六小时工作制。制定提高煤矿井下职工劳动保护标准，每年为煤矿井下职工进行职业健康体检，强制企业为矿工办理意外伤害保险。制定煤矿井下职工最低工资标准，提高岗位津贴标准，提高煤矿职工生活水平。

（八）解决煤矿历史遗留问题

落实国家关于分离企业办社会职能的有关政策，加快分离煤矿企业办社会职能。支持国有煤矿企业主辅分离，辅业改制。“十一五”期间，国家继续支持历史形成的采煤沉陷区治理和棚户区改造。对资源枯竭矿区、劣势矿区和由于安全隐患关闭或压产减人的国有重点煤矿，国家重点在资源接续和转产方面给予援助。

附表一：

分省（区、市）煤炭产量规划

（单位：万吨）

	2005 年实际	2010 年规划
总　计	220500	260000
1. 京津冀规划区	9540	8800
北　京	900	300
河　北	8640	8500
2. 晋陕蒙宁规划区	98900	131500
山　西	55430	68000
陕　西	15250	20000
内蒙古	25610	38000
宁　夏	2610	5500
3. 东北规划区	18620	19100
辽　宁	6400	6100
吉　林	2720	3000
黑龙江	9500	10000

续 表

	2005 年实际	2010 年规划
4. 华东规划区	29770	33200
江　苏	2820	2500
浙　江	40	
安　徽	8490	12000
福　建	1820	1600
江　西	2570	2100
山　东	14030	15000
5. 中南规划区	26580	25500
河　南	18760	18500
湖　北	1010	1000
湖　南	5730	5200
广　东	380	
广　西	700	800
海　南		
6. 西南规划区	29010	31600
重　庆	3620	3200
四　川	8130	8100
贵　州	10800	12500
云　南	6460	7800
7. 新甘青规划区	8080	10300
甘　肃	3620	4400
青　海	600	900
新　疆	3860	5000

附表二：

分省（区、市）煤矿建设规模规划 （单位：万吨）

省区	“十一五”建设规模		“十一五”投产规模	
	“十五”结转	“十一五”新开	结转投产	新开投产
总　计	36863	45614	36863	25175
1. 京津冀规划区	533	1070	533	620
河　北	533	1070	533	620
2. 晋陕蒙宁规划区	20872	31940	20872	17845
山　西	10219	10850	10219	6145
内蒙古	6968	13140	6968	8180
陕　西	1760	6450	1760	2540
宁　夏	1925	1500	1925	980
3. 东北规划区	1214	1880	1214	920
辽　宁	599	390	599	90
吉　林	165	330	165	90
黑龙江	450	1160	450	740
4. 华东规划区	5688	3670	5688	2360
江　苏	75	45	75	45
安　徽	3430	2770	3430	1760
福　建	78	0	78	0
江　西	35	105	35	75
山　东	2070	750	2070	480
5. 中南规划区	3248	2220	3248	990
河　南	3168	2070	3168	930
湖　北	0	0	0	0
湖　南	35	30	35	30
广　西	45	120	45	30
6. 西南规划区	4499	2945	4499	1250
重　庆	310	240	310	60
四　川	219	405	219	200
贵　州	2140	1590	2140	780
云　南	1830	710	1830	210
7. 新甘青规划区	809	1769	809	1190
甘　肃	340	729	340	450
青　海	90	330	90	150
新　疆	379	710	379	590

附表三：

小型煤矿产量控制目标

（单位：处、万吨）

	2005年		2010年	
	数 量	产 量	数 量	产 量
总 计	20622	100547	10000	70000
1. 京津冀规划区	652	3180	300	1500
北 京	52	550	0	
河 北	600	2630	300	1500
2. 晋陕蒙宁规划区	4592	38181	1620	24100
山 西	3124	18400	1100	11500
陕 西	769	6990	250	5000
内蒙古	602	12651	200	7500
宁 夏	97	140	70	100
3. 东北规划区	2639	6912	1100	5300
辽 宁	939	1685	300	1100
吉 林	370	965	200	800
黑龙江	1330	4262	600	3400
4. 华东规划区	1639	7544	918	5300
江 苏	18	361	18	200
浙 江	4	50	0	
安 徽	265	970	100	600
福 建	397	1750	300	1500
江西	767	1987	400	1500
山 东	188	2426	100	1500
5. 中南规划区	3108	17969	1830	12500
河 南	698	10800	500	6500
湖 北	691	600	200	600
湖 南	1646	5619	1100	5000
广 东	18	400	0	—

续　表

	2005 年		2010 年	
	数　量	产　量	数　量	产　量
广　西	55	550	30	400
6. 西南规划区	7211	22423	3757	17700
重　庆	1287	2848	700	2200
四　川	1975	6440	1300	6000
贵　州	2143	8630	1000	6000
云　南	1806	4505	757	3500
7. 新甘青规划区	781	4338	475	3600
甘　肃	340	883	200	700
青　海	29	140	25	100
新　疆	412	3315	250	2800

注：小型煤矿为 30 万吨/年及以下煤矿。

064

关于印发《国家煤炭应急储备管理暂行办法》的通知

发改运行〔2011〕996号

各省、自治区、直辖市发展改革委、经贸委（经委、经信委、工信委、工信厅）、财政厅（局）、财政部驻地方财政监察专员办事处、煤炭厅（局、办），中国煤炭工业协会、国家电网公司，煤炭、电力、港口企业等有关单位：

为规范国家煤炭应急储备管理，提高应急状态下的煤炭供应保障能力，国家发展改革委、财政部会同交通运输、铁道、能源等有关部门研究制定了《国家煤炭应急储备管理暂行办法》（以下简称《办法》）。现将《办法》印发给你们，请遵照执行。

各单位在执行《办法》过程中，如遇重大问题，请及时向国家发展改革委、财政部报告。

附：《国家煤炭应急储备管理暂行办法》

国家发展和改革委员会

财政部

二〇一一年五月十一日

附：

国家煤炭应急储备管理暂行办法

国家发展和改革委员会　财政部

2011年5月11日

第一章　总　　则

第一条　为规范国家煤炭应急储备管理，提高应急状态下的煤炭供应保障能力，依据《中华人民共和国突发事件应对法》，制定本办法。

第二条　国家煤炭应急储备是指中央政府委托煤炭、电力等企业（以下简称“承储企业”）在重要煤炭集散地、消费地、关键运输枢纽等地（以下简称“储备点”）建立的，用于应对重大自然灾害、突发事件等导致煤炭供应中断或严重不足情况，由中央政府统一调用的煤炭储备。

第三条　国家煤炭应急储备遵循企业所有、国家调节，市场运作、财政补助，合理布局、保障有力的原则。

第四条　国家发展改革委、财政部会同交通运输、铁道、能源等部门负责国家煤炭应急储备的管理工作。

国家发展改革委、财政部会同交通运输、铁道、能源等部门负责拟定国家煤炭应急储备规模，确定承储企业和储备点布局，下达收储计划和动用指令，指导企业现场管理，实施监督考核，定期向有关部门通报情况及信息；国家发展改革委负责审批下达新建、改扩建储备点建设项目中央投资补助，委托省级经济运行调节部门对辖区内国家煤炭应急储备实施监督检查。

财政部负责审定安排国家煤炭应急储备的贷款贴息和管理费用补助，授权财政部驻地方财政监察专员办事处（以下简称“专员办”）对承储企业有关财务执行情况进行监督检查。

交通运输部、铁道部根据国家发展改革委统一部署，负责国家应急储备煤炭的运输组织、协调，并对运输执行情况实施监督检查。

第五条　中国煤炭工业协会、国家电网公司等单位承担煤炭市场监测预警和信息支持，负责收集电煤生产、消耗、库存情况，分析趋势，提出应急储备建议，协助做好相关工作。

第二章　储备点布局

第六条　国家煤炭应急储备保障区域：

（一）煤炭消费主要依靠跨省区调入，运输距离长、环节多的地区；

（二）水电装机比重高、季节性用煤供需矛盾突出的地区；

（三）煤炭资源赋存条件差，自给能力低的地区；

（四）其他需应急保障的地区。

第七条　国家煤炭应急储备点布局遵循辐射范围广、应急能力强、储备成本低、环境污染小的原则。重点部署在沿海、沿江、沿河港口和华中、西南等地区。

第八条　国家煤炭应急储备点应具备以下条件：

（一）位于区域交通枢纽，拥有水运、铁路和公路运输其中两种方式以上的联运条件，市场辐射范围和资源腹地宽广；

（二）集疏运基础设施完备、良好，煤炭堆存能力较大；

（三）煤炭装卸、计量、质检、环保等设施符合国家相关标准和技术规范；

（四）国家发展改革委、财政部确定的其他条件。

第九条　国家煤炭应急储备点由国家发展改革委、财政部会同交通运输部、铁道部等有关单位，组织专家评审论证确定。

第十条 国家煤炭应急储备点应充分利用现有场地和设施。需要新建、改扩建的，由储备点企业负责筹措所需资金，按照国家基本建设项目有关规定和程序申报，并落实各项建设条件后组织实施。

第十一条 储备点新建、改扩建需中央投资补助的，由省级发展改革委、中央计划单列企业按《中央预算内投资补助和贴息项目管理暂行办法》有关规定，报送资金申请报告或可行性研究报告，由国家发展改革委负责审批，并从中央预算内基建投资中安排投资补助。

第三章 承储企业确定

第十二条 承储企业应具备以下条件：

（一）煤炭资源充足，煤矿生产能力在 2000 万吨/年以上，煤质优良稳定，适用于多数电厂；火力发电厂装机容量在 100 万千瓦以上；

（二）具备良好的区位优势和运输条件；

（三）综合实力强，管理规范，信誉良好，三年内无严重违法经营记录；

（四）与储备点具有产权联结或稳定的经济合作关系；

（五）国家发展改革委、财政部确定的其他条件。

第十三条 承储企业由国家发展改革委、财政部根据年度储备规模和布局，采取招标、专家评审等方式确定。招标程序按有关法律规定执行。

国家发展改革委、财政部与承储企业签订协议，明确权利、义务和责任。

第四章 储备、轮换与动用

第十四条 国家煤炭应急储备年度规模根据应急需要和煤炭产运需状况等情况综合确定。

第十五条 国家煤炭应急储备期限原则上按照每年 8 个月确定。

第十六条 承储企业根据国家发展改革委、财政部下达的储备计划，及时组织资源，向运输部门提报需求，加强与铁路、港航企业的衔接。

第十七条 交通运输部、铁道部组织有关港航、铁路运输企业优先安排国家应急储备煤炭的装卸及运输。

国家煤炭应急储备船舶运力一般由供需双方自行解决。特殊情况下，由交通运输部负责组织协调，运价按当期市场价格执行。

第十八条 在没有应急动用情况下，承储企业储备期月均库存不低于基础期内同期库存量与储备量之和。2011 年考核基础期内库存为 2008—2010 年的同期月均库存量。同时，最低库存量不低于储备量。

第十九条 国家煤炭应急储备的轮换，应与正常生产经营、周转相结合，保证储备煤炭始终处于先进先出、以进顶出的滚动状态。每季度至少轮换一次。

第二十条 国家发展改革委、财政部根据省级人民政府申请，或中国煤炭工业协会、国家电网公司等单位的建议，以及其他应急需要，做出动用决定，向承储企业等有关单位下达动用指令，抄交通运输、铁道部门。

第二十一条 国家煤炭应急储备动用价格，参照储备点所在地当期同品质煤炭市场价格执行。

第二十二条 国家煤炭应急储备动用过程中有关衔接方式、资金结算等，按日常供需衔接方式运作。如遇紧急情况，按照动用指令中明确要求执行。

第五章 现场管理

第二十三条 承储企业和储备点企业应建立健全储备点现场管理制度，落实责任，加强管理和检查。对数量、质量方面存在的问题及时纠正，对危及国家煤炭应急储备储存安全的重大问题，立即采取措施予以处理，并及时上报。

第二十四条 承储企业在储备点应具备可检查、可认定、位置边界清晰、满足存储要求的储煤场地。

国家煤炭应急储备的储煤区和垛位应尽量集中。

第二十五条 国家应急储备煤炭品种为动力煤，发热量等煤质指标应符合用户需要。

第二十六条 承储企业和储备点企业应建立国家煤炭应急储备逐批计量、质量检验制度，保证收储煤炭的数量、品种、质量和储存地点符合收储计划的要求。

第二十七条 承储企业和储备点企业应当对国家煤炭应急储备实行专账登记，保证国家煤炭应急储备账账相符、账实相符。承储企业和储备点企业定期联合对国家煤炭应急储备进行盘存。

第二十八条 国家煤炭应急储备实行月度报告制度。承储企业应在每月第10个工作日前，分别向国家发展改革委、财政部、省级经济运行调节部门及专员办，上报国家煤炭应急储备月度报表和分析报告。

第二十九条 承储企业和储备点企业不得违法将国家煤炭应急储备对外进行担保或用于清偿债务。

第六章 财务管理

第三十条 国家煤炭应急储备所需资金，原则上由承储企业向银行申请贷款。

第三十一条 对完成储备任务的承储企业，中央财政对国家煤炭应急储备贷款或占用资金给予利息补贴，对场地占用费和保管费等管理费用予以定额补贴。

对没有完成储备任务的，不给予财政补贴。在中央财政安排财政补贴之后，承储企业自负盈亏。

第三十二条 储备期结束后，承储企业要编制补贴资金申请报告，经储备点所在地专员办审核盖章后，报送财政部审核拨付。执行中，可根据企业完成任务情况，采取分期拨付、集中清算的方式。

补贴资金预算下达后，按照财政国库管理有关规定支付资金。

第三十三条 国家煤炭应急储备财务管理办法由财政部另行制定。

第七章 监督检查

第三十四条 国家发展改革委、财政部或其委托（授权）的省级经济运行调节部门、专员办，对承储企业实施监督检查。

第三十五条 监督检查内容主要包括：国家煤炭应急储备的数量、质量和储存安全，储备计划落实及动用决定执行，中央财政补助资金使用情况等。

第三十六条 承储企业和储备点企业对国家发展改革委、财政部或其委托（授权）单位监督检查人员依法履行职责，应予以配合。

任何单位和个人不得拒绝、阻挠、干涉监督检查人员开展监督检查工作。

第八章 罚 则

第三十七条 承储企业和储备点企业违反本办法规定，有下列行为之一的，由国家发展改革委、财政部责令改正；情节严重的，取消其承储企业或储备点资格：

（一）拒不实施国家煤炭应急储备收储计划及动用决定的；

（二）未经批准，擅自变更储备点或动用国家煤炭应急储备的；

（三）虚报、瞒报国家煤炭应急储备数量的；

（四）因管理不善造成国家煤炭应急储备数量严重缺失、质量明显下降的；

（五）拒绝、阻挠、干涉监督检查人员依法履行职责，造成严重后果的。

第三十八条 承储企业违反有关规定，骗取、截留、挤占、挪用国家煤炭应急储备贷款贴息和管理费用补贴的，根据《财政违法行为处罚处分条例》（国务院令第427号）查处。

第三十九条 承储企业或储备点经营企业违反有关规定，骗取、挪用国家应急储备点建设中央预算内投资补助的，按照《中央预算内投资补助和贴息项目管理暂行办法》（国家发展改革委令第31号）查处。

第九章 附 则

第四十条 本办法自发布之日起施行。

第四十一条 本办法由国家发展改革委、财政部负责解释。

065

关于规范煤制天然气产业发展有关事项的通知

发改能源〔2010〕1205号

各省、自治区、直辖市及计划单列市发展改革委、能源局、经贸委（经委）、大唐、中电投、华能、国开投、神华、中煤公司、中石油、中石化集团公司、中海油总公司：

近年来，国内天然气需求快速增长，激发了各地投资建设煤制天然气项目的热情，由于煤制天然气是新兴产业，国家尚未制定明确的产业政策，目前，正在进行项目示范工作。为了加强对煤制天然气产业的规范和引导，促进煤制天然气行业健康发展，根据国发〔2009〕38号文件精神，对煤制天然气产业发展有关事项通知如下：

一、煤制天然气是以煤为原料，采用气化、净化和甲烷化技术制取的合成天然气。煤制天然气是资源、资金、技术密集型产业，项目建设需要的外部配套支持条件较多，不仅涉及煤炭开采与转化、水资源保障、技术的集成与优化，还需要配套建设天然气管网、培育用气市场等，是一个复杂的系统工程，必须在国家能源规划指导下统筹考虑、合理布局。

二、根据我国国情，煤制天然气产业的发展思路是：综合考虑资源承载、能源消耗、环境容量、天然气管网、区域市场容量等配套条件，合理布局煤制天然气气源点，优先安排煤炭调出区煤制天然气项目；鼓励采用自主知识产权技术和国产化设备项目；鼓励节能节水降耗新工艺、新技术的应用，贯彻循环经济理念，做好环境保护工作；发展煤、电、气、化多联产，最大限度地提高能效；与天然气管道规划衔接，落实外输通道和天然气销售市场，大力开发和推广天然气终端高效利用方式。

三、在国家出台明确的产业政策之前，煤制天然气及配套项目由国家发展改革委统一核准。各级地方政府应加强项目管理，不得擅自核准或备案煤制天然气项目。对于本通知下发前已经备案和核准的项目，各地发展改革委应进行认真筛选和清理，对不具备资源、技术、资金等条件的项目严禁开工建设，符合上述发展思路的项目上报国家发展改革委审核。

各级发展改革部门和能源主管部门要按照通知精神，认真做好规范煤制天然气产业发展的工作。

国家发展和改革委员会

二〇一〇年六月二日

066

关于加强煤制油项目管理有关问题的通知

发改办能源〔2008〕1752号

各省、自治区、直辖市及计划单列市、新疆生产建设兵团发展改革委、经贸委（经委）：

近年来，随着国际原油价格上涨和国内成品油需求增长，不少企业纷纷开展煤制油项目的前期准备工作，有的还规划了很大的煤制油建设规模。但煤制油项目是人才、技术、资金密集型的项目，投资风险大，目前无论是产品方向、工艺路线、技术装备，还是运营管理、经济效益等方面，都存在许多不确定因素。为加强煤制油项目管理，经报请国务院同意，现就有关事项通知如下：

一、目前我国煤制油仍处于示范工程建设阶段，不能一哄而起、全面铺开。应坚持通过煤制油示范工程建设，全面分析论证，确定适合我国国情的煤制油技术发展主导路线，在总结成功经验的基础上再确定下一步工作。

二、经我委报请国务院批准，目前可以继续开展工作的煤制油示范工程项目有已开工建设的神华集团公司煤直接液化项目。神华宁夏煤业集团公司与南非沙索公司合作的宁夏宁东煤间接液化项目，需在认真进行可行性研究后按程序报批，未获批准前不得擅自开工。除上述项目外，一律停止实施其他煤制油项目。各级政府投资主管部门要立即停止煤制油项目的核准，严禁化整为零、巧立名目、违规审批。

三、对确定可以继续的示范工程项目，有关企业和科研机构要集中力量，加强关键技术和工艺研发，对技术可靠性、项目经济可行性、项目用水需求保障情况等进行充分论证，如具备核准条件，由省级发展改革委上报国家能源局，经国家能源局审查报请国家发展改革委审查，如可行需报请国务院批准后实施。

四、在示范项目建设过程中，要采用有利于节约资源、提高能效、降低排放的先进技术，加快大型和专用设备自主化进程，注重知识产权制度建设，加强技术队伍培训，尽量减少示范过程中可能出现的问题，努力实现资源节约、环境友好和经济社会的协调发展。

国家发展和改革委员会办公厅

二〇〇八年八月四日

067

关于进一步加强煤炭质量管理工作的通知

发改运行〔2007〕1955号

各省、自治区、直辖市发展改革委、经贸委（经委）、煤炭局（办）、交通厅（局）、质量技术监督局，中央煤炭企业：

煤炭质量反映着煤炭产品的内在特征，直接关系到合理供应、使用效率和环境保护。煤炭质量管理贯穿于开采、洗选加工、运输和消费的全过程。长期以来，各地区、各有关部门和煤炭生产、运输、经营、消费企业认真贯彻《煤炭法》、《产品质量法》，加强煤炭质量管理，促使煤炭产品质量稳定提高，保障了经济社会发展需要。但是，近年来，在社会煤炭需求持续增长的情况下，部分地区、部分企业对煤炭质量管理有所放松，特别是出现了个别不法分子在煤炭生产、流通环节掺杂使假、以次充好，扰乱了正常的生产经营秩序。为进一步加强煤炭质量管理、维护煤炭生产经营秩序、促进经济社会健康发展，现就有关问题通知如下：

一、各煤矿企业要强化产品质量意识，坚持以市场为导向，以资源条件为基础，对不同质量的煤层合理配采；选择有利于提高回采质量的采煤方法，加强回采工作面、运输、提升过程和井口质量管理，坚持煤炭与矸石分装分运；大力发展煤炭洗选加工，改进洗选工艺，提高洗选效率，新建大中型煤矿应当配套建设洗煤厂，小煤矿要建设群矿型洗煤厂。

二、各级煤炭经营监管部门要加强对辖区内煤炭经营企业煤炭质量管理的监管。从事煤炭批发经营，必须独立配备煤炭计量和质量检验设施，配备经培训合格取得上岗资格证书的计量和质量检验专业技术人员；从事煤炭零售经营，可委托具有资质的煤炭质量检验机构负责煤炭检验，但必须签订规范的委托协议，实行分批次检验。

三、煤矿企业、煤炭经营企业必须严格按照国家或行业标准搞好煤炭质量的采样、制样和化验工作。煤炭产品质量必须按照国家或行业标准分等论级。与用户签订合同必须有明确的质量规格，按照合同确定的质量规格保障供应，否则要依法承担违约责任。

四、从事煤炭运输的各类企业要自觉服从和支持国家关于煤炭质量管理的法律法规，对无煤炭生产许可证的非法煤矿、无煤炭经营资格证的非法经营企业，要坚决拒绝和抵制为其提供运输服务。运输企业要按照法律法规规定或合同约定运输煤炭，对承运的不同质量的煤炭要做到分装分堆。

五、继续推进煤炭价格形成机制改革，坚持和完善以质论价、优质优价、同质同价原则，加快建立完善反映市场供求关系和资源稀缺程度的煤炭价格形成机制，促进提高煤炭质量。煤矿企业、煤炭经营企业供应用户的煤炭必须做到质级相符、质价相符。

六、各煤炭用户企业要根据生产需要与煤矿企业、煤炭经营企业签订相应质量规格的购销合同，一律不得与无煤炭生产许可证的非法煤矿、无煤炭经营资格证的非法经营企业签订合同。供需双方发生质量纠纷，要本着长期合作、互惠互利的原则妥善解决，解决不了的，可依法提请仲裁机构处理。

七、各级经济运行、煤炭管理、煤炭经营监管、交通、质检和耗煤行业管理等部门要加强对煤炭生产、经营、运输、消费各环节的质量监管。对在煤炭中有意掺杂使假、以假充真、以次充好的，要依法实施行政处罚。对非法煤炭生产、经营企业要坚决予以取缔。对涉嫌犯罪的，依法移送公安机关查处。

国家发展和改革委员会

国家质检总局

二〇〇七年八月六日

068

关于加强煤炭进出口管理工作的通知

发改运行〔2004〕543号

各省、自治区、直辖市发展改革委、经贸委（经委）、煤炭管理机构，国务院有关部门，各煤炭出口经营企业：

近几年来，我国煤炭进出口管理工作逐步加强，煤炭出口数量和效益不断增长，有力地促进了煤炭工业结构调整和国民经济发展。为依法维护煤炭出口秩序，提高煤炭工业对外开放水平，现就进一步规范和加强煤炭进出口管理工作，作如下通知：

一、坚持和完善煤炭出口部际协调会议制度。多年的实践证明，国务院决定建立的煤炭出口部际协调会议制度，是组织和协调煤炭出口一项行之有效的工作机制。结合政府机构改革和职能调整情况，调整煤炭出口部际协调会议组成单位为：国家发展改革委、商务部、铁道部、交通部、质检总局、海关总署及中国煤炭工业协会。发展改革委为主任单位。

煤炭出口部际协调会议在重要商品进出口联席会议指导下开展工作，负责协调煤炭出口政策，监控煤炭出口市场，协调解决煤炭出口中的重大问题。

部际协调会议办公室设在国家发展改革委经济运行局，负责落实部际协调会议决议，承担日常管理工作。

二、依法建立健全煤炭出口经营资格审查制度。煤炭出口直接涉及有限自然资源的开发利用、涉及国家能源安全和国民经济宏观调控。总结多年来的经验教训，对煤炭出口经营既不能全部放开，也不能形成垄断局面，必须依法建立健全和严格实施煤炭出口经营资格审查制度。

煤炭出口经营资格审查由国家发展改革委统一受理。国家发展改革委在审查过程中，应征求部际协调会议成员单位意见。在通知申请企业审查结果的同时，应抄报国务院。

审查煤炭出口经营资格，必须遵循以下基本原则：

（一）充分考虑国内煤炭资源、运输条件和煤炭市场供需状况，有利于煤炭资源合理开发和保障国家能源安全；

（二）维护煤炭出口经营秩序和国家整体利益，避免过度竞争；

（三）支持大型骨干国有煤炭企业和企业集团开拓国际煤炭市场；

（四）坚持公开、公平、公正，规范、严格、透明。

取得煤炭出口经营资格的企业，应当具备下列基本条件：

（一）属于国有及国有控股特大型煤炭企业和企业集团；

（二）拥有相当规模的、独立的煤炭生产矿井、洗选和矿区铁路等配套设施；

（三）具有稳定的国际煤炭市场需求；

（四）具有国家认可的安全生产和质量保证体系；

（五）具备稳定、通畅的外运铁路和港口条件；

（六）拥有专门的煤炭出口营销组织和从业人员；

（七）符合国家对煤炭出口宏观调控和合理布局的要求；

（八）法律和行政法规规定的其他条件。

申请煤炭出口经营资格的企业，应报送煤炭出口经营可行性研究报告。可行性研究报告应包括以下基本内容：

（一）资源状况（储量、赋存、煤种、煤质）、生产能力、采选技术、质量管理、交通运输、专业人才和经营能力等条件分析；

（二）煤炭出口目标市场需求状况、构成及其未来发展趋势的分析；

（三）目标市场竞争对手状况，与竞争对手优劣势比较，以及进入目标市场的可行性分析；

（四）煤炭出口经营方针、战略、目标定位（市场区域、品种、规模）和经营前景预测；

（五）取得煤炭出口经营资格必须具备的条件及各种相关证明材料。

国家发展改革委对煤炭出口经营企业的经营活动实施监督检查。进行监督检查时，有权了解执行有关法律法规的情况，有权查阅有关资料。煤炭出口经营企业应当如实提供有关情况和材料。

三、坚持和完善煤炭出口总量计划管理制度。年度出口总量由国家发展改革委根据国内煤炭市场供求、品种结构以及对国际煤炭市场的预测情况综合平衡提出，商有关部门后报国务院批准。国家发展改革委在制定年度煤炭资源配置方案时，对出口煤炭货源和运输，应商有关部门做好综合平衡。煤炭出口配额的申请、分配、调整和管理按照《煤炭出口配额管理办法》执行。煤炭出口经营企业应按《出口许可证管理规定》，向许可证发证机构申领出口许可证。

四、加强煤炭出口日常协调与监督检查。国家发展改革委按照统一管理、有序竞争的原则，支持煤炭行业协会组织做好各煤炭出口经营企业的市场平衡和协调工作。各煤炭出口经营企业应执行平衡协调方案。

对主要出口市场的大型用户签订年度煤炭出口合同时，由占有市场份额大的出口企业牵头组织各出口企业进行谈判，发生重大分歧时，由国家发展改革委予以协调，各煤炭出口经营企业应执行协调方案。

出口煤炭生产和经营企业应当建立健全质量保证体系。出口煤炭应接受国家质检部门设在各地的出入境检验检疫机构实施的检验监管。

部际协调会议成员单位对煤炭出口在货源、运输、装船和许可证发放、商检等环节出现的问题，在各自职责范围内负责解决，涉及其他部门时，应协商解决。国家发展改革委发挥组织、联系和协调牵头作用。

各煤炭出口经营企业应当依法经营，公平竞争，禁止伪造、变造出口配额批准文件；禁止代理或收购无证非法煤矿的煤炭产品；禁止违反规定出口国家限制煤种；禁止以不正当竞争手段排挤竞争对手；禁止骗取国家出口退税等违反法律、法规的行为。

国家发展改革委会同商务、质检、海关等部门依法加强对煤炭出口经营企业经营行为的监督检查，并在各自的职责范围内实施行政处罚。

五、加强煤炭出口规划与政策调节。国家发展改革委会同其他部际协调会议成员单位根据国民经济和社会发展规划，综合国内煤炭资源储量、品种与地区分布、开发规划和国际煤炭市场预测，制定和调整煤炭出口战略、规划和政策，调节煤炭出口。

国家发展改革委支持大型煤炭出口基地建设，推动大型骨干煤炭企业通过资产重组、兼并联合、技术创新等方式，提高国际竞争能力。通过提供信息咨询服务，帮助煤炭企业开拓国际市场。

国家发展和改革委员会

二〇〇四年三月二十六日

十一 煤炭生产

069

中华人民共和国国务院令

第168号

现发布《煤炭生产许可证管理办法》，自发布之日起施行。

总理 李鹏

一九九四年十二月二十日

煤炭生产许可证管理办法

第一章 总 则

第一条 为了加强煤炭生产的行业管理，促进煤炭安全生产，制定本办法。

第二条 在中华人民共和国境内开采煤炭资源的煤矿企业，必须依照本办法的规定，领取煤炭生产许可证。

未取得煤炭生产许可证的煤矿企业，不得从事煤炭生产。

第三条 国务院煤炭工业主管部门和省、自治区、直辖市人民政府煤炭工业主管部门，负责煤炭生产许可证的颁发管理工作。

第二章 取得煤炭生产许可证的条件

第四条 国有煤矿企业、外商投资煤矿企业取得煤炭生产许可证，应当具备下列条件：

（一）有依法领取的采矿许可证；

（二）有经过批准的采矿设计；

（三）矿井提升、运输、通风、排水、供电等生产系统符合国家规定的煤矿安全规程，并完善可靠，经依法验收合格；

（四）矿长经依法培训合格，取得矿长资格证书；

（五）瓦斯检验工、采煤机司机等特种作业人员持有县级以上地方人民政府负责管理煤炭工业的部门按照国家有关规定颁发的操作资格证书；

（六）井上、井下、矿内、矿外调度通讯畅通；

（七）有符合法律、法规要求的环境保护措施；

（八）有矿山建设工程安全设施竣工验收合格证明文件；

（九）法律、行政法规规定的其他条件。

第五条　国有煤矿企业、外商投资煤矿企业以外的其他煤矿企业取得煤炭生产许可证，应当具备下列条件：

（一）有依法领取的采矿许可证；

（二）有经过批准的采矿设计或者开采方案；

（三）矿井生产系统符合国家规定的煤矿安全规程；

（四）矿长经依法培训合格，取得矿长资格证书；

（五）瓦斯检验工、采煤机司机等特种作业人员，持有县级以上地方人民政府负责管理煤炭工业的部门按照国家有关规定颁发的操作资格证书；

（六）井上、井下、矿内、矿外调度通讯畅通；

（七）有井上下工程对照图、采掘工程平面图、通风系统图；

（八）有必要的环境保护措施；

（九）有矿山建设工程安全设施竣工验收合格证明文件；

（十）法律、行政法规规定的其他条件。

第三章　取得煤炭生产许可证的程序

第六条　国务院煤炭工业主管部门负责下列煤矿企业的煤炭生产许可证颁发管理工作：

（一）国务院和国务院有关主管部门批准开办的煤矿企业；

（二）跨省、自治区、直辖市行政区域的煤矿企业；

（三）外商投资煤矿企业。

省、自治区、直辖市人民政府煤炭工业主管部门负责前款规定以外的其他煤矿企业的煤炭生产许可证颁发管理工作。

第七条　煤矿企业应当以矿（井）为单位，申请领取煤炭生产许可证。

第八条　煤矿企业申请领取煤炭生产许可证，应当依照本办法第六条的规定，在煤矿（井）建成投产前向国务院煤炭工业主管部门或者省、自治区、直辖市人民政府煤炭工业主管部门（以下统称煤炭生产许可证的颁发管理机关）提交申请书和本办法第四条、第五条规定的有关文件、资料。

煤炭生产许可证的颁发管理机关自收到煤矿企业提交的申请书和有关文件、资料之日起60日内，应当完成审查核实工作。经审查合格的，应当颁发煤炭生产许可证；经审查不合格的，不予颁发煤炭生产许可证，但是应当书面通知煤矿企业，并说明理由。

第九条 煤炭生产许可证由国务院煤炭工业主管部门统一印制，其他任何单位和个人不得擅自印制。

第十条 煤炭生产许可证的有效期限与煤矿企业的生产服务年限相同。期满需要延期的，应当于期满前3个月向原煤炭生产许可证的颁发管理机关申请办理延期手续。

第十一条 取得煤炭生产许可证的煤矿企业，应当向煤炭生产许可证的颁发管理机关缴纳许可证工本费。具体收费标准由国务院煤炭工业主管部门会同国务院财政主管部门和物价行政主管部门规定。

第四章 煤炭生产许可证的监督管理

第十二条 煤炭生产许可证的颁发管理机关，应当加强对煤炭生产许可证的监督管理，并实行年检制度。

煤矿企业应当接受煤炭生产许可证颁发管理机关的监督、检查。

第十三条 煤炭生产许可证的颁发管理机关，应当建立、健全煤炭生产许可证的档案管理制度。

第十四条 省、自治区、直辖市人民政府煤炭工业主管部门向煤矿企业颁发煤炭生产许可证后，应当及时向国务院煤炭工业主管部门报送备案材料。

第十五条 国务院煤炭工业主管部门发现省、自治区、直辖市人民政府煤炭工业主管部门颁发煤炭生产许可证不适当的，应当及时予以纠正或者吊销。

第五章 罚 则

第十六条 违反本办法规定，有下列情形之一的，由煤炭生产许可证的颁发管理机关或者其授权的县级人民政府负责管理煤炭工业的部门，根据具体情况，分别给予5万元以下的罚款、没收违法所得、责令停止生产或者吊销煤炭生产许可证：

（一）未取得煤炭生产许可证，擅自进行煤炭生产的；

（二）煤炭生产许可证有效期满，未办理延期手续，继续进行煤炭生产的；

（三）投入生产的煤矿企业，经检查不符合取得煤炭生产许可证的条件，又不按照煤炭工业主管部门的要求进行整顿改进或者经整顿改进后仍不符合条件的；

（四）伪造、转让或者冒用他人煤炭生产许可证的。

第十七条 煤炭工业主管部门违反本办法规定，有下列情形之一的，对负有直接责任的主管人员和其他直接责任人员给予行政处分：

（一）对符合条件的煤炭企业应当颁发煤炭生产许可证而不予颁发的；

（二）对不符合条件的煤矿企业擅自颁发煤炭生产许可证的。

第十八条 依照本办法第十六条规定取得的罚没收入，全部上缴国库。

第六章 附 则

第十九条 本办法发布施行前已经投入生产的煤矿企业，应当自本办法发布施行之日起6个月内，申请补办煤炭生产许可证手续。

第二十条 国务院煤炭工业主管部门可以根据本办法制定实施细则。

第二十一条 本办法自发布之日起施行。

070

关于发布《煤炭生产许可证管理办法实施细则》的通知

煤办字〔1995〕第150号

各省、自治区、直辖市人民政府、国务院各有关主管部门，新疆生产建设兵团：

根据国务院《煤炭生产许可证管理办法》制定了《煤炭生产许可证管理办法实施细则》，现发布施行。

煤炭工业部

一九九五年三月二十九日

煤炭生产许可证管理办法实施细则

煤炭工业部

1995年3月29日

第一章　总　　则

第一条　根据《煤炭生产许可证管理办法》第二十条的规定，制定本实施细则。

第二条　凡在中华人民共和国境内开采煤炭资源的煤矿企业，必须遵守《煤炭生产许可证管理办法》和本实施细则以及煤炭生产许可证颁发管理机关制定的有关规定，申请领取煤炭生产许可证。未领取煤炭生产许可证的，严禁进行煤炭生产活动。

第三条　煤炭资源属于国家所有。煤炭资源的国家所有权，不因其依附土地的所有权或使用权的不同而改变。

国务院煤炭工业主管部门根据国务院批准的煤炭工业发展规划，对全国煤炭资源的合理开发和利用实行行业管理，煤炭生产必须符合煤炭资源行业开发规划和地区开发规划。

第四条　国务院煤炭工业主管部门和省、自治区、直辖市人民政府煤炭工业主管部门设立的煤炭生产许可证办公室，负责煤炭生产许可证的登记、审查、颁发、年检和监督管理等项工作。

市（地）、县（市）人民政府煤炭工业主管部门协助上级人民政府煤炭工业主管部门，负责对本行政区域内的乡镇煤矿企业和所属的地方国有煤矿企业煤炭生产许可证的管理工作。

第二章　取得煤炭生产许可证的条件

第五条　国有煤矿企业、外商投资煤矿企业取得煤炭生产许可证，应当具备下列条件：

（一）有依法领取的采矿许可证；

（二）有经过批准的开采煤层层位、范围、储量；

（三）有能满足设计需要的最终煤田地质勘探报告和正式的批准文件；

（四）有经煤炭工业主管部门批准的采矿设计或由煤炭生产许可证颁发管理机关认可的其他采矿设计；

（五）矿井提升、运输、通风、排水、供电等生产系统，符合《煤矿安全规程》和有关技术规范的规定，经上级煤炭工业主管部门依法验收合格；

（六）取得煤炭生产许可证的煤矿的矿长，必须经国务院煤炭工业主管部门或省、自治区、直辖市人民政府煤炭工业主管部门委托的专业培训机构培训，并按国务院煤炭工业主管部门的规定考核合格，取得矿长资格证书。培训教学大纲由国务院煤炭工业主管部门统一编写；

（七）瓦斯检验工、采煤机司机等特种作业人员，必须按国务院煤炭工业主管部门的规定，经过专业培训机构培训和考试合格，并取得授权的矿务局（公司）或县级以上地方人民政府负责管理煤炭工业的部门颁发的操作资格证书，持证上岗。培训教学大纲由国务院煤炭工业主管部门统一编写；

（八）井上下、矿内外，调度通讯畅通。井下采煤工作面及其他主要作业地点、要害部门必须安设与井上调度部门直接联系的电话；

（九）有符合法律、法规要求的环境保护措施。在煤炭生产过程中产生、排放废气、废水、矸石、噪声及造成地表塌陷的，应有相应的治理措施，并经煤炭工业主管部门环保机构审查合格；

（十）有矿山建设工程安全设施竣工验收合格证明文件；

（十一）煤矿采区回采率符合国务院煤炭工业主管部门的有关规定；

（十二）有符合国务院煤炭工业主管部门规定的《井田地形地质图》、《采掘工程平面图》、《井上下对照图》等基本矿图及《通风系统图》、《排水系统图》、《供电系统图》、《井下避灾路线图》；

（十三）有按《煤矿安全规程》规定的审批权限批准的水、火、瓦斯、煤与瓦斯突出、煤尘、顶板、边坡等重大灾害预防措施；

（十四）与煤炭生产有关的法律、行政法规规定的其他条件。

第六条　乡镇煤矿企业取得煤炭生产许可证，应具备下列条件：

（一）有依法领取的采矿许可证；

（二）有经过批准的开采煤层层位、范围、储量；

（三）有县级以上煤炭工业主管部门批准的开采设计或开采方案，有确定的井田范围、储量；

（四）矿井生产系统符合《乡镇煤矿安全规程》的规定。

生产矿井至少有两个以上直通地面的安全出口，实行机械通风，有合理的通风系统和独立的排水系统。按照规程规定使用井下防爆电器设备、安全型放炮器、煤矿许用炸药和雷管；

（五）取得煤炭生产许可证的煤矿的矿长，必须经省、自治区、直辖市人民政府煤炭工业主管部门委托的专业培训机构培训，并按国务院煤炭工业主管部门的规定考核合格，取得矿长资格证书。培训教学大纲由国务院煤炭工业主管部门统一编写；

（六）瓦斯检验工、采煤机司机等特种作业人员，必须按国务院煤炭工业主管部门的规定，经过专业培训机构培训和考试合格，并取得县级以上地方人民政府负责管理煤炭工业的部门颁发的操作资格证书，持证上岗。培训教学大纲由国务院煤炭工业主管部门统一编写；

（七）井上井下通讯畅通、矿内矿外有电话通讯；

（八）有必要的环境保护措施。在煤炭生产过程中产生废气、废水、矸石的，应有相应的治理措施，并经煤炭工业主管部门环保机构审查合格；

（九）有矿山建设工程安全设施竣工验收合格证明文件；

（十）煤矿采区回采率符合国务院煤炭工业主管部门的有关规定；

（十一）有实测的《井上下对照图》、《采掘工程平面图》、《通风系统图》，并在图上标明与邻近矿井的隔离煤柱；

（十二）在国有煤矿企业矿区范围内开采煤炭资源的，应有《乡镇煤矿管理条例》及其实施办法规定的煤炭资源和安全生产协议及国有煤矿企业上级主管部门的批准文件；

（十三）与煤炭生产有关的法律、行政法规规定的其他条件。

第七条　煤矿企业具有以下情形之一的，按照下列规定审批：

（一）在水体下、建筑物下、铁路下和各种安全保护煤柱中从事煤炭生产的，必须有专门的开采设计，经省、自治区、直辖市人民政府煤炭工业主管部门审查，报国务院煤炭工业主管部门批准；

（二）开采稀缺煤种煤炭资源的，必须经省、自治区、直辖市人民政府煤炭工业主管部门同意，报国务院煤炭工业主管部门批准；

（三）在未划定归属范围及正在进行勘探的煤炭矿区内开采煤炭资源的，必须报国务院煤炭工业主管部门批准。

第三章 取得、变更、注销煤炭生产许可证的程序

第八条 国务院煤炭工业主管部门负责下列煤矿企业的煤炭生产许可证颁发管理工作：

（一）国有重点煤矿企业和国务院、国务院有关主管部门批准开办的煤矿企业；

（二）煤炭资源跨省、自治区、直辖市行政区域的煤矿企业；

（三）外商投资煤矿企业。

第九条 省、自治区、直辖市人民政府煤炭工业主管部门负责下列煤矿企业的煤炭生产许可证颁发管理工作：

（一）地方国有煤矿企业；

（二）其他国有煤矿企业；

（三）乡镇煤矿企业。

第十条 各类煤矿企业进行煤炭生产，依据《煤炭生产许可证管理办法》和本实施细则的规定，须以矿井为单位申请办理煤炭生产许可证，一矿（井）一证。

国有重点煤矿企业、国务院和国务院有关主管部门批准开办的煤矿企业、煤炭资源跨省、自治区、直辖市行政区域的煤矿企业、外商投资煤矿企业，按照下列规定办理煤炭生产许可证：

（一）国有重点煤矿企业申报材料由矿务局（公司、煤矿）经省、自治区、直辖市人民政府煤炭工业主管部门初审同意后，报国务院煤炭工业主管部门审批发证；

（二）国务院和国务院有关主管部门批准开办的煤矿企业、煤炭资源跨省、自治区、直辖市行政区域的煤矿企业、外商投资煤矿企业申报材料经本企业的上级主管部门初审同意后，报国务院煤炭工业主管部门审批发证。

地方国有煤矿企业、其他国有煤矿企业、乡镇煤矿企业按照下列规定办理煤炭生产许可证：

（一）向煤矿企业所在地县级以上煤炭工业主管部门领取申请表及其他申请表格；

（二）地方国有煤矿企业和其他国有煤矿企业申报材料需经原审查办矿条件的煤炭工业主管部门初审同意后，报省、自治区、直辖市人民政府煤炭工业主管部门审批发证，并向国务院煤炭工业主管部门备案；

（三）乡镇煤矿企业申报材料需经原审查办矿条件的煤炭工业主管部门初审同意后，报省、自治区、直辖市人民政府煤炭工业主管部门审批发证，并向国务院煤炭工业主管部门备案。

本实施细则第七条规定需经国务院煤炭工业主管部门批准的，煤矿企业应持批准文件，按照本实施细则的规定办理煤炭生产许可证。

省、自治区、直辖市人民政府煤炭工业主管部门颁发的煤炭生产许可证，应在发证后30日内向国务院煤炭工业主管部门备案。

第十一条 申请办理煤炭生产许可证的矿井（露天），应按照国务院煤炭工业主管部门的规定，向煤炭工业主管部门报送有关文件、图纸和表格。

第十二条 煤炭生产许可证的颁发管理机关自接到煤矿企业提交的申请书和有关文件、资料之日起60日内，应当完成核实审查工作。经审查合格的，颁发煤炭生产许可证；经审查不合格的，不予颁发煤炭生产许可证，并书面通知煤矿企业说明理由。

第十三条 煤炭生产许可证的有效期与批准的矿井服务年限终止期相同。期满后需要延长的，应说明延期理由，填写延期申请书，并在期满前90日内向原发证机关申请办理延期手续。经审查符合条件的，批准延期；不符合条件的，不得延期生产。

第十四条 新建煤矿建成竣工验收时，可邀请煤炭生产许可证的颁发管理机关参加，投产前必须办理煤炭生产许可证。

第十五条 煤矿企业变更名称、矿长、隶属关系、开采范围及煤层等事项，应在变更前60日内，向原发证机关申请办理变更登记手续。改扩建煤矿建成竣工验收时，可邀请煤炭生产许可证的颁发管理机关参加，投产前必须办理煤炭生产许可证的变更手续。

第十六条 丢失煤炭生产许可证时，须在3日内声明作废，并同时向原发证机关申请办理补领手续，补领煤炭生产许可证。

第十七条 煤矿企业停办、关闭时，应当注销煤炭生产许可证，并按照下列规定办理：

（一）矿井（露天）停办、关闭，应向上级主管部门提出停办、关闭的申请报告；

（二）编制煤矿企业开采现状报告及实测图件；

（三）编制煤矿企业关闭产生的安全隐患报告及防患措施；

（四）提交动用、注销及剩余储量报告。

煤矿企业凭停办、关闭矿井（露天）报告、批准文件及有关资料，填写注销申请书，报原发证机关办理煤炭生产许可证的注销手续。

第十八条 煤矿企业领取或注销煤炭生产许可证后60日内，应在中国煤炭报上公告，并可根据需要，同期在有关地方性报纸上公告。

第十九条 煤炭生产许可证及其申请书，由国务院煤炭工业主管部门统一印制，其他单位和个人不得擅自印制。煤炭生产许可证分为正本和副本，正本为悬挂式，副本为折叠式。

取得煤炭生产许可证的煤矿企业，应当向煤炭生产许可证的颁发管理机关缴纳许可证工本费。收费标准由国务院煤炭工业主管部门会同国务院财政主管部门和物价行政主管部门规定。

第四章　煤炭生产许可证的监督管理

第二十条　煤炭生产许可证的颁发管理机关，应当加强对煤矿企业生产活动的监督管理，实行年检制度。年检办法由国务院煤炭工业主管部门制定。

第二十一条　各级煤炭工业主管部门应当按照下列规定组织年检工作：

（一）国务院煤炭工业主管部门主管全国各类煤矿企业的年检工作，负责组织省、自治区、直辖市人民政府煤炭工业主管部门对国有重点煤矿企业、国务院和国务院有关主管部门批准开办的煤矿企业、煤炭资源跨省、自治区、直辖市行政区域的煤矿企业和外商投资煤矿企业进行年检；对全国各类煤矿企业的年检结果予以抽检；

（二）省、自治区、直辖市人民政府煤炭工业主管部门负责组织对省属地方国有煤矿企业和其他国有煤矿企业进行年检，并对辖区内的各类煤矿企业进行抽检；组织市（地）人民政府煤炭工业主管部门对省属、地区所属的地方国有煤矿企业、其他国有煤矿企业和乡镇煤矿企业进行年检；对年检结果予以抽检；

（三）市（地）人民政府煤炭工业主管部门负责组织对所属的地方国有煤矿企业、其他国有煤矿企业和乡镇煤矿企业进行年检和抽检；组织或委托县（市）人民政府煤炭工业主管部门对县（市）属的地方国有煤矿企业、乡镇煤矿企业进行年检；对委托年检结果予以抽检。

第二十二条　取得煤炭生产许可证的煤矿企业的合法权益，受法律保护。发证机关以外的其他单位不得非法干预煤矿企业的正常生产活动。

第二十三条　取得煤炭生产许可证的煤矿企业，必须按照规定的开采范围和期限，依法组织煤矿安全生产，建立煤炭正常的生产秩序，合理开采煤炭资源。煤矿企业应当服从煤炭工业主管部门的监督管理，按时填报各种有关报表、资料及图纸。

第二十四条　各级煤炭工业主管部门应当逐级建立煤炭生产许可证档案。档案管理办法由国务院煤炭工业主管部门制定。

第二十五条　下级人民政府煤炭工业主管部门违反《煤炭生产许可证管理办法》和本实施细则有关规定的，上级人民政府煤炭工业主管部门有权予以纠正和撤销。

第五章 罚 则

第二十六条 煤炭生产许可证的颁发管理机关或者其授权的县级人民政府负责管理煤炭工业的部门，按照下列规定实施行政处罚：

（一）国务院煤炭工业主管部门可以对国有重点煤矿企业、国务院及国务院有关主管部门批准开办的煤矿企业、煤炭资源跨省、自治区、直辖市的煤矿企业和外商投资煤矿企业给予5万元以下罚款、没收违法所得、责令停止生产和吊销煤炭生产许可证的处罚；

（二）省、自治区、直辖市人民政府煤炭工业主管部门可以对《煤炭生产许可证管理办法》第六条第二款规定的煤矿企业给予5万元以下罚款、没收违法所得、责令停止生产和吊销煤炭生产许可证的处罚；

（三）县（市）人民政府负责管理煤炭工业的部门可以对县（市）所属的地方国有煤矿企业、乡镇煤矿企业给予5万元以下罚款、没收违法所得、责令停止生产的处罚。

第二十七条 煤矿企业违反《煤炭生产许可证管理办法》和本实施细则规定，有下列情形之一者的，分别给予5万元以下的罚款、没收违法所得、责令停止生产或者吊销煤炭生产许可证的处罚：

（一）新建煤矿未申请办理煤炭生产许可证擅自生产的，处以2～5万元罚款、没收违法所得、责令停止生产；

（二）已投产的煤矿企业，自本实施细则发布之日起满6个月内未申请办理煤炭生产许可证的，处以2～5万元罚款、没收违法所得、责令停止生产；

（三）变更煤炭生产许可证内容及改扩建矿井投产未申请办理煤炭生产许可证变更手续的，处以1～2万元罚款；擅自投产的，处以2～5万元罚款、没收违法所得、责令停止生产；

（四）煤炭生产许可证期满未办理延期手续继续进行煤炭生产的，处以2～4万元罚款、没收违法所得、责令停止生产；

（五）矿井停办、关闭后未办理煤炭生产许可证注销手续的，罚款1～5万元；

（六）煤矿企业生产中不具备规定的安全生产条件，发生重大伤亡事故或严重环境污染事故的，限期停产整顿。超过3个月仍达不到条件的，处以1～5万元罚款、没收违法所得、责令停止生产；情节严重的，吊销煤炭生产许可证；

（七）拒绝年检或经年检不合格而又不按期整顿或经整顿达不到条件的，处以5万元罚款；情节严重的，吊销煤炭生产许可证；

（八）转让煤炭生产许可证的，处以3～5万元罚款、没收违法所得、责令停止生产；情节严重的，吊销煤炭生产许可证；

（九）伪造、冒用煤炭生产许可证的，处以5万元罚款、没收违法所得、责令停止生产。

第二十八条　违反《煤炭生产许可证管理办法》和本实施细则规定，有下列情形之一的，对负有直接责任的主管人员和其他直接责任人员给予警告、记过、撤职、开除公职的行政处分：

（一）对符合条件的煤矿企业应当颁发煤炭生产许可证而不予颁发的；

（二）对不符合条件的煤矿企业擅自颁发煤炭生产许可证的。

第二十九条　依照《煤炭生产许可证管理办法》和本实施细则规定取得的罚没收入，按照国务院财政主管部门的规定上缴国库。

第三十条　当事人对行政处罚不服的，可以自接到处罚通知书之日起15日内，向作出处罚决定机关的上一级行政机关申请复议。当事人也可以自接到处罚通知书之日起15日内，直接向人民法院起诉。

当事人逾期未申请复议或未向人民法院起诉又不履行处罚决定的，作出处罚决定的机关可以申请人民法院强制执行。

第六章　附　　则

第三十一条　本实施细则发布施行前已经投入生产的煤矿企业，应当按照《煤炭生产许可证管理办法》第十九条和本实施细则的规定，申请补办煤炭生产许可证。

第三十二条　省、自治区、直辖市人民政府煤炭工业主管部门可以根据《煤炭生产许可证管理办法》和本实施细则，作出补充规定，报国务院煤炭工业主管部门备案。

第三十三条　《煤炭生产许可证管理办法》和本实施细则中下列用语的含义是：

其他国有煤矿企业，系指除国有重点煤矿企业、地方国有煤矿企业以外的其他全民所有制煤矿企业；

一矿（井）一证，系指每一个独立矿井应当办理一个煤炭生产许可证。当一个煤矿企业有多个独立生产系统的井（坑）时，每一个井（坑）均须办理一个煤炭生产许可证；

特种作业人员，系指在煤矿企业从事对操作者本人尤其对他人和周围设施的安全有重大危害因素的作业的人员，即专门从事煤炭生产的安全检查员、瓦斯检验工、井（坑）下放炮工、井下电钳工、采煤机司机、主提升机司机等特殊工种作业人员；

安全设施，系指为预防重大自然灾害而建立的安全设施，煤矿的安全设施主要包括矿井瓦斯抽放系统、防火灌浆系统、防尘系统、防排水系统和消防系统等设施。

第三十四条 本实施细则由国务院煤炭工业主管部门解释。

第三十五条 本实施细则自发布之日起施行。

071

关于开展煤炭矿业权审批管理改革试点的通知

国土资发〔2010〕143 号

黑龙江、贵州、陕西省国土资源厅：

为进一步加强煤炭矿业权宏观调控，转变管理职能，依据《矿产资源勘查区块登记管理办法》和《矿产资源开采登记管理办法》及有关规定，部决定在你省黑龙江、贵州、陕西 3 省国土资源厅（以下简称“试点省厅”）进行煤炭矿业权审批管理改革试点。现就试点工作有关规定通知如下：

一、试行有计划的投放煤炭矿业权的制度。遵循加强国家对煤炭矿业权出让宏观调控，优化勘查开采布局的总体要求。你试点省厅应请你厅依据国民经济和社会发展规划、矿产资源规划和国家产业政策，结合煤炭、煤层气资源勘查开发状况和煤炭供需形势，要求编制全省煤炭矿业权年度投放计划（附件 1），于每年 9 月底前将编制的下一年度投放计划报部批准后实施。在实施本年度矿业权投放计划过程中，因特殊原因需要调整投放计划的，由你试点省厅提出调整申请，报部批准后实施。按照《关于进一步加强煤炭资源勘查开采管理的通知》（国土资发〔2006〕13 号）规定，列入年度投放计划的煤炭矿业权应符合已经部批准或备案的矿业权设置方案。矿业权设置方案和投放计划的范围，并就与石油天然气矿业权重叠的，应提出处理意见。

二、部全面授权你厅审批登记煤炭矿业权。请你厅严格依据批准的煤炭矿业权投放计划审批出让矿业权。原属于部审批登记的，部依据批准的年度投放计划，授权你试点省厅审批，由你项目所在地试点省厅依法进行受理和审查，报部备案后，通过矿业权统一配号系统进行配号，由你试点省厅颁发勘查许可证或划定矿区范围、颁发采矿许可证。为保证试点工作的顺利开展，部信息中心对矿业权统一配号系统的试点省配号权限、配号流程等内容进行调整，并使系统能够实时汇总试点省煤炭矿业权审批登记情况。

三、严格煤炭探矿权采矿权出让管理。以协议方式出让煤炭探矿权、采矿权的，按《关于进一步规范矿业权出让管理的通知》（国土资发〔2006〕12 号）规定办理，应报部批准的，经部批准后，你试点省厅方可受理；以招标拍卖挂牌方式出让煤炭探矿权、采矿权的，由你试点省厅组织实施。新立煤炭探矿权按《国土资源部关于继续暂停受理煤炭探矿权申请的通知》（国土资发〔2009〕28 号）规定执行。

四、授权审批新立项目试行报部备案制度。请你试点省厅应按下列要求向部提交探矿权采矿权项目申请审查意见责任表及项目基本情况报告（附件 2）等备案资料。

（一）以协议方式出让，应报部批准的，提交允许协议方式出让批准文件；

（二）以招标拍卖挂牌方式出让的，应提交成交确认书；

（三）国家财政专项和地质勘查基金申请煤炭探矿权的，应提交项目计划下达文件、资金预算下达文件；

（四）煤炭探矿权转采矿权划定矿区范围的，应提交勘查许可证和地质资料汇交凭证复印件；申请办理采矿许可证的，应提交划定矿区范围批复复印件。

五、授权审批延续类项目。本通知下发前，在部登记发证的你省煤炭探矿权、采矿权项目，由你项目所在地试点省厅办理延续、保留、变更、转让、注销审批登记。煤炭探矿权采矿权保留、变更、转让审批，你试点省厅审查同意后，将审查意见表及项目基本情况报告报部备案并经同意后，颁发勘查许可证、采矿许可证。

六、相关要件审批（备案）。试点期间，你试点省厅颁发煤炭勘查许可证、采矿许可证涉及应由部进行的储量评审、储量登记、矿业权评估、矿业权价款处置、矿山地质环境保护与治理恢复方案和土地复垦方案等审批（备案）要件，授权你试点省厅负责审批（备案）；涉及应由其他主管部门审批的要件，仍按其他主管部门规定执行。你试点省厅应按照规定严格要件审查，不得降低审批要件标准，对原需要委托评审或咨询论证的矿产资源开发利用方案、储量评审、矿山地质环境保护与治理恢复方案和土地复垦方案等，仍按原渠道委托评审或咨询论证。你试点省厅应将大型及以上规模的储量评审备案情况按每半年报部。部相关司局要加强业务指导，确保煤炭矿业权审批工作质量，保证试点工作顺利推进。

七、认真落实煤炭和煤层气综合勘查开采的相关规定。试点省厅应工作要严格执行《关于加强煤炭和煤层气资源综合勘查开采管理的通知》（国土资发〔2007〕96 号）关于煤层气、煤炭资源进行综合勘查、评价和储量认定的规定。要统筹安排煤炭与煤层气开发，优先保障煤炭工业发展，促进煤层气协调产业发展。对煤层中吨煤瓦斯含量高于规定标准，设置煤炭采矿权时，根据煤炭开采布局和开采时序的安排，对近期不开采煤炭并经论证具备煤层气地面开发条件的，以采气为主，先设置煤层气采矿权。由申请人统一编制煤炭和煤层气开发利用方案，办理煤层气采矿权；对近期急需开采煤炭的，由申请人统一编制煤炭和煤层气开发利用方案，进行井下先抽后采。

八、你试点工作从本通知下发之日起实施，试点省厅要严格执行财政部和我部深化探矿权采矿权有偿取得制度改革的有关规定，确保国家权益的实现。

九、本通知自下发之日起实行，以往关于煤炭探矿权、采矿权审批管理与本通知不一致的，以本通知为准。你各试点省厅对部授权审批颁发的煤炭勘查许可证、采矿许可证权限不得再行向下授权。

请你各试点省厅要加强领导，认真组织，精心制定试点工作方案，并报部备案；在试点工作过程中，要定期进行分析总结，加强经验交流，进展情况及时向部报告。部将根据试点工作进展情况，决定是否全面推进煤炭矿业权审批管理改革。

附件：

1. 煤炭矿业权年度投放计划申报要求（略）

2. 煤炭矿业权备案项目基本情况报告（备案内容）（略）

国土资源部

二〇一〇年九月十四日

072

关于加强小煤矿安全基础管理的指导意见

安监总煤调〔2007〕95号

各产煤省、自治区、直辖市安全生产监督管理局、煤矿安全监管部门、发展改革委（经贸委）、煤炭局（办）、监察厅（局）、劳动和社会保障厅（局）、国土资源厅（局）、总工会，各省级煤矿安全监察机构：

为加强小煤矿安全基础管理工作，落实企业安全生产主体责任，有效遏制重特大事故，实现安全生产状况逐步好转，根据《安全生产法》、《煤炭法》和《国务院关于进一步加强安全生产工作的决定》（国发〔2004〕2号）、《国务院关于预防煤矿生产安全事故的特别规定》（国务院令第446号）、《国务院关于促进煤炭工业健康发展的若干意见》（国发〔2005〕18号）等有关法律、法规和文件规定，提出以下指导意见。

一、加强小煤矿安全基础管理的重要性、指导原则和目标

（一）指导对象与范围

1. 本指导意见所指的小煤矿是年生产能力30万吨及以下的煤矿，包括基建、技改、资源整合及正常生产的各类矿井。年生产能力30万吨以上的煤矿、国有重点煤矿企业中的小煤矿和其他国有小煤矿，可参照《关于加强国有重点煤矿安全基础管理的指导意见》（安监总煤矿〔2006〕116号）执行。

（二）加强小煤矿安全基础管理的紧迫性和重要性

2. 加强安全基础管理是加强小煤矿安全生产工作的迫切要求。我国小煤矿占矿井总数的90%左右，其产量占总量的三分之一。但是，小煤矿安全生产条件差、生产工艺落后、安全投入不足、安全责任不落实、规章制度不健全、安全管理不规范、安全培训不到位等安全基础管理薄弱的问题突出，违法、非法生产的现象时有发生，事故死亡人数和重特大事故起数占全国煤矿总数的三分之二以上，安全生产状况十分严峻。加强小煤矿安全基础工作，对落实国务院确定的从2005年下半年算起，力争用三年左右的时间解决小煤矿问题，实现安全生产状况稳定好转、到2010年明显好转的目标，任务十分紧迫和重要。

3. 加强小煤矿安全基础管理是实现煤炭工业持续健康发展的重要保障。小煤矿是我国煤炭开采业的重要组成部分，为促其健康发展，必须依法关闭非法和不具备安全生产条件、破坏资源、污染环境、不符合国家产业政策的小煤矿，通

过资源整合、技术改造，改善矿井安全生产条件，淘汰落后的生产能力。与此同时，必须加强安全基础管理，实现小煤矿安全管理的科学化、规范化，才能从根本上解决小煤矿基础薄弱、事故多发的状况。

（三）指导原则和目标

4. 加强小煤矿安全基础管理要坚持“安全发展”的科学理念，认真贯彻“安全第一、预防为主、综合治理”的方针；坚持以人为本，始终把保护从业人员的生命安全和职业健康作为工作的出发点和立足点；坚持标本兼治、重在治本，重点遏制瓦斯、水害、火灾、顶板等重特大事故；坚持企业负责、政府监管，企业要落实安全生产主体责任，建立健全自我约束机制，地方人民政府要落实安全监管的主体责任，切实加强本地区小煤矿安全生产监管工作。

5. 在完成煤矿瓦斯治理、整顿关闭两个攻坚战工作任务的同时，通过加强安全基础管理，到2010年，小煤矿安全生产条件明显改善，从业人员素质明显提高，生产安全事故明显下降，安全生产水平明显提升。实现“煤炭工业‘十一五’规划”的要求。

二、强化企业安全生产主体责任，提升小煤矿安全基础管理水平

（一）建立健全小煤矿企业安全管理机制

6. 完善矿井安全管理人员的配置。矿井设立矿长，安全、生产、机电副矿长和技术负责人（技术副矿长，总工程师，下同）等安全管理人员必须具有煤矿安全生产相关专业中专（含中专）以上学历、从事煤矿安全生产相关工作3年以上的经历，其中矿长还必须具备安全生产技术、管理岗位2年以上的工作经历。生产、辅助单位要配齐具有相应安全生产管理资格的安全管理人员。

7. 健全安全生产责任制。小煤矿必须明确企业法定代表人（包括煤矿的实际控制人，主要负责人，下同）、分管负责人、技术负责人、生产辅助单位、职能机构和各岗位人员承担的安全生产责任，把安全生产的责任逐级逐项分解，落实到各部门和各岗位人员，形成健全完善的安全生产责任制体系。

8. 明确企业法定代表人的责任。小煤矿企业法定代表人是安全生产第一责任者。负责全面贯彻执行安全生产法律法规和标准；组织制定落实安全生产各项规章制度和操作规程；健全安全管理机构，配齐安全管理人员，落实管理人员下井跟班制度；保证安全生产投入的有效实施；保障职工安全生产的合法权益，落实职工安全培训；组织安全检查，及时消除事故隐患；制定事故应急救援预案，及时报告和组织事故抢救；主动接受并积极配合安全生产执法检查，认真整改存在的问题；建立和维护企业安全生产诚信。

9. 建立安全监督检查制度。矿井设立专职安全管理机构，配备足够的专职安全管理人员。其中配备专职安全检查人员不少于5人，并确保每班都有专职安

全检查人员在井下检查监督安全生产各项规章制度的落实。

10. 落实安全办公会议制度。小煤矿每周至少由煤矿企业法定代表人主持召开1次安全生产办公会议，专门研究解决安全生产中存在的问题。办公会议决定事项要明确责任，形成纪要，并在下次会议检查落实，留有记录。

（二）加强安全生产技术管理

11. 建立技术管理体系。企业法定代表人负责建立以技术负责人为首的技术管理体系，技术负责人对煤矿安全生产技术工作负责。矿井设立技术管理机构，配备采矿、通风、机电、地质及测量等专业技术人员。技术人员必须具备中专以上学历。

12. 加强技术基础工作。技术负责人负责制定矿井灾害预防计划，加强矿井灾害预防工作。要严格按照安全生产许可证实施办法的规定绘制矿井相关图纸，图纸要符合技术规范的要求并与实际相符，采掘工程平面图每半月要实测填图一次，并按有关规定及时向煤矿安全监管部门报送相关图纸。对矿井地质情况、开采情况、周边矿井采空区情况等要由技术人员定期进行分析，针对性的采取安全技术措施，并形成完整的技术基础资料。严禁超层越界开采。

13. 确保矿井生产系统完善可靠。矿井和采区生产布局科学合理，回采工作面采用正规壁式采煤方法，严禁巷道式采煤，确保系统完善，运行可靠。年产6万吨及以下的矿井、年产6万吨以上矿井的一个采区只准一个采煤工作面，两个掘进工作面同时生产。

14. 加强矿井“一通三防”的技术管理。技术负责人负责组织制定并落实“一通三防”专项措施，确保系统安全可靠。每旬组织1次对矿井全面测风，对采掘工作面和其他用风地点，应根据实际随时测风，严禁采掘工作面微风或无风作业。对风门、局扇等设施明确专人看管和维护。矿井必须安装瓦斯监控系统，并确保传感器安装符合规定，系统完好，监控有效。采掘工作面要配备专职瓦斯检查工，及时检查瓦斯、一氧化碳等有害气体情况，杜绝超限作业。煤与瓦斯突出煤层必须落实“四位一体”的防突措施，掘进工作面实现“三专两闭锁”。矿井按有关规定建立瓦斯抽放系统，并保证有效使用。开采自然发火煤层必须落实综合防灭火措施。所有矿井都要建立防尘系统，落实综合防尘措施。

15. 加强矿井水害防治的技术管理。严格执行“预测预报、有疑必探、先探后掘、先治后采”的水害防治十六字原则，落实“防、堵、疏、排、截”五项综合治理措施。受水威胁的矿井和区域必须建立探放水队伍，配齐探放水设备。技术负责人每季度组织一次对矿井水情调查，查明矿井和采区水文地质条件，制定水害防治的专项措施。

16. 及时解决安全生产技术问题。技术负责人每月组织一次技术分析会议，及时研究解决安全生产技术问题。重大安全隐患或技术难题，应聘请相关专家进行分析论证，采取有效措施，确保安全生产。经专家论证，矿井在技术上不能保证安全生产的，要立即停止生产。

（三）加强安全生产现场管理

17. 落实企业法定代表人和管理人员下井带班制度。企业法定代表人每月下井不得少于10次，生产、安全、机电副矿长和技术负责人每月下井不得少于15次。井下每班必须确保至少有1名矿级管理人员在现场带班。带班人员要做到与工人同下同上，深入采掘工作面，抓安全生产重点环节，督促区队加强现场管理，把安全生产方针政策、法律法规和各项措施细化落实到区队和班组。

18. 落实现场管理制度。煤矿要严格落实井口检身制度，严禁人员酒后或带火种等下井。要建立各生产、辅助单位现场安全管理制度，单位安全管理人员和班组长必须坚持作业现场带班，加强现场检查和安全管理，严格按照安全规程、作业规程、操作规程组织生产，从严查处"三违"现象。现场存在安全重大隐患时要立即停止作业，采取措施进行处理。存在险情时必须立即将人员撤出到安全地点，并及时上报。

19. 加强现场作业管理。每个采掘工作面开工前必须编制作业规程，制定安全技术措施，经煤矿技术负责人批准并向现场人员贯彻后认真执行，生产和辅助单位技术负责人负责组织安全技术措施的落实。对贯通巷道、排放瓦斯、处理自然发火、探放水等工作，煤矿技术负责人要到现场指挥和管理。

20. 加强现场的顶板管理。井巷推广使用锚喷支护，回采工作面采用金属液压支护，2008年底淘汰木支护，严禁无支护从事采掘活动。要建立采掘工程质量班组验收标准和办法，严格当班的质量验收，及时解决存在的质量隐患和安全问题，确保采掘工作面支护优良和作业安全。

21. 加强矿井机电管理。建立设备定期查验、检测、维护、保养和检修制度，保证设备完好；杜绝电气设备失爆，严禁使用国家明令淘汰的机电设备；完善供电系统和规章制度，严格按规定实行双回路供电，定期检修供电线路、设备，保证矿井用电安全。

22. 加强爆破材料和放炮作业的管理。建立健全爆破材料安全管理制度和安全操作规程；爆破材料的储存、运输必须严格遵守《煤矿安全规程》的有关规定，严禁使用非矿用安全型炸药；保证矿井爆破材料"领、用、销"的数据记录真实、一致；煤矿井下爆破作业必须严格遵守《煤矿井下爆破作业规程》，坚持"一炮三检"（装药前、放炮前和放炮后分别检查现场瓦斯，瓦斯超限停止操作）和"三人连锁"（班组长、安检员、专职放炮员三人共同认定后，才许放炮）放炮制度。

23. 推进安全质量标准化建设。建立矿井安全质量标准化管理制度，制定年度达标计划和考核标准，努力实现小煤矿采、掘、机、运、通等系统及地面设备设施的安全质量标准化。

24. 落实职业危害的防治。配备作业场所职业危害检测和防护设备与装置，认真落实现场防治呼吸性粉尘、噪声、有毒有害气体的措施，切实改善井下作业环境；如实申报作业场所职业危害情况。按标准为职工免费配备必要的劳动保护用品，定期对从业人员进行职业健康检查。

（四）加强隐患排查的管理

25. 建立安全生产投入长效机制。按有关规定提足用好安全生产费，维简、折旧等费用，保证隐患整改的资金投入。每年制定安全资金提取和使用计划，安全资金要设立专用账户，专款用于安全技术措施和隐患治理。对重大安全隐患治理要制定专门计划，落实资金，明确专人负责。

26. 加强隐患排查整改。煤矿建立安全生产隐患排查制度，明确日常排查、定期排查和分级管理的任务、范围和责任。矿井每月至少组织一次全面的、以隐患排查为主要内容的安全大检查，生产辅助单位安全管理人员和班组长负责随时进行隐患排查。煤矿对查出的各类隐患要进行登记，落实整改措施和责任人员，限期进行整改。整改结束后，按规定由煤矿企业法定代表人或主管负责人组织进行验收。每季度向县级以上地方政府煤矿安全生产监管的部门提交隐患排查整改书面报告。

27. 认真做好停产整顿、节日放假停产检修和复产验收工作。停产整顿的小煤矿要制定整改方案，明确整改内容、方法和安全技术措施，限期完成整改。节日停产放假或检修的矿井必须制定和采取保障安全的措施，恢复生产前，煤矿企业要制定具体的复产方案，落实安全保障措施，对员工要集中进行安全培训教育。煤矿整顿、整改完毕后要向政府相关部门申请验收，未经验收或验收不合格的煤矿不得恢复生产。

（五）加强建设项目的安全管理

28. 严格执行煤矿建设项目核准制度。新建、资源整合、技术改造矿井的生产规模，应符合煤矿建设项目产业政策。新建、改扩建煤矿项目，必须由项目单位提交项目申请报告，报有关投资主管部门核准后，方可建设。“十一五”时期，各地区一律停止核准（审批）30 万吨/年以下的煤矿新建项目。

29. 实施煤矿建设项目“三同时”制度。煤矿建设项目必须编制《安全专篇》，通过安全设施设计审查后组织施工。项目竣工后经验收合格并取得安全生产许可证等相关证照后方可投入生产，确保安全设施与主体工程同时设计、同时施工、同时投入生产和使用。

30. 加强对建设项目的安全监管。资源整合、基建和技术改造的矿井，必须按照设计进行施工；严禁资源整合期间突击生产，严禁基建过程中边施工边生产，严禁在改扩建区域进行生产。施工单位要制定安全施工措施，按照设计核准的建设工期组织施工，确保施工期间的安全。建设单位对煤矿建设施工安全负相应的管理责任。

（六）加强劳动组织和用工培训管理

31. 加强作业现场劳动组织管理。煤矿必须严格按煤炭生产许可证登记能力组织生产，实行科学的定额定员管理，严格控制入井人数。建立井下人员管理系统，对井下人员实行入井、升井登记制度，实时掌握井下人员情况。严禁超能力、超强度、超定员组织生产。杜绝两班交叉作业。

32. 严格井下从业人员准入标准。煤矿对招用的井下从业人员（包括农民工），必须按规定到当地劳动保障部门办理录用、备案手续，完成其就业前的培训，依法与从业人员签订劳动合同，依法参加工伤保险，并为井下作业人员办理意外伤害保险。严禁使用女职工和未成年工从事井下作业。

33. 严禁以包代管或层层转包。煤矿不得将井下采掘工作面和井巷维修作业进行劳务承包。煤矿实行整体承包生产经营后，未重新取得安全生产许可证和煤炭生产许可证的一律不得生产。煤矿违规将工程（业务）或经营权发包给不具备用工主体资格的组织或自然人，对该组织或自然人招用的劳动者，由具备用工主体资格的发包方承担用工主体责任。

34. 保证安全培训条件。煤矿要明确培训管理责任，制定教育培训计划，落实培训场地、经费、教材、教员及必要的实验仪器设备，确保按规定落实对职工的培训。自身不具备安全培训条件的小煤矿，必须与具备资质的培训基地签订教育培训协议委托培训。

35. 落实全员安全培训。煤矿对新招入矿的井下作业人员，必须进行不少于72学时安全教育和培训，考核合格并在有经验的职工带领下实习满4个月后方可独立上岗作业。井下作业人员每年接受教育培训的时间不少于20学时。煤矿主要负责人、安全管理人员和特种作业人员必须经相关机构培训合格取得相应资格证后方可上岗工作。

（七）加强应急管理和事故处理

36. 加强应急管理建设。煤矿要制定年度灾害预防和处理计划，并根据实施情况及时修改完善；编制事故应急预案，完善应急救援制度，并报当地政府和相关机构；确定事故或紧急状态下的防范避灾、救灾措施和处置程序，配备必要的应急救援物资设备，定期组织培训和演习。

37. 保障应急救援能力。根据国家相关规定设立矿山救护队，配备救护装备；不具备单独设立救护队条件时，应当落实兼职救援人员，并与就近的救护队签订救护协议或联合建立矿山救护队，保证事故发生后能得到及时救援。

38. 严格落实事故报告和调查处理制度。发生生产安全事故后，煤矿企业负责人应按规定及时报告有关部门并积极组织抢险，不得迟报、谎报、瞒报和漏报，严禁发生事故后逃匿；支持和配合事故调查工作，不得提供伪证和虚假情况；按照“四不放过”原则，认真吸取事故教训，开展警示教育，制定实施切实可行的整改和防范措施，避免类似事故再次发生。按规定及时存储或补齐安全生产风险抵押金，保障事故抢险、救灾和善后处理资金。

三、加强小煤矿安全监管，扎实推进安全基础管理工作

（一）健全小煤矿安全生产的监管机制

39. 落实小煤矿安全生产的监管。政府作为小煤矿安全生产的监管主体，要完善小煤矿安全监管机制，充实和加强本地区煤炭行业安全监管力量，制订本地区煤矿安全发展的整体规划，研究制订有利于煤矿安全生产的地方法规、规章制度和政策措施，依法组织相关部门开展联合执法，推进小煤矿加强安全基础管理，实施煤矿的整顿关闭。小煤矿要自觉服从政府和相关部门的监管。

40. 健全相关职能部门煤矿安全监管责任制度。煤炭行业管理、安全监管监察、国土资源、劳动保障、工会等部门在各自职责范围内，相互配合，统一行动，落实对小煤矿的安全监管责任。加大行政执法力度，严厉打击煤矿生产中的违法、违规和非法生产行为。对不服从政府依法监管，存在非法、违法行为的煤矿，依据国家有关法律法规给予罚款、停产整顿、吊销相关证照、依法关闭等行政处罚。

41. 严肃事故查处。严格依法依规追究事故责任人特别是直接责任人的责任，涉嫌犯罪的，移交司法机关依法追究刑事责任。对发生事故的小煤矿主要负责人要予以资质处罚：对发生一次死亡3至9人责任事故或一年内连续发生两起一次死亡1至2人责任事故矿井的主要负责人，暂扣其《安全资格证书》和《矿长资格证书》，责令参加复训，合格的退还其两个资格证书，不合格的吊销其《安全资格证书》和《矿长资格证书》；对发生一次死亡10人以上（含10人）或一年内发生两起一次死亡3至9人责任事故矿井的主要负责人，吊销其《安全资格证书》和《矿长资格证书》，5年内不得颁发。

（二）扎实推进小煤矿安全基础管理工作

42. 加强组织领导。煤炭行业管理和相关职能部门要加强小煤矿安全基础管理工作的领导，明确职责，完善工作机制，精心部署，周密安排，层层抓好落实。煤矿企业主要负责人要组织制定加强安全基础管理工作的目标、任务和措施，做到认识到位、责任到位、工作到位。

43. 发挥员工监督作用。小煤矿要组织员工参与、监督煤矿安全生产管理，保障从业人员对安全生产的知情权、参与权和监督权，切实维护从业人员的合法权益。要认真落实特聘煤矿安全群众监督员制度，为群众监督员履行职责创造必要的工作条件，充分发挥群众监督员的安全生产现场监督作用。

44. 发挥社会舆论和公众的监督作用。大力宣传小煤矿安全基础管理的先进典型和经验，对典型事故案例和严重违法、违纪行为，要予以曝光，接受社会公

众和媒体监督。鼓励和支持群众和媒体举报煤矿违法违规生产、重大安全隐患、瞒报伤亡事故等。积极开展安全文化建设，努力营造加强基础管理、搞好安全生产的浓厚氛围。

45．建立激励约束机制。研究制订有利于推动小煤矿安全基础管理的政策措施；树立典型，推广先进技术，积极培育和发展面向小煤矿基础管理的技术服务体系。对加强安全基础管理工作取得成效的小煤矿给予表彰奖励，对安全基础管理不到位的小煤矿给予通报批评。

各产煤省、自治区、直辖市和新疆生产建设兵团可根据本指导意见，结合各地实际，制定具体的实施意见。

国家安全生产监督管理总局
国家煤矿安全监察局
国家发展和改革委员会
监察部
劳动和社会保障部
国土资源部
中华全国总工会
二〇〇七年四月二十八日

073

关于深化煤矿整顿关闭工作的指导意见

安监总煤监〔2009〕157号

各产煤省、自治区、直辖市及新疆生产建设兵团安全生产监督管理局、煤炭行业管理部门、煤矿安全监管部门、发展改革委（经贸委）、公安厅（局）、监察厅（局）、财政厅、人力资源社会保障（人事、劳动保障）厅（局）、国土资源厅（局）、环境保护厅（局）、国资委、工商局、电力部门、总工会，各省级煤矿安全监察机构：

2005年以来，各地区、各有关部门按照党中央、国务院的统一部署，集中开展了煤矿整顿关闭攻坚战，严厉打击非法开采，关闭不具备安全生产条件、破坏资源、污染环境和不符合产业政策的小煤矿（即年产30万吨以下的乡镇煤矿，下同）1.2万多处，淘汰落后生产能力3亿吨/年左右，取得了明显成效。但是，小煤矿总量依然较多，煤炭产业集中度仍然偏低，结构调整的任务还很艰巨；部分地区资源整合工作进展较慢，一些煤矿非法违法开采仍很严重，小煤矿重特大事故时有发生，煤矿整顿关闭工作有待进一步深化。根据国务院关于深入开展"安全生产年"活动的总体要求和对安全生产"三项行动"的工作部署，为巩固煤矿整顿关闭攻坚战成果，保障煤矿安全生产，促进煤炭工业结构调整，发展先进生产力，现就深化煤矿整顿关闭工作提出以下指导意见：

一、指导思想、工作思路和目标

（一）指导思想：以科学发展观为指导，坚持安全发展，深化煤矿整顿关闭，加快煤炭产业结构调整，淘汰落后生产能力，提升小煤矿安全基础管理水平，提高安全保障能力，加快煤矿规模化和现代化建设，促进煤炭工业健康发展。

（二）工作思路：提高门槛、严格准入，打击非法、淘汰落后，资源整合、提升能力，以大管小、提高水平，明确责任、严格监管。

（三）工作目标：通过深化煤矿整顿关闭工作，将现有小煤矿淘汰关闭一批、资源整合扩能改造一批、大集团兼并重组一批，力争到"十一五"期末把小煤矿数量控制在1万处以内。

二、严厉打击非法违法开采行为，继续关闭资源枯竭、不具备安全生产条件和不符合产业政策的煤矿

（四）加强煤炭资源开采管理，继续保持打击非法违法开采的高压态势，严厉打击无证开采、以采代探和超层越界等非法、违法生产行为，对超层越界拒不

退回的煤矿要坚决予以关闭。

（五）停止向资源枯竭小煤矿新增资源，及时注销采矿许可证及相关证照，淘汰关闭。国务院煤炭行业管理部门会同有关部门结合各产煤省（区、市）实际制定煤炭资源枯竭的储量标准。

（六）责令不具备安全生产条件的矿井限期整改，并明确整改时限，到期经验收仍达不到安全生产条件的，吊销安全生产许可证及相关证照，提请当地人民政府依法予以关闭。各地要继续完善发生较大及以上事故小煤矿的退出机制。

（七）对存在重大安全生产隐患且依靠现有技术和管理水平难以有效治理的煤矿，要依法予以关闭。继续依法关闭不符合产业政策、破坏资源、污染环境的煤矿。

三、加快工作进度，简化资源整合矿井审批验收程序

（八）对于省级人民政府批准的资源整合方案中所确定的资源整合矿井，各有关部门要在资源审批、项目核准、设计审查、竣工验收、安全许可、生产许可等环节，可采取部门联合办公、限定时限、“一站式”服务等措施，提高办事效率，尽可能简化合并工作程序。

（九）采矿登记管理机关按照审批权限，并依据省级人民政府批准的煤炭资源整合方案划定矿区范围；根据资源储量核实及评审备案意见、矿产资源开发利用方案及环境影响评价报告审查意见，颁发 2 年期采矿许可证。煤矿企业在领取采矿许可证后 2 年内必须完成采矿权有偿处置及有关法律要件手续，并取得安全生产许可证和煤炭生产许可证，在此期间不得进行采矿权转让变更，未完成上述工作的，不得正式生产，登记管理机关不予办理采矿权延续登记。

（十）安全预评价报告与安全专篇合并，在安全专篇中补充安全设备设施预评价内容，由煤矿安全监察机构组织审批，不再单独组织编写、评审（备案）安全预评价报告。

（十一）有关部门应加快验收工作，其中安全设施竣工验收与煤矿安全生产许可证颁证条件审查合并，各项验收合格并取得安全生产许可证后，煤炭生产监管部门要及时审查颁发煤炭生产许可证，使达到取证条件的煤矿尽快投产。

（十二）严格规范资源整合，提高安全生产和技术管理水平。要明确已批复资源整合项目的整合期限，对限期未实施改造的、拖延工期未完成改造的、在整合区域违法生产的煤矿要取消整合资格，依法予以关闭；要坚持高起点、高标准，采用先进适用的生产技术、工艺和装备，优化整合矿井生产布局，按照质量标准化矿井标准进行整合改造。

四、鼓励大型煤矿企业整合改造小煤矿，全面提升小煤矿安全生产水平

（十三）支持大型煤矿企业整合改造小煤矿，支持整合（兼并、收购、控股）

后的煤矿进行产业升级、技术改造。各地要抓紧研究制定和完善各项配套经济政策，其中“一通三防”、水害治理等煤矿安全改造项目，可申请中央投资补助。

（十四）鼓励和支持大型煤矿企业以收购、兼并、控股等多种方式整合改造小煤矿，通过资源和产权连结把更多的小煤矿纳入大型煤矿企业管理控制体系。大型煤矿企业整合改造后的小煤矿统一参加煤炭产运需衔接。

（十五）将参与整合煤矿周边不宜新设矿业权的零星边角资源、深部资源优先有偿配置给整合主体煤矿，将整合后的煤矿周边仍存在的不宜新设矿业权的零星边角资源、深部资源有偿就近配置给整合后的主体煤矿，促进煤炭资源配置向优势企业集中。

（十六）各地要积极支持、引导地方煤矿与大型煤矿企业的整合工作。要按照国土资源部矿业权价款评估有关工作规定和中国矿业权评估师协会发布的《中国矿业权评估准则》评估和确定煤炭资源价款。

（十七）被大型煤矿企业兼并、收购或控股的小煤矿，并入大型煤矿企业、原企业法人注销的，由大型煤矿企业承担安全生产主体责任；保留原企业法人或新设立企业法人的，由原企业法人或新设立的企业法人承担安全生产主体责任，大型煤矿企业承担安全生产管理责任。大型煤矿企业通过托管、租赁、帮扶等方式管理的小煤矿，由原企业承担安全生产主体责任，安全指标按原企业类型统计考核。大型煤矿企业整合改造的小煤矿，其安全监管责任按照“分级负责、属地监管”的原则执行。

五、完善政策措施，建立小煤矿正常准入和退出机制

（十八）各地要制定煤矿关闭的转产扶持、经济补助、就业培训、困难补助等政策措施，探索建立小煤矿正常退出机制。对被关闭煤矿企业缴纳的安全风险抵押金等资金，经有关部门核准后，及时返还。

（十九）应关闭的煤矿已经向国家缴纳了采矿权价款的，地方可从分成的采矿权价款中安排资金用于支持解决该煤矿关闭后的遗留问题。经国土资源管理部门认定仍有利用价值的剩余资源，需重新进行核实备案并对采矿权价款重新进行评估确认。

（二十）中央财政将根据关闭小煤矿工作情况，对地方政府给予一定财力支持。各地要研究制定关闭小煤矿有关经济政策和配套措施，确保社会稳定。

（二十一）各地区要严格准入标准，提高煤矿准入门槛。严格执行《煤炭产业政策》规定的新建、改扩建煤矿建设规模标准，不得擅自降低最小建设规模；确需调整的，由《煤炭产业政策》发布机关研究确定。“十一五”期间，各地区一律停止审批（核准）生产能力 30 万吨/年以下的煤矿新建项目。各产煤省（区、市）按照国家有关规定和要求制定当地小煤矿退出标准，在规定期限内仍低于标准的小煤矿一律退出。

（二十二）按照国务院投资体制改革决定，严格煤矿建设项目核准制度，坚决制止未批先建、越权审批、批小建大以及变相增加审批环节等违法违规行为。对企业投资的各类煤矿建设项目，一律不再审批项目建议书和可行性研究报告，也不得以审查项目建议书和可行性研究报告等形式变相审批。对违规审批建设的煤矿项目，国土资源管理部门不得办理土地审批手续，金融机构不得发放贷款。煤矿安全监察机构、煤炭行业管理和监管部门对违法违规建设煤矿不予颁发（或变更）安全生产许可证、煤炭生产许可证。

六、加强领导，加快煤矿整顿关闭和资源整合工作

（二十三）各产煤省（区、市）要继续保留煤矿整顿关闭工作领导小组，强化牵头部门和各有关部门的工作职责，制定煤矿整顿关闭工作方案，明确工作目标，建立并完善煤矿整顿关闭和资源整合审批部门联合办公机制，抽调业务骨干，集中会审，限期办结，加快推进资源整合工作。

（二十四）各有关部门要继续强化联合执法，加强对整合技改矿井的监管监察工作，取消违法生产、存在重大隐患或违法违规行为煤矿的整合资格，依法予以关闭；加强劳动用工的管理，依法查处非法用工；加大查处打击非法使用火工品工作力度，切实加强对关闭煤矿剩余火工品清理登记和销毁处置的监督管理，严防发生非法转移和流失；做好资源整合煤矿供电保障规划和建设工作，加强对关闭矿井停供电落实情况和防范向非法煤矿供电行为的监督管理。

（二十五）各地和有关部门要大力宣传煤矿整顿关闭工作各项政策措施，妥善处理关闭煤矿企业职工安置、劳动保障等工作，维护社会稳定。

（二十六）及时在当地主要媒体上向社会公告确定关闭的矿井名单，发挥群众及媒体的监督作用，鼓励广大职工和人民群众积极举报煤矿非法违法开采、存在重大安全生产隐患仍冒险作业等违法行为。

国家安全监管总局　国家煤矿安监局
国家发展和改革委员会　公安部　监察部　财政部
人力资源和社会保障部　国土资源部
环境保护部　国务院国资委
工商总局　电监会
国家能源局　全国总工会
二○○九年八月十九日

074

关于印发加快煤炭行业结构调整应对产能过剩的指导意见的通知

发改运行〔2006〕593号

各省、自治区、直辖市发展改革委、经委（经贸委、工业办）、煤炭局（行业办）、国土资源厅（局）、中国人民银行上海总部、各分行、营业管理部、省会（首府）城市中心支行、工商行政管理局、质量技术监督局、环境保护局（厅）、安全生产监督管理局、各省级煤矿安全监察机构，神华集团、中煤能源集团公司：

为认真贯彻《国务院关于加快推进产能过剩行业结构调整的通知》（国发〔2006〕11号），推动煤炭行业结构调整，有效应对潜在的产能过剩问题，促进煤炭工业健康发展，国家发展改革委、国土资源部、人民银行、工商总局、质检总局、环保总局、安监总局等7部门制定了《加快煤炭行业结构调整、应对产能过剩的指导意见》，现印发给你们，请结合各地实际，认真贯彻执行。在执行中出现什么问题，请及时反映和报告。

附：加快煤炭行业结构调整、应对产能过剩的指导意见

国家发展和改革委员会　国土资源部
人民银行　工商总局
质检总局　环保总局　安监总局
二〇〇六年四月十日

附：

加快煤炭行业结构调整、应对产能过剩的指导意见

国家发展和改革委员会　国土资源部　人民银行
工商总局　质检总局　环保总局　安监总局
2006年4月10日

“十五”以来，煤炭行业认真贯彻中央关于加强宏观调控和促进煤炭工业发展改革的一系列政策措施，呈现出持续快速发展的良好态势，保障了国民经济快速发展的煤炭需求。但是，近几年来煤矿建设趋热，投资增长过快，产能过剩的

矛盾日渐显现。同时，长期积累的结构不合理、生产技术水平低、安全生产事故多发、资源浪费严重和环境污染治理滞后等问题仍很突出。

为认真贯彻《国务院关于加快推进产能过剩行业结构调整的通知》，加快煤炭行业结构调整，有效应对潜在的产能过剩问题，促进煤炭工业健康发展，现提出以下指导意见：

一、结构调整的指导思想和目标

“十一五”期间，煤炭行业结构调整必须以科学发展观为指导，坚持总量调控、关小上大、有进有退、产能置换的原则，从完善规划指导、规范开发秩序、提高准入门槛、淘汰落后能力、改善安全状况、改革流通体制、加强环境保护等方面入手，大力推进结构调整，促进煤炭供需长期稳定、高质量的平衡，全面提升煤炭工业水平，为全面建设小康社会提供可靠的能源保障。

“十一五”期间煤炭行业结构调整的目标为：

——实现煤炭高质量稳定供应，供需总量基本平衡。2010 年全国煤炭产量 24.5 亿吨，其中大中型煤矿产量比重达到 75％左右。适时建设一批大型煤矿项目，淘汰落后生产能力。

——基本形成以大型煤炭企业集团为主体、中小煤矿协调发展的格局。加快建设 5～7 个亿吨级的大型煤炭企业集团，基本完成对小煤矿整合、改造和重组。

——提高煤矿生产技术水平和资源回采率。大、中型煤矿采煤机械化程度分别达到 95％、80％以上，小型煤矿机械化和半机械化程度达到 30％以上，全国煤矿平均矿井资源回采率达到 40％以上。

——煤矿安全生产水平明显提高。煤矿安全基础条件有较大改善，瓦斯得到有效治理，抽采量达到 50 亿 m^3 以上，重特大事故得到有效遏制，2010 年百万吨死亡率比 2005 年下降 25％以上。

——矿区生态环境恶化趋势得到控制。煤矸石和煤泥利用率达到 75％以上，煤矿瓦斯抽放利用率达到 50％以上，矿井水利用率达到 60％以上，采煤区沉陷治理取得明显成效。

二、推进结构调整的主要措施

（一）完善煤炭工业发展规划，有序推进煤矿建设。

各省（区、市）发展改革部门要加强经济社会发展对煤炭需求的预测，进一步修订和完善煤炭工业发展规划，增强规划的科学性和指导性。国土资源部门要做好矿业权设置方案编制工作，合理确定矿业权数量和规模。要按照稳定东部生产规模、加大中部开发强度、适度加快西部后备区资源开发的原则，搞好开发布局，建设大型煤炭基地。大型煤炭基地建设必须坚持以市场需求为导向，统筹规划，有序推进。规划煤矿建设项目，必须同时规划建设与其相配套的运输通道和煤炭加工利用项目。

（二）严格办矿审批程序，禁止违规建设。

各地煤炭行业管理部门、国土资源管理部门要严格按照《煤炭法》、《矿产资源法》等规定，密切配合，依法履行划定矿区范围、开办煤矿和采矿许可等审批工作，确定开采范围、矿井规模和开采方案。要做到“三个严禁”：严禁擅自开办煤矿、私挖乱采；严禁“批小建大”，擅自提高开发规模；严禁把整装煤田化整为零，“大矿小开”。

各地对现有在建项目，要集中开展一次全面清理。对于违规建设的，要立即停建并给予处罚。凡不符合产业政策和发展规划的，要坚决下马；凡未全部取得划定矿区范围、开办煤矿、采矿许可、安全设施设计以及环境影响评价审批等相关手续的，要重新报批；凡勘查程度不够的，要待补充勘查后重新报批；凡“批小建大”的，要严格按批准的设计施工。严禁新建矿井边建设边生产，新投产矿井原则上三年内不得扩建。对拒不停止建设和实施整改的，要采取经济、法律和必要的行政手段予以制止。

（三）按照可持续发展要求，提高新建煤矿准入门槛。

按照全面提高煤炭行业整体素质的要求，提高开办煤矿和进入生产领域的准入条件。在井型标准上，根据煤炭资源开发条件，山西、内蒙古和陕西等省区不低于30万吨/年；东北及华北、西北其他地区、河南省不低于15万吨/年；其他省区原则上不低于9万吨/年。在资源回收上，薄煤层、中厚煤层、厚煤层的设计采区回采率，依次不低于85%、80%和75%。在环境保护上，要有煤矸石、煤泥处置及综合利用、矿区生态恢复的规划和计划，具备环境影响评价文件的批复和环境保护措施“三同时”验收合格文件。在安全生产上必须有安全设施“三同时”审查、验收合格文件。在从业人员上，必须配备总工程师和采矿、机电、通风、地测、安全等专业技术人员，瓦斯检查工等特殊工种经培训考核取得资格证书，井下作业人员必须具备初中以上文化程度，经技能培训合格才能上岗。

各地煤炭行业管理部门必须依法履行审批监管职责，凡徇私舞弊、失职渎职，使不符合法定条件的煤矿进入煤炭生产领域的，对直接责任人和主要负责人要依法给予严肃处理。

（四）培育大型煤炭企业集团，淘汰落后生产能力。

新上煤矿建设项目要与淘汰落后生产能力相结合。各地新建煤矿、增加生产能力，必须相应关闭淘汰一部分落后能力的矿井，调整优化矿井规模结构。坚持政府推动和市场化运作相结合，加快培育和发展大型煤炭企业集团，提高集约化和规模化开发水平。各省（区、市）要统一规划，对现有达不到最小规模标准的小煤矿，采取由大型煤炭企业收购、兼并，重组改造一批；小煤矿之间实施资源整合、联合重组，壮大发展一批；不具备安全生产标准和整合、改造条件的，关闭淘汰一批。力争用三年左右时间完成对小煤矿的关闭、整合、改造和重组任务。在结构调整过程中，要严格执行有关规定，有效防止逃废银行债务。

（五）完善煤矿生产能力核定机制，严格按核定能力生产。

国家发展改革委要抓紧制定发布全国煤矿生产能力核定标准。各地要建立完善煤矿生产能力核定的正常机制，煤矿实施改扩建和技术改造，必须依法履行各种审批核准手续。生产能力发生变化的，必须及时报请煤炭行业管理部门重新核定，并在煤炭生产许可证等相关证件上进行变更登记。煤矿必须按核定能力组织生产，严禁超能力生产。煤炭企业的有关上级主管部门和单位不得下达超核定能力的生产计划及相关指标。煤炭行业管理部门要加强对按核定能力生产的监督管理，对超核定能力生产的，要责令停产整顿，没收超产部分所得销售收入；情节严重的，吊销其煤炭生产许可证和安全生产许可证。

（六）强化企业安全主体责任，提高安全生产水平。

各企业要进一步健全安全生产责任制，落实法定代表人作为安全生产第一责任人的责任，坚持煤矿领导干部下井带班作业制度，构建安全生产自我约束长效机制。要健全安全生产管理制度和事故隐患排查治理制度，严格按照国家规定提足、用好安全费用。强力推进瓦斯抽采，强化瓦斯综合治理工作。严格外包工程队伍资质管理和现场管理，严禁将生产矿井井下采掘工作面和井巷维修作业承包给外包工程队。加强职工安全培训，特种作业人员必须持证上岗，依法为职工办理工伤保险。加强政府对煤矿安全的监管监察，完善煤矿安全监管体制。继续加大对煤矿安全技术改造的投入。建立煤矿重特大事故应急救援指挥调度系统，提高对重特大事故应急处置能力。

（七）推进煤炭流通体制改革，完善产运需衔接机制。

进一步发挥市场对资源配置的基础性作用，鼓励供需双方自主衔接，签订中长期合同。改革电煤价格形成机制，加快电煤价格向市场并轨。尽快形成以全国交易中心为主体、以区域市场为补充的现代化煤炭交易体系，为实现煤炭稳定供应、高效流通提供体制和机制保障。

各地煤炭经营监管部门要依据经济和社会发展需要，按照保障供给、加强环境保护等要求，制定煤炭经营企业合理布局和总量调控规划。提高煤炭经营准入门槛，严格经营资格审查。加强与工商、质检、环保等部门的联合执法，依法打击掺杂使假、以次充好等非法经营行为，营造良好的煤炭市场环境。

（八）加强环境保护，实现煤炭开采与生态环境协调发展。

各地环保部门要依法履行职责，加强对煤矿建设和生产过程中的环境监督管理。新建煤矿必须依法开展环境影响评价，充分考虑煤炭开采对生态环境带来的影响，采取积极的保护措施。煤炭富集地区的开采强度，要与生态环境承受能力相适应。严格执行环保设施与主体工程同时设计、同时施工、同时投产并保证运行的制度。建立生态补偿机制，用于生态补偿和恢复。

各地对已经形成的老矿区生态环境污染和破坏，要按照“谁开发、谁保护，谁污染、谁治理，谁破坏、谁恢复，谁治理、谁受益”的原则，积极开展生态环境和水资源的保护，加强对废弃物和采煤沉陷区的治理。矸石等废物贮存设施停止使用后，应按照国家环保规定，进行封场和生态恢复，防止环境污染和生态破坏。对国有重点煤矿历史形成的采煤沉陷等环境治理，中央将继续给予必要的资金支持，地方政府和煤炭企业按规定安排配套资金。

075

国务院办公厅转发安全监管总局等部门关于进一步做好煤矿整顿关闭工作意见的通知

国办发〔2006〕82号

各省、自治区、直辖市人民政府，国务院各部委、各直属机构：

安全监管总局、煤矿安监局、发展改革委、公安部、监察部、财政部、劳动保障部、国土资源部、国资委、工商总局、电监会、全国总工会《关于进一步做好煤矿整顿关闭工作的意见》已经国务院同意，现转发给你们，请认真贯彻执行。

整顿关闭非法和不具备安全生产条件以及不符合国家煤炭产业政策、布局不合理、破坏资源、污染环境的煤矿，淘汰落后的生产能力，是贯彻落实“十一五”规划纲要，调整和优化煤炭产业结构，提高煤炭生产力发展水平，保障煤炭工业节约发展、清洁发展、安全发展，实现可持续发展的重要举措；是减少煤矿事故、保护人民群众生命财产安全，促进安全生产形势稳定好转的迫切需要。各有关地区和部门要认真贯彻《国务院关于预防煤矿生产安全事故的特别规定》（国务院令第446号）、《国务院办公厅关于坚决整顿关闭不具备安全生产条件和非法煤矿的紧急通知》（国办发明电〔2005〕21号）等有关要求，进一步提高对煤矿整顿关闭工作重要性的认识，把思想统一到党中央、国务院的相关决策部署上来，坚定信心，加大力度，切实抓好煤矿整顿关闭工作。

各产煤省（区、市）人民政府要加强对煤矿整顿关闭工作的统一领导，组织研究制订本地区煤矿整顿关闭的工作目标和主要任务，提出到2010年允许保留的小煤矿数量限制目标。要按照调整和优化煤炭产业结构、实现煤炭工业可持续发展的要求，根据国家法律、法规和政策规定，结合实际研究建立小煤矿退出的有效机制，并制定相关的经济政策和配套措施。要综合采取法律、经济和必要的行政手段，认真组织落实煤矿整顿关闭的有关规定，加强和规范煤炭资源整合，从严控制新建项目，推进煤矿整顿关闭工作顺利进行。

各有关地区要把煤矿整顿关闭工作作为实现安全生产的一项重要举措列入地方各级人民政府工作目标，纳入政绩考核内容，把关闭煤矿的任务逐级分解，层层落实到市（地）、县（市）、乡（镇）人民政府，建立健全政府统一领导、相关部门共同参与的联合执法机制，制定并执行规范的工作程序和实施细则，积极稳妥地推进煤矿整顿关闭工作。要注意研究新情况，解决新问题，做好有关应急预案，确保安全生产和社会稳定。要及时向社会公布关闭的矿井名单，建立群众监督机制，鼓励并认真核实群众举报，充分发挥社会舆论监督作用，严肃查处违法违纪和失职渎职行为，依法追究事故责任。

安全监管总局、煤矿安监局、发展改革委、公安部、监察部、财政部、劳动保障部、国土资源部、国资委、工商总局、电监会以及全国总工会等有关部门和单位要加强协调配合，充分发挥煤矿整顿关闭工作部际联席会议制度的作用，组织开展重点督查，研究提出有关政策措施，协调解决存在的问题，指导和推进全国煤矿整顿关闭工作。

国务院办公厅

二〇〇六年九月二十八日

关于进一步做好煤矿整顿关闭工作的意见

安全监管总局　煤矿安监局　发展改革委　公安部　监察部　财政部
劳动保障部　国土资源部　国资委　工商总局　电监会　全国总工会

去年以来，为实现国务院确定的“争取用三年左右时间，解决小煤矿问题”的目标，各有关地区和部门按照国务院部署，集中开展对非法和不具备安全生产条件煤矿的整顿关闭工作，共取缔非法采煤矿点1万余处（次），关闭不具备安全生产条件和非法煤矿5900多处，取得了重要成果。但是，小煤矿数量多、规模小、布局不合理、破坏资源和环境的状况尚未得到根本改善；一些煤矿非法开采和超层越界开采行为仍然屡禁不止；一些地方煤炭资源整合不规范、煤矿建设项目违法违规等问题还比较突出，煤矿安全生产形势依然严峻。为进一步做好煤矿整顿关闭工作，现提出以下意见：

一、煤矿整顿关闭工作的目标和任务

煤矿整顿关闭工作的目标是：到2008年，煤炭开采秩序明显好转，无证开采和超层越界开采等违法行为得到有效制止，小煤矿事故有较大幅度下降，特别重大事故得到有效遏制，小煤矿百万吨死亡率力争控制在4以下；小煤矿基本实现正规开采，安全设施得到较大改善，煤矿安全管理水平和从业人员技术素质有较大提高；小煤矿数量大幅度减少，到2010年力争控制在1万处左右。

煤矿整顿关闭工作的主要任务是：依法取缔无证开采，关闭不具备安全生产条件、严重超层越界开采的煤矿；限期淘汰不符合产业政策、布局不合理、破坏资源、污染环境的煤矿；清理纠正违规越权核准和不符合安全标准的新建、改扩建煤矿项目。

二、关闭煤矿的类型

按照《国务院关于预防煤矿生产安全事故的特别规定》等有关法律法规以及煤炭产业政策的有关要求，有下列情形之一的小煤矿，要予以关闭：

（一）不符合矿产资源规划和矿业权设置方案的；

（二）不符合经批准的煤炭工业发展规划和矿区总体规划的；

（三）未依法取得采矿许可证、安全生产许可证、煤炭生产许可证、营业执照和矿长资格证、矿长安全资格证，擅自从事生产的；

（四）超层越界开采拒不退回的；

（五）3 个月内 2 次或者 2 次以上发现有重大安全生产隐患，仍然组织生产的；

（六）被依法责令停产整顿的矿井擅自组织生产或经整顿验收不合格的；

（七）存在煤与瓦斯突出、自然发火、冲击地压、水害威胁等重大安全生产隐患，经论证在现有技术条件下难以有效防治的；

（八）1 个月内 3 次或者 3 次以上发现未对井下作业人员进行安全生产教育和培训或者特种作业人员无证上岗的；

（九）不同采矿权人，其被许可的采矿范围在垂直方向上相互重叠且影响安全生产的，只保留一个矿井，其他关闭；

（十）在大型煤炭矿区范围内开采的；

（十一）年生产能力在 3 万吨及以下的矿井，其中属于煤与瓦斯突出、水害威胁严重的必须在 2006 年年底前关闭，其他矿井必须在 2007 年年底前关闭；

（十二）资源接近枯竭的矿井，采矿许可证到期后一律予以关闭；

（十三）纳入资源整合范围的矿井，未履行煤矿建设项目相关核准手续和“三同时”（安全设施与主体工程同时设计、同时施工、同时投入生产和使用）审批程序、违规越权核准，未重新取得采矿许可证、安全生产许可证和煤炭生产许可证擅自组织生产的；

（十四）擅自进行“三下”（建筑物下、水体下、铁路下）开采和在自然风景名胜区、文物保护区、重要水源地、重要设施等区域内开采的；

（十五）国家和地方产业政策明令淘汰的；

（十六）地方人民政府规定应予关闭的。

三、加强和规范煤炭资源整合，从严控制新开工建设项目

各有关地区和部门要严格按照安全监管总局、发展改革委等 11 个部（委、局）联合下发的《关于加强煤矿安全生产工作规范煤炭资源整合的若干意见》（安监总煤矿〔2006〕48 号）的规定，由县级以上地方人民政府制订本地区煤炭

资源整合方案，经省级人民政府批准后组织实施。

（一）煤炭资源整合必须是合法矿井对有开采价值的资源进行整合，已关闭或者属于上述16种关闭范围的矿井原则上不得纳入资源整合范围，经省级国土资源部门会同有关部门认定确有开采价值的资源经重新规划后可纳入整合。

（二）在国家划定的24个煤与瓦斯严重突出矿区和34个煤与瓦斯突出矿区内的小煤矿要列入资源整合的重点，但已关闭的煤与瓦斯突出、水害威胁严重矿井的资源不得纳入整合范围。

（三）所有纳入资源整合的矿井必须按照先关闭后整合、以大并小、以优并劣的原则进行整合，整合后形成的新矿井只能有一套生产系统，防止一证多井或多井拼凑，并按照建设项目审批（核准）和管理。

（四）煤炭资源整合后的矿井规模，山西、内蒙古、陕西不得低于30万吨/年，新疆、甘肃、青海、宁夏、北京、河北、东北及华东地区不得低于15万吨/年，西南和中南地区不得低于9万吨/年。

（五）地方各级人民政府及有关部门要加强对资源整合矿井的监管，严防小煤矿以整合名义逃避关闭，严防以矿井整合代替资源整合，严防整合期间组织生产。严禁采矿权人以承包、转包和租赁等方式，将部分或全部采矿权转给他人开采；对现有以承包、转包等方式开采矿产资源的，要认真清理，并依法严肃处理。

（六）要加强新建煤矿的监管，抑制低水平盲目建设。已批准（核准）规模在3万吨/年及以下的建设项目要立即停止建设，符合规定的可纳入煤炭资源整合范围。“十一五”期间，各地区一律停止审批（核准）30万吨/年以下的煤矿新建项目。对所有在建煤矿项目要按照发展改革委等5部门《关于印发新开工项目清理工作指导意见的通知》（发改投资〔2006〕1538号）规定，抓紧进行清理，凡属违法、违规或者越权审批的，一律责令停止施工。

四、完善煤矿整顿关闭工作联合执法机制

各有关地区要建立健全政府统一领导、相关部门共同参与的联合执法工作机制，明确并落实各相关部门在煤矿整顿关闭工作中的职责，及时研究解决存在的重大问题。各有关部门按照职责分工提出需要关闭的矿井名单，由安全生产监督管理部门会同各相关部门汇总后，提请地方人民政府依法予以关闭，并通报证照颁发管理机关，依法吊（注）销相关证照。

国土资源部门要加强对煤炭资源勘查、开采的监督管理，加大对无采矿许可证非法开采、超层越界开采等滥采乱挖煤炭资源违法行为的查处力度，负责组织认定资源接近枯竭矿井，清理不符合矿产资源规划和矿业权设置方案、大型煤炭矿区内及采矿许可范围相互重叠的矿井，提出有关关闭矿井名单。

发展改革部门负责清理纠正不符合经批准的煤炭工业发展规划和矿区总体规划、违规越权核准的新建和改扩建煤矿建设项目，负责控制煤矿建设矿井规模，提出有关关闭矿井名单。

煤炭行业管理部门要加强对煤矿生产的监督管理，加大对无煤炭生产许可证非法生产的查处力度，负责提出小煤矿数量控制规划目标，会同有关部门认定不符合产业政策、布局不合理和非法挂靠、一证多井或多井拼凑的矿井，提出有关关闭矿井名单。

煤矿安全监管部门和煤矿安全监察机构要加强煤矿安全生产的监督检查，对存在重大隐患矿井依法做出停产整顿、停止施工的监管监察指令，监督煤矿停产整顿情况，提出关闭不具备安全生产条件矿井名单。

工商行政管理部门负责取缔无照经营煤矿。

公安部门负责依法注销关闭煤矿的爆炸物品许可证件，监督关闭煤矿妥善处置剩余的爆炸物品，配合有关部门做好行政执法工作。

供电部门负责切断关闭矿井的供电电源，拆除供电设施，查处向非法煤矿供电的行为。

劳动保障部门负责依法查处煤矿非法用工，监督煤矿按照规定参加社会保险并缴纳社会保险费，指导和督促煤矿企业与劳动者签订劳动合同，加强劳动用工管理。

行政监察部门负责对参与煤矿整顿关闭工作的有关地方政府及部门履行职责情况实施监察。

国有资产监管机构会同有关部门针对存在重大安全生产隐患并经论证在现有技术条件下难以有效防治的国有煤矿，提出破产关闭的政策意见，建立正常退出机制。

076

关于严格审查煤矿生产能力复核结果遏制超能力生产的紧急通知

发改运行〔2006〕2659 号

各产煤省（区、市）煤炭行业管理、煤矿安全监管部门，各省级煤矿安全监察机构，有关中央煤炭企业：

自今年 6 月以来，各地贯彻国家发展改革委、国家安全监管总局、国家煤矿安监局关于开展全国煤矿生产能力复核工作的统一部署，迅速组织实施，目前现场复核工作已基本结束。通过复核，比较全面地摸清了全国煤矿特别是乡镇煤矿生产系统、工艺装备、资源储量等基本情况，为加强生产能力管理、促进安全生产和结构调整提供了重要基础依据。

但是，从近期对部分省煤矿督查和初步掌握情况看，各地复核工作极不平衡，有些省（区、市）存在严重问题。主要表现在：一些核定资质单位执业思想不端正，专业技术水平低，有的迎合煤矿不正当要求，放弃原则和标准；有的不能正确理解和执行各项规定，以偏概全，对资源储量达不到服务年限规定和违规形成的能力擅自予以核定，甚至弄虚作假，虚增生产能力。有的煤矿特别是原生产能力在 3 万吨/年以下的煤矿，为逃避关闭，与核定资质单位通同作弊，上报违规和虚假能力。一些地方政府片面强调当地发展，盲目追求能力扩张，不支持依据国家规定开展能力复核。有的煤炭行业管理部门不能正确掌握安全第一、从严审查、总量控制的各项规定，审查把关不严，造成复核结果膨胀。有的煤矿安全监管部门、煤矿安监机构没有切实履行对复核结果的复审职责，对存在的问题没有提出意见。以上问题，如不坚决予以扭转，将严重影响有效应对煤炭产能过剩、安全生产和结构调整工作。当前部分煤矿超能力生产相当严重，仍是煤矿重特大事故多发的直接原因之一。

为进一步做好复核结果审查工作，保证复核质量，遏制超能力生产，经研究决定，在前一段各地初步审查的基础上，对生产能力复核结果重新组织一次全面审查，现紧急通知如下：

一、进一步统一对复核工作目的和要求的认识。这次全国煤矿生产能力复核工作，是在近年来超能力生产引发的煤矿安全事故频繁发生、违规建设和盲目扩能十分严重、产能过剩趋势日益加剧、煤炭工业健康发展面临严峻挑战的形势下组织开展的，是应对产能过剩、制止违规建设、促进安全生产和结构调整、实现可持续发展的一项重要措施。其基本目的和要求是，通过实施生产能力管理办法和调整核定标准，全面开展复核，查处未经批准的新建、改扩建、技术改造项目以及“批小建大”形成的违规能力，压减近年来盲目扩张的生产能力，遏制超能力生产，防范重特大事故，促进煤炭供需总量基本平衡。各地必须认清形势，增强全局意识，服从国家宏观调控的统一部署，坚决、全面、不折不扣地贯彻执行有关生产能力复核的各项规定，认真总结吸取前一阶段的经验教训，切实加强组织领导，严肃认真地组织好复核结果审查工作，坚决把过高的生产能力压下来，全面完成复核结果总量控制的任务。

二、严格遵循复核结果审查的各项规定。各地要全面正确理解和执行复核工作的各项原则、政策和标准，不能断章取义、以偏概全。针对目前出现的问题，这次审查要严格执行以下规定：

（一）对“四证”（采矿许可证、安全生产许可证、煤炭生产许可证、工商营业执照）不全的非法煤矿，一律不得参加能力复核，并在核查清楚后提请列入关闭煤矿名单。

（二）2005 年上报统一核定结果之后，已完成经批准的新建、改扩建、技术改造、资源整合、采煤方法改革的煤矿，必须提供初步设计和竣工验收批复文件，一律以批准文件认定的设计能力为准。对超过设计“批小建大”形成的违规能力一律不予认可。

（三）未经批准擅自实施新建、改扩建、技术改造、资源整合、采煤方法改革的煤矿，提供不出规定的批准文件的，新增生产能力一律不予认可。

（四）2005 年上报统一核定结果之后，没有进行改扩建、技术改造、资源整合、采煤方法改革的煤矿，应按照《煤矿生产能力核定标准》年工作日数由 350 日调整为 330 日的规定，相应调减生产能力。

（五）复核能力提高的煤矿，服务年限必须符合设计规范的规定，对应的资源储量必须有国土资源部门的认定文件。凡达不到服务年限规定，或对应的资源储量无国土资源部门认定文件的，一律不得提高复核能力。

（六）高瓦斯、煤与瓦斯突出的矿井，凡瓦斯抽采能力没有同步提高的，一律不得认可提高的复核能力。

（七）落后的采煤工艺、采煤方法未改进的煤矿，不得提高采掘工作面能力。

（八）提升绞车、钢丝绳等设备、设施必须符合《煤矿安全规程》关于安全系数的规定，不能以降低设备、设施的安全系数提高生产能力。

（九）未参加 2005 年全国统一核定，而参加本次复核的煤矿，必须单独列表，逐一说明原因，提供“四证”齐全的证明，复核结果应以煤炭生产许可证登记能力为基础，执行本次复核的各项规定。

对不符合以上规定的复核结果，必须坚决予以调整。

三、严肃认真地开展复核结果审查工作。自本通知下发之日起到年底前，各地要由省级煤炭行业管理部门牵头，煤矿安全监管部门、煤矿安监机构配合，在前一阶段初步审查的基础上，共同组织，集中开展一次全面系统的审查。审查结束后，联合行文上报国家发展改革委、国家安全监管总局、国家煤矿安监局。

各地要逐一对所有参与复核的煤矿认真进行审查。在此基础上，把以下煤矿作为审查重点：

（一）复核结果与2005年统一核定上报能力相比持平或提高的煤矿；

（二）2005年统一核定上报能力在3万吨/年及其以下，而复核结果在3万吨/年以上的煤矿；

（三）2005年实际产量不足上报复核能力80%的煤矿；

（四）落后的采煤工艺、采煤方法未改进而提高生产能力的煤矿。

各地在审查中，要对各核定资质单位的工作质量进行检查，对在复核中弄虚作假、工作质量低劣的，予以经济处罚，吊销核定资质，并严肃追究主要负责人和有关人员的责任。

在各地审查结束后，国家发展改革委、国家安全监管总局、国家煤矿安监局将严格按照本通知规定，联合组织专家组对各地上报复核结果进行审查。对未通过审查的，责成进一步做出调整。对经调整后仍达不到要求的，将联合组织现场抽查，发现问题的，将给予全国通报批评，并严肃追究有关部门主要负责人的责任，吊销核定资质单位的核定资质。

当前正值冬季煤炭需求旺季，各级煤炭行业管理部门、煤矿安全监管部门、煤矿安监机构要把查处年底超能力突击生产作为一项重点工作。复核结果经审查批复后，作为组织生产和监督检查的依据。复核结果未批复前，必须按照原能力组织生产和监督检查。对超能力生产的，依据《国务院关于预防煤矿生产安全事故的特别规定》和《煤矿生产能力管理办法》，责令停产整顿、实施经济处罚，直至吊销安全生产许可证和煤炭生产许可证，提请地方人民政府予以关闭。

附：煤矿生产能力复核结果上报资料（略）

国家发展和改革委员会
国家安监总局
国家煤矿安监局
二〇〇六年十一月二十八日

077

关于制定煤矿整顿关闭工作三年规划的指导意见

安委办〔2006〕19号

各产煤省、自治区、直辖市安全生产委员会：

为贯彻落实全国人大常委会安全生产法执法检查中提出的、国务院确定的“争取用三年左右时间，解决小煤矿问题”和温家宝总理在全国安全生产工作会议上提出的“从现在起，用三年时间完成煤矿整顿关闭工作”的总体要求，国务院安全生产委员会办公室在认真总结分析前阶段煤矿整顿关闭工作进展情况的基础上，针对当前形势和工作中出现的新情况、新问题，就制定煤矿整顿关闭工作三年规划提出以下指导意见：

一、煤矿整顿关闭工作的指导原则

贯彻胡锦涛总书记在中央政治局第三十次集体学习时的重要讲话精神和全国安全生产工作会议总体部署，依据有关法律法规、标准、“十一五”规划和煤炭工业产业政策，坚持“安全第一、预防为主、综合治理”的方针，综合运用法律、经济和必要的行政手段，深化煤矿整顿，消除事故隐患；依法取缔关闭，淘汰落后生产能力；规范资源整合，促进结构调整；加强安全管理，落实主体责任；实行联合执法，强化监督监察。争取用三年左右时间，基本解决小煤矿发展过程中存在的数量多、规模小、办矿水平和安全保障能力低、破坏和浪费资源严重、事故多发等突出问题。通过坚持不懈的努力，全面提升煤矿安全生产保障能力，促进煤炭工业结构调整；有效遏制重特大事故，减少伤亡人数，实现煤矿安全生产状况的稳定好转。

二、煤矿整顿关闭工作的基本目标

自2005年7月至2008年6月，争取用三年时间实现“一个好转、两个减少和三个提高”的目标。

一个好转：采矿秩序明显好转。基本消灭非法开采、违法违规生产、建设、破坏浪费资源、污染环境和布局不合理的煤矿。

两个减少：一是小煤矿数量大幅度减少，力争控制在1万处左右，单井平均规模在9万吨/年以上，产业结构趋于合理；二是小煤矿事故总量大幅度下降，特别重大事故得到有效遏制，小煤矿百万吨死亡率力争控制在4以下。

三个提高：一是小煤矿资源回收率明显提高，采区回采率达到国家规定标准（厚煤层75%，中厚煤层80%，薄煤层85%）以上，破坏和浪费资源的现象基本得到控制；二是小煤矿装备水平明显提高，基本实现正规开采，采掘机械化程度达到20%以上，全部装备安全监控系统；三是小煤矿安全管理水平和从业人员技术素质明显提高，设置安全管理机构，配齐安全管理人员，各项规章制度齐全，从业人员文化程度达到初中以上，特种作业人员达到高中以上，主要负责人和经营管理人员达到中专以上。

三、煤矿整顿关闭工作的步骤

煤矿整顿关闭工作原则上分为以下三个阶段：

第一阶段：（2005 年 7 月－2006 年 6 月）以整顿关闭为工作重点。依法取缔关闭非法开采、违法生产、不具备安全生产条件和布局不合理的矿井。

第二阶段：（2006 年 7 月－2007 年 6 月）以整顿关闭和煤炭资源整合为工作重点。一手抓整顿关闭，一手抓资源整合。按照国家安全监管总局、国家煤矿安监局和国家发展改革委等 11 个部门联合印发的《关于加强煤矿安全生产工作，规范煤矿资源整合的若干意见》（安监总煤矿〔2006〕48 号，以下简称《若干意见》）中规定的资源整合的目标、范围、原则和程序进行。通过资源整合，淘汰落后生产能力，改变小煤矿过多、过乱、过散的状况，进一步减少矿点数量。

第三阶段：（2007 年 7 月－2008 年 6 月）以政策治本，强化矿井安全管理，落实企业安全主体责任为工作重点。继续深化煤矿整顿关闭工作，严格安全准入，强化源头管理，全面提升小煤矿整体水平。

四、煤矿整顿关闭工作重点

（一）严厉打击非法开采行为，严防已关闭矿井死灰复燃

对非法开采和已关闭擅自恢复生产的矿井（矿点）发现一处，取缔一处，并依据有关规定依法查处相关责任人；非法挂靠矿井一律予以关闭；发现同一个矿井 1 年内 2 次或 2 次以上超层越界开采的，一律予以关闭；非煤矿山违法从事煤炭开采的，一律予以关闭。

（二）限期关闭和淘汰以下矿井

1. 关闭布局不合理矿井

一是不同的采矿权人，其许可的采矿范围在垂直方向上相互重叠（俗称“楼上楼”）的矿井，只能保留一个，其余必须关闭。

二是国有煤矿井田范围内的各类小煤矿。

2. 淘汰落后生产能力

一是 2007 年末淘汰年生产能力在 3 万吨以下（含 3 万吨）的矿井；各省

（区、市）规定淘汰生产能力在3万吨以上的，从其规定。依据《若干意见》，采矿许可证到期的，一律不再延续，到期一个关闭一个。

二是依据《若干意见》，年生产能力3万吨以下（含3万吨）的煤与瓦斯突出矿井，不符合安全生产条件的，提请地方人民政府依法予以关闭。

3. 关闭违法组织生产的矿井

一是依据《国务院关于预防煤矿生产安全事故的特别规定》（以下简称《特别规定》），存在重大安全生产隐患被责令停产整顿、擅自从事生产的煤矿，提请地方人民政府依法予以关闭。

二是依据《特别规定》，3个月内2次或者2次以上发现有重大安全生产隐患、仍然组织生产的煤矿，提请地方人民政府依法予以关闭。

三是被列入煤炭资源整合范围，整合过程中违法组织生产的矿井，提请地方人民政府依法予以关闭。

4. 关闭不具备安全生产条件的矿井

一是依据《特别规定》，存在重大安全生产隐患被责令停产整顿，经整改后仍不具备安全生产条件的矿井，提请地方人民政府依法予以关闭。

二是依据《特别规定》，1个月内3次或者3次以上发现未按照国家有关规定对井下作业人员进行安全教育和培训或者特种作业人员无证上岗的矿井，提请地方人民政府予以关闭。

三是依据《特别规定》，存在瓦斯突出、自然发火、冲击地压、水害威胁等重大安全生产隐患，现有技术条件难以有效防治，不能保证安全生产的矿井，依法予以关闭。

四是已取得相关证照，但管理滑坡、安全生产条件下降，被责令停产整顿，经整改后仍不具备安全生产条件的矿井，提请地方人民政府依法予以关闭。

5. 关闭资源整合方案中确定的被整合矿井

地方人民政府批准列入资源整合范围的矿井，被整合的矿井必须先关闭、后整合；整合后形成的矿井只能有一个法人主体、一套生产系统，矿井的生产能力、服务年限应符合国家有关规定。

6. 地方人民政府决定依法予以关闭的矿井

一是地方各级人民政府根据地方行政法规和规定，对发生重特大事故后决定依法予以关闭的矿井。

二是不符合当地产业政策的矿井，依法予以关闭。

7. 关闭煤炭资源接近枯竭的矿井

依据《若干意见》，对经地方国土资源管理部门认定，煤炭资源接近枯竭且分别在2006年、2007年年底前采矿许可证到期的煤矿，采矿许可证到期后及时注销其各种证照，当年依法予以关闭。

（三）严格控制新建矿井的规模和数量

从本意见印发之日起，各地一律停止核准（审批）达不到产业政策规定的最小规模的小煤矿，不得核准（审批）列入淘汰范围的小煤矿进行扩大能力的改扩建工程。加强煤矿建设项目的监管，未列入当地煤炭工业“十一五”发展规划的建设项目，一律不予核准（审批），不得发放采矿许可证。

五、煤矿整顿关闭工作的保障措施

（一）进一步统一思想，坚定信心，打好煤矿整顿关闭工作攻坚战

认真学习贯彻胡锦涛总书记和温家宝总理关于安全生产的重要讲话精神，用讲话精神统一思想，指导和推动煤矿整顿关闭工作。“争取用三年左右时间，解决小煤矿问题”的目标能否实现，关系到煤矿安全生产形势能否根本好转，关系到煤炭产业结构调整和可持续发展能否实现，关系到广大煤矿职工生命安全能否得到真正保护。胡锦涛总书记和温家宝总理在讲话中都强调，要打好煤矿整顿关闭攻坚战，把工作抓细抓实抓好。各地要进一步认清形势，统一思想，提高认识，坚定信心，明确任务，狠抓落实。坚决实现全国人大常委会提出、国务院确定的三年解决小煤矿问题的奋斗目标。

（二）加强组织领导，完善工作机制

煤矿整顿关闭工作由省级人民政府统一负责。各产煤省（区、市）应成立相应的组织领导和协调机构，负责组织制定本地区煤矿整顿关闭工作三年规划，并组织实施和监督检查，明确和落实市、县级人民政府和各部门在煤矿整顿工作中的责任，把关闭煤矿的任务逐级分解到基层，落实到具体矿井。各产煤市（县）人民政府也应成立相应的机构，主要领导亲自抓，分管领导具体抓，切实加强对煤矿整顿关闭工作的领导。

（三）制定三年规划，明确工作目标

各产煤省（区、市）人民政府煤矿整顿关闭工作领导机构（小组）应依据本意见，结合本地煤炭工业“十一五”发展规划，抓紧组织制定本地区煤矿整顿关闭三年（2005年7月—2008年6月）规划方案。规划方案应明确煤矿整顿关闭的指导思想、工作目标、矿井名单、工作方法和工作步骤、配套的政策措施等，细化关闭矿井的范围和对象，确定每个阶段的关闭矿井数量计划和2008年6月底保留的小煤矿数量。

（四）完善联合执法机制，落实部门职责

要建立健全党委和政府统一领导、相关部门共同参与的联合执法机制，提高执法权威和执法效率，落实各部门在煤矿整顿关闭工作中的职责。

国土资源管理部门负责认定非法开采、关闭后擅自恢复生产、超层越界、布局不合理、资源接近枯竭、国有煤矿井田内以及资源重叠矿井，并向地方人民政府提出关闭矿井名单；依法暂扣停产整顿矿井的采矿许可证，对地方人民政府决

定关闭的矿井及时依法吊（注）销采矿许可证。

煤矿安全监管部门和煤矿安全监察机构负责对存在重大隐患矿井依法作出停产整顿、停止施工的监察指令，并向地方人民政府提出不具备安全生产条件关闭矿井名单；依法暂扣停产整顿矿井的安全生产许可证，对地方人民政府决定关闭的矿井及时依法吊（注）销安全生产许可证。

煤炭行业管理部门负责控制新建矿井规模，负责认定违法生产、非法挂靠、一证多井、落后生产能力和不符合产业政策的矿井，并向地方人民政府提出关闭矿井名单；依法暂扣停产整顿矿井的煤炭生产许可证，对地方人民政府决定关闭的矿井及时依法吊（注）销煤炭生产许可证。

工商行政管理部门负责依法暂扣停产整顿矿井的工商营业执照，对地方人民政府决定关闭的矿井及时依法吊（注）销工商营业执照。

劳动保障部门依据《劳动法》和《工伤保险条例》等法律法规，负责依法查处煤矿企业非法用工行为；负责监督煤矿企业与劳动者签定劳动合同和为每位劳动者加入工伤保险，加强劳动组织管理，落实和保护劳动者权益，严禁超定员组织生产，严禁强令劳动者超时限作业，严禁妇女从事井下作业。

公安部门负责收缴地方人民政府决定关闭矿井的火工用品，注销民用爆破器材准用证；负责维护矿井关闭现场的秩序。

供电部门负责切断决定关闭矿井供电电源，拆除供电设施，查处地方供电部门向非法煤矿供电行为。

行政监察部门负责对参与煤矿整顿关闭工作的有关部门履行职责情况实施监督监察；负责对存在非法开采并且没有采取有效制止措施的县、乡级人民政府主要负责人给予行政处分；负责查处国家机关工作人员和国有企业负责人投资入股办矿问题。

（五）研究制定相应的经济政策

一是各地应结合实际，借鉴北京、广东、山西和内蒙古的做法，研究制定转产扶植、结构调整、就业培训、困难补助等经济政策和鼓励政策。

二是完善相应的退款、退费制度。对关闭的矿井，其剩余采矿权价款由国土资源管理部门会同财政部门按规定予以退还；其所缴纳的安全生产风险抵押金、地质环境治理备用金等费用，由收缴部门据实予以返还本息。

三是推进山西省开展煤炭工业可持续发展政策措施试点，及时总结推广成熟经验。

请各产煤省（自治区、直辖市）抓紧时间摸清现有煤矿的基本情况，制定煤矿整顿关闭工作三年规划。请将三年规划于 2006 年 6 月 30 日前，本地区 2006 年关闭矿井的数量及名单、2007 年关闭矿井数量以及到 2008 年 6 月底保留矿井数量（按附件要求填报）于 6 月 15 日前分别报送国务院安全生产委员会办公室。国务院安全生产委员会办公室将于 6 月 15 日以后分批听取各产煤省（自治区、直辖市）关于煤矿整顿关闭工作的汇报。

附件：

1. 现有矿井基本情况表（略）
2. 煤矿整顿关闭及保留矿井规划表（略）
3. 2006 年关闭矿井名单（略）

国务院安全生产委员会

二〇〇六年五月二十九日

十二 煤炭产运需衔接

078

国家发展改革委关于做好 2012 年煤炭产运需衔接工作的通知

发改运行〔2011〕2945 号

各省、自治区、直辖市发展改革委、经贸委（经委、经信委、工信委）、工信厅、煤炭厅（局、办），煤炭、电力、化肥行业协会，有关企业：

今年以来，全国煤炭产运需保持较快增长势头，供应总体平稳。在各方共同努力下，克服了南方干旱少雨、水电大幅减发、部分地区电煤偏紧等不利因素，保障了国民经济平稳较快发展的需要。预计 2012 年，煤炭供需将保持基本平衡，但受各种不利因素影响，局部地区、个别时段还会出现电煤供需失衡现象。为保障重点行业煤炭稳定供应，现就 2012 年跨省区煤炭产运需衔接有关事项通知如下：

一、加强宏观调控指导，充分发挥市场机制作用

（一）我委会同铁道、交通运输等有关部门和单位，按照国务院有关文件要求，做好煤炭产运需总量综合平衡，研究制定 2012 年跨省区煤炭产运需衔接原则，提出运力配置指导框架方案和电煤价格政策，指导全国开展产运需衔接工作。

（二）供需双方要坚持以市场为导向，自主衔接、协商订货。各有关方面要严格执行产运需衔接政策，不得以任何理由干预企业正常衔接。

（三）鼓励煤炭供需双方签订中长期合同，为建立长期稳定供需关系奠定良好的基础。加快建立以全国煤炭交易中心为主体，以区域市场为补充，以网络技术为平台，有利于政府宏观调控、市场主体自由交易的煤炭市场体系。

二、坚持供需自主衔接，依法签订购销合同

（一）凡依法从事煤炭生产经营活动的供需企业，均可参加衔接。支持煤矿与终端消费企业直接衔接签订合同，减少中间环节。严禁证照不全的煤矿、非法违规的经营企业和用户参加衔接。

（二）供需双方应按照《合同法》有关规定，签订内容规范完整、具有法律效力的煤炭购销合同。合同中需明确产品质量、价格和违约责任，合同数量依据2012年跨省区煤炭运力配置指导框架确定，原则上除框架调整外，其他重点合同电煤数量与上年保持不变，且矿点和电厂保持相对稳定。严禁签订脱离生产和需求实际的虚假合同，一旦查出将严肃处理。

（三）供需双方要加强配合，本着高效、节俭的原则，加快衔接进度，在自本通知下发后15日内完成合同的签订。各有关方面不得以任何理由干扰、拖延合同签订时间。

（四）供需双方签订的全部合同，须登录中国煤炭市场网（www.cctd.com.cn）煤炭网络交易系统，煤炭工业协会负责协调做好信息收集和合同汇总等相关服务工作。

三、落实价格调控政策，稳定发电用煤价格

煤炭是重要的基础能源，煤价大幅上涨对发电企业影响较大。为此，各有关方面要进一步提高对电煤价格调控重要性的认识，认真贯彻《国家发展改革委关于加强发电用煤价格调控的通知》（发改电〔2011〕299号）精神，切实加强自律，稳定发电用煤价格。

四、优化煤炭运力配置，保障重点用煤需求

（一）供需双方重点合同签订结束后，煤炭产运需各方要主动加强沟通，相互配合，做好运力落实工作。铁道部、交通运输部指导有关铁路局、港航企业做好运力配置工作，并以框架意见为基础，结合实际完成情况和新增能力确定运力配置。

（二）对供需企业签订的内容齐全、规范的煤炭购销合同，各铁路局要及时确认运力，需经水运中转的由有关港口确认承诺运输，保质、保量、按时完成运力衔接工作。

（三）煤炭运力配置应体现国家产业政策要求；向节能减排搞得好、合同兑现率高、装车运输条件好的大中型企业倾斜。重点保障电力、化肥、居民生活、国家煤炭应急储备等用煤需求。对煤炭供需企业签订的中长期合同，运力上给予优先安排。对重点合同兑现率极低的企业核减运力。

五、加强监督，落实责任，全面完成衔接各项任务

（一）中国煤炭工业协会和国家电网交易中心，根据煤矿生产、运力配置和电力企业需求实际情况，对供需双方签订的经铁路、港航企业配置运力的重点电煤合同进行核实，并提交我委和铁道部、交通运输部。

（二）我委和铁道部、交通运输部加强对衔接工作的监督指导，对有悖于衔

接政策，并有可能对煤炭稳定供应带来明显影响的，予以必要的调整。

（三）产运需各方要严格履行合同，确保兑现。我委将会同有关部门和单位，依据有关监管职能，对重点电煤合同履行情况进行督促检查。

各有关地方、部门、行业协会和产运需企业，要增强大局意识和责任意识，加强协作，密切配合，努力做好2012年煤炭产运需衔接工作。

附：2012年跨省区煤炭铁路运力配置指导框架

国家发展和改革委员会

二〇一一年十二月十四日

附：

2012年跨省区煤炭铁路运力配置指导框架（单位：万吨）

行业 路局、矿点	合　计	电　力	化　肥	居民生活
合　计	83460	77506	2874	3080
哈尔滨铁路局	6045	5995		50
1. 黑龙江省	2445	2395		50
鸡　西	320	320		
鹤　岗	250	235		15
双鸭山	150	150		
七台河	270	255		15
鸡西盛隆	190	190		
司法矿	50	50		
黑龙江地方	1215	1195		20
2. 内蒙古东部	3600	3600		
扎赉诺尔	800	800		
大　雁	500	500		
伊　敏	800	800		
宝日希勒	1000	1000		
内蒙古地方	500	500		
沈阳铁路局	4145	4145		

续表

行业 路局、矿点	合计	电力	化肥	居民生活
1. 吉林省	455	455		
辽　源	175	175		
通　化	60	60		
舒　兰	150	150		
珲　春	70	70		
2. 辽宁省	490	490		
铁　法	330	330		
沈　阳	110	110		
阜　新	50	50		
3. 内蒙古东部	3200	3200		
平　庄	500	500		
霍林河	2700	2700		
北京铁路局	5885	5395	190	300
1. 北京市	60		10	50
北　京	60		10	50
2. 河北省	2095	1885	5	205
开　滦	585	405		180
冀中能源	890	860	5	25
蔚　州	200	200		
河北地方	420	420		
3. 山西省	2060	1840	175	45
阳　泉	1200	980	175	45
南　庄	50	50		
天　成	300	300		
山西直属	40	40		
山西地方	440	440		
阳泉市	270	270		
晋中市	100	100		
长治市	40	40		
乡　镇	30	30		

续　表

路局、矿点 \ 行业	合　计	电　力	化　肥	居民生活
山西出口	30	30		
阳泉市	30	30		
4. 司法矿	170	170		
5. 神华集团	1500	1500		
朔　黄	1500	1500		
太原铁路局	34201	33001	60	1140
1. 河北省	140	140		
部直属	140	140		
2. 山西省	18120	17025	55	1040
同煤本部	4630	4410	20	200
阳　泉	350	350		
西　山	1600	1220	35	345
汾　西	535	375		160
霍　州	400	290		110
轩　岗	245	245		
朔州煤电	365	365		
华晋焦煤	45	45		
山西地方	8510	8300		210
大同市	430	380		50
忻州市	555	545		10
离柳焦煤	65	65		
朔州公司	950	950		
朔州矿业	330	330		
国新能源	2755	2705		50
省煤运	1825	1765		60
省能源	100	100		
凯嘉能源	100	90		10
山煤国际	1400	1370		30
局直属	1160	1145		15
部直属	280	280		

续 表

行业 路局、矿点	合 计	电 力	化 肥	居民生活
3. 司法矿	230	220		10
4. 中煤集团	7786	7771	5	10
平 朔	7066	7066		
金海洋	620	620		
煤气化	100	85	5	10
5. 神华集团	5015	4935		80
神 华	1515	1465		50
准格尔	3500	3470		30
6. 内蒙古	2710	2710		
伊 泰	1930	1930		
蒙 泰	310	310		
满 世	270	270		
其 他	200	200		
7. 陕西地方	200	200		
呼和浩特铁路局	10930	10830		100
1. 神华集团	1620	1600		20
2. 伊 泰	1400	1400		
3. 蒙 泰	460	460		
4. 满 世	420	420		
5. 司法矿	110	110		
6. 其 他	6920	6840		80
郑州铁路局	7380	4655	2335	390
1. 山西省	5070	2390	2300	380
晋 城	2500	555	1945	
潞 安	1350	985	45	320
晋普山	30	30		
晋城市	330	220	80	30
明 华	350	325		25
兰 花	180	40	140	

续　表

行业 路局、矿点	合　计	电　力	化　肥	居民生活
乡　镇	30	30		
山西出口	220	140	80	
局直属	80	65	10	5
2. 河南省	2310	2265	35	10
平顶山	260	260		
郑　州	860	835	25	
焦　作	30	20	10	
鹤　壁	260	260		
义　马	900	890		10
武汉铁路局	1370	1210	20	140
平顶山	1370	1210	20	140
西安铁路局	4455	4370	35	50
1. 陕西省	4105	4055		50
陕煤集团	2395	2345		50
铜　川	350	350		
韩　城	225	175		50
澄　合	170	170		
蒲　白	130	130		
陕煤建	50	50		
黄　陵	600	600		
陕煤分司	620	620		
彬　长	150	150		
红石峡	100	100		
司法矿	150	150		
其　他	1560	1560		
2. 甘肃省	350	315	35	
华　亭	350	315	35	
济南铁路局	1240	810	10	420
山东省	1240	810	10	420
枣　庄	345	220	5	120

续 表

路局、矿点＼行业	合 计	电 力	化 肥	居民生活
兖 州	120	25	5	90
新 汶	355	260		95
肥 城	200	105		95
淄 博	200	180		20
临 沂	20	20		
上海铁路局	5360	4820	150	390
1. 江苏省	270	185		85
徐 州	140	100		40
大 屯	130	85		45
2. 安徽省	4860	4435	125	300
淮 南	2820	2750	70	
淮 北	885	560	25	300
皖 北	415	385	30	
新 集	740	740		
3. 河南省	230	200	25	5
永 城	230	200	25	5
南昌铁路局	260	260		
江西省	260	260		
萍 乡	80	80		
丰 城	130	130		
英岗岭	20	20		
乐 平	30	30		
广铁公司	210	190	10	10
湘煤集团	210	190	10	10
成都铁路局	649	545	64	40
1. 贵州省	511	425	64	22
六 枝	106	85	14	7
水 城	240	240		
林 东	135	100	20	15
司法矿	30		30	

续　表

行业 路局、矿点	合　计	电　力	化　肥	居民生活
2. 四川地方	123	105		18
3. 重庆市	15	15		
昆明铁路局	300	250		50
1. 贵州盘江	210	160		50
2. 云南地方	90	90		
兰州铁路局	560	560		
宁煤集团	560	560		
乌鲁木齐铁路局	470	470		
神华新疆	220	220		
潞安新疆	250	250		

079

国家发展改革委关于做好2011年煤炭产运需衔接工作的通知

发改运行〔2010〕2880号

各省、自治区、直辖市发展改革委、经贸委（经委、经信委、工信委）、工信厅、煤炭厅（局、办），煤炭、电力、钢铁、有色、化肥行业协会，有关企业：

2010年，在国家宏观指导下，煤炭订货改革继续深化，市场配置资源的基础性作用得到进一步发挥，产运需衔接平稳有序，煤炭市场供需基本稳定。2011年是我国“十二五”开局之年，转变经济发展方式步伐进一步加快，能源消费将得到合理控制，煤炭供需总量基本平衡。但受结构性矛盾和不确定因素影响，部分地区、个别时段仍有可能出现供需失衡。为做好2011年跨省区煤炭产运需衔接，确保煤炭稳定供应，促进国民经济平稳较快发展，现就有关事项通知如下：

一、加强宏观调控指导，完善煤炭产运需衔接

（一）认真贯彻落实国务院第133次常务会议部署，我委会同交通运输部、铁道部和地方政府等有关单位，在做好煤炭产运需总量综合平衡基础上，研究制定和完善跨省区煤炭产运需衔接政策，加强对全国及地方产运需衔接工作的指导。

（二）坚持改革方向，继续推进企业自主衔接、协商订货的市场机制，加快建立政府宏观调控与市场主体自主交易相结合的现代煤炭交易体系。积极鼓励煤炭供需双方签订中长期合同，建立长期稳定供需关系。

（三）按照国家产业结构调整、节能减排和控制“两高一资”产品出口等政策要求，调整煤炭用户结构。

（四）煤炭资源和运力配置向中长期合同、重点用煤行业和合同兑现率高的企业倾斜；向铁路战略装车点、大客户、路企直通运输的企业倾斜。对合同兑现率低的企业不予增加运力。

（五）我委会同有关部门、地方政府和行业协会等，按照加强国家宏观指导、发挥市场机制作用的基本原则，督促指导企业开展衔接，依法规范市场交易行为，协调解决衔接中的问题。

二、统筹兼顾，突出重点，合理配置铁路运力

（一）我委会同有关部门，根据2010年跨省区煤炭铁路运输完成和合同履行情

况，结合新增资源和铁路运力，提出2011年跨省区煤炭铁路运力配置指导框架。

（二）重点保障电力、化肥、居民生活等重点行业的煤炭需求。加大内蒙古、山西、陕西等省区煤炭外运能力，新增铁路运力优先安排大型煤矿，保障重点电厂新增机组用煤。

（三）引导供需企业将2010年度单笔数量在30万吨以上（含30万吨）的重点电煤合同续延至2011年度，铁路运力配置维持上年水平不变。鼓励煤电双方签订中长期合同，在合同履行期限内年度铁路运力配置优先安排。

（四）支持煤炭资源整合和煤矿企业兼并重组，做好相应的运力配置调整，各矿点的运力配置原则上以2010年签订的实际合同为基础，实现平稳过渡。对经国家核准建设、证照齐全的新投产矿井给予支持。

三、坚持供需自主衔接，规范市场主体行为

（一）凡属依法生产经营的煤炭供需企业，均可公平自主参加衔接。禁止未经国家核准（审批）建设，证照不全，违规生产经营，以及纳入淘汰落后产能范围的供需企业参加衔接。鼓励煤矿和终端消费企业直接衔接，减少中间环节介入。

（二）各有关方面要严格执行产运需衔接政策，不得干预企业自主衔接签订合同。除供需企业和铁路、交通部门外，其他任何单位一律不得在合同上盖章。

（三）供需企业要以铁路运力配置指导框架为依据，以企业生产经营实际为基础，衔接购销数量，签订买卖合同。合同中须明确数量、质量、价格和违约责任，不得脱离实际生产和需求签订虚假合同。

（四）供需企业要相互配合，加快衔接进度，自本通知下发后25日内，协商完成合同签订。各有关方面要为产运需衔接做好服务工作。

（五）供需企业签订的全部合同，须登录中国煤炭市场网（www.cctd.com.cn）煤炭网络交易系统，由系统自动生成分行业、分企业的汇总数据。委托中国煤炭工业协会汇总合同签订情况。对在规定时间内未完成合同签订和录入网络系统的，不再衔接落实运力。

四、保持煤炭价格稳定，清理不合理收费

（一）鉴于当前稳定物价总水平、管理通胀预期的任务繁重，煤炭和电力企业要从维护经济发展大局出发，加强企业自律，2011年产运需衔接中，年度重点电煤合同价格维持上年水平不变，不得以任何形式变相涨价。

（二）清理各地区、各部门现行煤炭生产、销售过程中征收的各类收费和基金，取消地方各级政府和有关部门越权设立的收费和基金，整合性质相近、重复设置的收费和基金，减轻煤炭企业负担。

五、明确责任，密切配合，全面完成衔接工作

（一）为保证合同的真实性，供需双方衔接结束后，由中国煤炭工业协会、电力行业衔接牵头单位，根据煤矿实际生产、运力配置和电力企业实际需求情况，核对重点电煤合同，并提交我委和铁路、交通部门。

（二）铁道部、交通运输部加强指导，组织有关铁路局、港口衔接落实运力。对供需企业签订的内容齐全、规范的煤炭买卖合同，各铁路局盖章承诺提供运力，需经水运中转的由有关港口盖章承诺运输。各铁路局、港口一律不得在煤矿企业提交买卖合同前，对煤矿或用户配置运力。

（三）在衔接落实运力过程中，我委和铁道部、交通运输部加强监督指导，对违背衔接政策、运力配置指导框架，有可能对煤炭稳定供应带来重大影响的，予以必要的调整。

（四）衔接工作结束后，对产运需三方认可的合同，各有关企业要严格履行，确保兑现。我委将会同铁道部、交通运输部和有关单位，加强合同兑现率的日常监督考核。

各有关部门、地方政府、行业协会和煤炭产运需企业要增强大局意识和责任意识，密切配合，相互支持，努力做好2011年煤炭产运需衔接工作，保障煤炭持续稳定供应，促进国民经济平稳较快发展。

附：2011年跨省区煤炭铁路运力配置指导框架

国家发展和改革委员会
二〇一〇年十二月六日

附：

2011年跨省区煤炭铁路运力配置指导框架 （单位：万吨）

行业 / 路局、矿点	合计	电力	钢铁（有色）	化肥（化工）	居民生活
合计	93200	76900	9453	3484	3363
哈尔滨铁路局	4010	3330	630		50
1. 黑龙江省	1990	1310	630		50
鸡西	520	390	130		

续　表

行业 路局、矿点	合计	电力	钢铁（有色）	化肥（化工）	居民生活
鹤岗	355	179	160		16
双鸭山	240	240			
七台河	430	236	180		14
沈煤	100	100			
中煤销	20	10	10		
司法矿	25	5	20		
黑龙江地方	300	150	130		20
2. 内蒙古东部	2020	2020			
扎赉诺尔	500	500			
大雁	380	380			
伊敏	570	570			
宝日希勒	550	550			
内蒙古地方	20	20			
沈阳铁路局	4660	4195	465		
1. 吉林省	550	425	125		
辽源	280	155	125		
通化	30	30			
舒兰	150	150			
珲春	90	90			
2. 辽宁省	710	370	340		
抚顺	60	60			
铁法	340	290	50		
沈阳	90	90			
阜新	200	60	140		
北票	20	20			
3. 内蒙古东部	3400	3400			
平庄	450	450			

续 表

行业 路局、矿点	合计	电力	钢铁（有色）	化肥（化工）	居民生活
霍林河	2950	2950			
北京铁路局	6705	5170	1070	180	285
1. 北京市	350	150	140	10	50
北京	350	150	140	10	50
2. 河北省	2695	1800	700	5	190
开滦	800	405	215		180
冀中能源	930	665	260	5	
邢台	385	190	185		10
蔚州	100	100			
兴隆	20	20			
河北地方	450	410	40		
部直属	10	10			
3. 山西省	2350	1910	230	165	45
阳泉	1470	1050	210	165	45
南庄	50	50			
天成	170	170			
国阳阳涉	130	130			
山西地方计	440	440			
阳泉市	270	270			
晋中市	100	100			
长治市	40	40			
乡镇	30	30			
山西出口计	70	50	20		
阳泉市	70	50	20		
部局直属	20	20			
4. 司法矿	210	210			
荫营	140	140			

续　表

行业 路局、矿点	合计	电力	钢铁（有色）	化肥（化工）	居民生活
固庄	70	70			
5. 神华集团	1100	1100			
太原铁路局	36670	32594	2856	95	1125
1. 河北省	140	140			
部直属	140	140			
2. 山西省	20395	16709	2581	90	1015
同煤本部	4730	4310	200	20	200
阳泉	545	525	15		5
西山	2720	1471	804	50	395
汾西	1060	242	683		135
霍州	740	240	405		95
轩岗	400	380		20	
东山	115	95	20		
朔州煤电	365	365			
华晋焦煤	50	25	15		10
山西地方计	8025	7616	249		160
阳泉市	10	10			
晋中市	300	265	30		5
长治市	20	20			
太原市	270	240	30		
大同市	450	380	20		50
忻州市	520	504	6		10
吕梁市	220	165	40		15
临汾市	50	30	5		15
运城市	20	20			
离柳焦煤	65	65			
朔州公司	920	920			

续 表

行业 路局、矿点	合计	电力	钢铁（有色）	化肥（化工）	居民生活
朔州矿业	165	165			
国新能源	2755	2675	30		50
省煤运	620	577	43		
省能源	90	90			
凯嘉能源	150	140	5		5
山煤国际	1400	1350	40		10
局直属	1325	1145	165		15
部直属	320	295	25		
3. 司法矿	170	170			
西峪	60	60			
劳改局	20	20			
劳教局	90	90			
4. 中煤集团	7035	6935	85	5	10
平朔	6850	6850			
煤气化	185	85	85	5	10
5. 神华集团	5730	5515	135		80
神华	2300	2135	135		30
准格尔	3430	3380			50
6. 内蒙古	3000	2960	40		
伊泰	2080	2040	40		
蒙泰	420	420			
满世	320	320			
其他	180	180			
7. 陕西地方	200	165	15		20
呼和浩特铁路局	13575	12143	1124	110	198
1. 内蒙古	9070	8371	466	55	178
伊泰	1750	1162	390	50	148

续　表

行业 路局、矿点	合计	电力	钢铁（有色）	化肥（化工）	居民生活
蒙泰	580	580			
满世	500	500			
汇能	490	490			
泰利达	240	240			
其他	5510	5399	76	5	30
2. 神华集团	2780	2047	658	55	20
神华	1100	960	70	50	20
包头	610	532	78		
乌海能源	960	460	500		
万利	50	35	10	5	
金烽	30	30			
神华东胜	30	30			
3. 陕西地方	500	500			
4. 司法矿	135	135			
5. 部直属	1090	1090			
郑州铁路局	8930	5075	705	2674	476
1. 山西省	6230	2765	420	2581	464
晋城	3000	555	160	2130	155
潞安	1590	1060	240	45	245
晋普山	30	201			9
晋煤焦	30	30			
晋城市	590	400		140	50
明华	270	270			
兰花	240	75		165	
乡镇	30	30			
山西出口	340	240	20	80	
局直属	110	85		20	5

续 表

路局、矿点＼行业	合计	电力	钢铁（有色）	化肥（化工）	居民生活
2. 河南省	2700	2310	285	93	12
平顶山	260	260			
郑州	820	785	10	25	
焦作	210	50	150	10	
鹤壁	300	260	40		
义马	910	840	20	40	10
河南地方	200	115	65	18	2
武汉铁路局	1920	1370	390	20	140
河南省	1920	1370	390	20	140
平顶山	1800	1260	380	20	140
河南地方	120	110	10		
西安铁路局	4590	4246	233	57	54
1. 陕西省	4220	3936	213	17	54
陕煤集团计	2420	2221	138	7	54
铜川	345	345			
韩城	335	193	88		54
澄合	170	170			
蒲白	130	130			
陕煤建	70	70			
黄陵	640	600	40		
陕煤分司	500	490	10		
彬长	150	143		7	
红石峡	80	80			
崔家沟	110	110			
柴家沟	65	65			
车村	40	40			
红石岩	40	40			

续　表

行业 路局、矿点	合计	电力	钢铁（有色）	化肥（化工）	居民生活
华龙	380	380			
陕西地方	1125	1060	65		
部直属	40	20	10	10	
2. 甘肃华亭	350	310		40	
3. 四川地方	20		20		
济南铁路局	2110	1192	490	8	420
山东省	2110	1192	490	8	420
枣庄	800	397	290	3	110
兖州	280	105	80	5	90
新汶	540	365	80		95
肥城	220	105	20		95
淄博	250	200	20		30
临沂	20	20			
上海铁路局	6200	4942	711	155	392
1. 江苏省	520	242	181	10	87
徐州	230	160	18	10	42
大屯	290	82	163		45
2. 安徽省	5290	4495	370	120	305
淮南	2830	2300	205	20	305
淮北	1240	1090	80	70	
皖北	500	385	85	30	
新集	700	700			
安徽地方	20	20			
3. 河南省	390	205	160	25	
永城	320	195	100	25	
神火	70	10	60		
南昌铁路局	420	343	67	10	

续 表

行业 路局、矿点	合计	电力	钢铁（有色）	化肥（化工）	居民生活
江西省	420	343	67	10	
萍乡	170	139	31		
丰城	160	114	36	10	
英岗岭	10	10			
乐平	40	40			
江西地方	40	40			
广铁公司	420	190	137	23	70
湖南省	420	190	137	23	70
资兴	88		55	9	24
涟邵	27	27			
白沙	118	118			
株洗	45	45			
湖南地方	142		82	14	46
成都铁路局	1010	631	114	142	123
1. 贵州省	785	519	39	142	85
六枝	135	102	6	18	9
水城	240	170	27		43
林东	130	88	4	26	12
司法矿	80	35		45	
贵州地方	200	124	2	53	21
2. 四川地方	180	105	57		18
3. 重庆市	45	7	18		20
昆明铁路局	660	430	200		30
1. 贵州盘江	430	260	140		30
2. 云南地方	230	170	60		
兰州铁路局	820	550	260	10	
宁夏自治区	820	550	260	10	

续　表

行业 路局、矿点	合计	电力	钢铁（有色）	化肥（化工）	居民生活
宁煤集团	740	550	180	10	
宁中钢	20		20		
其他	60		60		
乌鲁木齐铁路局	500	500			
神华新疆	250	250			
潞安新疆	250	250			

080

国家发展改革委关于完善煤炭产运需衔接工作的指导意见

发改运行〔2009〕3178号

各省、自治区、直辖市发展改革委、经贸委（经信委、工信委）、工信厅、煤炭局（办），煤炭、电力、钢铁、有色、化肥行业协会，有关企业：

2004年以来，煤炭产运需衔接坚持改革方向，注重发挥市场配置资源的基础性作用，基本形成了在国家宏观调控指导下，企业自主衔接资源、协商定价的新机制，促进了煤炭市场稳定发展。虽然当前和今后一个时期，我国煤炭消费和生产持续增长，供需总量有望保持基本平衡，但受部分区域煤炭资源和运力增长限制，以及一些不确定因素等影响，还会出现局部地区、个别时段供应偏紧等问题。为确保国民经济发展对煤炭的需求，现就进一步完善煤炭产运需衔接工作提出以下意见：

一、以完善煤炭产运需衔接机制、保障稳定供应为目标，进一步改善宏观调控

（一）我委会同有关部门和地方政府，依据国民经济发展计划等，预测全国和区域性煤炭消费需求、生产和交通运输能力，做好煤炭产运需总量平衡。

（二）在综合平衡基础上，对跨省区煤炭产运需衔接，由我委会同有关部门提出指导意见；对产煤省区内产运需衔接，由地方政府经济运行、煤炭管理等部门会同铁路、交通等部门，按照全国统一原则和政策予以指导。

（三）继续推进煤炭订货改革，鼓励供需双方签订长期合同，加快建立以全国煤炭交易中心为主体，以区域市场为补充，以网络技术为平台，有利于政府宏观调控、市场主体自主交易的现代化煤炭交易体系。过渡期内，要继续完善“经过三个阶段、形成三种关系”的衔接方式。即政府发布产运需衔接原则、政策和运力配置意向框架；煤矿与用户衔接资源、协商价格、签订合同，形成供需之间的购销关系；煤矿与铁路局衔接落实铁路运力，形成矿路之间的托运承运关系，对需经港口中转部分，煤矿与港口衔接装卸、堆存等作业，形成矿港之间的委托被委托关系。

（四）进一步转变政府职能，规范行政行为，减少对微观经济运行的干预，为企业发展创造良好环境。我委会同有关部门确定的衔接原则、政策和运力配置意向框架等，通过门户网站及时向社会公布，指导产运需衔接。

（五）我委会同有关部门、地方政府和行业协会等，按照落实企业生产经营自主权、发挥市场机制作用的基本原则，督促指导衔接，依法规范市场行为，协

调解决衔接中的问题。

二、按照明确性质和功能、优化结构的要求，完善运力配置意向框架

（一）进一步发挥市场配置资源基础性作用，逐步推进运力配置方式改革。在当前铁路运力仍然紧张、结构性矛盾突出的情况下，继续坚持和完善近几年所采取的取消指令性分配、根据铁路实际状况发布运力配置意向框架的方式，以指导和服务供需企业衔接。

（二）根据居民生活、电力、化肥和冶金等重点行业跨省区煤炭需求、煤炭资源及铁路新增运力等情况，适当增加跨省区铁路运力，重点加大山西、内蒙古、陕西等省区煤炭外运力度。

（三）新增铁路运力重点增加发电用煤，同时兼顾炼焦煤、无烟煤等不同煤种、不同用途的煤炭产品，鼓励企业优化煤炭产品结构，提高煤炭使用效率。

（四）适应部分重点产煤省区实施煤矿兼并重组整合，做好运力配置主体和运力结构调整，实现平稳过渡。对每个矿点的运力配置意向，原则上以上年度意向框架为基础，适当考虑现有矿井生产能力变化等情况，并对国家核准建设的新投产矿井给予支持。

三、进一步加强企业市场主体地位，提高效率，改进和完善供需衔接

（一）供需企业之间衔接签订合同，是整个产运需衔接的中心环节，各方面都要做好服务、支持与配合工作。在指导意见发布衔接原则、政策和运力配置意向框架后30日内，供需企业要协商完成合同签订。

（二）改变目前煤炭供需双方集中衔接的做法，由企业在规定时间自主选择适当方式，分散进行衔接。政府部门和行业组织都不得规定企业的衔接方式，不得强制企业集中衔接。

（三）凡属依法生产经营的煤矿和用户企业，不分所有制、不分隶属关系、不分新老企业，均可以公平自主参加衔接。禁止未经国家核准（审批）、违规建设的煤矿参加衔接。

（四）供需衔接必须坚持以煤矿和终端消费企业为主体，坚持以发煤、收款煤矿为供方，接煤、付款厂家为需方签订合同，禁止和取缔中间环节介入供需衔接。任何部门、机构和单位不得干预企业自主衔接签订合同。

（五）供需企业要以铁路运力配置意向框架为依据，以企业生产经营实际为基础，衔接购销数量、签订合同，严禁脱离生产经营实际，签订虚假合同。鼓励供需企业之间签订五年及以上的长期购销合同。

供需企业要强化合同意识，合同须明确数量、质量、价格和违约责任，信守合同承诺，不得擅自变更。

（六）在运力配置意向框架范围内，支持煤矿优化用户和煤炭产品结构，支持用户优化煤矿资源结构，把优质资源和有限的运力，调整到技术先进、节能减排、经济和社会效益好的企业。

（七）供需企业签订的全部合同，须登录中国煤炭市场网（www.cctd.com.cn）煤炭网络交易系统，由系统自动生成分行业、分企业的汇总数据。不再召开合同汇总会。委托中国煤炭工业协会整理网上合同签订情况。

四、推进煤电价格形成机制改革，理顺煤电价格关系，促进协调发展

（一）煤炭价格继续实行市场定价，由供需双方企业协商确定，坚持以质论价、优质优价等原则，进一步完善反映市场供求关系、资源稀缺程度和环境损害成本的煤炭价格形成机制。

（二）参考国际通行做法，尽快建立和完善我国电煤市场价格指数，通过价格信息网络及时发布，为供需企业协商价格提供参考依据，引导生产和消费。

（三）清理各地区、各部门现行煤炭生产、销售过程中征收的各类收费和基金，取消地方各级政府和有关部门越权设立的收费和基金，整合性质相近、重复设置的收费和基金，推进涉及煤炭资源税费制度改革，减轻煤炭企业负担。

（四）积极稳妥地推进电力市场化改革，在有条件的地区推行竞争确定电价的机制。过渡期内，完善煤电价格联动机制，调整发电企业消化煤价上涨比例，设置煤电联动最高上限，适当控制涨幅。当前，要保持煤炭、电力价格基本稳定，促进经济协调发展。

五、按照加快托运承运衔接、提高运输效率的要求，改进和加强运力衔接落实

（一）衔接落实铁路运力，必须以供需企业之间签订的内容齐全、规范的煤炭购销合同为前提，以铁路局在煤炭购销合同上盖章承诺提供运力为标志。各铁路局一律不得在煤矿企业提交购销合同前，对煤矿或用户分配运力。

（二）跨省区煤炭运力衔接，原则上于指导意见发布30日后开始，力争一周之内完成。对在规定的供需衔接阶段未完成购销合同签订和录入网络系统的，原则上不再衔接落实运力。

（三）衔接落实运力，要以运力配置意向框架为依据，体现促进产业结构调整和优化升级，做好“五个倾斜”：向符合国家产业政策和经国家核准（审批）建设的企业（项目）倾斜；向节能减排搞得好的企业倾斜；向长期合同、大宗合同倾斜；向合同兑现率高的企业倾斜；向战略装车点、大客户、实现路企直通运输、装车发运效率高的企业倾斜。

对购销数量、质量、价格等内容齐全、明确的长期电煤合同，可按电煤意向框架总量的50%衔接落实长期运力，在合同期内保持不变，不再逐年安排。

（四）在衔接落实运力过程中，我委和铁道部、交通运输部负责指导、协调和监督，对严重违背衔接原则、政策和运力意向框架，有可能对煤炭稳定供应带来重大影响的，予以必要的调整。

衔接落实运力结束后，由铁道部将汇总的产运需三方认可的合同提交我委，作为日常监管合同履行的依据。对其中需经港口中转部分，按照物流衔接的要求，分煤矿和港口抄送交通运输部和有关港口，作为港口组织年度重点作业的依据。

各有关部门、地方、行业协会和煤炭产运需企业要增强大局意识和责任意识，认真贯彻本指导意见，加强协调配合，努力做好煤炭产运需衔接工作，为保障煤炭持续稳定供应、促进经济平稳较快发展做出应有贡献。

附：2010 年跨省区煤炭铁路运力配置意向框架

国家发展和改革委员会

二〇〇九年十二月十四日

附：

2010 年跨省区煤炭铁路运力配置意向框架（单位：万吨）

行业 / 路局、矿点	合计	电力	钢铁（有色）	化肥（化工）	居民生活	出口
合计	90650	72160	9080	2400	3470	3540
哈尔滨铁路局	4060	3390	610		50	10
1. 黑龙江省	2540	1870	610		50	10
鸡西	700	574	116			10
鹤岗	585	417	148		20	
双鸭山	335	335				
七台河	520	284	206		30	
沈煤	90	90				
中煤销	20		20			
司法矿	25	25				
黑龙江地方	265	145	120			
2. 内蒙古东部	1520	1520				
扎赉诺尔	400	400				

续 表

行业 路局、矿点	合计	电力	钢铁（有色）	化肥（化工）	居民生活	出口
大雁	280	280				
伊敏	420	420				
宝日希勒	400	400				
内蒙古地方	20	20				
沈阳铁路局	4150	3685	465			
1. 吉林省	580	455	125			
辽源	320	195	125			
通化	40	40				
舒兰	130	130				
珲春	90	90				
2. 辽宁省	810	470	340			
抚顺	80		80			
铁法	300	250	50			
沈阳	140	50	90			
阜新	270	150	120			
北票	20	20				
3. 内蒙古东部	2760	2760				
平庄	450	450				
霍林河	2310	2310				
北京铁路局	6485	4649	1047	169	340	280
1. 北京市	380		160	11	49	160
北京	350		160	11	49	130
北京地方	30					30
2. 河北省	2735	1813	661	10	231	20
开滦	840	426	214		180	20
冀中能源	890	625	240	5	20	
邢台	405	210	165	5	25	

续 表

行业 路局、矿点	合计	电力	钢铁（有色）	化肥（化工）	居民生活	出口
蔚州	100	100				
兴隆	20	20				
河北地方	470	422	42		6	
部直属	10	10				
3. 山西省	2370	1836	226	148	60	100
阳泉	1600	1086	206	148	60	100
南庄	50	50				
天成	170	170				
潞安	20	20				
山西地方计	440	440				
阳泉市	270	270				
晋中市	100	100				
长治市	40	40				
乡镇	30	30				
山西出口计	70	50	20			
阳泉市	70	50	20			
部局直属	20	20				
4. 司法矿	200	200				
荫营	130	130				
固庄	70	70				
5. 神华集团	800	800				
太原铁路局	38660	31774	3050	80	1237	2519
1. 河北省	320	260			60	
河北地方	180	140			40	
部直属	140	120			20	
2. 山西省	23275	17760	2739	70	1007	1699
大同	4570	3300	200	20	200	850

续 表

路局、矿点＼行业	合计	电力	钢铁（有色）	化肥（化工）	居民生活	出口
阳泉	420	400	15			5
西山	2860	1655	756	40	305	104
汾西	1120	270	740		100	10
霍州	810	232	440	128		10
轩岗	450	445	41		1	
东山	110	110				
朔州煤电	410	410				
华晋焦煤	215	67	93		25	30
山西地方计	7830	7291	246	10	223	60
阳泉市	10	10				
晋中市	660	585	50		15	10
长治市	35	35				
晋城市	20	10		10		
太原市	360	330	25		5	
大同市	760	612	40		78	30
忻州市	570	554	6		10	
吕梁市	350	285	50		15	
临汾市	140	70	20		50	
运城市	20	20				
离柳焦煤	70	70				
朔州公司	1200	1200				
朔州矿业	355	355				
乡镇	1500	1400	30		50	20
省煤运	1645	1620	25			
省能源	135	135				
山西出口	2530	1880	40		10	600
局直属	1530	1350	165		15	

续 表

行业 路局、矿点	合计	电力	钢铁（有色）	化肥（化工）	居民生活	出口
部直属	420	350	40			30
3. 司法矿	200	200				
西峪	80	80				
劳改局	40	40				
劳教局	80	80				
4. 中煤集团	6580	5894	106	10	60	510
平朔	6150	5650				500
煤气化	430	244	106	10	60	10
5. 神华集团	5395	5040	115		90	150
神华	2335	2040	115		30	150
准格尔	3060	3000			60	
6. 内蒙古	2435	2355	40			40
伊泰	1600	1520	40			40
蒙泰	310	310				
满世	280	280				
其他	245	245				
7. 陕西地方	455	265	50		20	120
呼和浩特铁路局	10370	9401	777		88	104
1. 内蒙古	6510	6239	119		48	104
伊泰	1450	1360	90			
蒙泰	380	351				29
满世	450	450				
其他	4230	4078	29		48	75
2. 神华集团	2380	1702	658		20	
神华	700	610	70		20	
包头	610	532	78			
神华乌海	960	460	500			

续 表

路局、矿点 \ 行业	合计	电力	钢铁（有色）	化肥（化工）	居民生活	出口
万利	50	40	10			
金烽	30	30				
神华东胜	30	30				
3. 陕西地方	430	410			20	
4. 司法矿	150	150				
5. 部直属	900	900				
郑州铁路局	9620	6570	635	1744	461	210
1. 山西省	6180	3555	350	1651	439	185
晋城	2940	1365	130	1200	155	90
潞安	1500	1045	200	45	195	15
晋普山	50	40		1	9	
晋煤焦	30	30				
长治市	160	135			25	
晋城市	640	450		140	50	
明华	100	100				
兰花	230	65		165		
乡镇	30	30				
山西出口	390	210	20	80		80
局直属	110	85		20	5	
2. 河南省	3440	3015	285	93	22	25
平顶山	260	260				
郑州	800	765	10	25		
焦作	300	125	150	10		15
鹤壁	340	290	40			10
义马	900	830	20	40	10	
司法矿	10				10	
河南地方	800	715	65	18	2	

续 表

行业 路局、矿点	合计	电力	钢铁（有色）	化肥（化工）	居民生活	出口
部直属	30	30				
武汉铁路局	1910	1360	390	20	140	
河南省	1910	1360	390	20	140	
平顶山	1800	1260	380	20	140	
河南地方	110	100	10			
西安铁路局	3580	3137	295	55	53	40
1. 陕西省	3210	2857	275		38	40
铜川	345	330	10		5	
韩城	335	210	95		30	
澄合	130	130				
蒲白	130	130				
陕煤建	70	70				
黄陵	620	520	100			
陕煤分司	90	80	10			
彬长	100	100				
红石峡	80	80				
崔家沟	90	90				
柴家沟	65	65				
车村	40	40				
红石岩	40	40				
华龙	330	330				
陕西地方	685	622	20		3	40
部直属	60	20	40			
2. 甘肃华亭	350	280		55	15	
3. 四川地方	20		20			
济南铁路局	2135	1038	490	7	473	127
山东省	2135	1038	490	7	473	127

续 表

路局、矿点 \ 行业	合计	电力	钢铁（有色）	化肥（化工）	居民生活	出口
枣庄	600	198	290	2	110	
兖州	445	166	80	5	144	50
新汶	480	243	80		95	62
肥城	220	106	20		94	
淄博	370	305	20		30	15
临沂	20	20				
上海铁路局	6330	4992	613	155	390	180
1. 江苏省	580	292	173	10	85	20
徐州	280	220	10	10	40	
大屯	300	72	163		45	20
2. 安徽省	5215	4380	310	120	305	100
淮南	2830	2680	80	70		
淮北	1310	700	185	20	305	100
皖北	435	360	45	30		
新集	630	630				
安徽地方	10	10				
3. 河南省	535	320	130	25		60
永城	405	260	90	25		30
神火	130	60	40			30
南昌铁路局	438	361	67	10		
江西省	438	361	67	10		
萍乡	200	163	37			
丰城	205	165	30	10		
英岗岭	13	13				
江西地方	20	20				
广铁公司	502	184	138	20	160	
湖南省	502	184	138	20	160	

续　表

路局、矿点＼行业	合计	电力	钢铁（有色）	化肥（化工）	居民生活	出口
资兴	71	10	9		52	
涟邵	60	55			5	
白沙	105	43	23	4	35	
株洗	55	10	35		10	
司法矿	16	6			10	
湖南地方	195	60	71	16	48	
成都铁路局	965	654	123	130	38	20
1. 贵州省	735	496	71	130	38	
六枝	135	100	2	24	9	
水城	190	108	62	8	12	
林东	140	97	3	27	13	
司法矿	80	35		45		
贵州地方	190	156	4	26	4	
2. 四川地方	180	123	37			20
3. 重庆市	50	35	15			
昆明铁路局	435	215	190		30	
1. 贵州盘江	300	140	130		30	
2. 云南地方	135	75	60			
兰州铁路局	610	350	190	10	10	50
宁煤	590	350	180	10		50
其他	20		10		10	
乌鲁木齐铁路局	400	400				
神华新疆	200	200				
潞安新疆	200	200				

081

国家发展改革委关于做好 2009 年跨省区煤炭产运需衔接工作的通知

发改运行〔2008〕3294 号

各省、自治区、直辖市发展改革委、经贸委（经委）、煤炭局（办），煤炭、电力、钢铁、有色、化肥行业协会，有关企业：

2008 年煤炭产运需衔接工作，坚持改革方向，发挥市场配置资源的基础性作用，为保障抗灾救灾、举办奥运会、促进经济平稳较快增长的能源供给奠定了基础。2009 年煤炭供求将在总体平衡的基础上趋于宽松，但由于存在产运需结构性矛盾和一些不确定因素，仍有可能会出现部分品种、区域和时段性矛盾。为继续深化煤炭订货改革，促进经济平稳较快发展，现就做好 2009 年跨省区煤炭产运需衔接工作通知如下：

一、加强宏观调控，完善运力配置框架方案

（一）国家发展改革委会同铁路、交通运输等部门和地方政府有关部门按照发挥市场机制作用的要求，研究确定订货改革和产运需衔接的原则、政策和铁路运力配置框架方案，并负责组织指导跨省区产运需衔接。

（二）根据居民生活、电力、化肥、冶金和出口等重点行业跨省区煤炭需求、煤炭资源及铁路新增运力情况，确定 2009 年跨省区煤炭运力配置调控目标为 8.46 亿吨。

（三）为增强运力配置框架方案对煤矿和用户衔接的指导性，框架方案将运力配置落实到矿点。对每个矿点的运量配置，原则上以 2008 年预计实际完成量为基础，适当考虑新增产能和运能。

二、发挥市场机制作用，依法签订买卖合同

（一）凡属合法从事生产经营活动的煤矿、煤炭消费企业，不分所有制、不分隶属关系、不分新老企业，均可以公平自主地参加衔接。禁止采矿许可证、安全生产许可证、煤炭生产许可证和工商营业执照不全的非法煤矿，未经国家核准（审批）、违规建设、证照不全的非法煤炭消费企业参加衔接。

（二）供需衔接必须坚持以煤炭生产企业和煤炭终端消费企业为主体；坚持以发煤、收款煤矿为供方，接煤、付款厂家为需方签订合同；落实企业经营自主权，任何部门、机构和单位不得干预企业自主签订合同，除供需双方企业和铁路、交通部门外，其他任何单位一律不得在合同上签字盖章。

（三）供需双方企业要以铁路运力配置框架方案为依据，以企业生产经营实际为基础，衔接资源、协商价格，依法签订买卖合同。原则上，供需双方签订的经铁路运输的跨省区合同量，不应低于框架方案。合同须明确数量、质量和价格，严禁签订虚假合同，严禁欺诈行为。

（四）在运力配置框架方案范围内，支持煤矿优化用户和煤炭产品结构，支持用户优化煤矿资源结构，把资源、运力优化调整到节能减排、诚信经营、经济和社会效益好的企业。

（五）煤炭价格继续实行市场定价，由供需双方企业协商确定，完善反映市场供求关系、资源稀缺程度和环境损害成本的煤炭价格形成机制。当市场价格出现剧烈波动等异常状态时，国家将依法采取必要的措施。

（六）供需双方应当在本通知下达后20天至一个月内，自主采取各种方式完成衔接、签订合同，不得以任何理由拖延，影响供需双方年度生产计划安排和运力落实。

三、优化煤炭运力配置，提高运输效率

（一）在确定的供需衔接阶段结束以后，委托煤炭行业协会协助铁路、交通运输等有关部门，收集汇总煤炭企业与用户签订的合同。对供需双方企业自主签订的合同，任何单位和组织不得非法干预和调整。

（二）铁道部、交通运输部集中组织有关铁路局、港口，审核落实运力。集中审核落实运力阶段结束后，一律不再预留框架方案内的运力指标。

（三）铁路、交通运输部门审核落实运力，必须以供需双方已经签订的完整有效的合同为基础，以运力框架方案为依据，并坚持以下原则：

1. 向产业政策鼓励和符合项目核准（审批）规定的企业倾斜，向节能减排、循环经济搞得好的企业倾斜；

2. 向中长期合同、大宗合同倾斜，向合同兑现率高和执行国家煤价政策较好的企业倾斜；

3. 向战略装卸车点、开展路企直通运输的企业和大客户以及运输效率高的企业倾斜。

煤炭产运需企业要认真贯彻本通知精神，积极主动地做好产运需衔接；各有关行业协会要自觉维护国家利益，服从宏观调控，强化行业自律，协助政府引导、督促企业做好衔接工作。我委将会同有关方面加强督促指导。

对产煤省（区、市）内的煤炭产运需衔接，由省（区、市）经济运行、煤炭管理等部门会同铁路、交通部门，按照全国统一的原则和政策，负责组织实施。

国家发展和改革委员会

二〇〇八年十二月三日

附件：

2009年跨省区煤炭运力配置框架方案（单位：万吨）

行业 路局、矿点	合计	电力	钢铁（有色）	化肥（化工）	居民生活	出口
合计	84600	65140	9020	2350	3500	4590
哈尔滨路局	3620	2950	610		50	10
1. 黑龙江省	2470	1800	610		50	10
鸡 西	680	554	116			10
鹤 岗	510	342	148		20	
双鸭山	360	360				
七台河	520	284	206		30	
中煤销	20		20			
司法矿	25	25				
黑龙江地方	355	235	120			
2. 内蒙古东部	1150	1150				
扎赉诺尔	300	300				
大 雁	230	230				
伊 敏	220	220				
宝日希勒	380	380				
内蒙古地方	20	20				
沈阳路局	3920	3475	445			
1. 吉林省	445	320	125			
辽 源	285	160	125			
通 化	40	40				
舒 兰	120	120				
2. 辽宁省	845	525	320			
抚 顺	60		60			
铁 法	375	325	50			
沈 阳	130	40	90			

续　表

路局、矿点＼行业	合计	电力	钢铁（有色）	化肥（化工）	居民生活	出口
阜 新	220	100	120			
北 票	30	30				
南 票	30	30				
3. 内蒙古东部	2630	2630				
平 庄	380	380				
霍林河	2250	2250				
北京路局	6245	4389	1017	169	340	330
1. 北京市	380		130	11	49	190
北 京	350		130	11	49	160
北京地方	30					30
2. 河北省	2795	1873	661	10	231	20
开 滦	840	426	214		180	20
峰 峰	620	395	220	5		
井 陉	60	40	20			
邯 郸	110	110				
邢 台	405	210	165	5	25	
兴 隆	50	50				
盛 源	80	60			20	
八宝山	20	20				
蔚 州	100	100				
河北地方	470	422	42		6	
部直属	40	40				
3. 山西省	2070	1516	226	148	60	120
阳 泉	1350	816	206	148	60	120
南 庄	50	50				
天 成	120	120				
部局直属	20	20				

续 表

行业 路局、矿点	合计	电力	钢铁（有色）	化肥（化工）	居民生活	出口
山西地方计	460	460				
阳泉市	270	270				
晋 中	100	100				
长治市	40	40				
大同市	20	20				
乡 镇	30	30				
山西出口计	70	50	20			
阳泉市	70	50	20			
4. 司法矿	200	200				
荫 营	130	130				
固 庄	70	70				
5. 神华集团	800	800				
太原路局	37220	29435	3000	79	1237	3469
1. 河北省	520	460		60		
河北地方	120	80		40		
部直属	400	380		20		
2. 山西省	22920	16605	2689	69	1008	2549
阳 泉	220	200	15			5
西 山	2280	1119	705	39	305	112
汾 西	1120	248	732		100	40
霍 州	810	221	431		128	30
轩 岗	420	415	4		1	
东 山	80	80				
大 同	4300	2930	200	20	200	950
小 峪	230	230				
王 坪	180	180				
华晋焦煤	210	43	93		24	50

续　表

行业 / 路局、矿点	合计	电力	钢铁（有色）	化肥（化工）	居民生活	出口
山西地方计	8220	7538	266	10	225	181
阳泉市	30	30				
晋中	690	605	50		15	20
长治市	70	70				
晋城市	10			10		
太原市	440	410	25		5	
大同市	1720	1499	40		80	101
忻州	670	654	6		10	
吕梁	350	285	50		15	
离柳焦煤	80	80				
朔州公司	1350	1350				
朔州矿业	400	400				
临汾	330	240	40		50	
运城	50	50				
乡镇	1100	960	30		50	60
省煤运	930	905	25			
山西出口计	3030	1840	40		10	1140
局直属	1140	959	166		15	
部直属	680	602	37			41
3. 司法矿	275	275				
西峪	80	80				
王庄	20	20				
大同司法	175	175				
4. 中煤集团	6110	5325	106	10	59	610
平朔	5750	5150				600
煤气化	360	175	106	10	59	10
5. 神华集团	4900	4545	115		90	150

续表

行业 路局、矿点	合计	电力	钢铁（有色）	化肥（化工）	居民生活	出口
神华	2100	1805	115		30	150
准格尔	2800	2740			60	
6. 内蒙古	2045	1965	40			40
伊泰	1470	1390	40			40
蒙泰	190	190				
满世	240	240				
内蒙古其他	145	145				
7. 陕西地方	450	260	50		20	120
呼和浩特路局	7815	6847	776		88	104
1. 内蒙古	4820	4549	119		48	104
伊泰	1250	1160	90			
蒙泰	230	201				29
满世	400	400				
内蒙古其他	2940	2788	29		48	75
2. 神华集团	2110	1433	657		20	
神华	330	240	70		20	
包头	560	482	78			
神华乌海	1060	561	499			
万利	100	90	10			
金峰	30	30				
神华东胜	30	30				
3. 陕西地方	305	285			20	
4. 司法矿	130	130				
5. 部直属	450	450				
郑州路局	9545	6483	636	1695	521	210
1. 山西省	6120	3493	351	1602	489	185
晋城	2900	1323	131	1151	205	90

续　表

行业 路局、矿点	合计	电力	钢铁（有色）	化肥（化工）	居民生活	出口
潞　安	1490	1035	200	45	195	15
晋普山	50	40		1	9	
局直属	105	80		20	5	
山西出口	390	210	20	80		80
晋煤焦	30	30				
长治市	160	135			25	
明　华	100	100				
晋城市	640	450		140	50	
兰　花	225	60		165		
乡　镇	30	30				
2. 河南省	3425	2990	285	93	32	25
平顶山	230	230				
郑　州	770	735	10	25		
焦　作	250	75	150	10		15
鹤　壁	335	285	40			10
义　马	885	815	20	40	10	
司法矿	20				20	
河南地方	875	790	65	18	2	
部直属	60	60				
武汉路局	1910	1360	390	20	140	
河南省	1910	1360	390	20	140	
平顶山	1800	1260	380	20	140	
河南地方	110	100	10			
西安路局	3460	3017	295	55	53	40
1. 陕西省	3140	2787	275		38	40
铜　川	345	330	10		5	
韩　城	335	210	95		30	

续 表

行业 路局、矿点	合计	电力	钢铁（有色）	化肥（化工）	居民生活	出口
崔家沟	90	90				
柴家沟	65	65				
澄 合	130	130				
蒲 白	130	130				
陕煤建	70	70				
车 村	40	40				
黄 陵	620	520	100			
彬 长	100	100				
红石岩	40	40				
陕煤分司	90	80	10			
红石峡	80	80				
华 龙	260	260				
陕西地方	685	622	20		3	40
部直属	60	20	40			
2. 甘肃省	300	230		55	15	
华 亭	300	230		55	15	
3. 四川地方	20		20			
济南路局	1935	838	490	7	473	127
山东省	1935	838	490	7	473	127
枣 庄	500	98	290	2	110	
兖 州	445	166	80	5	144	50
新 汶	360	123	80		95	62
肥 城	220	106	20	94		
淄 博	390	325	20		30	15
临 沂	20	20				
上海路局	5700	4362	613	155	390	180
1. 江苏省	620	332	173	10	85	20

续　表

路局、矿点＼行业	合计	电力	钢铁（有色）	化肥（化工）	居民生活	出口
徐州	330	270	10	10	40	
大屯	290	62	163		45	20
2. 安徽省	4845	4010	310	120	305	100
淮北	1190	580	185	20	305	100
淮南	2770	2620	80	70		
皖北	405	330	45	30		
新集	460	460				
安徽地方	20	20				
3. 河南省	235	20	130	25		60
永城	145		90	25		30
神火	90	20	40			30
南昌路局	390	313	67	10		
江西省	390	313	67	10		
萍乡	140	103	37			
丰城	220	180	30	10		
英岗岭	30	30				
广铁公司	500	182	138	20	160	
湖南省	500	182	138	20	160	
株洗	75	30	35		10	
资兴	75	14	9		52	
涟邵	60	55			5	
白沙	100	38	23	4	35	
司法矿	10				10	
湖南地方	180	45	71	16	48	
成都路局	820	509	123	130	38	20
1. 贵州省	655	416	71	130	38	
六枝	125	90	2	24	9	

续 表

行业 / 路局、矿点	合计	电力	钢铁（有色）	化肥（化工）	居民生活	出口
水 城	190	108	62	8	12	
林 东	140	97	3	27	13	
司法矿	80	35		45		
贵州地方	120	86	4	26	4	
2. 四川地方	140	83	37			20
3. 重庆市	25	10	15			
昆明路局	450	230	190			30
1. 贵州省	315	155	130			30
六 枝	15	15				
盘 江	300	140	130			30
2. 云南省	135	75	60			
云南地方	135	75	60			
兰州路局	570	250	230	10	10	70
宁夏自治区	570	250	230	10	10	70
宁煤集团	490	250	180	10		50
神华基地	20					20
宁中钢	20		20			
宁夏其他	40		30		10	
乌鲁木齐路局	500	500				
潞安新疆	200	200				
神华新疆	300	300				

082

国家发展改革委关于做好2008年跨省区煤炭产运需衔接工作的通知

发改运行〔2007〕3150号

各省、自治区、直辖市发展改革委、经贸委（经委）、煤炭局（办），煤炭、电力、钢铁、有色、化肥行业协会，有关企业：

近几年来，我国积极稳妥地推进煤炭订货改革，初步形成了在国家宏观调控下，企业自主衔接资源、协商定价的新机制，为保障煤炭有效供给，促进国民经济又好又快发展发挥了重要作用。2008年煤炭供需将继续保持总量基本平衡的态势，但受部分区段铁路运力紧张等影响，仍有可能出现部分品种、区域和时段性矛盾。为继续深化煤炭订货改革，加快形成统一开放竞争有序的现代煤炭市场体系，保障经济发展的煤炭供应，现就做好2008年跨省区煤炭产运需衔接工作通知如下：

一、进一步引入市场竞争机制

（一）坚持完善社会主义市场经济体制的改革方向，更大程度地发挥市场配置资源的基础性作用。在铁路运力仍然趋于紧张的条件下，落实科学发展观，运力配置坚持对人民群众生活密切相关的行业，对符合国家产业政策、循环经济和节能减排搞得好的企业优先。

（二）严禁采矿许可证、安全生产许可证、煤炭生产许可证和工商营业执照等证照不全的非法煤矿参与衔接，禁止非法开采的煤炭进入市场。煤炭生产、运销企业不得收购非法煤矿的产品。煤炭用户不得与非法煤矿、非法经营企业签订购销合同，否则一经发现，要依法严肃查处。

（三）继续将居民生活、电力、钢铁（有色）和化肥（化工）行业用煤和煤炭出口作为跨省区配置运力的重点，上述行业中符合国家发展规划、产业政策和审批（核准）规定的企业，不分所有制、不分隶属关系，均可以自主参加衔接。

（四）根据《产业结构调整指导目录（2005年本）》，对单井规模在30万吨/年以上的煤矿，单机容量在30万千瓦及以上的常规火电机组、单机容量在20万千瓦及以上采用流化床锅炉并利用煤矸石或劣质煤发电的机组的电厂；高炉有效容积在1000立方米以上的钢铁厂；造气炉直径在2.6米及以上的化肥厂，鼓励供需双方直接衔接。

二、加强和改善政府调控

（一）国家发展改革委会同铁道、交通部和有关省（区、市）经济运行等部门按照进一步发挥市场机制作用的要求，重点做好以下工作：

——召开2008年全国煤炭产运需衔接视频会议，明确有关原则、政策和要求，引导企业衔接。

——根据2008年跨省区煤炭产运需总量及分布，确定跨省区的煤炭铁路运输总量调控目标为7.85亿吨。

——坚持发挥产运需衔接协调机制的作用，规范市场行为，及时解决出现的问题，促进企业按照市场机制衔接。

（二）对下达到铁路局的运力配置框架方案，铁路局应根据各煤矿上年实际铁路外运情况和新增生产能力予以掌握，但各铁路局、各省（区、市）一律不得在供需企业衔接签订合同前，向煤矿或用户配置运力指标。

三、坚持企业自主签定合同

（一）运力配置框架方案下达后，由供需双方企业在20天内，自主采取各种方式进行衔接，但不得以任何理由拖延，影响供需双方年度生产计划安排和运力落实。

（二）供需衔接必须坚持以煤炭生产企业和煤炭终端消费企业为主体；坚持以发煤、收款煤矿为供方，接煤、付款厂家为需方签订合同；坚持尊重和落实企业的经营自主权，任何部门、机构和单位不得干预企业自主签订合同，除供需双方企业和铁路、交通部门外，其他任何单位一律不得在合同上签字盖章。

（三）供需衔接以框架方案为依据，结合2007年合同执行情况及2008年供需双方生产能力和需求等，衔接资源、协商价格，依法签订买卖合同。合同必须明确煤炭产品质量标准、质价相符，严禁各种欺诈行为。

（四）在框架方案范围内，支持煤矿优化用户和产品结构，支持用户优化煤矿资源结构，把资源、运力优化调整到技术先进、节能减排、经济和社会效益好的单位。不论新老矿井、新老机组、新老用户，一律公平参加衔接。供需双方企业应根据产品结构和实际需求签订合同，严禁签订虚假合同。

（五）煤炭、电力等行业协会要自觉维护国家整体利益，服从国家宏观调控，强化行业自律，协助政府引导、督促企业双方按照市场原则签订合同，加快衔接进度。

四、完善煤炭价格市场形成机制

（一）继续坚持煤炭价格市场化改革方向，落实供需双方企业自主协商定价权，加快形成反映市场供求关系、资源稀缺程度、环境损害成本的煤炭价格形成机制。

（二）坚持以质论价、同质同价、优质优价的基本原则。对长期大宗合同可自愿协商价格优惠。

五、优化煤炭运力配置

（一）继续由煤炭行业协会协助铁路、交通等有关部门，负责收集汇总煤炭买卖合同。对供需双方企业自主签订的合同，任何单位和组织不得非法干预和调整。

（二）铁道部、交通部集中组织有关铁路局、港口审查落实运力，国家发展改革委会同有关方面负责督促协调。

（三）铁路、交通部门审查落实运力，必须以供需双方已经签订的完整有效的合同为基础，以运力框架方案为依据，结合2007年实际完成情况进行配置，坚持以下基本原则：

——向产业政策鼓励和符合项目审批（核准）规定的企业倾斜，向节能减排、循环经济搞得好的企业倾斜；

——向中长期合同倾斜，向上年合同兑现率高的企业倾斜，对合同兑现率低的企业压缩运力配置；

——向战略装车点、铁路大客户、开展路企直通运输以及发运条件好、装卸效率高的企业倾斜；

——按照宜水则水、宜路则路、水陆联运、保障供应的原则，鼓励华东、华南等水运条件较好的地区积极采取水陆联运，将一部分目前通过铁路直达运输的煤炭，调整到经港口中转运输，腾出部分铁路直达运力安排给运需矛盾突出、且不具备水运条件的地区。

集中审查落实运力结束后，一律不再预留框架方案内的运力指标。

（四）对不符合本通知精神的合同或衔接中发生的重大问题，国家发展改革委将会同铁路、交通等部门予以协调。

对产煤省（区、市）内的煤炭产运需衔接，由产煤省（区、市）经济运行等部门会同铁路局等单位，根据上述原则组织实施。对衔接和执行中出现的问题要及时予以协调。

附件：2008年跨省区煤炭运力配置框架方案

国家发展和改革委员会

二〇〇七年十一月二十三日

附件：

全国铁路 2008 年跨省区煤炭运力配置框架方案（按行业）

（单位：万吨）

路局别	合计	电力	钢铁及有色	化肥及化工	居民生活	出口
合计	78500	58515	8960	2355	3775	4895
哈尔滨	3120	2450	610		50	10
沈阳	2920	2400	490	30		
北京	6280	4430	1100	160	260	330
太原	35410	27450	2970	90	1400	3500
呼和浩特	5790	4720	770		200	100
郑州	9560	6520	600	1690	530	220
武汉	1910	1350	400	20	140	
西安	3230	2860	220	65	50	35
济南	3320	1670	660	20	560	410
上海	4290	3240	440	145	305	160
南昌	370	300	60	10		
广铁公司	500	180	110		210	
成都	820	485	130	115	70	20
昆明	430	210	180			40
兰州	550	250	220	10		70

2008 年跨省区煤炭运力配置框架方案（按流向）

（单位：万吨）

路局别	大秦线	候月线	山海关下	古店上	德州下	临清下	符离集下	新河下	王楼下	部营下	西斋下	孟庙下	蒲圻下	堂邑上	太要上	虞城县上	商南上	大龙上	麻尾上	威舍上	赛鱼上	禹门口上	菏泽南上	通辽北上
合计	30890	7230	1347	6110	2006	434	916	368	1433	2219	536	3047	823	1129	544	2795	1205	560	80	400	3078	1460	7095	215
哈尔滨																								
沈阳																								
北京			278		658	360	50		8			90	20	160										
太原	26160	3970	1000		1268	70	130		455	184	34	497	100	256		700					3060		2890	
呼和浩特	4460		24	5630	60	4			4												8			165
郑州		1800	45				230		834	1020	320	2440	648	658		1140							2840	
武汉										290	150		20			60								
西安		1460							115	700	32	20	35	55	544	895	1180					460	1365	

续表

路局别	大秦线	候月线	山海关下	古店上	德州下	临清下	符离集下	新河下	王楼下	部营下	西斋下	孟庙下	蒲圻下	堂邑上	太要上	虞城县上	商南上	大龙上	麻尾上	威舍上	赛鱼上	禹门口上	菏泽南上	通辽北上
济南						506	368	17																
上海																								
南昌																								
广铁公司																								
成都																		510	80	40				
昆明																		50		360				
兰州	270		480	20						25							25				10			50

083

国家发展改革委关于做好 2007 年跨省区煤炭产运需衔接工作的通知

发改运行〔2006〕2867 号

各省、自治区、直辖市发展改革委、经贸委（经委）、煤炭局（办），煤炭、电力、钢铁、有色、化肥行业协会，有关企业：

近几年，我国煤炭订货改革工作，发挥市场配置资源的基础性作用，鼓励企业自主协商，促进煤炭价格市场化，为改善宏观调控，保障经济社会发展的能源供给发挥了重要作用。2007 年煤炭供需总量基本平衡，但受部分区段铁路运力紧张等影响，仍有可能出现区域性、时段性的产运需矛盾。为进一步推进改革，加快建立统一开放、竞争有序的现代煤炭市场体系，现就做好 2007 年跨省区煤炭产运需衔接工作通知如下：

一、贯彻国家产业政策，进一步引入市场机制

（一）坚持社会主义市场经济改革方向，更大程度地发挥市场配置资源的基础性作用。在铁路运力制约条件下，落实科学发展观，运力配置坚持对居民生活用煤、对高耗能行业中符合国家产业政策和准入条件、循环经济、节能降耗、环境保护搞得好的企业优先。

（二）严禁采矿许可证、安全生产许可证、煤炭生产许可证和工商营业执照等证照不全的非法煤矿参与煤炭衔接。省（区、市）应统一向社会公布合法煤矿名单。煤炭生产、运销企业不得收购非法煤矿的产品。否则，一经发现要依法取消煤炭生产、经营资格。

（三）继续将居民生活、电力、钢铁（有色）、化肥（化工）行业用煤和煤炭出口作为跨省区配置运力的重点，上述行业中符合国家发展规划、产业政策、准入条件和审批（核准）规定的企业，不分所有制、不分隶属关系，均可以参加衔接。

（四）根据《产业结构调整指导目录（2005 年本）》，对单井规模在 30 万吨/年以上的煤矿，单机容量在 30 万千瓦及以上的常规火电机组、单机容量在 20 万千瓦及以上采用流化床锅炉并利用煤矸石或劣质煤发电的机组的电厂；高炉有效容积在 1000 立方米以上的钢铁厂；造气炉直径在 2.6 米及以上的化肥厂，鼓励供需双方直接衔接。

二、改进运力配置方式，加强和改善政府调控

（一）国家发展改革委会同铁道、交通部和有关省（区、市）经济运行等部门按照进一步发挥市场机制作用的要求，在2007年煤炭产运需衔接中重点做好以下工作：

——召开2007年全国煤炭产运需衔接视频会议，明确有关原则、政策和要求，引导企业衔接。

——根据2007年跨省区煤炭产运需总量及分布，确定跨省区的煤炭铁路运输总量调控目标为7.38亿吨。

——简化铁路运力配置框架方案，按铁路局、按限制口、按重点用煤行业下达，不再具体分解到煤矿和用户。

——坚持发挥产运需衔接协调机制的作用，规范市场行为，及时解决出现的问题，促进企业按照市场机制衔接。

（二）对下达到铁路局的运力配置框架方案，铁路局可根据各煤矿上年实际铁路外运情况和新增生产能力予以掌握，但各铁路局和省（区、市）一律不得向煤矿或用户分配运力指标。

三、依法规范购销关系，企业自主签订合同

（一）运力配置框架方案下达后，由供需双方企业在本通知下发后一个月以内，自主采取各种方式进行衔接，但不得以任何理由拖延，影响供需双方年度生产计划安排和运力落实。

（二）供需衔接必须坚持以煤炭生产企业和煤炭终端消费企业为主体；坚持以发煤、收款煤矿为供方，接煤、付款厂家为需方签订合同；坚持尊重和落实企业的经营自主权，任何部门、机构和单位不得非法干预企业自主签订合同，除供需双方企业和铁路、交通部门外，一律不得在合同上签字盖章。

（三）供需衔接以框架方案为依据，结合2006年合同执行情况及2007年供需双方生产能力和需求等，衔接资源、协商价格，依法签订买卖合同。合同必须符合煤炭产品质量标准、质价相符，严禁各种欺诈行为。

（四）在框架方案范围内，支持煤矿优化用户结构，支持用户优化资源结构。不论新老矿井、新老机组、新老用户，一律公平参加衔接。供需双方企业应根据产品结构和实际需求签订合同，严禁签订虚假合同。

（五）煤炭、电力等行业协会要自觉维护国家利益，顾全大局，服从国家宏观调控，强化行业自律，协助政府引导、督促企业双方按照市场原则签订合同，加快衔接进度。

四、完善煤炭价格市场形成机制，供需双方协商定价

（一）继续坚持煤炭价格市场化改革方向，由供需双方企业根据市场供求关系协商确定价格。

（二）坚持以质论价、同质同价、优质优价的基本原则，对长期大宗合同可自愿协商价格优惠。

（三）继续实施煤电价格联动政策，理顺煤电价格关系，为电力竞价上网奠定基础。

五、以提高运输效率为核心，优化运力配置

（一）继续由煤炭行业协会协助铁路、交通等有关部门，负责收集汇总煤炭买卖合同。

对供需双方企业自主签订的合同，任何单位和组织不得非法干预和调整。

（二）铁道部、交通部集中组织有关铁路局、港口审查落实运力，国家发展改革委会同有关方面负责督促协调。

（三）铁路、交通部门审查落实运力，必须以供需双方已经签订的完整有效的合同为基础，以运力框架方案为依据，结合 2006 年实际完成情况进行配置，坚持以下基本原则：

——向产业政策鼓励和符合项目审批（核准）规定的企业倾斜；

——向符合准入条件和节能降耗、循环经济、环境保护好的企业倾斜；

——向上年合同兑现率高的企业倾斜；

——向中长期合同倾斜；

——向单笔在 20 万吨以上的大宗合同倾斜；

——向运力增长的重点线路和大客户、战略装车点倾斜；

——向签订快、及时提交合同的企业倾斜。

集中审查落实运力结束后，一律不再预留运力。

（四）对不符合本通知精神的合同或衔接中发生的重大问题，国家发展改革委将会同铁路、交通等部门予以协调。

对产煤省（区、市）内的煤炭产运需衔接，由产煤省（区、市）经济运行等部门会同铁路局等单位，根据上述原则组织实施。对衔接和执行中出现的问题要及时予以协调。

附件：2007 年跨省区煤炭运力配置框架方案

国家发展和改革委员会

二〇〇六年十二月十八日

附件：

2007年跨省区煤炭运力配置框架方案（按流向）

（单位：万吨）

候月线	山海关下	古店上	德州下	临清下	符离集下	新河下	王楼下	部营下	西斋下	孟庙下	蒲圻下	堂邑上	太要上	虞城县上	商南上	大龙上	麻尾上	威舍上	赛鱼上	禹门口上	菏泽南上
7000	1236	4750	1879	312	868	300	902	1425	457	3735	937	1105	945	2435	560	609	61	391	3064	1335	5698
	278		604	302	57		2			100	20	160									
3700	858		1195	10	130		308	124	34	471	68	229		583					3054		2744
	55	4500	60																		
1800	45				211		487	798	252	2644	777	637		960							1719
								263	143	40			90								
1500							85	240	20	485	32	80	910	802	560					1335	1235
					471	300	20														
									8							534	61	36			
																75		355			
		250	20							35			35						10		

2007年跨省区煤炭运力配置框架方案（按行业）

（单位：万吨）

路局别	合计	电力	钢铁及有色	化肥及化工	居民生活	出口
合　计	73800	53100	7850	2090	3390	7370
哈尔滨	3120	2370	610	20	50	70
沈　阳	2810	2290	490	30		
北　京	6110	4300	1000	120	320	370
太　原	33000	24170	2440	80	1100	5210
呼和浩特	4500	3450	650		240	160
郑　州	9430	6430	530	1500	630	340
武　汉	1910	1370	330	20	170	20
西　安	2870	2590	150	50	30	50
济　南	3370	1720	550	20	220	860
上　海	4280	3240	440	140	300	160
南　昌	370	300	60	10		
广铁公司	500	180	90		230	
成　都	720	420	100	90	90	20
昆　明	450	220	190			40
兰　州	360	50	220	10	10	70

084

国家发展改革委关于做好 2006 年全国重点煤炭产运需衔接工作的通知

发改运行〔2005〕2786 号

各省、自治区、直辖市发展改革委、经贸委（经委、工业局）、煤炭局，煤炭、电力、钢铁、化肥行业协会，有关重点企业：

2005 年全国重点煤炭产运需衔接，注重发挥市场配置资源的基础性作用，在订货方式转换上迈出了重要步伐，为全年煤炭稳定供应和经济平稳运行奠定了良好基础。2006 年是“十一五”规划开局之年，预测煤炭供需总量基本平衡、比较宽松，为进一步推进改革提供了良好机遇。为深入贯彻党的十六届五中全会精神，进一步推进煤炭订货改革，做好 2006 年重点煤炭产运需衔接工作，现就有关问题通知如下：

一、突出企业市场主体地位，严格重点煤炭供需衔接资格

（一）凡不具备安全生产条件，不符合国家产业政策和发展规划、违规建设投产的项目，一律不纳入重点煤炭衔接范围。支持循环经济和资源节约型企业，支持大型骨干企业，促进结构调整。属于全国跨区域重点煤炭调运范围，符合铁路、水路合理流向要求。

（二）坚持以煤炭生产企业、煤炭终端消费企业为重点煤炭衔接主体，严格控制和减少中间环节进入重点煤炭衔接领域。坚持以发煤、收款煤矿为供方，接煤、付款厂家为需方，签订买卖合同。除供需双方企业和铁路、交通部门外，其他任何部门、机构和单位一律不得在合同上签字盖章。

（三）为提高铁路运输效率、保障重点，原则上，年度实际发（接）煤量低于 20 万吨的，不纳入重点衔接。化肥、居民生活、冶金配煤等特殊情况特殊考虑。

二、公布重点煤炭运力配置框架，指导供需衔接

（一）根据国民经济发展对煤炭需求和铁路运力状况，确定 2006 年重点煤炭铁路运输总量调控目标为 6.9 亿吨。

（二）在重点煤炭运输总量调控目标内，根据铁路运输合理流向、流量，对具有衔接资格的煤矿，结合 2005 年铁路运输实际完成量及新投产能力等因素，

安排运力配置框架。对以往年度签订了合同并配置了运力，但实际未执行或者执行情况很差的，不再保留运力配置。

（三）在运力配置框架范围内，支持煤矿集中和优化用户结构，支持用户集中和优化货源结构，支持运输部门集中和优化运输结构。

三、严格执行《合同法》，签订规范的煤炭买卖合同

（一）供需双方企业在运力配置框架指导下，自主自愿衔接。在协商的基础上，严格按照《合同法》，签订规范的煤炭买卖合同。鼓励大型煤炭供需企业签订长期合同。原则上，年度合同量在 20 万吨以上的，应签订五年以上的长期合同，并优先落实运力。

（二）供需双方签订的单笔合同原则上应在 20 万吨以上，必须依据现有和新投产能力签订合同量，不得签订虚假合同。

（三）增强合同的严肃性和约束力，凡获得运输认可的合同，非不可抗力因素影响而不履行的，要给予严厉处罚。在大秦线选择部分企业试行运输合同。

四、在政府监控条件下，由供需双方协商确定电煤价格

（一）总的原则是，在保持电煤价格总体稳定的前提下，取消我委 2004 年底出台的电煤价格临时性干预措施，由煤电双方自主确定交易价格，同时，采取必要的配套措施予以保障。

（二）在电煤供求形势缓和的情况下，煤炭、电力企业要理性对待价格分歧，合理确定价格目标，以保障煤炭价格总水平基本稳定为前提，签订 2006 年合同。地方政府部门要统一思想，按照我委统一部署，以保持煤价稳定为目标，积极协调煤炭价格矛盾，防止煤价出现大起大落。

（三）以运力分配为载体，鼓励供求双方签订长期交易合同。对签订长期合同、价格保持稳定的，优先给予运力保障；对双方价格相差悬殊、不能按时签订合同的，不予配置运力。

（四）建立电煤价格应急机制，如果市场电煤价格出现显著上涨或有可能显著上涨，政府将按照《价格法》有关规定，采取临时干预措施。

（五）取消价格干预措施后，要进一步加强煤炭价格监测工作，建立中国电煤价格指数，为政府和企业决策提供依据。

五、审查煤炭买卖合同，落实铁路运力

（一）铁路、交通部门对供需双方签订的需要通过铁路、水路运输的合同，根据铁路合理流向、流量框架进行审查、落实运力。

（二）审查落实运力的基本原则：

——优先考虑循环经济和资源节约型企业；

——优先考虑电力、冶金、化肥等行业的优势骨干企业；

——优先考虑供需双方自主签订的长期合同；

——优先考虑价格稳定且供需双方没有分歧的合同；

——符合铁路、水路合理流向和流量的要求；

——符合国家产业政策和发展规划；

——符合基本建设项目审批核准的规定；

——符合国家宏观调控的政策要求。

六、严格产运需衔接程序，提高衔接效率

（一）按照本通知确定的衔接原则和公布的框架方案，自本通知下发之日起，在企业间已初步衔接的基础上，进一步衔接、签订合同。

（二）在供需衔接、签订合同的基础上，国家适时召开重点煤炭运力衔接会议，组织铁路、交通部门审查合同、落实运力。凡供需双方未完成合同签订任务的，一律不安排落实运力。

（三）提高重点煤炭运力衔接效率，逾期未提交合同而影响落实运力的，责任自负。

国家发展和改革委员会

二〇〇五年十二月二十七日

085

国家发展改革委关于做好2005年度重点煤炭产运需衔接工作的通知

发改运行〔2004〕2786号

各有关单位：

2005年，我国煤炭需求将继续保持旺盛增长势头，但受资源、产能和运输条件等制约，煤炭生产和运输难以完全满足需求的快速增长，将继续呈总体偏紧局面，部分地区和煤种的供需矛盾可能比较突出。为推进煤炭订货改革，进一步发挥市场在资源配置中的基础性作用，引导煤炭供需企业做好2005年度重点煤炭产运需衔接的工作，现将有关事项通知如下：

一、搞好煤炭产运需衔接的总要求是：在现有煤炭生产、需求和运输能力条件下，煤炭产运需各方面都要通过挖掘潜力、调整结构、优化配置，最大限度地实现资源、需求总量及其品种结构与煤炭运力状况相适应，促进国民经济持续快速协调健康发展。

二、参加重点煤炭产运需衔接的企业条件。在上年基础上，优先煤炭生产企业；取消“四证”不全、不具备基本安全生产条件的煤矿；取消不符合国家产业政策、未经批准违规新上项目。新增煤矿和电力重点用户必须是符合国家审批程序建设的项目。

三、各有关方面抓紧公布产运需信息和制定公布衔接框架意见

（一）煤炭协会提供分地区、分煤种、分矿区的煤炭资源量；电力等重点行业提供分地区、分企业的生产能力（原有和新增）、需求煤种、数量等信息；铁路部门提供主要装车点、运煤通道、流向、区段的煤炭运输能力；交通部门提供各港口的煤炭吞吐能力和江海运输能力。

（二）各有关方面尽快制定公布分矿点、分行业、分流向的产运需衔接框架意见。

四、协商确定煤炭价格的原则

（一）坚持供需双方协商定价的基本原则，落实煤炭供需企业协商定价自主权，任何政府部门、行业组织和企业不得以任何形式非法干预企业自主定价。在市场价格显著上涨或有可能显著上涨时，政府可依法进行必要的干预。

（二）对电煤价格，凡供需双方已签订合同的，按合同确定的价格执行，并优先考虑衔接运力。

（三）为加快衔接进度，对尚未签订合同的电煤，以 2004 年 9 月底实际结算的含税车板价为基础，在 8%的幅度内，由供需双方协商确定。

五、重点煤炭产运需衔接的基本原则

（一）优先考虑电力、化肥、冶金、居民生活和出口等五个重点行业，其他行业不在会上衔接；

（二）优先考虑中长期合同和大宗、直销、直达列合同；

（三）优先考虑供需双方已协商确定价格的合同；

（四）符合铁路、水路合理流向、流量的要求；

（五）符合国家产业政策和建设项目的审批规定；

（六）符合国家统筹兼顾、实施宏观调控的要求。

六、供需企业要根据重点煤炭产运需衔接原则和衔接框架意见，在自愿平等的基础上，进行供需衔接。国家支持煤矿企业集中和优化用户结构，支持用户企业集中和优化货源结构，支持运输部门集中和优化运输结构。鼓励供需双方将多年来已形成的稳定的购销关系发展为中长期合同。

七、各行业衔接牵头单位要及时掌握供需衔接情况，对总量、煤种、地区平衡出现的问题负责协调，重大问题向我委和有关部门报告。我委将会同有关部门对重大问题及时进行调整平衡。

各行业衔接牵头单位要组织和督促本行业企业在 12 月中旬完成供需衔接工作，并负责统计汇总衔接结果。

八、在供需双方完成衔接工作的基础上，国家将召开全国重点煤炭产运需衔接会，正式签订合同、落实运力。

九、请各行业衔接牵头单位迅速将上述原则传达到具备重点煤炭产运需衔接资格的供需企业。

国家发展和改革委员会

二〇〇四年十二月六日

十三 煤炭经营与流通

086

中华人民共和国国家发展和改革委员会令

第25号

为加强煤炭经营监督管理，规范和维护煤炭经营秩序，根据《中华人民共和国煤炭法》和《中华人民共和国行政许可法》的规定，特制定《煤炭经营监管办法》，经国家发展和改革委员会办公会议讨论通过，现予公布，自公布之日起30日后施行，原国家经济贸易委员会发布的《煤炭经营管理办法》同时废止。

国家发展和改革委员会主任　马凯

二〇〇四年十二月二十七日

煤炭经营监管办法

第一章　总　　则

第一条　为加强煤炭经营监督管理，规范和维护煤炭经营秩序，根据《中华人民共和国煤炭法》和《中华人民共和国行政许可法》的规定，制定本办法。

第二条　在中华人民共和国境内从事煤炭经营活动，适用本办法。

第三条　本办法所称煤炭经营，是指从事原煤及其洗选加工产品的批发、零售及民用型煤的加工经销等活动。

第四条　国家发展和改革委员会负责全国煤炭经营的监督管理。

省、自治区、直辖市人民政府指定的煤炭经营资格审查部门负责本行政区域内煤炭经营的监督管理。

工商、质检、环保等有关部门在各自的职责范围内负责煤炭经营的监督管理。

第二章　煤炭经营企业

第五条　国家实行煤炭经营资格审查制度。设立煤炭经营企业，应当经过煤炭经营资格审查。

第六条 煤炭经营资格实行分级审查、分级管理。

国家发展和改革委员会负责由国家工商行政管理总局登记的煤炭经营企业的经营资格审查。

省、自治区、直辖市人民政府指定的煤炭经营资格审查部门负责本行政区域内的煤炭经营资格审查。省级煤炭经营资格审查部门根据本行政区域的具体情况，可以规定设区的市有关部门负责煤炭经营资格初审。

第七条 设立煤炭经营企业，应当具备下列条件：

（一）有与其经营规模相适应的注册资金；

（二）有固定的经营场所；

（三）有与经营规模相适应的设施和储煤场地；

（四）有符合标准的煤炭计量和质量检验设备；

（五）符合国家对煤炭经营企业合理布局及环境保护的要求；

（六）法律、行政法规规定的其他条件。

第八条 取得由国家发展和改革委员会负责审查的煤炭经营企业经营资格，除应当符合本办法第七条规定外，还应具备以下条件：

（一）注册资金在五千万元以上；

（二）独立拥有产权的储煤场地在二万平方米以上；

（三）独立拥有符合标准的煤炭计量和质量检验设施；

（四）独立具备符合规定的煤炭计量和质量检验人员。

第九条 设立煤炭经营企业，应当向煤炭经营资格审查部门提出申请，并提交下列材料：

（一）煤炭经营项目可行性分析报告；

（二）煤炭经营资格申请报告、申请表；

（三）注册资金证明及法定验资机构出具的资信证明文件；

（四）企业法定代表人、负责人身份证明；

（五）固定经营场所证明；

（六）企业自有储煤场地证明（使用权证）或租赁、联营场地的合同证明（包括场地面积、储煤能力和场地设施）；

（七）环保行政部门出具的储煤场地环保合格证明；

（八）质检部门出具的计量设施、煤炭质量监测设施合格证明；

（九）国家有关部门颁发的计量、质检工作人员上岗证书。

第十条 取得煤炭生产许可证的煤矿企业销售本企业生产、加工的煤炭产品，不实行煤炭经营资格审查。

取得煤炭生产许可证的煤矿企业经营非本企业生产、加工的煤炭产品，应当向煤炭经营资格审查部门提出申请，取得煤炭经营资格。

第十一条 煤炭经营资格审查部门接到申请人提交的申请材料后，对材料不齐全或不符合法定形式的，应在五个工作日内一次告知申请人需要补正的全部内容，逾期不告知的，自收到申请材料之日起即为受理。

第十二条 煤炭经营资格审查部门依法对申请人提交的材料进行审查，必要时应当到有关现场对申请材料的实质内容的真实性进行核实。经审查核实具备煤炭经营条件的，予以批准；不具备条件的，不予批准，并书面通知申请人。

第十三条 煤炭经营资格审查部门应当自受理申请之日起二十个工作日内完成审查工作。二十个工作日内不能完成的，经本行政机关负责人批准，可以延长十个工作日，并应当将延长期限的理由告知申请人。

第十四条 按规定由设区的市有关部门负责煤炭经营资格初审后报省级煤炭经营资格审查部门审查的，设区的市有关部门应当自受理申请之日起二十个工作日内审查完毕。

第十五条 煤炭经营资格审查部门对准予从事煤炭经营的企业，应当自作出批准决定之日起十个工作日内向申请人颁发、送达煤炭经营资格证。

第十六条 煤炭经营资格审查部门对作出的准予从事煤炭经营的审查决定，应当通过公开发行的报刊、网站等方式向社会公告。

第十七条 申请人持依法取得的煤炭经营资格证向工商行政管理部门申请登记，领取经营范围包括煤炭经营的营业执照，方可从事煤炭经营活动。

未取得煤炭经营资格证的，工商行政管理部门不予颁发经营范围包括煤炭经营的营业执照。

第十八条 煤炭经营资格证的有效期为三年。期满需要延续的，应当在有效期届满三十日前向原煤炭经营资格审查部门申请办理延续手续。

第十九条 煤炭经营企业登记事项发生变更的，应当到原煤炭经营资格审查部门办理变更手续。

第二十条 煤炭经营企业终止的，应当到原煤炭经营资格审查部门办理煤炭经营资格注销手续。

第二十一条 煤炭经营资格证由国家发展和改革委员会统一印制，其他任何单位和个人不得擅自印制。

第二十二条 煤炭经营资格证不得伪造，不得买卖、出租、转借或以其他任何形式转让。

第二十三条 煤炭经营资格审查部门审查煤炭经营资格，除法定收费项目外，不得收取其他任何费用。

煤炭经营资格审查部门依法收取的费用应全部上缴国库，不得以任何形式截留、挪用和私分。

第三章 煤炭经营

第二十四条 煤炭经营企业从事煤炭经营，应当遵守有关法律、法规和规章的规定，保证煤炭质量，提高服务水平。

第二十五条 从事煤炭经营，应当依照《中华人民共和国合同法》规定，由买卖双方签订煤炭买卖合同。

煤炭买卖合同一般包括下列内容：

（一）出卖人和买受人的名称和住所；

（二）数量；

（三）品种、规格、质量；

（四）价格；

（五）交货方式；

（六）发出地点（站、港）和到达地点（站、港）；

（七）履行期限；

（八）货款及运杂费的结算方式，买卖双方的开户银行、帐号、纳税登记号；

（九）违约责任；

（十）解决争议的方法；

（十一）买卖双方约定的其他条款。

第二十六条 煤炭买卖合同签订后，买卖双方必须全面履行合同，任何一方不得擅自变更或者解除合同。有特殊原因需要变更或解除合同的，应按《中华人民共和国合同法》规定办理，否则应承担违约责任。

第二十七条 需由运输企业承运的煤炭，煤矿企业、煤炭经营企业或煤炭用户依照《中华人民共和国合同法》与运输企业签订煤炭运输合同。

第二十八条 煤炭运输合同生效后，合同双方必须全面履行合同。煤矿企业或煤炭经营企业应当按照合同约定发运质量合格、计量准确的煤炭；运输企业应当按照合同约定承运，并将承运的不同质量的煤炭分装、分堆；煤炭用户应当按照合同的约定接卸煤炭。不履行合同的，应当承担违约责任。

第二十九条 煤炭发运时承运、托运双方的交接和到站（港）后收货人对煤炭质量、数量的验收，按照国家有关规定办理。

第三十条 煤炭经营应当取消不合理的中间环节。国家提倡有条件的煤矿企业直销，鼓励大型煤矿企业与耗煤量大的企业签订中长期直销合同。

第三十一条 国家提倡有条件的煤炭经营企业实行代理配送。

第三十二条 煤炭经营企业经营民用型煤，应当保证质量，方便群众，稳定供应。

民用型煤应当推行集中粉碎、定点成型、统一配送、连锁经营。

第三十三条 国家鼓励使用洁净煤，推广动力配煤、工业型煤，节约能源，减少污染。

第三十四条 煤矿企业、煤炭经营企业，应当依法经营，公平竞争，禁止下列经营行为：

（一）未取得煤炭经营资格擅自经营；

（二）未取得煤炭生产许可证擅自销售煤炭产品；

（三）采取掺杂使假、以次充好、数量短缺等欺诈手段；

（四）垄断经营；

（五）违反国家有关价格的规定，哄抬煤价或者低价倾销；

（六）违反国家有关税收的规定，偷漏税款；

（七）违反法律、行政法规规定的其他行为。

第三十五条 从事煤炭运输的车站、港口及其他运输企业不得利用其掌握的运力参与煤炭经营。

第三十六条 禁止行政机关设立煤炭供应的中间环节和额外加收费用。

禁止行政机关开办煤炭经营企业或者从事、参与煤炭经营活动。

第三十七条 禁止经营无煤炭生产许可证的煤矿企业生产、加工的煤炭产品。

禁止经营无煤炭经营资格的煤炭经营企业的煤炭产品。

禁止向无煤炭经营资格证的煤炭经营企业销售煤炭产品。

第三十八条 煤矿企业和煤炭经营企业应当严格执行国家有关煤炭产品质量管理的规定，其供应的煤炭产品质量应当符合国家标准或者行业标准。用户对煤炭产品质量有特殊要求的，由买卖双方在煤炭买卖合同中约定。

第四章 监督管理

第三十九条 煤炭经营资格审查部门依法对煤炭经营进行监督管理，应建立对煤炭经营企业在经营过程中经营资格条件变化和依法经营状况的全面检查制度，具体办法由国家发展和改革委员会制定。

煤炭经营资格审查部门和工商、质检、环保等有关部门依法查处非法经营活动，并在各自的职责范围内实施行政处罚。

第四十条 煤炭经营资格审查部门的工作人员应当熟悉有关法律、法规，具备必要的专业知识，公正廉洁，秉公执法。

第四十一条 煤炭经营资格审查部门进行监督检查时，有权向煤炭经营企业或者煤炭用户了解有关执行煤炭法律、法规的情况，查阅有关资料，进入现场进行检查；煤炭经营企业和煤炭用户应当提供方便。

第四十二条 煤炭经营资格审查部门的工作人员进行监督检查时，应当出示证件。

第四十三条 煤炭经营资格审查部门实施资格审查和日常监督管理所需经费，应当列入本级财政预算，由本级财政予以保障。

第五章 罚 则

第四十四条 未经煤炭经营资格审查部门审查批准，或伪造煤炭经营资格证，或以买卖、出租、转借等形式取得煤炭经营资格证，擅自从事煤炭经营活动的，由煤炭经营资格审查部门责令停止经营，没收违法所得，可以并处违法所得一倍以上五倍以下的罚款。

第四十五条 未取得煤炭生产许可证擅自销售自己生产的煤炭产品的，由煤炭经营资格审查部门责令停止经营，没收违法所得，可以并处违法所得一倍以上五倍以下的罚款。

第四十六条 采取掺杂使假、以次充好等欺诈手段进行经营的，由煤炭经营资格审查部门责令停止经营，没收违法所得，并处违法所得一倍以上五倍以下的罚款；情节严重的，取消煤炭经营资格；构成犯罪的，由司法机关依法追究刑事责任。

第四十七条 经营无煤炭生产许可证或无煤炭经营资格证的企业的煤炭产品的，或向无煤炭经营资格证的煤炭经营企业销售煤炭产品的，由煤炭经营资格审查部门处违法所得一倍以上三倍以下的罚款，但最多不得超过三万元。

第四十八条 煤炭经营企业违反本办法有关规定，从事其他非法经营的，依照有关法律、法规和规章的规定处罚。

第四十九条 煤炭经营资格审查部门的工作人员滥用职权、玩忽职守或者徇私舞弊的，依法给予行政处分；构成犯罪的，由司法机关依法追究刑事责任。

第六章 附 则

第五十条 本办法发布前，依据原国家经济贸易委员会发布的《煤炭经营管理办法》，已经进行的煤炭经营资格审查，继续有效。

第五十一条 各省、自治区、直辖市人民政府指定的煤炭经营资格审查部门，可以根据本办法对本行政区域的煤炭经营监管制定实施细则。

第五十二条 本办法自发布之日起三十日后施行。1999 年 6 月 22 日原国家经济贸易委员会发布的《煤炭经营管理办法》同时废止。

087

关于认真贯彻《煤炭经营监管办法》严格规范煤炭经营资格审查监管有关问题的通知

发改运行〔2005〕1006号

各省、自治区、直辖市煤炭经营资格审查监管部门：

我委公布《煤炭经营监管办法》（第25号令，以下简称《办法》）后，各地正在抓紧贯彻落实。根据近期反映的一些情况，经研究，现就规范煤炭经营资格审查监管的有关问题通知如下，请认真贯彻执行：

一、《办法》是在总结五年多来全国开展煤炭经营资格审查监管工作经验的基础上，进一步深入贯彻《煤炭法》、《行政许可法》等法律规定而修订发布的，确立了今后一个时期煤炭经营监管的基本规范。各省（区、市）必须依据《办法》，对现行煤炭经营资格审查监管的具体规定和实际操作，开展一次全面系统的对照检查。对与《办法》不相符合的规定和做法，要坚决及时地予以纠正。

在此基础上，各省（区、市）要通过认真的调查研究，依据《办法》，制定印发本行政区域的《煤炭经营监管实施细则》，并报我委备案。这项工作必须在2005年底前全面完成。

二、为深入贯彻《办法》，各省（区、市）近期要重点抓好两项工作：

（一）制定本行政区域煤炭经营企业合理布局和总量调控规划。要根据经济社会发展对煤炭需求和环境保护等要求，结合城镇建设布局等因素，制定科学合理的煤炭经营企业合理布局和总量调控规划，用以指导煤炭经营的发展与结构调整，克服在缺乏规划布局的条件下盲目审批和无序膨胀问题，取消不合理的中间环节。

（二）合理提高设立煤炭经营企业的准入标准。要根据经济社会发展需求，按照控制数量、优化结构、扩大规模、提高素质的要求，在注册资金、储煤场地、计量与质检人员和设施配备等方面提高准入标准，改变过去那种管理无序、泛滥成灾的局面。要彻底纠正只要有注册资金就可以设立煤炭经营企业的简单化倾向；要从具有独立产权、符合规定标准、符合“煤炭经营企业合理布局和总量调控规划”三个方面，加强对储煤场地、计量与质检人员和设施配备等从事煤炭经营基本条件的审查，严把准入关。

上述两项工作，各省（区、市）要在2005年内全面完成。制定的煤炭经营企业合理布局和总量调控规划，以及调整提高后的各类煤炭经营企业准入标准，须报我委核准备案。

三、在制定煤炭经营企业合理布局和总量调控规划，以及实施日常监管中，各级煤炭经营资格审查监管部门要充分考虑并积极督促、引导、鼓励和支持耗煤量大的大中型工业企业，与煤矿签订煤炭直销合同，建立长期稳定的购销关系，以降低交易成本，提高运行效率。不具备条件建立直销关系的中小型煤炭用户企业，可通过煤炭经营企业供应，但也应尽量减少中间环节。

对民用型煤加工经销要继续大力推行集中粉碎、定点成型、统一配送、连锁经营的方式，扩大经营规模和供应区域，使之逐步由城镇向城乡结合部以及广大农村地区延伸和推广，在满足群众生活用煤需求的同时，改变加工经销点过小过散的局面。

四、《办法》规定的煤炭经营方式包括从事原煤及其洗选加工产品的批发、零售及民用型煤加工经销等三种主要方式。煤炭批发是指从煤矿或者煤炭经营企业购进煤炭，转卖给生产经营单位使用，或者转卖给其他煤炭经营企业销售；煤炭零售是指从煤矿或者煤炭经营企业购进煤炭，转售给城乡居民作为生活消费或售给社会集团作为公共消费；民用型煤加工经销是指从煤矿或煤炭经营企业购进煤炭，经过粉碎、加工成民用型煤，售给居民作为生活消费或者售给社会集团作为公共消费。

对三种主要经营方式的煤炭经营企业，要分别规定不同的准入标准。注册资金和储煤场地的准入原则上不得低于以下要求：煤炭批发经营企业注册资金500万元，储煤场地面积3000平方米；煤炭零售经营企业注册资金200万元，储煤场地面积1500平方米；民用型煤加工经销企业注册资金10万元，储煤场地面积500平方米。各省（区、市）可根据上述基本要求，明确规定本行政区域内三种煤炭经营方式的具体准入条件，不得把三种经营方式混为一谈，人为地降低准入条件。

本《通知》印发前，各省（区、市）依据原准入标准审批的煤炭经营资格继续有效，但在煤炭经营资格证有效期内，必须积极创造条件，全面达到修订后的准入标准，否则在经营资格证有效期满后，不再办理延续手续。

五、《办法》规定的煤炭经营企业是指不直接从事商品生产，而是从煤矿或上一个环节的煤炭经营企业购进煤炭，通过转卖或简单的加工后转卖以获取进销差价的企业。以下两类企业不构成煤炭经营企业，各级煤炭经营资格审查监管部门不得接受这些企业的申请，颁发煤炭经营资格证。

（一）以煤炭为燃料或原料，从事电力、冶金、建材、化工、炼焦等非煤产品生产的企业。这类企业为煤炭终端用户，签订用于生产消耗的煤炭买卖合同，无需具备煤炭经营资格。各地不得要求或受理这些企业的申请，对其颁发煤炭经营资格证。

（二）从事煤炭产品生产的煤矿企业。依法取得煤炭生产许可证的煤矿企业，有权经营本企业生产加工的煤炭产品，无需取得煤炭经营资格证。未取得煤炭生产许可证而擅自从事煤炭生产和经营的煤矿，属非法行为，要接受煤炭生产许可监管部门的依法惩处，更不能颁发煤炭经营资格证。

六、各级煤炭经营资格审查监管部门必须严格执行《煤炭法》和党中央、国务院有关规定，禁止各级党政军机关和公检法机关违反国家规定设立煤炭经营企业；禁止从事煤炭运输的铁路、港口及其他运输企业利用其掌握的运力设立煤炭经营企业，参与煤炭经营。

各省（区、市）要对本《通知》五、六两条规定的执行情况进行专项检查，对违反国家规定批准设立煤炭经营企业和发放的煤炭经营资格证，要进行集中清理整顿。清理整顿情况要向我委写出专题报告。

七、按照《办法》规定，从事煤炭批发、零售及民用型煤加工经销的各类煤炭经营企业，均必须申请煤炭经营资格、接受煤炭经营资格审查、依法取得煤炭经营资格证并在工商管理部门登记注册后方可经营。除在国家工商行政管理总局登记注册的煤炭经营企业由我委负责审查颁发煤炭经营资格证外，其他煤炭经营企业的煤炭经营资格证的终审颁发，一律由省级煤炭经营资格审查监管部门负责。省级煤炭经营资格审查监管部门规定设区的市有关部门负责初审的，设区的市有关部门仅负责提出初审意见，连同企业申请资料一并上报省级煤炭经营资格审查监管部门进行终审，决定是否具备煤炭经营资格。

各地一律不得擅自扩大或缩小煤炭经营资格审查监管范围；不得只审查监管煤炭批发经营企业，而放开煤炭零售和民用型煤加工经销企业；不得由省辖设区的市有关部门直接终审颁发煤炭经营资格证；也不得区分不同的煤炭经营方式，在省和设区的市两级分别颁发煤炭经营资格证。凡不符合上述要求的，须于今年9月底前统一做出调整。已由省辖设区的市颁发的煤炭经营资格证，要由省级煤炭经营资格审查监管部门组织统一注销和收回，经严格审查，改由省级煤炭经营审查监管部门统一颁发，有关调整情况要向我委写出专题报告。

八、为切实加强煤炭经营资格和经营活动的审查监管，各省（区、市）对煤炭经营企业要坚持一证（煤炭经营资格证）对一照（企业法人营业执照），并由煤炭经营场所（煤炭储运场地，下同）所在地煤炭经营资格审查监管部门负责实施煤炭经营资格审查和日常监管。对实行跨区经营即煤炭经营场所所在地与办理企业法人登记、领取《企业法人营业执照》所在地不在同一行政区域的煤炭经营企业，也应由煤炭经营场所所在地的煤炭经营资格审查监管部门负责实施经营资格审查和日常监管。

九、根据《办法》规定，煤炭经营资格证由我委统一设计和印制，任何地区和单位不得擅自印制。对经申请批准设立的煤炭批发、零售及民用型煤加工经销等各类煤炭经营企业，必须发放全国统一的煤炭经营资格证，各地一律不得自行设计、印制和发放煤炭经营资格证；不得按煤炭经营的不同方式、不同经营区域，颁发国家和省级两类煤炭经营资格证。已经颁发省级证的，必须于今年 9 月底前在省级公众媒体上统一公布作废、注销，并收回销毁，经严格审查合格后，换发全国统一的煤炭经营资格证。此项工作结束后，要向我委写出专题报告。今后凡在社会上使用非全国统一的煤炭经营资格证的，一律以非法行为论处。

十、为防止和堵塞个别地区将现行的煤炭经营资格证一套（一正两副）中两个副本分别颁发给两户煤炭经营企业使用的漏洞，自本《通知》下发之日起，颁发煤炭经营资格证一律改为一正一副。办理变更也改为一正一副，并须收回原证（一正两副）。

根据《财政部、国家发展改革委关于公布取消 103 项行政审批等收费项目的通知》（财综字〔2004〕87 号）规定，自 2005 年起取消煤炭经营资格证工本费收费。印制工本费由中央财政预算列支，各省（区、市）一律不得再向煤炭经营企业收取。

十一、按照我委《关于发放煤炭经营资格证有关问题的通知》，近期部分省（区、市）提出了申领空白煤炭经营资格证的请示，结合各地实际，我委研究审定了部分省（区、市）发放量。本次核定为 2005 年度全部发放量，各地要从严审查，总量控制。尚未提出 2005 年申请的省（区、市），如有需求，务于 6 月底前提出正式申请，逾期不再受理。

我委从今年起建立空白煤炭经营资格证年初一次集中申请与核定制度，即年初一次核定一年发放量，年中不再追加。各地在申领时，要把上年度领取的空白证使用情况报告清楚。年度核定量，仅考虑一定比例的变更需要，及在有进有出、动态平衡原则下，每年正常审批少量新增企业的需要。要坚决克服个别地方脱离实际的随意乱申领的问题。

十二、经过几年来的整顿与发展，目前全国煤炭经营企业总量与社会需求已基本相适应。今后煤炭经营监管工作的重点要由审批设立新的煤炭经营企业，转到全面加强日常监管上来。一方面要引导、督促和支持合法经营企业以市场为导向，通过改革改组，调整结构，做大做强，提高经济效益和社会效益；另一方面要坚决打击和取缔各种非法经营活动，维护煤炭经营正常秩序，营造公平竞争环境，从根本上改变重发证、轻监管或只发证、不监管的问题。

各地要抓紧建立对煤炭经营企业在经营过程中经营资格条件变化和依法经营情况的全面检查制度。检查的范围、组织、基本内容、程序及结果处理等可参照我委发改运行〔2003〕2109 号文的有关规定，不再另行部署通知。各省（区、市）的全面检查工作要在 7 月底前结束，并向我委上报检查报告。今年下半年我委将组织全国重点检查或互查工作，并总结各地全面检查制度建立情况，研究制定全国煤炭经营全面检查办法。

国家发展和改革委员会

二〇〇五年六月七日

088

关于进一步做好煤炭经营监管实施细则和煤炭经营企业合理布局规划制定等工作的通知

发改办运行〔2006〕824 号

各省、自治区、直辖市煤炭经营监管部门：

自我委印发《煤炭经营监管办法》（第 25 号令，以下简称《办法》）和《关于认真贯彻〈煤炭经营监管办法〉严格规范煤炭经营资格审查监管有关问题的通知》（发改运行〔2005〕1006 号，以下简称《通知》）以来，多数省（区、市）认真贯彻落实。北京、天津、河北、辽宁、吉林、上海、江苏、浙江、福建、河南、湖南、广西、海南、四川、贵州、宁夏、新疆等省（区、市）修订了煤炭经营监管实施细则；天津、河北、上海、福建、河南、广西、海南、宁夏、贵州等省（区、市）在认真调研的基础上，制订了煤炭经营企业合理布局规划，为依法实施行政许可和监管提供了依据和指导。但是，仍有一些省（区、市）对贯彻《办法》和《通知》重视不够，抓得不力，至今仍未制定或修订监管实施细则和煤炭经营企业合理布局规划，使煤炭经营监管处在一种缺乏执法依据和盲目状态。有的把监管简单地理解为发证，根本不顾及监管制度建设和基础工作，一味地要求增发空白证。在已经制修订的实施细则和合理布局规划中，也存在着质量不高的问题。有的在煤炭经营范围、经营方式及经营资格证的颁发范围上脱离全国统一规定，擅自降低准入标准；有的规划缺乏科学指导，缺乏对省情、市情的深入分析，缺乏对煤炭经营发展规律的认识，搞成了一个低水平扩张的规划，使实施细则和合理布局规划失去了应有的规范和指导意义。

为迅速扭转部分省（区、市）在制修订煤炭经营监管实施细则和煤炭经营企业合理布局规划工作上的被动局面，全面推进煤炭经营监管工作，现就有关问题通知如下：

一、凡尚未制修订煤炭经营监管实施细则的，必须在今年上半年内完成制修订工作，并主动与政府法制部门联系，争取以省级人民政府行政法规的形式予以发布，最低也要以煤炭经营监管部门规范性文件的方式印发。已经制修订实施细则的，要对照《办法》和《通知》进行认真检查。凡不符合《办法》和《通知》规定的，必须在今年上半年完成重新修订发布工作。各省（区、市）制修订的实施细则须及时报我委备案。

制修订实施细则，在设定煤炭经营企业准入条件中，应区分煤炭批发、零售和民用型煤加工经销等三种经营方式，做出明确规定，不能将三者混为一谈；设立三种不同经营方式的企业，均不得低于《办法》和《通知》规定的注册资金和储煤场地的最低标准，以及对煤炭计量、质检人员和设施等方面的基本条件要求。

二、凡尚未制订煤炭经营企业合理布局规划的，必须在今年上半年完成制订工作。这次规划的期限统一为2006年至2010年，各省（区、市）要对规划期内分年度、分所辖市（地）和分煤炭经营企业三种类型作出规划安排。已经制订规划、但不符合本通知要求的，也要抓紧于今年上半年完成修订工作。各省（区、市）制修订的规划须报我委核准后印发实施。

煤炭经营企业合理布局与总量调控规划既是总量调控的规划，又是推进结构调整的规划，要在保持煤炭经营企业数量基本稳定的前提下，紧紧围绕和突出结构调整这个中心，切实把握好以下原则：

（一）要以科学发展观为指导，贯彻建设资源节约型、环境友好型社会的要求，坚持保障供给、优化结构、稳定数量、提高素质。

（二）要与经济社会发展、城镇建设布局、产业政策、交通运输、环境保护等相协调，与相关规划相衔接。

（三）要合理确定煤炭经营企业的功能定位。主要工业用煤应通过与煤矿签订直销合同，建立长期合作关系，基本上不通过中间环节；对从事小型用户和居民生活用煤供应的煤炭经营企业，也要通过收购、兼并和联合重组等方式，减少户数，扩大经营规模。

（四）保障经济社会发展的煤炭供给，主要依靠推进现有煤矿和煤炭经营企业优化重组结构，扩大生产经营规模来实现，而不是依靠煤炭经营企业数量的低水平扩张。

三、自本通知下发之日起，凡是尚未制修订煤炭经营监管实施细则和煤炭经营企业合理布局规划的，要暂停煤炭经营资格证的审查颁发，集中力量做好实施细则和合理布局规划的制修订工作，为加强审查监管确立基本规范和依据。在此期间，我委也暂不受理未完成制修订工作的省（区、市）空白煤炭经营资格证的申领。待正式完成上述工作后，恢复煤炭经营资格证审查颁发工作。

四、各地要把煤炭经营监管工作重点由审批设立新的企业，转到对现有企业的日常监管和指导推进结构调整上来。要严格按照《办法》、《通知》及各地制修订的实施细则规定的准入条件，对现有煤炭经营企业进行一次全面检查。凡达不到新的准入条件的，要责成其在经营资格证有效期限内进行整改。有效期满后，仍达不到新的准入条件的，要注销其煤炭经营资格证，不再延续。同时，要坚决打击和取缔各种无证非法经营活动，维护正常的煤炭经营秩序，从根本上扭转只发证、不监管或重发证、轻监管的问题。

国家发展和改革委员会办公厅

二〇〇六年四月十六日

089

中华人民共和国国家发展和改革委员会
中华人民共和国商务部　　　令
中华人民共和国海关总署

第 7 号

根据《中华人民共和国对外贸易法》和《中华人民共和国货物进出口管理条例》，国家发展和改革委员会会同商务部、海关总署制定了《煤炭出口配额管理办法》，现予公布，自 2004 年 7 月 1 日起施行。

国家发展和改革委员会主任　马凯
商务部部长　吕福源
海关总署署长　牟新生
二〇〇四年一月七日

煤炭出口配额管理办法

第一章　总　　则

第一条　为规范煤炭出口，保证煤炭出口配额管理工作符合效率、公正、公开和透明的原则，维护煤炭的正常出口秩序，根据《中华人民共和国对外贸易法》和《中华人民共和国货物进出口管理条例》的有关规定，制定本办法。

第二条　国家发展和改革委员会（以下简称发展改革委）会同商务部负责确定全国煤炭出口配额总量及分配工作。

第三条　本办法适用于一般贸易方式下煤炭的出口。其他贸易方式下煤炭出口按现行有关规定办理。

第二章　煤炭出口配额总量、申请

第四条　每年煤炭出口配额总量及申请程序，由发展改革委于上一年 10 月 31 日前在中国经济信息网（http：//www.cei.gov.cn）、国家发展和改革委员会网站（http：//www.sdpc.gov.cn）上公布。

第五条　确定煤炭出口配额总量时，应当考虑以下因素：

（一）保障国家经济安全；

（二）合理利用煤炭资源；

（三）符合国家有关产业的发展规划、目标和政策；

（四）国际、国内市场供求状况。

第六条 煤炭出口实行国营贸易管理。已获得煤炭出口国营贸易经营权的出口企业可以申请煤炭出口配额。

第七条 出口企业应当以正式书面方式向发展改革委提出配额申请，并按要求提交相关文件和资料。

第八条 发展改革委于每年 11 月 1 日至 11 月 15 日受理煤炭出口企业提出的下一年度煤炭出口配额的申请。

第三章 煤炭出口配额的分配、调整和管理

第九条 发展改革委会同商务部于每年 12 月 15 日前将下一年度的煤炭出口配额总量的 80％下达给企业。剩余部分将不晚于当年 6 月 30 日下达。

第十条 煤炭出口配额参考企业上一年度煤炭出口实绩分配。

第十一条 煤炭出口配额有效期截止到当年 12 月 31 日。

第十二条 如发生下列情况时，可以对已分配的配额进行调整：

（一）国际市场发生重大变化；

（二）国内资源状况发生重大变化；

（三）出口企业配额使用进度明显不均衡；

（四）其他需要调整配额的情况。

第十三条 煤炭出口企业凭配额批准文件，按照有关出口许可证管理规定，向商务部授权的许可证发证机构申领出口许可证，凭出口许可证向海关办理报关验放手续。

煤炭出口许可证管理按照商务部许可证管理有关规定执行。

第十四条 煤炭出口企业于每月 5 日前将上月煤炭出口配额使用情况报发展改革委备案。

第四章 法律责任

第十五条 煤炭出口经营者在煤炭出口中有违法、违规行为，受到海关、税务、商检、外汇管理等部门处罚的，发展改革委可酌情扣减其已获得的煤炭出口配额。

第十六条 煤炭出口经营者伪造、变造出口配额批准文件或出口许可证，或者以欺骗或其他不正当手段获取出口配额、批准文件或出口许可证的，依照《货物进出口条例》第六十六条、六十七条规定处罚。发展改革委并可以取消其已获得的煤炭出口配额。

第十七条 对配额分配决定或处罚决定有异议的，可以依照《行政复议法》

提起行政复议，也可以依法向人民法院提起诉讼。

第五章 附 则

第十八条 本办法由发展改革委、商务部、海关总署负责解释。

第十九条 本办法自 2004 年 7 月 1 日起施行。

十四 煤炭价格

090

关于加强发电用煤价格调控的通知

发改电〔2011〕299号

各省、自治区、直辖市发展改革委、物价局、经贸委（经信委），中国煤炭工业协会，神华集团公司、中煤能源集团公司，华能、大唐、华电、国电、中电投集团公司：

为进一步规范煤炭市场秩序，稳定发电用煤（以下简称“电煤”）价格，根据《中华人民共和国价格法》第三十条规定，决定对电煤在全国范围内实施临时价格干预措施，并就加强电煤价格调控有关事项通知如下：

一、充分认识加强电煤价格调控的必要性

煤炭是重要的基础能源，其价格变动对下游行业特别是火电行业影响很大。近期，我国火力发电企业成本快速上升，经营困难加剧，购煤发电能力受到较大制约，加之南方部分省份水电出力下降，电力供应矛盾逐步积累，如不能妥善化解，将对迎峰度冬期间电力供应和国民经济稳定发展以及群众生活造成严重不利影响。为理顺煤电价格关系，促进煤炭、电力行业协调稳定发展，创造国民经济平稳健康的良好环境，有必要加强调控，稳定电煤价格。

二、对电煤实行临时价格干预

（一）对合同电煤适当控制价格涨幅。纳入国家跨省区产运需衔接的年度重点合同电煤，2012年合同价格在2011年年初签订的合同价格基础（合同未约定价格的，以2011年第一笔结算价格为基础）上，上涨幅度不得超过5%。产煤省（区、市）自产自用的电煤，年度合同价格涨幅不得超过上年合同价格（2011年电煤合同有多个价格的，以合同双方确定的最高实际结算价格为准）的5%。煤炭生产经营企业不得采取降低热值、降低煤质、以次充好等手段变相涨价，不得降低电煤合同兑现率、高价搭售市场煤。发电企业不得抬价抢购、超过国家规定价格涨幅签订电煤合同。

（二）对市场交易电煤实行最高限价。2012年1月1日起，秦皇岛港、黄骅

港、天津港、京唐港、国投京唐港、曹妃甸港、营口港、锦州港和大连港发热量5500大卡的电煤平仓价最高不得超过每吨800元，其他热值电煤平仓价格按5500大卡限价标准相应折算。

电煤交易双方通过铁路、公路直达运输的电煤市场交易价格，不得超过2011年4月底的实际结算价格，也不得采取改变结算方式等手段变相涨价。

电煤价格在全国范围内基本稳定后，我委将及时公告解除临时价格干预。

三、全面清理整顿涉煤基金和收费

（一）取消违规设立的涉煤基金和收费项目。除国务院批准设立的矿产资源补偿费、煤炭可持续发展基金，以及依法设立的对煤炭征收的价格调节基金外，凡属省级以下地方人民政府越权或擅自设立的附加在煤炭上征收的所有基金和收费项目，必须在2011年12月31日前由相关地方人民政府自行取消。

（二）规范省级政府随煤炭征收基金的标准。省级人民政府对煤炭征收的价格调节基金和其他基金、收费项目，征收标准合计不得高于国务院批准的山西省煤炭可持续发展基金每吨23元的征收标准，不得对省内外用煤实行不同标准；超过每吨23元，以及对省内外实行不同标准的，必须在2011年12月31日前进行整改；未对煤炭设立基金、收费项目的，不得新设基金、收费项目；已设基金、收费项目征收标准合计低于每吨23元的，不得提高。

四、确保电煤价格调控措施落实到位

（一）落实地方责任。省级人民政府价格主管部门要主动向政府汇报加强发电用煤价格调控的具体要求，并采取积极措施，确保电煤价格调控措施落到实处。各地要在2011年12月底前建立电煤生产经营情况监测制度，按月监测主要煤炭生产经营企业的电煤结算价格、产量、合同兑现率、热值等情况，并通过新闻媒体向社会公布，接受社会监督；要严格按照规定清理涉煤基金和收费，确保2012年1月1日之后没有越权设立、超标准征收、双重标准征收基金和收费的现象；要积极协调铁路管理部门加强铁路运力调配，优先保障电煤运输特别是重点合同电煤的运输；要积极督促煤炭企业严格执行国家电煤价格调控措施，加快释放煤炭产能，增加煤炭尤其是电煤供应。

（二）加强企业自律。煤炭生产经营企业要加强自律，严格执行国家电煤价格临时干预措施；在保证安全的前提下，努力增加煤炭产量，保障电煤供应，要信守合同，保证重点合同电煤的兑现率。发电企业要严格按照国家电煤价格调控政策要求，及时与煤炭企业签订电煤购销合同，积极组织购买电煤，保障电力供应。

五、开展监督检查

（一）强化电煤价格临时干预政策的监督检查。我委将对 2011 年全国电煤重点合同价格执行情况，以及 2012 年电煤临时价格干预措施落实情况开展重点检查和抽查。严肃查处违反国家电煤价格调控政策，擅自提高价格、以次充好、串通涨价、哄抬价格等行为。对违反规定的煤炭、电力企业，要依法没收违法所得，并处以违法所得 5 倍以下的罚款；没有违法所得或违法所得无法确定的，最高处以 500 万元罚款。对性质严重、影响较大的典型案件要进行通报批评和公开曝光。对有关责任人员的违纪违法问题，要提请监察机关追究责任。

（二）实施自查自纠和联合督查。各地要在 2012 年 1 月 15 日前，将本地实施电煤价格调控的方案，特别是清理整顿基金收费项目、提高重点电煤合同兑现率、释放煤炭产能、切实保障电煤供应等方面的具体措施，报送我委。我委将会同有关部门组成联合督查组，到煤炭主产省、煤电供应关系紧张的省份进行督查，对不认真落实国家电煤调控政策的单位和企业，予以通报。

国家发展和改革委员会

二〇一一年十一月三十日

091

关于切实保障电煤供应稳定电煤价格的紧急通知

发改价格〔2011〕659 号

各省、自治区、直辖市发展改革委、经贸委（经信委）、物价局，中国煤炭工业协会、中国电力企业联合会：

今年以来，各地、各部门及相关企业认真贯彻落实国务院关于稳定消费价格总水平的要求，加强煤炭产运需衔接和价格调控工作，保持了煤炭价格的基本稳定。但仍有少数地区和企业采取降低电煤合同兑现率、降低热值、高价搭售市场煤等手段变相涨价。为进一步规范电煤市场秩序，稳定煤炭价格，促进煤炭、电力行业和谐健康发展，现就有关事项通知如下：

一、各负其责，切实抓好电煤价格调控工作

保持价格总水平基本稳定是今年宏观调控的首要任务，稳定煤炭价格对保持价格总水平基本稳定具有十分重要的作用。国务院《关于稳定消费价格总水平保障群众基本生活的通知》（国发〔2010〕40 号）明确要求“煤电双方要衔接好 2011 年度电煤供需合同，煤炭行业要加强自律，保持价格稳定”。我委《关于切实做好稳定物价工作保障群众基本生活的紧急通知》（发改电〔2010〕386 号）、《关于做好 2011 年煤炭产运需衔接工作的通知》（发改运行〔2010〕2880 号）规定，2011 年重点合同电煤价格维持 2010 年水平不变，并不得以任何形式变相涨价。各地区、各部门要认真抓好贯彻落实工作，各司其职，各负其责，确保上述要求落到实处。各煤炭和电力企业要识大体、顾大局，加强企业自律，严格执行稳定电煤价格的各项规定，不得把合同煤兑现量与市场煤购买量挂钩，不得通过降低煤炭质量等方式变相涨价，不得擅自提价或价外加价。各级人民政府尤其是煤炭主产区人民政府要切实加强煤炭价格监管，维护正常的煤炭生产经营秩序和价格秩序。

二、加强协调，努力保障电煤稳定供应

各产煤省（区）要充分认识做好电煤稳定供应工作的重要性，妥善处理好煤炭安全生产和稳定供应的关系，加大电煤产运需协调力度，在确保安全生产的前提下，加快推进煤炭资源整合进度，充分发挥现有生产能力，努力增加煤炭尤其

是电煤供应。要强化全国一盘棋思想，不得分割市场、限制煤炭出省。要加强电煤运输组织调运，优先组织、安排重点电煤合同的请车和装车，重点保障华中、华东等电煤供应偏紧地区的电煤供应和运输。

三、诚实守信，严格执行电煤合同

煤炭产运需企业要牢固树立诚实守信意识，认真执行《合同法》，严格按照合同约定的数量、质量、价格和时间进行电煤交易。我委将会同铁道部、交通部等有关部门和行业协会对 2011 年重点电煤合同履约情况进行监督检查，对不严格履行合同和合同兑现率低的企业，除承担相应违约责任外，还将予以通报批评。

四、清费治乱，进一步减轻煤炭企业负担

各级价格主管部门要组织精干队伍，对涉煤收费进行认真清理。重点清理在煤炭生产、销售过程中的各类收费和基金，我委将会同相关部门对一些重点地区违规设立的涉煤收费和基金进行重点清查，违规收入收缴中央财政。

五、强化执法，严肃查处涉煤价格违法行为

组织对重点省份开展涉煤价格专项检查。重点查处煤炭企业违反国家煤价调控政策、擅自提高价格的行为，通过降低煤质、以次充好等手段变相涨价的行为，以及串通涨价、哄抬价格等违法行为。对违反国家规定的煤炭企业，要依法收缴违法所得，并处以五倍以内的罚款；没有违法所得或违法所得无法确定的，最高处以 500 万元罚款。对影响较大的典型案件要依法从严从重处理，并通报批评，公开曝光。

国家发展和改革委员会

二〇一一年三月二十八日

092

关于开展环渤海动力煤价格指数试运行工作的通知

发改办价格〔2010〕2399号

各省、自治区、直辖市发展改革委、物价局，中国价格协会、中国煤炭运销协会、中能电力工业燃料公司，神华集团公司、河北港口集团有限公司：

为推进煤炭市场化改革，健全和完善煤炭市场体系，及时反映煤炭价格水平及变化趋势，今年4月，我委成立了环渤海动力煤指数研究小组，在参考国际、国内有关指数的基础上，结合我国情况及现有的煤炭价格指数，编制了环渤海动力煤价格指数，并进行了模拟运行。为进一步推进这项工作，经研究，决定开展环渤海动力煤价格指数试运行。现将有关事项通知如下：

一、环渤海动力煤价格指数的主要内容

环渤海地区是山西、内蒙古、陕西、宁夏和东北三省与东南沿海地区煤炭流通的枢纽，是全国重要的煤炭集散地。环渤海动力煤价格指数是反映环渤海地区的秦皇岛港、天津港、曹妃甸港、京唐港、国投京唐港、黄骅港六个港口动力煤离岸平仓价格水平以及价格变动情况的指数体系的总称，包括各港口动力煤价格与综合指数两个部分。

二、环渤海动力煤价格指数的编制原则

一是坚持政府引导、市场化运作。指数运行初期，由政府进行适当指导；运行一段时间后，由相关企业和协会负责指数的管理、编制，依靠市场化机制推动指数的运转和发展。二是坚持先易后难、循序渐进。随着试运行工作的开展，逐步完善指数编制方案，增加数据采集的范围和数量，增强环渤海动力煤价格指数的代表性。三是坚持客观、公正。通过优化统计算法，完善指数编制制度，建立自动数据采集和统计系统，尽可能减少人为因素的影响。

三、数据采集和发布时间

环渤海动力煤价格指数以7天为一个报告期，每周发布一次。数据采集周期为上周三到本周二的市场动力煤交易价格。对相关原始数据进行统计处理后，形成环渤海动力煤价格指数，于每周三下午15时发布价格指数。发布网站为秦皇

岛海运煤炭交易市场网站和中国价格协会网站。

四、数据采集点的确定

经中国煤炭运销协会、中能电力工业燃料公司、秦皇岛海运煤炭交易市场优选，第一批共选出149家企业作为数据采集单位。其中，煤炭生产（发运）企业37家，电力等煤炭消费企业38家，煤炭经营企业74家（有关企业名单附后）。随着环渤海动力煤价格指数的运行，数据采集点还将适当调整和扩展。

五、试运行时间

环渤海动力煤价格指数自2010年10月中旬起试运行。试运行期间，暂只发布环渤海各港口4500大卡、5000大卡、5500大卡与5800大卡四种规格品价格，以及各港口5500大卡综合平均价格。今后，可视情况择机发布与基期相比较而形成的综合指数。

六、有关要求

（一）中国价格协会、中国煤炭运销协会、中能电力工业燃料公司和秦皇岛海运煤炭交易市场要加强对环渤海动力煤价格指数的组织和协调工作，及时建立和完善指数编制制度和数据报送制度，优化数据传递和处理方式，并适时开展数据报送培训工作。秦皇岛海运煤炭交易市场还要加强数据管理，严格按照有关制度进行数据分析和处理，确保指数科学、规范、客观和有序。

（二）有关数据采集单位要高度重视数据报送工作，确定专人负责数据上报，熟练掌握数据报送软件，并按照相关制度要求，及时、准确报送交易合同约定的煤炭交易价格、数量、热值等数据。

（三）各地价格主管部门要继续加强价格监测，密切关注各区域间煤价变化的关系，并研究参考环渤海动力煤价格指数的编制，在一定区域内建立煤炭价格指数的可行性。

特此通知。

附件：环渤海动力煤价格指数数据采集企业名单（略）

国家发展和改革委员会办公厅

二〇一〇年九月二十九日

093

中华人民共和国国家发展和改革委员会令

第 50 号

《水泥工业产业发展政策》业经国家发展改革委办公会议审议通过并报请国务院批准，现予以发布，自发布之日起施行。

附：水泥工业产业发展政策

国家发展和改革委员会主任　马凯

二○○六年十月十七日

附：

水泥工业产业发展政策

水泥是国民经济的基础原材料。经过多年的发展，我国水泥工业发展取得了很大成绩，产量已多年位居世界第一，保障了国民经济发展的需要。但是当前，我国水泥工业结构性矛盾仍十分突出，主要表现是经营粗放，生产集中度和劳动生产率均比较低，资源和能源消耗高，环境污染比较严重，特别是立窑、湿法窑、干法中空窑等落后技术装备还占相当比重，可持续发展面临严峻挑战。按照科学发展观和走新型工业化道路的要求，为加快推进水泥工业结构调整和产业升级，引导水泥工业持续、稳定、健康地发展，实现水泥工业现代化，特制定水泥工业产业发展政策。

第一章　产业政策目标

第一条　推动企业跨部门、跨区域的重组联合，向集团化方向发展，逐步实现集约化经营和资源的合理配置，提高水泥企业的生产集中度和竞争能力。

到 2010 年，新型干法水泥比重达到 70%以上。日产 4000 吨以上大型新型干法水泥生产线，技术经济指标达到吨水泥综合电耗小于 95kW・h，熟料热耗小于740千卡/千克。到2020年，企业数量由目前5000家减少到2000家，生产规模3000万吨以上的达到10家，500万吨以上的达到40家。基本实现水泥工业现代化，技术经济指标和环保达到同期国际先进水平。

第二条 2008年底前，各地要淘汰各种规格的干法中空窑、湿法窑等落后工艺技术装备，进一步消减机立窑生产能力，有条件的地区要淘汰全部机立窑。地方各级人民政府要依法关停并转规模小于20万吨环保或水泥质量不达标的企业。

第三条 加快技术进步，鼓励采用先进的工艺和装备提升技术水平，缩小与世界先进水平的差距。污染物排放要符合国家和地方排放标准，满足国家或地方污染物排放总量控制要求。

第二章 产业发展重点

第四条 国家鼓励地方和企业以淘汰落后生产能力方式发展新型干法水泥，重点支持在有资源的地区建设日产4000吨及以上规模新型干法水泥项目，建设大型熟料基地；在靠近市场的地区建设大型水泥粉磨站。

第三章 产业技术政策

第五条 发展大型新型干法水泥工艺，推动水泥工业结构调整和产业升级，厉行资源节约，保护生态环境，坚持循环经济和可持续发展，走新型工业化发展道路。

第六条 政府要加强对水泥矿产资源的管理，鼓励地方和企业合理、有效地利用矿产资源。新建水泥生产线必须有可开采30年以上的资源保证，规范设计，合理开采。禁止采用对资源破坏大的开采方式，加强对民办矿山环境的治理和整顿，对民采民运的供应方式进行有效监管。水泥企业对采后矿山必须进行复垦，保护生态环境。

第七条 鼓励大企业采用先进的技术和设备将小企业改造为水泥粉磨站，新建水泥粉磨站规模至少为年产60万吨。鼓励推广矿渣微粉细磨技术。大力发展散装水泥，积极发展预拌混凝土。

第八条 国家鼓励和支持企业发展循环经济，新型干法窑系统废气余热要进行回收利用，鼓励采用纯低温废气余热发电。鼓励和支持利用在大城市或中心城市附近大型水泥厂的新型干法水泥窑处置工业废弃物、污泥和生活垃圾，把水泥工厂同时作为处理固体废物综合利用的企业。

第九条 国家支持企业采取措施，减少大气污染物排放，降低环境污染，节能降耗，综合利用工业废渣，积极利用低品位原燃材料，提高资源利用率，鼓励水泥企业走资源节约道路，达到清洁生产技术规范要求。

第十条 国家鼓励并支持水泥企业建立技术研发中心，支持具备条件的科研设计单位和高等院校建立开发行业共性、关键性技术的研究中心。通过技术创新，加强研发能力，提高我国重大水泥技术装备的设计、制造水平。国家在科研资金方面对重大科研项目予以支持。

第十一条　除一些受市场容量和运输条件限制的特殊地区外，限制新建日产2000吨以下新型干法水泥生产线，建设此类项目，必须经过国家投资主管部门核准。任何地方和企业不得新建立窑及其它落后工艺的水泥生产线。

第十二条　严格禁止水泥企业将已淘汰的落后设备转向其它企业。对违反产业政策未经核准自行建设的水泥项目，由政府投资主管部门责令关闭，各级政府有关部门不予发放土地使用证、营业执照、排污许可证、水泥生产许可证。

第四章　产业组织政策

第十三条　水泥工业产业组织结构调整的重点是，进一步提高企业集中度，促进水泥工业的企业集团化，生产专业化，管理现代化。充分利用我国水泥工业现有基础和企业的积极性，推进改组改制，优化产业组织结构。

第十四条　国家鼓励水泥工业通过资产重组、联合以及股份制等形式发展跨部门、跨地区的企业集团。重组水泥企业要坚持以市场为导向，以资产为纽带，以优势企业为龙头，推进强强联合和兼并重组小企业。

第五章　投资管理政策

第十五条　按照投资体制改革方案，除禁止类项目外，其他水泥类项目由省级投资主管部门核准。为避免水泥工业无序盲目发展，各省级投资主管部门要按照产业政策和发展规划的要求，切实加强项目管理。

第十六条　发展新型干法水泥，要结合产能集中的区域实行等量或超量淘汰落后工艺，要严格控制不具备发展条件的企业盲目扩大生产能力，防止不顾环境影响的低水平重复建设。违规建设或达不到环保要求的水泥企业，一律不得享受税收上减免等优惠政策。

第十七条　新建水泥项目，企业自有资金比例必须达到35%以上，对符合产业政策和规划的项目，银行根据独立审贷原则，提供信贷支持。对不符合产业政策和发展规划及市场准入条件的项目，银行不得提供信贷支持。

第十八条　严格执行水泥工业的用地标准，对不符合产业政策和规划的新建项目，国土资源管理部门不批准其建设用地。

第十九条　国家鼓励水泥工业利用多渠道筹措发展资金。鼓励私人资本在符合产业政策的前提下向水泥工业投资。鼓励外商投资发展大型新型干法水泥，提高利用外资的质量。总投资（包括增资）1亿美元及以上水泥建设项目由国家发展和改革委员会核准。国外产业资本、金融资本对国内水泥上市公司的股权收购，超过1亿美元（或等值人民币）以上的并购协议，须经国家投资主管部门批准后方可生效。

第二十条　国家鼓励具有技术、管理优势和资金优势的企业或企业集团联合向具备发展水泥工业条件的地区投资，按照国家统一规划，发展新型干法水泥。

第二十一条 国家鼓励企业实施改善品种、提高质量、节能降耗、环境保护等方面的技术改造。

第二十二条 证券监管部门应支持大型水泥企业集团，按有关程序上市募集资金，用于发展符合产业政策的水泥建设项目。对不符合产业政策和发展规划及市场准入条件的企业，证券部门不批准上市或扩股融资。

第六章 发展保障政策

第二十三条 发展和改革委员会制定水泥工业发展规划，确定水泥工业近期和远期目标，规划布局，制定相应政策措施，引导水泥工业结构调整和产业升级。

第二十四条 有关部门根据产业政策的要求，抓紧组织制订和修订水泥行业的耗能、产品质量、混凝土、环保等标准，适当提高供高强混凝土用的水泥强度等级。严格行业准入条件，加强和规范对水泥生产、流通和使用的管理。

第二十五条 根据水泥工业发展规划的要求，国家有关执法部门要严格依法查处违法建设和生产的水泥企业，加大环保执法力度，严格土地管理，对不符合要求的水泥企业要依法查处。质检部门要加大执法力度，加速淘汰落后工艺水泥，把加大对水泥产品的执法打假力度作为建材市场专项整治的重点，严防假冒伪劣产品进入建设市场。

第二十六条 发挥行业协会的咨询参谋和行业自律作用，支持建立和完善有关水泥行业信息的定期发布制度和行业预警制度，引导投资方向。

第二十七条 本产业政策自二〇〇六年十月十七日公布之日起实施，并由国家发展和改革委员会负责解释。

094

印发关于加快水泥工业结构调整的若干意见的通知

发改运行〔2006〕609号

各省、自治区、直辖市及计划单列市、新疆生产建设兵团发展改革委、经贸委（经委）、财政厅（局）、国土资源厅（局）、建设厅（委）、商务主管部门、中国人民银行上海总部、各分行（营业管理部）、省会（首府）城市中心支行、质监局、环保局：

水泥是国民经济建设的重要基础原材料。近年来，我国水泥工业发展很快，但存在总量过剩、结构不合理的矛盾。推进结构调整是“十一五”期间水泥工业重大而艰巨的任务。根据国务院常务会议及国务院颁布的《促进产业结构调整暂行规定》（国发〔2005〕40号）和《国务院关于加快推进产能过剩行业结构调整的通知》（国发〔2006〕11号）精神，结合当前水泥工业发展的具体情况，特制定《关于加快水泥工业结构调整的若干意见》（详见附件）。现印发你们，请按照执行。

附件：《关于加快水泥工业结构调整的若干意见》

国家发展和改革委员会
财政部
国土资源部
建设部
商务部
中国人民银行
国家质量监督检验检疫总局
国家环保总局
二〇〇六年四月十三日

附件：

关于加快水泥工业结构调整的若干意见

国家发展和改革委员会　财政部　国土资源部

建设部　商务部　中国人民银行

国家质量监督检验检疫总局　国家环保总局

2006 年 4 月 13 日

水泥是国民经济建设的重要基础原材料。“十五”期间，我国水泥工业取得了长足发展。2005 年水泥产量 10.6 亿吨，五年平均增速为 12%。新型干法水泥技术取得突破性进展，新型干法水泥生产能力占全部水泥比重已由 2000 年不足 12%提高到 40%。大型企业集团迅速成长，产业集中度日益提高。水泥技术和装备成套出口快速增长，在国际市场上的份额已达 20%以上。据测算，“十五”期间，由于发展新型干法水泥减少粉尘排放 500 多万吨，水泥工业年消纳工业废渣已超过 2 亿吨，占工业废渣总利用量一半以上。

我国水泥工业虽然发展很快，但仍然存在总量过剩、结构不合理的矛盾；行业整体经营粗放，资源、能源消耗高，综合利用水平低；企业数量多、规模小，产业集中度低；落后生产能力比重大，产品质量档次低；在行业准入和建筑市场使用方面技术法规不够完善等。为加快推进水泥工业结构调整，引导水泥工业持续健康发展，根据国务院颁布的《促进产业结构调整暂行规定》（国发〔2005〕40 号）和《国务院关于加快推进产能过剩行业结构调整的通知》（国发〔2006〕11 号）精神，现就水泥工业结构调整提出以下意见：

一、水泥工业结构调整的指导思想和目标

（一）指导思想：全面贯彻落实科学发展观，切实转变经济增长方式。坚持总量控制，依靠发展促调整，通过调整促提高。加强资源节约与综合利用，发展循环经济。推动企业重组，提高产业集中度。积极参与国际竞争，实现水泥工业由大变强和可持续发展。

（二）调整目标：2010 年水泥预期产量 12.5 亿吨，其中：新型干法水泥比重提高到 70%，水泥散装率达到 60%；累计淘汰落后生产能力 2.5 亿吨。企业平均生产规模由 2005 年的 20 万吨提高到 40 万吨左右，企业户数减少到 3500 家左右。水泥产量前 10 位企业的生产规模达到 3000 万吨以上，生产集中度提高到 30%；前 50 位企业生产集中度提高到 50%以上。新型干法水泥吨熟料热耗由

130kg下降到110kg标准煤，采用余热发电生产线达40%，水泥单位产品综合能耗下降25%。粉尘排放量大幅度减少，工业废渣（含粉煤灰、高炉矿渣等）年利用量2.5亿吨以上。石灰石资源利用率由60%提高到80%。

二、加强总量控制，实施分类指导

各地要按照国家产业政策和水泥工业发展专项规划，结合"十一五"规划编制好本地区水泥发展专项规划。新上项目（包括熟料基地、水泥厂、粉磨站）必须根据市场需求、资源状况和交通运输条件，合理布局，防止盲目。各省（自治区、直辖市）水泥发展规划报国家发展改革委备案，并作为水泥项目的核准依据。

继续支持大型新型干法水泥项目。对水泥产能增长过快、新型干法水泥比例已经较高的地区，发展速度要予以适度控制；对落后产能比重较大的地区，鼓励上大压小，扶优汰劣。

严禁立窑等落后生产工艺新建、扩建和单纯以扩大产能为目的技术改造项目。凡违背政策规定继续审批此类项目的，要追究直接责任人和有关部门领导的责任。对违反规定擅自建设的项目，要坚决依法拆除。

三、制定和完善政策，严格市场准入

（一）严格水泥生产许可证管理，开展无证生产专项整治活动，坚决取缔无证生产水泥企业。按照国家产业政策和环保新标准重新修订水泥生产许可证发放细则，对不符合实施细则要求的企业一律不予发证，严格把好市场准入关。

（二）制定水泥熟料国家标准，提高水泥熟料强度允许的最低等级，提升水泥质量。在满足社会需要的前提下，努力做到水泥实物用量不增或少增，以减少对能源、资源的消耗。

（三）完善混凝土结构设计标准和规范，提高建设、建筑工程应用水泥的准入标准，依据不同工程的需求选择水泥类型和品种。禁止立窑水泥进入高速公路、机场、港口、桥梁、涵洞等重点建设工程和建筑物结构工程。推广高性能混凝土的应用，提高建筑物使用年限。大力发展预拌砂浆和商品混凝土，大中型城市要禁止现场搅拌混凝土，条件成熟的地区应限制现场搅拌砂浆，禁止商品混凝土搅拌站使用立窑水泥。

（四）抓紧做好现有生产线2006年7月1日执行新的《水泥工业大气污染物排放标准》的准备工作，加快实施对现有水泥生产线烟气连续监测装置的安装和管理。依法实行排污许可证制度。

（五）完善现行资源综合利用政策中有关水泥利废税收优惠规定。享受该项优惠政策的企业除利用工业废渣的比例达标外，还必须达到环保新标准。进一步建立科学严格的资格认定方法、程序和管理机制，使资源综合利用政策落到实处。

（六）落实发展散装水泥的政策措施，从使用环节入手，进一步加大散装水泥推广力度。

四、建立落后产能退出机制，加大结构调整力度

抓住当前水泥市场总量供大于求的有利时机，采取上大关小、补贴及赎买等多种方式，淘汰一批落后生产能力，改善环境质量，缓解能源、资源压力。有条件的地方应适当安排专项资金，用于重点地区拆除水泥立窑的补贴。

五、支持大企业集团发展，加快提高产业集中度

遵循市场经济规律，鼓励有实力的大型水泥企业采取兼并、重组、联合等方式，提高生产集中度，优化资源配置。选择10家国家重点支持和30家地方重点支持的大型企业集团，增强其在区域市场的调控能力（具体名单由国家发展改革委会同有关部门另行发布）。对重点支持发展的大型企业集团，在项目核准、土地审批、贷款投放上，优先给予支持。进一步完善和调整水泥税收政策，停止对落后工艺和严重污染环境的水泥生产实行税收优惠政策。严格税收征管，禁止对小水泥企业包税和随意减免税。

六、鼓励水泥企业“走出去”，参与国际市场竞争

鼓励日产2000吨以上大型水泥设备出口，对符合信贷条件的项目，银行积极提供必要的出口信贷支持；支持有实力的大型企业（集团）走出国门开展水泥建设工程总承包和直接投资办厂，使我国水泥工业由产品输出向资本、装备、技术、管理、服务等配套输出的国际化经营方向发展。

为确保出口水泥质量，维护水泥出口市场秩序，国家将建立出口水泥生产企业资质认定制度。

七、加强水泥矿山资源管理，大力发展循环经济

加强石灰石矿产资源管理和建设项目审批。统筹考虑资源配置的均衡，鼓励采用先进开采技术，合理开发利用石灰石资源，制定和完善在石灰石矿山开发中的环境保护、尾矿资源利用、开采后的土地复垦和生态恢复方面的政策规定。

抓紧研究制定鼓励水泥工业资源综合利用和处理工业、城市垃圾方面的配套政策措施。加强大型高效粉磨系统、低热值燃料应用、低温余热发电、城市垃圾处理、工业废渣及可燃废弃物的应用、新型绿色水泥基材料等研究，将“可燃废弃物在水泥生产过程中的无害化、资源化处置技术及设备”等研究项目列为国家专项重点研究攻关课题，加大科研及开发投入力度，建设示范线，力争在技术开发和应用方面有所突破。在充分试验研究的基础上完善标准体系，引导水泥工业

科学、合理利用和处理废弃物。

八、发挥行业协会作用，加强行业自律

各地在制定水泥工业发展规划和新上项目审批时，要充分听取当地水泥行业协会的意见。协会要主动做好市场信息服务，加强水泥行业经济运行监测分析，密切关注行业发展动态，及时发布市场供求信息，引导企业投资决策。要积极推广先进企业的技术和管理经验，指导和帮助企业改进管理，挖潜降耗，提高企业经济效益。要利用行业协会的优势，加强行业自律工作，维护公平、公正的市场竞争，促进水泥工业持续健康发展。

095

关于印发水泥工业发展专项规划的通知

发改工业〔2006〕2222号

各省、自治区、直辖市及计划单列市、副省级省会城市、新疆生产建设兵团发展改革委、经贸委（经委）：

为了贯彻落实科学发展观，按照循环经济理念，走新型工业化道路，加快水泥产业结构调整和促进产业升级，指导我国水泥工业健康持续发展，改变水泥工业产业结构不合理，整体竞争力不强的状况，实现水泥工业经济增长方式的转变。我委制定了《水泥工业发展专项规划》，经报请国务院批准同意，现印发给你们，请参照执行。

附件：水泥工业发展专项规划

国家发展和改革委员会

二〇〇六年十月十七日

附件：

水泥工业发展专项规划

国家发展和改革委员会

2006年10月17日

前　言

水泥是国民经济的基础原材料，水泥工业与经济建设密切相关，在未来相当长的时期内，水泥仍将是人类社会的主要建筑材料。改革开放以来，我国水泥工业得到较快的发展，整体素质明显提高，产量已多年居世界第一位。党的十六大提出了全面建设小康社会的宏伟目标，随着我国工业化和城镇化进程的加快，水泥消费将继续保持较高的水平，水泥工业也将进入新的发展时期。

当前我国水泥工业还存在以下问题：一是整体发展水平粗放，不符合新型工业化的要求，资源、能源消耗高，污染严重，生态和环境压力越来越大；二是结构性矛盾突出，落后立窑水泥比重仍比较大，生产企业数量多，产业集中度低。

我国水泥工业发展的主要任务是贯彻落实科学发展观和走新型工业化道路原则，

加快结构调整。为指导水泥工业未来10～20年结构调整和产业升级，加强和改进投资管理，建立企业自我约束机制，完善有利于发展的市场环境，进一步加强和改善宏观调控，避免投资盲目扩张，促进水泥工业健康发展，特制定本规划。

本专项规划是当前和今后一个时期我国水泥工业发展的指导性文件。各部门在制定相关的发展规划和有关政策时要体现本规划精神，各地区制定水泥工业发展规划也要遵循本规划的要求。

一、水泥工业基本情况

（一）产量持续增长

改革开放以来，随着经济建设规模扩大，我国水泥工业发展很快。1978年全国水泥产量6524万吨，2005年水泥产量10.60亿吨，水泥年产量净增9.95亿吨（见表1）。从1985年起我国水泥产量已连续21年居世界第一位，目前占世界总产量的48%左右。水泥产量的快速增长，从数量上基本满足了国民经济持续快速发展和大规模经济建设的需要。

表1　**1978年以来我国历年水泥产量**

年份	全国产量	增长量	增长率	年份	全国产量	增长量	增长率
	万吨	万吨	%		万吨	万吨	%
1978	6524	959	17.2	1992	30822	5561	22.0
1979	7390	866	13.3	1993	36788	5966	19.4
1980	7986	596	8.1	1994	42118	5330	14.5
1981	8290	304	3.8	1995	47561	5443	12.9
1982	9520	1230	14.8	1996	49118	1557	3.3
1983	10825	1305	13.7	1997	51174	2056	4.2
1984	12302	1477	13.6	1998	53600	2426	4.7
1985	14595	2293	18.6	1999	57300	3700	6.9
1986	16606	2011	13.8	2000	59700	2400	4.2
1987	18625	2019	12.2	2001	66104	6404	10.7
1988	21014	2389	12.8	2002	72500	6396	9.7
1989	21029	15	0.1	2003	86200	13700	18.9
1990	20971	−58	−0.3	2004	97000	10800	12.5
1991	25261	4290	20.5	2005	106000	9000	9.3

（二）布局趋于合理

目前，我国31个省、自治区、直辖市都建有水泥厂。从布局上看，水泥的生产和消费主要集中在东部地区，供需基本保持平衡，没有大量的调入调出，布局已基本趋于合理。

（三）结构调整加快

从上世纪70年代初开始研制新型干法水泥技术装备开始，在国家的推动下，我国水泥产业结构调整步伐不断加快。1995年新型干法水泥2853万吨，仅占总产量的6%。2000年上升到7188万吨，占总产量的12%。2004年上升到3.2亿吨，占总产量的33%。到2005年底新型干法水泥产量达到4.73亿吨，新型干法水泥占水泥总产量的比重为45%。一年间增长12个百分点。目前，新型干法水泥发展已经形成了由政府导向、市场拉动、企业自主发展的良好局面，对促进水泥工业结构调整将起到重要的推动作用。

（四）规模生产扩大

经过20多年发展，水泥生产规模不断扩大，一批大企业集团发展壮大，对提高我国水泥工业的竞争力，加快结构调整和产业升级，起到了重要促进作用。2000年，国家重点支持的十大水泥企业集团产量合计2640万吨，仅占全国水泥总产量的4.4%。到2005年底，这一比例已提高到15%，其中安徽海螺集团产量已超过6200万吨。

（五）装备水平提高

水泥行业科研创新与技术开发能力不断提高，装备制造水平有了很大进步。目前日产2000吨新型干法水泥生产技术装备已全部国产化，日产4000吨、5000吨新型干法水泥生产技术装备国产化率达到90%以上，日产8000吨水泥熟料生产线和日产10000吨水泥熟料生产线已经投产。工艺先进、技术成熟的大型国产化装备为我国新型干法水泥加快发展提供了技术保证，同时也为我国大型水泥技术装备出口奠定了基础。

（六）效益同步增长

水泥行业实现了产量和效益的同步增长。2005年全行业实现利润80.5亿元。按统计口径计算，60万吨规模以上企业效益显著，占全行业的73%，小型企业只占27%。大型新型干法水泥企业的规模经济优势和技术经济优势得到了充分体现，不具备经济规模和落后工艺的水泥项目已普遍不被认同。

二、发展中存在的主要问题

尽管我国水泥工业发展取得了很大成绩，但结构性矛盾仍比较突出，主要表现为企业规模小、产品档次偏低、落后生产能力仍占相当比重、能耗大、资源消耗高、环境污染严重等。这些问题的产生，既有长期低水平发展积累的原因，也有近两年在市场需求拉动下，一些企业不顾产业政策，低水平盲目扩张所带来的后果。

（一）厂点分散规模小，质量不稳标号低

全国共有规模以上（年销售收入 500 万元以上）水泥企业 5000 多家，企业数量超过世界其他国家的总和，平均规模仅为 22 万吨，远低于世界平均水平。

目前，水泥生产能力中 55%左右仍为落后的立窑和小型干法中空窑，32.5 级水泥等低端产品约占总产量的 85%，42.5 级及以上的约占 12%，其余为特种水泥。我国混凝土标号大部分为 C20、C30，而国外多为 C50、C60。由于混凝土标号标准低，特别是立窑水泥产品质量不稳定，给工程质量带来隐患，直接影响建筑工程的寿命。

（二）工艺落后能耗高，环境破坏污染大

与新型干法水泥相比，小立窑、湿法窑等落后工艺能耗高。由于目前采用立窑等落后生产工艺的能力还占相当比重，造成我国水泥工业整体能耗还比较高。

表 2　　我国各类水泥窑平均热耗对比

窑型	新型干法窑	机立窑	湿法窑	干法中空窑
吨熟料千克标准煤	115	160	208	243
热耗指数	100	139	181	211

水泥工业对环境影响主要是粉尘污染，其粉尘排放量占全国工业行业粉尘排放总量的 40%左右。虽然国家对水泥行业的环保问题日益重视，水泥生产中的粉尘排放总量逐年降低，但污染问题仍很严重。目前多数立窑和干法中空窑企业粉尘排放浓度严重超标。

（三）人均产出效率低，国际比较差距大

2005 年我国水泥企业全员人均实物劳动生产率约 800 吨/人·年，其中小型企业仅 200 吨/人·年，中型企业为 400～600 吨/人·年，日产 2000 吨以上新型干法生产线，已提高到 2500～4000 吨/人·年。但与发达国家相比仍存在很大差距，如德国为 3015 吨/人·年，法国为 3273 吨/人·年，日本已达到 15000 吨/人·年。

（四）盲目扩张结构差，矿产资源浪费大

在市场需求快速增长的拉动下，新增水泥产量中有相当一部分是国家明令禁止新建的立窑水泥，当前落后生产能力的重复建设仍未得到完全有效的遏制。主要原因：一是闲置立窑生产能力在市场的刺激下恢复了产能，并扩径改造提高产量；二是相当一部分已淘汰关闭的小水泥企业又投入生产，形成虚关实开的现象；三是在水泥市场形势较好的西部地区，不但一些应淘汰的立窑没有关闭，而且还有新建立窑的现象，东部地区一些水泥企业将拆除的立窑转移到西部地区恢复生产。盲目扩张进一步加大了结构调整的难度，严重影响了水泥工业的可持续发展。特别是一些水泥企业不建矿山，采用民采民运方式，不重视环境保护和资源的合理开采利用，资源和生态环境的破坏也较严重。

三、发展环境及需求预测

（一）发展环境

当前我国正处于全面建设小康社会的关键发展阶段，国内国际环境总体上都有利于我国加快发展。水泥工业作为基础性原材料行业，与国民经济关联度比较高，随着推进工业化和城镇化进程，基础设施建设步伐加快，城乡居民住房水平升级，都将拉动水泥工业的快速发展。此外，在国家鼓励新型干法水泥技术推广和实施装备国产化政策的引导下，已经解决了制约新型干法水泥设备依赖进口的问题，降低了投资成本，为大力发展新型干法水泥创造了有利条件。

（二）需求预测

综合考虑国情及水泥生产和消费现状，借鉴国际工业化国家水泥消费变化经验，在今后较长一段时间内，水泥消费都将保持在较高的水平。

根据对美国、德国、法国、日本等发达国家水泥消费量的分析，当人均累积水泥消费量达到12～14吨，年人均水泥消费量为600～700公斤的时候，水泥消费量达到饱和，消费总量和人均消费量开始呈缓慢下滑的趋势。2005年我国人均水泥消费量806公斤，人均累积消费量8.69吨。与发达国家相比，人均累积消费量还比较低，随着城镇化进程的加快，水泥消费还有较大增长空间。据测算，2011—2015年间，人均水泥累积消费量将达到14吨，人均水泥消费量为900公斤，水泥年需求总量约为12.5亿吨。

党的十六大提出到2020年实现国民经济总量翻两番的目标，综合考虑水泥与国民经济各领域的关联因素，预测2010年需求量为12亿吨。随着科学发展观的深入贯彻和落实，考虑到技术进步和厉行节约等因素，水泥实物消耗量将逐步减少，预测到2020年，水泥需求量也将基本维持在13亿吨左右。

四、指导思想、基本原则和发展目标

（一）指导思想

贯彻落实科学发展观和走新型工业化道路的原则，控制总量，以优化地区布局和结构调整为重点，以市场为导向，以效益为中心，大力发展循环经济，保护生态环境，依靠技术进步，推动企业联合重组，实现水泥工业可持续发展，满足国民经济发展需要。

（二）基本原则

水泥工业的发展，要坚持以下基本原则：

1. 坚持资源保护和综合利用，走循环经济道路

建设大中型水泥项目必须有可靠的资源保障。禁止采用破坏资源的开采方式，加强对民办矿山环境污染的治理和整顿，对民采民运方式要进行有效监督。要重视资源综合利用，鼓励企业利用低品位原、燃材料以及砂岩、固体废弃物等替代粘土配料，支持采用工业废渣做原料和混合材。推广节能粉磨、余热发电、利用水泥窑处理工业废弃物及分类好的生活垃圾等技术，发展循环经济。

2. 坚持技术进步和保护环境，树立科学发展观

水泥工业发展要坚持技术进步，广泛推广使用成熟、可靠的先进技术装备，严格禁止低水平建设。要依法保护环境和生态，对矿区采后要进行复垦，恢复景观地貌。对文化、旅游、高新技术和第三产业为发展重点的大城市市区及风景名胜区，今后一律不再建设水泥项目。现有水泥厂也要逐渐向远郊或周边地区转移。要按照科学发展观的要求，切实转变增长方式，努力降低消耗，提高产品质量和资源开发利用水平，实现可持续发展。

3. 坚持结构调整和淘汰落后，培育优势大集团

国家鼓励建设日产4000吨及以上规模的大型新型干法水泥生产线，西部地区建设规模也应达到日产2000吨及以上，除一些受市场容量和运输条件限制的特殊地区外，原则上不再建设日产2000吨以下规模的水泥项目。禁止建设任何落后工艺的水泥生产能力，对环境污染大、资源破坏严重的小水泥厂，要依法淘汰。通过兼并重组，实行产业整合，积极培育优势企业，提高竞争能力。鼓励大企业在消费市场兼并小企业，将具备条件的小企业改建为粉磨站、中转库或预拌混凝土等接替产业。努力提高散装水泥比例。

4. 坚持合理布局和发展西部，统筹地区发展

各地区要从我国区域经济发展不平衡、水泥消费水平相差较大的实际情况出发，根据水泥产品附加值较低、保质期有限、不宜远距离运输的特点，综合考虑资源、能源、环境容量等配套条件，合理布局，协调发展。东部地区经济相对发达，水泥工业已形成较大规模，随着土地、环保压力不断加大，应严格控制产能的扩张，以重点改造现有企业为主，不再铺新摊子；中部地区石灰石资源比较丰富，交通运输便利，水泥工业正处于快速发展时期，在满足本地区水泥需求的同时也可兼顾周边地区的需要，应依托老企业扩建日产4000吨以上生产线，尽快形成合理的经济规模；西部地区新型干法水泥发展薄弱，应重点支持，要以减少运输压力和满足本地区需求为原则，发展建设日产2000吨以上的新型干法水泥，加快淘汰落后，促进西部地区水泥工业结构升级。

（三）发展目标

到2010年，新型干法水泥比例达到70%以上，新型干法水泥技术装备、能耗、环保和资源利用效率等达到中等发达国家水平。到2020年，基本实现水泥

工业现代化，并具有较强的国际竞争能力；新型干法水泥熟料控制在7亿吨左右；企业数量由目前5000家减少到2000家左右，生产规模3000万吨以上的达到10家，500万吨以上的达到40家。

五、地区布局

各地区水泥工业的发展要按上述原则，科学规划、合理布局。

（一）华北地区

该区域石灰石资源主要分布在河北省和山西省，能源条件好，靠近经济中心，是水泥工业发展和调整的重点地区；北京和天津是重要的中心城市，环保要求高，原则上不再发展水泥，需求由周边地区供给；内蒙古自治区应结合地域特点和经济发展的需要，进一步完善生产力布局。

（二）东北地区

该地区是我国的老工业基地，大型石灰石矿区主要分布在辽宁大连、本溪、辽阳、凌原、朝阳以及吉林双阳、磐石、辉南等地。考虑到目前东北地区新型干法水泥比重偏低，应结合淘汰落后工艺、装备，加快发展大型新型干法水泥。

（三）华东地区

该地区是我国经济发展水平较高的区域，市场容量大，石灰石资源丰富，大型石灰石矿区广泛分布在安徽怀宁、枞阳、贵池、铜陵、含山、繁昌、芜湖等沿长江两岸地区以及山东济宁、枣庄、潍坊等地区。山东、江苏、浙江、安徽已成为我国水泥的主要产地。这些地区应在严格控制总量，进行等量淘汰的前提下，加快结构调整，发展大型新型干法水泥。上海是重要的中心城市，没有石灰石资源，生态和环保要求严格，应限制发展水泥工业。

（四）中南地区

该地区石灰石资源丰富，大型石灰石矿区主要分布在广西沿西江流域及西部地区、广东英德、广州及东部地区、河南南阳、洛阳、焦作等地区以及湖北沿长江流域。广东省经济发展水平高，但水泥工业结构不合理，是结构调整的重点地区，鼓励省内外大集团在广东通过兼并重组发展新型干法水泥；广西、湖北、湖南、河南水泥工业发展条件好，可适度发展大型熟料基地。

（五）西南地区

该地区经济基础相对薄弱，大型石灰石矿区主要分布在四川中南部的峨眉山、攀枝花一带以及重庆的涪陵、丰都、忠县等沿长江流域。目前新型干法水泥比重仍很小，需加快结构调整，努力提高新型干法水泥比重。

（六）西北地区

该地区经济发展相对落后，水泥消费水平低。甘肃、陕西石灰石资源丰富，可根据市场需求，建设大中型新型干法水泥生产线，加快淘汰落后工艺。

六、保障措施

颁布实施《水泥工业产业发展政策》是政府对水泥工业发展进行宏观调控和引导的重要措施。产业政策包括水泥工业发展目标、产业发展重点、产业技术政策、产业组织政策、投资管理政策、发展保障政策等，是指导行业发展的政策性文件。各部门、各地区、各类经济组织均要严格遵守，以保证我国水泥工业持续健康协调发展。

按照投资体制改革方案，除禁止类项目外，其他水泥类项目由省级投资主管部门核准。各省级投资主管部门要按照发展规划和产业政策的要求，切实加强项目管理。未经核准的水泥项目一律不得建设，凡自行建设的，政府投资主管部门要责令关闭。

质检部门要加大对无生产许可证违法生产的水泥企业的查处力度，工商行政管理部门要加大对无照生产水泥的查处力度，禁止生产、销售不符合质量标准和假冒伪劣的水泥，质检部门和工商行政管理部门要按照职责分工依法予以查处。

环保部门要把小水泥企业粉尘排放和治理作为各地区环境整治的重点。根据国家制定的水泥工业环保排放标准，对企业进行动态监督。对环保不达标的，要依法查处。

建设管理部门要提高混凝土使用标准，大力推广预拌混凝土，修订建筑工程设计规范和标准，全面提高水泥制品、构件及混凝土的性能和质量，逐步建立起建筑工程质量保证与监督机制，有效地提高建筑物的寿命，从而实现在满足社会发展需要的条件下，减少全社会对水泥的实物消耗，达到有效节约石灰石等自然资源与能源的消耗，减轻环境污染。

十六 白皮书

096

中国的能源状况与政策

国务院新闻办公室
2007 年 12 月 · 北京

前 言

能源是人类社会赖以生存和发展的重要物质基础。纵观人类社会发展的历史，人类文明的每一次重大进步都伴随着能源的改进和更替。能源的开发利用极大地推进了世界经济和人类社会的发展。

过去 100 多年里，发达国家先后完成了工业化，消耗了地球上大量的自然资源，特别是能源资源。当前，一些发展中国家正在步入工业化阶段，能源消费增加是经济社会发展的客观必然。

中国是当今世界上最大的发展中国家，发展经济，摆脱贫困，是中国政府和中国人民在相当长一段时期内的主要任务。20 世纪 70 年代末以来，中国作为世界上发展最快的发展中国家，经济社会发展取得了举世瞩目的辉煌成就，成功地开辟了中国特色社会主义道路，为世界的发展和繁荣作出了重大贡献。

中国是目前世界上第二位能源生产国和消费国。能源供应持续增长，为经济社会发展提供了重要的支撑。能源消费的快速增长，为世界能源市场创造了广阔的发展空间。中国已经成为世界能源市场不可或缺的重要组成部分，对维护全球能源安全，正在发挥着越来越重要的积极作用。

中国政府正在以科学发展观为指导，加快发展现代能源产业，坚持节约资源和保护环境的基本国策，把建设资源节约型、环境友好型社会放在工业化、现代化发展战略的突出位置，努力增强可持续发展能力，建设创新型国家，继续为世界经济发展和繁荣作出更大贡献。

一、能源发展现状

能源资源是能源发展的基础。新中国成立以来，不断加大能源资源勘查力度，组织开展了多次资源评价。中国能源资源有以下特点：

——能源资源总量比较丰富。中国拥有较为丰富的化石能源资源。其中，煤炭占主导地位。2006 年，煤炭保有资源量 10345 亿吨，剩余探明可采储量约占世界的 13%，列世界第三位。已探明的石油、天然气资源储量相对不足，油页岩、煤层气等非常规化石能源储量潜力较大。中国拥有较为丰富的可再生能源资源。水力资源理论蕴藏量折合年发电量为 6.19 万亿千瓦时，经济可开发年发电量约 1.76 万亿千瓦时，相当于世界水力资源量的 12%，列世界首位。

——人均能源资源拥有量较低。中国人口众多，人均能源资源拥有量在世界上处于较低水平。煤炭和水力资源人均拥有量相当于世界平均水平的 50%，石油、天然气人均资源量仅为世界平均水平的 1/15 左右。耕地资源不足世界人均水平的 30%，制约了生物质能源的开发。

——能源资源赋存分布不均衡。中国能源资源分布广泛但不均衡。煤炭资源主要赋存在华北、西北地区，水力资源主要分布在西南地区，石油、天然气资源主要赋存在东、中、西部地区和海域。中国主要的能源消费地区集中在东南沿海经济发达地区，资源赋存与能源消费地域存在明显差别。大规模、长距离的北煤南运、北油南运、西气东输、西电东送，是中国能源流向的显著特征和能源运输的基本格局。

——能源资源开发难度较大。与世界相比，中国煤炭资源地质开采条件较差，大部分储量需要井工开采，极少量可供露天开采。石油天然气资源地质条件复杂，埋藏深，勘探开发技术要求较高。未开发的水力资源多集中在西南部的高山深谷，远离负荷中心，开发难度和成本较大。非常规能源资源勘探程度低，经济性较差，缺乏竞争力。

改革开放以来，中国能源工业迅速发展，为保障国民经济持续快速发展作出了重要贡献，主要表现在：

——供给能力明显提高。经过几十年的努力，中国已经初步形成了煤炭为主体、电力为中心、石油天然气和可再生能源全面发展的能源供应格局，基本建立了较为完善的能源供应体系。建成了一批千万吨级的特大型煤矿。2006 年一次能源生产总量 22.1 亿吨标准煤，列世界第二位。其中，原煤产量 23.7 亿吨，列世界第一位。先后建成了大庆、胜利、辽河、塔里木等若干个大型石油生产基地，2006 年原油产量 1.85 亿吨，实现稳步增长，列世界第五位。天然气产量迅速提高，从 1980 年的 143 亿立方米提高到 2006 年的 586 亿立方米。商品化可再生能源量在一次能源结构中的比例逐步提高。电力发展迅速，装机容量和发电量分别达到 6.22 亿千瓦和 2.87 万亿千瓦时，均列世界第二位。能源综合运输体系发展较快，运输能力显著增强，建设了西煤东运铁路专线及港口码头，形成了北油南运管网，建成了西气东输大干线，实现了西电东送和区域电网互联。

——能源节约效果显著。1980—2006 年，中国能源消费以年均 5.6%的增长支撑了国民经济年均9.8%的增长。按2005年不变价格，万元国内生产总值能源消耗由1980年的3.39吨标准煤下降到2006年的1.21吨标准煤，年均节能率3.9%，扭转了近年来单位国内生产总值能源消耗上升的势头。能源加工、转换、贮运和终端利用综合效率为33%，比1980年提高了8个百分点。单位产品能耗明显下降，其中钢、水泥、大型合成氨等产品的综合能耗及供电煤耗与国际先进水平的差距不断缩小。

——消费结构有所优化。中国能源消费已经位居世界第二。2006年，一次能源消费总量为24.6亿吨标准煤。中国高度重视优化能源消费结构，煤炭在一次能源消费中的比重由1980年的72.2%下降到2006年的69.4%，其他能源比重由27.8%上升到30.6%。其中可再生能源和核电比重由4.0%提高到7.2%，石油和天然气有所增长。终端能源消费结构优化趋势明显，煤炭能源转化为电能的比重由20.7%提高到49.6%，商品能源和清洁能源在居民生活用能中的比重明显提高。

——科技水平迅速提高。中国能源科技取得显著成就，以“陆相成油理论与应用”为标志的基础研究成果，极大地促进了石油地质科技理论的发展。石油天然气工业已经形成了比较完整的勘探开发技术体系，特别是复杂区块勘探开发、提高油田采收率等技术在国际上处于领先地位。煤炭工业建成一批具有国际先进水平的大型矿井，重点煤矿采煤综合机械化程度显著提高。在电力工业方面，先进发电技术和大容量高参数机组得到普遍应用，水电站设计、工程技术和设备制造等技术达到世界先进水平，核电初步具备百万千瓦级压水堆自主设计和工程建设能力，高温气冷堆、快中子增殖堆技术研发取得重大突破。烟气脱硫等污染治理、可再生能源开发利用技术迅速提高。正负500千伏直流和750千伏交流输电示范工程相继建成投运，正负800千伏直流、1000千伏交流特高压输电试验示范工程开始启动。

——环境保护取得进展。中国政府高度重视环境保护，加强环境保护已经成为基本国策，社会各界的环保意识普遍提高。1992年联合国环境与发展大会后，中国组织制定了《中国21世纪议程》，并综合运用法律、经济等手段全面加强环境保护，取得了积极进展。中国的能源政策也把减少和有效治理能源开发利用过程中引起的环境破坏、环境污染作为其主要内容。2006年，燃煤机组除尘设施安装率和废水排放达标率达到近100%，烟尘排放总量与1980年基本相当，单位电量烟尘排放减少了90%。2006年，全国建成并投入运行的脱硫火电机组装机容量达1.04亿千瓦，超过前10年的总和，装备脱硫设施的火电机组占火电总装机的比例由2000年的2%提高到30%。

——市场环境逐步完善。中国能源市场环境逐步完善，能源工业改革稳步推进。能源企业重组取得突破，现代企业制度基本建立。投资主体实现多元化，能源投资快速增长，市场规模不断扩大。煤炭工业生产和流通基本实现了市场化。电力工业实现了政企分开、厂网分开，建立了监管机构。石油天然气工业基本实现了上下游、内外贸一体化。能源价格改革不断深化，价格机制不断完善。

随着中国经济的较快发展和工业化、城镇化进程的加快，能源需求不断增长，构建稳定、经济、清洁、安全的能源供应体系面临着重大挑战，突出表现在以下几方面：

——资源约束突出，能源效率偏低。中国优质能源资源相对不足，制约了供应能力的提高；能源资源分布不均，也增加了持续稳定供应的难度；经济增长方式粗放、能源结构不合理、能源技术装备水平低和管理水平相对落后，导致单位国内生产总值能耗和主要耗能产品能耗高于主要能源消费国家平均水平，进一步加剧了能源供需矛盾。单纯依靠增加能源供应，难以满足持续增长的消费需求。

——能源消费以煤为主，环境压力加大。煤炭是中国的主要能源，以煤为主的能源结构在未来相当长时期内难以改变。相对落后的煤炭生产方式和消费方式，加大了环境保护的压力。煤炭消费是造成煤烟型大气污染的主要原因，也是温室气体排放的主要来源。随着中国机动车保有量的迅速增加，部分城市大气污染已经变成煤烟与机动车尾气混合型。这种状况持续下去，将给生态环境带来更大的压力。

——市场体系不完善，应急能力有待加强。中国能源市场体系有待完善，能源价格机制未能完全反映资源稀缺程度、供求关系和环境成本。能源资源勘探开发秩序有待进一步规范，能源监管体制尚待健全。煤矿生产安全欠账比较多，电网结构不够合理，石油储备能力不足，有效应对能源供应中断和重大突发事件的预警应急体系有待进一步完善和加强。

二、能源发展战略和目标

中国能源发展坚持节约发展、清洁发展和安全发展。坚持发展是硬道理，用发展和改革的办法解决前进中的问题。落实科学发展观，坚持以人为本，转变发展观念，创新发展模式，提高发展质量。坚持走科技含量高、资源消耗低、环境污染少、经济效益好、安全有保障的能源发展道路，最大程度地实现能源的全面、协调和可持续发展。

中国能源发展坚持立足国内的基本方针和对外开放的基本国策，以国内能源的稳定增长，保证能源的稳定供应，促进世界能源的共同发展。中国能源的发展将给世界各国带来更多的发展机遇，将给国际市场带来广阔的发展空间，将为世界能源安全与稳定作出积极的贡献。

中国能源战略的基本内容是：坚持节约优先、立足国内、多元发展、依靠科技、保护环境、加强国际互利合作，努力构筑稳定、经济、清洁、安全的能源供应体系，以能源的可持续发展支持经济社会的可持续发展。

——节约优先。中国把资源节约作为基本国策，坚持能源开发与节约并举、节约优先，积极转变经济发展方式，调整产业结构，鼓励节能技术研发，普及节能产品，提高能源管理水平，完善节能法规和标准，不断提高能源效率。

——立足国内。中国主要依靠国内增加能源供给，通过稳步提高国内安全供给能力，不断满足能源市场日益增长的需求。

——多元发展。中国将通过有序发展煤炭，积极发展电力，加快发展石油天然气，鼓励开发煤层气，大力发展水电等可再生能源，积极推进核电建设，科学发展替代能源，优化能源结构，实现多能互补，保证能源的稳定供应。

——依靠科技。中国充分依靠能源科技进步，增强自主创新能力，提升引进技术消化吸收和再创新能力，突破能源发展的技术瓶颈，提高关键技术和重大装备制造水平，开创能源开发利用新途径，增强发展后劲。

——保护环境。中国以建设资源节约型和环境友好型社会为目标，积极促进能源与环境的协调发展。坚持在发展中实现保护、在保护中促进发展，实现可持续发展。

——互利合作。中国能源发展在立足国内的基础上，坚持以平等互惠和互利双赢的原则，以坦诚务实的态度，与国际能源组织和世界各国加强能源合作，积极完善合作机制，深化合作领域，维护国际能源安全与稳定。

中国共产党第十七次全国代表大会提出，要加快转变发展方式，在优化结构、提高效益、降低消耗、保护环境的基础上，实现人均国内生产总值到2020年比2000年翻两番。《中华人民共和国国民经济和社会发展第十一个五年规划纲要》明确提出，到2010年，单位国内生产总值能源消耗比2005年降低20%左右，主要污染物排放总量减少10%。

为实现经济社会发展目标，中国能源发展“十一五”（2006—2010年）目标是：到“十一五”末期，能源供应基本满足国民经济和社会发展需求，能源节约取得明显成效，能源效率得到明显提高，结构进一步优化，技术取得实质进步，经济效益和市场竞争力显著提高，与社会主义市场经济体制相适应的能源宏观调控、市场监管、法律法规、预警应急体系和机制得到逐步完善，能源与经济、社会、环境协调发展。

三、全面推进能源节约

中国是人口众多、资源相对不足的发展中国家。要实现经济社会的可持续发展，必须走节约资源的道路。中国有计划、有组织地开展节能工作始于上世纪80年代初，通过贯彻“开发与节约并举，把节约放在首位”的方针，到上世纪末实现了经济增长翻两番、能源消费增长翻一番的目标。为继续深入推进能源节约，中国政府进一步提出把节约资源作为基本国策，发布了《国务院关于加强节能工作的决定》。中国政府始终将节约能源作为宏观调控的主要内容，作为转变发展方式、优化结构的突破口和抓手。在推进节能减排工作中，做到“六个依靠”：依靠结构调整，这是节能减排的根本途径；依靠科技进步，这是节能减排的关键所在；依靠加强管理，这是节能减排的重要措施；依靠强化法制，这是节能减排的重要保障；依靠深化改革，这是节能减排的内在动力；依靠全民参与，这是节能减排的社会基础。制定并实施了《节能中长期专项规划》，确定了“十一五”期间能耗降低目标，并将节能任务具体落实到各省、自治区和直辖市以及重点企业。中国正在完善国内生产总值和能源消耗指标体系，将能源消耗纳入各地经济社会发展综合评价和年度考核，实行单位国内生产总值能耗指标公报制度，实施节能目标责任制和问责制，构建节能型产业体系，促进经济发展方式的根本转变。

节约能源，是中国缓解资源约束的现实选择。推进能源节约，是中国经济社会发展长期而艰巨的战略任务。中国坚持政府为主导、市场为基础、企业为主体，在全社会共同参与下，全面推进能源节约。中国坚持以提高能源效率为核心，以转变经济发展方式、调整经济结构、加快技术进步为根本，构建能源资源节约型的产业结构、发展方式和消费模式。建立节能型的产业体系，落实节能目标责任制和评价考核体系。完善节能技术推广机制，鼓励节能技术和产品的研发。深化能源体制改革，完善能源价格形成机制，充分发挥财政税收等经济政策对节能的推动作用。

中国全面落实能源节约的措施是：

——推进结构调整。长期以来，中国能源效率偏低的主要原因是经济增长方式粗放、高耗能产业比重过高。中国坚持把转变发展方式、调整产业结构和工业内部结构作为能源节约的战略重点，努力形成“低投入、低消耗、低排放、高效率”的经济发展方式。中国加快产业结构优化升级，大力发展高新技术产业和服务业，严格限制高耗能、高耗材、高耗水产业发展，淘汰落后产能，促进经济发展方式的根本转变，加快构建节能型产业体系。

——加强工业节能。工业是中国能源消费的重点领域。中国坚持走科技含量高、经济效益好、资源消耗低、环境污染少、人力资源得到充分发挥的新型工业化道路，加快发展高技术产业，运用高新技术和先进适用技术改造传统产业，提升工业整体水平。重点加强钢铁、有色金属、煤炭、电力、石油石化、化工、建材等高耗能行业节能降耗。中国实施千家企业节能行动，重点加强年耗能万吨标准煤以上的工业企业节能管理。调整产品结构，加快技术改造，提高管理水平，降低能源消耗。支持一批节能降耗的重大及示范项目，带动工业提高能效水平。进一步完善工业行业能效标准和规范，强制淘汰落后的高耗能产品，完善能效市场准入制度。

——实施节能工程。中国正在实施节约替代石油、热电联产、余热利用、建筑节能等十大重点节能工程，支持节能重点及示范项目建设，鼓励高效节能产品的推广应用。中国大力发展节能省地型建筑，积极推进既有建筑节能改造，广泛使用新型墙体材料。实施节约和替代石油工程，科学发展替代燃料。加快淘汰老旧汽车、船舶，积极发展公共交通，限制高油耗汽车，发展节能环保型汽车。加快燃煤工业锅（窑）炉改造、区域热电联产和余热余压利用，提高能源利用效率。促进电机节能和能源系统优化，提高电机运行和能源系统效率。实施绿色照明工程，加快推广高效电器应用。加快推广农村省柴节煤炉灶、节能房屋技术，淘汰高耗能老旧农机、渔船，推进农业和农村节能。加强政府机构节能，发挥政府对社会节能的带动作用。加快节能监测和技术服务体系建设，强化节能监测，创新服务平台。

——加强管理节能。中国政府建立了政府强制采购节能产品制度，积极推进优先采购节能（包括节水）产品，选择部分节能效果显著、性能比较成熟的产品予以强制采购。积极发挥政府采购的政策导向作用，带动社会生产和使用节能产品。研究制定鼓励节能的财税政策，实施资源综合利用税收优惠政策，建立多渠道的节能融资机制。深化能源价格改革，形成有利于节能的价格形成机制。实施固定资产投资项目节能评估和审核制度，严把能耗增长的源头。建立企业节能新机制，实施能效标识管理，推进合同能源管理和节能自愿协议。建立健全节能法律法规，依法强化节能管理。加强节能管理队伍建设，加大执法监督检查力度。

——倡导社会节能。中国采取多种形式大力宣传节约能源的重要意义，不断增强全民资源忧患意识和节约意识。倡导能源节约文化，努力形成健康、文明、节约的消费模式。把节约能源纳入基础教育、职业教育、高等教育和技术培训体系，利用新闻出版、广播影视等媒体，大力宣传和普及节能知识。继续深入开展节能宣传周活动，动员社会各界广泛参与，努力建立全社会节能的长效机制。

四、提高能源供给能力

长期以来，中国主要依靠本国能源资源发展经济，能源自给率一直保持在90%以上，远远高于多数发达国家。目前，中国已经成为世界第二大能源生产国，具备了较强的能源生产供应基础。在全面建设小康社会的过程中，中国将首先立足于国内能源资源，着重优化能源结构，努力提高供应能力。

中国能源资源的开发潜力较大。煤炭已发现的资源量仅占资源蕴藏量的13%，可采储量占已发现资源量的40%。水力资源开发利用程度仅为20%。石油资源探明程度为33%，开始进入勘探中期，仍有较大潜力。天然气资源探明程度为14%，处于勘探早期，资源前景广阔。非常规能源资源尚处于开发利用初期，开发潜力较大。可再生能源开发利用刚刚起步，发展空间很大。资源节约、综合利用和循环利用等方面，也存在着很好的前景。

中国提高能源供应能力的措施是：

——有序发展煤炭。煤炭是中国的基础能源，增加供给能力、优化能源结构、保障煤矿安全、减少环境污染、提高资源利用效率、构建新型煤炭工业体系，是保障国民经济发展的迫切需要。中国加大煤炭资源勘查力度，支持大型煤炭基地的资源普查和地质详查，规范商业性勘探，提高资源保障程度，稳步推进大型煤炭基地建设。通过企业兼并和重组，形成若干产能亿吨级的大型企业集团。继续推进煤炭资源开发整合，调整改造中小煤矿，依法关闭淘汰不符合产业政策、不具备安全生产条件、浪费资源和破坏环境的小煤矿，进一步优化煤炭产业结构。促进与相关产业协调发展，鼓励实行煤电联营或煤电运一体化经营，延伸煤炭产业链。提高煤矿机械化水平和采煤综合机械化程度，推进煤炭的清洁生产和利用，鼓励洁净煤技术的研发和推广，加快替代液体燃料研究和示范。积极发展循环经济，加强环境保护，促进资源综合利用，加快煤层气产业化发展。加强煤炭运输体系建设，稳步提高运输能力。建立安全生产责任制，加大煤矿安全改造和瓦斯防治投入力度，不断提高安全生产水平。

——积极发展电力。电力是高效清洁的能源，建立经济、高效、稳定的电力供应体系，是保证国民经济和社会稳定发展的基本要求。中国坚持以结构调整为主线，优化电源结构。在综合考虑资源、技术、环保和市场等因素的基础上，优化发展煤电，建设大型煤电基地，鼓励发展坑口电站，重点发展大型高效环保机组。积极发展热电联产，加快淘汰落后的小火电机组。在保护生态、妥善解决移民问题的条件下，大力发展水电。积极推进核电建设。适度发展天然气发电。鼓励可再生能源和新能源发电。加强区域和输配电网络建设，扩大西电东送规模。实行电力统一规划和调度，建立健全电力安全应急体系，提高电力系统的安全可靠性。继续加强电力需求侧管理，实行节能调度，努力提高能源利用效率。

——加快发展油气。中国继续实行油气并举的方针，稳定增加原油产量，努力提高天然气产量。加大石油天然气资源的勘探开发力度，重点加强渤海湾、松辽、塔里木、鄂尔多斯等主要含油气盆地勘探开发，积极探索陆地新区、新领域、新层系和重点海域勘查，切实增加可采储量。深入挖掘主要产油区的发展潜力，加强稳产改造，提高采收率，延缓老油田产量递减。在经济合理的条件下，积极开发煤层气、油页岩、油砂等非常规能源。继续加快石油和天然气管网及配套设施建设，逐步完善全国油气管网。

——大力发展可再生能源。可再生能源是中国能源优先发展的领域。可再生能源的开发利用，对增加能源供应、改善能源结构、促进环境保护具有重要作用，是解决能源供需矛盾和实现可持续发展的战略选择。中国已经颁布《可再生能源法》，制定了可再生能源发电优先上网、全额收购、价格优惠及社会公摊的政策。建立了可再生能源发展专项资金，支持资源调查、技术研发、试点示范工程建设和农村可再生能源开发利用。发布了《可再生能源中长期发展规划》，提出到 2010 年使可再生能源消费量达到能源消费总量的 10%，到 2020 年达到 15%的发展目标。中国将推进水电流域梯级综合开发，加快大型水电建设，因地制宜开发中小型水电，适当建设抽水蓄能电站。推广太阳能热利用、沼气等成熟技术，提高市场占有率。积极推进风力发电、生物质能和太阳能发电等利用技术，将建设若干个百万千瓦级风电基地，以规模化带动产业化。积极落实可再生能源发展的扶持和配套政策，培育持续稳定增长的可再生能源市场，逐步建立和完善可再生能源产业体系和市场及服务体系，促进可再生能源技术进步和产业发展。

——加强农村能源建设。中国有 7.5 亿人口生活在农村，受经济和技术水平的限制，仍有多数农村地区依靠传统方式利用生物质能源。解决农村能源问题是全面建设社会主义新农村的必然要求，也是中国的一个特殊问题。中国政府坚持“因地制宜，多能互补，综合利用，注重实效”的原则，加强农村能源建设。中国通过实施“光明工程”、“农网改造”、“水电农村电气化”和“送电到乡”，同时充分利用小水电、风力和太阳能发电，改善了农村生产生活用能条件，解决了 3000 多万农村无电人口及偏远无电地区的用电问题，基本实现了城乡同网同价。中国将继续积极发展农村户用沼气、生物质能利用、太阳能热利用等，为农村地区提供清洁的生活能源。继续推广应用省柴节能灶炕、小风电、微水电等农村小型能源设施。继续增加农村优质化石能源的供应，提高农村商品能源的消费比重。继续加强农村电网建设，积极扩大电网覆盖范围。积极开展绿色能源示范县建设，加快推进农村可再生能源开发利用。

五、加快推进能源技术进步

科学技术是第一生产力，是能源发展的动力源泉。中国高度重视能源科技的发展，能源工业的技术水平与发达国家的差距进一步缩小，有效地促进了能源工业的全面发展。2005 年，中国政府制定了《国家中长期科学和技术发展规划纲要》，把能源技术放在优先发展位置，按照自主创新、重点跨越、支撑发展、引领未来的方针，加快推进能源技术进步，努力为能源的可持续发展提供技术支撑。

中国遵循科技发展规律和特点，积极开发和推广节约、替代、循环利用和治理污染的先进适用技术，为能源技术进步创造良好的政策环境。逐步建立企业为主体、市场为导向、产学研相结合的技术创新体系。大力组织先进能源技术的研发和推广应用，通过市场机制，引导企业加快技术进步，提高能源利用效率。大力加强能源科技人才培养，注重完善政策法规和技术标准，为能源技术发展创造良好条件。

——大力推广节能技术。中国把节能技术作为能源技术发展的优先主题，重点攻克高耗能领域的节能关键技术，大力提高一次能源和终端能源利用效率。实施节能技术政策大纲，引导社会投资节能技术应用。重点研究开发工业、交通运输、建筑等领域的节能技术与设备，以及可再生能源与建筑一体化、节能建材等应用技术。加强能源计量、控制、监督与管理，积极培育节能技术服务体系。

——推进关键技术创新。中国鼓励发展洁净煤技术，推进煤炭气化及加工转化等先进技术的研究开发，推广整体煤气化联合循环、超（超）临界、大型循环流化床等先进发电技术，发展以煤气化为基础的多联产技术。重点掌握第三代大型压水堆核电技术，攻克高温气冷堆工业实验技术。积极发展复杂地质油气资源勘探开发和低品位油气资源高效开发技术。鼓励发展替代能源技术，优先发展可再生能源规模化利用技术。稳步推进正负 800 千伏直流输电和 1000 千伏交流特高压输电技术，以及增强电网安全技术。

——提升装备制造水平。装备制造业是能源技术发展的基础。中国依托国家能源重点工程，带动装备制造业的技术进步。鼓励发展煤矿综合采掘设备，研制大型煤炭井下综合采掘、提升、运输和洗选设备，以及大型露天矿设备。鼓励发展大型煤化工成套设备，研制煤炭液化和气化、煤制烯烃等成套设备。鼓励发展大型高效清洁发电装备，发展煤电高效发电机组、大型水电及抽水蓄能机组、重型燃气轮机、先进百万千瓦级压水堆核电机组、大功率风力发电机组等，以及特高压输变电设备。鼓励发展石油天然气勘探、钻采装备，支持大型海洋石油工程设备、30 万吨原油运输船、液化天然气运输船及大功率柴油机等配套设备。

——加强前沿技术研究。前沿技术是能源发展的潜力，能够引领能源产业和能源技术实现跨越式发展。中国重点研究化石能源、生物质能源和可再生能源制氢、经济高效储氢及输配技术，研究燃料电池基础关键部件制备及电堆集成、燃料电池发电及车用动力系统集成技术等。研究突破化石能源微小型燃气轮机等终端能源转换、储能及热电冷三联产技术。加快研发气冷快堆设计及核心技术。积极研究磁约束核聚变和天然气水合物开发技术。

——开展基础科学研究。基础研究是自主创新的源头，决定能源发展的实力和后劲。中国重点研究化石能源高效洁净利用与转化的基础理论，高性能热功转换、高效节能储能的关键原理，规模化利用可再生能源的基础技术，规模利用核能、氢能技术等基础理论。

六、促进能源与环境协调发展

气候变化是国际社会普遍关心的重大全球性问题。气候变化既是环境问题，也是发展问题，归根到底是发展问题。能源的大量开发和利用，是造成环境污染和气候变化的主要原因之一。正确处理好能源开发利用与环境保护和气候变化的关系，是世界各国迫切需要解决的问题。中国是处于工业化初期的发展中国家，历史累计排放少，从1950年到2002年，中国化石燃料二氧化碳排放只占同期世界排放量的9.3%，人均二氧化碳排放量居世界第92位，单位GDP二氧化碳排放弹性系数也很小。

中国作为负责任的发展中国家，高度重视环境保护和全球气候变化。中国政府将保护环境作为一项基本国策，签署了《联合国气候变化框架公约》，成立了国家气候变化对策协调机构，提交了《气候变化初始国家信息通报》，建立了《清洁发展机制项目管理办法》，制订了《中国应对气候变化国家方案》，并采取了一系列与保护环境和应对气候变化相关的政策和措施。中国提出"十一五"时期要实现生态环境恶化趋势基本遏制，主要污染物排放总量减少10%，温室气体排放控制取得成效的目标。中国正在积极调整经济结构和能源结构，全面推进能源节约，重点预防和治理环境污染的突出问题，有效控制污染物排放，促进能源与环境协调发展。

——全面控制温室气体排放。中国加快转变经济发展方式，积极发挥能源节约和优化能源结构在减缓气候变化中的作用，努力降低化石能源消耗。大力发展循环经济，促进资源的综合利用，提高能源利用效率，减少温室气体排放。依靠科学技术进步，不断提高应对气候变化的能力，为保护地球环境作出积极贡献。

——大力防治生态破坏和环境污染。中国将更加重视能源特别是煤炭的清洁利用，并作为环境保护的重点，积极防治生态破坏和环境污染。加快采煤沉陷区的治理和煤层气的开发利用，建立并完善煤炭资源开发和生态环境恢复补偿机制。推进煤炭的有序开采，限制开采高硫高灰分煤炭、禁止开采含放射性和砷等有毒有害物质超过规定标准的煤炭。积极发展洁净煤技术，鼓励实施煤炭洗选、加工转化、洁净燃烧、烟气净化等技术。加快燃煤电厂脱硫设施建设，新建燃煤电厂必须根据排放标准安装并使用脱硫装置，现有燃煤电厂加快脱硫改造。在大中城市及近郊，严禁新建纯发电的燃煤电厂。

——积极防治机动车尾气污染。随着汽车工业的发展和人民生活水平的提高，中国机动车保有量迅速增加，防治机动车尾气污染成为环境保护的重要内容。中国正在积极采取有效措施，严格实施机动车排放标准，加强环保一致性检查，确保新生产机动车稳定达标；严格实施在用机动车环保年检制度；严格禁止制造、销售和进口超过排放标准的机动车；鼓励生产和使用低污染的清洁燃料机动车，鼓励生产混合动力汽车，支持发展轨道交通和电动公交车。

——严格能源项目的环境管理。加强对能源项目的环境管理，是实现能源建设与环境保护协调发展的有效措施。中国严格执行环境影响评价制度，通过严格环境准入制度抑制粗放型经济增长。新建、扩建和改建能源工程项目建设与环境保护设施同时设计、同时施工、同时投入使用。加强核电项目的安全管理，强化对已运行核电站、研究堆、核燃料循环设施的安全与辐射环境的监督管理，积极做好在建核电设施安全评审和监督工作。进一步加强水电建设中的生态环境保护，在满足江河流域综合开发利用的要求下，在保护中开发，在开发中保护，注重提高水资源的综合利用和生态环境效益。

七、深化能源体制改革

改善发展环境是中国能源发展的内在要求。中国按照完善社会主义市场经济体制的要求，稳步推进能源体制改革，促进能源事业发展。1998 年实现了石油企业的战略性重组，建立了上下游一体化的新型石油工业管理体制。2002 年按照电力体制改革方案，电力工业实现了政企分开、厂网分开。煤炭工业市场化改革后，2005 年又按照国务院《关于促进煤炭工业健康发展的若干意见》深化改革和发展。中国正在按照观念创新、管理创新、体制创新和机制创新的要求，进一步深化能源体制改革，提高能源市场化程度，完善能源宏观调控体系，不断改善能源发展环境。

——加强能源立法。完善能源法律制度，为增加能源供应、规范能源市场、优化能源结构、维护能源安全提供法律保障，是中国能源发展的必然要求。中国高度重视并积极推进能源法律制度建设，《清洁生产促进法》、《可再生能源法》已经颁布实施，配套政策措施陆续出台；修订后的《节约能源法》已经公布；《能源法》、《循环经济法》、《石油天然气管道保护法》及《建筑节能条例》正在抓紧制订；《矿产资源法》、《煤炭法》和《电力法》正在抓紧修订。同时，也正在积极着手研究石油天然气、原油市场和原子能等能源领域的立法。

——强化安全生产。中国在能源发展过程中，高度重视维护人民的生命安全，继续采取切实有效措施，坚决遏制重特大安全事故频发势头。中国坚持预防为主、安全第一、综合治理的原则，进一步加大煤矿瓦斯治理和综合利用力度，依法整顿关闭不具备安全生产条件的小煤矿。继续加大煤矿安全监管力度，引导地方和企业加强煤矿安全技术改造和安全基础设施建设。全面加强安全生产教育，增强安全责任意识。继续加强电力安全、油气生产安全，强化监督管理，实行国家监察、地方监管、企业负责的安全生产工作体系。进一步落实安全生产责任制，严格安全生产执法，严肃责任追究制度。

——完善应急体系。能源安全是经济安全的重要方面，直接影响国家安全和社会稳定。中国实行电力统一调度、分级管理、分区运行，统筹安排电网运行。建立了政府部门、监管机构和电力企业分工负责的安全责任体系，电网和发电企业建立应对大规模突发事故的应急预案。按照统一规划、分步实施的原则，建设国家石油储备基地，扩大石油储备能力。逐步建立石油和天然气供应应急保障体系，确保供应安全。

——加快市场体系建设。中国继续坚持改革开放，充分发挥市场配置资源的基础性作用，鼓励多种经济成分进入能源领域，积极推动能源市场化改革。全面完善煤炭市场体系，构建政企分开、公平竞争、开放有序、健康有序的电力市场体系，加快石油天然气流通体制改革，促进能源市场健康有序发展。

——深化管理体制改革。中国加强能源管理体制改革，完善国家能源管理体制和决策机制，加强部门、地方及相互间的统筹协调，强化国家能源发展的总体规划和宏观调控，着力转变职能、理顺关系、优化结构、提高效能，形成适当集中、分工合理、决策科学、执行顺畅、监管有力的管理体制。进一步转变政府职能，注重政策引导，重视信息服务。深化能源投资体制改革，建立和完善投资调控体系。进一步强化能源资源的规范管理，完善矿产资源开发管理体制，建立健全矿产资源有偿使用和矿业权交易制度，整顿和规范矿产资源开发市场秩序。

——推进价格机制改革。价格机制是市场机制的核心。中国政府在妥善处理不同利益群体关系、充分考虑社会各方面承受能力的情况下，积极稳妥地推进能源价格改革，逐步建立能够反映资源稀缺程度、市场供求关系和环境成本的价格形成机制。深化煤炭价格改革，全面实现市场化。推进电价改革，逐步做到发电和售电价格由市场竞争形成、输电和配电价格由政府监管。逐步完善石油、天然气定价机制，及时反映国际市场价格变化和国内市场供求关系。

八、加强能源领域的国际合作

中国的发展离不开世界，世界的繁荣需要中国。随着经济全球化的深入发展，中国在能源发展方面与世界联系日益紧密。中国的能源发展不仅满足了本国经济社会发展的需求，也给世界各国带来了发展机遇和广阔的发展空间。

中国是国际能源合作的积极参与者。在多边合作方面，中国是亚太经济合作组织能源工作组、东盟与中日韩（10＋3）能源合作、国际能源论坛、世界能源大会及亚太清洁发展和气候新伙伴计划的正式成员，是能源宪章的观察员，与国际能源机构、石油输出国组织等国际组织保持着密切联系。在双边合作方面，中国与美国、日本、欧盟、俄罗斯等许多能源消费国和生产国都建立了能源对话与合作机制，在能源开发、利用、技术、环保、可再生能源和新能源等领域加强对话与合作，在能源政策、信息数据等方面开展广泛的沟通与交流。在国际能源合作中，中国既承担着广泛的国际义务，也发挥着积极的建设性作用。

中国积极完善对外开放的法律政策，先后颁布了《中外合资经营企业法》、《中外合作经营企业法》和《外资企业法》，努力营造公平、开放的外商投资环境。2002 年制定了《指导外商投资方向规定》，2004 年修订了《外商投资产业指导目录》和《中西部地区外商投资优势产业目录》，鼓励外商投资能源及相关的采掘、生产、供应及运输领域，鼓励投资设备制造产业，鼓励外商投资中西部地区能源产业。

——完善油气资源勘探开发的对外合作。中国在石油天然气资源领域，实行以产品分成合同为基础的对外合作模式。2001 年，中国公布了修订后的《对外合作开采海洋石油资源条例》和《对外合作开采陆上石油资源条例》，依法保护参与合作开采的外商合法权益。鼓励外商参与石油和天然气的风险勘探、低渗透油气藏（田）、提高老油田采收率等石油勘探开发领域的合作。鼓励外商投资输油（气）管道、油（气）库及专用码头的建设与经营。

——鼓励外商投资勘探开发非常规能源资源。2000 年，中国发布了《关于进一步鼓励外商投资勘查开采非油气矿产资源的若干意见》，进一步开放非油气资源的探矿权、采矿权市场。允许外商在中国境内以独资或与中方合作的方式进行风险勘探。外商投资开采回收共、伴生矿、利用尾矿以及西部地区开采矿产资源的，可以享受减免矿产资源补偿费的优惠政策。进一步改善对外商投资勘查开采非油气资源的管理和服务。

——鼓励外商投资和经营电站等能源设施。中国鼓励外商投资电力、煤气的生产和供应。鼓励投资单机容量 60 万千瓦及以上火电、煤炭洁净燃烧发电、热电联产、发电为主的水电、中方控股的核电，以及可再生能源和新能源发电等电站的建设与经营。鼓励外商投资规模容量以上的火电、水电、核电及火电脱硫技术与设备制造。鼓励投资煤炭管道运输设施的建设与经营。

——进一步优化外商投资环境。中国政府信守加入世界贸易组织的有关承诺，在能源管理方面，清理了与世界贸易组织规则不一致的行政法规和部门规章。按照世界贸易组织的透明度要求，放宽了公益性地质资料的范围，并将进一步加强能源政策的对外发布，完善能源数据统计系统，及时公布能源统计数据，确保能源政策、统计数据以及资料信息的公开与透明。

——进一步拓宽利用外资领域。中国吸引外商投资开发利用能源资源，注重引进国外先进技术、管理经验和高素质人才，进一步实现从投资化石能源资源向可再生能源的转变，从注重勘查开发领域向更多地发展服务贸易转变，从主要依靠对外借贷和外国直接投资向直接利用国际资本市场方式转变。

在今后相当长一段时间内，国际能源贸易仍将是中国利用国外能源的主要方式。中国将积极扩大国际能源贸易，促进国际能源市场的优势互补，维护国际能源市场的稳定。按照世界贸易组织规则和加入世界贸易组织的承诺，开展能源进出口贸易，完善公平贸易政策。逐步改变目前原油现货贸易比重过大的状况，鼓励与国外公司签订长期供货合同，促进贸易渠道多元化。支持有条件的企业对外直接投资和跨国经营，鼓励企业按照国际惯例和市场经济原则，参与国际能源合作，参与境外能源基础设施建设，稳步发展能源工程技术服务合作。

能源安全是全球性问题，每个国家都有合理利用能源资源促进自身发展的权利，绝大多数国家都不可能离开国际合作而获得能源安全保障。要实现世界经济平稳有序发展，需要国际社会推进经济全球化向着均衡、普惠、共赢的方向发展，需要国际社会树立互利合作、多元发展、协同保障的新能源安全观。近年来，国际市场石油价格大幅波动，影响了全球经济发展，其原因是多重的、复杂的，需要国际社会通过加强对话和合作，从多方面共同加以解决。为维护世界能源安全，中国主张国际社会应着重在以下三个方面进行努力：

——加强开发利用的互利合作。实现世界能源安全，必须加强能源出口国与消费国、能源消费国之间的对话与合作。国际社会应该加强能源政策磋商和协调，完善国际能源市场监测和应急机制，促进石油天然气资源开发以增加供应，实现能源供应全球化和多元化，保证稳定和可持续的国际能源供应，维护合理的国际能源价格，确保各国的能源需求得到满足。

——形成先进技术的研发推广体系。节约能源，促进能源多元发展，是实现全球能源安全的长远大计。国际社会应大力加强节能技术研发和推广，推动能源综合利用，支持和促进各国提高能效。积极倡导在洁净煤技术等高效利用化石燃料方面的合作，推动国际社会加强可再生能源和氢能、核能等重大能源技术方面的合作，探讨建立清洁、经济、安全和可靠的世界未来能源供应体系。国际社会要从人类社会可持续发展的高度，处理好资金投入、知识产权保护、先进技术推广等问题，使世界各国都从中受益，共同分享人类进步成果。

——维护安全稳定的良好政治环境。维护世界和平和地区稳定，是实现全球能源安全的前提条件。国际社会应携手努力，共同维护能源生产国和输送国，特别是中东等产油国地区的局势稳定，确保国际能源通道安全和畅通，避免地缘政治纷争干扰全球能源供应。各国应通过对话与协商解决分歧、化解矛盾，不应把能源问题政治化，避免动辄诉诸武力，甚至引发对抗。

结束语

在全面建设惠及13亿人口的小康社会进程中，能源是事关中国经济社会发展的一个重要问题。以能源的可持续发展支持经济社会的可持续发展，是长期而艰巨的任务。中国政府将努力解决好能源问题，实现能源的可持续发展。

尽管中国能源消费增长较快，但人均能源消费水平还很低，仅相当于世界平均水平的四分之三，人均石油消费只相当于世界平均水平的二分之一，石油人均进口量也只相当于世界平均水平的四分之一，远低于世界发达国家水平。中国过去不曾、现在没有、将来也不会对世界能源安全构成威胁。中国将继续以本国能源的可持续发展促进世界能源的可持续发展，为维护世界能源安全作出积极贡献。

和平与发展仍然是时代主题，求和平、谋发展、促合作已成为不可阻挡的时代潮流。随着经济全球化深入发展，科技进步日新月异，生产要素流动和产业转移速度加快，世界各国各地区间的互联互动日益加深。国际社会需要加强合作，共同维护世界能源安全。中国政府将与世界各国一道，为维护世界能源的稳定和安全，为实现互利共赢和共同发展，为保护人类共有的家园而不懈努力！

097

中国的矿产资源政策

国务院新闻办公室

2003 年 12 月 · 北京

前　言

矿产资源是自然资源的重要组成部分，是人类社会发展的重要物质基础。新中国成立五十多年来，矿产资源勘查开发取得巨大成就，探明一大批矿产资源，建成比较完善的矿产品供应体系，为中国经济的持续快速协调健康发展提供了重要保障。目前，中国 92％以上的一次能源、80％的工业原材料、70％以上的农业生产资料来自于矿产资源。

中国高度重视可持续发展和矿产资源的合理利用，把可持续发展确定为国家战略，把保护资源作为可持续发展战略重要内容。1992 年联合国环境与发展大会后，中国政府率先制定了《中国二十一世纪议程——中国二十一世纪人口、环境与发展白皮书》，2001 年 4 月批准实施了《全国矿产资源规划》，2003 年 1 月开始实施《中国二十一世纪初可持续发展行动纲要》。

全面建设小康社会是中国在新世纪头二十年的奋斗目标。中国主要依靠开发本国的矿产资源来保障现代化建设的需要。中国政府鼓励勘查开发有市场需求的矿产资源，特别是西部地区的优势矿产资源，以提高国内矿产品的供应能力。同时，引进国外资本和技术开发中国矿产资源，利用国外市场与国外矿产资源，推动中国矿山企业和矿产品进入国际市场，是中国的一项重要政策。中国政府认为，国外矿业公司进入中国，中国矿山企业走向世界，实现各国资源互补，对推进世界矿产资源勘查开发的共同繁荣和健康发展具有重要意义。

一、矿产资源及其勘查开发现状

中国现已发现 171 种矿产资源，查明资源储量的有 158 种，其中石油、天然气、煤、铀、地热等能源矿产 10 种，铁、锰、铜、铝、铅、锌等金属矿产 54 种，石墨、磷、硫、钾盐等非金属矿产 91 种，地下水、矿泉水等水气矿产 3 种。矿产地近 18000 处，其中大中型矿产地 7000 余处。

中国矿产资源的基本特点是：

——资源总量较大，矿种比较齐全。中国已探明的矿产资源种类比较齐全，资源总量比较丰富。煤、铁、铜、铝、铅、锌等支柱性矿产都有较多的查明资源储量。煤、稀土、钨、锡、钼、锑、钛、石膏、膨润土、芒硝、菱镁矿、重晶石、萤石、滑石和石墨等矿产资源在世界上具有明显优势。地热、矿泉水资源丰富，地下水质量总体较好。

——人均资源量少，部分资源供需失衡。人口多、矿产资源人均量低是中国的基本国情。中国人均矿产资源拥有量在世界上处于较低水平。金刚石、铂、铬铁矿、钾盐等矿产资源供需缺口较大。

——优劣矿并存。既有品质优良的矿石，又有低品位、组分复杂的矿石。钨、锡、稀土、钼、锑、滑石、菱镁矿、石墨等矿产资源品质较高，而铁、锰、铝、铜、磷等矿产资源贫矿多、共生与伴生矿多、难选冶矿多。

——查明资源储量中地质控制程度较低的部分所占的比重较大。查明资源储量结构中，资源量多，储量、基础储量少；经济可利用性差或经济意义未确定的资源储量多，经济可利用的资源储量少；控制和推断的资源储量多，探明的资源储量少。

——成矿条件较好，通过勘查工作找到更多矿产资源的前景较好。石油、天然气、金、铜等矿产资源的找矿潜力很大。老矿山深部、外围和西部地区是重要的矿产资源接替区。

中国是世界上最早开发利用矿产资源的国家之一。新中国成立以后，中国政府大力加强地质工作，明确要求地质工作要走在国民经济建设的前面。提出了“开发矿业”的战略方针，并在每个五年计划期间，都对矿产资源勘查开发作出了部署。矿产资源勘查开发得到了极大的发展，使中国逐步成为世界矿产资源大国和矿业大国。矿产资源勘查开发为经济建设提供了大量的能源和原材料，提供了重要的财政收入来源，推动了区域经济特别是少数民族地区、边远地区经济的发展，促进了以矿产资源开发为支柱产业的矿业城市（镇）的兴起与发展，解决了大量社会劳动力就业，为国民经济和社会发展作出了重要贡献。

——相继发现和探明了一大批矿产资源。以大庆油田为代表的一大批油气田，使中国由一个贫油国转变为世界上主要产油国之一。发现和扩大了白云鄂博稀土金属矿、德兴铜矿、金川镍矿、柿竹园钨矿、栾川钼矿、阿什勒铜矿、焦家金矿、玉龙铜矿、大厂锡矿、厂坝和兰坪铅锌矿、东胜—神木煤田、紫金山铜金矿、羊八井地热田等一批重要矿床。发现和探明了一批重要地下水供水水源地。西部地区矿产资源集中区逐渐显示出良好的找矿前景。在一批老矿山外围或深部找到了新的资源。新一轮国土资源大调查陆续取得一批成果。五十多年的矿产资源勘查工作，使中国从矿产资源家底不清到成为世界矿产资源大国；从已知地下水源地稀少到地下水在全国供水中起举足轻重的作用。与此同时，形成了一支具有优良传统和作风、技术力量雄厚的地质勘查队伍，为中国经济建设作出了重要贡献。

——矿产资源开发规模迅速扩大。1949年，中国保留比较完整的矿山仅300多座，年产原油12万吨，煤0.32亿吨，钢16万吨，有色金属1.30万吨，硫铁矿1万吨，磷不足10万吨。经过五十多年的努力，中国先后建立了大庆、胜利、辽河等大型石油基地，大同、兖州、平顶山、“两淮”、准格尔等煤炭基地，上海、鞍山、武汉、攀枝花等大型钢铁基地，白银、金川、铜陵、德兴、个旧等大型有色金属基地，开阳、昆阳、云浮等大型化工矿山基地，形成了能源与原材料矿产品的强大供应系统。一大批矿业城市拔地而起，促进了中国的城市化建设。目前，中国的矿产品产量、消费量居世界前列。2002年，中国共有大型矿山489座，中型矿山1025座，小型矿山和砂石粘土采场14万多处，从业人员907万人。矿业产值4542亿元。生产原油1.67亿吨，天然气327亿立方米。矿石和砂石粘土采掘量48.49亿吨，其中：原煤13.80亿吨，铁矿石2.31亿吨，磷矿石2301万吨。十种有色金属产量1012万吨。目前，中国原煤、钢、十种有色金属和水泥产量居世界第一位，磷矿石和硫铁矿产量分别居世界第二位和第三位，原油产量居世界第五位。国有矿山企业是中国矿产资源开发的支柱，也是能源、原材料工业的稳定供应基地。原油、天然气和36%的其他矿石产量都来自7679个国有矿山企业。国有矿山企业不仅为工农业发展奠定了基础，而且为提高人民生活水平和综合国力作出了重要贡献。二十世纪八十年代中期以来，多种经济成分的矿山企业也得到迅速发展。目前，非国有矿山企业达到14万个，其中港澳台商投资矿山企业132个，外商投资矿山企业160个。

——矿产资源保护和合理利用水平逐步提高。五十多年来，中国物探、化探、遥感、钻探、坑探等矿产资源勘探技术和实验测试、计算技术取得了很大进展，提高了矿产资源勘查的科学技术水平。矿产资源综合利用和回收利用成效明显，资源利用率逐步提高。目前，中国废钢的回收率为40%，废旧有色金属的综合回收率为27.70%；铂族和稀散元素几乎全部来源于综合利用；近三分之一的硫酸原料也是由有色金属生产过程中综合回收。一些矿山企业对与煤伴生的瓦斯、油页岩、高岭土、高铝粘土进行综合开发，对煤矸石、粉煤灰进行加工利用，产生了较好的经济效益和环境效益。

——矿产品对外经济贸易快速发展。2002年中国矿产品及相关能源与原材料进出口贸易总额为1111亿美元，占全国进出口贸易总额的18%。原油、铁矿石（砂）、锰矿石（砂）、铜精矿、钾肥进口量较大。铅、锌、钨、锡、锑、稀土、菱镁矿、萤石、重晶石、滑石、石墨等优势矿产品的出口量较大。中国矿产资源领域的对外合作不断扩大。通过海洋油气资源对外合作勘查，陆续发现了一批新的油气田，海洋油气产量逐年增加。到国外勘查开发油气资源已具一定规模，到国外勘查开发固体矿产资源也已开始。在煤层气领域与一些国家建立了长期的研究开发合作关系。

在矿产资源勘查开发方面中国仍面临一些矛盾和问题，主要有：

——经济快速增长与部分矿产资源大量消耗之间存在矛盾。石油、（富）铁、（富）铜、优质铝土矿、铬铁矿、钾盐等矿产资源供需缺口较大。东部地区地质找矿难度增大，探明储量增幅减缓。部分矿山开采进入中晚期，储量和产量逐年降低。

——矿产资源开发利用中的浪费现象和环境污染仍较突出。开采矿山布局不够合理，探采技术落后，资源消耗、浪费较大，矿山环境保护需进一步加强。

——区域之间矿产资源勘查开发不平衡。西部地区和中部边远地区资源丰富，但自然条件差，生态环境脆弱，地质调查评价工作程度低，制约了资源开发。

——矿产资源勘查、开发的市场化程度不高。探矿权采矿权市场体系有待进一步健全。矿产资源管理秩序需要继续整顿和规范。矿产资源领域的国际交流与合作需要拓宽。

二、矿产资源保护与合理利用的目标与原则

二十一世纪头二十年，中国将全面建设小康社会，对矿产资源的需求总量将持续扩大。中国将加强矿产资源的调查、勘查、开发、规划、管理、保护与合理利用，实施可持续发展战略，走新型工业化道路，努力提高矿产资源对经济社会发展的保障能力。中国将继续按照有序有偿、供需平衡、结构优化、集约高效的要求，通过实施有效的矿产资源政策，最大限度地发挥矿产资源的经济效益、社会效益和环境效益。

中国二十一世纪初矿产资源保护与合理利用的总体目标是：

——提高矿产资源对全面建设小康社会的保障能力。加大矿产资源勘查开发的有效投入，扩大勘查开发的领域和深度，强化对矿产资源的保护，增加矿产资源的供应。扩大对外开放，积极参与国际合作。建立战略资源储备制度，对关系国计民生的战略矿产资源进行必要的储备，确保国家经济安全和矿产品持续安全供应。

——促进矿山生态环境的改善。减少和控制矿产资源采选冶等生产环节对资源环境造成的破坏和污染，实现矿产资源开发与生态环境保护的良性循环。健全矿山环境保护的法律法规，加强对矿山生态环境防治的执法检查和监督。加强宣传教育，提高矿山企业和全社会的资源环境保护意识。

——创造公平竞争的发展环境。按照建立和完善社会主义市场经济体制的要求和矿产资源勘查开发运行规律，进一步完善矿产资源管理的法律法规，调整和完善矿产资源政策，改善投资环境，提供良好的信息服务，创造市场主体平等竞

争和公开、有序、健全统一的市场环境。

实现以上目标，中国将继续坚持以下原则：

——坚持实施可持续发展战略。落实保护资源措施，正确处理经济发展与资源保护的关系。在保护中开发，在开发中保护。加强矿产资源勘查，合理开发和节约使用资源，努力提高资源利用效率，走出一条科技含量高、经济效益好、资源消耗低、环境污染少、人力资源优势得到充分发挥的新型工业化道路。

——坚持市场经济体制改革方向。在国家产业政策与规划的引导下，充分发挥市场在矿产资源配置中的基础性作用，建立政府宏观调控与市场运作相结合的资源优化配置机制。加强对矿产资源开发总量的调控，培育和规范探矿权采矿权市场，促进矿产资源勘查开发投资多元化和经营规范化，切实维护国家所有者和探矿权采矿权人的合法权益。

——坚持区域矿产资源勘查、开发与环境保护协调发展。统筹规划，正确处理东部地区与西部地区、发达地区与欠发达地区，矿产资源勘查与开发，国有矿山企业与非国有矿山企业，以及规模开发与小矿开采之间的关系。推进西部大开发战略，加快西部地区矿产资源特别是优势矿产和国内紧缺矿产的勘查开发，支持矿业城市、老矿山寻找接替资源，促进区域经济协调发展和矿产资源勘查开发的健康发展。坚持矿产资源开发与照顾民族地区利益相结合。按照预防为主、防治结合的方针，加强对矿山环境的保护和恢复治理。

——坚持扩大对外开放与合作。改善投资环境，鼓励和吸引国外投资者勘查开发中国矿产资源。按照世界贸易组织规则和国际通行做法，开展矿产资源的国际合作，实现资源互补互利。

——坚持科技进步与创新。实施科技兴国战略，加强矿产资源调查评价、勘查开发及综合利用、矿山环境污染防治等关键技术和成果的攻关和推广应用，加强新能源、新材料技术和海洋矿产资源开发等高新技术的研究与开发，加强新理论、新方法、新技术等基础研究。提高劳动者素质，培养一批掌握先进科学理论、有创新能力的矿产资源勘查开发科技队伍和人才，促进矿产资源勘查与开发由传统产业向现代产业、由劳动密集型向技术密集型、由粗放经营向集约经营的转变。

——坚持依法严格管理矿产资源。健全法制，大力推进依法行政，加强对矿产资源勘查开发的监督管理。整顿和规范矿产资源管理秩序，促进矿产资源保护与合理利用的法制化、规范化和科学化。

三、提高国内矿产资源的供应能力

中国政府按照建立和完善社会主义市场经济体制的要求，深化矿产资源勘查体制改革，实行公益性、基础性地质调查评价和战略性矿产资源勘查同商业性矿产资源勘查分开运行。1999 年组建了中国地质调查局，组织开展新一轮国土资源大调查，实施基础调查计划、矿产资源调查评价工程、资源调查与利用技术发展工程，重点开展地质工作程度较低地区的基础地质调查和矿产资源远景评价，特别是西部地区矿产资源潜力调查评价和短缺矿产资源的调查评价，为矿产资源规划和政府管理决策提供科学依据，为商业性矿产资源勘查提供地质矿产基础信息。国家出资的战略性矿产资源勘查工作拉动了商业性矿产资源勘查投资，一批成矿远景区成为商业性矿产资源勘查投资关注的热点。

中国政府鼓励并积极引导符合规划要求，以市场需求为导向，以经济效益为中心的商业性矿产资源勘查活动。鼓励在中西部地区、边远及少数民族地区等经济欠发达且具资源潜力的地区开展商业性矿产资源勘查。鼓励矿山企业在有市场需求和资源潜力的老矿山外围或深部开展商业性地质勘查工作，探寻新的接替资源。对以往由国家出资勘查形成的矿产地，鼓励投资者通过公平竞争获取探矿权采矿权。鼓励开展石油、天然气、煤层气、低灰低硫煤、优质锰、铬、铜、铝、金、银、镍、钴、铂族金属、钾盐等矿产资源的商业性勘查。科学、合理开发地热、矿泉水和地下水资源，厉行节约，优水优用，防治污染。

中国将采取以下措施提高国内矿产资源的供应能力：

——加大能源矿产资源的勘查开发力度。中国煤炭资源丰富且居能源主体地位，但煤炭对大气环境污染严重，能源结构需进行某些调整。中国将充分利用煤炭资源和水能资源，发展以煤炭洗选加工、液化、气化等为主要内容的煤的洁净技术。煤炭开发在稳定东部地区生产规模的同时，将重点开发山西、陕西、内蒙古，合理开发西南地区，适当开发新疆、甘肃、宁夏、青海的煤炭资源。加大煤层气开发力度。中国石油资源比较丰富，但和需求相比相对不足。解决油气供应不足的问题，将首先立足于开发利用国内的油气资源。西部地区已经发现丰富的油气资源，新疆塔里木、准噶尔，陕西、甘肃、宁夏、内蒙古、山西的鄂尔多斯和青海柴达木等盆地都有良好的开发前景。渤海海域也有重大发现。石油资源勘查开发，在深化东部、发展西部、加快海上的基础上，重点加强老油区的勘查工作，力争在新层系和地区取得新的发现，增加石油探明储量，保持合理的石油自给率。天然气勘探开发，以西气东输沿线的塔里木、鄂尔多斯、柴达木盆地和四川、重庆地区以及海上的东海盆地为重点，增加储量，提高产量，逐步改善中国能源结构。

——促进区域地质矿产勘查开发的合理布局。中国西部地区矿产资源比较优势突出，分布集中，具备形成优势支柱产业的资源基础。全国已查明资源储量的 158 种矿产中，西部地区拥有 138 种。西部地区的煤炭、油气、钾盐、铬铁矿、稀土、磷、镍、钒、锰、铜、铝、锌等 30 余种矿产资源在全国具有比较优势。随着西部大开发战略的实施，基础设施建设和生态建设力度加大，有助于把西部地区的资源及资源性产品迅速地和国内外市场连接起来，从而极大地改善矿产资源开发和矿产品入市的条件。中国政府鼓励以西部地区矿产资源集中区为重点，开展石油、天然气、煤层气、优质煤、铜、金、优质锰、钾盐、地下水等矿产资源的商业性勘查，推动西部地区石油天然气、有色金属、钾盐、磷等矿产资源的合理开发和深度加工，加快资源优势向经济优势的转化。在中东部地区，重点挖掘矿产资源潜力，强化综合利用，拓展矿产资源加工产业链。根据国家产业结构调整目标，开展钨、锡、锑、铅、锌、稀土等矿产资源的勘查。充分发挥中东部地区非金属矿产开发的区位、技术优势，提高非金属矿产的深加工水平和集约化利用程度，开拓新的应用领域，增强市场竞争力。同时，开展中东部地区老矿山接替资源的找矿工作。中国管辖海域蕴藏着丰富的矿产资源。中国政府将继续加强海域油气资源的勘探开发和其他矿产资源的研究，积极参与国际海底矿产资源的研究和勘查开发活动。

——加快矿产资源开发利用结构调整。中国矿产资源开采集约化、现代化程度偏低，需要优化结构、创新技术和加强管理。中国将加快矿产资源开发利用结构的调整步伐，增加产能，提高效益。通过矿山企业技术改造和机制转换，鼓励在矿产资源勘查开发中积极推行清洁生产，应用成熟技术和高新技术，提高矿产资源勘查开发水平。实行规模开发，提高集约化水平，淘汰落后、分散的采矿能力。依法清理关闭无证开采、污染环境、浪费资源、不具备安全办矿条件的矿山企业。通过市场和政策引导，发展具有国际竞争力的矿山企业集团。继续支持和帮助非国有矿山企业的发展。

——提高矿产资源综合利用水平。中国已探明的矿产资源中有相当数量为品质较低、目前技术经济条件下尚难利用的资源，对这些资源的开发利用是解决中国矿产资源供应问题的一条重要途径。中国政府鼓励通过加强矿产资源集中区的基础设施建设，改善矿山建设外部条件，利用高新技术，降低开发成本等措施，使经济可利用性差的资源加快转化为经济可利用的资源。开展资源综合利用是中国矿产资源勘查、开发的一项重大技术经济政策。中国对矿产资源实行综合勘查、综合评价、综合开发、综合利用。鼓励和支持矿山企业开发利用低品位难选冶资源、替代资源和二次资源，扩大资源供应来源，降低生产成本；鼓励矿山企业开展“三废”（废渣、废气、废液）综合利用的科技攻关和技术改造；鼓励对废旧金属及二次资源的回收利用。积极开发非传统矿产资源。中国在1985年颁布实施《关于开展资源综合利用若干问题的暂行规定》，1996年颁布实施《关于进一步开展资源综合利用的意见》，并发布《资源综合利用目录》，从企业所得税、增值税等方面对矿产资源综合利用实行优惠政策，鼓励矿山企业依靠科技进步和创新，提高资源综合利用水平。

——开展节能降耗。中国鼓励发展矿产品深加工技术，新能源、新材料技术，节能、节材、节水、降耗技术和工艺，提高资源利用效率。发展可再生能源和核电，扩大利用洁净煤和煤层气，减少直接燃煤比重。发展新型金属、新型非金属及常规矿物原料的替代品，降低经济社会对常规矿物原料的依赖程度。

——建立战略矿产资源储备制度。国家根据矿产资源供需现状及现有国力，对重要战略资源分期分批纳入储备序列。

——逐步解决老矿山的资源接替问题。中国部分国有大中型矿山开采进入中晚期，接替资源不足。一些老矿山企业因资源枯竭而难以为继。中国政府从政策上加大扶持力度，针对矿产资源勘查开发的特点，制定合理的财政、税收政策，为其生存和发展创造良好的外部条件。开展大型老矿山接替资源找矿工作，使部分老矿山摆脱资源枯竭的困境，延长其服务年限。

四、扩大矿产资源勘查开发的对外开放与合作

中国坚定不移地实行对外开放政策。在互惠互利的基础上，积极参与矿产资源领域的国际合作，推进国内外资源、资本、信息、技术与市场的交流。

中国实行鼓励外商来华投资矿产资源勘查开发的政策。中国鼓励国内矿山企业与国际矿业公司合作，借鉴国际先进经验，引进先进技术，按照国际惯例经营运作。中国石油工业自 1982 年开始对外开放，利用国外资金和技术，合作勘探开发油气资源，近年来开发范围逐步扩大，原油产量大幅度提高。目前，中国已参与境外油气资源开发。中国政府在进一步改善外商投资环境，扩大对外开放和加强国际合作方面，已经或将采取一系列措施。

——进一步鼓励外商来华投资。中国于 1999 年 8 月发布《关于当前进一步鼓励外商投资的意见》，2000 年 6 月发布《中西部地区外商投资优势产业目录》，2002 年 3 月发布修改后的《外商投资产业指导目录》，明确加大对外商投资企业的金融支持力度；鼓励外商投资企业技术创新，扩大国内采购；鼓励外商向中西部地区投资；进一步完善对外商投资企业的管理和服务。

——进一步完善油气资源勘查开发的对外合作。在油气矿产资源领域，中国政府一直实行一个“窗口”对外和以产品分成合同为基础的石油对外合作模式，已广为国外石油公司所接受。2001 年 9 月，中国发布了修改后的《对外合作开采海洋石油资源条例》和《对外合作开采陆上石油资源条例》。

——鼓励外商投资勘查开发其他矿产资源。2000 年 10 月，中国发布了《关于进一步鼓励外商投资勘查开采非油气矿产资源的若干意见》，进一步开放探矿权采矿权市场，允许外商在中国境内以独资或者与中方合作的方式进行风险勘探；对勘查作业区内发现的具有可采经济价值的矿产资源，保障其享有法定的优先采矿权；外商投资取得的探矿权、采矿权可以依法转让；外商投资开采回收共（伴）生矿、利用尾矿、提高综合利用率、到西部地区勘查开采矿产资源的，可

以享受相应的减免矿产资源补偿费优惠政策；外商独资或者与中方合资、合作开采《外商投资产业指导目录》中鼓励类矿产资源的，免缴矿产资源补偿费五年；规定各级政府部门不得参与合资、合作办矿，不得对外商提出不合理的经济要求，不得乱检查、乱摊派，不得在法律、法规规定之外增加收费项目。

——进一步改善国内矿产资源勘查开发投资环境。中国政府信守加入世界贸易组织的议定书和有关承诺，在矿产资源管理领域，已经清理了与世界贸易组织规则不一致的行政法规和部门规章，对外商勘查开发矿产资源实行国民待遇。中央政府确保国家有关矿产资源勘查开发的政策和法律法规在各地的统一实施，规范各级政府对外商投资办矿的管理行为。按照世界贸易组织的透明度原则，修改了地质资料管理办法，放宽了公益性地质资料的范围，建立了公开的矿产资源信息服务系统，确保外商使用公益性地质资料。明晰、简化、规范了外商投资勘查开发矿产资源的审批程序。

——转变引进机制和经营方式。在中国走新型工业化道路的过程中，吸引外商勘查开发矿产资源，将从单纯强调吸引资金向引进资金、技术、现代化管理和优秀人才并重的方向转变，从单纯注重在矿产资源勘查开发领域吸引外资向更多地发展矿业服务贸易领域的合资合作转变，从主要依靠对外借贷和外国直接投资向直接利用国际矿业资本市场的方式转变。

中国将继续本着互惠互利的原则，通过扩大矿产品国际贸易，实现矿产资源产品的余缺互补，促进矿产品对外贸易的发展。中国政府将按照世界贸易组织规则和加入世界贸易组织的承诺，制定统一的矿产品进出口政策，统一协调优势矿产品的出口和短缺矿产品的进口，调整矿产品进出口结构，提高经济效益，鼓励深加工高附加值矿产品的出口和初级矿产品的进口。直接进口矿产品仍将是今后相当长一段时间内中国利用国外矿产资源的主要方式。中国政府将逐步改变目前包括原油在内的矿产品现货贸易比重过大的状况，鼓励与国外公司签订长期供货合同，实施多元化、全方位的进口。对于钨、锡、锑、稀土、萤石、重晶石等中国传统优势矿产资源，将改善出口结构，提高出口产品附加值，规范出口经营秩序，积极推进行业中介组织开展行业协调和自律，促进国内外矿产品贸易的健康发展。

中国政府鼓励国内企业参与矿产资源领域的国际合作，勘查、开发和利用国外矿产资源。按照国际惯例促进和保护境外矿产资源勘查开发投资，规范投资和经营行为。积极开展地质调查、矿产资源勘查和开发领域的对外合作，扩大双边和多边科技交流与合作。

五、实现矿产资源开发与环境保护的协调发展

勘查开发矿产资源会改变和影响矿区周围的生态环境。中国政府高度重视在

开发利用矿产资源过程中的环境保护和污染防治，实行矿产资源开发与环境保护治理同步发展。中国已公布实施的法律法规，对矿山环境保护、污染防治、土地复垦作出了明确规定。中国政府将继续加强矿山环境保护，并在以下几个方面加强工作：

——继续坚持矿产资源开发利用与生态环境保护并重、预防为主、防治结合的方针。严格执行矿山环境影响评价报告书制度、土地复垦制度和排污收费制度。严格执行矿山建设与矿山环境保护设施的设计、施工与投产使用的“三同时”制度。积极引导企业在矿产资源勘查、开采过程中实施清洁、安全生产。

——限制对生态环境有较大影响的矿产资源开发。在自然保护区和其他生态脆弱的地区，严格控制矿产资源勘查开发活动。禁止在自然保护区、重要风景区和重要地质遗迹保护区内开采矿产资源；严格控制在生态功能保护区内开采矿产资源。严格禁止土法炼焦、金属冶炼、炼硫、炼矾等；限制新建、改建含硫量大于1.50%的煤矿，禁止新建含硫量大于3%的煤矿。限制在地质灾害易发区开采矿产资源，禁止在地质灾害危险区开采矿产资源。未经批准，不得在铁路、重要公路两侧一定距离以内开采矿产资源。

——新建矿产资源开发项目应当论证其对生态环境的影响，采取生态环境保护措施，避免或减少对大气、水、耕地、草原、森林、海洋等的不利影响和破坏。矿产资源开发利用方案中应当包括水土保护方案、土地复垦实施方案、矿山地质灾害防治方案和地质环境影响评估报告，并按照规定报批。加强对矿山“三废”治理的监督管理，严格按国家规定标准控制废气排放，加大对矿山有毒有害废水污染物的监督治理和查处力度。

——加强矿山环境调查、监测和灾害防治。国家组织开展全国矿山生态环境调查评价。矿山企业加强在矿山开发过程中可能诱发灾害的调查、监测及预报预警，及时采取有效防治措施，并向当地政府主管部门提交监测报告。建立信息网络，做好防灾减灾预案，最大限度地避免突发性灾害发生。

——建立多元化的矿山环境保护投资机制。建立矿山环境保护和土地复垦履约保证金制度，实行政府引导、市场运作，确保矿山环境能够得到有效恢复和治理。对废弃矿山和老矿山，国家将在示范项目的基础上，加大生态环境恢复治理的力度，并鼓励社会资金投入。对生产矿山，建立以矿山企业为主的环境治理投资机制。对新建矿山，由企业负担治理资金。

六、加强矿产资源管理

新中国成立五十多年来，中国矿产资源管理逐步得到加强，并走上法制化、规范化和科学化轨道。

——制定并逐步完善矿产资源管理的法律、法规。中国现已建立了以宪法为基础，由矿产资源法和相关法律法规构成的矿产资源法律体系。1982年以来，中国立法机关陆续颁布实施了矿产资源法、土地管理法、煤炭法、矿山安全法、环境保护法、海洋环境保护法、海域使用管理法等法律，中国政府发布实施了《矿产资源法实施细则》、《对外合作开采海洋石油资源条例》、《对外合作开采陆上石油资源条例》、《矿产资源勘查区块登记管理办法》、《矿产资源开采登记管理办法》、《探矿权采矿权转让管理办法》、《矿产资源补偿费征收管理规定》、《矿产资源监督管理暂行办法》、《地质资料管理条例》等20多项配套法规和规章，各省、自治区、直辖市也制定了相关的地方性法规。这些法律法规确立了中国矿产资源管理的基本法律制度，为实行依法行政、依法管矿、依法办矿提供了法律保障。

——深化矿产资源管理体制改革。为不断适应经济体制改革的要求，中国对矿产资源管理体制进行了改革，转变并加强政府职能，实行政企分开、政事分开。1950—1981年，矿产资源的管理职能由原地质部和有关工业管理部门分别承担，地质部门主要承担组织开展全国地质勘查、矿产资源储量管理和地质资料汇交管理的职能，有关工业管理部门负责管理矿产资源的开采活动。1982年地质部更名为地质矿产部，负责矿产资源开发监督管理和地质勘查行业管理。1988年和1993年政府机构改革时，进一步明确地质矿产部对地质矿产资源进行综合管理，对地质勘查工作进行行业管理，对地质矿产资源的合理开发利用和保护进行监督管理，以及对地质环境进行监测、评价和监督管理等四项基本职能。1996年1月成立全国矿产资源委员会，以加强中央政府对矿产资源的统一管理，维护矿产资源国家所有权益。1998年政府机构改革，将原国家计委和煤炭、冶金等有关工业部门的矿产资源管理职能转移到国土资源部，实现了全国矿产资源的统一管理。目前，全国90%以上的地（市）和80%以上的县建立了地矿行政管理机构。

——加强矿产资源规划管理。矿产资源规划是矿产资源勘查开发利用的指导性文件，是实施宏观调控的依据。中国政府正进一步加强矿产资源规划管理，完善规划体系，严格规划责任、规划审查、规划公告、规划修编、规划监督等制度，加强规划宣传，建立规划实施保障和信息反馈体系，确保规划目标的实现。

—改革探矿权采矿权管理制度。中国宪法规定矿产资源属于国家所有，同时矿产资源法又明确规定“由国务院行使国家对矿产资源的所有权”。近年来，中国改革了探矿权采矿权管理制度，明确了探矿权、采矿权的财产权属性，确立了探矿权、采矿权的有偿取得和依法转让制度。确立了探矿权人优先取得勘查区内采矿权的法律制度，强化了探矿权、采矿权的排他性。改革了勘查、开采矿产资源审批和颁发勘查许可证、采矿许可证的权限。探矿权采矿权可以通过招标、拍卖、挂牌等竞争的方式有偿取得。转让探矿权采矿权，应当遵循市场规则并得到政府部门的许可，依法办理转让手续。中国政府将继续按照产权明晰、规则完善、调控有力、运行规范的要求，培育和规范探矿权采矿权市场，加强对市场运行的监管。

——健全矿产资源有偿使用制度。中国的矿产资源法明确规定对矿产资源实行有偿使用制度。中国政府自 1994 年起对采矿权人征收矿产资源补偿费，从而结束了无偿开采矿产资源的历史。征收矿产资源补偿费（海上和陆上合作开采油气资源缴纳矿区使用费），体现了国家作为矿产资源所有者的权益，建立了促进矿产资源保护和合理利用的经济激励机制。中国政府收取的矿产资源补偿费纳入国家预算，实行专项管理，主要用于矿产资源勘查。符合法律法规规定的采矿权人可以免缴或减缴矿产资源补偿费。中国政府规定从 1998 年起对探矿权人、采矿权人收取探矿权使用费、采矿权使用费和国家出资勘查形成的探矿权价款、采矿权价款。对在西部地区、少数民族地区、政府确定的边远贫困地区和海域从事符合条件的矿产资源勘查开采活动，可以免缴或减缴探矿权采矿权使用费与价款。

——整顿和规范矿产资源管理秩序。良好的矿产资源管理秩序是矿产资源保护与合理利用的前提。1986 年矿产资源法公布实施后，中国立法机关多次组织执法检查。1995 年以来，中国政府在全国范围内开展了大规模的治理整顿，取得了阶段性成果，矿产资源管理秩序趋于好转。今后，中国政府将继续加大执法监察力度，整顿和规范矿产资源管理秩序，加强安全生产监督，依法维护矿产资源的国家所有权益和探矿权人、采矿权人的合法权益。

——提高政府部门的服务水平。改善服务方式，按照公开、透明、规范、高效的要求，实行政务公开。各级矿产资源管理部门的办事制度、审批事项、要件、标准和时限等，要向社会公告，接受社会监督。建立健全内部会审、窗口办文、行政责任追究等制度。建立公报制度，发布矿产资源储量、勘查开发情况，逐步向全社会公开地质资料信息。建立信息查询制度，使全社会都能够及时、方便、快捷地查询国家矿产资源规划、政策、法律法规、资源储量分类标准，查询勘查区块登记信息、采矿登记信息、矿产资源补偿费征收费率及缴纳方法等方面的信息。同时，大力应用信息技术，提高工作效率和服务水平。

中国是一个人口众多、资源相对不足的发展中国家。中国将继续深化改革，扩大开放，坚定不移地发展社会主义市场经济，走可持续发展道路，合理利用和保护资源。中国愿一如既往地积极参与国际资源环境合作，与世界各国一道，为实现人类社会可持续发展而携手奋进。

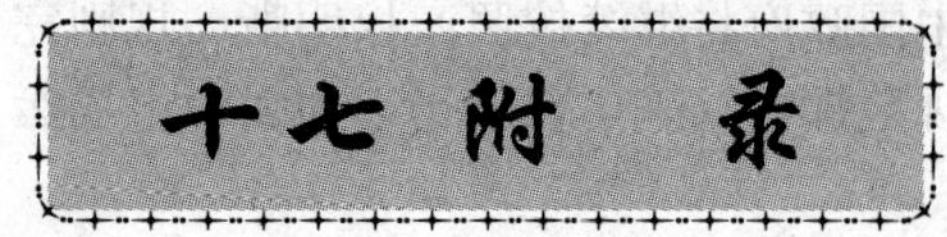

098

我国生产资料流通行政沿革

一、商务部

2003年3月10日，十届全国人大一次会议第三次会议经表决，通过了关于国务院机构改革方案的决定。其中决定：

整合国家经贸委的内贸管理、对外经济协调和重要工业品、原材料进出口计划组织实施等职能，国家计委的农产品进出口计划组织实施等职能，以及外经贸部的职能等，组建商务部。其主要职责：研究拟定规范市场运行和流通秩序的政策法规，促进市场体系的建立和完善，深化流通体制改革，监测分析市场运行和商品供求状况，组织开展国际经济合作，负责组织协调反倾销、反补贴的有关事宜和组织产业损害调查等。

不再保留国家经济贸易委员会、对外贸易经济合作部。

二、国家国内贸易局

1998年3月10日，第九届全国人民代表大会第一次会议决定批准国务院机构改革方案。其中决定：国内贸易部改组为国家国内贸易局、由国家经贸委管理。国家经贸委及其管理的各国家局负责组织制定行业规划和规章，实施行业管理。这些国家局不直接管理企业，所制定的行业规划和规章以国家经贸委的名义发布。

三、国内贸易部

1993年3月22日，第八届全国人民代表大会第一次会议决定原则批准国务院机构改革方案。

其中决定：为了促进生活资料和生产物资统一市场的建立，搞活商品流通，撤销商业部、物资部、组建国内贸易部。

四、物资部

1988年3月，七届全国人大会议批准国务院机构改革方案。决定撤销国家物资局，成立物资部。

《国务院机构改革方案》规定：物资部是国务院统筹规划和管理全国生产资料流通的职能部门，主要任务是对关系国计民生的重要物资进行综合管理，发展生产资料市场搞活流通。职责：物资部是国务院统筹规划和管理全国生产资料流通的职能部门，主要任务是对关系国计民生的重要物资进行综合管理，发展生产资料市场，搞活流通。它的职责是：

1. 拟订物资管理的方针、政策、法规和体制改革方案，并负责组织贯彻和监督执行。

2. 协同国家计划委员会编制重要物资全社会和指令性供需平衡计划。根据国民经济和社会发展计划的要求，负责编制指令性计划物资分地区、分部门的分配计划。负责重要物资进出口配额的审批。会同机械电子工业部，组织全国机电设备进口审查和招标管理。

3. 负责组织国家指令性计划分配物资的订货和重要物资的产需衔接，监督检查订货合同执行情况，组织重要物资的调度和吞吐。

4. 负责组织和指导各部门直属直供企业、事业单位的物资供应。

5. 负责组织国家重点建设项目、重点技措项目所需建筑材料的配套承包供应和设备成套及招标管理。

6. 管理国家储备物资和国家储运仓库。

7. 组织推动物资的节约代用、综合利用和回收利用，促进短线物资和新材料的开发。

8. 规划全国物资市场网络，对全国按经济区域、中心城市和产销基地建立的各类物资市场进行指导、协调和监督。负责审批全国性物资流通企业的经营资格和经营范围。制订物资市场的管理办法。组织推动物资协作。

9. 协同国家物价局，管理重要物资的作价办法、销售人格和收费标准。

10. 负责物资统计和市场价格、供需信息的汇集反馈，引导企业的生产和经营。

11. 负责物资专门人才的教育和职工培训工作，组织物资流通理论、科学管理和物流技术的研究及应用推广。

12. 按照国家规定，负责所属物资企业、事业单位的主要领导干部任免、劳动工资和财务管理。

13. 对全国物资行业的业务和物资流通企业的经营管理进行指导。

五、国家物资局

1982年，国家物资总局改为国家物资局，为国务院直属机构。

六、国家物资总局

1975年11月，重新成立国家物资总局。

七、撤销物资管理部

1970年，撤销物资管理部，其业务交由国家计委等部门管理。

八、物资管理部

1964年9月，中共中央、国务院决定将国家物资管理总局改为物资管理部，并成立党委，任命袁宝华为部长，李哲人、李超伯、谢北一、邓存伦（1965年后增加宋致和、刘炳华）为副部长。主要职责仍是全面组织生产资料的经营管理工作。1965年1月，为使物资平衡分配计划的编制与执行更好地结合，将国家计委的物资综合分配局、冶金产品分配局、机电产品分配局划归物资管理部领导，由物资管理部负责编制物资平衡和分配计划。同年11月，中共中央决定，物资管理部由国家计委、经委、建委三委共同代管，以国家计委为主。

九、国家物资管理总局

1962年初，在国家主席刘少奇指导下，国家经委总结了1960年5月以来物资管理体制改革的经验和问题，拟订了改进物资管理工作的方案，并在大区经委主任会议上进行了讨论。1962年5月18日，中共中央批准了国家经委党组《关于大区经委主任会议的报告》和《关于在物资工作上贯彻执行集中统一方针，实行全面管理的初步方案》。

1963年5月，国务院批准以国家经委物资管理总局为基础，成立国家物资管理总局，任命袁宝华为总局长，李哲人、李超伯、谢北一、刘生标、邓存伦、曹普为副总局长。国家物资管理总局的主要职责是全面组织生产资料的经营管理工作，并参与编制物资分配计划。国家物资管理总局成立后，根据中共中央批准的改进物资管理工作的方案，对全国物资系统着手实行管理机构、经营网点和财务工作的统一管理。

十、国家经委物资管理总局

1960年2月，国家经委召开了第一次全国物资工作会议，集中研究了如何改进物资管理工作问题，国家经委党组向中央书记处提出了《关于加强物资管理工作和建立物资管理机构的请示报告》。

1960 年 5 月 18 日，中共中央批转国家经委党组的报告，同意了报告提出的加强物资管理工作的意见，批准成立国家经委物资管理总局，任命孙志远兼总局长，袁宝华、周建南、刘淇生为副总局长。

十一、国家经委物资办公室

1959 年 3、4 月间，为了加强对物资工作的统筹管理，国务院决定，在国家经委内设立国家统一管理物资的机构。

1959 年 8 月 1 日，国家经委物资办公室成立，由国家经委副主任孙志远负责分管，委员谢北一兼任办公室主任。

099

中国煤炭工业协会简介

中国煤炭工业协会，简称：中煤协会，英文名称：CHINA NATIONAL COAL ASSOCIATION（CNCA）。它是受国务院国资委的管理委托，经民政部批准成立的全国煤炭行业综合性社团组织。理事会由615名理事组成，其中常务理事217名。现有会员1114家，就其组织规模和涵盖范围，是目前煤炭行业最大的社团组织。

中国煤炭工业协会成立以来，坚持以邓小平理论和“三个代表”重要思想为指导，以落实《国务院关于促进煤炭工业健康发展的若干意见》为主线，以推动煤炭经济运行持续好转为重点，努力发挥协会联系政府、指导行业、服务企业的桥梁和纽带作用，认真开展调查研究，及时分析判断形势，科学地把握未来，适时提出煤炭工业健康发展的思路和政策建议，千方百计地为行业健康发展营造良好的政策环境；坚持依靠科技进步，努力促进煤炭行业生产力水平提高；坚持深化协会改革，提高工作效率和质量，使协会逐步成为政府认可、会员信赖、具有较强凝聚力的行业自律性组织。

附：

中国煤炭工业协会章程

第一章　总　　则

第一条　本团体名称为中国煤炭工业协会（以下简称本会），英文名称：CHINA NATIONAL COAL ASSOCIATION（缩写：CNCA）。

第二条　本会是由全国煤炭企业、事业单位、社团组织及个人自愿联合结成的全国性非营利性社会组织，是依法成立的社会团体法人。

第三条　本会以中国共产党的基本路线为指导，高举中国特色社会主义伟大旗帜，全面贯彻落实科学发展观，坚持解放思想，不断推动行业改革开放和科学发展；遵守宪法、法律、法规和国家政策，遵守社会道德风尚，努力建立和完善行业自律和协调机制；坚持为企业、为行业、为政府、为社会服务的宗旨，充分发挥联系政府、服务企业的桥梁纽带作用；贯彻国家产业政策，参与实施行业管理，维护会员合法权益，促进煤炭工业又好又快发展。

第四条 本会接受业务主管单位——国务院国有资产监督管理委员会和社团登记管理机关——民政部的业务指导和监督管理。

第五条 本会地址设在北京市。

第二章 业务范围

第六条 本会的业务范围：

（一）根据国家法律、法规和政策，建立和完善行业自律约束机制。结合行业特点组织制订和实施煤炭行业职业道德准则，规范会员行为，推动行业诚信建设。协调会员关系，不断提高行业凝集力，维护公平竞争的市场环境。

（二）开展调查研究，提出行业发展和立法等方面的意见和建议。参与国家相关法律法规、宏观调控和产业政策、行业发展规划、行业准入条件的研究与制定，做好法律咨询。参与行业管理，促进行业健康发展。

（三）积极向政府及其部门反映会员单位在生产、经营等方面的重大问题，并研究和提出相关政策建议；反映会员单位诉求，维护会员单位的合法权益。

（四）经政府有关部门授权，做好全国煤炭标准化技术委员会工作，参与制定修订本行业质量、技术、经济、管理等标准和规范，组织和推进会员单位贯彻实施。指导企业贯彻国家标准、行业标准，发展先进适用技术，提高产品质量，加强和改善企业管理。

（五）经政府有关部门授权，做好全国安全生产标准化技术委员会煤矿安全分技术委员会工作，开展行业安全生产标准制定修订工作。开展产业安全状况调查，参与起草行业安全生产发展规划，开展安全生产技术管理咨询、技术服务和技术鉴定，做好安全生产技术引进、交流与合作等工作。

（六）受国家相关部门委托，开展行业统计，掌握国内外行业发展动态，收集、整理、发布行业信息。对会员单位的发展状况及经济技术指标进行分析评价，为会员单位和政府、社会提供优质的信息咨询服务。

（七）贯彻国家技术政策和法律法规。研究煤炭工业技术现状及发展方向，向政府部门提出发展煤炭工业技术的政策建议，推动安全高效矿井和质量标准化矿井建设，促进煤炭工业现代化和规模化。

（八）加强煤炭工业技术咨询服务工作，推动煤炭行业科技创新、管理创新。组织开展行业共性技术开发与推广应用。参与行业内重大建设项目先进性、经济性和可行性的前期论证。受政府相关部门委托，做好煤矿建设项目矿产资源开发利用方案评审、安全核准的专家审查、环境影响评价预审等工作，开展技术咨询与服务。参与行业资质认证和煤炭新技术、新产品鉴定。根据市场和行业发展需要，开展煤炭新技术、新产品、新工艺推广工作，发布行业新纪录。经授权，开展中国煤炭工业协会科学技术奖等评审奖励工作以及有关国家奖项的推荐工作。

（九）根据市场和行业发展需要举办交易会、展览会等，为会员企业开拓市场创造条件。依照有关规定创办报刊和网站，编辑出版图书。

（十）经授权，开展煤炭行业职业技能鉴定。参与煤炭职工教育培训工作，帮助会员单位提高从业人员素质，增强自主创新能力，改善管理，提高效益。

（十一）推进行业改革开放和经济结构调整。运用市场机制，推进大型煤炭基地建设，推动企业联合、重组，培育发展大型煤炭企业集团。

（十二）参与煤炭企业家（经营者）队伍建设，指导煤炭企事业单位加强管理。在会员单位中开展评选先进企业和优秀企业家、优秀矿（厂）长、煤炭企业管理现代化创新成果评选推介工作，总结推广先进典型经验，努力提高行业整体素质和市场竞争能力。

（十三）发展煤炭循环经济，促进行业节能减排。加大洁净煤技术的研究开发力度，促进煤炭深加工、煤炭转化和煤层气资源开发与利用。开展行业节能减排技术咨询与服务，促进能源结构优化，提高资源利用效率。

（十四）协助企业做好煤炭职工的思想政治工作，推进行业文化、体育、新闻等方面的工作。经授权，设立行业从业人员荣誉制度，发展煤炭公益事业，促进和谐矿区建设。

（十五）行使国家相关部门授予的外事权，承担引进国外智力有关工作，代表中国煤炭行业并组织有关企事业单位开展与国际同业组织、境外企业的交流与合作，建立与国际同业组织的联系。组织会员企业开拓海外市场，参与协调对外贸易争议，组织会员单位做好反倾销、反补贴和保障措施的应诉、申诉等相关工作，开展行业损害调查，维护正常的煤炭进出口经营秩序。

（十六）承担国务院国有资产监督管理委员会委托的有关工作。

（十七）承担政府交办的其它事项，接受会员和社会的委托，提供有关专项服务。

第三章　会　员

第七条　本会的会员包括单位会员和个人会员。

第八条　申请加入本会的会员，必须具备下列条件：

（一）拥护本会的章程；

（二）有加入本会的意愿；

（三）在本会的业务领域内具有一定的影响。

第九条　会员入会的程序是：

（一）提交入会申请书；

（二）经理事会讨论通过；

（三）由理事会或理事会授权的机构发给会员证，并予以公告。

第十条 会员享有下列权利：

（一）本会的选举权、被选举权和表决权；

（二）参加本会的活动；

（三）获得本会服务的优先权；

（四）对本会工作的批评建议权和监督权；

（五）入会自愿，退会自由。

第十一条 会员履行下列义务：

（一）遵守本会章程和行规行约；

（二）执行本会的决议；

（三）维护本会的合法权益；

（四）完成本会交办的工作；

（五）向本会反映情况，提供有关资料；

（六）按规定交纳会费。

第十二条 会员退会应书面通知本会，交回会员证。

会员一年不交纳会费或不参加本会活动的，视为自动退会。

会员退会由理事会或理事会授权机构予以公告。

第十三条 会员如有严重违反本章程的行为，经理事会或常务理事会表决通过，予以除名，并公告。

第四章 组织机构和负责人产生、罢免

第十四条 本会的最高权力机构是会员代表大会。

会员代表大会的职权是：

（一）制定和修改章程；

（二）选举和罢免理事；

（三）审议理事会的工作报告和财务报告；

（四）制定和修改会费标准及会费管理办法；

（五）决定终止事宜；

（六）决定其他重大事项。

第十五条 会员代表大会须有三分之二以上的会员代表出席方能召开，其决议须经到会的会员代表半数以上表决通过方能生效。

第十六条 会员代表大会每届任期五年。因特殊情况需提前或延期换届的，须由理事会表决通过，报业务主管单位审查并经社团登记管理机关批准同意。但延期换届最长不超过一年。

第十七条 理事会是会员代表大会的执行机构，在闭会期间领导本会开展日常工作，对会员代表大会负责。

第十八条 理事会的职权是：

（一）执行会员代表大会的决议；

（二）选举产生常务理事会；

（三）选举和罢免会长、副会长、秘书长、常务理事；

（四）筹备召开会员代表大会；

（五）向会员代表大会报告工作和财务状况；

（六）决定会员的吸收或除名；

（七）决定设立办事机构、分支机构、代表机构和实体机构；

（八）决定本会副秘书长的聘任；

（九）决定本会名誉会长、顾问的聘任；

（十）领导本会各机构开展工作；

（十一）决定其他重大事项。

第十九条 理事会须有三分之二以上理事出席方能召开，其决议须经到会理事三分之二以上表决通过方能生效。

第二十条 理事会每年至少召开一次会议，情况特殊的，也可采用通讯形式召开。

第二十一条 本会设立常务理事会。常务理事人数不超过理事人数的三分之一。常务理事由理事会选举产生，在理事会闭会期间行使第十八条第一、四、六、七、八、九、十项的职权，对理事会负责。

第二十二条 常务理事会须有三分之二以上常务理事出席方能召开，其决议须经到会常务理事三分之二以上表决通过方能生效。

第二十三条 常务理事会至少半年召开一次会议；情况特殊的也可采用通讯形式召开。

第二十四条 本会的会长、副会长、秘书长必须具备下列条件：

（一）坚持党的路线、方针、政策，政治素质好；

（二）在本会业务领域内有较大影响；

（三）会长最高任职年龄不超过 70 周岁，副会长、秘书长最高任职年龄不超过 65 周岁，秘书长为专职；

（四）身体健康，能坚持正常工作；

（五）未受过剥夺政治权利的刑事处罚；

（六）具有完全民事行为能力。

第二十五条 本会会长、副会长、秘书长如超过最高任职年龄的，须经理事会表决通过，报业务主管单位审查并经社团登记管理机关批准同意后，方可任职。

第二十六条 本会会长、副会长、秘书长任期五年。会长、副会长、秘书长任期最长不得超过两届，因特殊情况需延长任期的，须经会员代表大会三分之二以上会员代表表决通过，报业务主管单位审查并经社团登记管理机关批准同意后方可任职。

第二十七条 本会法定代表人由秘书长担任。

本会法定代表人不得兼任其他团体的法定代表人。

第二十八条 本会会长行使下列职权：

（一）召集和主持理事会、常务理事会和会长办公会，决定本会重大事项；

（二）贯彻会员代表大会、理事会、常务理事会决议，督促检查落实情况；

（三）按照有关制度和规定签署文件。

第二十九条 本会秘书长行使下列职权：

（一）主持办事机构开展日常工作，组织实施年度工作计划；

（二）协调各分支机构、代表机构、实体机构开展工作；

（三）提名副秘书长人选，交常务理事会决定；

（四）提名各办事机构、分支机构、代表机构和实体机构主要负责人，交会长办公会决定；

（五）决定办事机构、代表机构、实体机构专职工作人员的聘用；

（六）处理其他日常事务。

第三十条 本会设会长办公会，由会长、副会长、秘书长组成。

第五章 资产管理、使用原则

第三十一条 本会经费来源：

（一）会费；

（二）捐赠；

（三）政府资助；

（四）在核准的业务范围内开展活动或服务的收入；

（五）利息；

（六）其他合法收入。

第三十二条 本会按照国家有关规定收取会员会费。

第三十三条 本会经费必须用于本章程规定的业务范围和事业的发展，不得在会员中分配。

第三十四条 本会建立严格的财务管理制度，保证会计资料合法、真实、准确、完整。

第三十五条 本会配备具有专业资格的会计人员。会计不得兼任出纳。会计人员必须进行会计核算，实行会计监督。会计人员调动工作或离职时，必须与接管人员办清交接手续。

第三十六条 本会的资产管理必须执行国家规定的财务管理制度，接受会员代表大会和财政部门的监督。资产来源属于国家拨款或者社会捐赠、资助的，必须接受审计机关的监督，并将有关情况以适当方式向社会公布。

第三十七条 本会换届或更换法定代表人之前必须接受社团登记管理机关和业务主管单位组织的财务审计。

第三十八条 本会的资产，任何单位、个人不得侵占、私分和挪用。

第三十九条 本会专职工作人员的工资和保险、福利待遇，参照国家有关规定执行。

第六章 章程的修改程序

第四十条 对本会章程的修改，须经理事会表决通过后报会员代表大会审议。

第四十一条 本会修改的章程，须在会员代表大会通过后十五日内，经业务主管单位审查同意，并报社团登记管理机关核准后生效。

第七章 终止程序及终止后的财产处理

第四十二条 本会完成宗旨或自行解散或由于分立、合并等原因需要注销的，由理事会提出终止动议。

第四十三条 本会终止动议须经会员代表大会表决通过，并报业务主管单位审查同意。

第四十四条 本会终止前，须在业务主管单位及有关机关指导下成立清算组织，清理债权债务，处理善后事宜。清算期间，不得开展清算以外的活动。

第四十五条 本会经社团登记管理机关办理注销登记手续后即为终止。

第四十六条 本会终止后的剩余财产，在业务主管单位和社团登记管理机关的监督下，按照国家有关规定，用于发展与本会宗旨相关的事业。

第八章 附 则

第四十七条 本章程经二〇〇八年二月二十七日第三次会员代表大会表决通过。

第四十八条 本章程的解释权属本会的理事会。

第四十九条 本章程自社团登记管理机关核准之日起生效。

100

中国石油企业协会简介

中国石油企业协会（以下简称石油企协）是于1984年由原石油工业部批准成立，后经国家民政部注册登记的全国性石油石化企业社团组织。

石油企协通过20多年来的发展，现已形成了一个涵盖中国三大石油石化公司和部分地方石油企业的比较全面的协会组织体系。目前的各类石油石化企事业会员单位已达300多家，并设立了海洋石油、公路运输等石油企协专业分会。在全国性社团组织中，有着良好的声誉和比较大的影响。

石油企协在不断巩固和完善多年来形成的评先树优、政策咨询、课题研究、成果发布、考察交流、培训资质认证等几十项传统服务项目的基础上，根据新形势和企业发展的新需求，不断创新服务：推进石油石化企业管理现代化；积极维护和协调广大石油石化企业在改革和发展中的权益和关系；支持和帮助会员企业全面提升管理、发展能力；不断推动和促进现代石油石化市场体系建设；大力加强自身建设，规范运作，努力塑造品牌形象。在协会与企业之间、企业与企业之间、企业与政府之间，充分而有效地发挥桥梁和纽带作用，积极为企业服务。

附：

中国石油企业协会章程（修正案）

（2009年9月20日第六次全国会员代表大会表决通过）

第一章　总　　则

第一条　中国石油企业协会（China Petroleum Enterprise Association，英文缩写为CPEA；中文缩写为中国石油企协）是经中华人民共和国民政部注册登记、非营利的全国性社会团体法人。

第二条　本会高举中国特色社会主义伟大旗帜，以邓小平理论和“三个代表”重要思想为指导，深入贯彻落实科学发展观，以为石油和石化企业、企业家服务为宗旨，遵循党的基本路线和各项方针、政策，遵守宪法、法律、法规和国家政策，维护石油和石化企业、企业家的合法权益，促进企业、企业家守法、自律，协调会员企业与多方面的关系，发挥桥梁纽带作用，使本会成为能够适应社会主义市场经济发展需要和能为石油和石化企业、企业家提供优质服务的行业协会。

第三条 本会的业务主管单位是中华人民共和国国务院国有资产监督管理委员会，本会的社团登记管理机关是中华人民共和国民政部。本会接受业务主管、代管单位和社团登记管理机关的业务领导和管理监督。

第四条 本会会址设在北京市西城区六铺炕中街6号。

第二章 业务范围

第五条 围绕“服务、维权、协调、自律”等方面的功能开展工作。

第六条 指导会员企业、企业家改善经营管理，维护会员企业、企业家合法权益，组织或参与会员企业标准的制定或规范，开展对会员企业、企业家的评价，宣传和表彰优秀企业和企业家，促进会员企业的改革与发展。

第七条 协调会员企业的关系，制定石油行业自律规范，促进建立完善现代石油市场体系，维护石油行业公平竞争，促进石油行业有序发展。

第八条 针对石油和石化行业和企业重点、难点和焦点问题，组织调查研究，收集发布企业信息，研究行业和企业发展的重大问题，提供咨询、培训、信息、报刊出版等服务，促进企业改革与管理进步，积极反映企业和企业家的意见和要求，向政府提出企业政策、企业标准及立法等方面的建议，在经济转型中起到为政府提供支撑服务的作用。

第九条 向政府反映会员企业的呼声和要求，沟通政府与会员企业的联系，在政府与会员之间，会员与会员之间，会员与非会员之间，会员与其他行业经营者、消费者之间，发挥桥梁、纽带、中介等作用。

第十条 建立与国内外同类组织的联系，组织会员企业和企业家开展与国内外企业及有关组织的考察、交流与合作，搭建会员企业开展对外交流与合作的平台，扩大企业的影响，提高企业的形象，为企业实施“走出去”战略发挥应有的作用。

第十一条 组织会员企业应对加入世贸组织的挑战，开展反倾销、反垄断的应诉和产业损害调查，促进企业预警机制的建立，为保护和发展民族产业作出贡献。

第十二条 按照“自立、自养、自主、自强”的发展方向，加强本会工作机构自身的思想建设、组织建设、业务建设和作风建设。

第三章 会 员

第十三条 凡承认本章程、自愿参加本会的中国石油石化企事业单位、石油院校以及合资、民营石油石化企业及其他相关企业或单位，均可申请为本会的会员，加入本会的会员企事业可指定本单位的有关部门作为联系单位。

第十四条　申请加入本会会员应具备的条件：

（一）拥护本会章程；

（二）执行本会的决议；

（三）参加本会组织的活动，承担本会交办的工作；

（四）积极向本会反映情况，提供本会工作所需的各种资料和信息；

（五）按规定缴纳会费。

第十五条　会员入会的程序：

（一）提交入会申请书，填写会员登记表；

（二）经常务理事会讨论通过；

（三）本会发文认定并发给会员证书后，即成为本会会员。

第十六条　会员享有下列权利：

（一）本会的选举权、被选举权和表决权；

（二）参加本会的活动；

（三）获得本会服务的优先权；

（四）对本会工作的批评建议权和监督权；

（五）退会自由。会员退会应书面通知本会，并交回证件。

第十七条　会员履行下列义务：

（一）执行本会的决议；

（二）维护本会的合法权益；

（三）完成本会交办的工作；

（四）按期缴纳会费；

（五）向本会汇报和反映工作情况，提供有关信息和资料。

第十八条　会员如果不按规定缴纳会费（提出申请晚缴免缴并经批准者除外）或不参加本会活动的，视为自动退会。

第十九条　会员如有严重违反本章程的行为，经常务理事会表决通过，予以除名。

第二十条　本会设名誉会长、顾问以及荣誉理事。对那些在石油石化行业有突出贡献的离退休的老领导、企业家、知名专家学者、国外公司友人以及关心和支持本会工作的有关人士，经研究可聘请为本会名誉会长、顾问及荣誉理事。名誉会长、顾问及荣誉理事可参加本会的有关活动，不缴纳会费，不享有选举权和被选举权。

第四章　组织机构和负责人产生、罢免

第二十一条　本会的最高权力机构是会员代表大会。

（一）会员代表大会每五年举行一次；必要时，经常务理事会决定并报社团登记管理机关批准，可提前或延期举行；提前或延期召开会员代表大会最长不得

超过一年。

（二）参加会员大会的代表由本会与本会有关会员单位协商推选产生。

（三）会员代表大会由会长主持，或经会长委托由专职副会长主持。

第二十二条 会员代表大会行使下列职权：

（一）修改章程；

（二）审议和批准会长工作报告和理事会的财务报告；

（三）选举产生理事会、常务理事会；

（四）审议其它重大事宜。

第二十三条 会员代表大会须有 2/3 以上的会员代表出席方可召开，其决议须经到会会员或代表半数以上表决通过方能生效。

第二十四条 本会设理事会。理事会是会员代表大会的执行机构，在会员代表大会闭会期间，由理事会行使会员代表大会职权，并领导本会开展日常工作；理事会原则上每届任期五年；理事会议可采取通讯会议形式行使理事会部分职权；理事因故不能参加有关会议的表决时，可委托代表参加。

理事会行使下列职责：

（一）贯彻执行会员代表大会的决议；

（二）选举和罢免协会领导成员；

（三）向会员代表大会报告财务状况；

（四）决定会员的吸收或除名；

（五）决定设立办事机构、分支机构、代表机构和实体机构；

（六）决定副秘书长、各机构主要负责人的聘任；

（七）领导本会各机构开展工作；

（八）制定内部管理制度；

（九）决定其他重大事项。

第二十五条 理事会须有半数以上理事出席才能召开，其决议须经到会理事 2/3 以上表决通过才能生效。

第二十六条 本会设常务理事会。在理事会闭会期间，由常务理事会行使理事会职权；常务理事会会议每年召开一次至二次，其会议须有 2/3 以上的常务理事或代表出席方能召开；必要时可采取通讯的方式召开。

常务理事会行使下列职责：

（一）贯彻执行会员代表大会和理事会的决议；

（二）审议批准年度工作计划；

（三）听取并审议召开换届会员代表大会筹备情况报告；

（四）向理事会或会员代表大会报告工作；

（五）增补或者调整会长、常务副会长、副会长、秘书长等本会领导人选；

（六）增补或者调整常务理事；

（七）通报增补或者调整理事；

（八）决定其他重大事项。

第二十七条　常务理事会由会长、副会长、常务理事组成。常务理事会须有半数以上常务理事出席才能召开，其决议须经到会常务理事 2/3 以上表决通过才能生效。

第二十八条　为节约和提高工作效率，本会年度理事会议、常务理事会议可结合一并召开。如遇重大事项经秘书长提议并报会长批准，可临时召开常务理事会会议。

第二十九条　本会领导职务：会长、常务副会长、副会长（其中专职副会长 1 人）；秘书长（由专职副会长兼任）。

（一）会长全面领导本会工作；检查会员代表大会、常务理事会决议的落实情况；代表本会签署有关重要文件。

（二）副会长协助会长开展本会工作；秘书长在会长、副会长的领导下开展工作。

（三）本会日常工作中一些重大问题由会长办公会研究决定。会长办公会由会长或专职副会长主持。

第三十条　本会设专职副会长

专职副会长（兼秘书长）在会长的领导下，全面负责本会的日常工作。

（一）组织实施办事（工作）机构日常工作和年度工作计划；

（二）协调各分支机构、代表机构、实体机构开展工作；

（三）提名办事（工作）机构、分支机构、代表机构、实体机构主要负责人，交理事会或常务理事会通过；

（四）决定副秘书长和办事机构、代表机构、实体机构专职工作人员的聘用；

（五）提出交由会长办公会和常务理事会审议、确认事项的重要议案；

（六）处理其他日常事务。

第三十一条　本会根据精简、效能、统一的原则，设立工作（办事）机构，在专职副会长领导下，按授权和分工处理具体业务和事务性工作。

第三十二条　本会的领导成员必须具备下列条件：

（一）坚持党的路线、方针、政策，具有较高的政治水平；

（二）精通协会业务，熟悉市场理论、企业管理、法律法规等知识，在本行业内有较大影响，具有较高的业务水平；

（三）能创造性地开展工作，改革和发展意识强，具有较高的组织和领导水平；

（四）身体健康，精力充沛，具有较高的办事效率。

第三十三条 本会会长、副会长最高任届和任职年龄分别不得超过两届和七十周岁；专职副会长、秘书长任届和任职年龄分别不得超过两届和六十周岁。如超过最高任届和任职年龄的，须经常务理事会审议和会员代表大会 2/3 以上会员代表表决通过，并报业务主管单位审查和报社团登记管理机关批准同意后，方可任职。

第三十四条 本会的法定代表人由专职副会长担任。本会法定代表人不得兼任其他协会的法定代表人。

第五章 资产管理及使用原则

第三十五条 本会按照国家有关规定收取会员会费。

本会经费来源：

（一）会员会费；

（二）中国石油天然气集团公司、中国石油化工集团公司、中国海洋石油总公司以及其他会员企业的资助；

（三）石油石化企业捐赠；

（四）在业务范围内开展活动或服务的收入；

（五）利息收入；

（六）其他合法收入。

第三十六条 本会经费必须用于本章程规定的业务范围和事业的发展，不得在会员中分配。

第三十七条 本会建立严格财务管理制度，保证会计资料合法、真实、准确、完整，并坚持年审和报告制度。

第三十八条 本会的日常收支和一切经营活动，按照国家有关财务规定严格管理。

第三十九条 本会须配备具有专业资格的财会人员，会计人员必须进行会计核算，实行会计监督。财会人员调动工作或离职时，必须与接管人员办清交接手续。

第四十条 本会的资产管理必须执行国家规定的财务管理制度，接受会员代表大会和财务部门的监督。资产来源属于国家拨款或者社会捐赠、资助的，必须接受审计机关的监督，并将有关情况以适当方式公布。

第四十一条 本会换届或更换法定代表人之前必须接受社团登记机构和业务主管单位组织的财务审计。

第四十二条 本会的资产，任何单位、个人不得侵占、私分和挪用。

第六章 章程的修改程序

第四十三条 本会章程的修改，由常务理事会或者理事会讨论拟定并报会员代表大会审议通过。

在会员代表大会闭会期间，由于特殊原因必须修改本会章程部分条款时，可由常务理事会先行决定，并以通讯形式征得本届会员代表大会半数以上代表确认。

第四十四条　本会章程依照上条规定的程序修改后，经业务主管单位审查同意，并报社团登记机构核准后生效。

第七章　终止程序及终止后的财产处理

第四十五条　本会完成宗旨或自行解散或由于分立、合并等原因需要注销的，由常务理事会提出终止动议。

第四十六条　本会终止动议须经会员代表大会表决通过，并报业务主管单位审查同意。

第四十七条　本会终止前，须在业务主管单位及有关机关指导下成立清算组织，清算债权债务，处理善后事宜。清算期间，不得开展清算以外的活动。

第四十八条　本会经社团登记管理机关办理注销手续后即为终止。

第四十九条　本会终止后的剩余财产，在业务主管单位和社团登记机构监督下，按照国家有关规定，用于发展与本会宗旨相关的事业。

第八章　附　　则

第五十条　本章程（修正案）经 2009 年 9 月 20 日会员代表大会表决通过。

第五十一条　本章程解释权属本会常务理事会。

第五十二条　本章程自社团管理机关核准之日起生效。

101

中国石油和化学工业联合会章程

（2010 年 5 月 10 日中国石油和化学工业联合会第三次会员大会表决通过）

第一章　总　则

第一条　本会名称：中国石油和化学工业联合会。英文名称 China Petroleum and Chemical Industry Federation，缩写 CPCIF。

第二条　本会是由石油和化工行业的企事业单位和社会团体自愿联合组成的全国性行业组织，是非营利性社会团体。

第三条　本会的宗旨是：以中国特色社会主义理论为指导，全面贯彻科学发展观，按照市场化原则规范和发展，履行提供服务、反映诉求、规范行为的职责；遵守宪法、法律法规和国家政策，遵守社会道德风尚；广泛联系国内外石油和化工及相关行业的企业、事业单位和同业组织，为会员、行业、政府服务，贯彻国家产业政策，参与行业管理，开展行业自律，维护行业合法权益，发挥桥梁纽带作用，引导行业健康发展。

第四条　本会接受社团登记管理机关民政部和业务主管单位国务院国有资产监督管理委员会的业务指导和监督管理。

第五条　本会住所设在北京市。

第二章　业务范围

第六条　本会的业务范围：

1. 开展调查研究，提出行业发展和立法等方面的意见和建议，参与相关法律法规、宏观调控和产业政策、行业发展规划、行业准入条件的研究制定和贯彻实施；

2. 根据授权开展行业统计，掌握国内外行业发展动态，收集、分析、发布行业信息，推进行业信息化建设；

3. 推进行业科技创新体系建设和科技创新活动，协助组织行业关键共性技术攻关和重大技术装备研制，开展科技成果的推广应用工作；

4. 参与行业重大建设项目先进性、经济性、可行性和资源、环境、安全影响的前期论证，以及项目规划咨询；

5. 协助政府有关部门开展行业标准化、生产许可工作，推进行业质量管理、资源节约、环境保护、安全生产；

6. 受政府有关部门委托，开展行业科技成果鉴定、科技奖励评审及行业荣誉评选工作，参与行业资质认证、事故认定等相关工作；

7. 创办报刊、网站等行业媒体，建立电子商务信息网络，受政府委托承办或根据市场和行业发展需要举办交易会、展览会、研讨会，开展相关调研和咨询服务，组织行业内人才、技术、管理、法规培训；

8. 帮助会员企业开拓国际市场，开展行业预警和对外贸易磋商，参与协调对外贸易争议，组织协调企业反倾销、反补贴和保障措施的应诉、申诉，做好维护产业安全、提升企业竞争力的工作；

9. 反映行业发展重大问题和企业诉求，提出相关政策建议，维护会员合法权益；

10. 开展行业自律，制订并组织实施自律性管理制度和职业道德准则，推动责任关怀和企业信用评价工作，促进行业诚信建设和社会责任建设，规范会员行为，协调会员关系，维护公平竞争的市场环境；

11. 联系相关国际组织和政府机构，开展国内外经济技术交流与合作，为会员企业的对外交往活动提供服务；

12. 推进行业精神文明建设、企业文化建设和职工思想政治工作；

13. 研究行业协会发展共性问题，提出相关政策建议；

14. 承担政府和有关部门授权、委托的相关工作，接受会员和社会的委托提供有关专项服务。

第三章　会　员

第七条　本会采取单位会员制。凡在中国境内注册的石油和化工及相关行业具有法人资格的企业、事业单位、社会团体，均可以申请加入本会。

第八条　申请加入本会，必须具备下列条件：

（一）拥护本会章程；

（二）自愿申请加入本会；

（三）在石油和化工行业内具有一定的影响。

第九条　会员入会程序：

（一）提交入会申请书；

（二）由本会秘书处审核；

（三）由理事会或常务理事会讨论通过；

（四）由本会秘书处办理入会手续，并发给会员证书。

第十条　会员享有下列权利：

（一）本会的选举权、被选举权和表决权；

（二）参加本会的活动；

（三）获得本会服务的优先权；

（四）有权结合实际提出要求解决本单位、本行业有关问题的建议或提案。有权提出向政府反映情况和意见的提案；

（五）有权对本会工作提出批评或建议，实施监督；

（六）入会自愿，退会自由。

第十一条 会员履行下列义务

（一）遵守宪法、法律、法规和政策；

（二）遵守本会章程，执行会员大会和理事会、常务理事会的决议，积极参加本会各项活动，承办和完成本会交办的工作；

（三）积极向本会反映情况，提供有关资料；

（四）按规定交纳会费；

（五）在本会内部交往中，开诚布公，热情相待，发扬风格，团结协作，自觉维护本会的声誉和合法权益。

第十二条 会员退会应书面通知本会，并交回会员证。会员如连续两年不交纳会费或不参加本会活动的，视为自动退会。

第十三条 会员如有严重违反本章程的行为，经理事会或常务理事会表决通过，予以除名。

第十四条 石油和化学工业以及相关行业的地方行业管理机构，经本会邀请，本单位同意，可以作为联系单位参加本会工作。

第四章 组织机构和负责人产生、罢免

第十五条 本会最高权力机构是会员大会。会员大会的职权是：

（一）制定和修改章程；

（二）选举和罢免理事；

（三）审议理事会工作报告和财务报告；

（四）制定并修改会费标准；

（五）决定终止事项；

（六）决定其他重大事宜。

第十六条 会员大会须有三分之二以上会员出席方能召开，其决议须经到会会员半数以上表决通过方能生效。

第十七条 会员大会每五年召开一次。经理事会提议，可以召开临时会员大会。临时会员大会不得研究提议议题之外的事项，也不得研究理事会换届问题。

第十八条 理事会是会员大会的执行机构，在会员大会闭会期间领导本会开展日常工作，对会员大会负责。

理事会每届任期五年。因特殊情况需提前或延期换届的，须由理事会表决通

过，报业务主管部门审查并经社团登记管理机关批准同意。延期换届最长不超过一年。

第十九条 理事会的职权是：

（一）执行会员大会的决议；

（二）选举和罢免会长、副会长、秘书长、常务理事；

（三）筹备召开会员大会；

（四）向会员大会报告工作和财务状况；

（五）决定会员的吸收和除名；

（六）决定设立办事机构、分支机构、代表机构和实体机构；

（七）决定副秘书长、各机构主要负责人的聘任；

（八）领导本会各机构开展工作；

（九）制定内部管理制度；

（十）决定名誉职务的设立和人选；

（十一）决定其他重大事项。

第二十条 理事会须有三分之二以上理事出席方能召开，其决议须经到会理事三分之二以上表决通过方能生效。

第二十一条 理事会每年至少召开一次会议．情况特殊的也可采用通讯形式召开。

第二十二条 本会设立常务理事会。常务理事会由理事会选举产生，在理事会闭会期间行使第十九条第一、三、五、六、七、八、九项等职权，对理事会负责。常务理事人数不得超过理事人数 1/3。

第二十三条 常务理事会须有三分之二以上常务理事出席方能召开，其决议须经到会常务理事三分之二以上表决通过方能生效。

第二十四条 常务理事会至少半年召开一次会议，情况特殊的也可采用通讯形式召开。

第二十五条 本会设秘书处，为理事会办事机构。

第二十六条 本会会长、副会长、秘书长必须具备下列条件：

（一）坚持党的路线、方针、政策，政治素质好；

（二）在本会业务领域内有较大影响；

（三）最高任职年龄分别为：会长不超过 70 周岁、驻会副会长不超过 65 周岁、其他副会长不超过 70 周岁、秘书长不超过 60 周岁，秘书长为专职；

（四）身体健康，能坚持正常工作；

（五）具有完全民事行为能力；

（六）未受过剥夺政治权利的刑事处罚的；

（七）热爱本会工作，有较强的组织、协调和决策能力，愿为大家服务、多作贡献者。

第二十七条 本会会长、副会长、秘书长如超过最高任职年龄的，应当办理离职手续。

第二十八条 本会会长、副会长、秘书长每届任期五年，任期最长不得超过两届。

第二十九条 本会会长为本会法定代表人。本会法定代表人不得兼任其他团体的法定代表人

第三十条 本会会长行使下列职权：

（一）召集和主持理事会和常务理事会；

（二）检查会员大会、理事会、常务理事会决议的落实情况；

（三）代表本会签署有关重要文件。

第三十一条 本会秘书长行使下列职权：

（一）主持秘书处开展日常工作，组织实施年度工作计划；

（二）协调各分支机构、代表机构、实体机构开展工作；

（三）提名副秘书长以及各机构主要负责人人选，交理事会或常务理事会决定；

（四）决定办事机构、代表机构、实体机构专职工作人员的聘用；

（五）处理本会其他日常事务。

第五章　资产管理、使用原则

第三十二条 本会经费来源

（一）会费；

（二）捐赠；

（三）政府资助；

（四）在核准的业务范围内开展活动或服务的收入；

（五）利息；

（六）其他合法收入。

第三十三条 本会按照国家有关规定收取会员会费。

本会开展的评比、表彰等活动，不收取任何费用。

第三十四条 本会经费必须用于本会章程规定的业务范围和事业的发展，不得在会员中分配。

第三十五条 本会建立严格的财务管理制度，保证会计资料合法、真实、准确、完整。

第三十六条 本会配备具有专业资格的会计人员。会计不得兼任出纳。会计人员必须进行会计核算，实行会计监督。会计人员调动或离职时，必须与接管人

员办清交接手续。

第三十七条 本会的资产管理必须执行国家规定的财务管理制度，接受会员大会和财政部门的监督。资产来源属于国家拨款或社会捐赠、资助的，必须接受审计机关的监督，并将有关情况以适当方式向社会公布。

第三十八条 本会换届或更换法定代表人之前必须接受社团登记管理机关和业务主管部门的财务审计。

第三十九条 本会的资产，任何单位、个人不得侵占、私分和挪用。

第四十条 本会专职工作人员的工资和保险、福利待遇，参照国家对事业单位的有关规定执行。

第六章 章程的修改程序

第四十一条 对本会章程的修改，须经理事会表决通过后报会员大会审议。

第四十二条 本会修改的章程，须在会员大会通过后 15 日内，报业务主管单位审查，经其同意，报社团登记管理机关核准后生效。

第七章 终止程序及终止后财产处理

第四十三条 本会完成宗旨或自行解散或由于分立、合并等原因需要注销的，由理事会或常务理事会提出终止动议。

第四十四条 本会终止动议须经会员大会表决通过，并报业务主管单位审查同意。

第四十五条 本会终止前，须在业务主管单位及有关机关指导下成立清算组织，清理债权债务，处理善后事宜。清算期间，不开展清算以外的活动。

第四十六条 本会经社团登记管理机关办理注销登记手续后即为终止。

第四十七条 本会终止后的剩余财产，在业务主管单位和社团登记管理机关的监督下，按照国家有关规定，用于发展与本会宗旨相关的事业。

第八章 附 则

第四十八条 本章程经 2010 年 5 月 10 日第三次会员大会表决通过。

第四十九条 本章程解释权属本会理事会。

第五十条 本章程自社团登记管理机关核准之日起生效。

102

中国生产资料市场发展报告（2005—2006 年）（简缩版）

商务部市场运行司　中国物流信息中心
2006 年 3 月 31 日

一、“十五”期间及 2005 年生产资料市场发展情况

（一）流通规模迅速扩大，对经济发展起到了重要支撑作用

“十五”期间，我国经济逐渐进入快速发展阶段，工业化和城镇化加速发展，呈现明显的重化工业特征。经济全球化进程不断加快，世界加工制造业加速向我国转移。我国生产资料市场来自“自生性”和“转移性”两方面的需求不断上升，自 2002 年以来呈现加速增长趋势，流通规模迅速扩大。

“十五”时期，全社会生产资料销售总额（按可比价格计算）年均增速提高到 15.6%，比“九五”时期提高 5.3 个百分点，尤其是 2003 年和 2004 年增速分别高达 19.2%和 19.5%，为历史最高水平。

2005 年，生产资料市场继续保持稳步较快增长，但与前两年较高的增速相比明显减缓。全社会实现生产资料销售总额 14.3 万亿元，按可比价格计算增长 16.2%，比上年增速减慢 3.3 个百分点。

（二）市场价格呈现周期性走势

“十五”时期，经济景气度上升，市场需求扩大，生产资料价格持续低位徘徊的走势逐渐改变，到“十五”中后期出现明显大幅上涨，涨幅达到 1994 年的最高水平。“十五”期间生产资料市场平均价格由“九五”时期下降 1.9%转为上升 3.9%。

从“十五”期间各年的走势情况看，头两年市场价格基本呈现持续下滑，低位徘徊的走势。从 2002 年四季度开始，市场价格逐渐走出低谷，特别是 2003 年—2005年一季度价格不断攀升，此后市场价格进入回调盘整阶段。各年生产资料价格总水平分别是：2001 年下降 1.6%、2002 年下降 2.7%、2003 年转为上升 8.1%、2004 年进一步攀升到 13.6%。2005 年，国家陆续出台了一系列调控政策措施，市场供需紧缺局势明显缓解，部分产品甚至出现了供大于求的情况，持续上涨的价格开始回落。特别是从 5 月份形成拐点，价格基本是一路下滑。2005 年生产资料价格总水平比上年仅上升 2.9%，与 2004 年 13.6%的升幅

相比降幅高达10.7个百分点。从月环比价格情况看，2005年2、3、4月和8月份为上升，其他月份均有不同程度下降；从各月同比价格情况看，基本呈现逐步回落走势，并从10月份开始出现下降趋势。

（三）流通体制改革不断深化，市场配置资源的基础性作用进一步显现

“九五”后期及“十五”初期，流通体制改革不断深化，生产资料供求发生了根本转变。一是市场机制在资源配置中的基础性作用逐步增强。目前除原油、成品油、化肥、农药、农膜等极少数重要商品仍实行专营外，其余已经放开经营，实行计划管理的商品越来越少；二是市场定价机制基本形成。生产资料领域，由政府负责定价的商品比重已由改革之初的100%，下降到目前不足5%，绝大多数商品价格已经由市场供求决定。目前国家定价的工业生产资料只有成品油（汽油、柴油、煤油）、电煤和电价等极少数关系国计民生的重要商品；三是产需衔接由市场决定的作用更加明显。“十五”中期，我国经济持续快速发展，世界经济逐渐走出低谷，经济增长速度达到10年来的最高水平，石油、煤炭、铁矿石等能源和部分矿产资源及原材料，出现了全球性紧缺。我国生产资料供需格局也发生着积极变化，总体上由供大于求的“买方市场”转向供需大体平衡，其中部分产品由前几年的供大于求转变为供不应求，能源等基础原材料资源约束的矛盾又卷土重来。

进入2005年，资源供应增加以及需求增势减弱，市场供求状况由供需偏紧转变为供大于求。钢材、铁矿石、焦炭、水泥、铜、铝等部分生产资料商品不同程度地出现了供过于求的趋势，能源类商品紧张的矛盾明显得到缓解，绝大多数生产资料商品再次形成“买方市场”格局。与2004年相比，主要生产资料供需增速均有回落，但需求回落幅度大于供给。据对30种主要生产资料统计测算，2005年市场总资源（包括国内生产＋进口，下同）平均增长15.5%，增速比上年回落1.8个百分点，市场总需求（包括国内消费＋出口，下同）平均增长14.3%，增速比上年回落3.5个百分点。市场供需差率有所扩大，由2004年的1.1%上升至2005年的2.1%。

从资源供给结构看，国内生产继续保持高速增长，平均增速达到18%，比2004年提高0.1个百分点；进口资源由上年平均增长12.7%转为下降1.5%，形成对资源增速的负拉动，表明生产持续高速增长，国内市场供给能力的拉动力增强。

从市场需求结构看，国内市场消费需求平均增长13.2%，增速比上年回落近4个百分点；出口需求继续保持高速增长，平均达到32.7%，高于上年3个百分点，对市场总需求增长的贡献率为1.8个百分点，反映出国内高速增长的市场需求趋于回落，而国际市场需求与此相反，逐渐趋旺。

从品种结构看，能源等基础原材料产品资源约束矛盾明显缓解，钢铁等部分

生产资料供大于求趋势日益明显。2005 年五、六月份之后持续了两三年的能源及基础原材料资源供给约束的矛盾明显缓解，而钢铁、焦炭、氧化铝等产品结束了供不应求的局面。2005 年钢材供给（指国内生产＋进口，下同）增长 20.9%，比上年提高了 3.4 个百分点；包括出口在内的需求增长 16.9%，比上年回落了 3.5 个百分点。煤炭供给增长 11%，比上年回落了 4.4 个百分点；需求增长 10%，比上年增幅回落高达 7.3 个百分点。焦炭供给增长 24.4%，比上年回落 1.4 个百分点；需求增长 20%，回落 0.4 个百分点。氧化铝供给增长 21.5%，比上年提高 12.1 个百分点；需求增长 19%，比上年提高 10.1 个百分点。

铜、铝、铅、镍等有色金属，以及烧碱、纯碱、硫酸等化工原料也呈现资源增长快于需求增长，市场开始由供需平衡向供大于求方向发展的趋势。

（四）资源对外依存度增幅回落，出口拉动市场需求力度增强

由于国内产能快速增长，生产量持续增长，2005 年生产资料资源对外依存度明显回落。据统计，2005 年 30 种主要生产资料总资源平均对外依存度为 11.0%，比 2004 年增速回落 1.9 个百分点，比 2003 年回落高达 2.4 个百分点。其中，石油对外依存度持续扩大的趋势有所抑制，2005 年为 41.2%，而 2001 年至 2004 年逐年扩大，分别为 27.0%、29.4%、35.0%和 41.4%；钢材的对外依存度也有明显下降，2005 年为 6.5%，分别比 2003 年、2004 年回落 6.9 和 2.4 个百分点。铜、铝、铅、氧化铝、塑料原料等资源的对外依存度均有不同程度的回落，反映出生产资料资源自给能力有所提高。

2005 年国际市场需求攀升、国内需求增势减弱，国际价格明显高于国内水平，出口需求不断攀升成为拉动生产资料市场需求增长的重要因素。据统计，30 种主要生产资料出口需求占市场总需求的比重为 6.3%，分别比 2003 年、2004 年提高 1.3 和 0.9 个百分点。其中，2005 年钢材出口需求占总需求的比重达 5.4%，分别比 2003 年、2004 年提高 2.8 和 1.0 个百分点；水泥出口需求占总需求的比重达 2.2%，分别比 2003 年、2004 年提高 1.5 和 1.4 个百分点；汽车出口需求增势强劲，占总需求的比重达到 17%，分别比 2003 年、2004 年提高 12 和 9.8 个百分点。石油、铜及铜材、铝材、烧碱、纯碱、塑料原料等出口需求也有不同程度的提高。

（五）竞争环境进一步完善，多元化的流通主体格局已经形成

市场经济深入发展，经济体制改革不断深化，流通企业所有制结构也发生了根本转变，多种所有制共同发展、多元化市场主体共同竞争的格局已经形成。

1. 通过兼并、重组、改造，一批国有物资流通企业逐渐成长为具有一定实力的大型流通企业。如浙江物产集团、中国铁路物资总公司、天津物产集团、广东物产集团等，经营额都已超过 200 亿元，有的已经突破 400 亿元。这些大型流通企业发挥了引领产业发展的导向作用。

2. 流通主体多元化、民营化不断发展，进一步活跃了市场。不同形式的股份合作及民营企业发展壮大，在生产资料流通中占据主要地位，促进了市场流通的进一步活跃，现代流通方式不断应用，流通效能进一步提高，便利、快捷、周到的营销服务网络初步形成。据国家统计局统计，2004 年全国亿元以上生产资料交易市场有 577 家，比 2003 年增加了 82 家；成交额达到 7157 亿元，同比增幅高达 51%。其中，金属交易市场、建材装饰市场和机动车市场增势表现最为明显。钢材市场由于持续三年升温，盈利空间较大，吸引了大批民间资本。据不完全统计，2004 年全国钢铁经销企业增加到近 20 万家，其中绝大部分都是规模以下、经营灵活的民营企业。亿元以上规模的钢材市场发展到 141 家，比 2003 年增加 13 家。

3. 外商投资企业加快进入中国流通领域步伐，越来越多的跨国公司将中国纳入全球生产和采购体系。我国加入世界贸易组织后，对外开放的步伐进一步加快，已成为“全球的制造中心”和跨国采购中心。外商投资企业纷纷以不同形式和途径进入我国钢材、建材、化工、成品油、汽车及其零配件等生产资料生产和流通领域，共同抢滩中国市场。目前，BP、壳牌、埃克森—美孚等与中国石化、中国石油合资在江苏、浙江、广东、福建等沿海经济发达地区建立起加油站，开展成品油经营。据统计，在全国 8 万多座加油站中，有外资背景的加油站达 3400 家，约占 4%。

二、“十一五”时期及 2006 年生产资料市场走势的基本判断

（一）国内外经济稳定增长是促进生产资料发展的前提

1. 国际经济发展趋势。“十一五”时期，中国加入世贸组织后过渡期结束、经济全球化进一步发展，国际经济及市场供需形势将对我国经济及市场发展产生更为直接的影响。首先，世界经济将继续保持稳定增长态势，特别是近两年以美国为首的经济大国，其较强的经济增长动力将继续带动全球经济的增长步伐。与此同时，油价高位大幅波动、美元汇率无序调整、国际投机资本跨国套利等影响世界经济增长的不稳定因素依然存在，并可能继续发展。其次，发达国家主导经济全球化发展步伐，不合理的国际政治、经济秩序难以根本改变，各国、各地区发展不平衡继续加深，南北差距、贫富差距进一步扩大，发展中国家更容易受到外部经济波动和金融危机的影响。第三，全球贸易规模继续扩大，贸易摩擦还将增多。一些发达国家迫于国内各种利益集团的压力，频繁使用贸易保护政策和措施，以货币贬值、反倾销、技术性壁垒和其他非关税壁垒为武器，迫使别国就范或限制其他国家商品进入其国内市场。

2. 国内经济发展的动力。首先，“十一五”是我国全面建设小康社会的关键时期。实现 2010 年人均国内生产总值比 2000 年翻一番的目标，GDP 年均增长

速度至少要达到8%，市场规模也需要相应扩大。同时，我国新型工业化、城市化和现代化进程继续加快。党的十六届五中全会明确提出建设社会主义新农村的重大战略任务，为我国生产资料流通业的发展提供了广阔空间；其次，贯彻落实科学发展观，建设资源节约型、环境友好型社会，推进产业结构优化升级，促进区域协调发展、结构合理是“十一五”时期经济社会发展的重要纲领。同时，国家宏观调控政策趋于稳健，市场自主调节能力进一步增强，将使经济发展对能源、原材料等基础产品的需求不断趋于理性，制约经济发展的煤电油运等瓶颈因素将继续得到改善。

（二）“十一五”时期，生产资料市场需求规模的基本预测

九十年代以来，生产资料销售总额与GDP、全社会固定资产投资总额和重工业总产值等指标呈高度正相关，其相关系数分别达到了95.6%、99.9%和98.9%。结合上述指标的散点图，通过历史数据利用线性回归模型和弹性系数法，并综合考虑影响生产资料市场供需形势的各种因素，预计到2010年，全社会生产资料流通规模将达到25万亿元，按可比价格计算，年均增长10%左右。

（三）对2006年生产资料市场形势的基本判断

影响2006年生产资料市场走势的主要因素，一是我国经济增长将从前两年的持续高速增长走向稳步较快发展，2006年GDP预计增长9%左右；全社会固定资产投资增速将回落到22%左右，重工业增加值增速15%以内。投资结构从房地产，制造业向能源、水利、建设新农村等基础设施建设转移，对生产资料等基础原材料需求相对减少；二是世界经济将保持稳定增长，但增速可能低于2005年的水平。世界主要经济体资源自给能力增强，贸易保护及贸易壁垒增多，出口需求减弱；三是经济发展对能源、原材料等基础产品的需求趋于理性，制约经济发展的瓶颈因素将继续得到改善；四是国际石油市场价格触顶回落，但仍处在高位波动振荡之中，对国内市场仍具有较强的影响。

综合上述因素，2006年生产资料市场走势主要表现为以下三方面特点：一是市场供需增长将随着投资、重工业生产增势减缓而有所回落。预计2006年全社会生产资料销售总额可达15.5万亿元，增长12%左右；二是生产资料市场价格总水平以平稳发展为主，不会出现大幅涨跌。全年价格走势将由上半年持续下降逐步趋向回升，呈现前低后高的变化趋势。预计全年平均价格总水平涨跌幅度在1个百分点左右；三是市场总体保持供需平衡。但钢铁原料及产品、部分有色金属和化工原料以及水泥等建筑材料市场供过于求的情况难以改变，石油和电力等能源紧缺局势会继续有所改善。成品油、天然橡胶等少数产品在局部地区、部分时间段仍可能出现偏紧现象。

三、市场运行中需关注的问题及应对措施

（一）“十一五”时期面临的问题与挑战

1. 要充分重视国际经济与市场变化的挑战。首先，生产资料是一国制造业发展的重要资源。从国际经验看，世界制造中心转移呈加速趋势，由美国到西欧、日本、东南亚以至我国，时间越来越短。目前我国主要依靠劳动力成本低廉和广阔的市场吸引国外资本，但是能源与原材料成本以及劳动力成本已呈上升趋势，我国将面临着印度等一批新兴国家的挑战。如果我们不能抓住这一有利时机，迅速转变落后的生产经营方式和加快流通体制改革，我国将很快失去自身的优势，世界制造中心地位转瞬即逝，新型工业化道路更趋艰难；其次，随着对外开放的扩大，跨国流通企业凭借资金、技术、管理、信息方面的强大优势，快速抢滩中国市场，我国流通业面临严峻考验。沃尔玛现象说明，流通产业开始在全球范围内，发挥引领生产、调整结构、配置资源、促进消费、抵御风险的强大功能，流通企业正在逐步取得对制造商、供应商的支配地位。尤其是石油、钢铁等关系我国经济命脉的战略资源的流通问题，解决不好我国在国际分工中的地位将始终处于低附加值的末端；再次，中国生产资料参与国际竞争的广度和深度不断扩大，针对我国的贸易摩擦也将日益增多。中国今后相当长的时期内将会遭遇反倾销、反补贴、保障措施与特别保障措施、技术性贸易壁垒，以及涉及知识产权方面的贸易摩擦问题，大大影响中国贸易发展步伐。

2. 通缩苗头不可轻视。2005 年国内生产资料市场价格增幅出现明显回落，并从 10 月份开始出现负增长，反映出市场需求增势减弱的势头。生产资料价格属于先行指标，价格的持续走低不利于市场的稳定健康发展，可能传导到最终消费品市场，并对居民消费价格产生影响，形成新的通缩。

3. 部分资源性产品比价关系不合理。成品油、水、电等资源产品价格改革滞后，价格水平与国际市场相比长期偏低。这种状况不利于经济发展、资源优化配置、转变经济增长方式和建设资源节约型社会。同时，能源、原材料价格偏低加剧了供求紧张的矛盾，也带来国际收支失衡和汇率上升的压力。

4. 部分商品供大于求形势有加速之势。如钢铁、氧化铝、焦炭等部分生产资料商品已经出现明显的供大于求趋势，而部分有色金属、化工原料，甚至煤炭也在向供大于求方向发展。由于这些产品相关的行业近两三年投资一直保持大幅增长，今年乃至今后一定时期必然出现产能集中释放和产量持续增加，并带来市场价格持续下降、企业亏损增加、同业竞争加剧、银行呆坏账增加等一系列负面影响。

5. 市场发展的不稳定因素和不确定性依然较大。近两年，国际石油价格持续大幅上涨，对世界经济产生较大影响。进入 2006 年，伊朗的核问题和尼日利

亚局势动荡不安预示着国际石油市场仍将在动荡之中。

（二）应对措施及政策建议

“十一五”时期，我国生产资料市场流通正处在转轨变型阶段。生产资料市场规模开始进入后扩张期，扩张速度将逐渐趋缓。为促进生产资料市场持续、健康、稳定发展，要认真做好以下几个方面的工作。

1. 进一步加强生产资料市场监测工作，不断提高监测、调控水平。2006 年生产资料市场运行将面临的主要问题，一是市场供大于求，二是市场需求对出口的依赖性较大，三是市场价格持续大幅下滑，全年价格总水平将降至 3%以下。为保持市场的平稳运行，要进一步加强对生产资料市场的监测与调控，着重做好生产资料国际、国内两个市场的衔接工作，密切跟踪了解生产资料进出口动态情况，防止和避免进出口贸易出现较大起伏；进一步加强国内市场重要资源性产品的供需衔接和平衡工作，努力抑制资源性产品价格大幅波动。

2. 积极培育农村生产资料市场，促进社会主义新农村的建设。当前农村生产资料市场规模偏小，市场份额仅占 28.4%，与建设社会主义新农村、推动农业产业化发展的要求相差较大。要进一步加强对农村基础设施建设力度，提高档次和水平，以扩大农村生产资料需求。

3. 大力创新流通业态，推动生产资料市场增长方式的转变。目前我国生产资料批发业态还十分落后，主要采取“一买一卖”的传统交易方式，服务链、价值链短，流通附加值低。要根据不同类型产品的流通特点，有重点推进经营业态提升。加大推进汽车零配件、建筑装饰材料连锁超市业态建设。大力促进金属加工配送业发展，加快发展散装水泥配送，促进生产资料流通企业由单纯的贸易向加工配送、物流配送方向发展。

4. 加快批发市场的改造和提升。我国目前有生产资料批发市场 6545 个，销售额近万亿元，占全社会生产资料销售额的 8.8%。但交易方式比较落后，信息手段滞后，服务功能单一。要加快制订批发市场改造和提升的具体规划和措施，实行分类指导。建材装饰等与人民生活相关的市场应向连锁超市发展，建在城市边缘的金属材料等市场应向城市配送中心发展，建在铁路与公路、机场与公路枢纽上的市场应向区域物流中心发展，变交通枢纽为物流枢纽。

后 记

这里记录一些必要的补充说明和感谢、感慨、感悟。

丛书从立意、策划、课题立项，再到资料收集、整理、校对直至呈现在大家面前用了整整两年时间，数量也从开始设计的一册增加到五册、十册、十五册，一直到成书的二十册。在整个成书过程中，经过反复考虑，最终将中国现代流通体系所涵盖的内容压缩到二十册。期间有五本书的内容全部进行了替换，约三分之一的文献在完全整理好后又被舍弃。

该丛书的完成首先要感谢北京物资学院各届、各位领导的支持。2003 年从日本回国时，何去何从犹豫了好长时间，最终选择了北京物资学院。北京现代物流研究基地成立于 2004 年 9 月 24 日，是北京市哲学社会科学规划办公室和北京市教育委员会依托北京物资学院成立的大型综合物流研究中心，是一个集物流理论研究、物流学术交流、物流咨询服务、物流人才培训等多种功能于一体的开放性学术平台。本丛书能够顺利的编辑出版得益于物流研究基地所提供的良好学术研究环境。同时对学校的诸位同事、朋友以及那些充满着求知欲、洋溢着青春活力的大学生们表示感谢。

感谢“北京大学现代日本研究班”的所有老师。1990 年，原国家教育委员会与日本国际交流基金合作，在北京大学成立了“北京大学现代日本研究班”，当时中方派出了胡代光、朱绍文、厉以宁、董文俊、田万仓、贾蕙萱、色文、陈为民、梁小民、王建华、刘德有等著名学者组成的教授阵营；日方派遣了庆应义塾大学加藤宽、丸尾直美、竹中平藏教授，政策研究大学院大学（原埼玉大学政策研究科）伊藤大一、吉村融教授，以及笠原清志、松本繁一、高木诚一郎、小林和子等教授，通产省杉山弘（原通产省事务次官）、总务厅堀江正弘、田中一昭等数名政府高级官员。此后，堀江正弘先生升任总务审议官（副部级），竹中平藏教授相继升任经济财政政策担当大臣、金融担当大臣、总务大臣。该班现更名为“北京大学现代日本研究中心”继续存在，我作为第一期学员曾在这里学习一年。

在日本期间，曾在庆应义塾大学 SFC 研究所做访问研究三年，该校浓厚的学术氛围、丰富的课程设置、严谨的研究方法使我收获很多。

感谢在留学期间的指导教师日本庆应大学的丸尾直美教授、香川敏幸教授，早稻田大学的江夏健一教授，拓殖大学的河原祐介教授，折桥靖介教授。

北京物资学院商学院孙静老师自始至终参与了丛书编写的全过程，为此付出了艰辛的劳动；硕士研究生董萌萌、王静同学在2010年10月以来利用了几乎全部的课余时间，为本书的资料查找、收集与整理做了大量的工作，还有许多研究生也参与了该项工作。

丛书的完成还要感谢北京市哲学社会科学办公室（以下简称“市哲社办”）、北京市教育委员会（以下简称“市教委”）的关心与指导，特别是市哲社办王祥武主任、李建平副主任、刘娟处长、尹岩处长、肖士兵副处长、王鹏调研员，市教委付志峰副主任、张青处长、赵胤惠副处长、车庆珍老师在立项、框架设计和后期编辑过程中分别给予了指导与帮助，在此一并表示感谢。

感谢已年过八旬的爱国侨领韩庆愈先生，感谢新华社原驻东京记者张可喜先生。

最后，特别要感谢（日本）政策研究大学院大学堀江正弘教授与夫人堀江淑子女士。在长达21年的交往中，不论是在学业或是生活上都得到了教授一家多方面的帮助和关照。

丛书的策划、编辑、校对得到了中国物资出版社的大力支持，谨表谢忱。特别要感谢相关编辑人员，他们为丛书的出版倾注了大量的心力，正因为有了他们的辛勤工作，此书才得以更完美地与读者见面。

在丛书的编辑过程即将结束之际，我想起了曾经在阳安铁路柳家沟隧道、梅七铁路崔家沟隧道、大秦铁路大岭沟隧道一起工作过的工友与朋友，想起了在东京念书期间曾居住在太田寮、后乐寮、台场国际交流村的寮友与学友。

万事开头难，实际上结尾也不易。每次本丛书在付梓之际，总会有这样或那样的问题出现，出版一次次被延后、问题一次次被解决、丛书一次次被完善，现在，终于问世与大家见面了，颇感欣慰。

孙前进

2011年9月于北京通州大运河畔